Tiroler Skitouren Handbuch

Kurt Pokos
Franz Hüttl

Über 150 Berge für Einsteiger und Profis

Michael Wagner Verlag

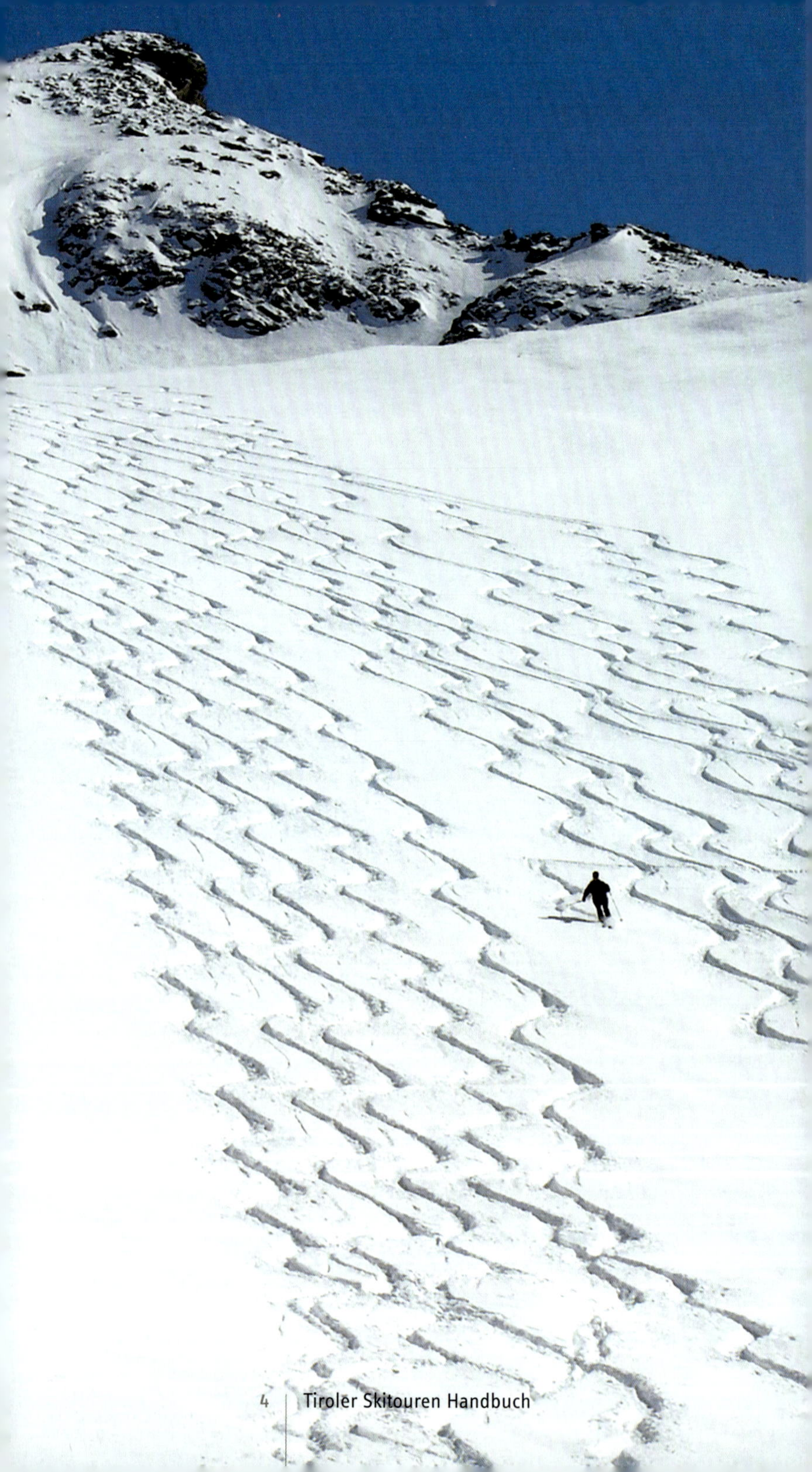

Tiroler Skitouren – Übersicht

Liebe Skitourenfreunde!

Erfreulicherweise kommt das Tiroler Skitouren Handbuch gut 20 Jahre nach seinem ersten Erscheinen noch immer so gut an, dass eine weitere Auflage notwendig wurde. Ganz einfach unverändert nachdrucken wollten wir es aber nicht, denn mit den Wintern, die ins Land gezogen sind, haben sich auch wesentliche Neuerungen ergeben, die berücksichtigt sein wollen.

2008 mussten wir uns von unserem langjährigen Freund und Bergkameraden Franz Hüttl Abschied nehmen. Ich denke oft an die gemeinsame Zeit zurück, deren Erlebnisse in diesem und anderen Büchern gebündelt sind. Aus gesundheitlichen Gründen war es mir leider nicht möglich, die Vergangenheit wieder aufleben zu lassen und die Tiroler Berge auszukundschaften.

Deshalb sind eine Wintersaison lang schneehungrige junge Skitourenprofis (Dank an Matthias Holzer, Andrea Mayer, Moritz Oberrauch, Lukas Riedlsperger und Leonhard Schweiger) losgezogen, um die Routen in diesem Handbuch zu erkunden, die Franz Hüttl und ich vor Jahren gesammelt haben. Der Fokus lag dabei darauf, altbekannte Skitouren zu überprüfen. Die Berge sind dieselben geblieben, aber gerade in Bezug auf Parkplätze und Seilbahnunterstützungen gibt es doch einige Änderungen. Angesichts der Vielzahl an Möglichkeiten fällt die Tourenwahl manches Mal schwer! Die passenden Verhältnisse immer im Blick und allen Widrigkeiten zum Trotz wurden am Ende die wichtigsten und schönsten Routen in allen Tourengebieten Tirols – vom Arlberg bis zum Pass Thurn und ein klein wenig über die Landesgrenzen hinaus – auf den aktuellen Stand gebracht.

Die Tiroler Bergwelt unterteilt sich in 17 Berggruppen und nicht alle sind gleichermaßen prädestiniert als Skitourengebiete. Darum werden sich die Tourengeher im Hochwinter häufig in den Tuxer und den Kitzbüheler Bergen treffen, die mit ihrer sanfteren Struktur das ideale Gelände bieten. Die Hochtouren führen uns in die Zillertaler, Stubaier und Ötztaler Alpen sowie in die Silvrettaberge. Große weiße Flecken in unserer Skitouren-landkarte gibt es naturgemäß in den Lechtaler Alpen, im Karwendel und Wetterstein, wo sich aber – bei günstigen Verhältnissen – überraschend schöne Skitouren finden. Besonderes Augenmerk haben wir darauf gelegt, Touren für die Saison zu beschreiben. Schwerpunkt sind altbekannte und immer wieder gerne begangene Skianstiege. Daneben stellen wir auch eine Reihe fordernder Anstiege für ausdauernde Skialpinisten vor, für die alle Voraussetzungen genau passen müssen. Beherzigen Sie bitte immer die Anmerkungen zu den Lawinenverhältnissen und stimmen Sie Ihre Planung mit dem aktuellen Lagebericht (www.lawine.at) ab!

War das Skitourengehen früher eher eine elitäre Sache, so ist es mittlerweile zu einem wahren Breitensport geworden. Vieles ist dadurch einfacher geworden: An den Ausgangspunkten der beliebten und viel begangenen Standardtouren kann man oft mit eigenen Parkplätzen für Tourengeher und praktischen Aufstiegsrouten direkt vom Parkplatz aus rechnen. Dass sie meist mit Geldschluckautomaten versehen sind, muss man einsehen oder wenigstens zähneknirschend in Kauf nehmen. Auch die vielfach kritisierten Forstwege lernen Skitourengeher zu schätzen, erleichtern sie doch die Überwindung der engen Waldpassagen und verschonen Jungwald und Aufforstungsgebiete.

Völlig Unbekanntes dürfen Sie sich nicht erwarten, aber viele Varianten und Alternativen, mit denen sich das Standardprogramm erweitern lässt. Ab und zu taucht auch eine Skitour auf, die früher ein streng gehüteter Geheimtipp war, heute aber vermehrt besucht wird. Mit der Tatsache, dass man nicht mehr alleine unterwegs ist, muss man sich abfinden. Wer eine einsame Skispur durch die frisch verschneiten Hänge ziehen will, muss schon früh aufstehen. Aber sehen Sie es positiv: Man trifft viele Gleichgesinnte, man marschiert in einer festen Spur und rasch ausgefahrene Naturpisten erleichtern die Abfahrten auch bei schlechten Schneeverhältnissen.

Bis in den Sommer verlängern kann man die Skitourensaison in den hohen Regionen der Gletscherskigebiete, wo sich abseits des Pistenbetriebs noch einige besonders schöne Skianstiege finden. Durch die Lifterschließung sind die Top-of-Tyrol-Berge wie Wildspitze, Zuckerhütl, Weißseespitze und manch andere Gletschergipfel ohne großen Aufwand mit kurzem Aufstieg und einer Riesenabfahrt möglich.

Immer noch allgegenwärtig bleibt die Lawinengefahr – trotz aller technischen Errungenschaften eine permanente Bedrohung abseits der Piste. Gute Ausrüstung kann zwar das Risiko vermindern, soll aber beileibe nicht als Lebensversicherung betrachtet werden. Die vielen Verunglückten, alle Jahre wieder, sollen uns eine Warnung sein. Lesen Sie daher bitte aufmerksam die Hinweise der Lawinenexperten Harry Riedl und Walter Würtl – und beherzigen Sie ihre Ratschläge!

Viel Freude auf allen Skitouren wünscht Kurt Pokos

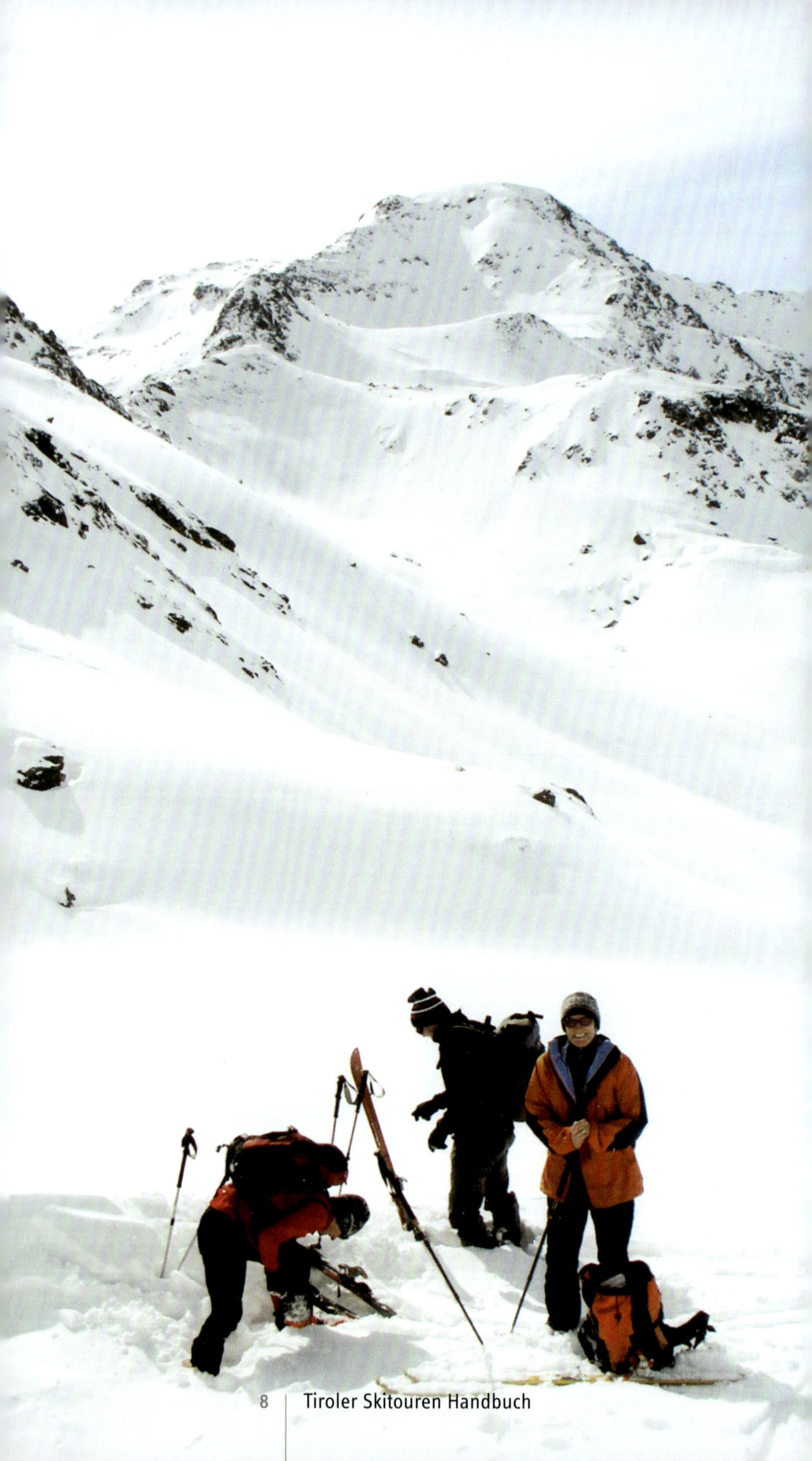

Basisablaufschema im Lawinennotfall

Allgemeines

Jeder, der sich beruflich oder privat in den winterlichen Bergen bewegt, muss sich die Frage stellen, was im Falle eines Lawinenunfalles zu tun ist. Nach Auswertungen des Kuratoriums für Alpine Sicherheit und der Alpinpolizei müssen sich jede Wintersaison rund 200 Personen konkret dieser Situation stellen, da sie in Lawinenunfälle verwickelt sind. Wahrscheinlich ist die Zahl sogar noch höher, da es eine nicht zu unterschätzende Dunkelziffer gibt.

Charakteristisch für eine Notsituation ist, dass man mehr oder weniger unvorbereitet und plötzlich mit einer außerordentlichen Lage konfrontiert ist und dabei zumeist nur über beschränkte Ressourcen (Rettungsmittel) verfügt. Um trotzdem handlungsfähig zu bleiben, empfiehlt es sich, nach einem bestimmten Schema vorzugehen, mit dem man sich idealerweise schon vorher vertraut gemacht hat.

Checklisten oder individuelle Vorgehensweise?

Checklisten oder Notfallalgorithmen für den Lawinenunfall haben den Vorteil, dass selbst Ersthelfer ohne viel Erfahrung zu guten Ergebnissen in der Lawinenrettung kommen und auch in komplexen Situationen handlungsfähig bleiben. Standardmäßig werden alle wichtigen Punkte erfasst – eine Grundlage für effiziente und gleichzeitig sichere Einsätze. Der Nachteil von festgelegten Checklisten ist, dass der Spielraum für situativ angepasste (variable) Lösungen wesentlich kleiner ist.

Profis mit viel Erfahrung und großem Know-how können dieses natürlich jederzeit einsetzen und von den Vorgaben der Checklisten abweichen. Die Praxis bei Lawineneinsätzen zeigt jedoch, dass es nur sehr wenige Personen gibt, die tatsächlich über so etwas wie „Routine" bei Lawineneinsätzen verfügen. Wenn man als Bergführer, der nicht auch hauptberuflich als Bergretter tätig ist, schon wirklich viel Erfahrung mit Lawinenunfällen gesammelt hat, sollte man sich das eigene Risikomanagement überhaupt noch einmal überlegen.

Ablaufschema

1) Ruhe bewahren!

Noch bevor man mit der Rettung beginnt, ist es wichtig, einmal tief durchzuatmen und möglichst Ruhe zu bewahren. Auch wenn es schwierig ist, gilt es, möglichst „cool" zu bleiben und keine Hektik aufkommen zu lassen. Nur wer nicht in Panik gerät, kann auch effizient helfen! Leute, die den richtigen Ablauf im Lawinennotfall schon oft geübt haben, zeigen auch im Ernstfall eine bessere Performance.

2) Überblick verschaffen!

Zuallererst gilt es, sich einen Überblick über die Situation zu verschaffen. Gibt es weitere Gefahren, beispielsweise Absturzgefahr, ist überlegtes Handeln wichtig, damit die Situation sich nicht noch durch einen weiteren Zwischenfall verschärft. Außerdem gilt hier die Grundregel: Die Sicherheit des Retters steht an oberster Stelle!

Hat man den Lawinenabgang beobachtet, ist es wichtig, den Verschwindepunkt (Punkt, an dem der Verschüttete zuletzt an der Oberfläche gesehen wurde) festzuhalten. Dieser Punkt bestimmt nämlich in weiterer Folge den primären Suchraum, also den Bereich, in dem man die Verschüttetensuche beginnt – es ist jener Bereich, in dem der Verschüttete wahrscheinlich liegt: Er befindet sich unterhalb des Verschwindepunktes in Fließrichtung der Lawine.

Der primäre Suchraum umfasst häufig auch Staubereiche bei Steinen, Bäumen oder Geländestufen. Nachdem er abgesucht wurde, geht man zu den Rändern der Lawine über.

Weiters sind noch die Fragen nach der Anzahl der Verschütteten und der verwendeten Notfallausrüstung zu beantworten. Beide Punkte haben nämlich eine wichtige Auswirkung auf die weitere Vorgehensweise.

3) Notruf

Der richtige Zeitpunkt, um den Notruf abzusetzen, hängt in erster Linie von den Umständen ab. Sofort nachdem man sich einen Überblick verschafft hat, setzt man einen kurzen Notruf ab – wenn eine der folgenden Situationen gegeben ist:

- → Professionelle Rettung ist rasch zu erwarten (Handyempfang, Flugwetter, Pistennähe, …).
- → Es sind genügend Retter vor Ort, sodass jemand den Notruf übernehmen kann, ohne dass in der Verschüttetensuche eine Zeitverzögerung entsteht.
- → Die rasche Kameradenrettung hat wenig Erfolgschancen, da der Verschüttete oder die „Retter" keine Notfallausrüstung mitführen bzw. nicht wissen, wie man damit umgeht.

Ist man als Retter alleine oder sind professionelle Rettungskräfte aufgrund von fehlendem Handyempfang oder schlechten Witterungsbedingungen innerhalb eines kurzen Zeitraumes nicht zu erwarten, beginnt man gleich mit der Verschüttetensuche und setzt den Notruf später – nach erfolgter Erster Hilfe – ab.

Hat man Handyempfang, wählt man den Alpinnotruf 140. Hat man mit dem eigenen Netz keinen, jedoch Zugriff auf das Mobilfunknetz eines anderen Netzbetreibers, wählt man die Nummer 112. Über diesen Euronotruf kommt man in die nächstgelegene Polizei-Leitstelle, von der aus der Einsatz dann koordiniert wird.

Für Bergführer ist es jedenfalls überlegenswert, sich ein alternatives System zur Alarmierung (z.B. Satelliten-Handy) anzuschaffen.

Rasch gilt es die folgenden Fragen zu beantworten:

→ Wo ist es passiert?
→ Was ist passiert?
→ Wie viele Personen sind betroffen?
→ Wie sind die Wetter- und Sichtbedingungen?

Stets ist dabei den Anweisungen der Leitstelle zu folgen, ihre Fragen sind zu beantworten. Nachdem die Leitstelle das Gespräch beendet hat, sollte man erreichbar bleiben (Mobiltelefon eingeschaltet lassen).

Bei der Ortsangabe ist es hilfreich, wenn man die Koordinaten des Unfallorts kennt. Diese können entweder der Karte entnommen (braucht Zeit) oder vom GPS-Gerät bzw. einem Smartphone mit GPS-Funktion abgelesen werden. Sogenannte Notruf-Apps können in diesem Zusammenhang wertvolle Hilfestellung geben, wenngleich man mit einer klassischen Ortsangabe („Wir sind ca. 100 Hm oberhalb der XY-Alm") immer noch am schnellsten ist.

Auch wenn ein kurzer Notruf abgesetzt wurde, empfiehlt es sich, nach Freilegen der Atemwege des Verschütteten bzw. nach erfolgter Erster Hilfe nochmals anzurufen, um sich zu vergewissern, dass ein Einsatz bereits angelaufen ist und es keine Missverständnisse gegeben hat.

Hat man keinen Empfang und ist die Verschüttetensuche erfolglos, muss man notfalls den Unfallort verlassen, um Hilfe zu holen bzw. um einen Notruf abzusetzen.

4) Signalsuche

Die Verschüttetensuche beginnt mit der Signalsuche. In dieser ersten Suchphase wird mit Auge, Ohr und LVS-Gerät der primäre Suchraum am Lawinenkegel abgesucht. Bin ich als Retter alleine, muss die Oberflächensuche (mit Auge und Ohr) gleichzeitig mit der LVS-Suche erfolgen.

Damit dies überhaupt gelingen kann, hält man das LVS-Gerät mit dem Lautsprecher seitlich ans Ohr. So kann man ein mögliches „Erstsignal" – das immer akustisch kommt – nicht überhören und die Augen gleichzeitig auf die Oberfläche richten, um eventuell Gegenstände zu entdecken. Außerdem muss man natürlich schauen, wo man hinläuft.

Um die Empfangsreichweite des eigenen LVS-Geräts noch zu erhöhen, empfiehlt der Schweizer Rettungsexperte Manuel Genswein, das LVS-Gerät während der Signalsuche dreidimensional neben dem Ohr zu drehen.

Die Suchstreifenbreite ist geräteabhängig und beträgt zwischen 20 und 50 m. Die Suchrichtung wird von der Position des Retters bestimmt und kann sowohl von unten nach oben, als auch von oben nach unten gehen. Ist man zu Fuß unterwegs (bei harten Ablagerungen, im schwierigen Gelände oder bei großen Blöcken) geht man in rechtwinkeligen Suchstreifen vor. Kommt man mit Skiern von oben, macht man Schrägfahrten.

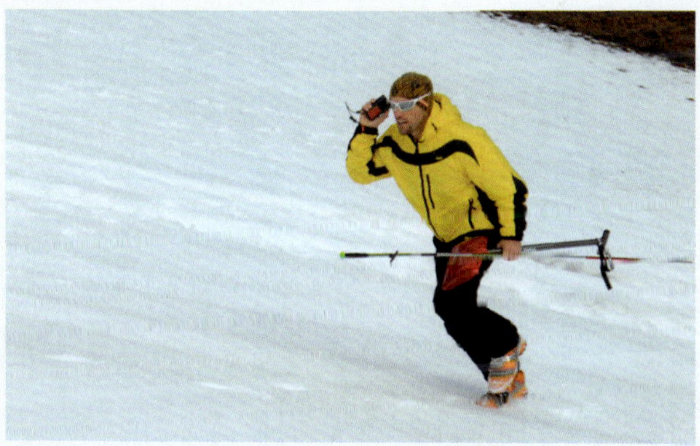

Signalsuche

Die Suchgeschwindigkeit sollte in der Phase der Signalsuche so hoch als möglich sein. Insbesondere deshalb muss man sich immer überlegen, wie man sich schnell auf der Lawine bewegen kann. Fundgegenstände werden dabei an Ort und Stelle belassen und deutlich sichtbar aufgestellt. In unmittelbarer Nähe von Fundgegenständen ist die Chance, die verschüttete Person zu finden, besonders groß. Eine besonders aufmerksame Suche in diesem Bereich ist deshalb wichtig.

Stehen mehrere Retter zur Verfügung, teilt man sich die Suche auf. Damit es eine effiziente Signalsuche geben kann, sollten bei kleineren Lawinen nur so viele Retter mit dem LVS-Gerät suchen, wie Verschüttete angenommen werden. Alle anderen Retter schalten ihr LVS-Gerät „aus"!

Bei großen Lawinenkegeln und mehreren Rettern geht man in 20 m-Suchstreifen auf Signalsuche. Zur Organisation mehrerer Retter ist es wichtig, dass einer das Kommando übernimmt.

Die Signalsuche geht bis zum Auffinden des Opfers (wenn es an oder nahe der Oberfläche liegt) bzw. bis zum Erstempfang am LVS-Gerät. Achtung: Häufig wird die Oberflächensuche zu schlampig durchgeführt, weil man sich zu sehr auf das LVS-Gerät konzentriert.

Hat man am eigenen LVS-Gerät ein Erstsignal, so ist dies deutlich mittels Ruf „Signal!" an die anderen Retter zu kommunizieren.

5) Grobsuche

Als Grobsuche bezeichnet man die Suche vom Erstsignal bis in den Nahbereich (ca. 3 m) des Verschütteten. Dabei folgt man mittels LVS-Gerät den Feldlinien – zuerst sehr rasch, je näher man kommt, immer im Sinne des „airport approach". Diese von Manuel Genswein entwickelte Vorgehensweise ist mit dem Landeanflug vergleichbar: In weiter Entfernung bewegt sich ein Flugzeug sehr schnell zum ungefähren Zielpunkt; ist es dann in unmittelbarer Nähe, wird es langsamer, um schließlich punktgenau am Boden zu landen.

Auf die Lawinensituation umgesetzt bedeutet das: Ich folge der Anzeige meines LVS-Geräts im Laufschritt

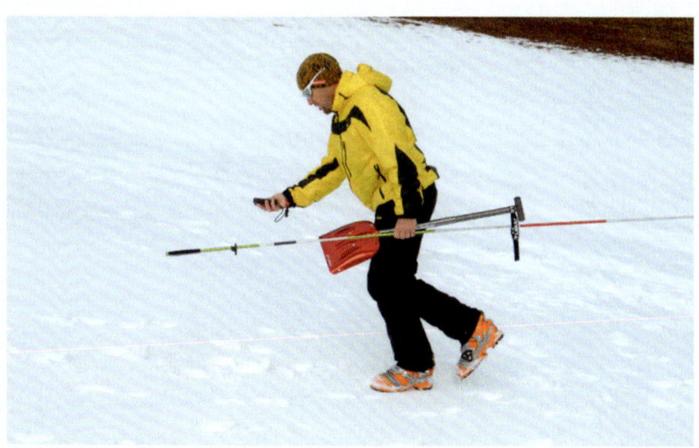

Grobsuche

bis ca. 10 m Entfernungsanzeige, danach verlangsame ich meine Geschwindigkeit etwas, um den Pfeilen genau folgen zu können und dem Gerät genügend Zeit zu geben, die Signale zu verarbeiten. Spätestens bei der Anzeige von 3 m gehe ich mit meinem LVS-Gerät direkt auf den Boden bzw. die Schneeoberfläche.

Bei der Grobsuche nimmt die Geschwindigkeit also mit der Annäherung ab – dafür steigt die Suchgenauigkeit.

Damit auch alle anderen Retter und insbesondere der „Einsatzleiter" Bescheid wissen, werden die Annäherungsmarken „10 Meter!" und „3 Meter!" laut und deutlich kommuniziert.

6) Feinsuche

Spätestens ab ca. 3 m Entfernungsanzeige beginnt man mit der Feinsuche. Da man mit den modernen 3-Antennen-LVS-Geräten eine relativ genaue Positionsbestimmung durchführen kann, reicht es, wenn man den Punkt der geringsten Entfernung zum Verschütteten durch einmaliges „Einkreuzen" ermittelt. Dabei wird das LVS-Gerät nicht mehr gedreht, sondern langsam und präzise über die Schneeoberfläche geführt.

Die Feinsuche wird abgeschlossen, indem der Punkt mit der geringsten Entfernung am LVS-Display durch Einstechen der Schaufel markiert wird.

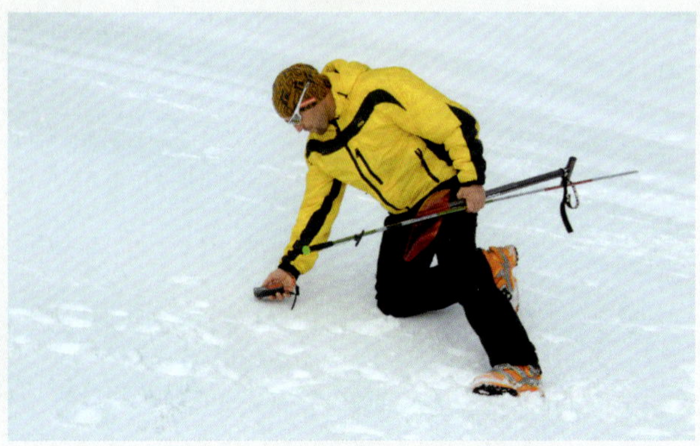

Feinsuche

Bei nur einem Verschütteten wird das eigene LVS-Gerät sofort auf „Senden“ zurückgeschaltet und rasch in einer verschließbaren Tasche am Körper versorgt. Gibt es mehrere Verschüttete, wird das LVS-Gerät ausgeschaltet bzw. je nach Gerät auf „Rettungsmodus“ geschaltet.

Bei der Feinsuche sollte man insgesamt behutsam vorgehen, da man direkt über dem Verschütteten steht und eine möglicherweise vorhandene Atemhöhle nicht zerstören möchte.

7) Punktortung

Die letzte Phase der Verschüttetensuche stellt die Punktortung mittels Sonde dar. Begonnen wird bei der Schaufel, die den Punkt der geringsten Entfernung bzw. der höchsten Signalstärke markiert. Führt der erste Sondenstich nicht zum Erfolg, wird spiralförmig oder kreisförmig weitersondiert (Abstand der Sondierpunkte ca. 25 cm).

Durch eine systematische Sondierung lässt sich relativ rasch ein größerer Bereich absuchen. Spiralförmiges oder kreisförmiges Sondieren hat den Vorteil, dass man kleine Wege macht und auch nach „hinten“ arbeitet. Hat man einen „Treffer“, bleibt die Sonde als Orientierung für das Ausschaufeln stecken.

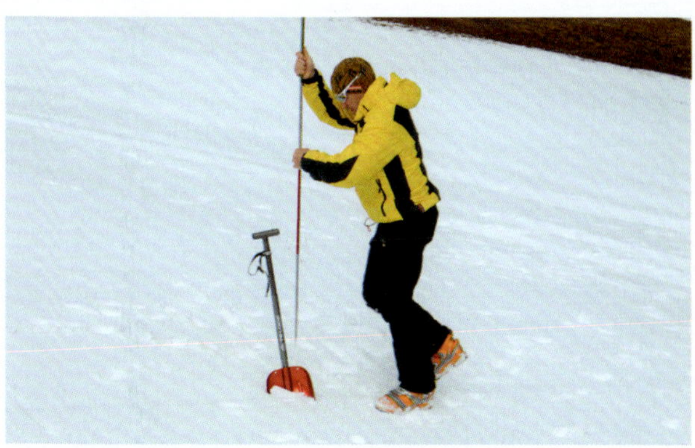

Punktortung

Die Sonde hat insgesamt gesehen den Vorteil, dass sie den Sucherfolg bestätigt, man dadurch neue Motivation schöpft und Informationen über die Verschüttungstiefe bekommt. Der „Sondentreffer“ wird jedenfalls wieder lautstark kommuniziert. Entwickelt wurde diese Form der Punktortung ebenfalls von Manuel Genswein.

Exkurs: Verschüttetensuche bei Personen ohne LVS-Gerät

Leider kommt es (immer noch) sehr häufig vor, dass Personen ohne LVS-Gerät von Lawinen verschüttet werden. Während man diese Situation in der organisierten Rettung mit Lawinenhunden, anderen technischen Hilfsmitteln (z.B. RECCO) oder großen Sondiermannschaften meistern kann, steht bei der Kameradenrettung nur eine sorgfältige Oberflächensuche und eine selektive Sondierung der primären Verschüttungsräume zur Verfügung.

Damit man bei der Sondierung innerhalb kurzer Zeit eine möglichst große Fläche absuchen kann, muss man eine Methode wählen, bei der Flächensuchgeschwindigkeit und Trefferwahrscheinlichkeit optimal sind. Das „offene Sondieren“ ist eine von Tim Auger und Bruce Jamieson entwickelte und überprüfte Methode, mit der man bei gleicher Trefferquote rund 30 % schneller sondieren kann als mit der herkömmlichen Suchmethode.

Vorgangsweise

- → Primären Suchbereich möglichst genau festlegen.
- → Mit ausgestreckten Armen nebeneinander aufstellen – der richtige Abstand ist dann erreicht, wenn sich die Fingerspitzen berühren.
- → Jeder Retter sondiert einmal in der Mitte, einmal 50 cm links und einmal 50 cm rechts. Die Sondiertiefe beträgt im ersten Durchgang max. 2 m.
- → Danach macht man einen Schritt (70 cm) nach vorne und wiederholt den Vorgang.

Häufig stellt sich beim Sondieren die Frage, wie man einen Verschütteten erkennt. Dies ist insofern kein Problem, da die Sondendetektion in den allermeisten Fällen über die Eindringtiefe der Sonde erfolgt. Kann ich meine Sonde immer 2 m tief einstechen und gelingt dies plötzlich nicht mehr, habe ich wahrscheinlich einen Treffer gelandet. Fingerspitzengefühl ist zwar gefragt, aber da man ohnedies Handschuhe an hat, darf man hier nicht zu viel erwarten.

8) Ausschaufeln

Gerade in den letzten Jahren wurde der Stellenwert des systematischen Schaufels deutlich, da die mögliche Zeitersparnis in diesem Bereich beträchtlich ist.

Ist man als Retter alleine, beginnt man unterhalb der Sonde mit dem Ausgraben. Die Entfernung zur Sonde entspricht dabei der Verschüttungstiefe. Wichtig ist, dass man keinen „Brunnenschacht" gräbt, sondern den Schnee großflächig wegschaufelt.

Als derzeit wohl beste Schaufelstrategie in der Gruppe kann das V-förmige Schneeförderband von Manuel Genswein bezeichnet werden. Dazu stellen sich die Retter V-förmig unterhalb der Sonde auf – bei flachen Ablagerungen macht man ein breites V (doppelte Verschüttungstiefe), bei steilen Ablagerungen ein schmales V (einfache Verschüttungstiefe). Der Abstand der Retter zueinander beträgt ca. 80 cm, wobei man sich wechselseitig positioniert. Das Kommando übernimmt der Retter an der Spitze. Da der Retter an der Spitze die höchste Belastung hat, sollte spätestens nach 4 Min. im

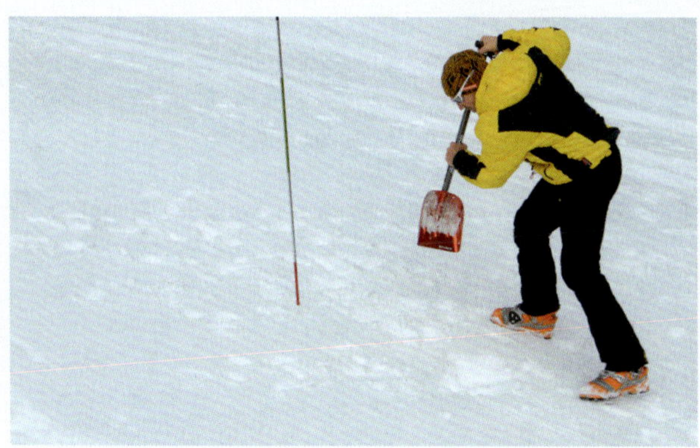

Ausschaufeln

Uhrzeigersinn rotiert werden. Nur dadurch kann auch über einen längeren Zeitraum die Grableistung aufrecht erhalten werden. Sobald man den Körper erreicht, müssen schnellstmöglich die Atemwege freigelegt werden, um das Überleben des Verschütteten zu gewährleisten. Tatsächlich ist nämlich Ersticken die Haupttodesursache bei Ganzverschütteten in Lawinen. Bereits beim Ausschaufeln sollte man darauf achten, ob der Verschüttete freie Atemwege hat – dies ist eine wichtige Information für die weitere Behandlung durch den Notarzt.

Der Retter an der Spitze verwendet zum Freilegen der Atemwege nur noch seine Hände, um das Opfer vor weiteren Verletzungen zu bewahren. Die restlichen Retter rücken auf und graben den Verschütteten weiter aus. So kann während des Ausgrabens mit den lebensrettenden Sofortmaßnahmen begonnen werden.

Da das V-förmige Schneeförderband erst ab einer Gruppe von 5 Personen wirklich gut funktioniert, kann man in kleineren Gruppen auch ein umgekehrtes V machen. Diese von Bruce Edgerly (BCA) entwickelte und publizierte Technik ist jedenfalls eine gute Alternative.

9) Erste Hilfe

Hat man den Körper freigeschaufelt und sind noch weitere Personen verschüttet, ist das LVS-Gerät des Opfers auszuschalten, um die weitere LVS-Suche nicht zu stören. Ist der Verunfallte freigeschaufelt, sind weitere lebensrettende Sofortmaßnahmen zu ergreifen. Je nach dem, welches Verletzungsmuster vorliegt, gilt es, die geeigneten Maßnahmen zu treffen – von der Herz-Lungen-Wiederbelebung bis zur Wundversorgung.

Bei längeren Verschüttungszeiten (> 35 Min.) kommt auch dem Aspekt einer allgemeinen Unterkühlung ein wichtiger Stellenwert zu. Kälteschutz bzw. Schutz vor weiterer Auskühlung ist auf jeden Fall angebracht, da bis zum Eintreffen der Rettungsmannschaften unter Umständen noch einige Zeit vergehen kann. Aufgrund der besonderen Situation bei einem Lawinenunfall sollte man sich als Skitourengeher unbedingt eingehend mit den Erste-Hilfe-Maßnahmen auseinandersetzen.

Die wichtigsten Punkte bei der Lawinenrettung sind:

→ **Ausgraben und Kopf freilegen**
Atemwege sofort mit den Händen vom Schnee befreien. Ist eine Atemhöhle vorhanden?

→ **Bewusstseinskontrolle**
Erfolgt auf „Anrufen" keine Reaktion, wird durch Berührung (leichtes Zwicken) ein Weckreiz gesetzt. Reagiert der Verschüttete adäquat und ist er bei Bewusstsein, wird er weiter ausgegraben und bestmöglich versorgt (Kälteschutz, Schockbekämpfung, ...). Reagiert er nicht, ist kein Bewusstsein vorhanden – es folgt die Atemkontrolle.

→ **Atemkontrolle**
Die Mundhöhle wird inspiziert und bei Verlegung (z.B. durch Schnee) gesäubert. Dazu wird der Kopf vorsichtig zur Seite gedreht. Erst danach wird er überstreckt und mit Wange und Ohr die Atmung kontrolliert. Die Hand legt man dabei auf den Brustkorb, um zu fühlen, ob sich dieser hebt und senkt. Falls normale Atmung feststellbar ist: Vorsichtig weiter ausgraben, stabile Seitenlage herstellen, vor Kälte schützen und überwachen.

→ **Sofortige Beatmung**
Falls keine normale Atmung feststellbar ist, sofort (noch vor dem vollständigen Ausgraben) mit der

Beatmung beginnen. Dazu bleibt der Kopf in überstreckter Position und man führt in der eigenen Atemfrequenz eine Mund-zu-Mund-Beatmung durch (Beatmungsvolumen ca. 500–600 ml). Dabei beobachtet man die Hebung und Senkung des Brustkorbes als Zeichen der effizienten Atemspende.

→ **Herz-Lungen-Wiederbelebung 30:2**
Sobald es die Situation zulässt und der Verschüttete auf einer harten, festen Unterlage liegt, wird mit der kombinierten Herz-Lungen-Wiederbelebung im Verhältnis 30:2 begonnen. Der Druckpunkt liegt dabei in der Mitte des Brustkorbes, die Drucktiefe beträgt ca. 4–5 cm und die Frequenz mindestens 100/Min. Nach 30 Herzmassagen wird zwei Mal beatmet. Die Wiederbelebung wird so lange durchgeführt, bis der Betroffene wieder normal atmet oder die Rettungsmannschaften eintreffen.

→ **Abtransport**
Der Abtransport des Verschütteten sollte idealerweise durch die Bergrettung bzw. durch professionelle Rettungskräfte erfolgen, da hier sehr schonend vorgegangen werden muss. Das behelfsmäßige Abtransportieren mittels Biwakschleife ist ein Notbehelf, der nur in absoluten Ausnahmesituationen gerechtfertigt ist.

Bei vielen Rettungseinsätzen im Gebirge kommt der Hubschrauber zum Einsatz. Der Landeplatz sollte einigermaßen eben, hindernisfrei und mindestens 5 × 5 Meter groß sein. Die Entscheidung, ob gelandet wird, bleibt immer dem Piloten vorbehalten. Bei Tiefschnee ist der Landeplatz nach Möglichkeit mit Skiern festzutreten.

Der Einweiser steht mit dem Rücken zum Wind am Ende des Landeplatzes. Bei der Landung muss der Einweiser unbedingt an seinem Platz bleiben. Er ist bei aufgewirbeltem Schnee die einzige Orientierungshilfe für den Piloten.

Achtung: Der unmittelbare Bereich um den Hubschrauber ist eine Gefahrenzone. Lose Gegenstände (z.B. Biwaksack, Bekleidung etc.) müssen weggeräumt werden. Eine Annäherung zum Hubschrauber erfolgt nur auf Zeichen der Besatzung.

Zusammenfassung

Rechtzeitig üben! Damit man im Ernstfall nicht überfordert ist, sollte man das Notfallmanagement beim Lawinenunfall regelmäßig üben. Diese Übung darf sich natürlich nicht nur auf die LVS-Suche beschränken – alle Punkte müssen angesprochen und durchgearbeitet werden. Prinzipiell gilt aber immer noch, dass Vorbeugung und Prävention von Lawinen an erster Stelle stehen und man alles daransetzen muss, durch angepasstes Verhalten nie in die Situation einer Lawinenverschüttung zu geraten. Um keine aufwändigen und gefährlichen Fehleinsätze der Bergrettung zu verursachen, sollten alle Lawinenauslösungen gemeldet werden. Dies hat auch den Vorteil, dass sie statistisch erfasst werden können und somit Grundlagen für die Unfallprävention darstellen.

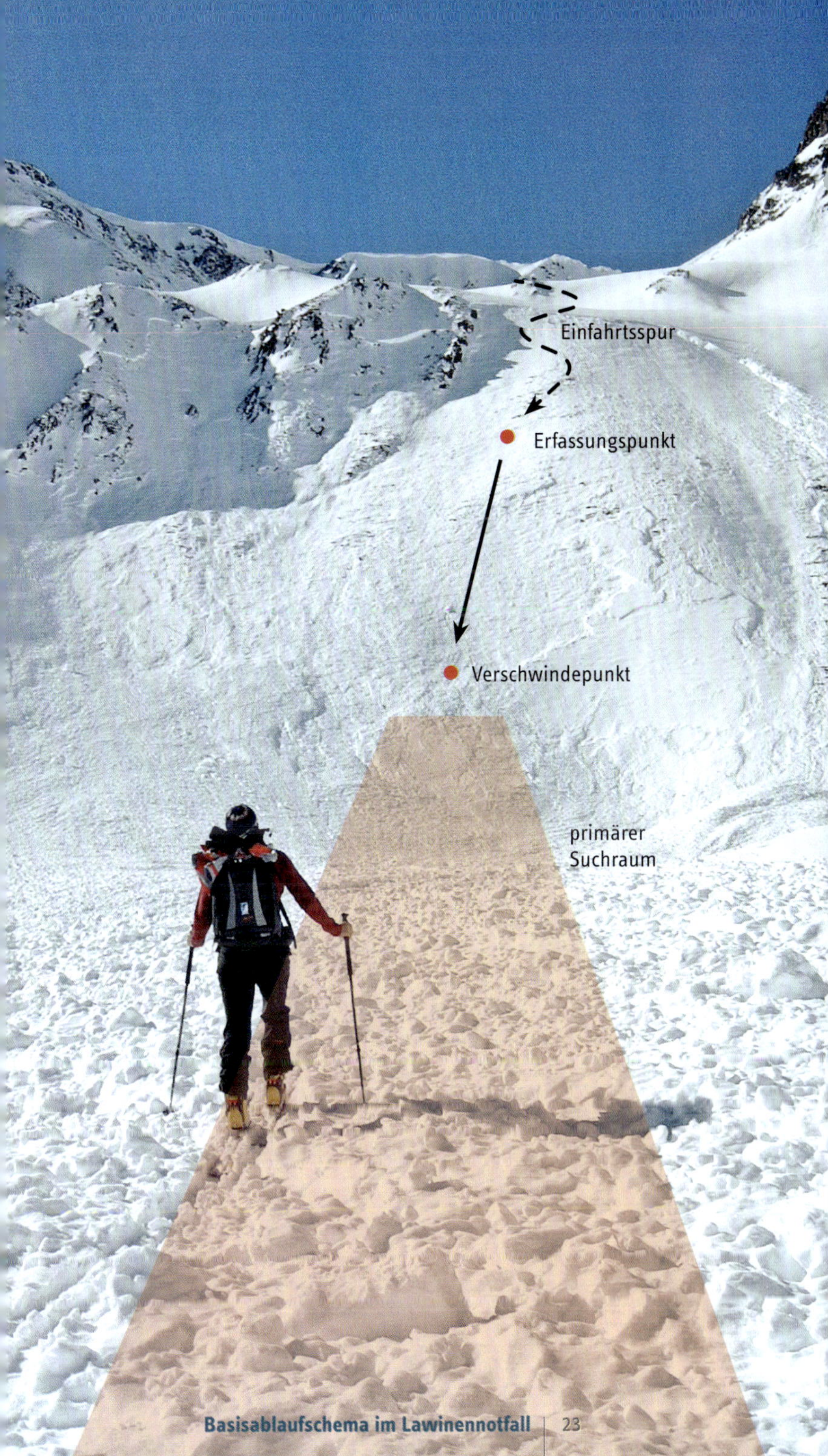
Einfahrtsspur
Erfassungspunkt
Verschwindepunkt
primärer
Suchraum

1 Kaltenberg 2896 m

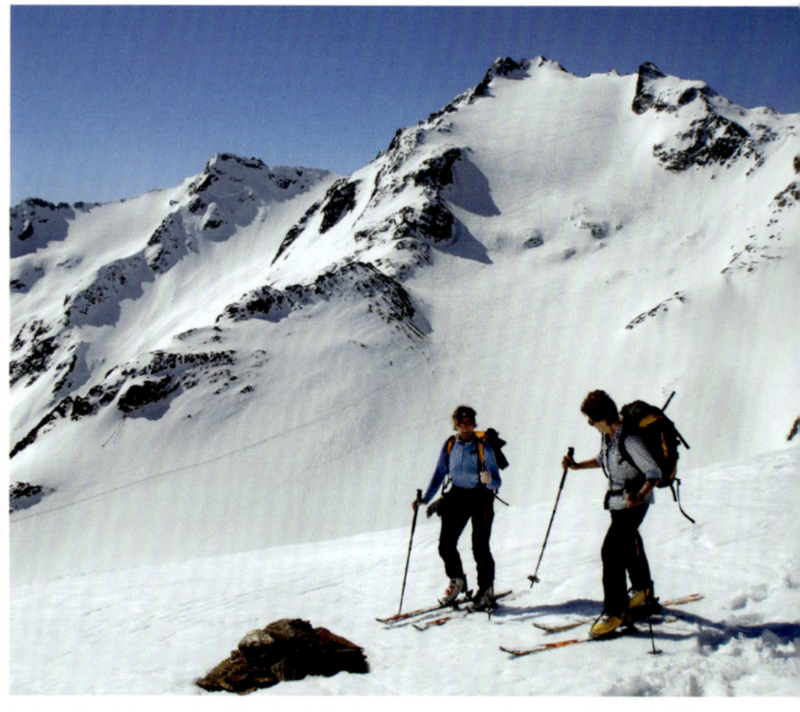

Erst am Krachelgrat präsentiert der Kaltenberg seinen ausnehmend schönen Gipfelhang.

→ **Verwallgruppe**

Ein Skiberg der Extraklasse ist der Kaltenberg in der Verwallgruppe am Arlberg. Der Gipfel liegt genau an der Tiroler Landesgrenze, der Anstieg erfolgt jedoch zur Gänze auf der Vorarlberger Seite.

Ausgangspunkt: Stuben am Arlberg, Talstation Albonabahn.

Höhenmeter, Zeit: Albonagrat (2391 m) – Maroikopf (2522 m) 30 Min., 150 Hm. – Abfahrt Krachelkar (bis ca. 2200 m) – Krachelgrat (2586 m) 1:30 Stunden – Kaltenberg (2896 m) 1 Stunde. Gegenanstieg Krachel (130 Hm., 20 Min.). Insgesamt 3:30 bis 4 Stunden, Aufstieg 1120 Hm., Abfahrt 2200 Hm.

Lawinensituation: Sicherste Verhältnisse erforderlich.

Landkarte: Kompass-Karte Silvretta/Verwall, mit Skirouten, Bl. 41, 1:50.000.

So locker wie manch anderer Skiberg geht der Kaltenberg nicht her, doch die grandiose Abfahrt entschädigt reichlich für den etwas umständlichen Aufstieg. Eine Tour für den Spätwinter, vor allem solange man die Lifthilfe der Albonabahn in Anspruch nehmen kann. Diese verkehrt üblicherweise bis Anfang Mai. Man startet dann schon hoch oben am Albonagrat, hat aber schon zwei Abfahrten und zweimaliges Auffellen in den Beinen, bis man den Gipfel überhaupt zu Gesicht bekommt. Auch am Rückweg stellt sich noch ein Gegenanstieg in den Weg, bis man endlich vom Krachelgrat aus die ungehinderte Talfahrt nach Langen antreten kann. Das bedeutet, dass man im Handling fix sein sollte und nicht zuviel Zeit verlieren darf. Auch muss man sich überlegen, welche der beiden möglichen Anstiegsvarianten man wählt. Die Meinungen gehen auseinander: die einen bevorzugen den hier beschriebenen Nordanstieg (mit der Abfahrt ins Krachelkar), die anderen fahren lieber von der Maroischarte nach Süden →

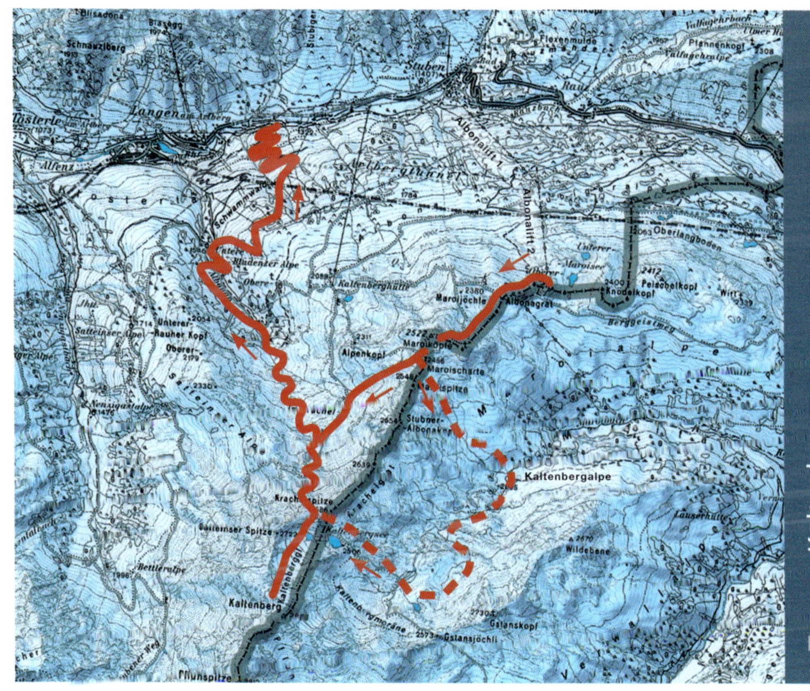

bis auf Höhe der Kaltenbergalpe ab, haben 200 Höhenmeter mehr Aufstieg, sparen sich dafür aber die Abfahrt vom Krachel in die Gipfelmulde. Vom Gegenanstieg bei der Abfahrt bleibt aber keiner verschont.

Ausgangspunkt: Anfahrt von St. Anton entweder über den Arlbergpass oder durch den Tunnel nach Stuben. Die Albonabahn (verkehrt üblicherweise bis Anfang Mai, 15 Euro) befördert auch Tourengeher. Auffahrt mit zwei Sektionen zum Albonagrat (2391 m).

Aufstieg: Die dritte Sektion mit dem südseitigen Lift bringt gar nichts, besser startet man gleich am Unteren Maroijoch, quert Richtung Westen hinüber zum Maroikopf, dessen Gipfelhang man in einer festgetretenen Spur mit geschulterten Skiern besteigt.

Abfahrt nach Westen in die Maroischarte, wo man sich nun entscheiden muss. Nach Norden rattert man über die harschigen Hänge bis in den obersten Boden im Krachelkar auf einer Höhe von 2200 m. Dort fellt man auf und findet meist eine gut angelegte Aufstiegsspur, die im äußerst rechten Teil des Kares über mehrere Gratschultern auf die Grathöhe unmittelbar neben der Krachelspitze leitet. Der Kaltenberg mit seinem makellosen Gipfelhang bietet einen grandiosen Anblick. Zuvor fährt man aber in die Seemulde ab und steigt eher im linken Teil des riesigen 400-m-Hanges bis knapp unter den Gipfel. Die letzten Schritte zum Kreuz haben es noch in sich und sind mit Hilfe eines Fixseiles zu bewältigen.

Abfahrt nach Langen: Zuerst im Gipfelhang bis in das flache Becken, von dem der Gegenanstieg aufs Krachel führt. Auffellen und Aufstieg in der steilen Sonnenflanke (130 Hm., 20–30 Min.) zur Grathöhe neben der Krachelspitze. Dann Abfahrt über eine Reihe von prächtigen Steilhängen in gerader Linie nach Norden. Man hält sich am besten – im Sinne der Abfahrt – eher in den linksseitigen Hängen auf. Weiter unten wartet noch eine steile Bachschlucht, nach der flache Almböden bis zur Unteren Bludenzer Alpe führen. Üblicherweise fährt man am Forstweg, nun rechts des Baches, hinunter nach Langen. Ist die Schneegrenze schon bis hier heraufgerückt, heißt es die Skier gut 30 Minuten tragen. Man kommt genau beim Westportal des Bahntunnels an und muss dann nur noch schauen, wie man die 2 km nach Stuben hinaufkommt (per Bus oder Autostopp).

2 Knödelkopf 2400 m Peischlkopf 2412 m Wirt 2339 m

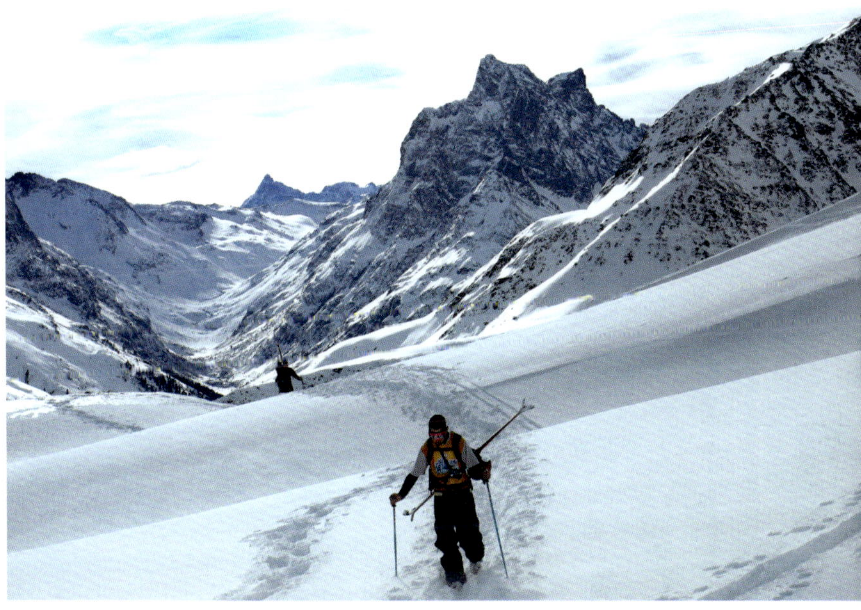

Beeindruckend bei dieser Höhenwanderung ist das Panorama, das vom mächtigen Patteriol dominiert wird.

Verwallgruppe

Beuschel mit Knödel, Herr Wirt! Als „Wirtstour" bekannt ist die Überschreitung dieser drei kleinen Gipfel über dem Arlbergpass. Feine Schnuppertour ohne jeden Lift mit rauschender Abfahrt nach St. Christoph.

Ausgangspunkt: St. Christoph, Parkplatz bei der Findelkind-Galerie (1760 m), alternativ Arlbergpass (1793 m), Passhöhe.

Höhenmeter, Zeit: Knödelkopf (2400 m) ca. 2 Stunden, Übergang zum Peischlkopf (2412 m) 20 Minuten, Übergang zum Wirt (2339 m) 20 Minuten. Insgesamt 700 Hm.

Lawinensituation: Sichere Lawinensituation erforderlich.

Landkarte: Kompass-Wanderkarte mit Skirouten Silvretta/Verwallgruppe, Nr. 41, 1:50.000, AV-Karte 3/2 Lechtaler Alpen, Arlberggebiet 1:25.000. →

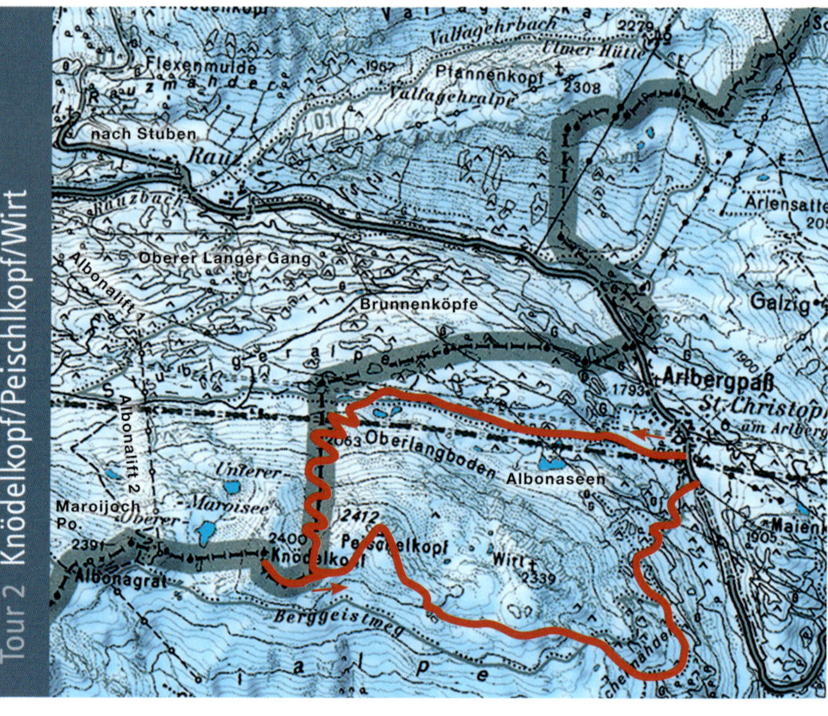

Die Skilehrer am Arlberg, die ihre Gäste abseits der Pisten ins Tiefschneegelände führen, machen sich erst gar nicht die Mühe, lange zu Fuß aufzusteigen. Sie fahren mit den Liften von Stuben auf die Albona und beginnen dort diese Skitour, zu der sie nicht einmal Steigfelle benötigen, weil sie die kurzen Gegenanstiege mit geschulterten Skiern in der Spur stapfen. Nach Überschreitung der drei kleinen Berge in der nördlichen Verwallgruppe winkt eine schöne Abfahrt nach St. Christoph. Der richtige Tourengeher braucht aber keine Lifte. Er startet in St. Christoph, direkt auf der Passhöhe, und steigt zuerst auf den Knödelkopf, womit der Großteil des Aufstiegs bereits geschafft ist. Dann geht man hinüber zum nahen Peischlkopf und weiter zum Wirt, von dem es zwei Abfahrtsmöglichkeiten zurück nach Christoph gibt.

Die Tour braucht eine niedrige Lawinenwarnstufe. Besonders für die steile Abfahrtsvariante über die Nordflanke am Wirt sind sichere Verhältnisse notwendig.

Ausgangspunkt: Direkt nach der Findelkind-Galerie vor St. Christoph am Arlberg linker Hand auf dem großen Parkplatz. Von hier aus kann man auch gleich die geplante Abfahrt vom Wirt in Augenschein nehmen. Alternative: Parkplatz am Arlbergpass direkt auf der Passhöhe unmittelbar nach St. Christoph.

Aufstieg: Vom Parkplatz entlang der Zufahrt zurück bis über die Brücke (so spart man sich eine Bachquerung), dann in Richtung der rechten Hochspannungsleitung durch den Graben in ein langgezogenes flaches Tal, das sich hinter den Brunnenköpfen am Fuß unserer drei Gipfel nach Westen zieht. Vom Arlbergpass: Bei der eingeschneiten hölzernen Imbissbude beginnt schon die Skispur. Man steigt auf den ersten Rücken, quert nach links in einen steilen Bachgraben, den man etwas mühsam mit kurzen Spitzkehren überwindet und erreicht dann das lang gezogene flache Tal. Dort trifft man mit der linken Hochspannungsleitung zusammen und folgt ihr so lange durch das Tälchen (ca. 1 km), bis sich linker Hand ein breiter Steilhang für den Aufstieg anbietet. Weiter vorne sieht man einen Lüfterturm des Arlbergtunnels. Nach dem Steilhang erreicht man eine Geländestufe, dahinter eine Karmulde und mündet am Sattel (2330 m) zwischen Knödel- und Peischlkopf. Nur mehr wenige Höhenmeter trennen dann noch von den beiden Gipfeln. Südseitig um den Peischlkopf herum und über den flachen Boden zum Wirt, dem niedrigsten des Dreigestirns. Nach Belieben kann auf den weiten Hängen hier auch weiter abgefahren und wieder aufgestiegen werden. Abfahrt vom Wirt erst in Richtung Süden (ca. 200 Hm.), dann biegt man allmählich nach Nordosten ein und hält auf St. Christoph zu. Man mündet beim Nordportal der Findelkind-Galerie. Wer die Rechnung ohne den Wirt machen will, kann gleich vom Sattel zwischen Knödel- und Peischlkopf entlang der Aufstiegsspur nach St. Christoph abfahren.

Wirtstour mit Lift: Will man auf dieser Tour mühelos und rein skifahrerisch auf seine Rechnung kommen, fährt man von Stuben mit dem Lift in zwei Sektionen auf den Albonagrat. Nach kurzer Abfahrt ins Untere Maroijoch umrundet man den Knödelkopf südseitig, stapft gleich auf den Peischlkopf und nach kurzer Abfahrt weiter zum etwas niedrigeren Wirt. Abfahrt nach St. Christoph. Um nach Stuben zurückzukommen, fahren die Skifahrer noch auf Galzig und Valluga und auf der Valfagehrabfahrt nach Rauz und zurück nach Stuben.

3 Vordere Rendlspitze
2816 m

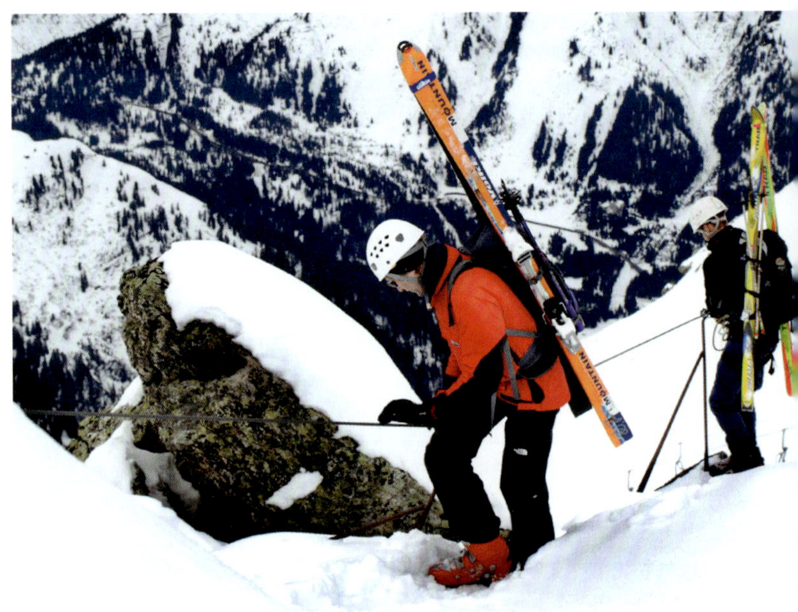

Ein völlig neues Gefühl vermittelt das Klettern im winterlichen Felsgelände.

→ **Verwallgruppe**

Erst Klettersteig, danach tolle Skiabfahrt. Der erste Arlberger Winterklettersteig auf die Vordere Rendlspitze bei St. Anton ist speziell für Begehungen bei winterlichen Verhältnissen angelegt. Zum Einstieg gelangt man mit dem Lift.

Ausgangspunkt: St. Anton a. A., Rendlbahn. Auffahrt zum Rendl mit Gondelbahn, mit Sessellift Riffel 1 und Riffel 2 zum Einstieg (2645 m).

Höhenmeter, Zeit: Winterklettersteig zur Vorderen Rendlspitze (2816 m) – Mitterkarspitze (2792 m), Schwierigkeit B/C, Länge 850 m, 180 Hm., 1:30 bis 2 Stunden.

Landkarte: Kompass-Karte Silvretta/Verwallgruppe 41, 1:50.000., AV-Karte 3/2 Lechtaler Alpen, Arlberggebiet

Normalerweise halten die stahlseilversicherten Klettersteige einen langen Winterschlaf, so sie sich nicht gerade in unmittelbarer Talnähe befinden. Im Hochgebirge sind die Seile und Eisenbügel lange unter einer dicken Schneedecke verborgen. Nicht so der Winterklettersteig auf die Rendlspitze im Verwallgebirge südlich von St. Anton am Arlberg. Denn dieser wurde speziell für die Skisaison konzipiert und so angelegt, dass die auf hohen Eisenständern verankerten Seile kaum unter der Schneedecke zu liegen kommen und stets gut griffbereit sind. Die Stahlseilstrecke hat eine Länge von 850 Metern und überwindet knapp 200 Höhenmeter. Zum Großteil verläuft der Klettersteig auf einem schwach ausgeprägten Schneegrat, unterbrochen von ein paar steilen, aber nur kurzen Felsstufen, wo man doch recht kräftig zupacken muss.

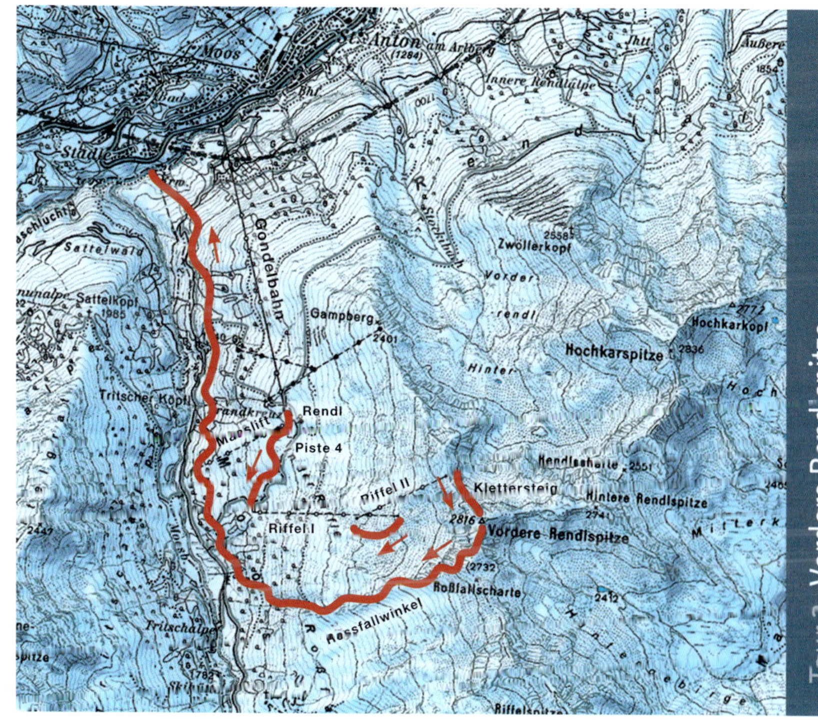

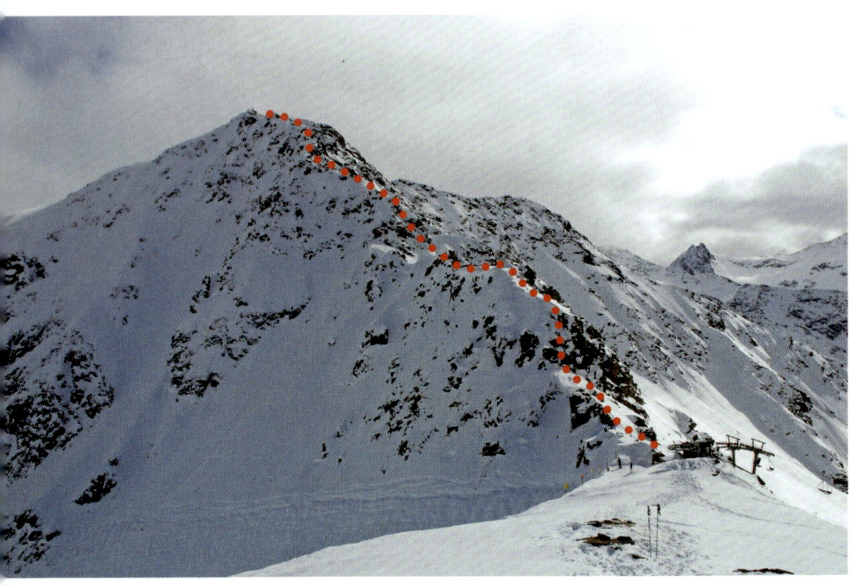

Der erste Arlberger Winterklettersteig führt über den gut gestuften Nordgrat auf die Vordere Rendlspitze. Der Einstieg befindet sich unmittelbar neben der Bergstation des Riffelliftes.

Der Schwierigkeitsgrad liegt zwischen B und C, mit einer kurzen Stelle D, wobei aber erschwerend hinzukommt, dass man die Skier auf den Rucksack geschnallt hat und eventuell, je nach Verhältnissen, auch mit Steigeisen klettern muss. Denn das ist der Clou an diesem Unternehmen: dass nach dem Klettersteig und dem südseitigen Abstieg in die Rossfallscharte noch eine tolle Tourenabfahrt ins Moostal oder ins Malfontal wartet. Und zum Einstieg gelangt man – bequemer geht es wohl nicht – mit Gondelbahn und Sessellift.

Ausgangspunkt: In St. Anton a. A. zum Parkplatz der Rendlbahn (P6, Tagesgebühr 7 Euro). Tourenkarte für Gondelbahn und Sessellifte 19,50 Euro. Von der Bergstation am Rendl auf Piste 4 abwärts, Richtung talein, zum Riffellift I, danach nochmals kurze Abfahrt zum Riffellift II und in die Riffelscharte.

Der Einstieg zum Klettersteig befindet sich unmittelbar neben der Bergstation. Nötig ist zusätzlich zur Skitourenausrüstung das komplette Klettersteigset, evtl. Leichtsteigeisen. Auch eine gute

Befestigung der Skier am Rucksack ist wichtig und vor allem keine glatten Handschuhe.

Der Klettersteig beginnt gleich mit einer kurzen C-Stelle. Über die erste Schulter im Schnee zu einem sperrenden Felsriegel. Die Steilstufe kann direkt überwunden oder wesentlich leichter rechts im Schneegelände umgangen werden. Weiter oben wartet noch die kurze Schlüsselstelle in Form eines engen Spaltes (D), wo ein kräftiger Klimmzug nötig ist. Danach weiter, großteils im Schneegelände und über kurze Felsstufen zum höchsten Punkt. Die Zeitangaben für den Klettersteig schwanken zwischen einer und zwei Stunden, je nach Geschick und Verhältnissen. Vom Gipfel der Rendlspitze (2816 m) am Grat – ebenfalls gesichert – weiter Richtung Süden zur benachbarten Mitterkarspitze (2792 m), Abstieg in die Rossfallscharte.

Abfahrtsmöglichkeiten: Nach Westen führt die direkte Abfahrt durch den Rossfallwinkel ins Moostal, wobei man am Talboden ab der Rossfallalpe eine längere Schiebestrecke entlang eines Forstwegs zurück nach St. Anton zu bewältigen hat, bevor man wieder auf die Talabfahrt mündet. Man kann aber auch nach ca. 300 Höhenmetern wieder nach rechts abschwenken, ins Liftgebiet zurückkehren und am Rendl die Talabfahrt benützen.

Nach Osten bietet sich die Abfahrt durch das Malfontal an. Man mündet in Pettneu und lässt sich mit dem Skibus nach St. Anton zurückbringen.

Die Schlüsselstelle, Schwierigkeitsgrad D, kann mit einer leichteren Variante umgangen werden.

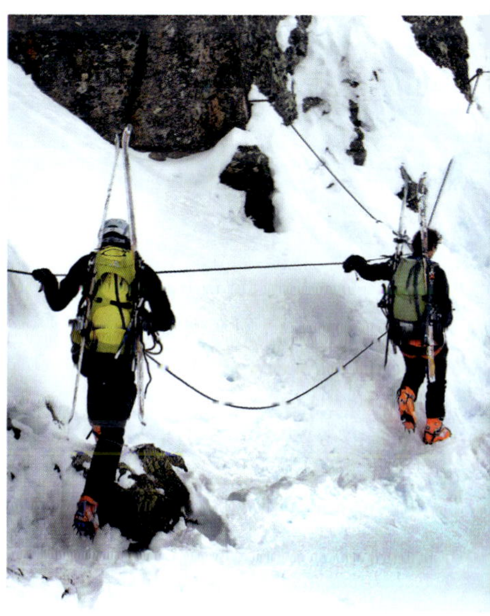

4 Sulzspitze 2084 m

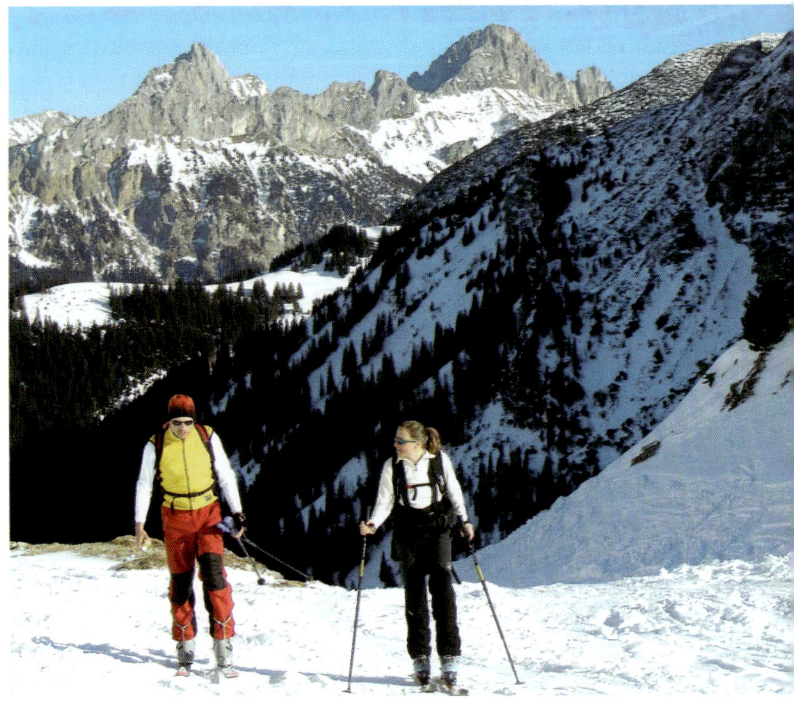

Auf der Stridenscharte ist man endlich in der Sonne. Blick auf Rote Flüh und Gimpel.

→ **Allgäuer Alpen**
→ **Tannheimer Tal**

In den Allgäuer Alpen mit ihren schroffen Gipfeln gibt es nur wenige sichere Skitouren. Die Sulzspitze dürfen Sie getrost dazurechnen. Aber nehmen Sie lieber dicke Handschuhe und einen Pullover extra mit!

Ausgangspunkt: Haldensee-Westufer (1124 m)

Höhenmeter, Zeit: 960 Hm., 2:30 bis 3 Stunden

Lawinensituation: An sich ziemlich sichere Skitour, jedoch nicht unmittelbar nach größeren Schneefällen.

Österr. Karte: Blatt 114 Holzgau, 1:50.000

Dieser harmlose Grasgipfel oberhalb des Haldensees ist ein viel besuchter Skiberg. Geht man im Hochwinter, so ist man gut beraten, sich warm anzuziehen, denn bis in den Februar hinein marschiert man im Strindental die längste Zeit im tiefen Schatten des Litnisschrofens, dafür kann man meistens mit Pulver rechnen.

Die Skitour lässt sich gut in drei Abschnitte gliedern. Das erste Drittel verläuft auf breiten Fahrwegen, die meist rasch zu einer Piste ausgefahren sind, im Talinneren folgen wunderschöne Schatten- und somit Pulverhänge hinauf zur Strindenscharte, und erst am Schluss im steilen Gipfelhang genießt man dann die volle Sonne, das herrliche Panorama der Allgäuer Alpen und den weiten Blick ins Alpenvorland.

Die Lawinengefahr hält sich in Grenzen, nur nach stärkeren Neuschneefällen sollte man einige Zeit zuwarten, denn der durch den Wald führende Fahrweg ist – ohne dass es einem besonders auffällt – gleich am Beginn von zwölf Lawinenstrichen bedroht. Danach ist „nichts mehr“, wie mir bergkundige Einheimische erklärten.

Ausgangspunkt: Von Reutte ins Lechtal bis Weißenbach und Auffahrt auf den Gaichtpass. Weiter nach Nesselwängle und bis zum →

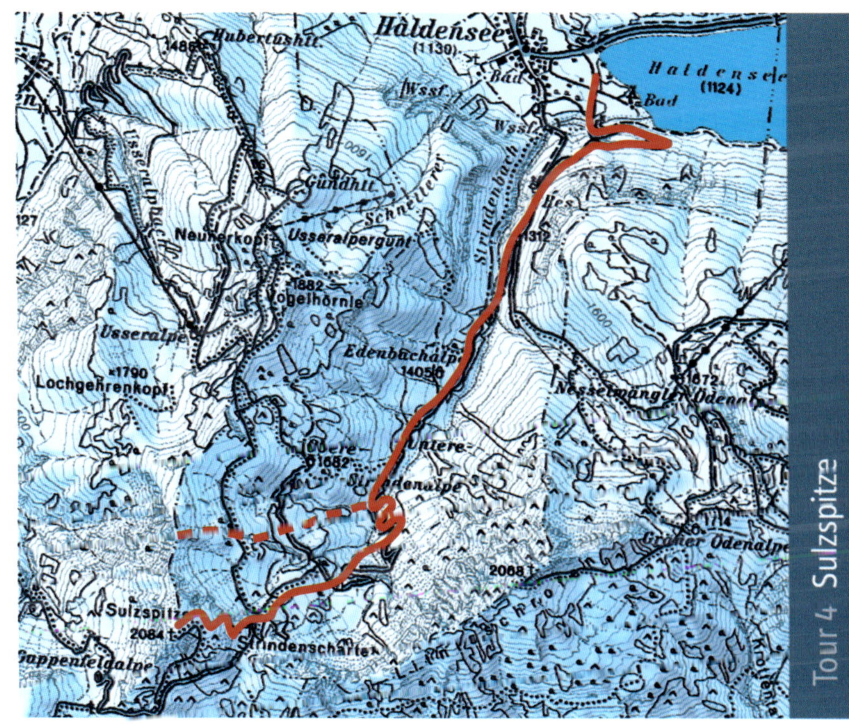

Haldensee (20 km von Reutte). An seinem Westufer, genau beim Ortsschild Haldensee (1124 m) links ab, am LL-Parkplatz vorbei und 200 m weiter zum geräumigen, gebührenpflichtigen Parkplatz für die Tourengeher.

Aufstieg: Auf der Loipe steuert man geradeaus auf den Berghang zu, geht über die Brücke und dahinter links auf dem Fahrweg ins Strindental (Wegweiser Strindenalpe). In einer langen Links-rechts-Schleife überwindet der breite Fahrweg die erste Steilstufe zum Taleingang. Bei der Weggabelung bleibt man rechts am unteren Weg. Erst noch flach, dann allmählich ansteigend bis zur Edenbachalm. Unter dieser vorbei und immer am Fahrweg talein in den großen Kessel, der von den dunklen Felsen des Litnisschrofens eingerahmt ist. Gerade vor sich erkennt man die Strindenscharte und rechts davon die Sulzspitze mit ihrem lang gezogenen Schrofengürtel unterhalb der Gipfelabdachung. Der Almweg wechselt nun die Talseite nach links, gewinnt mit ein paar flachen Serpentinen an Höhe, bis die Waldgrenze erreicht ist, und zieht dann nach rechts hinüber zur Oberen Strindenalm. Diese bleibt aber unberührt und man steuert geradeaus über schönstes Skigelände auf die breite Strindenscharte zu und kann es kaum erwarten, bis man aus den Schattenhängen in die Sonne kommt. Der Gipfelhang mit seinen 200 Höhenmetern hat es noch in sich und ist gehörig steil, lässt sich aber mit ein paar weiten Spitzkehren gut überwinden.

Der unbenannte Gratkopf rechts der Sulzspitze hat wunderschöne Sonnenhänge.

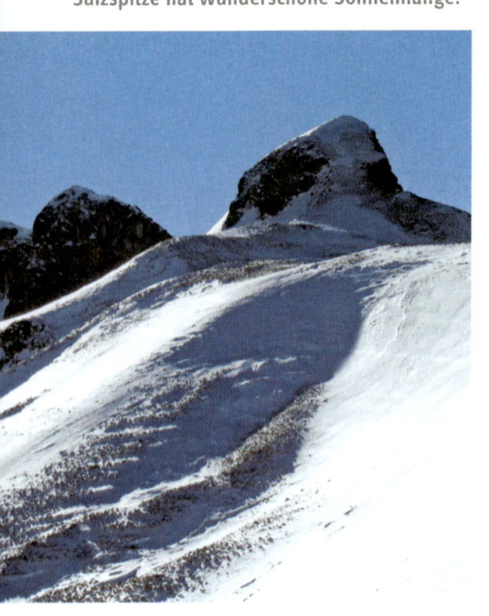

5 Bleispitze (Pleisspitze) 2225 m

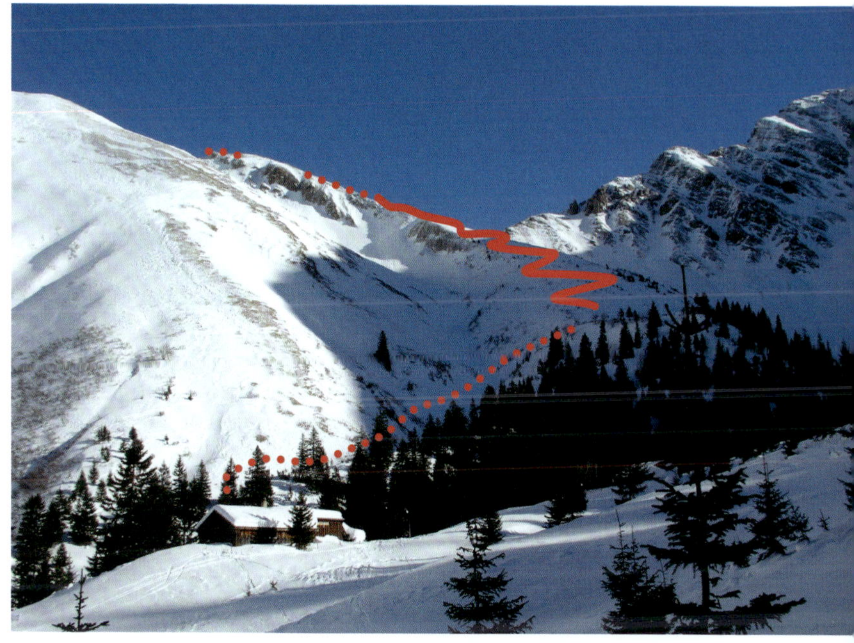

Erst wenn die Bichlbächler Alpe erreicht ist, wird der Weg zum Gipfel klar erkennbar.

Lechtaler Alpen

Die Bleispitze mit ihren glatten Hängen sticht dem Betrachter bereits auf der Fahrt von Lermoos nach Reutte ins Auge. Der Aufstieg vollzieht sich jedoch zur Gänze auf der den Blicken abgewandten Nordseite des Berges. Ausgangspunkt ist der versteckt liegende Weiler Bichlbächle.

Ausgangspunkt: Bichlbächle (1278 m).

Höhenmeter, Zeit: Bichlbächler Alm (1606 m) – Bleispitze (auch Pleisspitze, 2225 m) 2:30 bis 3 Stunden, 950 Hm. Abfahrtsmöglichkeiten mit Retouraufstieg nach Norden ins Riegetal (ca. 300 Hm.) oder nach Osten ins Gartnertal (400 bis 500 Hm.). Aufstieg zurück zum Sommerbergjöchle 1 Stunde.

Lawinensituation: selten gefährdet.

Österr. Karte: Blatt 115 Reutte, 1:50.000. →

Die Bleispitze ist eine super Skitour im Außerfern, schon wegen der großartigen Umgebung der Lechtaler Berge mit dem alles dominierenden Massiv der Zugspitze. Zum Auftakt ist gleich ein steiles Waldstück zu überwinden, in dem enge Spitzkehren erforderlich sind, was bei guter Schneelage aber kein Problem darstellen sollte. Damit hat man schon das Gröbste überwunden und das Gelände wird wesentlich freundlicher und übersichtlich.

Die Lawinengefahr ist auf dieser Seite deutlich geringer als beim Anstieg aus dem Gartnertal. Die Ortsbewohner berichten, dass es nur wenige Tage im Jahr gibt, an denen man diese Tour nicht machen kann. Auf den berühmten Firnhang an der Ostseite der Bleispitze brauchen Tourengeher mit entsprechender „Kondi" trotzdem nicht zu verzichten, wenn sie nachher einen nochmaligen Aufstieg von 400 Höhenmetern dranhängen.

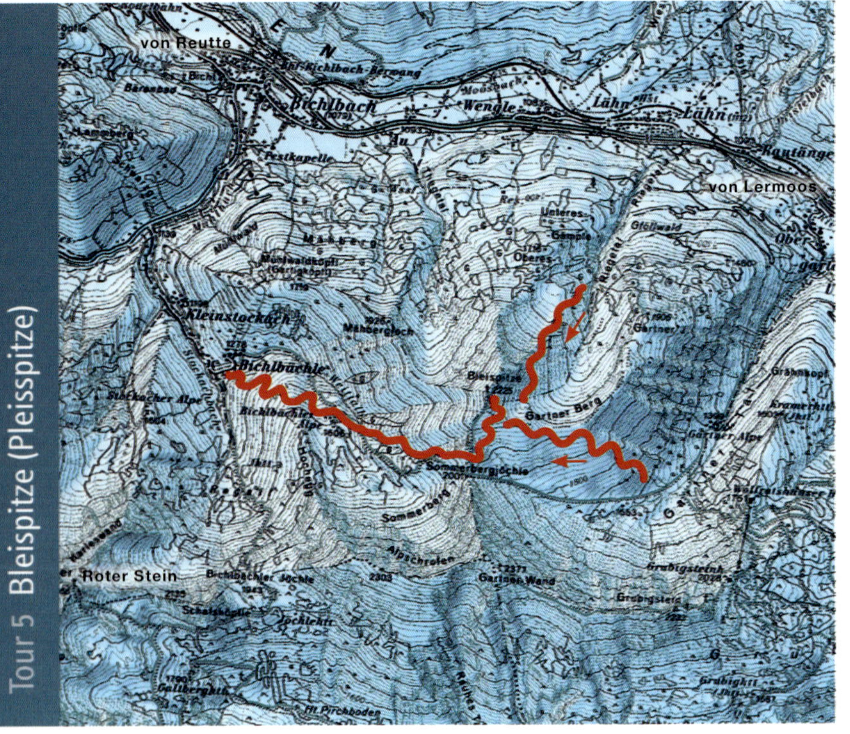

Ausgangspunkt: In Bichlbach fährt man zuerst Richtung Berwang, aber schon bald erreicht man die Abzweigung links nach Bichlbächle (2 km). Genügend Parkplätze (ohne Gebühr) unterhalb der Häuser des kleinen Weilers. Am besten parkt man am zweiten Platz rechts, vor der ersten Auffahrt zu den Häusern (noch vor dem Hinweisschild zur Imbissstube Bergmandl).

Aufstieg: Keinesfalls darf man geradeaus in den Talgrund marschieren, stattdessen folgt man einem Weg nach rechts, kommt auf eine freie Wiese und hat schon den Beginn der Aufstiegsspur erreicht. Gut angelegt führt sie links durch den steilen Wald aufwärts. In der durch Warntafeln gekennzeichneten Aufforstungszone ist der Skifahrer angehalten, auch bei der Abfahrt im Bereich der Aufstiegsspur zu bleiben und keinesfalls die freien Schneisen in den Talgrund zu befahren, auch wenn schon die Skispuren einiger Unvernünftiger hinunterführen und wieder einmal die Tourengeher in Verruf bringen.

Oben angekommen quert man auf gleicher Höhe durch den Wald auf die freie Fläche der Bichlbächler Alpe. Kurze Abfahrt über welligen Boden an der Alm vorbei bis zum Beginn eines schmalen, Waldrückens. Dort steigt man hart am Rand des Bachgrabens auf der rasch zu einer Piste ausgefahrenen Spur zur Waldgrenze. Der weitere Aufstieg ist nun klar einzusehen – entweder im spitz zulaufenden Hang, bis der Grat erreicht ist, oder dahinter im weiten Kar bis zum Sommerbergjöchle. Der vermeintlich höchste Punkt darüber entpuppt sich als Vorgipfel, dahinter warten noch ein paar Spitzkehren, bis das Gipfelkreuz mit seinem Strahlenkranz erreicht ist.

Abfahrtsvarianten mit Rückaufstieg: Auf die Traumhänge an der Ost- und auch an der Nordseite der Bleispitze braucht man nicht zu verzichten. Wer zeitmäßig im Plan ist, kann ohne weiteres zuerst in Richtung Gartnertal abfahren (ca. 400/500 Hm.) und danach gut 200 Hm. zum Sommerbergjöchle aufsteigen. Auch nach Norden gibt es unterhalb des Gipfels einen Pulverhang von 300 Hm. ins Riegetal, von dem man wieder zurück aufsteigen muss.

6 Namloser Wetterspitze 2553 m

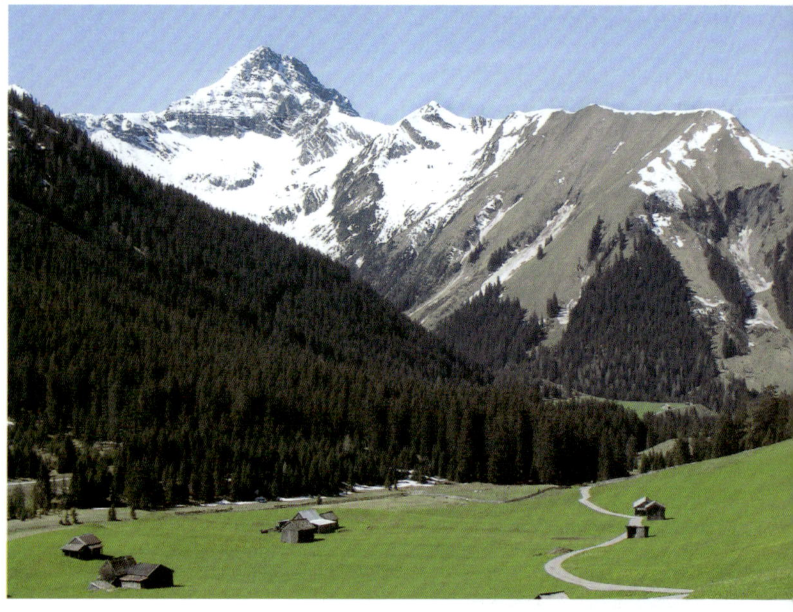

Unnahbar scheint die Wetterspitze bei Kelmen. Mit Ski erreicht man sie vom Westen.

→ **Lechtaler Alpen**
→ **Fallerscheingruppe**

Beim Anblick der wuchtigen Berggestalt beschlichen uns noch leise Zweifel, ob man ohne Probleme mit Skiern auf diesen Gipfel kommt. Dieser landschaftlich großartige Skitourenklassiker ist bei sicherer Schneelage jedoch gut zu bewältigen.

Ausgangspunkt: Namlos (1263 m), 1,5 km Richtung Stanzach, Parkplatz Fallerscheinalpe

Höhenmeter, Zeit: 1300 Hm., 3:30 bis 4 Stunden

Lawinensituation: Ernste Hochwinterskitour für sichere Verhältnisse.

Österr. Karte: Blatt 115 Reutte, 1:50.000

Wer von Berwang kommend auf Namlos zufährt und auf der Höhe von Kelmen zur Namloser Wetterspitze hinaufblickt, kommt kaum auf die Idee, dass dieser hingewuchtete Felskamm mit Skiern ersteigbar ist. Aber jeder Berg hat eben zwei Gesichter. Allerdings –

und das sei einschränkend gesagt und es gilt genauso für die meisten anderen Lechtaler Berge – muss die Lawinensituation eindeutig sicher sein, denn nicht einmal so sehr von den befahrenen Hängen an der Wetterspitze selbst, sondern eher aus den Flanken der Bschlaber und Elmer Kreuzspitzen, die mit ihren schneeweißen Wechtengraten wie Andenberge ausschauen, →

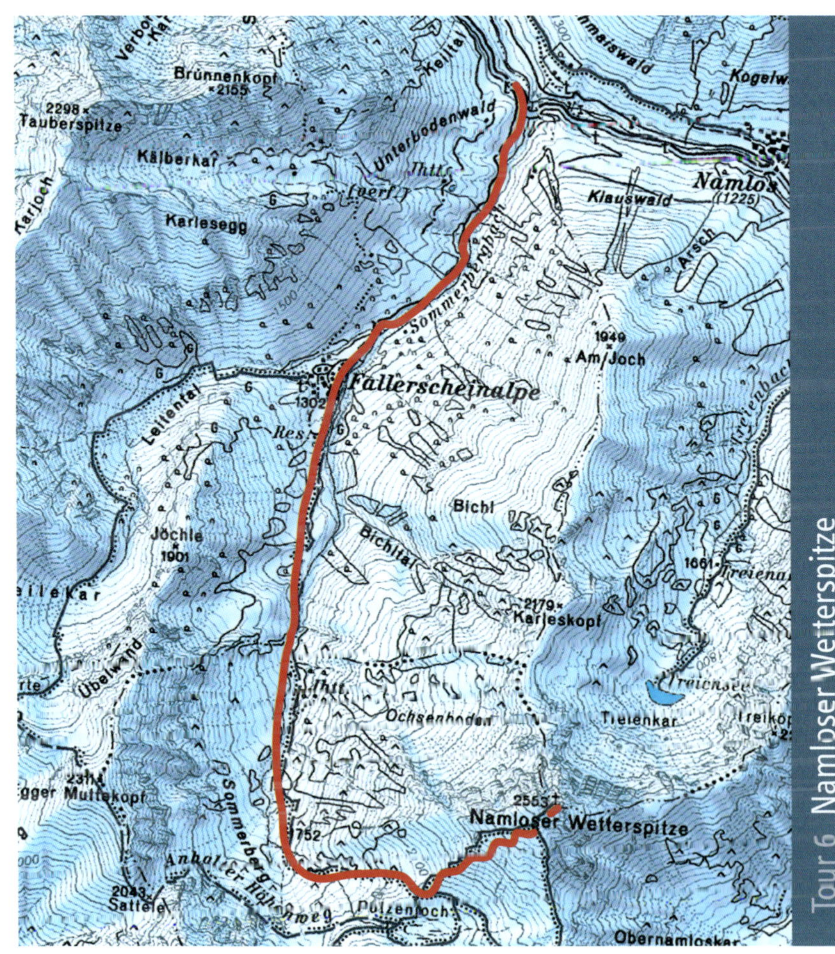

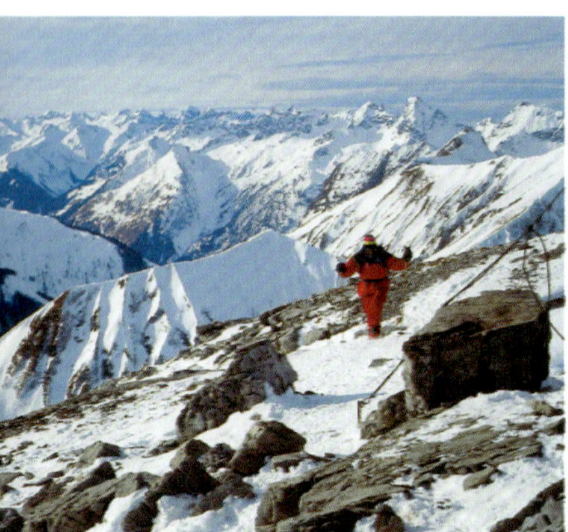

Nur wenige Meter in den Gipfelfelsen muss man zu Fuß stapfen.

drohen die Gefahren. Doch sowohl vom Gelände als auch von der Aussicht her bietet diese Tour ein prächtiges Erlebnis.

Ausgangspunkt: Von Namlos fährt man noch 1,5 km in Richtung Stanzach bis zur Abzweigung nach Fallerschein zu einem kleinen Parkplatz. Tourengeher parken oft entlang der Straße.

Aufstieg: Die Tour beginnt mit einem flachen Marsch auf dem im Winter nicht geräumten Fahrweg nach Fallerschein zu einem großen Almdorf (1302 m, 2 km, 30 Min. Man durchquert die Almsiedlung in südlicher Richtung und steigt über Wiesenterrassen am rechten Rand oberhalb der Schlucht des Sommerbergbaches bis zum Waldrand auf und gerade im Sommerbergtal einwärts, direkt auf den Felsriegel des Ortkopfs zu, der jeden Weiterweg zu sperren scheint, bis sich dann plötzlich linker Hand ein weites Kar öffnet, in das man einbiegt. Im oberen Teil der Pulverhänge zieht man durch schattige Mulden seine Spur nach rechts zu den bereits sonnenbeschienenen Hängen der Namloser Wetterspitze und erreicht eine schöne Terrasse unterhalb ihres mächtigen Gipfelhanges, der jetzt gar nicht mehr so hoch aussieht. Doch man sollte sich nicht täuschen lassen, denn die Flanke ist nur zur Hälfte einsehbar und schwingt sich noch gut 400 Höhenmeter auf. Ein genau nach Süden gerichteter Rücken vermittelt den steilen Aufstieg (entlang des Sommerweges) und wird erst im Gipfelbereich allmählich flacher. Bis knapp unterhalb des Grates mit Ski und zum Schluss über einige Felsterrassen in 5 Min. nach rechts zum höchsten Punkt.

7 Galtjoch 2109 m

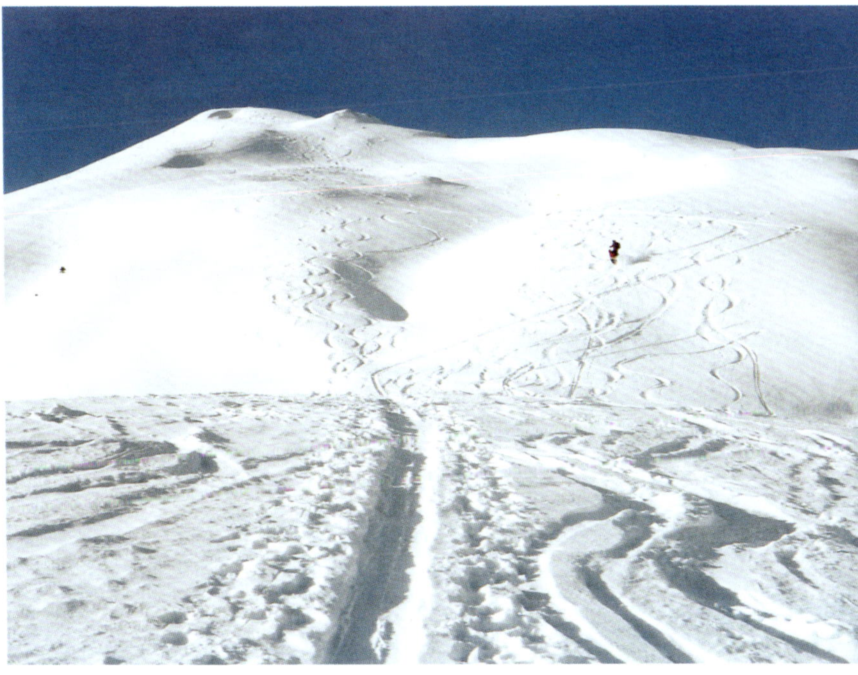

Schön gewellte Skihänge ziehen oberhalb der Waldgrenze zum Galtjoch.

Lechtaler Alpen
Liegfeistgruppe

Das Galtjoch ist viel besucht und stets angespurt – kein Wunder, bietet diese Tour doch wunderschöne Skihänge, die zudem noch sehr lawinensicher sind.

Ausgangspunkt: Weiler Rauth am Rotlech (1157 m), Zufahrt über Berwang-Rinnen

Höhenmeter, Zeit: 950 Hm., 2:30 bis 3 Stunden

Lawinensituation: Bei weitem lawinensicherste Skitour in der Umgebung von Reutte bzw. in den Lechtaler Bergen.

Österr. Karte: Blatt 115 Reutte, 1:50.000

Die weißen Hänge des Galtjochs und des Abendsteins glitzern schon von weitem in der Morgensonne, wenn man von Berwang auf Rinnen zufährt, danach sieht der Tourengeher das angestrebte Ziel lange nicht mehr, denn gut die Hälfte des Anstiegs verläuft im dichten Wald, in dem sich aber bald – eine satte Schneedecke →

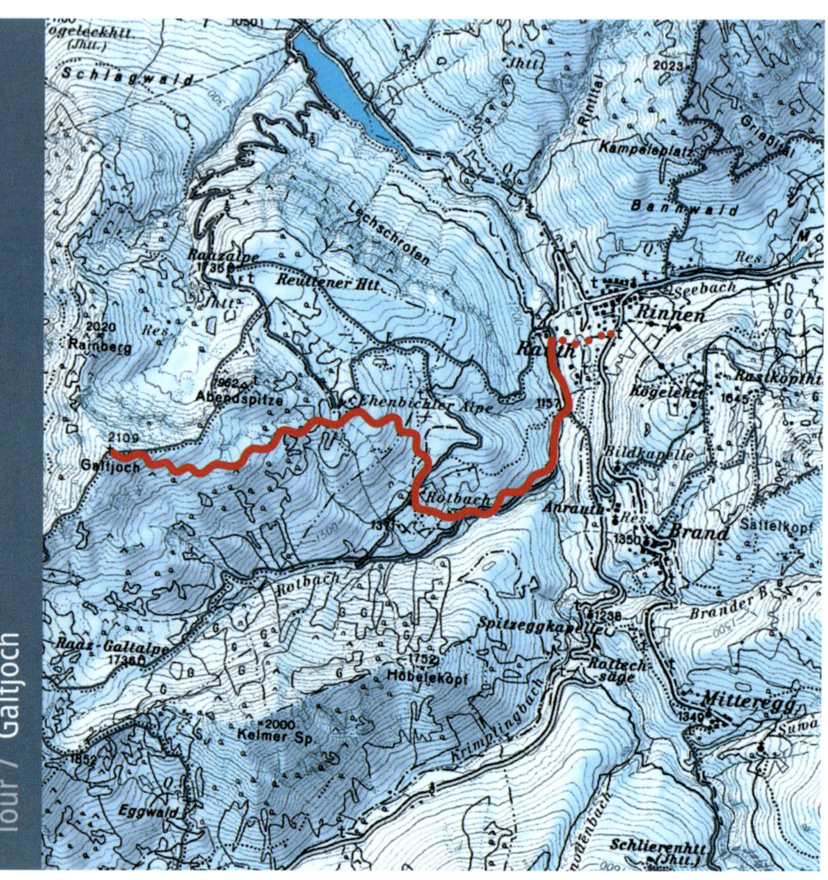

vorausgesetzt – eine regelrechte Riesenslalompiste bildet. Dafür braucht man, und das ist für Touren in den Lechtaler Bergen schon eher ungewöhnlich, kaum einen Gedanken an Lawinengefahr zu verschwenden.

Ausgangspunkt: Von Reutte oder vom Fernpass kommend auf der Fernpass-Bundesstraße bis Bichlbach und der Beschilderung folgend ins Berwanger Tal. In Berwang durch den Ort und noch ca. 2 km bis Rinnen. Bei der Ortstafel von Rinnen gleich rechts von der Straße weg zur Kapelle und hier den linken Weg abwärts. Auf dem gut geräumten, aber steilen Sträßchen in einer lang gezogenen Kehre mit 14 % Gefälle (Schneeketten!) hinunter in den Talgrund des Rotlechs nach Rauth. Hier gibt es aber nur wenige Parkmöglichkeiten gleich beim ersten Haus. Die bessere Variante wäre, bereits heroben in Rinnen zu parken und mit den Skiern beim Hotel Rotlech über die Wiesen ins Tal abzufahren. Die 100 Hm. Gegenanstieg mit 20 Minuten Mehraufwand sollten bei der nicht allzu langen Tour zu verkraften sein.

Aufstieg: Von Rauth wenige Minuten links des Baches talein bis zu einer Brücke und Wildfütterung. Über die Brücke und auf einem Forstweg nach links, Wegrichtung Ehenbichler Alm. Hoch über dem Rotlech biegt der Weg in den Seitengraben des Rotbachs und erreicht bald darauf die Rotbachwiesen mit mehreren Almhütten. Über die Wiese aufsteigen bis zum oberen Rand der Lichtung, die man schräg nach rechts verlässt. Nun im steilen Wald aufwärts durch schmale Waldschneisen und Lichtungen. Ab und zu bemerkt man alte Skimarkierungen an den Bäumen, hat aber kaum Probleme mit der Orientierung, denn meist kann man sich über eine gute Aufstiegsspur freuen, oder sich ärgern, wenn diese von Schneeschuhgehern zertrampelt ist. Bei der im Winterschlaf ruhenden Ehenbichler Alm ist die Waldgrenze erreicht. Man wendet sich nach links, folgt einem kurzen Tälchen und kommt nach einem kurzen Steilaufschwung endlich hinaus ins freie Gelände. Jetzt liegt das Galtjoch mit seinen strahlenden Hängen frei vor dem Betrachter. Fürs Erste schaut es noch weiter aus, als es in Wirklichkeit ist, und relativ locker erreicht man die Senke im Grat zwischen Galtjoch und Abendstein. Dafür ziehen sich die letzten Aufschwünge wiederum, denn der mit einem mächtigen Kreuz versehene Gipfel rückt erst ab der Grathöhe ins Blickfeld. Auf dem breiten Rücken zum höchsten Punkt.

Abfahrt: Am besten hält man sich stets in der Nähe der Aufstiegsspur. In der Tourensaison wird man meistens eine ausgefahrene schmale Piste vorfinden. Einkehrstationen unterwegs gibt es auf dieser Tour keine, dafür kann man danach dem „Heustadl" mit der höchstgelegenen Bierbrauerei Österreichs einen Besuch abstatten. Oberhalb der Kapelle in Rinnen.

8 Kleines Pfuitjöchle
2135 m

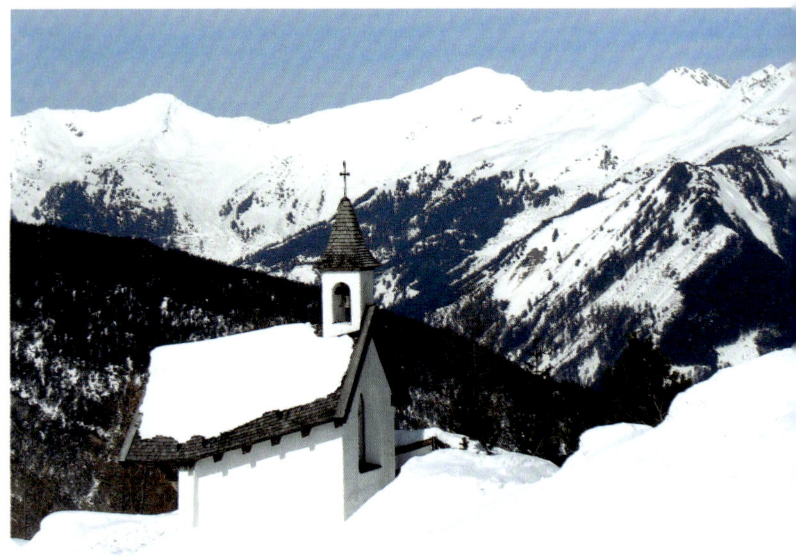

Blick vom Marienbergjoch über den Ehrwalder Talkessel zum Pfuitjöchle.

→ **Ammergauer Alpen**
→ **Estergebirge**

Der kleine Gipfel im Kamm zwischen Hochschrutte und Daniel hält eine beschauliche Tour für Genießer mit früh im Jahr auffirnenden Südhängen bereit. Ideal ist das Kleine Pfuitjöchle vor allem für Bahnfahrer: Sie können direkt neben den Schienen in die Bindung steigen.

Ausgangspunkt: Lähn (Lermoos), Bahnhaltestelle (1112 m)

Höhenmeter, Zeit: 1020 Hm.; 2:30 bis 3 Stunden

Lawinensituation: Kaum oder nur selten lawinengefährdet.

Österr. Karte: Blätter 115 Reutte und 116 Telfs, 1:50.000

So wie das Galtjoch ist auch das Pfuitjöchle unter den im Außerfern gerne als lawinengefährlich „verrufenen" Skitouren eine willkommene Ausnahme, auch wenn man es in der ÖK und in manch anderen Landkarten vergebens suchen wird. Ist der Name nicht zu finden, dann gelten die Höhenquoten „2135 m“ für das Kleine und „2196 m“ für das Große Pfuitjöchle. Alpinistisch zwar unbedeutend, als Skitour allemal schön und problemlos, zumal sich die Lawinengefahr ziemlich in Grenzen hält. Ideal ist seine leichte Erreichbarkeit, denn wo sonst kann man bei einer Bahnhaltestelle direkt neben den Schienen schon in die Bindung steigen. Und dann geht es, ohne einen flachen Meter, geradewegs in einer Linie hinauf ins Gelände. Der Wald ist hier bei weitem nicht so dicht wie am Galtjoch und lässt sich mit nur kurzen Engstellen in schönen Schneisen durchfahren und darüber befindet man sich in sonnigen Südhängen, die schon relativ früh im Jahr auffirnen.

Ausgangspunkt: Eisenbahnhaltestelle Lähn an der Bahnstrecke nach Reutte, eine Station nach Lermoos. Mit dem Auto kommt man genauso problemlos hin. →

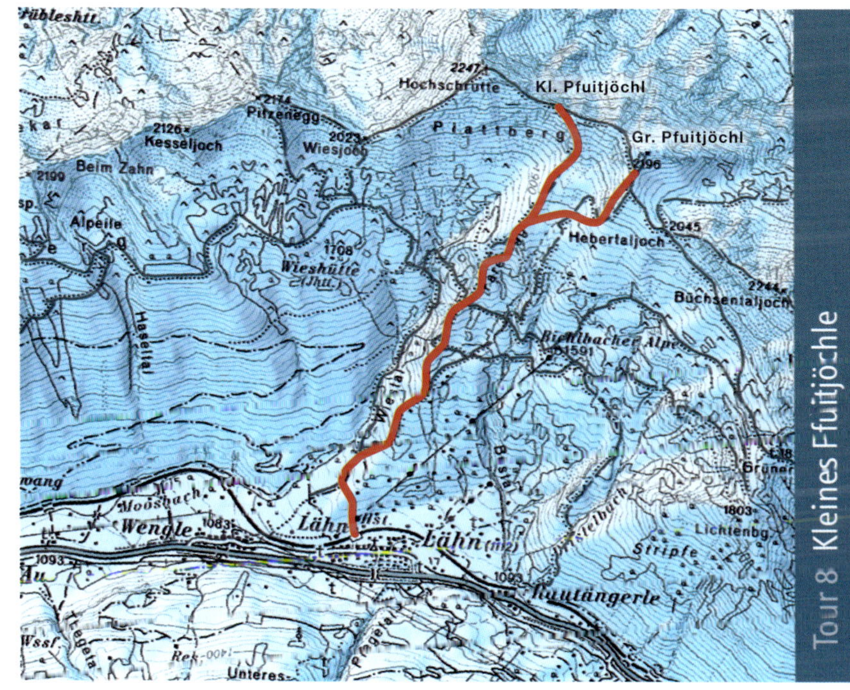

Vom Fernpass kommend, verlässt man ca. 1 km nach dem Umfahrungstunnel die Bundesstraße bei der Ausfahrt Lähn. Durch den Ort und nach der Kirche rechts ab zur Bahnhaltestelle. Man kann dort parken oder sonst an der westlichen Ausfahrtsstraße.

Aufstieg: Über die Schienen und gerade ansteigend über die Wiesen des Simesbichls hinauf zum Waldrand. Lichtungen und Waldschneisen reihen sich nahtlos aneinander, stets geht es auf dem ausgeprägten breiten Rücken (zwischen Wiestal undBöstal) gerade empor oder höchstens etwas nach rechts versetzt. Die Bichlbacher Alm rechts drüben bleibt unberührt.

Hat man am oberen Waldrand das Farenegg und damit die hindernislosen Hänge erreicht, muss man sich für das Kleine oder das Große Pfuitjöchle entscheiden. Zum Kleinen zieht man die Spur durch die flache Karwanne kerzengerade hinauf zur tiefsten Einschartung im Hauptgrat östlich der Hochschrutte. Der Gipfel befindet sich gleich links des Sattels. Zum unmittelbar östlich benachbarten Großen Pfuitjöchle (2196 m) quert man vom Farenegg noch vor der Mulde nach rechts hinaus auf einen stumpfen Rücken und verfolgt ihn bis zum etwas stärker ausgeprägten Gipfel, der sich als felsdurchsetzter Kopf präsentiert (nur unwesentlich weiter). Abfahrt entlang der Aufstiegsspur.

Tief unten liegt die kleine Ortschaft Lähn, dahinter die Bleispitze.

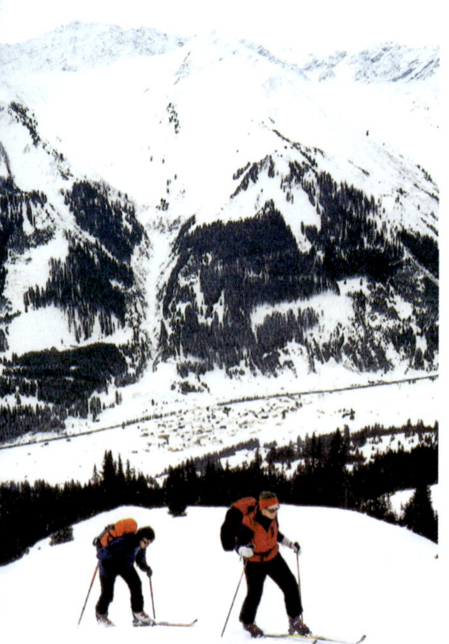

9 Roter Stein 2366 m

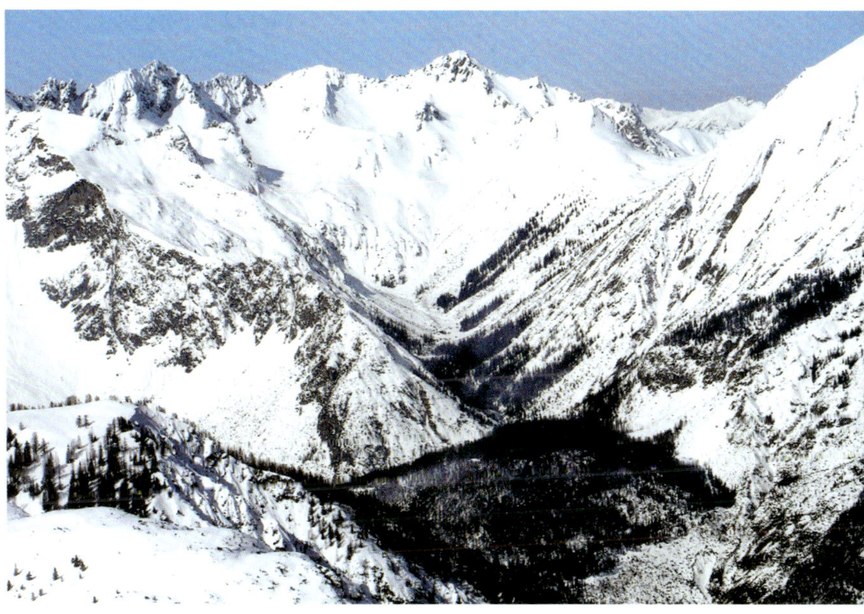

Blick über den Fernpass zum Roten Stein, links davon die Heiterwand.

Lechtaler Alpen, Ost
Loreagruppe

Entdecken Sie bei optimalen Bedingungen diesen verborgenen Leckerbissen, dessen gewaltige Hänge sich erst offenbaren, wenn man die enge Schlucht des Kälbertals passiert hat. Die hier vorgeschlagene Route ist ungewöhnlich, dafür aber weniger stark frequentiert als der klassische Aufstieg.

Ausgangspunkt: Fernpass, Passhöhe (1212 m)

Höhenmeter, Zeit: 1200 Hm., 3:30 bis 4 Stunden

Lawinensituation: Im Hochwinter nur bei sichersten Lawinenverhältnissen oder erst später, wenn mit Firn zu rechnen ist.

Österr. Karte: Blatt 115 Reutte, 1:50.000

So wie mit allen Supertouren in den Lechtaler Alpen, so ist es auch hier mit dem Roten Stein. Es ist keine Skitour für alle Tage, man muss die Lawinenlage genau beobachten und darf sich nur bei niedrigster Lawinenwarnstufe in das Kälbertal und in die steilen Osthänge wagen. Oder man →

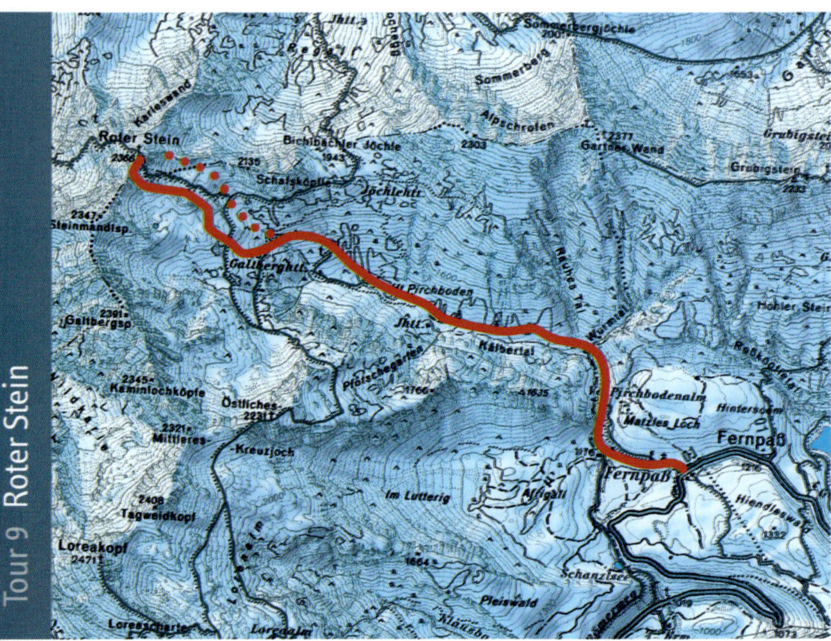

wartet überhaupt bis ins Frühjahr auf gute Firnverhältnisse. Üblicherweise wird der Rote Stein als Skitour von Norden, von Klein-Stockach her, angegangen, viel seltener vom Fernpass aus. Wohl weil er sich hier gänzlich allen Blicken entzieht und überhaupt erst zu sehen ist, wenn man den ebenfalls ganz versteckten Taleinschnitt des Kälbertals passiert hat.

Ausgangspunkt: Punktgenau am Fernpass (1212 m), direkt beim Restaurant „Fernpasshöhe".

Aufstieg: Die Tour beginnt mit einer kleinen Abfahrt hinunter zum Kälberbach (1176 m) – also noch nicht auffellen. Von der Kapelle hinter dem Restaurant auf dem breiten Weg dem Zaun entlang flach abwärts in den weiten Boden bis zum Bach, der hurtig aus der engen Mündung des Kälbertals heraussprudelt. Den Bach nicht überqueren, sondern hart an seinem orogr. linken Ufer auf die Schluchtöffnung zu, bis man auf den von rechts her kommenden Weg trifft, und in einer S-Kurve durch die meist mit Lawinenschnee gefüllte Engstelle, hinter der sich nun das Kälbertal öffnet. An seiner rechten Flanke talein in den Hinteren Pirchboden, von wo sich der ganze Anstieg auf den Roten Stein gut überschauen lässt.

Auffallend ist ein tiefer Bachgraben, ober dem die idealen Skihänge erst so richtig ansetzen. Man braucht aber nicht durch diese trogförmige steile Rinne aufzusteigen, sondern kann sie in der rechten Flanke, in den zum Bichlbächler Jöchle hinaufziehenden Hängen gut austricksen. Schon ein Stück vor Erreichen des Bachgrabens weicht man also in den rechtsseitigen Latschenhang aus, der zwar auf den ersten Blick wenig einladend ausschaut, sich aber mit mehreren lang gezogenen Serpentinen überraschend harmlos überwinden lässt. Wo sich die Bachrinne – in der Mitte etwa, wo sie breiter wird – gut überschreiten lässt, überquert man sie nach links in die weiten Hänge und erreicht eine kleine Schäferhütte. Jetzt ziemlich gerade ansteigend in Richtung auf einen dem Roten Stein vorgelagerten felsigen Vorgipfel zu, der den Blick zum Gipfel für eine Weile verdeckt. Man kann beliebig, links oder rechts, den Stierkopf umrunden und gelangt in die dahinter liegende Scharte, von der man gerade zum Hauptgipfel aufsteigt. Die letzten Meter meistens zu Fuß.

Abfahren kann man bei guten Verhältnissen auch rechts, also nördlich des Stierkopfs, vom Gipfelhang gerade hinunter auf die große Bachrinne zu, und erst wenn man die eigene Aufstiegsspur wieder erreicht hat, nach links (im Abfahrtssinne) in den Latschenhang hinaus und in den inneren Grund des Kälbertals. Am Ausgang der Schlucht klebt man am besten noch einmal die Felle auf die Ski und steigt in ein paar Minuten die 40 Höhenmeter zur Passhöhe hinauf.

Nach Passieren des engen Kälbertals erschließen sich die Skihänge des Roten Steins.

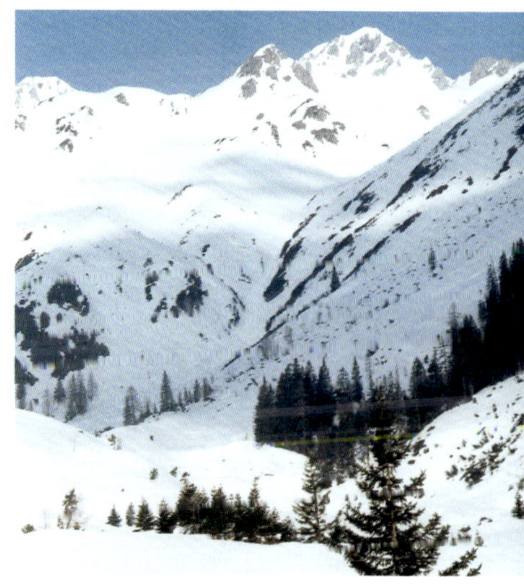

10 Muttekopf 2774 m
Scharnitzsattel 2441 m

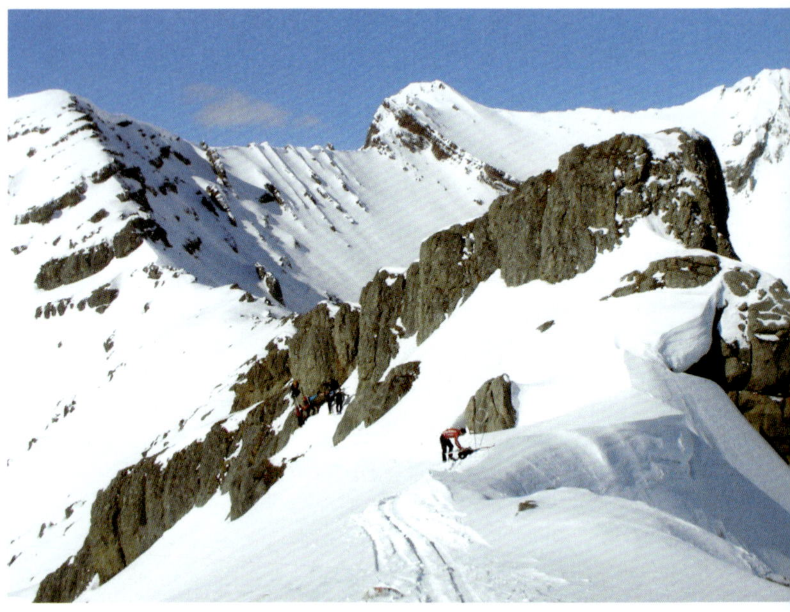

Schlüsselstelle am Hinteren Alpjoch: hier heißt es, die Skier auf den Rucksack schnallen.

→ **Lechtaler Alpen**

Die Imster Standardskitour, die man einmal gemacht haben muss. Hier geben wir sicher keinen Geheimtipp preis, aber wegen seines einmaligen Anstiegs – mit Klettersteigstelle – und der scheinbar endlos langen Abfahrt darf dieser Skiberg in keinem Skitourenführer fehlen.

Ausgangspunkt: Imst, Bergstation (2050 m) oder Talstation der Hoch-imst-Lifte (1050 m)

Höhenmeter, Zeit: Muttekopf 900 Hm. Anstieg, 2000 Hm. Abfahrt, 2:45–3:00 Stunden; Scharnitzsattel 1400 Hm., 3:30 Stunden

Lawinensituation: Wenig lawinengefährdet, da immer angespurt und angefahren – außer nach großen Neuschneefällen.

Österr. Karte: Blätter 115 Reutte und 145 Imst, 1:50.000

Den meisten Imster Skitourengehern kann es gar nicht steil genug sein. Das beweisen die waghalsigen Skispuren, die man in den Steilrinnen der Imster Berge – vom Vorderen und Hinteren Alpjoch, vom Pleiskopf, Ödkarkopf und Rotkopf, allesamt im Nahbereich der Imster Bergbahnen – schon großteils bei der Auffahrt zum Dirschlhaus aus sehen kann. Diese überlassen wir gerne den Gebietskennern und nehmen mit der Standardtour auf den Imster Hausberg – den Muttekopf – vorlieb, die immer noch anspruchsvoll genug für den Durchschnittsskitourengeher ist und vor allem durch seinen landschaftlich einmalig schönen Anstieg besticht. Sollte man für die 2000 Hm. Abfahrt dazu noch beste Pulver- oder Firnverhältnisse – oder beides, was sehr oft der Fall ist – vorfinden, dann ist das Tourenerlebnis perfekt. (Infos erteilt die Betriebsleitung der Imster Bergbahnen, Tel. 05412/66322.)

Ausgangspunkt: Vom Stadtzentrum Imst beim Krone-Areal sehr steil hinauf zum Liftgebiet Hochimst. Mit der Doppelsesselbahn in zwei Sektionen zum Dirschlhaus, 2050 m (Tourenkarte 15.30 Euro, ab 9.00 Uhr).

Aufstieg: Bei der Bergstation wird aufgefellt, meist auch gleich die Harscheisen aufgesteckt, und links oder rechts der Lawinenverbauung sehr ausgesetzt die sehr steile Spur aufwärts verfolgt. Am kleinen Kreuz des Vorderen Alpjochs vorbei gelangt man zum Grat, dort mäßig steil weiter. Vom höchsten Punkt des Grates fährt man etwas ab, bevor man für ein paar Meter die Skier auf den Rucksack schnallt und eine seilversicherte Stelle absteigt. Danach kann man wieder die Skier anschnallen und fährt in das Sattele vor dem Pleiskopf ab. Bei guter Schneelage ist die gesamte Strecke mit Skiern fahrbar. Von hier rechts über die Pulverhänge hinunter ins „Seebrig“, talein/nordwestlich auf eine Höhe von ca. 2200 m. Über sanftes Skigelände durch Tälchen und Mulden zum Felsriegel der Blauen Köpfe und damit zur Aufstiegsspur von der Muttekopfhütte herauf. Nun mittels großer Kehren – schnell an Höhe gewinnend und zunehmend steiler werdend – im mächtigen Kar aufwärts zur links/westlich des Gipfels gelegenen Muttekopfscharte (2630 m). Der Übergang vom Kar/Rinne zur Scharte ist meist stark überwechtet und erfordert überlegtes Spuren. Die →

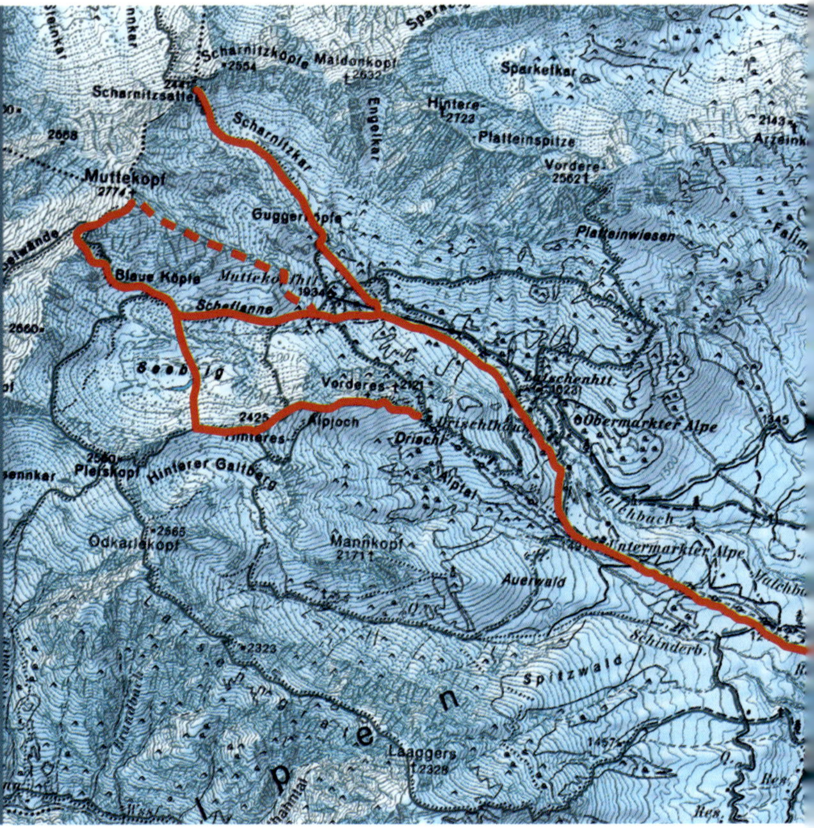

Ski kann man meist hier zurücklassen und zu Fuß den steindurchsetzten SW-Grat hinaufstapfen, außer man will eine der vielen noch steileren Abfahrtsvarianten ausprobieren – dann aber nur bei allersichersten Verhältnissen.

Abfahrtsvarianten

Standard: wie Aufstieg das Kar abwärts in den Talkessel und ostwärts hinaus zur geschlossenen Muttekopfhütte. Dort je nach Schneeverhältnissen links oder rechts des Baches zur Latschenhütte (den ganzen Winter über bewirtschaftet, Montag Ruhetag); weiter über den kombinierten Ski-/Rodelweg zur Mittelstation und auf der Kunstschneeautobahn zum Ausgangspunkt.

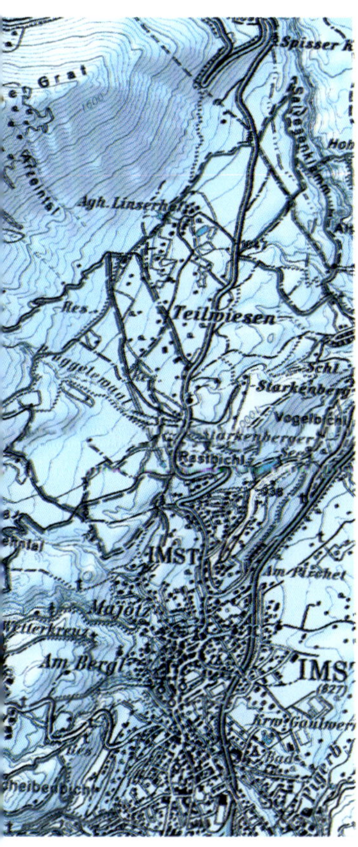

Über den Ostrücken mit mehreren Varianten direkt hinunter zur Muttekopfhütte

Ebenfalls direkt vom Gipfel noch weiter östlich extrem steil ins Scharnitzkar und zur Hütte.

Zum Scharnitzsattel: Ausweichtour für Liebhaber der Einsamkeit
Der Scharnitzsattel ist dann als Ausweichtour zu empfehlen, wenn man in Hochimst erfährt, dass die spezielle örtliche Lawinensituation von der in Innsbruck ausgegebenen großräumigen doch etwas abweicht – das „Scharnitzjöchle" geht fast immer. Zudem ist man bei dieser Tour den Großteil über auf sich allein gestellt, weil sie einmal auf keinen Gipfel führt, nur in einem Sattel endet und einen etwas faden Anfang hat. Landschaftlich trotzdem schön und mit Fug und Recht zu empfehlen.

Wer 1400 Hm. in den Beinen hat, kann sich auch die Liftkarte (450 Hm.) für die erste Sektion sparen (damit auch früher starten) und geht auf dem Skiweg zur Untermarkter Alm. Auf der Piste Nr. 3 bis zur Brücke über den Malchbach Richtung Latschenhütte und noch davor links auf dem Kanalweg talein, bis man links oberhalb die Muttekopfhütte ausmachen kann. Nicht zu dieser hinauf, sondern rechts davon über kupiertes Gelände an den Guggerköpfen vorbei ins anfangs flache, zunehmend steilere Scharnitztalele. Zum Schluss ordentlich steil – Vorsicht geboten! im Scharnitzkar hinauf zum Sattel. Der Weiterweg am markierten Sommersteig zum Scharnitzkopf ist im Winter meist sehr heikel.

11 Simmering 2096 m Grünberg 1497 m

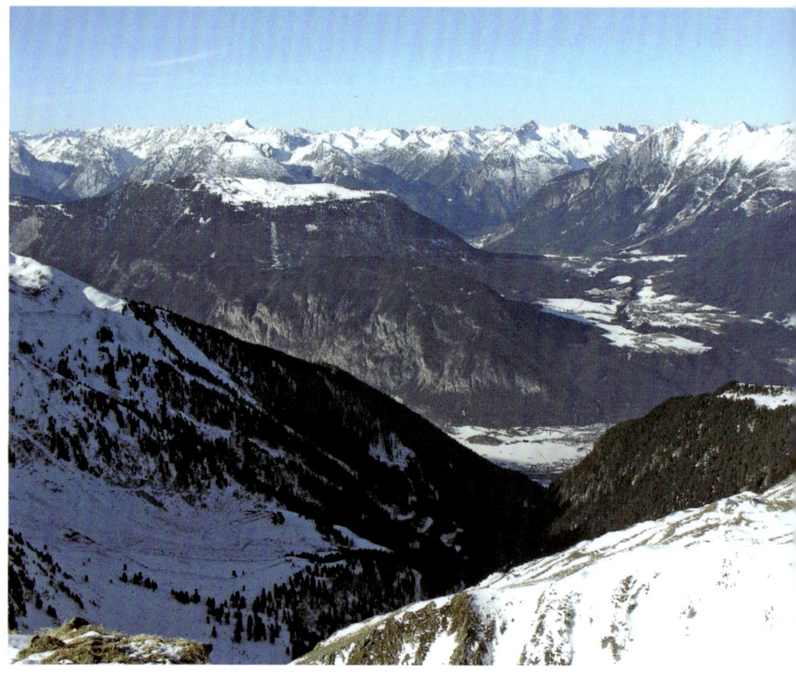

Die weiße Hochfläche des Simmering zwischen Inntal und Mieminger Plateau.

→ Mieminger Berge
→ Tschirgantmassiv

Der großartige Ausblick zur Mieminger Kette und ins Inntal sowie die geringe Lawinengefahr machen den unspektakulären Aufstieg zum Simmering wett, besonders an Tagen, die sonst keine Skitour zulassen. Seit Stilllegung des Liftes haben die Tourengeher sofort den Grünberg okkupiert.

Ausgangspunkt: Obsteig, ehemaliger Grünberglift (1031 m)

Höhenmeter, Zeit: 1050 Hm., Simmeringalm (1813 m) 2 bis 2:30 Stunden, Simmering-Gipfel 45 Min., Grünberg (1497 m), 1:15 bis 1:30 Stunden, 480 Höhenmeter

Lawinensituation: Kaum lawinengefährdet.

Österr. Karte: Blatt 116 Telfs, 1:50.000

Nicht immer scheint die Sonne, aber trotz Nebel und Schneetreiben ist der Rodelweg auf die Simmeringalm leicht zu finden. Vielleicht sogar der Gipfel. Zugegeben: Es ist eine Verlegenheitstour, aber eine recht nette. Wenn einmal das Wetter schlecht ist oder wenn man einfach nur etwas Kurzes und Unkompliziertes machen will, um im Training zu bleiben. Der Großteil der Tour verläuft jedoch auf einem – allerdings mit dem Schneewiesel gespurten Forstweg – bis hinauf zur Waldgrenze, den man mit den Rodlern teilen muss. Fein ist, dass man mit der bewirtschafteten Simmeringalm, die auch im Winter geöffnet ist (Montag Ruhetag), eine geheizte Einkehrstation hat. Die Hänge hinauf zur Gipfelkuppe sind dann nur mehr kurz, aber ideales Skige- →

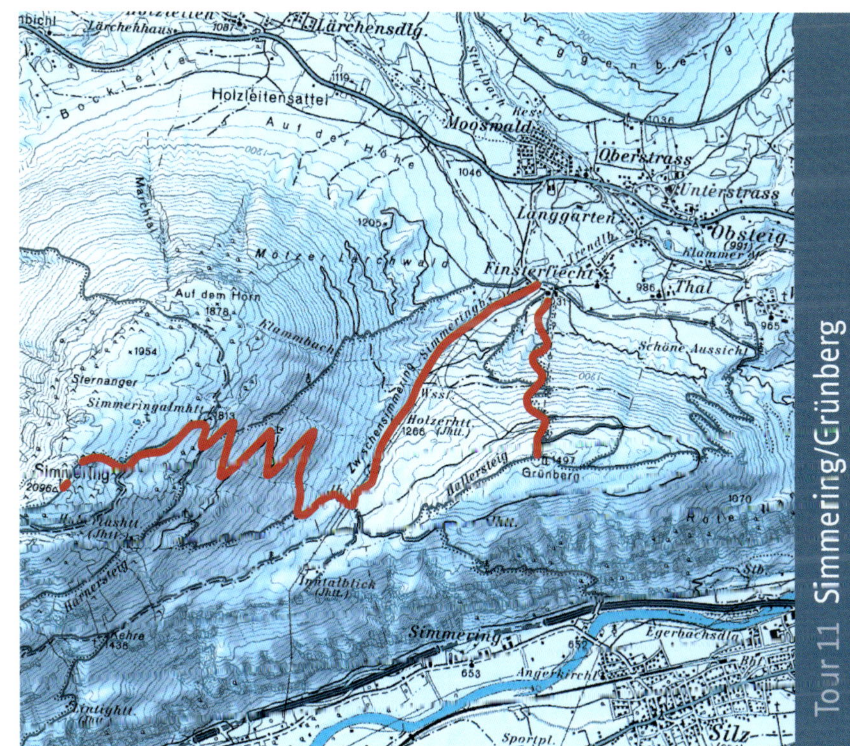

lände und kaum lawinengefährdet. Vor allem genießt man, wenn die Wolken wider Erwarten aufreißen, die wunderschöne Sicht hinüber zur Mieminger Kette, aufs ausgebreitete Plateau und ins Inntal.

Ausgangspunkt: Am westlichen Ortsrand von Obsteig beim Hotel Bergland links abbiegen (so man von Telfs kommt) Richtung Familienland Grünberg Obsteig und zum Parkplatz vor der Brücke.

Aufstieg Simmering: Am besten schnallt man sich hier gleich die Skier an und marschiert am Rand der von rechts einmündenden breiten Pistenschneise aufwärts. Über die erste Steilstufe der Piste, bis der Rodelweg die Abfahrt kreuzt und nach rechts auf den Weg, den man jetzt nicht mehr verlässt, wieder flacher bis in den Sattel des Zwischensimmering. Dann erst wendet sich der Weg auf den Simmering selbst zu und führt in sieben langen Kehren gleichmäßig steil hinauf zur Simmeringalm (1813 m) an der Waldgrenze.

Zum Gipfel sind es jetzt noch 300 Höhenmeter, man braucht dazu eine schwache Stunde. Kurz vor der Hütte zweigt man nach links ab, steigt über die ersten Hänge bis in eine ausgeprägte Mulde, von der man das Gipfelkreuz gut ausnehmen kann. Am sichersten ist es, wenn man den linken, südlichen Rücken als Aufstieg wählt. Über latschenbesetzte Aufschwünge und schöne Hänge zum höchsten Punkt.

Bei der Abfahrt von der Simmeringalm kann man – so die Schneelage ausreichend ist – ein paar Mal freie Schläge und Schneisen ausnutzen, sonst läuft es auch auf dem Rodelweg wie geschmiert dahin, wie auf einer schmalen Piste.

Zum Grünberg: Die Tourengeher haben rasch mitbekommen, dass die Lifte am Grünberg stillgelegt und mittlerweile sogar ratzeputz abgebaut wurden. Damit bietet sich dieser kleine Waldberg mit seiner breiten Piste geradezu als angenehme Kurztour mit knapp 500 Höhenmetern an. Manchmal fährt sogar ein Ratrac und das alte Lifthäusl steht offen zum Umziehen. Auch der hölzerne Aussichtsturm ist einen Besuch wert. Aufstieg direkt über die Pistenschneise oder, wenn sie wenig befahren ist auf der flacheren Rodelbahn. Start ist südlich der Brücke beim Familienland Grünberg Obsteig links des Baches.

12 Grünstein-Umfahrung Hinterer Tajakopf 2408 m

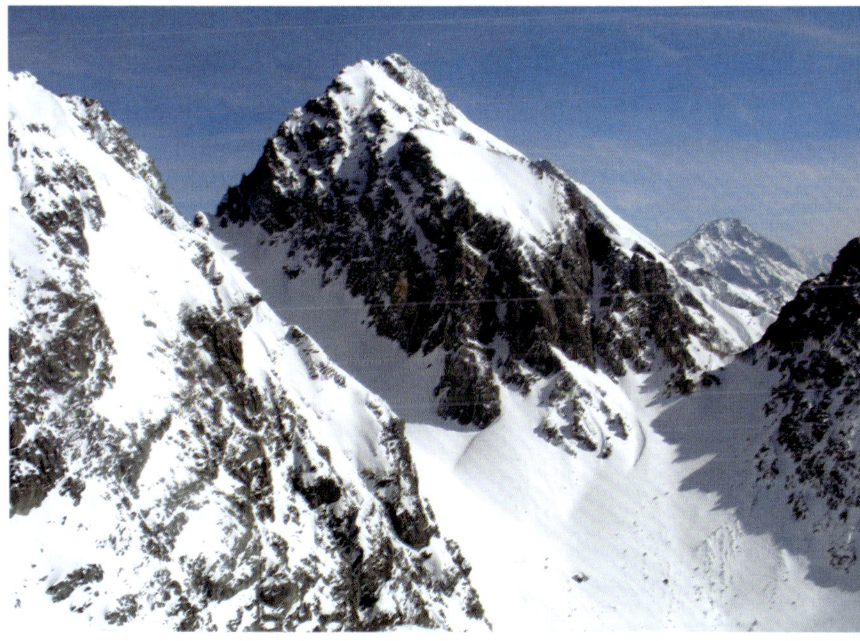

Zweiter Anstieg aus der „Hölle" zur Grünsteinscharte, rechts die Westliche Griesspitze.

Westliche Mieminger Berge

Eine anspruchsvolle Panoramatour mit Aussicht über halb Tirol. Vom Marienbergjoch über Höllscharte und Grünsteinscharte zum Tajatörl, dann Steilabfahrt durchs Brendlkar zur Ehrwalder Alm ... Skifahrerisch und landschaftlich ein Hit!

Ausgangspunkt: Biberwier, Bergstation Marienbergjoch (1789 m)

Höhenmeter, Zeit: 700 Hm. Aufstieg, 1500 Hm. Abfahrt, gesamt 3 Stunden

Lawinensituation: Beste Verhältnisse in allen Hangrichtungen nötig

Österr. Karte: Blatt 116 Telfs, 1:50.000

Manche mögen's steil ... Der Grünstein ist ein mächtiger Felsberg, ganz im Westen der Mieminger Kette. Die Skiumfahrung dieses Bergstockes ist dank der Lifte eine beliebte Skitour geworden, mit eher bescheidenen →

700 Höhenmeter Aufstieg kommt man auf gut 1500 m Abfahrt. Start ist in Biberwier, Liftauffahrt zum Marienbergjoch, wo man richtig losstartet. Die Querung in den doch recht steilen Südhängen unterhalb der Marienbergspitzen und des Grünsteins zum Hölltörl verlangt aber sichere Verhältnisse. Die Abfahrten in den Schattenhängen vom Hölltörl und durchs Brendlkar, wo sich der Pulverschnee lange hält, sind durchwegs steil und für gute Skifahrer ein reiner Genuss. Ausklang auf der Autobahnpiste der Ehrwalder Alm. Eine wahre Panoramatour mit Aussicht über halb Tirol, eindrucksvoll dominiert von der Zugspitze mit der prallen Wetterwand im zweiten Teil der Tour. Von Ehrwald zurück nach Biberwier gibt es einen Shuttlebus.

Ausgangspunkt: Biberwier, Marienbergjoch-Bahnen. Auffahrt in drei Sektionen (15 Euro) zuerst mit der Vierersesselbahn, umsteigen in Zweiersessellift, Abfahrt rechts hinunter zum Jochlift (Schlepper).

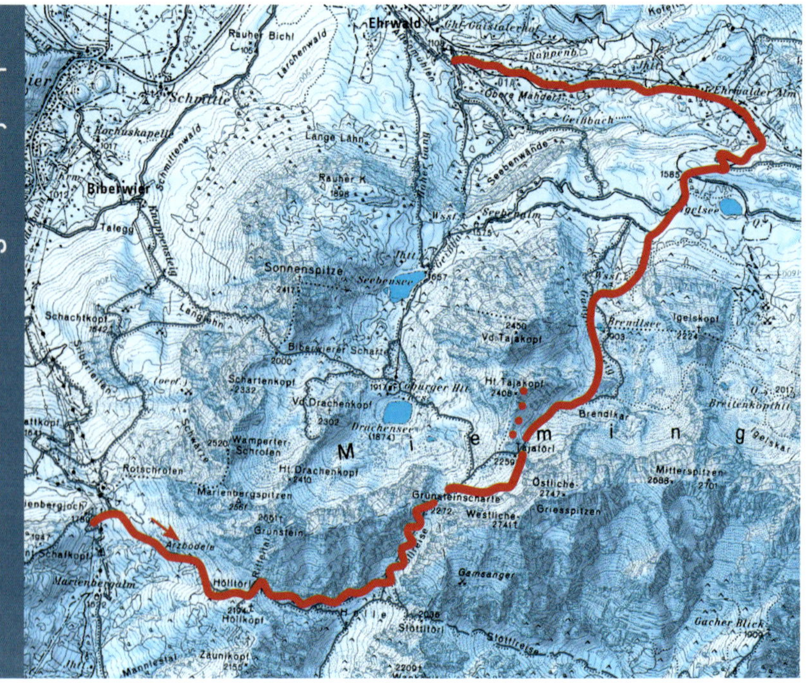

Aufstieg: Vom Marienbergjoch (1789 m) ansteigend querend durch die steilen Südhänge der Marienbergspitzen hinüber zum Hölltörl (2126 m, 350 Hm., 1 Stunde). Dann folgt die erste Abfahrt in schattigen Pulverhängen, nach denen sich der Skifahrer in der „Höll“ (ca. 1850 m) wieder findet (jenem Kar, das natürlich vom Lehnberghaus viel häufiger besucht wird und von dem man zur Firnzeit mit Hölltörl, Grünsteinscharte und Stöttltörl die beliebte Dreischartentour unternimmt).

Je nachdem, wie weit man sich im Pulverrausch in die „Höll“ hat abtragen lassen, oder schon weiter oben zur Grünstein-Reiße gequert ist, erfolgt nun der Aufstieg über den langen Steilhang zur Grünsteinscharte. In vielen Spitzkehren, aber gut zu gehen, erreicht man die schmale Einkerbung im Grat zwischen Grünstein und Westlicher Griesspitze (2272 m, 1:15 bis 1:30 Stunden). Querfahrt auf der Nordseite der Griesspitze mit ganz geringem Höhenverlust nach rechts hinüber zum Tajatörl (2259 m), von dem man noch technisch leicht, aber mühsam, die zusätzlichen 150 Hm. auf den Hinteren Tajakopf (2408 m) hinaufstapfen könnte. Dann kann man sich auf die nordseitige Superabfahrt durch das Brendlkar freuen. Vom

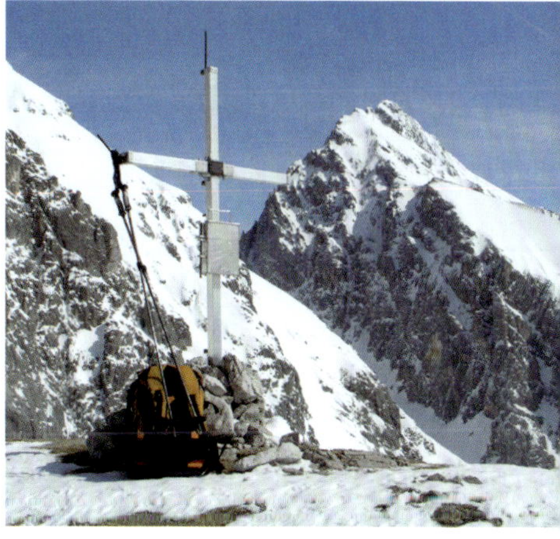

Ein kleiner Gipfel „zum Mitnehmen“ ist der Höllkopf oberhalb der Höllscharte.

ersten Karboden noch flach zu einer Stufe oberhalb des in einem tiefen Loch liegenden Brendlsees, links oberhalb vorbei und vom nächsten Absatz wiederum eher rechts haltend zu einem markanten Bachgraben, dessen Verlauf folgend, bis man auf der zur Seebenalm führenden Loipe steht. Ein kurzer Gegenanstieg (15 Min.) am Loipenweg hinüber zum Igelsee und über ein kleines Waldjoch zur Ehrwalder Alm, wo sich der Tourengeher unter das Pistenvolk mischt und auf der Skiautobahn zu Tal fegt. Von der Talstation der Ehrwalder-Alm-Bahn verkehrt im Stundentakt ein Shuttlebus, der alle Skistationen im Talkessel anfährt. Bei der Kasse in Biberwier kriegt man einen genauen Fahrplan.

13 Wankspitze 2209 m

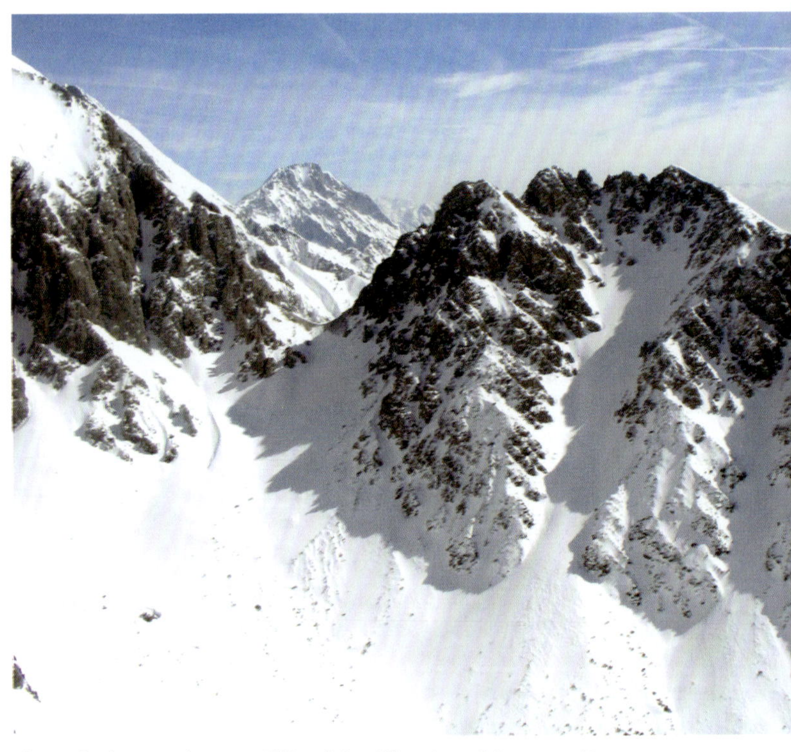

Die Wankspitze, gesehen vom Höllkopf. Der Skianstieg erfolgt von rechts.

→ Mieminger Kette

Weil sie von den mächtigen Felsbergen der Mieminger Kette fast erdrückt wird, macht die vorgelagerte Wankspitze eher einen unscheinbaren Eindruck. Dabei ist dieser Miniberg am Mieminger Sonnenplateau von jeher eine beliebte Familienskitour – zu Recht, wie wir meinen.

Ausgangspunkt: Obsteig, GH Arzkasten (1151 m)

Höhenmeter, Zeit: 1050 Hm., 2:30 bis 3 Stunden

Lawinensituation: Wenig gefährdet, unter Umständen auf den Gipfelhang verzichten

Österr. Karte: Blatt 116 Telfs, 1:50.000, AV-Karte 4/2 Wetterstein- und Mieminger Gebirge Mitte, 1:25.000

Feine Skitour für den Hochwinter, immer angespurt, oft pistenmäßig ausgefahren. Schöne Rodelbahn. Die Tour ist nicht sehr anstrengend, aber auf tausend Höhenmeter kommt man auch; man kann fast immer mit guten Schneeverhältnissen rechnen und kommt kaum mit lawinengefährdetem Gelände in Berührung, wenn man bei der Abfahrt auf der Aufstiegsroute bleibt. Am Parkplatz winkt der Gasthof Arzkasten.

Ausgangspunkt: Von Telfs kommend durch Obsteig und Richtung Holzleitensattel. Ca. 1 km vor der Passhöhe bei Beschilderung „Lehnberg“ rechts ab nach Arzkasten (GH). Zwei große Parkplätze, gebührenpflichtig, 4 Euro/Tag (Bezahlung mit Bankomatkarte möglich, für Gäste des Gasthauses gebührenfrei).

Aufstieg: Ein paar Minuten auf dem Rodelweg zum Lehnberg-

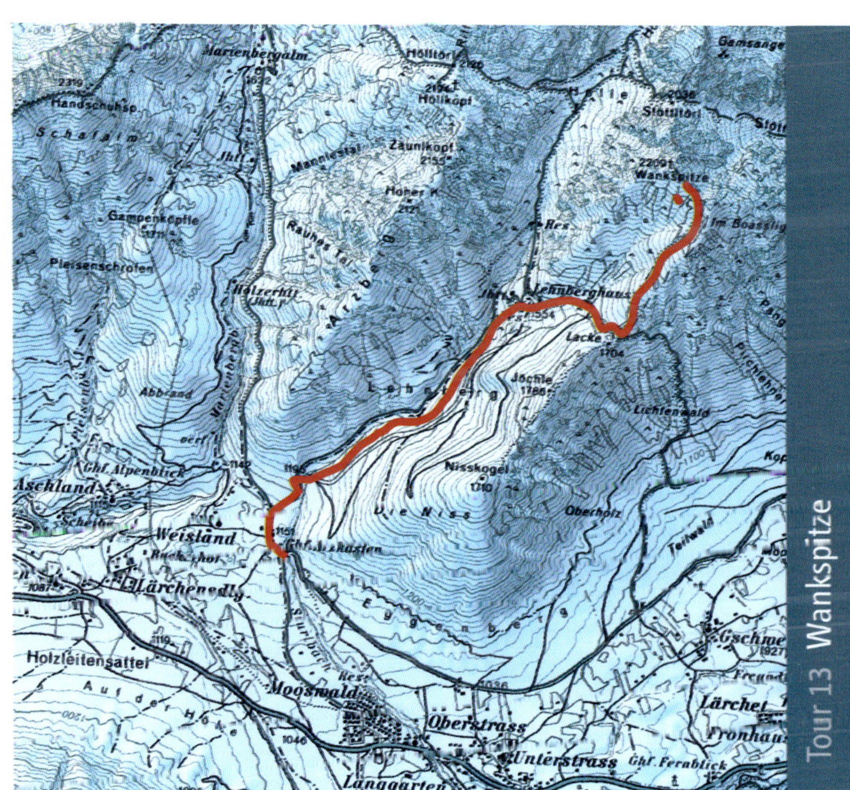

Tour 13 Wankspitze

haus (zur Skitouren- und Rodelzeit meist bewirtschaftet), aber gleich nach der Bachbrücke links aufwärts auf schmaler Waldschneise, die schon nach wenigen Tourentagen rasch zu einer Piste ausgefahren ist. Trifft man wieder mit dem Rodelweg zusammen, bleibt man jetzt besser auf diesem, bis kurz vor dem Lehnberghaus (1554 m) – gleich wenn die Hütte ins Blickfeld rückt – die Spur rechts abbiegt.

Abfahrt am lawinensicheren Rücken der Wankspitze, links der Höllkopf und darüber die Marienbergspitzen.

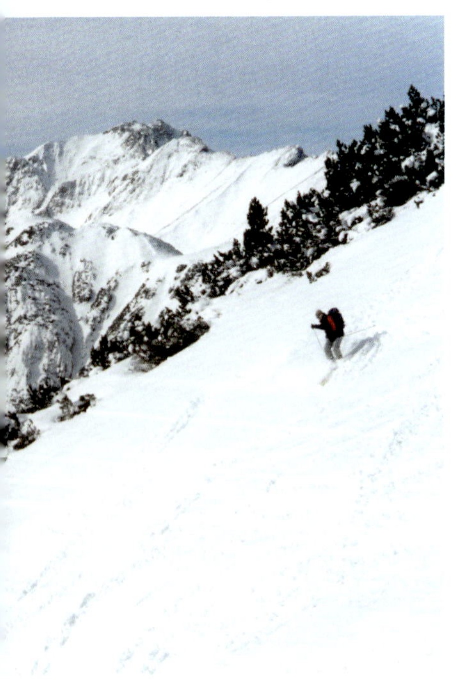

Durch eine breite Schneise mit lockerem Jungwald allmählich steiler werdend auf den flachen Rücken hinter dem Nisskogel, von wo man einen überraschenden Tiefblick auf das ausgebreitete Plateau und das Inntal genießt. In mehreren Stufen aufwärts, immer am freien Rücken bis zum Beginn der Latschenzone, die oft noch einen Meter Schnee vertragen könnte. Die Aufstiegsspur zieht meist in einen ganz engen Bachgraben, aus dem es kein Entrinnen mehr gibt. Zwei steile Wellen muss man mit quergestellten Skiern hinaufbretteln. Leichter tut man sich, wenn man schon vor Beginn dieser hohlen Gasse im schmalen Hang links davon bleibt. Danach erreicht man die hindernislosen Hänge. Im Gipfelgelände vermeidet man die breite Flanke links, hält sich immer knapp unterhalb des Gratrückens und kommt mit den Skiern bis zu dem schon von weitem sichtbaren Gipfelkreuz. Abfahrt auf der Aufstiegsroute. Die Spur ist meistens zu einer schmalen Riesenslalompiste ausgefahren. Beim Lehnberghaus überquert man gleich den Rodelweg und kann unterhalb desselben auf der pistenähnlichen Schneise abfahren.

14 Leutascher Dreitorspitze 2682 m

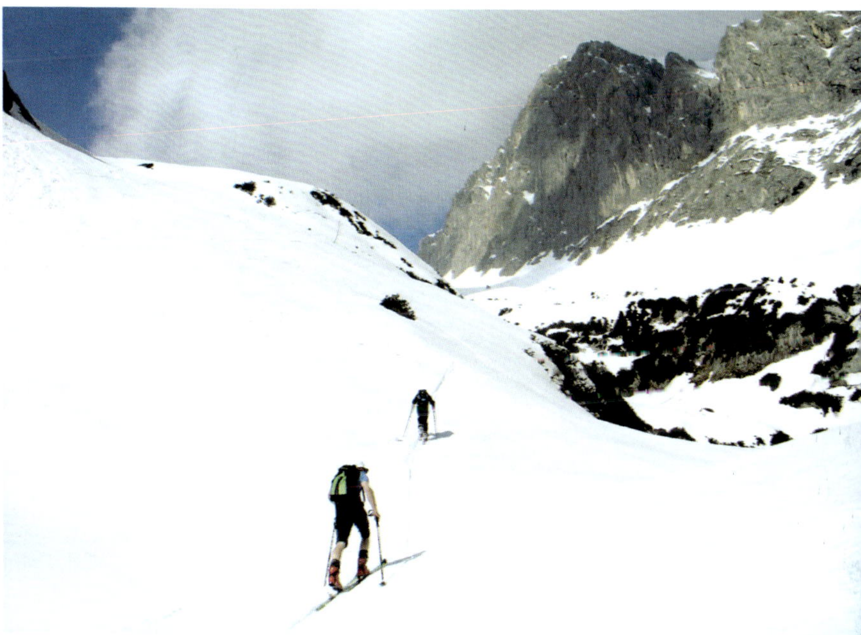

Unter den Wänden des Mustersteins dehnt sich das riesige Leutascher Platt.

Wettersteingebirge Hauptkamm

Beeindruckende, alpine Skitour auf einen der wenigen Wetterstein-Skigipfel mit einigen mitunter prekären Passagen. Unser Tipp: Geduldig die richtigen Verhältnisse abwarten und dann rasch zuschlagen!

Ausgangspunkt: Leutaschtal, Reindlau (1080 m)

Höhenmeter, Zeit: 1600 Hm., 4:30 bis 5 Stunden

Lawinensituation: Nur bei allersichersten Frühjahrsverhältnissen.

Österr. Karte: Blatt 117 Zirl, 1:50.000

Wenn die Wiesen im Leutascher Talboden längst grün sind, die Himmelschlüssel blühen und die ersten Frösche sich unter den Schneeresten herausgraben, dann ist oben im Berglental noch tiefster Winter. Dann wäre die richtige →

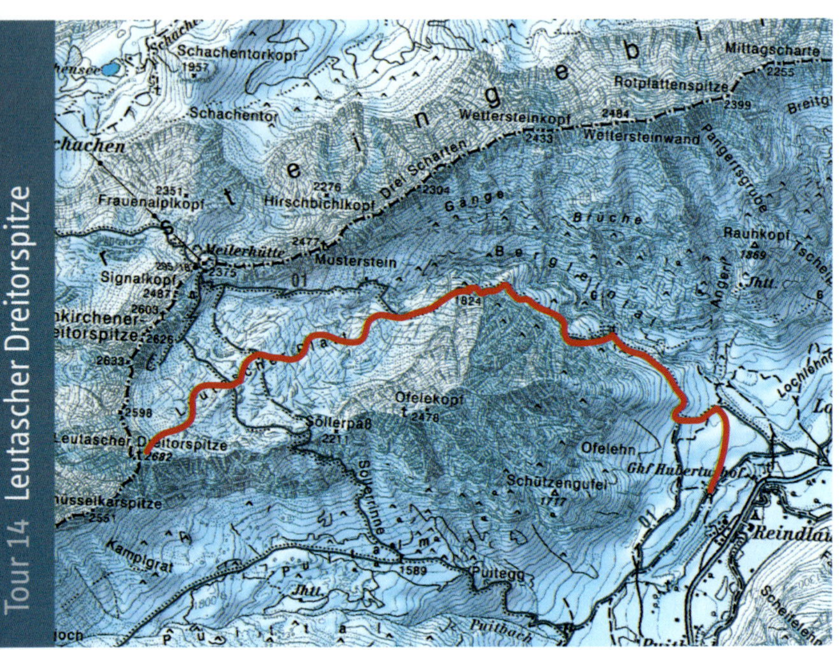

Zeit für die Leutascher Dreitorspitze, eine jener seltenen Skitouren im Wetterstein-Hauptkamm, die man gar nicht auf die leichte Schulter nehmen darf. Bei passender Lawinensituation ist die Tour aber den ganzen Winter hindurch ein Vergnügen.

Vom Tal aus, über dem Eingang des Berglentales, sieht man nur das erste, aber entscheidende Drittel der Tour, dahinter verbirgt sich ein riesiges, von hellen Kalkwänden eingerahmtes Kar, das so genannte Leutascher Platt. Im Sommer eine Mondlandschaft, im Winter bzw. bis ins späte Frühjahr endlose Firnhänge unter den Wänden des Bayerländer Turms und des Mustersteins. Der Zugang in dieses verborgene Skiparadies ist aber nicht ganz einfach. Vor allem die steile Querung an den Hängen des Öfelekopfs, genau über der Schluchtkante des Bergleintales, kann unter Umständen kritisch sein. Von der Leutascher Straße kann man diesen Teil bereits gut einsehen und vielleicht abschätzen, ob die Tour sicher zu machen ist.

Ausgangspunkt: Im Leutaschtal von Weidach/Gasse in die Unterleutasch bis Reindlau (großer Campingplatz). Kleiner, kostenloser Parkplatz etwas oberhalb des Hotels Hubertushof, unmittelbar am beschilderten Wegbeginn ins Berglental. Alternativ großer Parkplatz beim Hotel (Gebühr 5 Euro). Die Parkkosten werden bei einer Einkehr angerechnet.

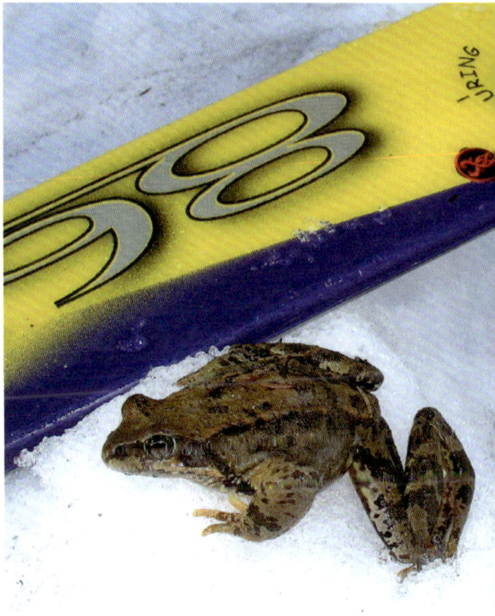

Ein Frosch in der Skispur: Dann ist es höchste Zeit für die letzten Frühjahrstouren.

Aufstieg: Man folgt dem Sommersteig auf der linken, westlichen Seite des Baches und gelangt nach der ersten Waldstufe leicht absteigend in ein wildes, von großen Lawinen gefülltes Becken am Beginn der schmalen Felsschlucht. Unmittelbar an der linken Kante des Schluchteingangs führt ein schlechter Steig durch Erlengebüsch hinauf in die freien Hänge unterhalb des Öfelekopfs. Mit einer langen Querung (Harscheisen) durch die steilen Schräghänge wird der Eingang der riesigen Karmulde erreicht. (Manche probieren es auch direkt durch die von Lawinenschnee gefüllte Schlucht, was zwar möglich ist, zeitlich aber überhaupt keinen Vorteil bringt.) Unter der prallen Südwand des Mustersteins zieht man die Spur im ideal gestuften Gelände in der Karmitte aufwärts, oben peilt man das linke Eck an, wo eine schmale Felsrinne den Aufstieg zum Gipfel der Leutascher Dreitorspitze vermittelt. So hoch wie möglich mit Ski, das letzte Stück muss man zu Fuß stapfen. Wichtiger als bei manch anderer Tour ist hier ein früher Aufbruch, damit man die Abfahrt auch im unteren Bereich noch genießen kann.

15 Pleisenspitze 2569 m
Larchetkarspitze 2541 m

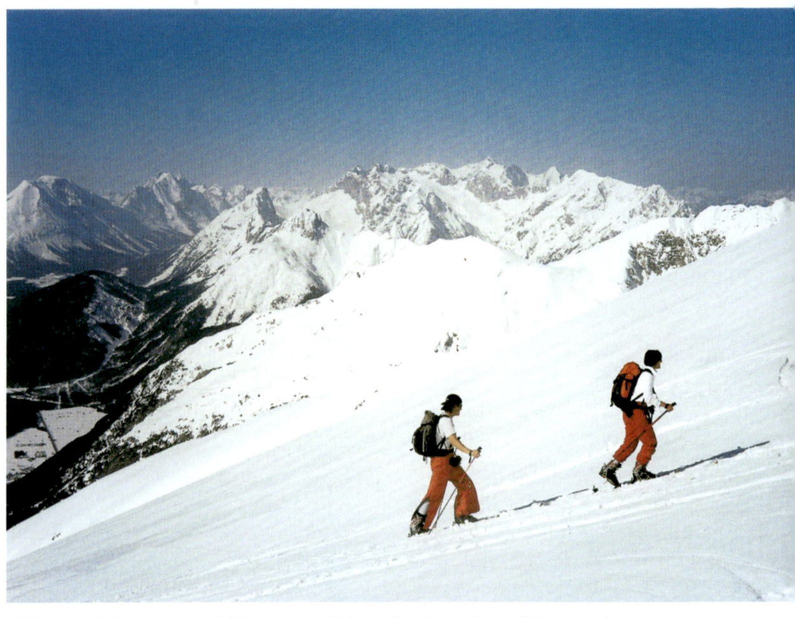

Blick vom Pleisengrat nach Westen zur Hohen Munde und zum Wetterstein.

→ **Karwendelgebirge**
→ **Hauptkamm**

Eine Skitour der Kontraste im Karwendel: Die Pleisenspitze ist ein viel besuchter Skigipfel. Vollkommene Stille herrscht dagegen ein Kar weiter. Hier finden Sie also – je nach Geschmack und Stimmung – sowohl Gesellschaft als auch Einsamkeit.

Ausgangspunkt: Scharnitz, Hinterautal, GH Wiesenhof (1029 m)

Höhenmeter, Zeit: 1530 Hm., 4 bis 4:30 Stunden

Lawinensituation: Pleisen wenig gefährdet, wenn man schön am Rücken bleibt, für die wesentlich alpinere Larchetkarspitze sind sichere Verhältnisse Voraussetzung.

Österr. Karte: Blätter 117 Zirl und 118 Innsbruck, 1:50.000

Die meisten Karwendelberge sind im Winter schwer einnehmbare Bastionen und fast allen ist ein endlos langer Talmarsch vorgelagert. Eine Ausnahme ist dabei die Pleisenspitze bei Scharnitz, die besonders zur Firnzeit, aber oft schon ab Mitte Februar viel Besuch von Skibergsteigern erhält. Als westlichster Gipfel im Hauptkamm liegt sie ganz nahe am Eingang des Hinterautals, doch auch hier ist erst einmal ein halbstündiger Marsch von der Isarbrücke bis zum Wiesenhof zu bewältigen, was aber im Vergleich mit anderen Karwendeltouren nur ein Klacks ist. Auch der eintönige Anstieg zur Pleisenhütte ist noch nicht das Gelbe vom Ei, aber hat man endlich den Wald überwunden und die Mittelstation der Skitour erreicht, dann wird es wunderschön. Bei guten Verhältnissen streben ganze Kolonnen ins Vorderkar und dem Hinteren Pleisengrat entgegen, während Individualisten gleich oberhalb der Hütte, aber noch in den flachen Latschenhängen die Pleisenspur verlassen und nach rechts ins benachbarte Mitterkar zur Larchetkarspitze ziehen. Dieses ist allerdings etwas steiler, und zum Schluss wartet noch ein kurzer Felsgrat mit einem Miniklettersteig.

Ausgangspunkt: In Scharnitz bei der Kirche Einfahrt zu den Karwendeltälern. Parkplatz vor der Isarbrücke (6 Euro/Tag) und 1,5 km Fußmarsch auf der Hinterautalstraße bis zum Wiesenhof. Direkt beim Wiesenhof gibt es einen kostenpflichtigen Parkplatz.

Aufstieg: Ein paar Schritte vor dem Wiesenhof links bei Wegweiser auf den Forstweg durch den Lablehnerwald, bei zwei Gabelungen jeweils rechts bis zur schottrigen Runse des Wasserlegrabens. Unmittelbar nach dem Bach kann man den Fahrweg verlassen und in gerader Linie – bei ausreichender Schneelage immer angespurt – durch den Wald aufsteigen, bis man wieder auf den Weg trifft. Jetzt folgt man am besten den Kehren des Sommerweges. Nach einer langen Rechtsquerung ist dann die an Wochenenden bewirtschaftete Pleisenhütte (1757 m, 2 Stunden, Tel. 0664/ 9158792) erreicht. Von der Hütte zieht man leicht rechts haltend auf das unmittelbar unter dem Pleisengipfel gelegene, von zwei Gratausläufern umrahmte Vorderkar zu. Sobald der unterste Karboden erreicht ist, biegt man nach rechts durch die (mehr oder weniger dicht verschneiten Latschengassen) auf den breiten Rücken des Hinteren Pleisengrates, der von unten betrachtet harmlos kurz aussieht. Die optische Täuschung wird einem bald bewusst, wenn die vielen Kehren kein Ende nehmen wollen. Dafür ist der Hang bei weitem nicht so steil, wie es von ferne den Anschein hatte. Nach der Kante wird der Rücken merklich flacher und im Linksschwenk erreicht man den Gipfelaufbau. Abfahrt auf der gleichen Route. Bei sicheren Firnverhältnissen ist eine Abfahrt etwas direkter unter dem Gipfen sehr schön. Nicht zu spät abfahren ist die Devise. Aber man merkt ja selbst, wie die Schneedecke mit der Tageserwärmung aufweicht

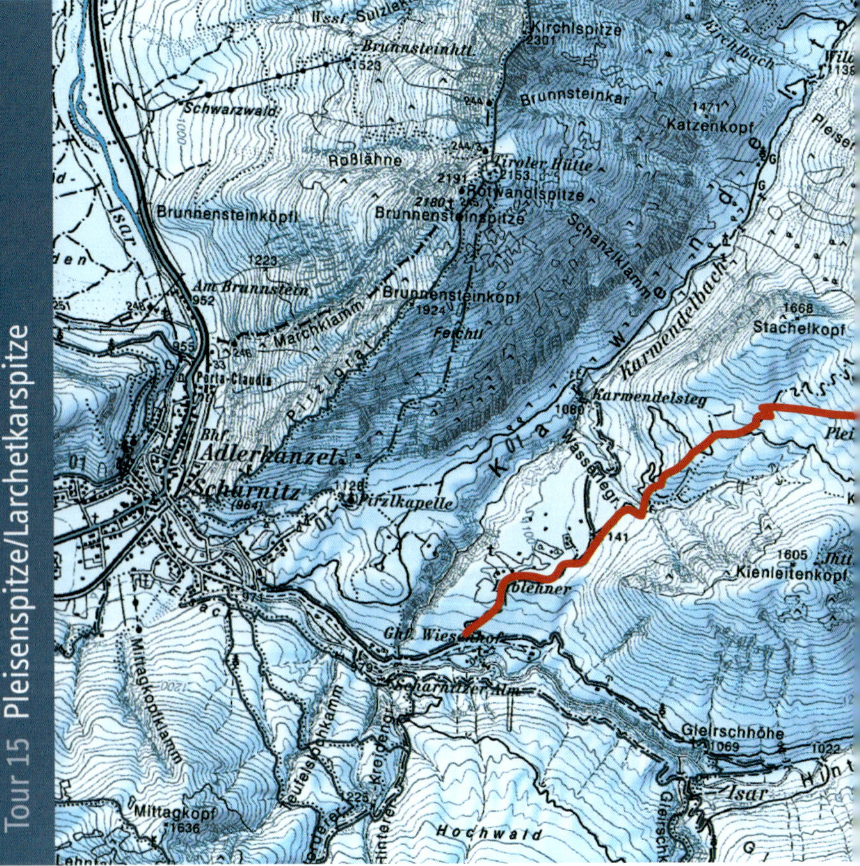

und wann es höchste Zeit ist, die Kurve zu kratzen.

Zur Larchetkarspitze: Im Gegensatz zur oft schon pistenmäßig angefahrenen Pleisenspur findet man hier nach wenigen Schritten und mit einem Schlag die berühmte Bergeinsamkeit, ein Firnkar mit einem tollen Schlusshang und eine fast dolomitenähnliche Zinne, wo man die Sicherungsseile gerne in die Hand nimmt.

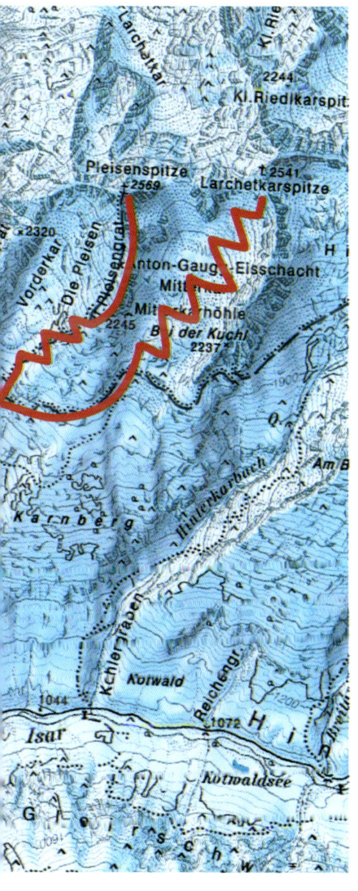

Von der Hütte also noch ein paar Minuten auf der Spur Richtung Pleisen, dann immer rechts querend über kupiertes Latschengelände unter dem plattigen Auslauf des Hinteren Pleisengrates herum, bis einem der grandiose Blick ins Mitterkar den Atem raubt. Unterhalb der wasserzerfressenen Kalkplatten leicht fallend in den Karboden. Über fantastische Skihänge, zum Schluss ordentlich steil, zielt man gerade auf das Felshorn der Larchetkarspitze zu und steigt hinauf zur Scharte am Ansatz ihres felsigen Ostgrates und einem Köpfl rechts davon (Skidepot). Durch eine Schneerinne steil hinauf zum Grat, zum Schluss 80 Höhenmeter entlang der Sicherungsseile zum schmiedeeisernen Gipfelkreuz (insges. 4 bis 4:30 Stunden).

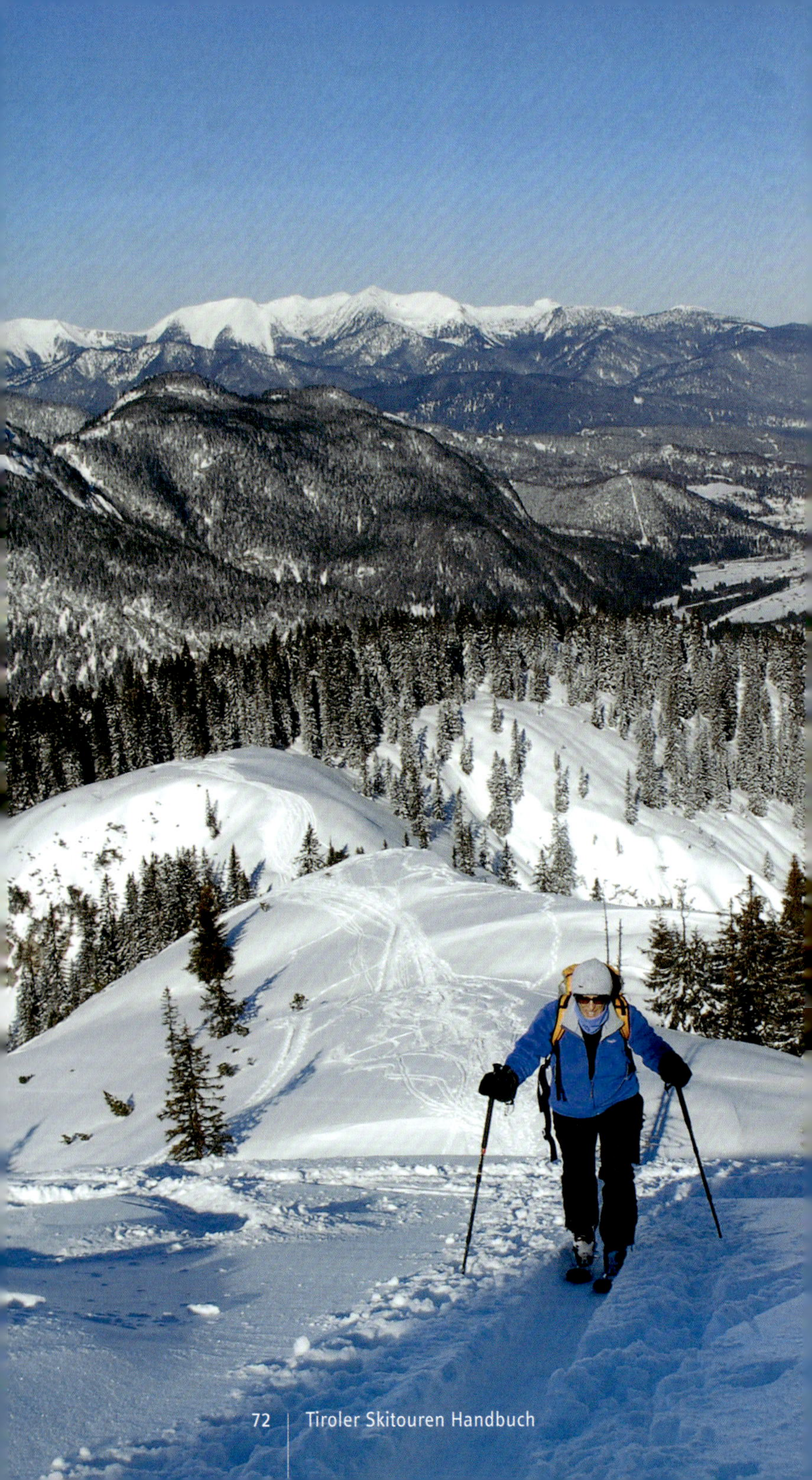

16 Zäunlkopf 1746 m

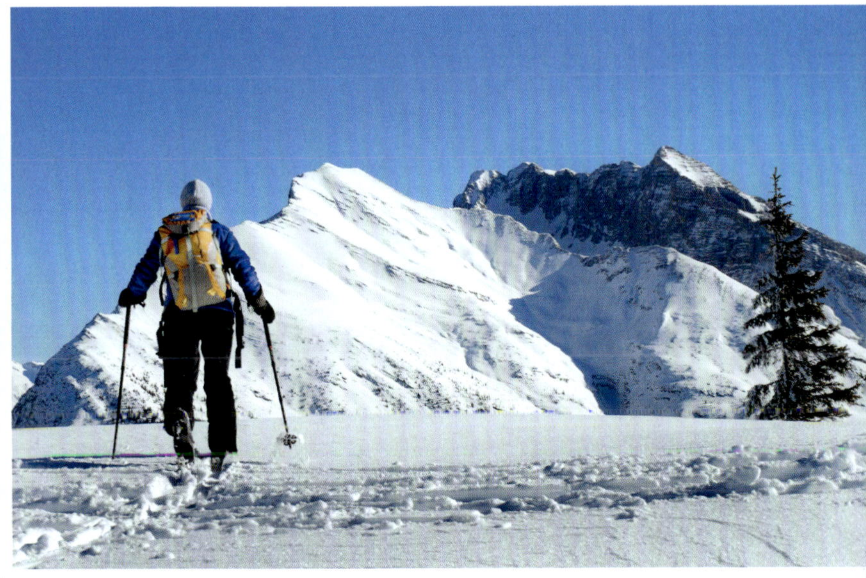

Ein selten schöner Aussichtspunkt mit Blick auf alle Karwendelketten ist der Zäunlkopf.

Karwendelgebirge West
Ausläufer der Erlspitzgruppe

Die etwas andere Skitour in Scharnitz: Ein biederer Vorberg des Karwendels, der eine reine Waldtour bietet, Sie jedoch mit viel Bergeinsamkeit sowie mit einer überwältigenden Traumaussicht belohnt – ein Geheimtipp für Individualisten und Landschaftsgenießer.

Ausgangspunkt: Scharnitz, Muhlberglift (960 m)
Höhenmeter, Zeit: 800 Hm., 2 bis 2:30 Stunden
Lawinensituation: Kaum lawinengefährdet.
Österr. Karte: Blatt 117 Zirl, 1:50 000

Auch noch so passionierte Tourengeher werden in der einschlägigen Literatur vergebens nach einer Skitour auf den Zäunlkopf suchen, denn es ist so etwas, was die Einheimischen als absoluten Geheimtipp bewahren und wo ein „Fremder“, ohne eine Aufstiegsspur vor sich zu haben, auch kaum hinfinden würde. →

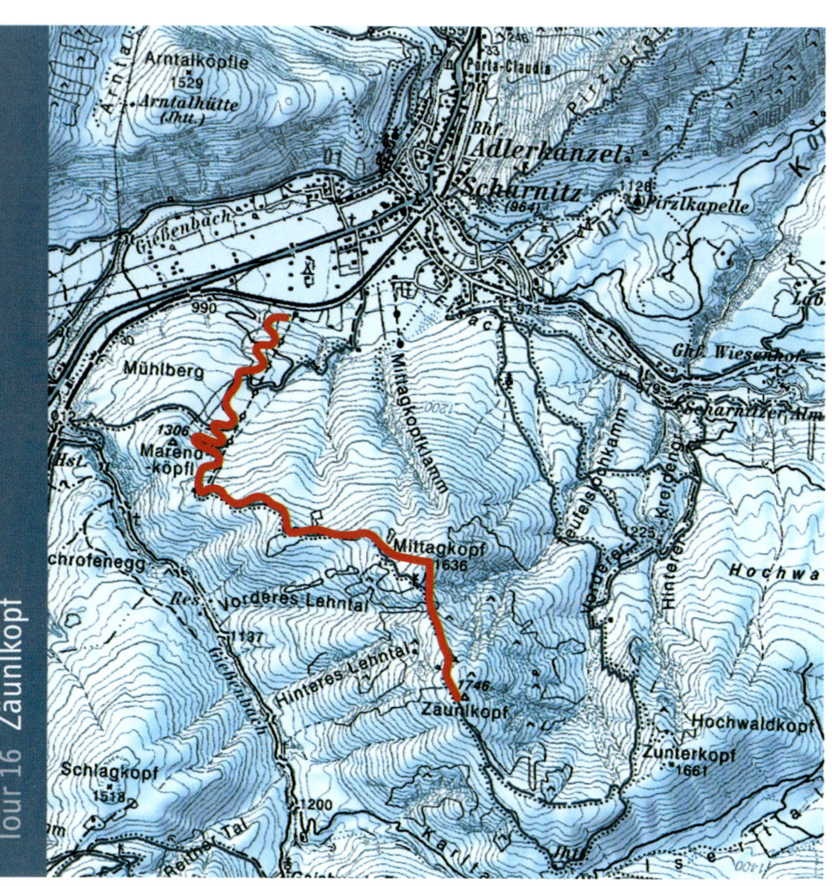

Das Gelände beginnt recht gemischt, führt anfangs noch problemlos auf einer aufgelassenen Pistentrasse hinauf auf den Mühlberg, dann durch lockeren Wald mit schmalen Schneisen bis zum Mittagskopf und das letzte Stück über einen freien Latschenrücken auf einen nur mehr von einzelnen Bäumen bestandenen kahlen Kopf. Voraussetzung ist eine genügend dicke Schneedecke im Wald.

Unternehmen kann man diese etwas andere Skitour sogar dann, wenn ringsum eine hohe Lawinengefahrenstufe herrscht und im Radio von Touren im freien Gelände gewarnt wird. Oder wenn man mit sich und der Bergwelt allein sein und nicht das

Vergnügen mit „Millionen“ von Gleichgesinnten teilen will, wie ich einen Tourengeher auf einem Gipfel im Kühtai klagen hörte. Das Besondere an dieser etwas rustikalen Tour ist die gewaltige Rundumsicht. Von nirgends präsentiert sich das Karwendel mit seinen aufgeklappten Tälern und schroffen Ketten dermaßen übersichtlich wie von dieser unscheinbaren Warte. Nahtlos wechselt das Panorama über die Ahrnspitzen zum Wetterstein und zur Hohen Munde.

Ausgangspunkt: In Scharnitz (von Seefeld kommend) gleich nach der Ortstafel rechts in den Mühlbergweg, über das Bahngleis und wiederum rechts zur Talstation der aufgelassenen Sesselbahn des Mühlbergliftes. Meist gut geräumter Parkplatz (ebenfalls Beginn einer 2 km langen super Rodelbahn).

Aufstieg: Zuerst auf der Pistentrasse immerhin an die 300 Höhenmeter bis zur Bergstation am Mühlberg. Weiter geht es nun rustikaler. Nach links in den Wald, ein paar Schritte abwärts in die anschließende Senke und so ziemlich in Richtung Nordost durch lockeren Wald (eine Sommermarkierung auf den Bäumen sollte man finden) zu einer ersten flachen Lichtung. Eine deutliche Schneise bergan, an ihrem Ende nach rechts und über kurze Steilstufen auf den Mittagskopf, der vom Zäunlkopf noch deutlich abgetrennt ist. Steil abwärts in das trennende Schartl – ein kurzes Stück muss man abrutschen – und jetzt im freien Gelände ziemlich genau am Rücken oder rechts daneben zur baumlosen Gipfelkuppe des Zäunlkopfs. Abfahrt genau auf der Aufstiegsroute, ein paar Gegenbichl muss man wieder hinaufbretteln.

Als kahle Kuppe präsentiert sich der Zäunlkopf.

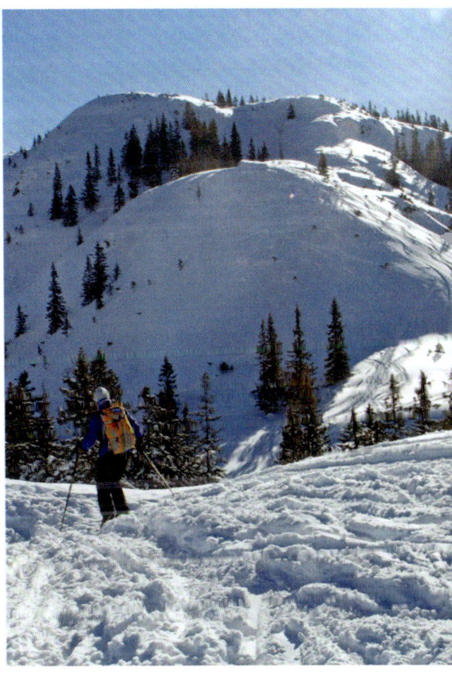

17 Schafreuter 2102 m

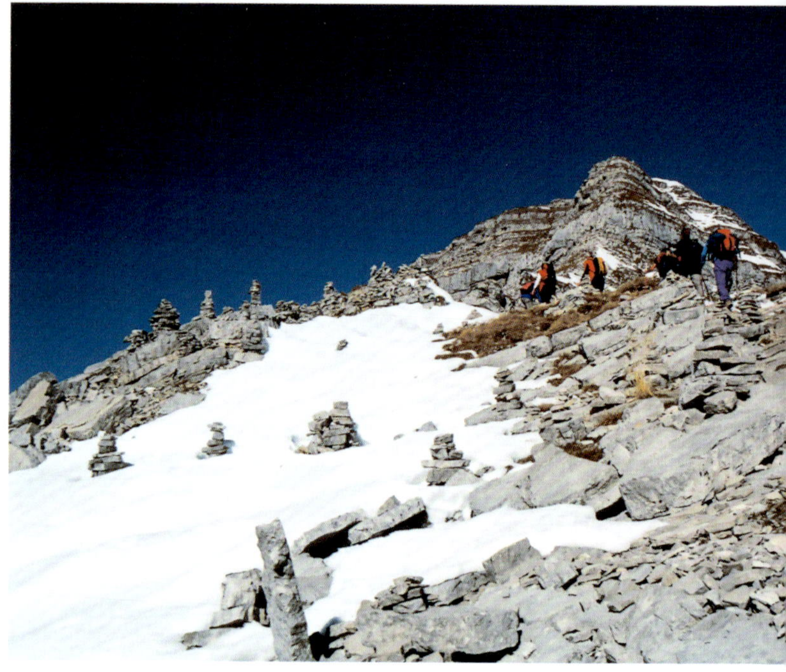

Im Sommer geht's entlang von Steinmandln von der Tölzer Hütte zum Gipfel.

→ **Karwendel-Vorgebirge**

Auch Tiroler dürfen auf einen „Münchner Hausberg". Die zahlreichen deutschen Skitourengeher, die hierher strömen, verteilen sich erstaunlich gut, so dass Sie sich von diesem lohnenswerten bayrischen Ziel nicht abhalten lassen sollten.

Ausgangspunkt: Oswaldhütte im Risstal (840 m)

Höhenmeter, Zeit: 1260 Hm., 3:30 Stunden

Lawinensituation: Nur bei stabilen Verhältnissen empfehlenswert.

Österr. Karte: Blatt 87 Walchensee, 1:50.000

Den ganzen Winter über ist diese Tour viel begangen, dadurch sind die steilen Gipfelhänge immer angefahren. Obwohl der Anstieg auf den Schafreiter oder Scharfreuter oder Schafreuter zur Gänze über bayrisches Territorium führt, haben auch Tiroler ein Anrecht darauf, diesem tollen Skigipfel einen Besuch abzustatten – denn das Gipfelkreuz steht ja zur „Hälfte" auch auf Tiroler Boden, weil die nördliche Landesgrenze über diesen letzten Zweitausender vor den bayrischen Voralpen führt. Einen besonderen Vorteil hat die Tour aufzuweisen: Mittels Übersichtstafeln und Beschilderung versucht man hier die Massen möglichst umweltverträglich zu kanalisieren, was meiner Meinung nach ganz gut gelungen ist. Noch ein Tipp: Der Berg ist auch im Sommer einen Besuch wert (s. Foto), am schönsten mittels einer Runde über die Tölzer Hütte.

Ausgangspunkt: Vom deutschen Vorderriss Richtung Tiroler Hinterriss (Parken nahe der Oswaldhütte und Haltestelle, km 4,5 (WW zur Tölzer Hütte). Bei hohem Andrang wird meist entlang der ganzen Straße geparkt. Beginn der Forststraße 50 m weiter zwischen Privathaus (re.) und Kraftwagen-Garage (li.). Bei guten Verhältnissen und am Wochenende kann man schon mal einige Minuten an parkenden Autos entlang wandern, bevor man zum Forstweg kommt.

Aufstieg: Von der Übersichtstafel auf dem meist zur Piste ausgefahrenen Fahrweg zur Moosenalm. Nach einem Viehgatter Schranken und Skitafel von DAV + ÖAV. Über →

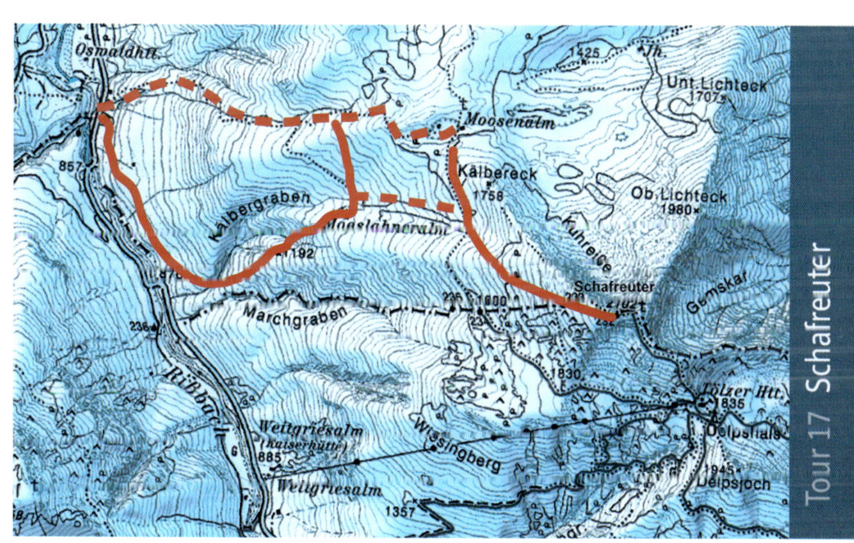

den Kälbergraben zur Alm und über tolles Skigelände hinauf zum Sommerweg zur Tölzer Hütte

Alternativer Aufstieg über Forstweg: Start bei der Übersichtstafel zum naturverträglichen Routenverlauf, ca. 1 Stunde entlang der Almstraße zur Moosenalm. An einer weiteren Tafel in einer Links-Kehre (ca. 1370 m) zweigt man nach rechts ab, über den Kälbergraben Richtung Mooslahner Alm (nicht bewirtet), weiter über schönes Skigelände auf den Schafreuter und seine Westhänge zu. Noch vor dem Bergkessel quert man auf dem Sommerweg zur Tölzer Hütte kurz steil nach links (Süden), bis große frei Hänge links zum breiten Nordwestkamm hinaufziehen. In etlichen Serpentinen zu diesem aufwärts bis kurz vor das Gipfelkreuz. Das letzte Stück ist schmal und meist stark überwechtet.

Abfahrtsvariante: Bei sicheren Verhältnissen kann man direkt über den Westhang rechts von der Aufstiegsspur abfahren, bis man den Sommerweg wieder erreicht.

Die Tourenmassen in den Griff bekommen will der DAV mit solchen Info-Tafeln.

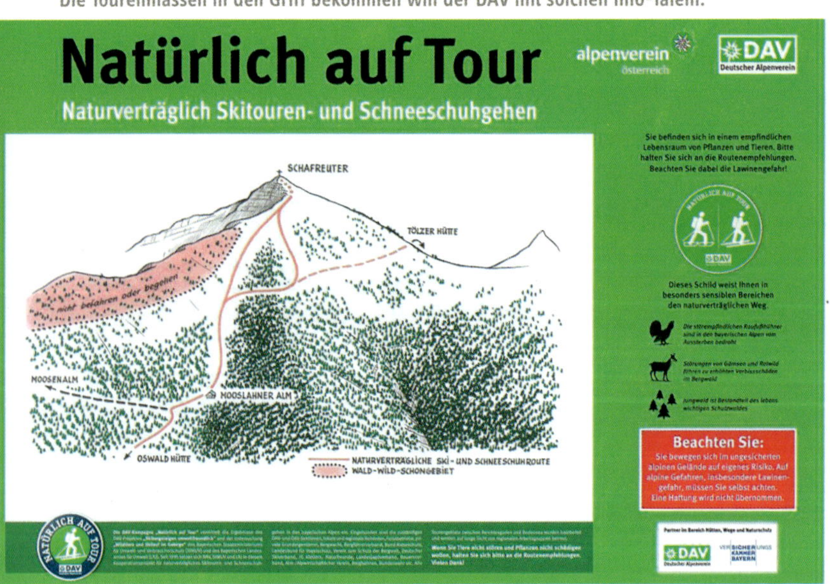

18 Eppzirler Scharte 2083 m

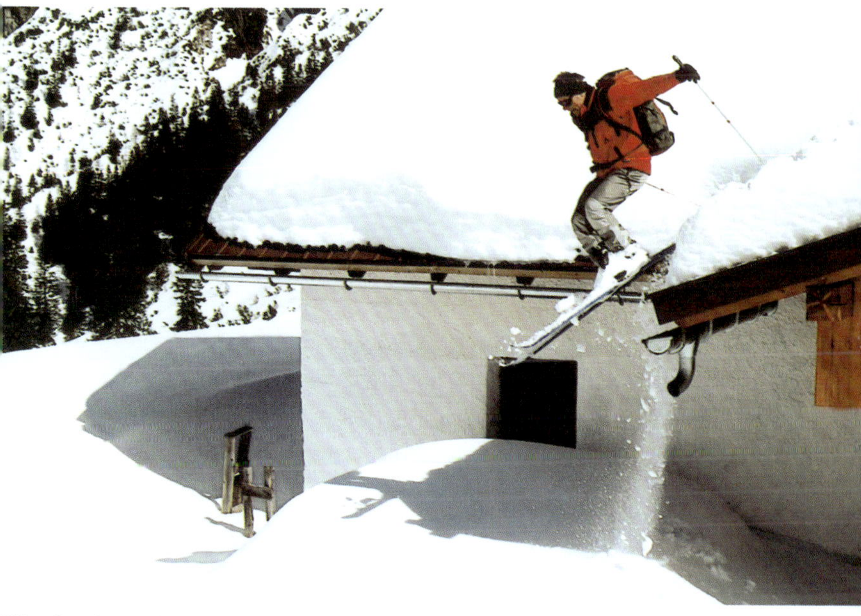

Skispaß während einer Rastpause auf der Eppzirler Alm.

Karwendel
Erlspitzgruppe

Wenn Sie einen Blick fürs Gelände und eine ausgeprägte Kondition haben, wird Sie diese anspruchsvolle Karwendelüberschreitung von Süd nach Nord begeistern.

Ausgangspunkt: Bahnhof Hochzirl (930 m)
Höhenmeter, Zeit: 1200 Hm., 3:30 Stunden
Lawinensituation: Nur bei besten Pulververhältnissen oder sicherem Firn.
Österr. Karte: Blatt 117 Zirl, 1:50.000

Die Eppzirler Scharte ist bei den Zirlern, neben dem Solstein, ein beliebtes alpines Skitourenziel – sowohl die sonnige, daher schon im Hochwinter meist firnige Süd-seite als auch die bis zum Frühling tiefpulvrige Nordseite von der Eppzirler Alm aus. Am schönsten ist aber eine Überschreitung von Hochzirl durchs Höllkar über die Scharte und Abfahrt durchs Kuh- →

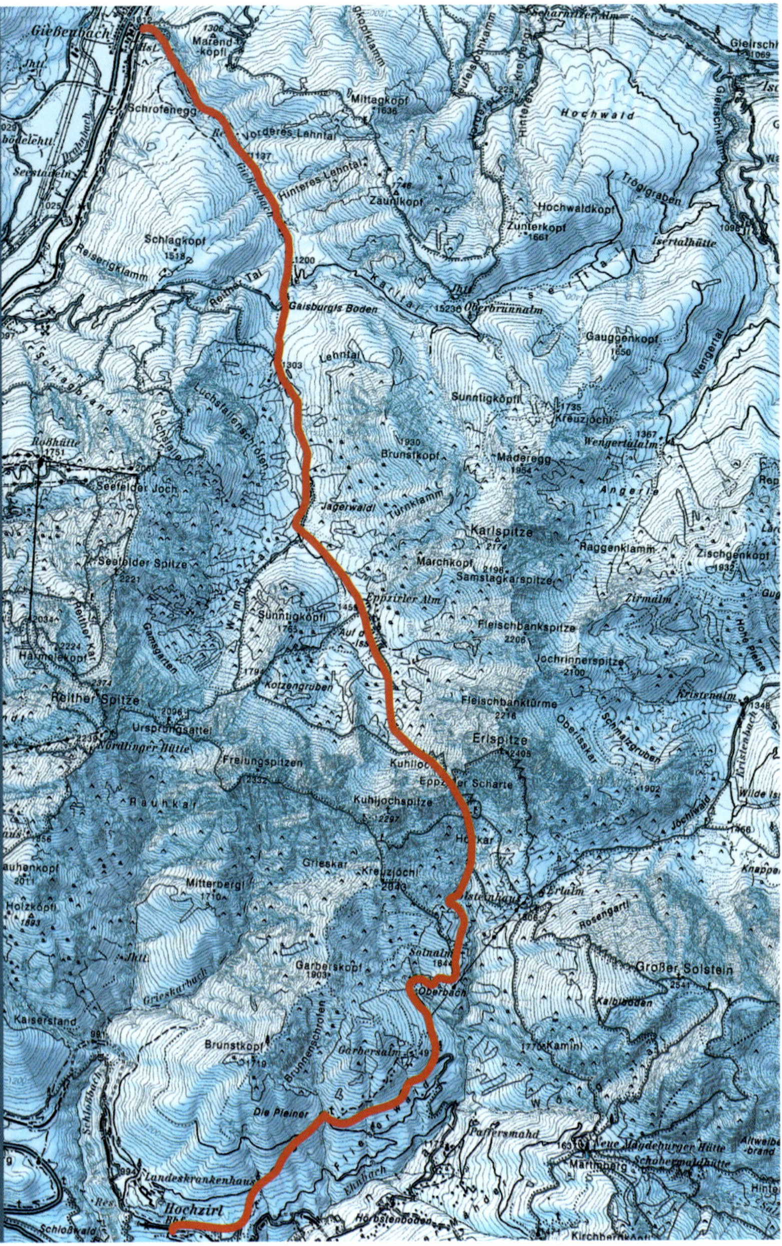
Gießenbach
Schrofenegg
Vorderes Lehntal
Mittagkopf
1636
Hinteres Lehntal
Zaunkopf
Hochwald
Hochwaldkopf
Zunterkopf
1661
Isertalhütte
Schlagkopf
1518
Reisergklamm
Reither Tal
Gaisburgis Boden
Karltal
Oberbrunnalm
Gauggenkopf
Wengertal
Lehntal
1303
Sunntigköpfl
Kreuzjöchl
Roßhütte
1751
Brunstkopf
1930
Maderegg
1954
Wengertalalm
Seefelder Joch
Jagerwaldl
Turnklamm
Angerle
Karlspitze
2174
Raggenklamm
Zischgenkopf
Seefelder Spitze
2221
Marchkopf
Samstagkarspitze
Eppzirler Alm
Sunntigköpfl
Fleischbankspitze
2206
Jochrinnerspitze
2100
Kotzengruben
Reither Spitze
Fleischbanktürme
2216
Ursprungsattel
Nördlinger Hütte
Freiungspitzen
2332
Erlspitze
2405
Eppzirler Scharte
Kuhljochspitze
2297
Rauhkar
Grieskar
Kreuzjöchl
2040
Mitterbergl
1710
Erlalm
Rosengartl
Sotnalm
1644
Garberskopf
1903
Oberbach
Großer Solstein
Kaiserstand
Brunstkopf
Garbersalm
Kaminl
Die Pleiner
Pfaffensmahd
Neue Magdeburger Hütte
Martinsberg
Landeskrankenhaus
Hochzirl
Schloßwald
Hörtstenboden

loch hinaus zur Eppzirler Alm und durchs Eppzirler Tal bis vor die Bahnstation Gießenbach (Züge retour nach Hochzirl um 7 nach voller Stunde, aber nicht um 16:07, Preis 5.30 Euro, Dauer 21 Minuten).

Ausgangspunkt: Von der Seefelder Bundesstraße in Zirl rechts zum Landeskrankenhaus Hochzirl, vor der Bahnunterführung Parkplätze unterhalb des Bahnhofs. Es gibt auch einen kleinen Parkplatz direkt oberhalb des LKH, von dem man direkt losgehen kann.

Aufstieg: Mit den Skiern am Rucksack unter der Mittenwaldbahn durch, den Wegweisern folgend zum Solsteinhaus. Man mündet in die Wege, die vom Krankenhaus bzw. von der Zufahrtsstraße heraufkommen, ein, gelangt durch schönen Föhrenwald zum „Thomasegg" und erreicht kurz danach die Materialseilbahn, 1:15 Stunden. Eben in einen Bachgraben, diesen querend am Sommerweg hinauf zur privaten Solnalm, 1644 m. Hier wird der Blick frei hinauf zu den markanten Berggestalten der Kuhloch- und Erlspitze. Nun entweder – je nach Skispuren – rechts 35 Hm. hinab in den Graben oder am Sommerweg etwas heikel den steilen Waldgürtel querend zum Beginn des Höllkars. Auf der gegenüberliegenden Grabenseite zieht nach einer 180-Grad-Kehre der Hüttenweg hinauf zum schon lange sichtbaren Solsteinhaus. Jetzt steigt man im sich bald weiter öffnenden Höllkar mittelsteil über tolles Skigelände aufwärts und zum Schluss steiler werdend unterhalb der Erlspitze ins linke breitere Schartl; 1200 Hm./3:30 Stunden. Hier kann man ohne Rucksack, aber mit Fellen – bei entsprechendem Firn einige hundert Höhenmeter ins Höllkar abfahren und wieder aufsteigen.

Weiterweg bzw. Abfahrt nach Norden: Über gut 30 Grad steile Hänge ins immer breiter werdende Kuhloch und sanft ausschwingend 700 Höhenmeter Schwung um Schwung zur Eppzirler Alm. Hier ist eine Rast empfehlenswert, um einen der schönsten Talkessel des Karwendels auf sich wirken zu lassen. Über flache Almwiesen talaus – 10 Min. fest schiebend – zu einem Eisengatter. Ab hier flott auf dem Fahrweg (immer angefahren) abwärts zum Gießenbach (bei der Brücke Abzweigung hinauf zur Oberbrunnalm). Auf der geräumten Straße – oberhalb der kurzen Schlucht entlang – in schönem Tempo bis zum Parkplatz vor der Haltestelle Gießenbach.

19 Großer Solstein 2511 m

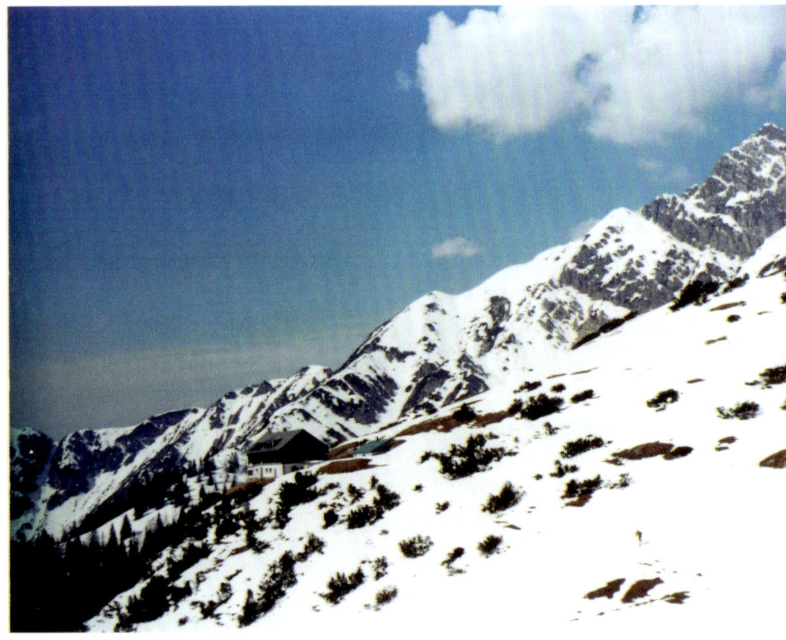

Das Solsteinhaus mit Kuhlochspitze, rechts unten der Erlsattel.

→ **Karwendel**
→ **Inntalkette**

Die „alpine Firntour" im Raum Innsbruck: durchgehend steil (aber etwas weniger als die Hohe Munde), viele Höhenmeter zurückzulegen, anspruchsvolle Strecke. Dafür gibt es ein großartiges Panorama, aber nur für erfahrene Tourengeher.

Ausgangspunkt: Landeskrankenhaus Hochzirl (ca. 1000 m)

Höhenmeter, Zeit: 1600 Hm., 3:30 bis 4 Stunden

Lawinensituation: Nur bei sicherem Firn.

Österr. Karte: Blatt 117 Zirl, 1:50.000

Fast jeder Tiroler kennt den riesigen Westhang des Großen Solsteins – diesen einmal mit Tourenskiern hinunterzuschwingen, braucht's einige Voraussetzungen, die nicht so leicht unter einen Hut zu bringen sind: Da wären einmal maximal Lawinenstufe 2, weiters eine perfekt verfestigte Schneedecke, eine klare Nacht vor dem und viel Sonne während des Tourentages, dann sollte der Schnee noch ziemlich weit zum Ausgangspunkt reichen – diese Konstellation ist meist erst ab Mitte März gegeben. Wenn aber alles passt, ist allein die Fast-1000-m-Abfahrt über 30–35 Grad steiles Skigelände hinunter zum Ehnbach die Aufstiegsmühen wert; die Abfahrt von der Solnalm hinunter zur Materialseilbahnstation am Oberbach eine feine Draufgabe. Diesen neuralgischen Punkt zu erreichen, gibt's mehrere Varianten, die kürzeste sei hier beschrieben.

Ausgangspunkt: Von der Zirlerbergstraße die 2. Abfahrt rechts hinauf zum LKH Hochzirl, oberhalb des Haupteingangs rechts zu kleinem Parkplatz vor Fahrverbot, →

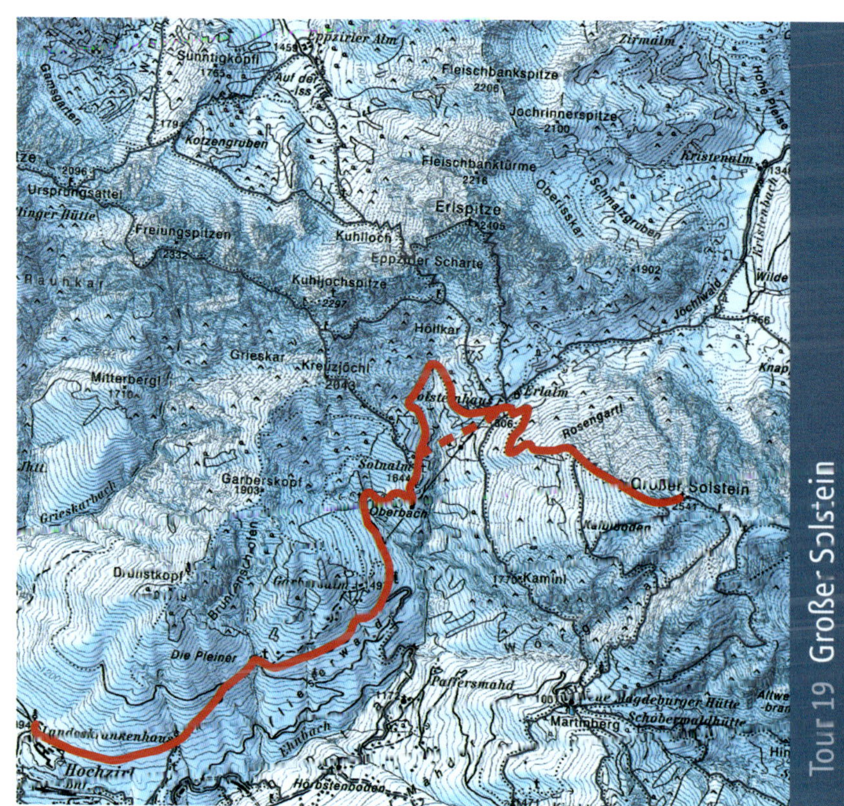

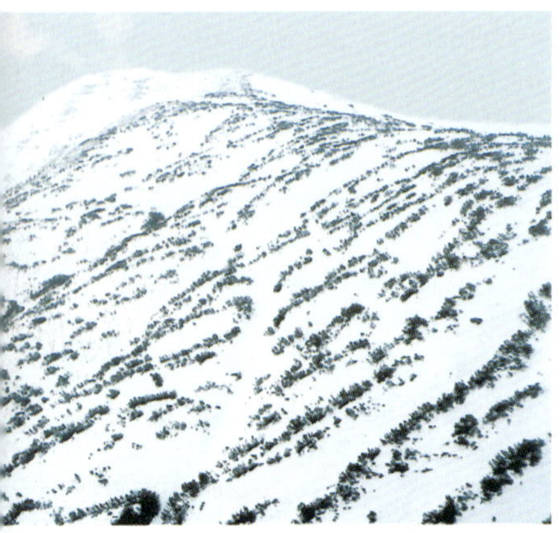

Der riesige Gipfelhang des Großen Solsteins.

ca. 1000 m. Ist der Großteil der Strecke zur Solsteinhaus-Materialseilbahn aper, – was im Frühjahr häufig der Fall ist – empfiehlt sich die Verwendung eines Mountainbikes. Man gewinnt zwar beim Aufstieg kaum Zeit, da man einen Großteil der knapp 4 km schieben muss, verkürzt aber die Abfahrt.

Aufstieg: Vom Parkplatz eben ostwärts bis zur Einmündung des Fußweges vom Bahnhof Hochzirl herauf (WW Solsteinhaus). Nun steil weiter Richtung „Thomasegg", wo die Fahrstraße einmündet. In ein paar Minuten zur Materialseilbahn am Oberbach, 370 Hm. Diesen querend auf dem Sommerweg durch den lichten Wald aufwärts zur privaten Solnalm, 1644 m. Auf gleicher Höhe bleibend etwas heikel hinein in den Ehnbachgraben und mit einer U-Schleife auf die andere östliche Seite. Steil hinauf zum schon lange sichtbaren Solsteinhaus, 1806 m (mit frei zugänglichem Winterraum); 1 Std. Den Wegweisern folgend abwärts in das Erlalmsattele und so bald wie möglich durch Latschengelände rechts auf den breiten Westrücken hinausqueren. Dieser legt sich erst ab einer Höhe von 2400 m etwas zurück, ehe man nach einer sich ordentlich „ziehenden" Gipfelkalotte das metallene Gipfelkreuz erreicht, 1:30 bis 2 Stunden. Die Aussicht ins Karwendel ist grandios, hinunter ins smoggeplagte Inntal weniger.

Abfahrt wie Aufstieg bis zum Solsteinhaus, dort fährt man entweder im Graben, links oder rechts davon hinunter zum Ehnbach und steigt 50 Hm. hinauf zur Solnalm. Beim Abstieg darauf achten, die Abzweigung vom Forstweg nach links Richtung Hochzirl Bahnhof nicht zu verpassen.

20 Hochglückscharte 2387 m

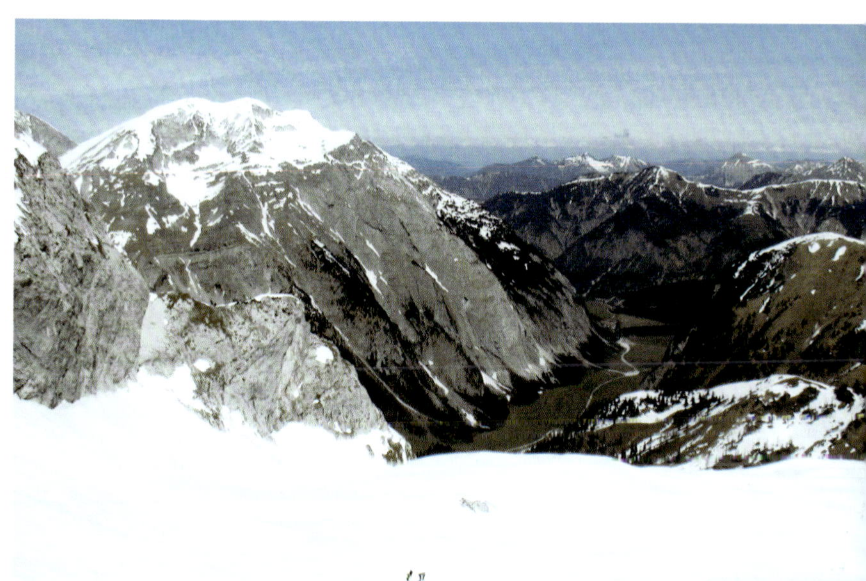

Blick nach Norden über den Großen Ahornboden bis ins Alpenvorland.

Karwendel Hauptkamm

Man glaubt es kaum – Buckelpisten in einem Karwendelkar. Doch man muss für dieses Vergnügen genau den richtigen Zeitpunkt abwarten – zumindest so lange, bis die Straße in die Eng frei ist. Dann auf „zum Sommerskilauf ins Hochglückkar"!

Ausgangspunkt: Parkplatz Alpengasthaus Eng (1210 m)

Höhenmeter, Zeit: Ca. 1150 Hm., 2:30 bis 3 Stunden

Lawinensituation: Nur sinnvoll bei optimalen Firnverhältnissen.

Österr. Karte: Blatt 118 Innsbruck, 1:50.000, AV-Karte 5/2 Karwendelgebirge Mitte, 1:25.000

Der Große Ahornboden ist eine ganz besondere Sehenswürdigkeit im Naturpark Karwendel. Nicht nur im roten Herbstlaub, auch im Bergfrühling, wenn sich die knorrigen Ahorne ganz zaghaft mit dem ersten Blattgrün schmücken. Kaum ist die Straße in die →

Eng schneefrei, schon begegnen sich Ausflugstouristen, Radfahrer und sonst noch alles, was Rollen an den Beinen hat – und die letzten Skitourengeher, die ihr Glück bereits in den frühen Vormittagsstunden im weitläufigen Kar unter den Wänden von Hochglück und Spritzkarspitze finden und sich mit den letzten Schwüngen von einer langen Skisaison verabschieden.

Aus dem Inntal wird es gleich einmal eine 100-km-Fahrt rund um das ganze Karwendel – aber eine lohnende und landschaftlich besonders imposante Skitour für Frühaufsteher ist es allemal, die man nur im späten Frühjahr machen kann.

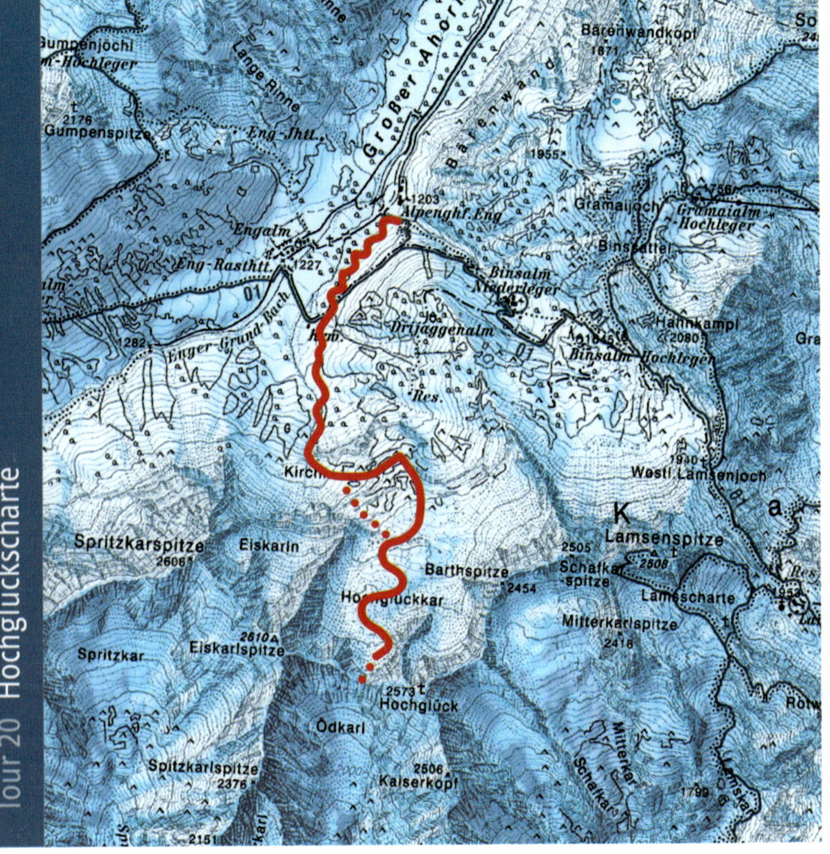

Ausgangspunkt: Über Achensee/Achenkirch und gleich nach dem ehemaligen Zollamt Abzweigung links nach Vorderriss/Hinterriss zum Großen Ahornboden (43 km ab Abzweigung). Ab Hinterriss Maut, 4.50 Euro pro Pkw. Mautstraße im Regelfall ab Anfang Mai geöffnet. Über Scharnitz/Mittenwald bis Krün/Wallgau, ab hier ebenfalls Mautsträßchen (4.50 Euro) bis Vorderriss.

Aufstieg: Start für Tourengeher am Parkplatz in der Eng. 20 bis 30 Minuten wird man die Skier wohl schon tragen müssen, bis man zum Schnee kommt. Am besten schont man den weichen Almboden und marschiert auf dem Fahrweg zu den Hütten der Engalm. Dort auf dem Almweg nach links zum Hangfuß hin und auf dem „Panoramasteig" zum Schneebeginn. Aufstieg zuerst genau unter der Nordwand der Spritzkarspitze bis zu einer ebenen Terrasse mit einem weithin sichtbaren einzelnen Stein. Nun ansteigende lange Querung im breiten Schräghang (Harscheisen) nach links zu einem von einzelnen Lärchen und Latschen bestandenen Rücken und über diesen gerade hinauf ins Hochglückkar. Ein Steilhang in Karmitte, oft schon zur Buckelpiste ausgefahren, kann in einer Linksschleife leicht umgangen werden. Am Schluss zieht der Hang stets steiler werdend zur engen Scharte empor. Das letzte Stück nur mehr zu Fuß; wenn es hart ist, wären sogar Steigeisen angebracht. Die meisten haben aber schon längst am obersten Karboden ihre „Brotzeit" gemacht und warten hier, bis es richtig auffirnt. Abfahren sollte man spätestens zwischen 11 und 12 Uhr, was bedeutet, dass man so gegen 7 Uhr aufbrechen sollte.

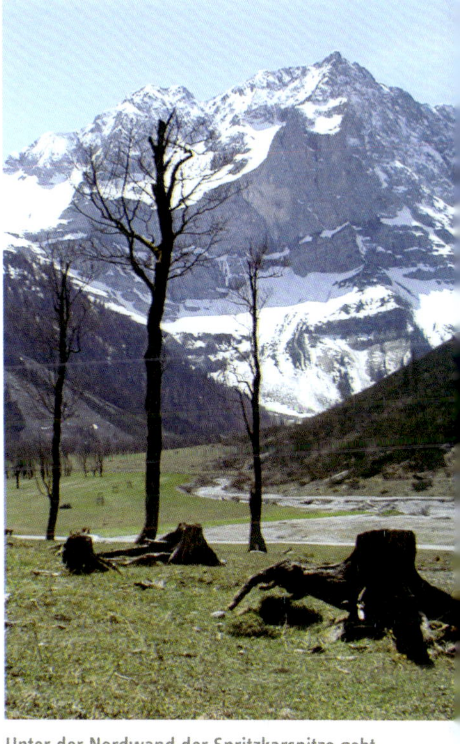

Unter der Nordwand der Spritzkarspitze geht es nach links ins Hochglückkar.

21 Vorderunutz 2078 m

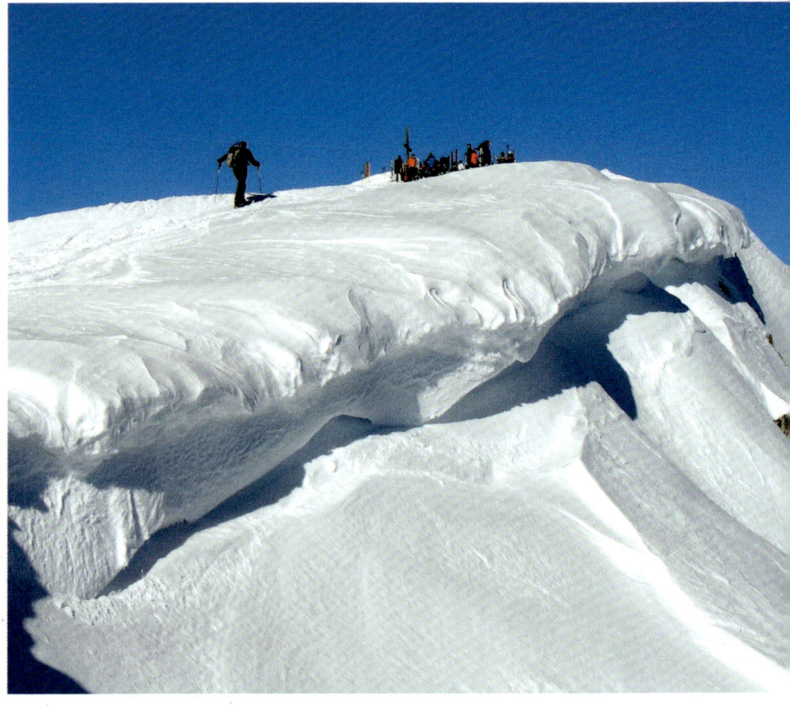

Ein mächtiger Wechtenkeil ziert den Gipfel des sonst unscheinbaren Vorderunutz.

→ **Rofangebirge**

Von Steinberg am Rofan auf einen wenig bekannten Skiberg hinter dem Achensee. Aber erst, wenn die Schneedecke so dick ist, dass die Latschen völlig zugedeckt sind, empfiehlt sich der Unutz für eine Skitour.

Ausgangspunkt: Steinberg am Rofan, Parkplatz Rofanlifte (1031 m). Auffahrt mit Schlepplift zum Gfaßkopf (1279 m) möglich. 3 Euro pro Person. Parken am Platz vor dem Liftstüberl gratis.

Höhenmeter, Zeit: Gfaßsattel – Steinberger Kotalm (1449 m) – Schlagkopf (1688 m) – Vorderunutz (2078 m), ca. 1100 Hm., 3 bis 3:30 Stunden.

Lawinensituation: Wenig gefährdet.

Österr. Karte: Blatt 88 Achenkirch, 1:50.000

Der Unutz mit seinen drei Gipfeln macht vom Achensee oder von Achenkirch aus betrachtet einen sehr abweisenden Eindruck und lässt keinen Gedanken an eine Skitour aufkommen. Seine nach Osten gerichtete Rückseite, vom Tal aus nicht einsehbar, bietet sich jedoch als Skigelände an. Die Gegend ist längst kein Geheimtipp mehr. Allerdings muss man sich die schönen Hänge erst mit einem gar nicht so kurzen Waldanstieg verdienen. Die riesige Latschenflanke verlangt unbedingt eine satte Schneelage; die ist in dem als „Schneeloch" bekannten Steinbergtal meist reichlich gegeben. Nur die obersten Pinsel der Zwergkiefern sollten aus der dicken Schneedecke hervorlugen. Die Lawinengefahr hält sich bei dieser Tour sehr in Grenzen, vor allem die Aufstiegsspur kann man in dem stark kupierten und mugeligen Gelände sicher anlegen. Aufpassen muss man dann eher bei der Abfahrt, die zu unzähligen steilen Varianten geradezu einlädt.

Ausgangspunkt: Auf der Achenseestraße bis Achenkirch-Nord und rechts ab nach Steinberg am Rofan. Man fährt auf der Hauptstraße bis unmittelbar vor die Kirche der verstreuten Ortschaft, biegt kurz vorher nach rechts und im großen Retourbogen zu den Rofanliften. Wer direkt beim →

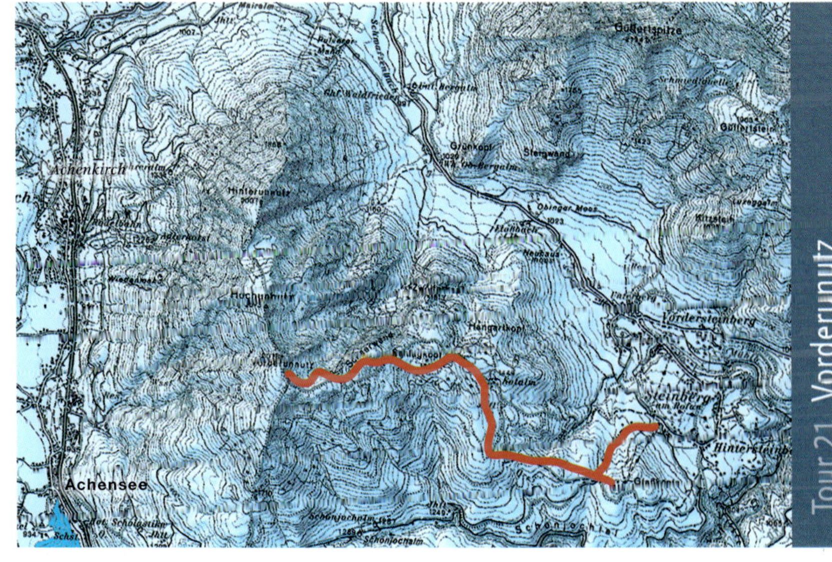

Lift parkt, zahlt 5 Euro/Tag bzw. 1 Euro/Stunde, hinter der Piste, 100 m vor dem Liftstüberl, kostet es vorläufig nichts.

Aufstieg: Der Aufstieg beginnt am rechten Rand der Piste. Nach 200 m verlässt man diese, folgt einem breiten rotweißrot markiertem Weg nach rechts bis zu einer Wildfütterung und steigt kurz vorher links aufwärts durch einen relativ steilen Graben bis zum Sattel zwischen Gfaßkopf und dem Unutzmassiv.

Vom Sattel aus folgt man dem Forstweg Richtung „Steinberger Kotalm, Unnütz“, der zuerst auf den Berg zuführt, allmählich aber immer mehr nach rechts schwenkt (mit ein paar kurzen Abwärtspassagen), bis sich der Wald endlich lichtet und die verfallene Steinberger Kotalm erreicht ist. Jetzt geht die Tour erst richtig los – es beginnt das freie Gelände. In der Talmulde oberhalb der Alm aufwärts gehend, gelangt man zu den ersten baumfreien Hängen.

Bis zur rechten Begrenzung des Hanges bleibt man am Hangfuß, erst ganz am Rand der steilen Hänge steigt man auf und kommt

Die obere Hälfte der Skitour zum Vorderunutz, wie sie sich am Schlagkopf präsentiert.

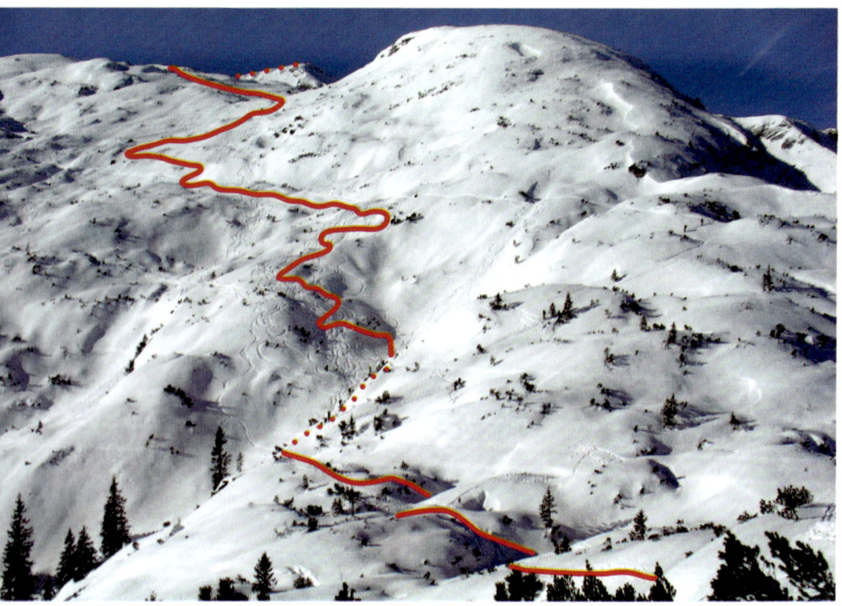

bei guter Schneelage auf eine Terrasse, auf der man nach links quert und von Stufe zu Stufe aufsteigend den etwas vorgelagerten Schlagkopf erreicht. Von hier ist der weitere Weg zum Unutz zur Gänze einsehbar.

Alternativer Anstieg: Kurz vor der Kotalm liegt eine Jagdhütte. Von dort geht man links am Sommerweg und gelangt (erst kurz steil durch den Wald, dann flacher werdend zwischen den Latschen) über den Ost-Rücken zum Schlagkopf.

Vom Schlagkopf muss man wiederum ein paar Höhenmeter herschenken und erreicht jetzt den riesigen Hang, den die Skispur von rechts nach links quert. Links vom riesigen weißen Kopf der Schaarwand erreicht man die Höhe des Gratrückens. Man zieht am allmählich flacher werdenden Rücken dahin und wendet sich am Schluss scharf nach rechts, zu dem von einer gewaltigen Wechte gesäumten Gipfel hin. Begeisternder Rundumblick zu Guffert, Juifen und Hochplatte, tief unten glänzt der eisige Achensee.

Abfahrt mit Varianten: Auffällig sind die vielen Spuren, die direkt vom Gipfel nach Norden in einen tiefen Graben hinunterführen. Schaut von oben toll aus, weiter unten wird es eher mühsam.

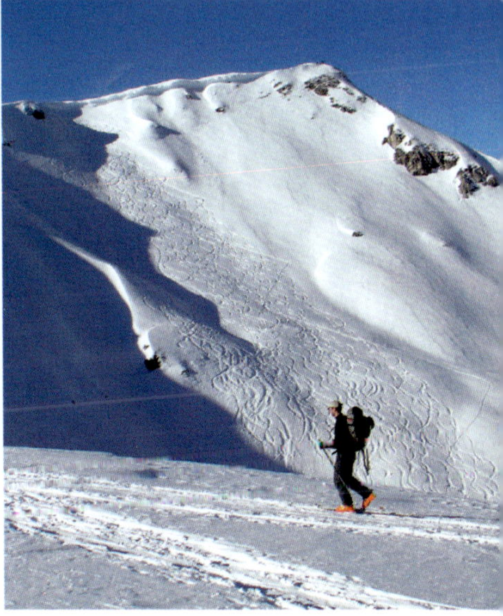

Nur bedingt empfehlenswert ist die Steilabfahrt durch den Graben des Zwölferkopfs.

Außerdem mündet man weit abseits des Ausgangspunktes und muss auf der Straße 30 Min. zurückmarschieren. Besser, man bleibt in etwa im Bereich der Aufstiegsspur. Beim Schlagkopf muss man nochmals kurz auffellen oder mühsam hinaufbretteln, zeitmäßig bleibt sich das ungefähr gleich. Ebenso muss man sich überlegen, ob man vom Sattel zum Lift hinüber aufsteigen oder durch den Graben hinunterfahren will.

22 Juifen 1988 m
Hochplatte 1813 m

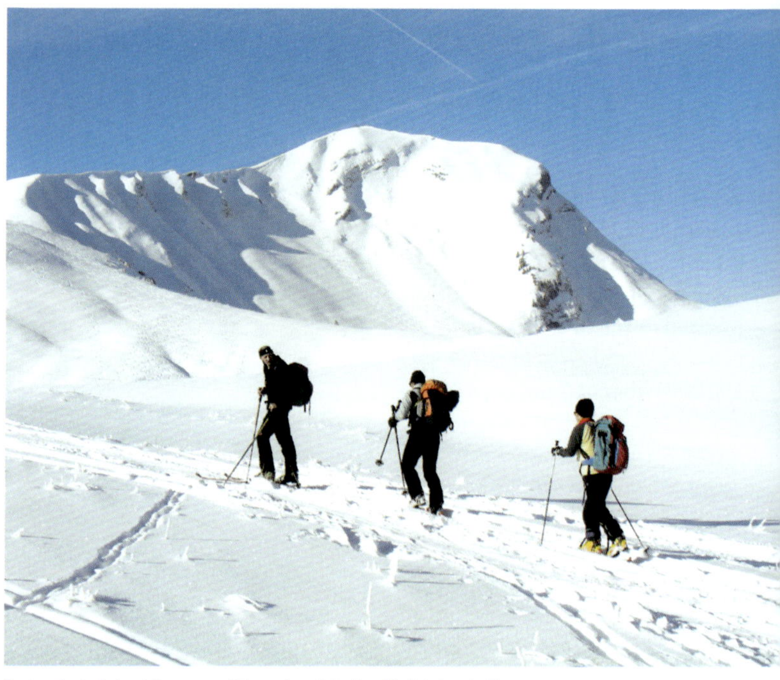

Erstmals bei der Lämperer-Alm zeigt sich der Gipfel des Juifen.

→ **Karwendel**
→ **östlicher Ausläufer**

Lassen Sie sich mit der Entscheidung über die endgültige Route dieser Standardskitour ruhig Zeit, denn erst bei der Hälfte des Anstiegs, oberhalb der Falkenmoosalm, trennen sich die Wege zur Hochplatte oder zum etwas höheren Juifen. Beide Ziele bilden ähnlich schöne Höhepunkte.

Ausgangspunkt: Achenkirch-Nord, GH Tirolerland (896 m)

Höhenmeter, Zeit: Juifen 1100 Hm., 3 bis 3:30 Stunden; Hochplatte 900 Hm., 2:30 Stunden

Lawinensituation: Hochplatte kaum gefährdet, am Juifen sind sichere Verhältnisse nötig.

Österr. Karte: Blatt 88 Achenkirch, 1:50.000

Gleich hinter dem Achensee, in der östlichsten Ecke des Karwendels, liegen diese feinen Tourenberge. Geheimtipp ist es längst keiner mehr, denn diese beiden Skitouren befinden sich fest in bayrischer Hand. Was man noch wissen muss, ist, dass die Auffahrt zu den Häusern von Tiefental jetzt verboten ist. Dafür wurde unmittelbar neben der Bundesstraße ein geräumiger Parkplatz angelegt. Die Skitour beginnt nun also 100 Höhenmeter weiter unten und ist um 15 Minuten länger. 900 Höhenmeter hat man für die Hochplatte, 1100 Höhenmeter für den Juifen zu bewältigen. Den weißen Berg mit seinen sonnigen Südosthängen sollte man aber nur bei schönem Wetter und klarer Sicht angehen, wogegen man in den meist zu einer Piste ausgefahrenen Waldschneisen der Hochplatte praktisch immer seinen Weg findet. Die Lawinengefahr hält sich bei beiden Bergen in Grenzen, wobei man am Juifen bei den langen Hangquerungen zur Großzemmalm und zum Marbichler Joch aufpassen muss.

Ausgangspunkt: Von Jenbach über den Kasbach oder die Achenseestraße nach Maurach und am Achensee vorbei. Alle Einfahrten nach Achenkirch bleiben unberücksichtigt. Noch an Achenkirch-Nord vorbei und unmittelbar danach links in den großen Parkplatz (5 Euro/Tag bzw. 1 Euro/Stunde) links der Bundesstraße unterhalb des Restaurants Tirolerland. →

Schlussanstieg vom Marbichler Joch zum Juifen. Blick nach Norden zur Schreckenspitze.

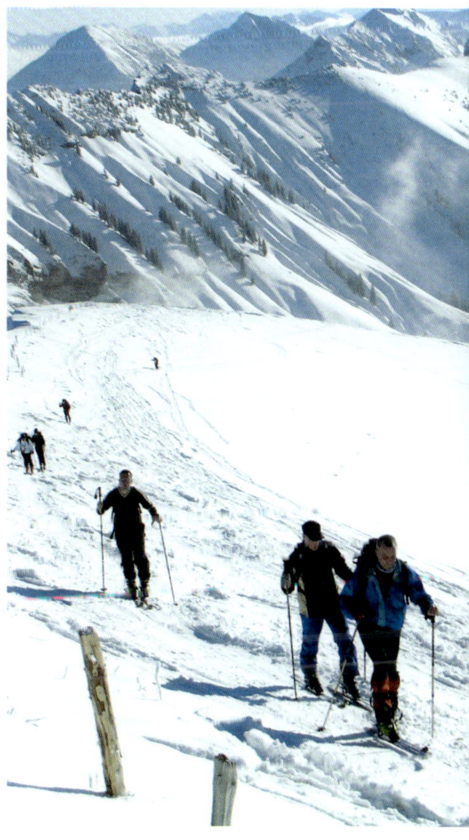

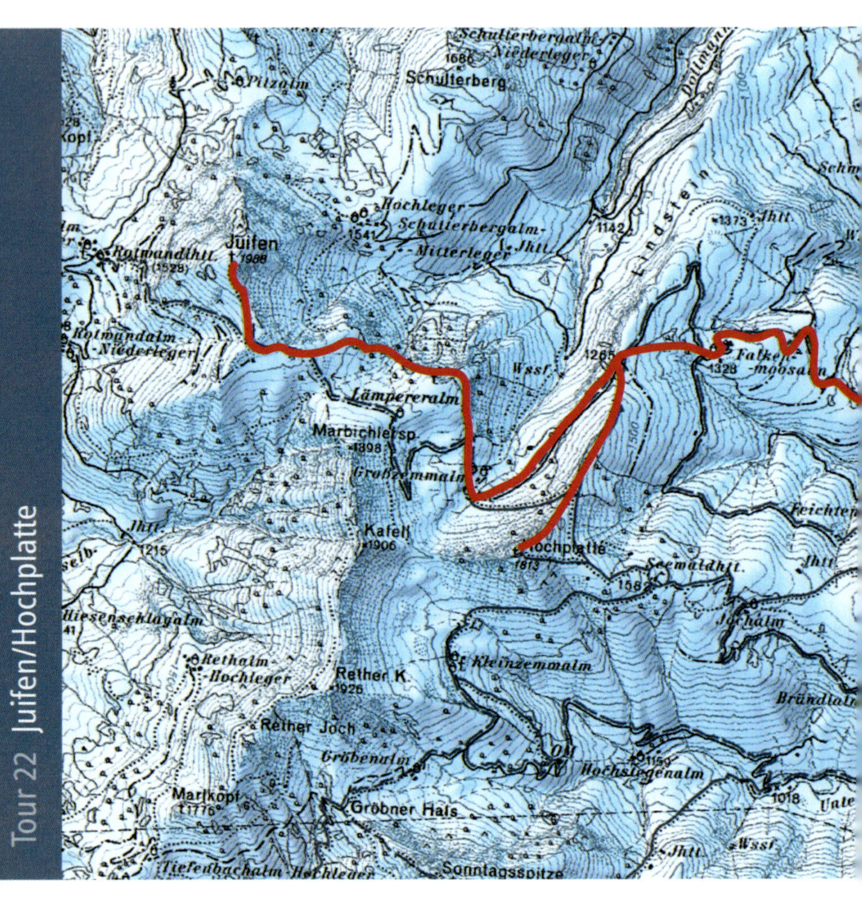

Aufstieg: Ein paar Schritte hinauf zum Gasthaus und bei seinem Eingangsportal rechts in den Wiesenhang und hinauf zu den oberen Häusern. Ab hier folgt man dem breiten Forstweg bis zur ersten Rechtskehre. Ab hier geradeaus weiter über den steilen Almsteig oder länger und gemütlicher dem Forstweg nach rechts folgen. Am Waldrand treffen Steig und Forstweg wieder zusammen (abfahren auf dem Forstweg). Über eine schöne Almwiese gelangt man zur Falkenmoosalm.

Zur Hochplatte: Jetzt wird es steiler. Den Hang hinter der Alm aufwärts und durch eine schmale Waldschneise, bis sie sich zu einer

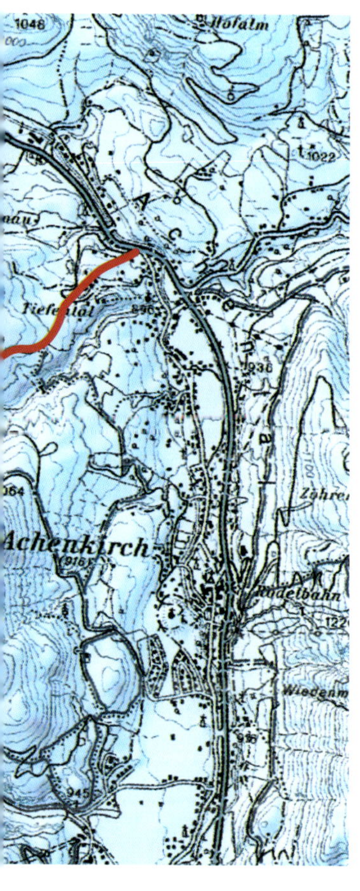

großen Lichtung erweitert. Hier befindet sich die Abzweigung zum Juifen. Zur Hochplatte geradeaus weiter, es folgt eine kurze Steilstufe, dann ist der Nordrücken erreicht, der zur Gipfelkalotte der Hochplatte hinführt. Ein paar steile Spitzkehren noch und flach über den Grat zum höchsten Punkt.

Zum Juifen: Von der Abzweigung (grüner Wegweiser) rechts auf breitem Forstweg, zuerst leicht abwärts, dann flach zur Großzemmalm. Der Almkessel wird im Rechtsbogen durchschritten und man gelangt in die weiten Skihänge des Lämperers. Erst wenn diese Schulter unterhalb der Marbichler Spitze erreicht ist, ist der Juifen zu sehen. Von der Lämpereralm wiederum flache Querung ins Marbichler Joch.

Der folgende Hang wird nach links durchschritten. Man erreicht nun die Grathöhe und steigt auf seiner Westseite zum Gipfel. Vorausgesetzt, man lässt sich bei der Abfahrt nicht zu den vielen möglichen Varianten in den Steilhängen verleiten und bleibt im Gelände der Aufstiegsroute, so ist auch der Juifen eine recht sichere Skitour.

23 Stuhljöchl 2157 m

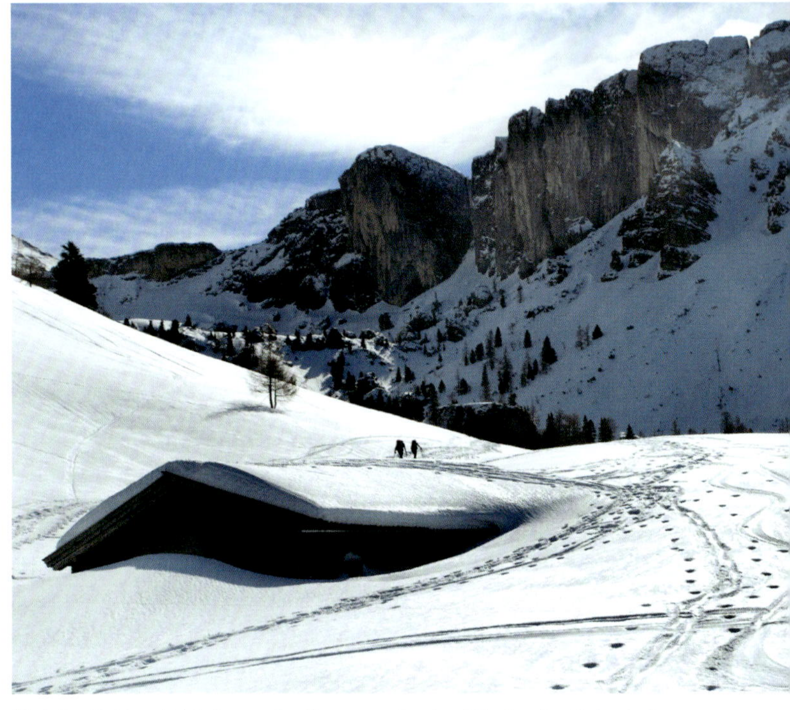

Nächster Richtpunkt ist die sonnige Terrasse unter den Wänden des Klobenjochs.

→ Rofangebirge
→ Brandenberger Alpen

Nach einem sicheren Forststraßenaufstieg erreichen Sie eine etwas andere Skitourenlandschaft im Rofangebirge, überraschende Tiefblicke zum „Meer der Tiroler" inklusive.

Ausgangspunkt: Achensee, gegenüber Achenseehof (ca. 950 m)

Höhenmeter, Zeit: 1200 Hm., 3:30 Stunden

Lawinensituation: Wegen der SW-Lage (sofort Firn) des Gipfelhangs fast immer sicher; bis LWS 3.

Österr. Karte: Blatt 119 Schwaz, 1:50.000

Das Rofan bietet einige anspruchsvolle Skitouren: Bekannt sind Rofanspitze, Sonnwendjoch und Seekarspitze, sie werden aber meist mit Hilfe der Rofanseilbahn bezwungen. Wir aber steigen mit eigener Kraft auf den unscheinbaren westlichen Ausläufer dieses

Gebirges, der weder Gipfelkreuz noch Vermessungszeichen, nicht einmal einen Steinmann besitzt. Nur eine Höhenkote in der Ö-Karte. Trotzdem oder gerade deshalb ist das Stuhljöchl (Kotalmjoch) eine Skitour wert, denn der landschaftlich überaus schöne Anstieg vom Achensee herauf zu den senkrechten, dolomitenähnlichen Wänden des Klobenjochs lässt die für Skiläufer „unnützen“ langen Forstwegkilometer am Ende mit Bestimmtheit vergessen.

Ausgangspunkt: Ausgangspunkt ist der große Parkplatz, etwa 200 Meter rechts nach der Ausfahrt aus dem Achenseetunnel auf Höhe der Halbinsel Achenseehof, genau bei km 18, gebühren- →

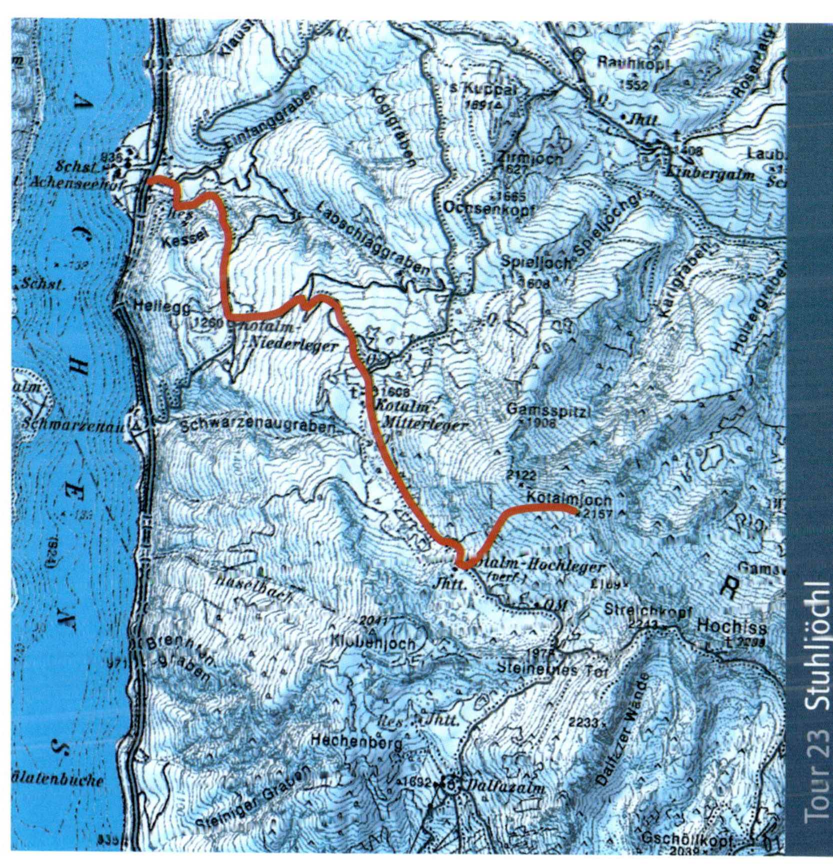

pflichtig, 5 Euro/Tag bzw. 1 Euro/ Stunde.

Aufstieg: Vom Parkplatz geradeaus auf den Hochseilgarten zu und auf dem hier ansetzenden Forstweg (auf keinem Fall den Sommerweg benützen) der Beschilderung folgend zur Kotalm. Nach einer aufgelassenen Wildfütterung quert der Forstweg eine sehr steile, felsdurchsetzte Flanke, wo der ansonsten breite Weg oft zur Gänze schräg zugeschneit ist, was dann vor allem bei der Abfahrt doch etwas Vorsicht erfordert. Bald danach ist der Niederleger der Kotalm erreicht, wo man sich entscheiden muss, ob man die weitausholende Wegschleife weiter verfolgt oder die schön angelegte, aber manchmal etwas steile Spur nach oben benützt. Legt sich das Gelände an der Waldgrenze dann allmählich zurück, hat man gleich darauf den wunderschön auf einer riesigen Terrasse liegenden Mittelleger der Kotalm erreicht (1608 m, 1:30 Stunden). Der Berg unmittelbar über den Almhütten ist das Gamsspitzl; unser Ziel, das Kotalmjoch sowie das Stuhljöchl, verbirgt sich unmittelbar dahinter. Beide Gipfel sind relativ unscheinbare Kuppen in dem vom Streichkopf nach Nordwesten ausstrahlenden Kamm. Der Aufstieg vollzieht sich aber in einem großen Bogen und führt zuerst durch die von den Felswänden des Klobenjochs flankierte Talsenke auf eine schon von der Kotalm aus gut sichtbare flache Geländestufe. Zuerst also flach talein, dann über den hier ansetzenden kurzen Steilhang von rechts nach links aufwärts zu einer großen, frei stehenden Lärche, hinter der die Ruinen des verfallenen Kotalm-Oberlegers in Schnee stecken. Hier setzt die Gipfelflanke zum Stuhljöchl an, welche mittelsteil und in gleichbleibender Neigung immer schräg nach rechts oben auf die Grathöhe führt, wo man links das Kotalmjoch und rechts das Stuhljöchl erreicht.

Schöner Blick nach Osten hinüber zum höchsten Rofanberg, dem Hochiss.

Abfahrt: 400 Hm. über den hindernislosen 30 Grad steilen SW-Hang abwärts und über eine längere Flachstrecke (daher beim Aufstieg hüftbreite Spur anlegen) zum Kotalm-Mittelleger, weiter durch lichten Wald wunderschön zum Niederleger, auf der anfangs ausgesetzten Almstraße zur Wildfütterung und auf dem ab hier geräumten Weg zum Ausgangspunkt.

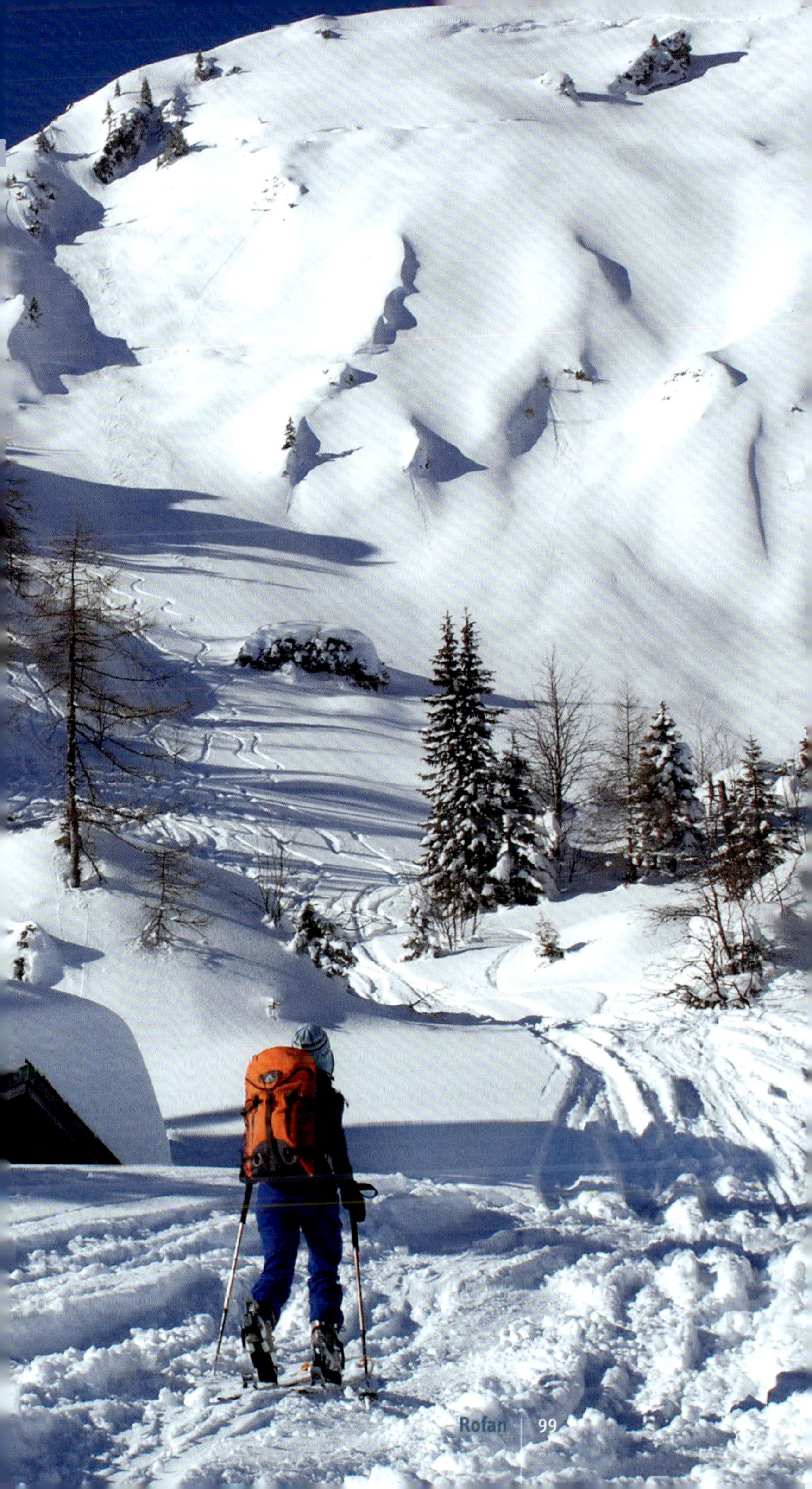

24 Sonnwendjoch 1790 m

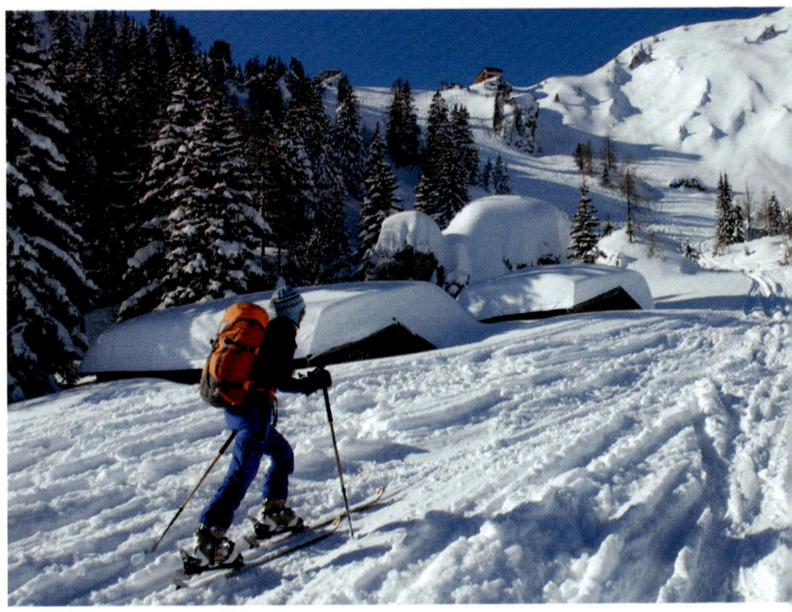

Bei der Hochalm ist das unter dem Rosskopf liegende Berghaus am Sonnwendjoch bereits in Sichtweite.

→ **Rofangebirge**

Kein Liftbetrieb im Winter, doch die alte Pistenschneise eignet sich vorzüglich für eine schöne Skitour mit dem vermutlich tiefstliegenden Ausgangspunkt in ganz Tirol. Von Kramsach steigt man zum Berghaus am Sonnwendjoch.

Ausgangspunkt: Kramsach/Wittberg, Talstation der Sonnwendjochbahn, Parkplatz (540 m).

Höhenmeter, Zeit: Schlepplift – Mittelstation/Klosteralm – Berggasthaus Sonnwendjoch (1790 m), 3 bis 3:30 Stunden, 1250 Hm.

Lawinensituation: Kaum lawinengefährdet.

Österr. Karte: Blatt 119/120, Schwaz/Wörgl, 1:50.000., AV-Karte 6, Rofan, 1:25.000

Eines ist für diese Skitour Bedingung: Die Schneedecke muss unbedingt bis ins Inntal herunterreichen – dann kann nichts schiefgehen. Die untere Hälfte des Anstiegs ist fast immer zu einer regelrechten Piste ausgefahren, oberhalb der Mittelstation findet man freies und weites Gelände. Geradezu ideal, aber trotzdem nicht zu unterschätzen. Denn der Aufstieg von Kramsach über die aufgelassene Pistenschneise zu dieser knapp unterhalb des Rosskopfs im Rofan gelegenen Bergstation hat es in sich. Da ist zum einen der in Tirol wohl tiefstgelegene Ausgangspunkt für eine Skitour. Man startet in Kramsach/Wittberg praktisch noch in der Talsohle des Inntals auf einer Seehöhe von 540 m und hat im Aufstieg 1250 Höhenmeter zu bewältigen.

Der alte Sessellift verkehrt im Winter längst nicht mehr, schon

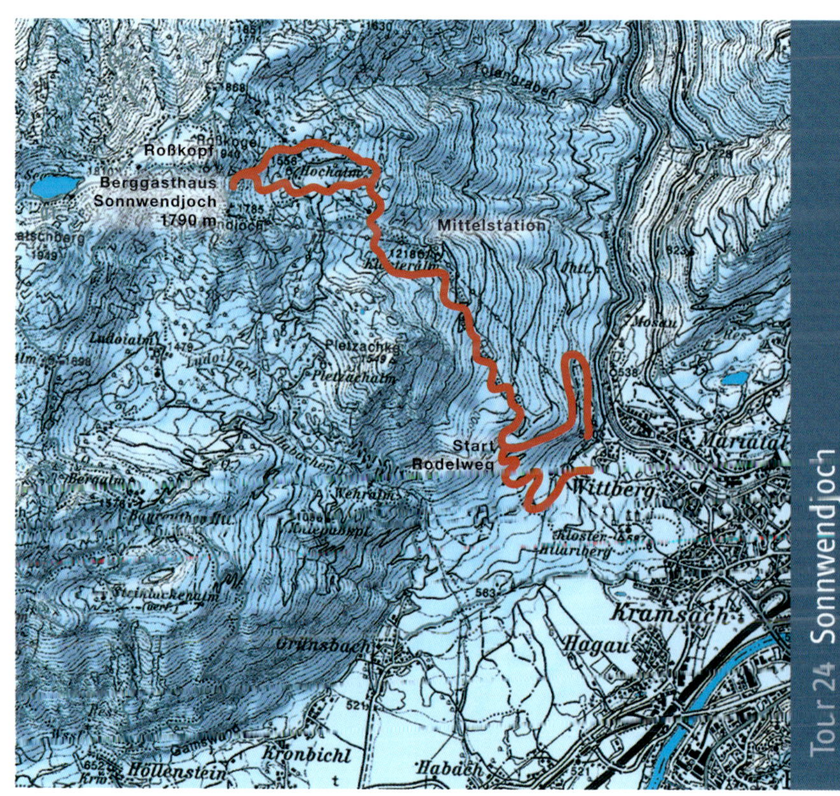

seit langem haben die Skitourengeher diese einsame und unberührte Gegend für sich entdeckt. Fein ist, dass der Wirt des Berghauses am Sonnwendjoch selbst ein begeisterter Skitourengeher ist und am Wochenende (Sa/So) heraufsteigt und die Hütte geöffnet hält, sofern gute Tourenverhältnisse herrschen. Man kann sich telefonisch erkundigen ob geöffnet ist: 0699/10132239.

Auch bei geschlossener Hütte lässt es sich hier mit Blick auf das Inntal gemütlich rasten.

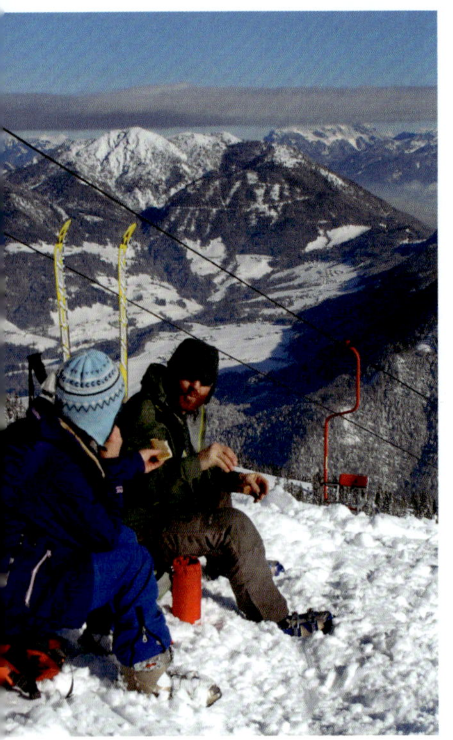

Zu Beginn der Skitour marschiert man die ersten 200 Höhenmeter auf einem breiten Forstweg, bis die Pistenschneise erreicht ist, der man bis zur Mittelstation folgt. Der zweite Teil oberhalb der Klosteralm ist weitläufiges Almgelände, meistens verspurt soweit das Auge reicht, trotzdem bei Pulverschnee bestens zu fahren. Wer einen Gipfel sammeln möchte, kann noch weiter zum Rosskogel aufsteigen.

Ausgangspunkt: Von der Autobahnausfahrt Kramsach zum ersten Kreisverkehr, links Richtung Wittberg zum großen Liftparkplatz bei der Skiwiese.

Anstieg: Man startet rechts vom Tellerschlepplift und gelangt sogleich zum Beginn des Weges, der in einer langen Rechts-links-Schleife die untere Steilstufe überwindet. Der Wegempfehlung für Rodler und Tourengeher folgen, noch ein kurzes Wegstück (rechts haltend) und man ist am Beginn der langen Pistenschneise, die in mehreren Wellen zur Mittelstation hinaufführt, wo sie ins weitläufige Almgelände übergeht. Die fest angetretene Aufstiegsspur führt meist kerzengerade bergwärts, wer nicht ständig mit der hohen Steighilfe unterwegs sein will, muss ab und zu selbst eine Serpentine einlegen.

Auch von der Klosteralm geht es in einer geraden Linie über die schön gestuften Hänge bis zu einer kleinen Flachstufe bei der tief im Schnee steckenden Hochalm. Nun besser nicht direkt in den weiten Schlusshang hinein, sondern gleich nach den Almhütten scharf links, noch im Schutz der mächtigen Bäume, aufsteigen und erst oben unter dem Liftseil auf das Berghaus zusteuern. Die ohnehin fantastische Aussicht lässt sich noch steigern, wenn man auf den der Liftstation gegenüberliegenden markanten Felskopf steigt. Über eine Leiter rechts der Felswand lässt er sich leicht erklimmen und lohnt mit grandiosem Tiefblick auf das Inntal. Gipfelsammler können auch noch die 150 Höhenmeter auf den Rosskogel stapfen.

Bei der Abfahrt, nach dem Ende der Pistenschneise, benützt man am besten den angezeigten, gut fahrbaren Rodelweg und landet auf der Skiwiese am Wittberg.

Über eine kleine Leiter (ganz rechts) kann man noch den Felskopf bei der Bergstation besteigen.

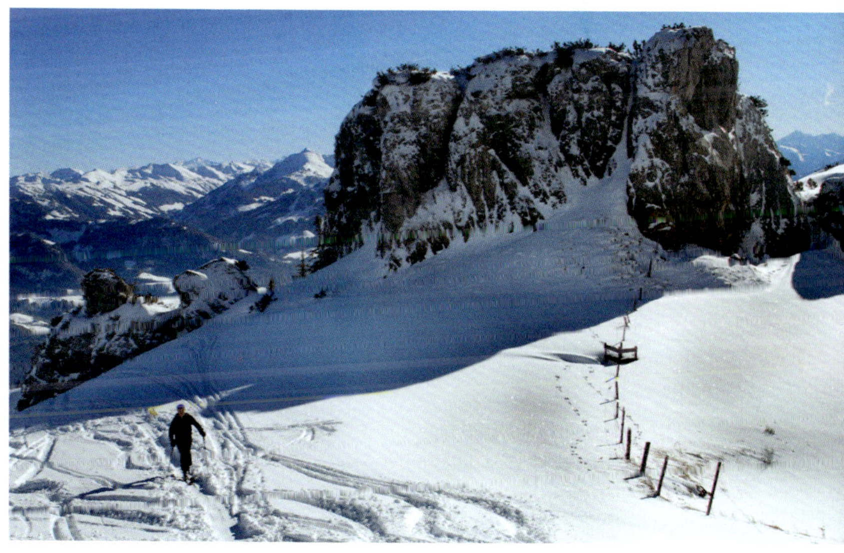

25 Vordere Jamspitze 3178 m
Schnapfenspitze 3219 m

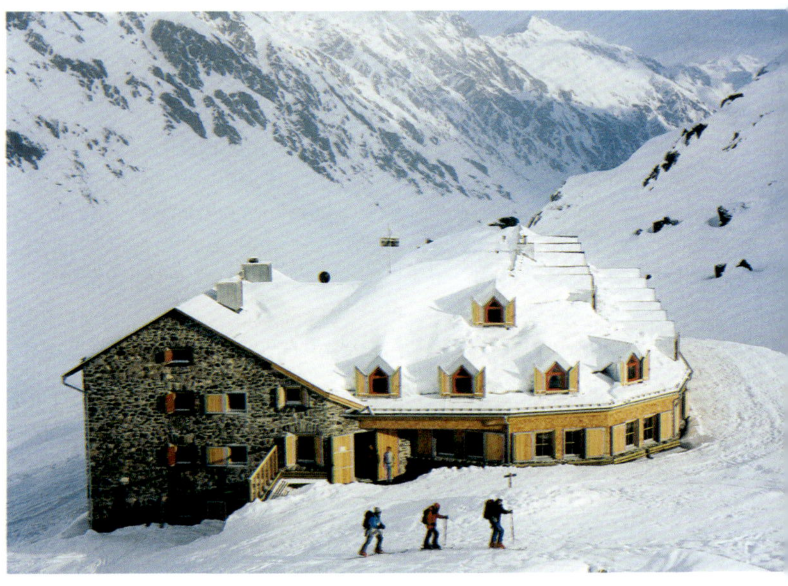

Als moderne Skiunterkunft mit Hotelcharakter präsentiert sich die Jamtalhütte.

→ Silvretta
→ östlicher Hauptkamm

Eine freundliche Gletschertour und ein Geheimtipp aus dem Angebot von rund 20 Skigipfeln im Bereich der Jamtalhütte – ein längerer Einkehrschwung und eine Übernachtung im renovierten und gemütlichen Schutzhaus drängen sich auf, will man dieses vielseitige Gebiet näher erkunden.

Ausgangspunkt: Galtür (1594 m), Jamtalhütte (2165 m)

Höhenmeter, Zeit: Zur Jamtalhütte 580 Hm., 2:30 bis 3 Stunden; Vordere Jamspitze 1020 Hm., 3 bis 3:30 Stunden; Schnapfenspitze 1050 Hm., 3:30 bis 4 Stunden

Lawinensituation: Jamspitze kaum gefährdet, die Steilhänge der Schnapfenspitze erfordern sicherste Verhältnisse.

Österr. Karte: Blatt 170 Galtür, 1:50.000

Die Millenniumslawine auf der Jamtalhütte ist längst Geschichte und die seelischen Wunden sind mehr oder weniger vernarbt. Das beliebte Schutzhaus wurde nach menschlichem Ermessen lawinensicher repariert und präsentiert sich jetzt noch schöner und komfortabler als zuvor. Doch das Jahrhundertereignis zeigte damals auf, wie schwierig selbst von Fachleuten die winterlichen Naturgewalten einzuschätzen und zu beurteilen sind. Doch Tourengeher müssten es gewohnt sein, sich mit Lawinengefahr auseinander zu setzen, und wissen, wie man damit umgeht. Beachtet man alle zur Verfügung stehenden Infos über die Tourensituation, gibt es wohl keinen Grund, die Jamtalhütte zu meiden, wie der Hüttenwirt damals resignierend feststellen musste.

Für eine Tagestour ist die Jamtalhütte ja gerade nicht geeignet, dafür ist schon der lange Anmarsch durch das Jamtal, der zwar durch eine Ratracpiste erleichtert wird, ein Hauptgrund. Aber als Wochenendstützpunkt oder besser noch als Stützpunkt für einen Skitourenurlaub ist die Jamtalhütte geradezu ideal. Wo findet man schon im Umkreis einer Hütte gleich zwanzig verschiedene Skitouren in allen Hanglagen und Windrichtungen. Noch dazu mit einem modernst ausgebauten Haus mit 180 Schlafplätzen.

Bei zwanzig Touren im Umkreis, da fällt wohl jedem die Wahl schwer. Da möchte ich dem Gebietsneuling zum Kennenlernen die Standardtour auf die Jamspitzen ganz am Ende des Jamtalferners vorschlagen und mit der Schnapfenspitze auch einen Geheimtipp verraten, der aber die entsprechenden Verhältnisse voraussetzt.

Die beiden Jamspitzen am Ende des Jamtalferners.

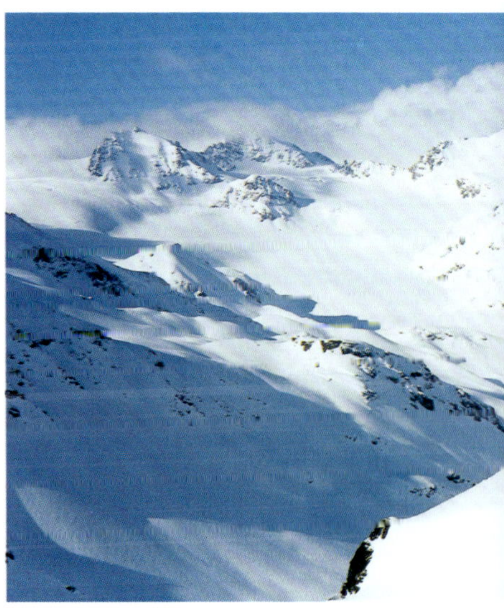

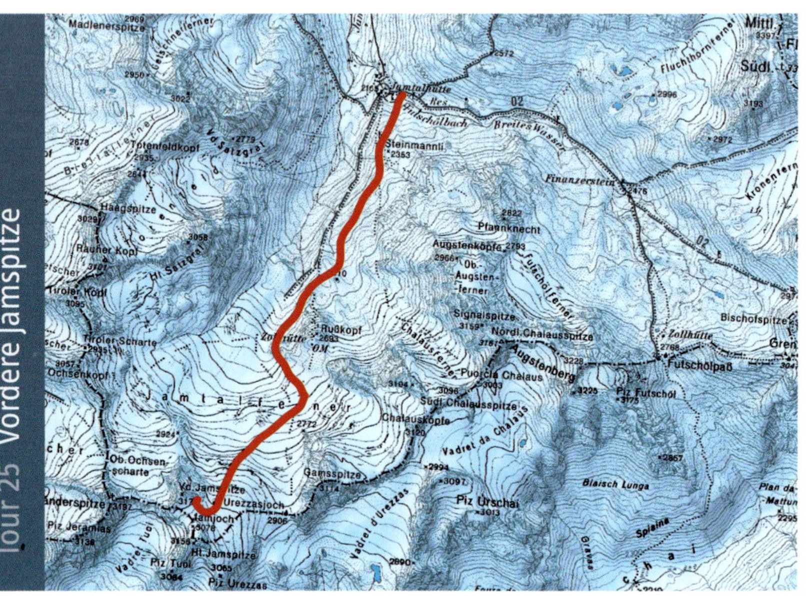

Ausgangspunkt: Galtür im Paznauntal. Von der Autobahnabfahrt in Pians 32 km.

Aufstieg: Wie bei jedem Zugang ins Herz der Silvretta steht zuerst ein langer, flacher Hüttenanstieg bevor. Erleichtert wird der Anmarsch durch das Jamtal, weil zur Tourenzeit immer eine breite Ratracpiste angespurt ist, auf der man bequem und locker vorankommt. Über den Transport von schweren Rucksäcken kann man mit Hüttenwirt Gottlieb Lorenz reden, Personenbeförderung gibt es aber keine. Die Jamtalhütte hat von Mitte Februar bis Mitte Mai geöffnet. Parken in Galtür kurz vor dem Hotel Fluchthorn links am offiziellen Ortsparkplatz beim Arzthaus oder noch ein Stück den Wegweisern nach beim Sportzentrum (gebührenpflichtig, 5 Euro/Tag). Von der Tennishalle hinauf zu den oberen Häusern am Eingang ins Jamtal und dann nur mehr der Piste und der Nase nach. Zur Hütte braucht man an die 3 Stunden, die Wegstrecke beträgt genau 10 km.

Zu den Jamspitzen: Zum ersten Kennenlernen des Gebietes eignen sich gut die beiden Jamspitzen, die Vordere, die Hintere

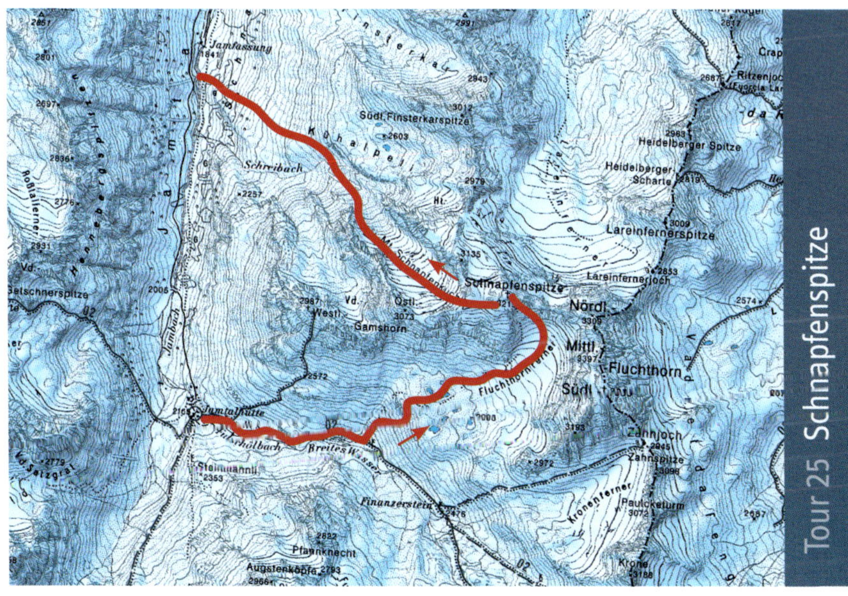

oder beide zusammen. Von der Hütte am Ratracweg kurz abfahren bis zur ersten Kurve und dann geradeaus, anfangs ziemlich flach, auf das weite Becken des Jamtalferners zu, dessen Zunge einstmals bis auf Hüttenhöhe vorstieß. Heute marschiert man eine gute Stunde bis zum Gletscherbeginn. Über schöne und spaltenfreie Hänge im linken Teil des Gletschers unter der Vorderen Jamspitze mit ihrer weißen Gipfelflanke hinauf zum Jamjoch und beliebig links zur Hinteren oder rechts zur Vorderen Jamspitze.

Zur Schnapfenspitze: Ein besonderes Tourenzuckerl ist dieser verborgene Gipfel, südöstlich über der Hütte, vom vorgelagerten Gamshorn verdeckt. Landschaftlich besonders beeindruckend sind die schroffen Felsburgen der Fluchthörner, denen man ganz nahe kommt. Aber nochmals: Der Gipfelhang ist sehr steil, man ist gut beraten, den Hüttenwirt zu kontaktieren, ob die Tour auch sicher zu machen ist. Das Besondere dabei wäre zudem die Abfahrt durch die mittlere Schnapfenkuchl, ein schmales Gletscherkar, das mit anspruchsvollen Steilhängen im Jamtal →

mündet. Und da gibt es noch einen Punkt: Man muss wieder gut 45 Minuten zurück zur Hütte aufsteigen. Aber es lohnt sich!

Man verlässt die Hütte in südöstlicher Richtung, folgt dem Futschölbach ca. 1,5 km talein, bis links ein deutlicher Bachgraben von den Hängen des Gamshorns herunterzieht. Rechts des Baches und keinesfalls vorher, steigt man über mittelsteile Hänge hinauf und biegt nach rechts in das riesige Gletscherkar unter den Fluchthörnern ein. Am linken Rand des Fluchthornferners fußt eine markante braune Felspyramide, die man als Richtpunkt ansteuert. Dann im Linksbogen einschwenkend erreicht man den weiter oben zunehmend steiler werdenden Gipfelhang der Schnapfenspitze. Nach zwei Dritteln des Hanges quert man unterhalb des Gipfels nach links hinaus und kommt zu einer Gratscharte, wo auch die Spur aus dem Laraintal, von der Heidelberger Hütte her, einmündet. Über ein paar leichte Felsstufen zum Gipfel.

Abfahrt durch die Schnapfenkuchl: Von der Gratscharte nach links und nordwestlich hinunter in das kleine Gletscherbecken. Im Jamtal mündet man nach fast 1300 Höhenmeter Abfahrt bei der Jambach-Fassung. Muss man zurück zur Hütte, hat man nochmals 45 Minuten Aufstieg zu bewältigen.

Die dunkle Felskulisse der Fluchthörner beim Anstieg zur Schnapfenspitze.

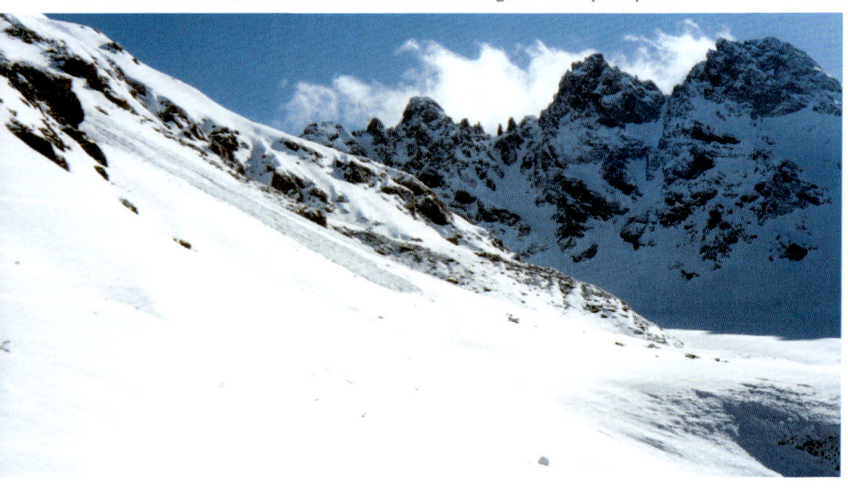

26 Pezinerspitze 2550 m

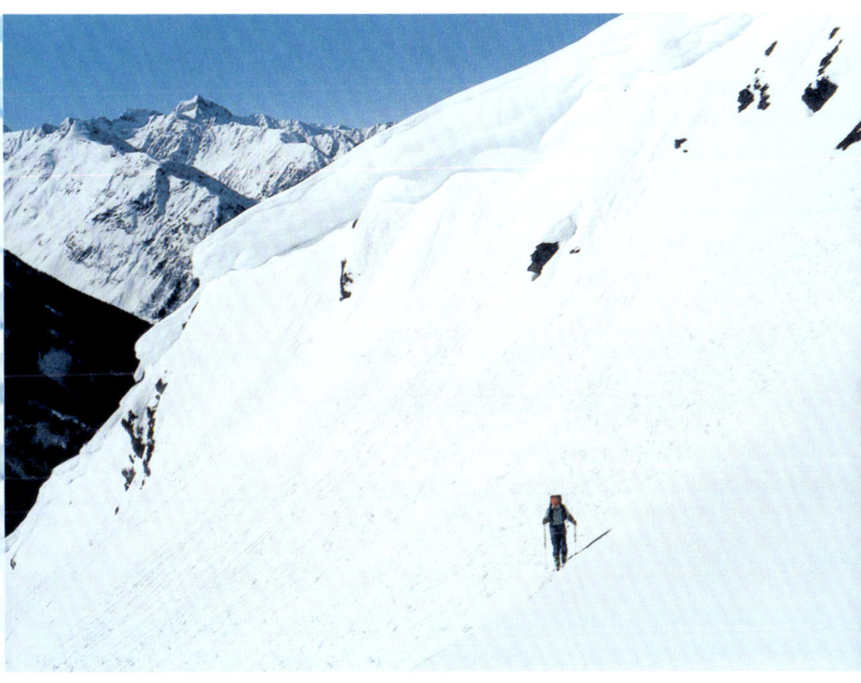

Eine markante „Gahwinten“ bildet sich knapp unterhalb des Peziner-Gipfels.

Verwallgruppe
Paznauntal

Das Schönste an dieser recht einfachen Tour ist der ausgedehnte Sonnenhang über dem Paznauntal, wo man von der Grathöhe bis fast herunter zum Ausgangspunkt über 1000 Höhenmeter schon recht früh im Jahr im Firn schwelgen kann.

Ausgangspunkt: Langesthei (1405 m)
Höhenmeter, Zeit: 1050 Hm., 2:30 bis 3 Stunden
Lawinensituation: Relativ geringe Gefahr.
Österr. Karte: Blatt 144 Landeck, 1:50.000

Eigentlich ist es eine nicht sehr anspruchsvolle Skitour auf diesen wenig ausgeprägten Gipfel der Verwallgruppe über dem vorderen Paznauntal. Es erwartet Sie mittelsteiles Almgelände im Schutz der mächtigen Lawinenverbauungen. →

Ausgangspunkt: Langesthei, ein zur Gemeinde Kappl gehörendes Kirchdorf an der rechten Flanke des vorderen Paznauntales hoch über dem Talgrund. Von Landeck auf der Pians-Umfahrung zur Einfahrt ins Paznauntal und bis See. Nach 3 km Abzweigung rechts: Wegweiser Holdernach/Langesthei. Auf der gut ausgebauten Bergstraße hinauf nach Langesthei, aber genau in der Kehre vor der Kirche scharf links zu den Häusern von Stockach und bis zum Graben des Moosbaches (1 km westlich von Langesthei), kleine Parkplätze vor und hinter dem Bach.

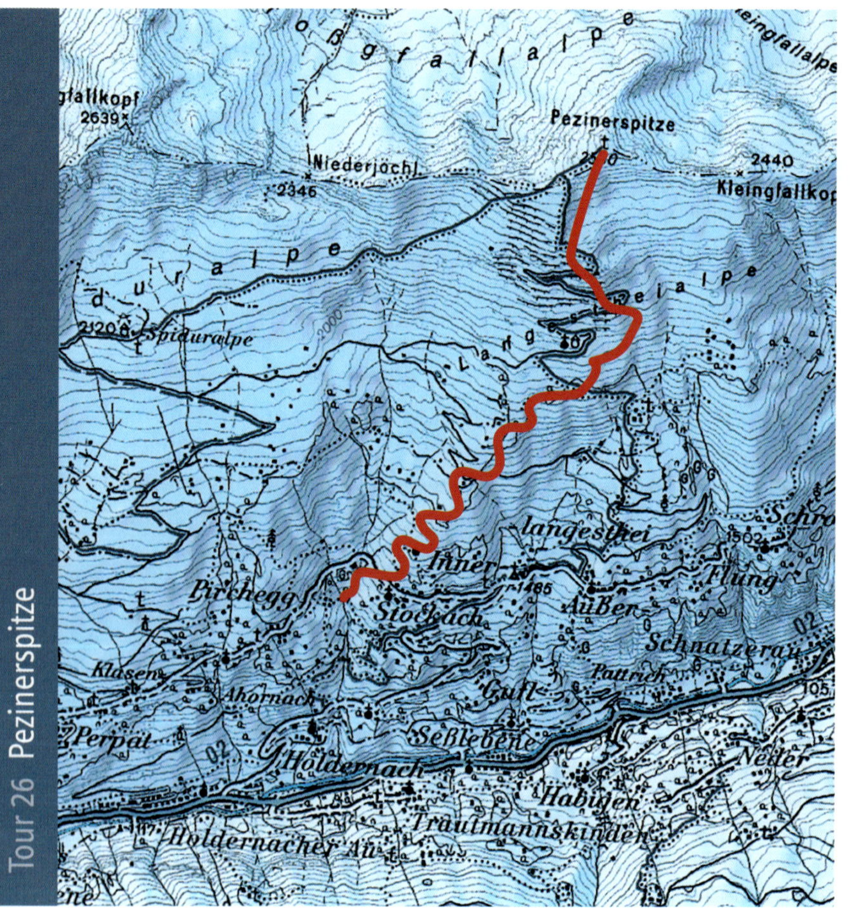

Aufstieg: Auf der rechten Seite des Grabens durch die Gassen des Jungwaldes, bis nach 15 Min. die freien Flächen des weitläufigen Almgeländes erreicht sind. Hier erste Orientierung: Nicht zu übersehen sind die Lawinenverbauungen, welche die bewohnten Weiler an den darunter liegenden Hängen jetzt sicher beschirmen. Der Gipfel des Peziners ist noch nicht zu sehen und verbirgt sich dahinter. Der östliche (rechte) Rand der untersten Eisenbarrieren ist der erste Richtpunkt. Hat man – stets rechts aufwärts ziehend – über schöne, mittelsteile Hänge die Lawinenverbauungen oberhalb der Langestheier Alpe erreicht, sucht man den Durchschlupf in der zweiten Gitterreihe (über der Kapelle) und betritt eine verborgene, flache Terrasse. Auf ihr nach rechts und hinauf zu einer Baubaracke. Damit ist man bereits am Beginn des langen Gipfelhanges, hat aber noch die knapp darüber ansetzende „Gahwinten" zu ersteigen (wie die Einheimischen hier die mächtigen, vom Wind geschaffenen Wechten gebilde nennen). Evtl. muss man die Skier ausziehen und ein paar Meter zu Fuß hinaufstapfen. Rechts neben dem weiter emporziehenden Wechtensaum aufwärts, im Schlussdrittel des Hanges nach links auf den Gratrücken und von Westen her zum Gipfelkreuz.

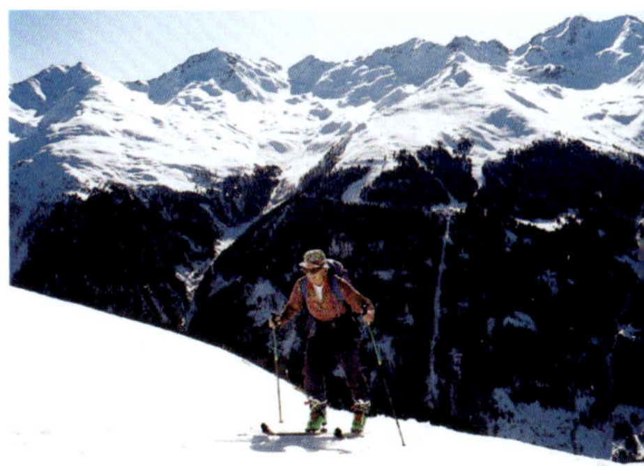

Neue Skitourenziele locken bereits auf der gegenüberliegenden Seite des Paznauntals.

Prächtige Rundumsicht auf Verwall, Lechtaler und Samnauner Berge, wo man eine Menge weiterer Skitouren entdecken kann. So zum Beispiel. auch die in diesem Tourenführer enthaltenen Skigipfel über dem Liftgebiet von See. Man blickt gerade über das Tal und erkennt links der Mittelstation der Langetsbergalpe zuerst die Gamsbergspitze und rechts die hervorstechende Berggestalt des Furglers.

Abfahrtsvariante: Auf dem Rücken ein kurzes Stück nach Westen und durch die oberste Gasse der Lawinengatter bis zu ihrem Ende. Dann in dem kilometerbreiten Hang in einer Linie kerzengerade hinunter zum Ausgangspunkt. Rechtzeitig abfahren ist wichtig, da reiner Südhang!

27 Hohe Köpfe 2608 m

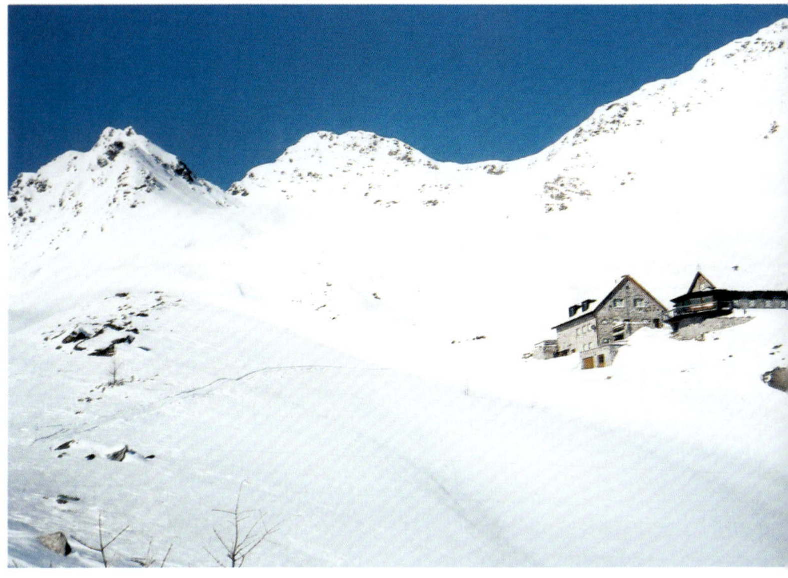

Die Hohen Köpfe, ganz links, und der Vertineskopf über der Friedrichshafener Hütte.

→ **Verwallgruppe**
→ **Paznauntal**

Überraschend schönes und freundliches Tourengelände fanden wir im Gebiet der Friedrichshafener Hütte im inneren Paznauntal. Hier kann man wirklich von einer Supertour für den ganzen Winter sprechen.

Ausgangspunkt: Weiler Valzur, GH Sonnenhof (1460 m)

Höhenmeter, Zeit: 1150 Hm., 3 bis 3:30 Stunden

Lawinensituation: Relativ geringe Gefahr.

Österr. Karte: Blatt 170 Galtür, 1:50.000

Skitouren, vor allem so problemlose wie diese, sind im Paznauntal dünn gesät. Ein besonderer Leckerbissen aber sind die Hohen Köpfe auf der Sonnenseite des Tales oberhalb der Friedrichshafener Hütte.

Die Hohen Köpfe, 2608 m, sind zwei ganz knapp beisammen liegende Erhebungen, welche dem Vertineskopf und somit dem Verwall-Hauptkamm etwas vorgelagert sind. Von der Hütte aus machen die kleinen Felshörnchen gar nicht den Eindruck von Skigipfeln, und erst im Laufe der Tour ergibt sich ein ganz logischer Anstieg. Der steile Waldgürtel zu Beginn wird durch einen breiten Forstweg erschlossen, ab der Waldgrenze findet man dann ideale Skihänge in sonniger Lage.

Ausgangspunkt: Am besten weniger als einen Kilometer nach dem Weiler Valzur (1460 m), direkt am Parkplatz der Friedrichshafener Hütte in Piel, vor der Bushaltestelle Piel rechts ca. 50 Meter über einen steilen Weg auf einer kleinen Anhöhe rechts der Straße, direkt am Beginn des Forstweges parken.

Aufstieg: Vom Parkplatz aus dem Forstweg nach in nord-östlicher Richtung folgen.

Sollte man vor der ersten Kehre eine vom Fahrweg steil abzweigende Skispur vorfinden, kann man sie bedenkenlos benützen, denn die Kenner gehen lieber auf dem alten Hüttenweg, der wesentlich steiler und dafür kürzer den Fahrweg immer wieder quert und hinauf ins freie Gelände oberhalb der Waldgrenze führt. Über →

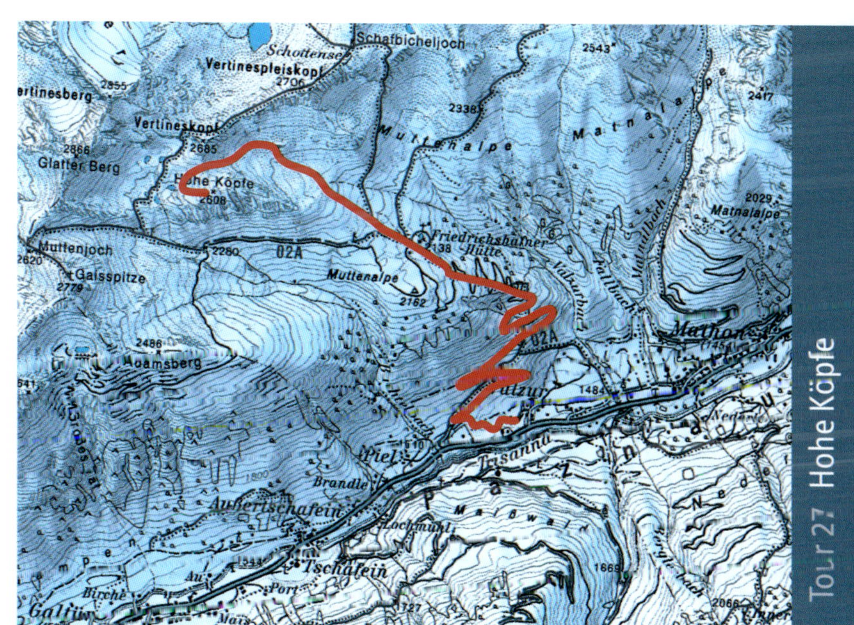

gestufte Hänge an der linken Seite des großen Grabens des Valzurbaches hinauf zur friedlich im Tiefschnee schlummernden Friedrichshafener Hütte (2138 m, 1:30 Stunden).

Unser Skigipfel ist die spitze, etwas felsdurchsetzte Berggestalt links ober der Hütte. Auf einem schwach ausgeprägten, mit einem kleinen Wechtensaum verzierten Rücken aufwärts bis auf eine Karstufe, hinter der sich ein weiter Kessel – das Verlorene Tal – verbirgt. Flach in die Mitte des Karbodens und im weiten Bogen nach links aufsteigend bis auf ein kleines Schartl an der „Rückseite" der Hohen Köpfe. Knapp links des Grates mit den Skiern bis auf den nördlichen der beiden Gipfel. Abfahren kann man aus dem Schartl dazwischen und – sichere Verhältnisse vorausgesetzt – im steilen Gipfelhang gerade hinunter zur Aufstiegsspur, dann gleich wie Aufstieg. Ab dem Wald bleibt man auf dem Fahrweg.

Unscheinbare Gipfel, aber ideales Skigelände.

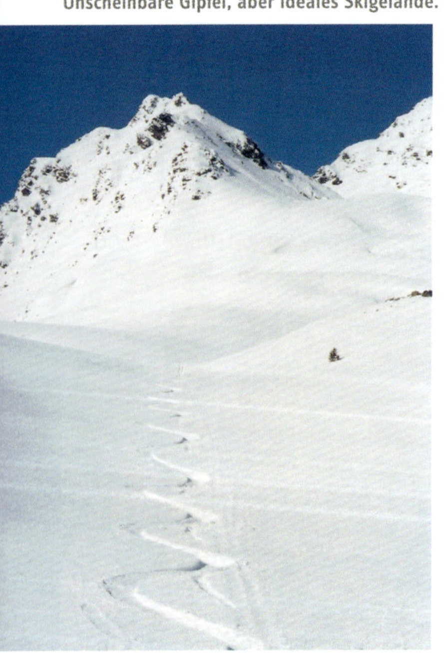

Variante: Dem versierten Tourengeher wird auch die einladende Steilhangmulde rechts oberhalb der Friedrichshafener Hütte auffallen, die in einer weiten Gratsenke, dem Schafbichljoch, mündet. Die Gipfel zu beiden Seiten sind der Graue Kopf (2793 m) rechts und der Vertinespleiskopf (2708 m) links. Bei optimalen Verhältnissen bietet sich hier eine nur unwesentlich längere Variante an. Auch beide Gipfel lassen sich – ohne ein besonderer Konditionsbolzen zu sein – leicht an einem Tag bewältigen.

28 Furgler 3004 m

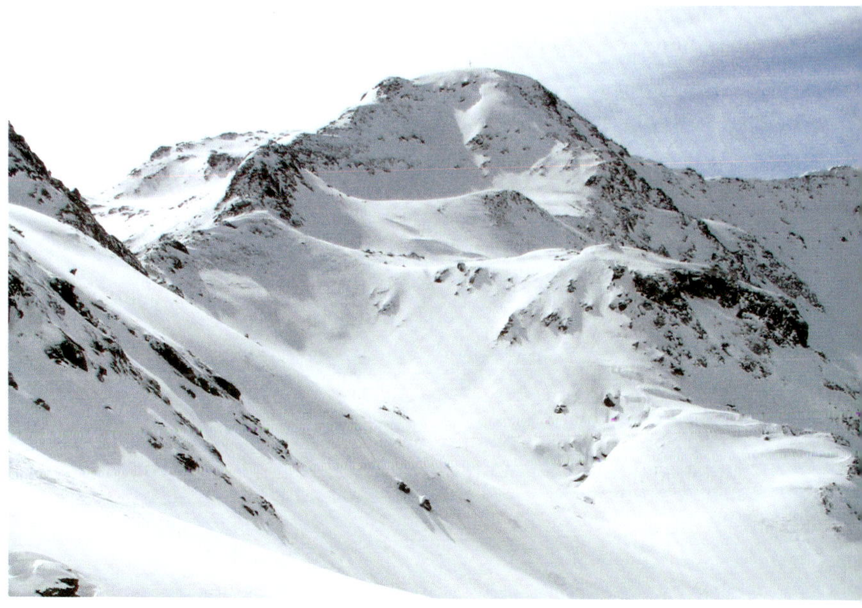

Der Furgler ist die beherrschende Berggestalt in der Samnaungruppe.

Samnaungruppe

Sowohl von Serfaus als auch von See im Paznauntal kann man mit Lifthilfe den König der Samnaunberge besteigen. Das Tourengelände ist auf der Paznauner Seite um eine Spur anspruchsvoller, der größte Unterschied aber liegt im Preis der Seilbahnen.

Ausgangspunkt: See im Paznauntal, Medrigjoch-Gondelbahn (1056 m)
Höhenmeter, Zeit: 900 Hm. Aufstieg, 2000 Hm. Abfahrt, 3 bis 3:30 Stunden
Lawinensituation: Viele Hangquerungen, sichere Verhältnisse erforderlich.
Österr. Karte: Blatt 144 Landeck, 1:50.000

Paznaun gegen Serfaus gewinnt 18:30! Das ist der Preis für die Aufstiegshilfen in See und Serfaus. Mit einer Tourenkarte um 18 Euro schwebt man von See im Paznauntal auf den Rauhkopf. Im weiten Bogen wird der Gratausläufer des Medrig umrundet, dann steht der König der Samnaunberge vor dem →

Betrachter und zeigt seine düstere Nordseite. Doch diese berührt man nur in seinem untersten Kar. Von dem steigt man auf das Furglerjoch, wo man mit der von der Komperdellseite her kommenden Spur zusammentrifft und gemeinsam mit dieser den Gipfel erklimmt. Die problemlose Genussabfahrt, die in einer Linie ins Tal führt, mündet direkt in die Talabfahrt des Seilbahngebietes. Ob man noch ganz herunter kommt oder besser wieder die Gondelbahn benützt, erfährt man bei der Kassa.

Ausgangspunkt: Autobahnausfahrt Pians und ins Paznauntal bis See. Mit der Medrig-Gondelbahn (ab 8.30 Uhr, Tel. 05441/8288-15) zur Langetsbergalpe.

Aufstieg: Nach rechts zur Sesselbahn auf den Rauhkopf (2254 m) und von seiner Bergstation erst noch auf der Piste aufsteigend zur oberen Liftstation. (Manche gönnen sich das morgendliche Vergnügen, auf der frisch gewalzten Piste zum Rossmooslift abzufahren und mit diesem noch knapp 100 Höhenmeter mehr zu gewinnen. Zeitmäßig ist es aber

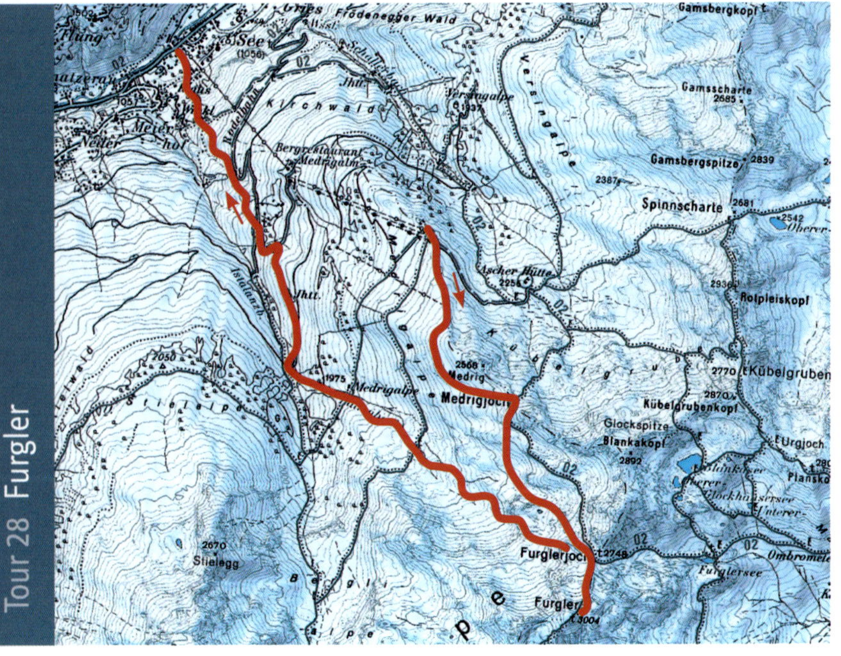

kein Vorteil.) Von der obersten Liftstation nach rechts, umrundet man fürs Erste den Medrigkopf und steigt unterhalb seines langen Grates auf ausgeprägten Terrassen in Richtung Blankakopf. Rechts anschließend sieht man schon längst die imposante Berggestalt unseres Tourenzieles. Zwei kurze Abfahrten (die zweite besser ohne Felle) führen im Rechtsbogen zum Karauslauf des Furglers. Durch die Karmulde steigt man über einen schönen Hang auf das links vom Gipfelaufbau befindliche Furglerjoch (2747 m), wo man mit der von der Komperdeller Seite kommenden Tourenroute zusammentrifft. 50 Höhenmeter empor zum felsigen Ansatz des Nordostgrates (über den der Sommerweg verläuft, den man bei wenig Schnee ganz gut mit den Skiern auf dem Rücken aufsteigen kann). Nun quert man nach links sehr steil auf der Ostseite des Berges – Schlüsselstelle der Tour –, in schönen Skihängen in wechselnder Steilheit bis kurz unter die Gipfelwechte (Skidepot). 30 Höhenmeter stapft man hinauf zum mächtigen Gipfelkreuz und genießt eine tolle Rundumsicht über den Kaunergrat bis zum Ortler und zu den Lechtaler Bergen im Norden.

Abfahrt mit Variationen: Üblicherweise fährt man vom Furglerjoch in einer Linie über schönste mittelsteile Hänge in mehreren Wellen in die weiten Böden der Medrigalpe, bis sich das Tal allmählich verengt. Bald darauf mündet man in die von der Mittelstation kommende Talabfahrt. Insider queren aber bereits auf der Höhenlinie von ca. 2100 m durch die steilen Westhänge (Lawinensituation gut einschätzen!) nach rechts auf die obersten Bäume zu, und erreichen den unmittelbar am Waldrand dahinter liegenden Rossmooslift, fahren nochmals bergwärts zum Rauhkopf und auf den Pisten ins Tal.

29 Weißseespitze 3518 m

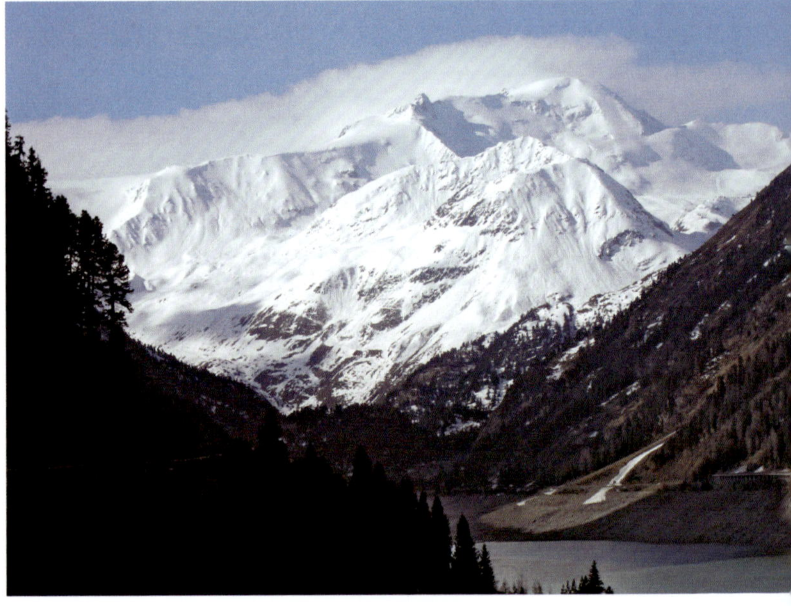

Am Ende des Gepatschstausees thront die Weißseespitze.

→ Ötztaler Alpen
→ Kaunertal

Geht es nach dem Willen der unersättlichen Erschließer, sollen sogar am Gepatschferner bald die Lifte surren. Bis dahin haben wir hier aber noch eine relativ ruhige und obendrein bis auf eine Schlüsselstelle einfache Gletschertour zum Genießen.

Ausgangspunkt: Weißseeferner, Gletscherskigebiet (2750 m)

Höhenmeter, Zeit: ca. 800 Hm. Aufstieg, 3 Stunden; Abfahrt 1600 Hm.

Lawinensituation: Sichere Frühjahrsverhältnisse notwendig.

Österr. Karte: Blatt 172 Weißkugel, 1:50.000

Wie in allen Gletscherskigebieten Tirols werden die mächtigen Hauptberge eine leichte Beute für die Tourengeher. Zu Wildspitze, Zuckerhütl, Riffler gesellt sich auch die Weißseespitze, die vom hochgelegenen Ausgangspunkt am Weißseeferner als Tagestour leicht hergeht.

Ein bisschen fehl am Platz mag sich der Tourengeher schon vorkommen, wenn er am Weißseeferner, im Pistentrubel der Kaunertaler Gletscherlifte, in die Bindung steigt. Doch der Gegensatz könnte nicht größer sein, wenn er dann am Nörderschartl die technisierte Skiwelt verlässt. Oben auf der riesigen Gletscherfläche des Gepatschferners wird er sich vorkommen wie Reinhold Messner auf dem Weg zum Südpol. Üblicherweise erfolgt der Anstieg zur Weißseespitze von Westen, vom Falginjoch her, doch von dort erreicht man den Gipfel nur zu Fuß und kennt überhaupt nicht das Abfahrtsgelände. Viel schöner ist die Nordostseite des Berges, wo man die Wahl hat, wieder zu den Pisten zurückzukehren oder – wenn die Verhältnisse passen – vom Gepatschferner in einer tollen 1600-m-Abfahrt bis zur Straße bei der Gepatschalm abzufahren. Allerdings – und das ist gut zu berücksichtigen –, gibt es eine Schlüsselstelle bei diesem Anstieg. Und die kann je nach Verhältnissen problemlos leicht, manchmal aber auch etwas kritisch sein und ein bisschen alpines Geschick und Erfahrung verlangen. Es ist dies der felsige Grat, der unmittelbar über dem Lifthäusl am Nörderschartl ansetzt. Manchmal kann man tadellos stapfen, manchmal kann er verschneit, hart oder eisig sein. Steigeisen braucht es auf alle Fälle.

Ausgangspunkt: Von Prutz durch das Kaunertal nach Feichten und auf der Kaunertaler Gletscherstraße (Maut 25 Euro pro Pkw bis 5 Personen, jede weitere 7 Euro) bis zum Weißseeferner (2750 m).

Aufstieg: Zuerst auf der Piste links und entlang der Nörderjochlifte (Sektion 1 und 2) auf das Nörderschartl (3062 m). Die Skier kommen auf den Rucksack, die Steigeisen an die Schuhe und man stapft über die nur am Beginn recht steile Gratrippe, die sich nach dem ersten Aufschwung bald zurücklegt, bis man nach genau 180 Höhenmetern die Kante des Gletscherplateaus erreicht hat und problemlos nach links queren kann (man braucht 30 bis 45 Min. für diesen Abschnitt).

Sollte der Grat schlecht zu begehen sein, gibt es auch noch eine zweite Möglichkeit. Man steigt vom Schartl nur einige Meter nach Osten ab und quert in die Steilflanke links des Grates. Der steile Hang lässt sich anfangs noch mit zwei Kehren gut ansteigen, wird aber allmählich steiler und erreicht auf der kurzen Stelle hinaus zur Gletscherkante gut 45 Grad Neigung. Wiederum ver- →

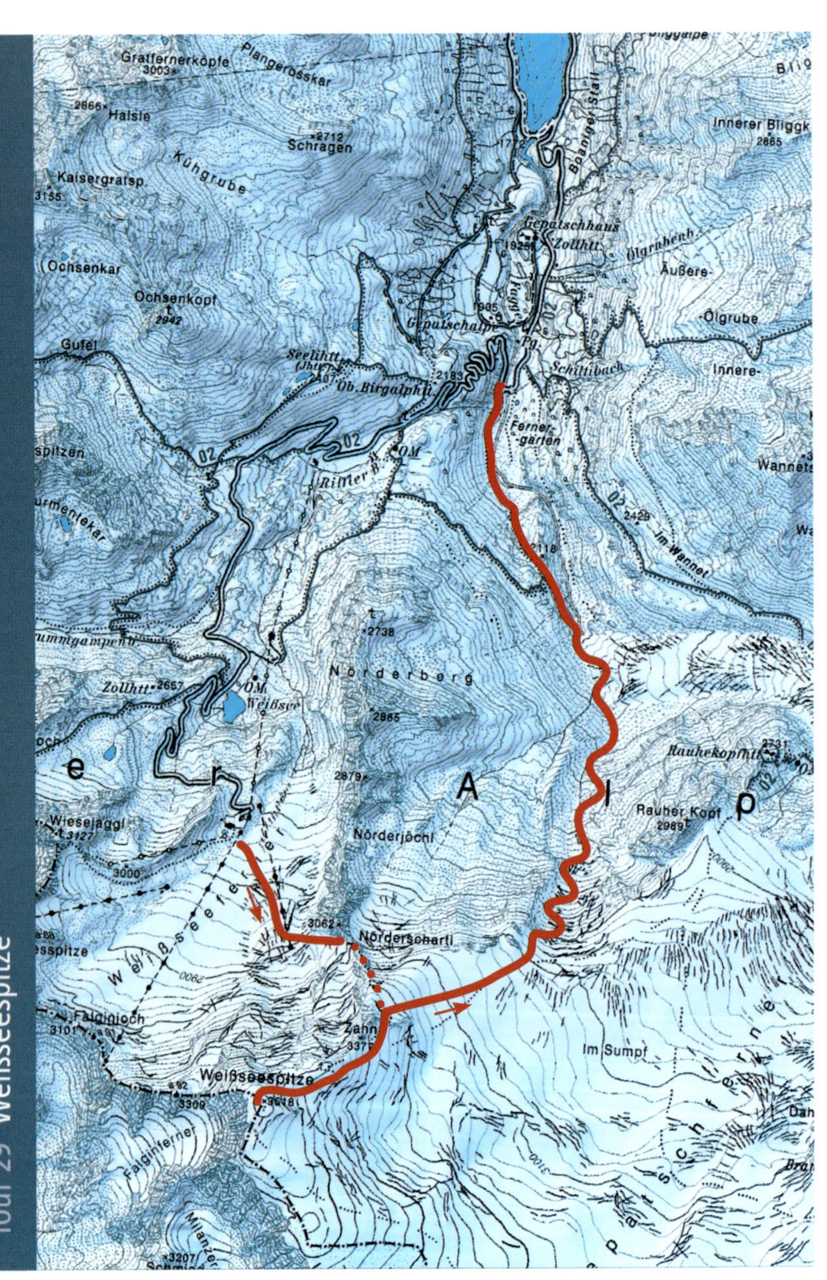
Gratfernerköpfe
3003
Plangerosskar
2866
Halsle
2712
Schragen
Kühgrube
Kaisergratsp.
3155
Ochsenkar
Ochsenkopf
2942
Gufel
Seelihtt.
Öb. Birgalphtt.
2183
Gepatschalpe
Gepatschhaus
Zollhtt.
1925
1905
1772
Ölgrubenb.
Äußere-
Ölgrube
Innere-
Innerer Bliggk
2865
Schiltibach
Ferner-
-garten
Riffler B.
OM
02
2429
Im Wannet
Wannets
2118
2738
Nörderberg
2865
2879
Zollhtt. 2657
OM
Weißsee
Rauhekopfhtt.
2731
Rauher Kopf
2989
e r A l p
Wiesejaggl
3127
3000
Nörderjöchl
3062
Nörderscharti
Weißseeferner
Falginjoch
3101
Zahn
3370
Weißseespitze
3518
3309
Im Sumpf
Falginferner

hältnisabhängig: Das eine Mal genügen die Harscheisen, ist es hart, geht man besser zu Fuß mit Steigeisen.

Auf der mäßig geneigten Gletscherfläche des Gepatschferners angelangt, im Linksbogen um den der Weißseespitze unmittelbar vorgelagerten „Zahn" (3377 m) herum, wobei man direkter das kleine Schartl östlich dieses Felsgipfels anpeilen kann oder weiter links ausholend im großen Bogen in den Gletscherhängen bleibt. Von der Gipfelkalotte zum etwas tiefer auf einem Felsen sitzenden Gipfelkreuz.

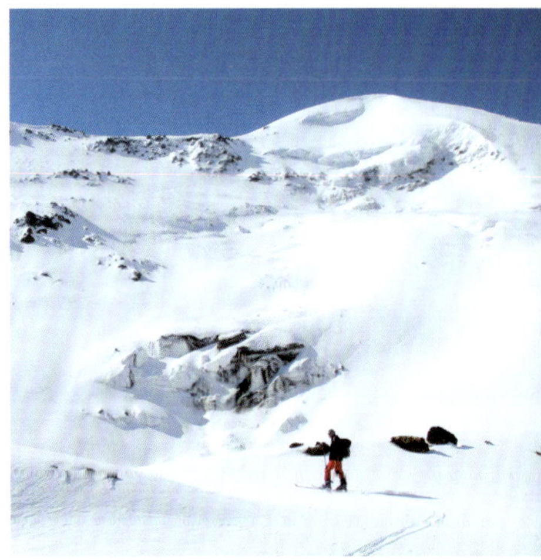

Unter der Nordflanke der Weißseespitze quert man zum Nörderschartl.

Abfahrt: Drei Möglichkeiten für die lange Abfahrt gibt es.

1. Zurück auf der Aufstiegsspur zum Nörderschartl und auf den Pisten zu Tal. Schöne Abfahrt auf der Piste 9 zum Ochsenalmlift oder sogar noch weiter zur Gepatschalm. (Mit dem Lift zurück oder per Autostopp das Auto holen.)
2. Vom Nörderschartl durch das Richtung Nordost ziehende Talbecken gerade hinunter zur Zunge des Gepatschferners und vor dem Talboden in den linksseitigen Hängen bleibend hinaus zur Straße bei der Gepatschalm. Diese Abfahrt gilt auch als offizielle Tourenvariante der Gletscherbahn.
3. Tollste Möglichkeit ist die so genannte „Münchner Abfahrt" über die kleine Gletscherzunge, die westlich des Rauhen Kopfes von der Eisfläche herunterfließt. Sie sticht schon am Morgen bei der Auffahrt ins Auge. Vom Gipfel auf den Rauhen Kopf zu, aber noch vor Erreichen der vom Gletscher umflossenen Felsinsel in den nicht enden wollenden Steilhang. Nur bei besten Bedingungen und nur für gute Skifahrer. In einer Linie zum Zungenende des Hauptgletschers und an den linksseitigen Talhängen hinaus zur Straße.

30 Hochjoch 2896 m Lahnkopf 2471 m Frudiger 2153 m

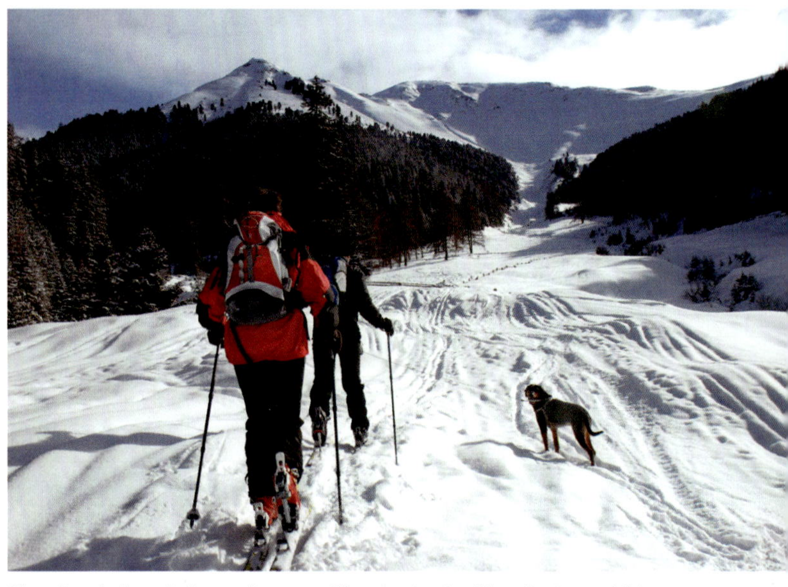

Ohne den riesigen Graben zu betreten, führt der Anstieg über die Wannerböden auf das Hochjoch. Nach dem Zaun links geht es zum Lahnkopf.

→ Ötztaler Alpen

Das Tscheytal bei Pfunds im Oberen Gericht ist auch im Winter ein feines Erholungsparadies und kann mit gleich drei Skitouren von recht unterschiedlicher Länge aufwarten. Hochjoch, Lahnkopf und Frudiger heißen die Tourenziele.

Ausgangspunkt: Greit, Tscheylücke.

Höhenmeter, Zeit: Tscheylücke (1612 m) – Frudiger (2153 m) 1:15 bis 1:30 Stunden, 550 Hm., Lahnkopf (2471 m) 2:30 bis 3 Stunden, 850 Hm., Hochjoch (2896 m) 3:30 bis 4 Stunden, 1300 Hm.

Lawinensituation: Frudiger kaum gefährdet, für Lahnkopf und besonders für das Hochjoch sichere Verhältnisse erforderlich.

Landkarte: Mayr-Wanderkarte Tiroler Oberland, Nr. 6, 1:50.000.

Ein unübersehbarer Blickfang im Oberen Gericht ist das Hochjoch, das sich als riesige weiße Pyramide über Pfunds aufbaut. Ein mächtiger Berg, von dessen schattiger Nordflanke eine auffällige Steilrinne auf die weiten Almböden des Tscheytales herunterzieht. Eine Skitour mit 1300 Höhenmetern im hindernislosen Gelände.

Weniger Ansprüche an die Ausdauer stellend und daher viel öfter besucht ist aber der Lahnkopf, jener spitze Gipfel, der sich unmittelbar über der Tscheylücke aufbaut, ein relativ sicherer und problemloser Skianstieg. Auf der gegenüberliegenden Talflanke gibt es noch den Frudiger, bis oben hin bewaldet, aber mit sonnigen Wiesenlichtungen – mit knapp 600 Höhenmetern eine kurze Tour, möglich bei allen Verhältnissen.

Ausgangspunkt: Von der Reschenstraße Einfahrt nach Pfunds.

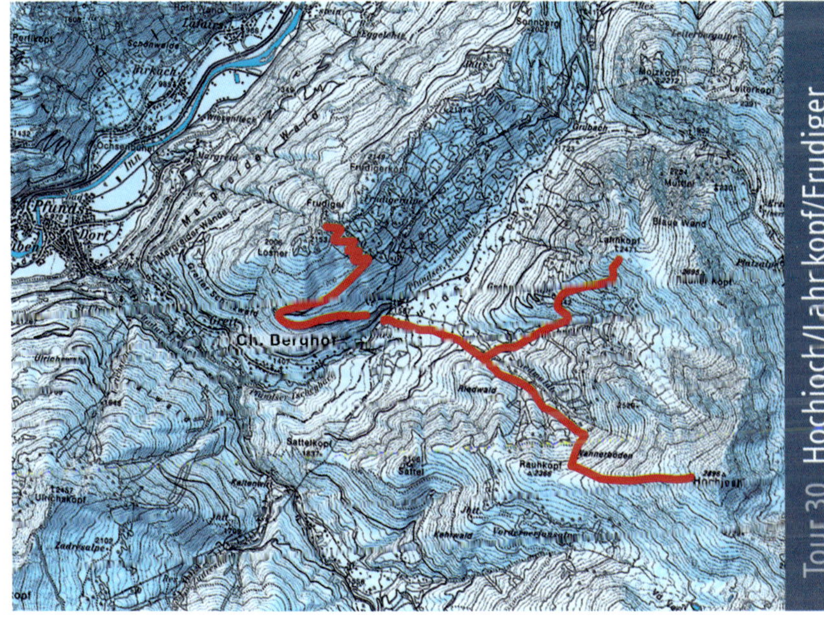

Beim ersten Kreisverkehr scharf links, Auffahrt auf steiler, aber immer gut geräumter Bergstraße nach Greit bis zum Ende der Fahrstraße in der Tscheylücke (7 km von Pfunds). Parken vor dem Wendeplatz sowie Zufahrt links vor der Schleife zu kleinem Parkplatz im Wald. Für den Skitourengeher ist es vor allem wichtig zu wissen, wie sich die momentanen Verhältnisse am Berg in Bezug auf die Schnee- und Lawinensituation darstellen. Auskünfte darüber kann man beim Wirt des Berghofes in Greit einholen, der gerne Auskunft darüber gibt, was die bei ihm einkehrenden Skitourengeher berichten (Toni Thöni, 05474/52 54).

Lahnkopf und Hochjoch: Beide Touren beginnen gleich: Schon am Parkplatz kann man in die Skier steigen. Sofort rechts im sanften Almgelände aufwärts, geradewegs auf den Auslauf der riesigen Steilrinne zu, die in Gipfelfallinie des Hochjochs wie eine Halfpipe herunterzieht.

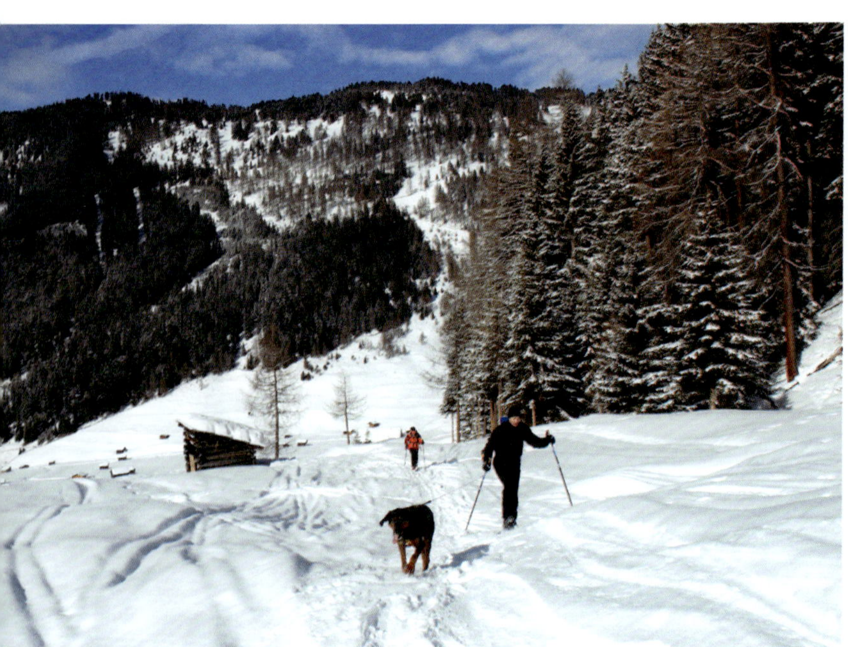

Als lang gestreckter Waldrücken mit sonnigen Lichtungen präsentiert sich der Frudiger über den Tscheywiesen.

Bald öffnet sich links der Graben des Gschneierbaches. Man folgt, so man den Lahnkopf zum Ziel hat, erst einmal dem Fahrweg, bis dieser in einer großen Schleife den Bachgraben verlässt. Nun entweder am Fahrweg zur Gschneieralm oder wesentlich steiler, aber gut gestuft, an der linken Flanke des Grabens ins freie Gelände. Bleibt man am Almweg, zieht man oberhalb der Hütte am Sommerweg nach rechts und erreicht ebenfalls die freien Gipfelhänge.

Will man zum Hochjoch, hält man sich gleich zu Beginn stets an der rechten Seite des riesigen Grabens, bis von rechts eine Sekundärrinne einmündet. Im Zwickel zwischen den beiden Rinnen steigt man kurz durch den Hochwald, bis oberhalb der Baumgrenze die flacheren Hänge der Wannerböden erreicht sind. Nach rechts in Richtung Rauhkopf, wo der breite Gratrücken ansetzt, über den man in mehreren Stufen den Gipfel des Hochjochs erreicht.

Zum Frudiger: Der unmittelbar über dem Inntal gelegene Bergrücken ist auch bei Schneeschuhgehern beliebt und meistens mit einer fest eingetretenen Stapfspur versehen, so dass Winterwanderer auch zu Fuß und nur mit Skistöcken bewaffnet den berühmten Aussichtspunkt

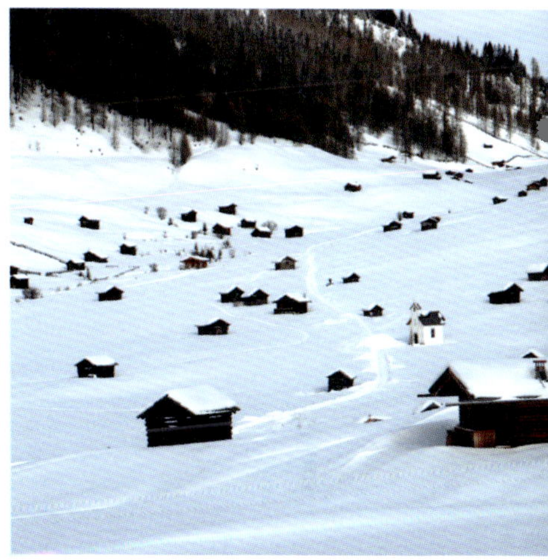

Auch im Winter eine wahre Idylle ist das Tscheytal mit seinen unzähligen Kochhütten.

erreichen können. Vom Parkplatz Tscheylücke folgt man am besten dem Rodelweg nach links, der in einer langen Schleife bis etwa zur Hälfte des Anstiegs führt, oder – die kürzere Variante – am ausgetretenen Sommerweg bis auf eine Höhe von 1920 m. Dort gelangt man über eine Reihe von freien Lichtungen problemlos zum Gipfel. Abfahrtsmöglichkeiten für Tourengeher gibt es mehrere. Viele ziehen entlang des breiten Rückens noch weiter talein, wo sich schöne Hänge auftun, über die man zum inneren Talboden der Tschey abfahren kann.

31 K2 3253 m Rostizkogel 3394 m Wurmtaler Kopf 3225 m

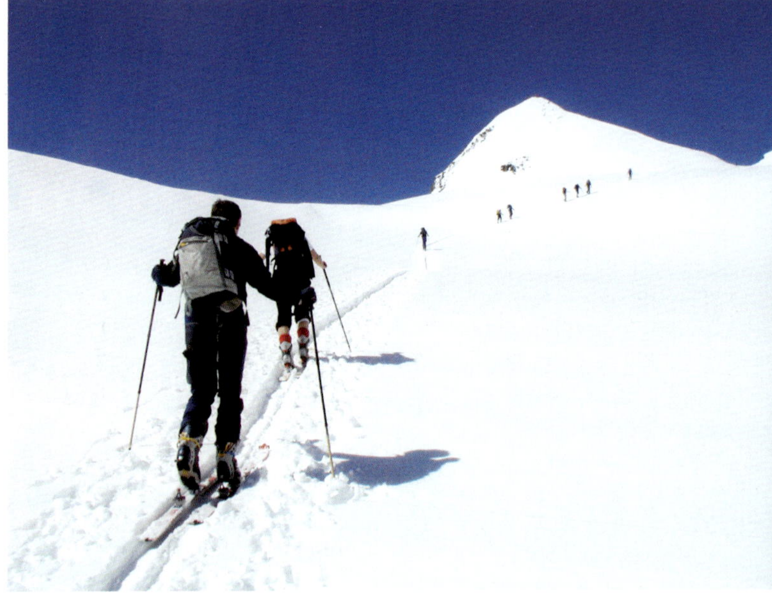

Der Mittlere Löcherferner zieht unterhalb des Rostizkogels zum K2.

→ Ötztaler Alpen
→ Kaunergrat

Die Entscheidung für einen dieser drei wunderschönen Gipfel fällt bei dieser Auswahl schwer, aber so einen idealen Gletscher wie am K2 müssen Sie lange suchen. Am besten probieren Sie einfach im Laufe des Winters alle drei Routen aus!

Ausgangspunkt: Mandarfen/Pitztal, Rifflsee (2232 m)

Höhenmeter, Zeit: K2 1020 Hm., 3 bis 3:30 Stunden; Rostizkogel 1170 Hm., 3:30 bis 4 Stunden; Wurmtaler Kopf 1000 Hm., 3:30 bis 4 Stunden

Lawinensituation: bei sicheren Verhältnissen.

Österr. Karte: Blatt 173 Sölden, Blatt 172 Weißkugel, 1:50.000

Alles, was einen idealen Skiberg auszeichnet, vereint der zur absoluten Modetour avancierte K2, der dem benachbarten und höheren Rostizkogel längst den Rang abgelaufen hat. Vor wenigen Jahren fast unbekannt, streben heute an schönen Tagen ganze Kolonnen von Tourengehern auf das weiße Schneehörnchen zu, das am Ende des Mittleren Löcherferners aufragt. Aus seinem Dornröschenschlaf erweckt wurde dieser früher namenlose Vermessungspunkt im Südgrat des Rostizkogels von der ehemaligen Imster Kompanie 2, die ihn zu ihrem Hausberg erkor und ein Gipfelkreuz errichtete. Und allmählich blieb auch den zivilen Tourengehern nicht verborgen, was die Skitour zum K2 so auszeichnet: Mit Hilfe der Rifflsee-Bergbahn ein hochgelegener Ausgangspunkt, ein ideal geneigter, allem Anschein nach spaltenloser Gletscher, eine grandiose Umgebung inmitten der Ötztaler Bergwelt mit der Wildspitze als Krönung.

Nicht vergessen sollte man aber auf seine beiden Nachbarberge, die vielleicht eine halbe Stunde Mehraufwand erfordern. Wer aus der zum K2 ziehenden Tourenkolonne ausbrechen möchte, kann schon nach einer halben Gehstunde der Geradeausspur zum Wurmtaler Kopf folgen. Denn dieser Berg hat natürlich genauso seine Vorzüge, vor allem wenn man in dem langen und nordseitig gelegenen Gipfelhang noch mit Pulverschnee rechnen kann. Dann ist er ein wahrer Traum. Oder man kann nach der Hälfte des K2-Anstiegs, vor Erreichen des Mittleren Löcherferners, zum 160 m höheren Rostizkogel abzweigen.

Ausgangspunkt: Durch das Pitztal bis Mandarfen zur Rifflseebahn (großer Parkplatz, Auffahrt ab 8.30 Uhr, Tourenkarte 18 Euro). Schaut man von der Bergstation nach Westen über den Rifflsee, erkennt man das weiße Spitzl des K2 unmittelbar rechts vom zentralen Löcherkogel, doch zuerst folgt eine kurze Abfahrt zum Nordufer des Sees.

Zum K2: Auf der Rundloipe gerade auf den gegenüberliegenden Talausgang des Rifflbaches unter den Hängen des Grubengrates zu. Aufstieg bis zu seiner ersten Flachstufe, wo von rechts her ein felsiger Rücken das Tal verengt. Dahinter sogleich rechts →

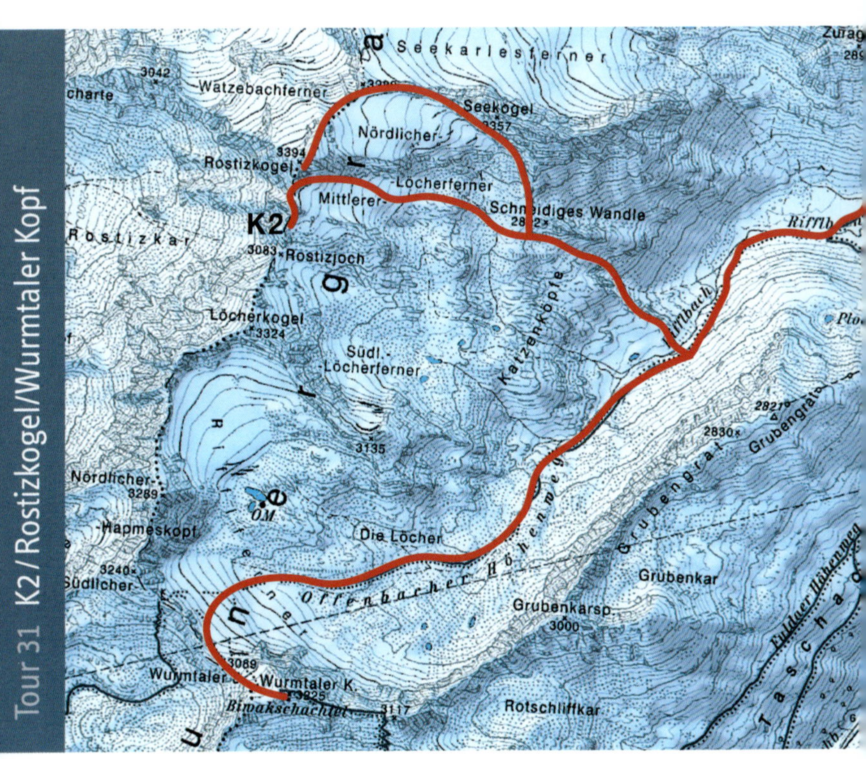

aufwärts. Die felsdurchsetzten Hänge der Katzenköpfe schauen auf den ersten Blick nicht sehr einladend aus, erst beim zweiten Hinschauen findet man aber doch ein problemloses Durchkommen in den breiten Bändern und Felsinseln auf die darüber liegende Terrasse. Über schöne Hänge aufwärts, bis der Rücken erreicht ist, der gerade zum mächtigen Felsstock des Seekogels hinzieht. Auch den Nördlichen Löcherferner sieht man hoch über sich.

Eine Stufe darunter liegt der Mittlere Löcherferner. Sobald man die linksseitige Mulde (auf ca. 2700 m) ohne Höhenverlust queren kann, wendet man sich nach links und steigt, zu Beginn etwas steiler, auf den Mittleren Löcherferner, der in mehreren sanften Wellen zu Tal fließt, und zieht seine Spur etwa in der Mitte des breiten Gletscherbeckens, an dessen Ende die weiße Pyramide des K2 hervorspitzt. Man strebt geradeaus auf die Scharte

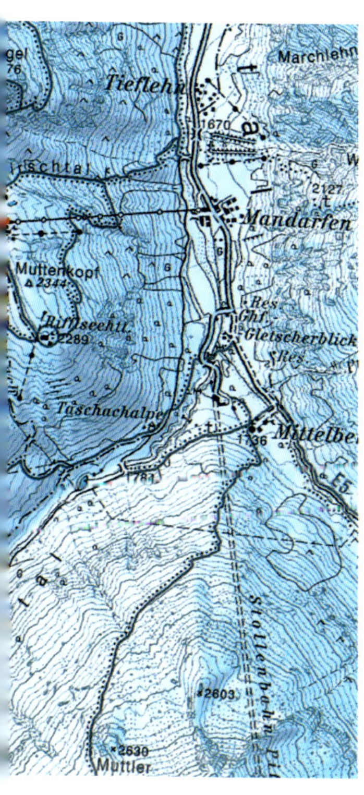

rechts des Gipfels zu. Hinter dem Grat noch ein paar kurze Spitzkehren beliebig in Richtung Gipfel oder zu Fuß in wenigen Minuten zum höchsten Punkt mit dem Minigipfelkreuz.

Zum Rostizkogel: Einen Stock höher, unmittelbar über dem K2, aber im selben Gratverlauf, liegt der Rostizkogel. Wo die Spur zum K2 links abbiegt, steigt man geradeaus höher. Von dort gibt es zwei Möglichkeiten: entweder man hält sich rechts und steigt über die Seitenmoräne unter den Felswänden des Seekogels ins flache Gletscherbecken oder man zieht weiter geradeaus über kupiertes Gelände, in einer leichten Linksschleife Richtung K2 in eine Mulde, von der man von links nach rechts die felsdurchsetzte Steilstufe überwindet.

Zum Wurmtaler Kopf: Im Riffltal lange Zeit geradeaus weiter. An der schluchtartigen Verengung des Bachbettes links vorbei, weiter geradeaus und jetzt allmählich stärker ansteigend auf den Rifflferner. Auf das Wurmtaler Joch zu, aber noch vor der Grathöhe im weiten Linksschwenk und durch den langen Steilhang in eine Einsattelung zum Skidepot kurz vor dem Hauptgipfel, den man über ein paar Granitblöcke zu Fuß ersteigt.

Bei der Abfahrt gilt für alle drei Touren das Gleiche: Zurück auf der Aufstiegsspur bis zum Rifflsee und 15 Minuten im Langlaufschritt an seinem Westufer zur Piste und Abfahrt zur Taschachalm. Am Skiweg gelangt man bis zur Talstation (meist bis Mitte April möglich).

32 Ötztaler Wildspitze 3768 m
Hinterer Brochkogel 3628 m

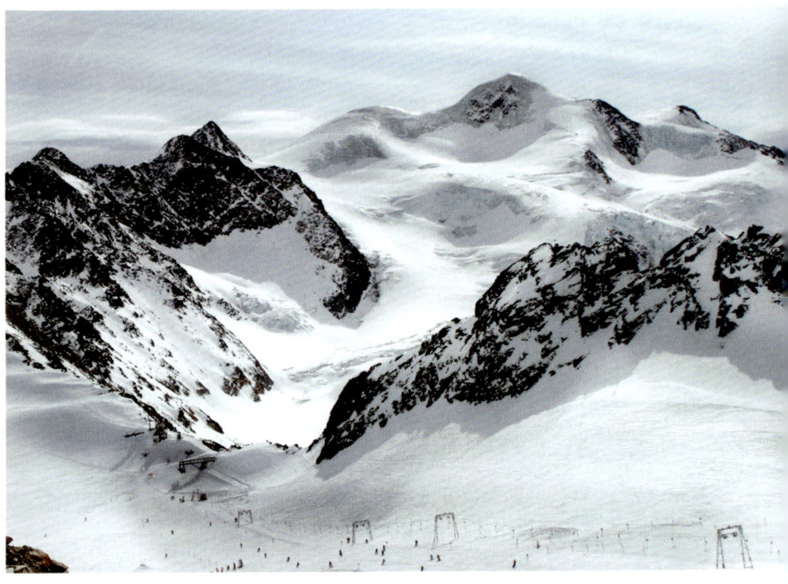

Der gesamte Anstieg vom Mittelbergjoch zur Wildspitze auf einen Blick.

- Ötztaler Alpen
- Weißkamm
- Pitztal

Mit Abfahrt über den Taschachferner erwartet Sie eine eindrucksvolle und lohnende Gletschertour auf den höchsten Berg Nordtirols. Bei „Stau" können Sie vorher noch auf den Brochkogel ausweichen.

Ausgangspunkt: Mittelberg, Pitztaler Gletscherbahn (1720 m), mit Lifthilfe Beginn der Tour am Mittelbergjoch (3166 m)

Höhenmeter, Zeit: 700 Hm. Aufstieg, 2000 Hm. Abfahrt, 2:30 Stunden

Lawinensituation: Sichere Frühjahrs- und Gletscherverhältnisse erforderlich.

Österr. Karte: Blatt 173 Sölden, 1:50.000

Mit dem Pitz-Express auf das Dach Tirols: Der höchste Berg Nordtirols und zweithöchste von Österreich zog schon von jeher die Alpinisten in seinen Bann, doch war seine Besteigung früher lange nicht so einfach wie heute. Mit Hilfe der Pitztaler Gletscherbahnen ist die Besteigung der Ötztaler Wildspitze für den geübten

Tourengeher zu einer nicht einmal sehr anstrengenden Tagestour geschrumpft, wenngleich die hochalpine Landschaft noch genauso gefangen nimmt und beeindruckt wie eh und je, wobei das Bergerlebnis auf wenige Stunden komprimiert wird. Nimmt man für eine Skibesteigung der Wildspitze alle zur Verfügung stehenden Aufstiegshilfen in Anspruch, beginnt die eigentliche Skitour erst am Mittelbergjoch auf 3166 m Seehöhe. Natürlich darf man nicht vergessen, dass man sich nach den präparierten Pisten auf einem Gletscher befindet, mit Spaltenzonen, die auf der Normalroute meist gut überdeckt sind. Ein Seil sollte man für alle Fälle mithaben.

Ausgangspunkt: In das hinterste Pitztal bis Mittelberg zur Talstation der Pitztaler Gletscherbahnen (ab Autobahnausfahrt Imst 42 km). Dort löst man eine Tourenkarte (33 Euro), welche die Benützung aller erforderlichen Lifte beinhaltet. Die U-Bahn bringt uns im Nu auf 2800 m, wo sich das Auge erst einmal an das gleißende Licht der Gletscherwelt gewöhnen muss. Erste Auffahrt 8.30 Uhr, im Frühjahr ab 8 Uhr.

Aufstieg: Ski anziehen, ohne Felle, kurze Abfahrt hinunter zur Talstation der Mittelbergbahn. Von der höher liegenden Bergstation (3290 m) nochmals Abfahrt auf der Piste hinunter zum Mittelbergjoch (3166 m), wo die Skitour erst richtig beginnt. Vom tiefsten Einschnitt des Jochs Schrägfahrt nach links über den am Morgen noch harten, harschigen Hang ca. 80 Höhenmeter hinunter in das weite Becken des Taschachferners. Jetzt erst kommen die Felle zum Einsatz. Den Taschachferner zuerst gerade, dann in weitem Bogen nach rechts ansteigend (die großen Eisbrüche bleiben linker Hand), vorerst auf die ebenmäßige Pyramide des Hinteren Brochkogels zu. Unter seiner Flanke schwenkt man wieder allmählich nach links und hat bereits den langen Steilhang vor sich, der uns auf das flache Plateau vor dem Gipfelaufbau der Wildspitze bringt. Die letzten 80 Höhenmeter zu Fuß über den Westgrat (Steigeisen ratsam) auf die höchste Spitze von Nordtirol. Ein weiterer sehr empfehlenswerter Anstieg führt über den Nordostgrat zum Nordgipfel und dann zum Südgipfel der Wildspitze.

Zum Hinteren Brochkogel: Wer dem Gedränge auf dem schmalen Gip- →

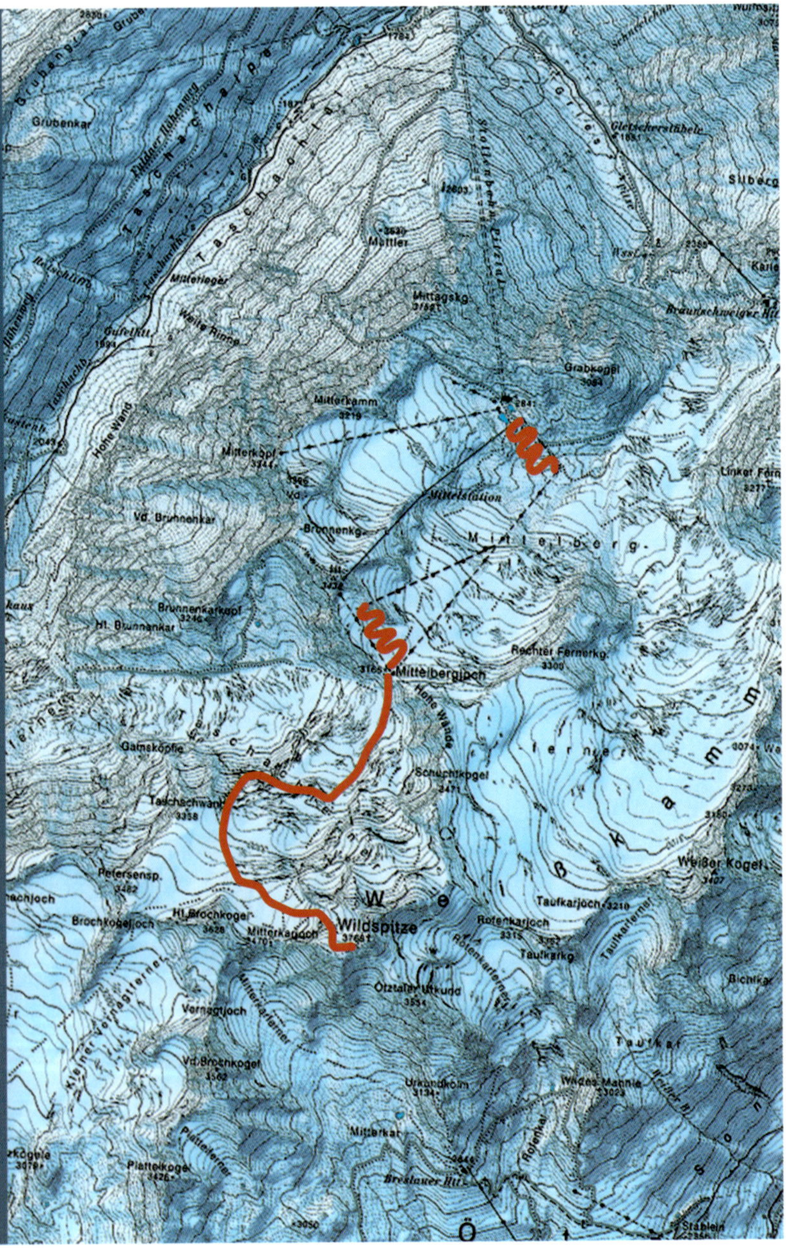
Grubenkar
Mittelberg
Mittagskg.
Grabkogel
Mitterkamm
Mitterkopf
Mittelstation
Vd. Brunnenkar
Brunnenkg.
Brunnenkarkopf
Hl. Brunnenkar
Mittelbergjoch
Rechter Fernerkg.
Linker Fern
Gamsköpfle
Taschachwand
Schuchtkogel
Petersensp.
Brochkogeljoch
Hl. Brochkogel
Mitterkarjoch
Wildspitze
Taufkarjoch
Rofenkarjoch
Taufkarkg.
Weißer Kogel
Vernagtjoch
Vd. Brochkogel
Urkundkolm
Mitterkar
Plattkogel
Breslauer Hü.
Braunschweiger Hü.
Gletscherstübele
Silberg
Hohe Wand
Hohe Wände
Bichlkg.
Ötztaler Urkund
Wildes Mannle

felgrat der Wildspitze entrinnen will, das durch die meist gleichzeitig ankommenden Tourengeher entsteht, besteigt vorher noch den Hinteren Brochkogel (3628 m). Am einfachsten über den Ostgrat vom Mitterkarjoch her oder für bergsteigerisch Geübte über den scharf ausgeprägten Nordgrat, der eine hübsche Eistrainingstour darstellt, aber den Einsatz von Steigeisen, Pickel und Seil erfordert. Bis man dann zur Wildspitze kommt, hat sich der Knoten mittlerweile schon entwirrt. Mehraufwand 1:30 bis 2 Stunden.

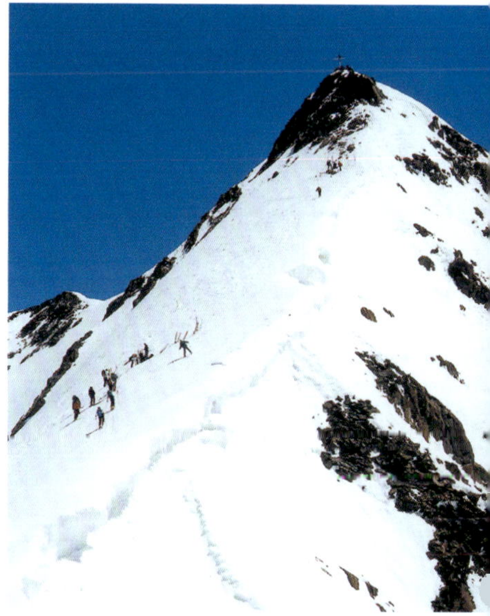

Für die letzten Meter am Gipfelgrat können Steigeisen von Vorteil sein.

Abfahrt: 1. Problemlos und mit dem kleinen Gegenanstieg zum Mittelbergjoch auf der Aufstiegsroute und den Pisten zurück zum Pitz-Express.

2. Wesentlich eindrucksvoller ist jedoch die 2000-m-Abfahrt über die Zunge des Taschachferners und durch das Taschachtal bis zum Parkplatz an der Talstation. Unbedingt vorher (an der Liftkassa) informieren über den Zustand des Gletschers bzw. die Spaltenabdeckung. Hier ereigneten sich schon viele schwere Unfälle und Spaltenstürze, auch von erfahrenen erfahrenen Leuten. Also: Abfahrt unterhalb des Mittelbergjochs auf der rechten Seite des noch flachen Taschachferners, bis die Eisbrüche und Spalten den Skifahrer hart an den Rand der Gletscherschliffplatten der Moräne drängen. Zwischen Gletscher und Moräne bis zu einer großen Bruchzone, unter der sich dann eine Schwachstelle eröffnet, wo man nach links in die Mitte des nun zahmeren Gletschers hineinqueren kann und auf der Gletscherzunge den Talboden erreicht. Rechts des Baches geht es in flottem Lauf talaus zur bewirtschafteten Taschachalm und auf der Rifflseepiste zurück zum Parkplatz. Bei guten Verhältnissen gibt es sogar eine Ratracspur im flachen Talboden.

33 Linker Fernerkogel 3277 m Rechter Fernerkogel 3300 m

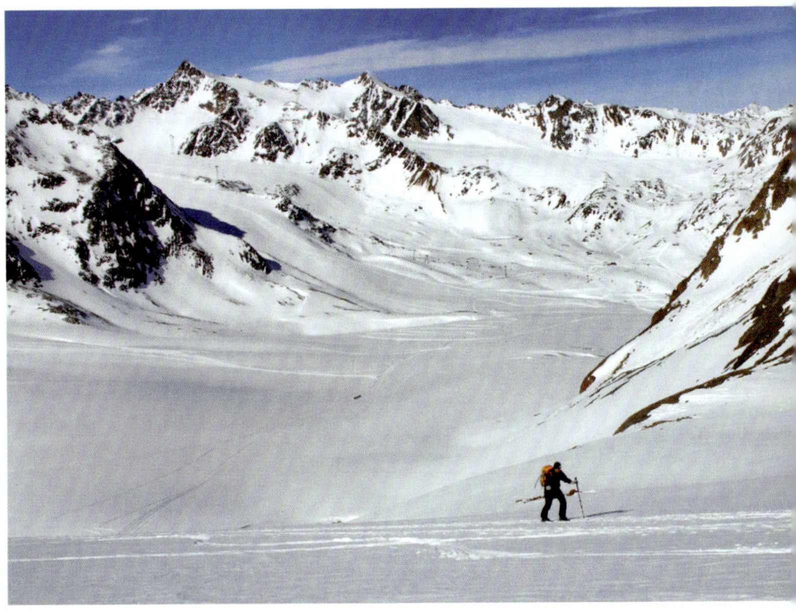

Das südliche Becken des Mittelbergferners, abseits des Seilbahnbetriebes, flankieren der Linke und der Rechte Fernerkogel.

→ Ötztaler Alpen

Zwei schöne Gletschergipfel am Rande des Mittelbergferners, leicht und bequem mit Hilfe des Pitz-Expresses erreichbar. Konditionsriesen können sie aber auch aus eigener Kraft vom Tal aus bewältigen.

Ausgangspunkt: Mittelberg, Talstation Pitz-Express.

Höhenmeter, Zeit: Talstation Mittelbergjochbahn (ca. 2700 m) – Tiefenbachjoch – Linker Fernerkogel (3277 m), Rechter Fernerkogel (3300 m) jeweils 600 Hm., 2 Stunden. Aufstieg von Mittelberg 1500 Hm., 4 bis 5 Stunden.

Lawinensituation: Aufstiegsroute kaum gefährdet. Vorsicht bei direkter Abfahrt über den Hangenden Ferner.

Österr. Karte: Blatt 173 Sölden, 1:50.000

Der Linke und der Rechte Fernerkogel sind zwei noch zur Gänze unerschlossene Gipfel am Rande des Pitztaler Gletscherskigebietes. Wie der Name schon sagt, flankieren sie die linke und die rechte Seite des östlichen Mittelbergferners, genau gegenüber des Brunnenkogels und des Pistengeländes. Wie lange dieser Linke Fernerkogel noch den Bergsteigern allein gehört, steht in den Sternen, denn schon längst ist er ein Ziel der nimmersatten Erschließung. In den Hochglanzprospekten ist das Projekt einer →

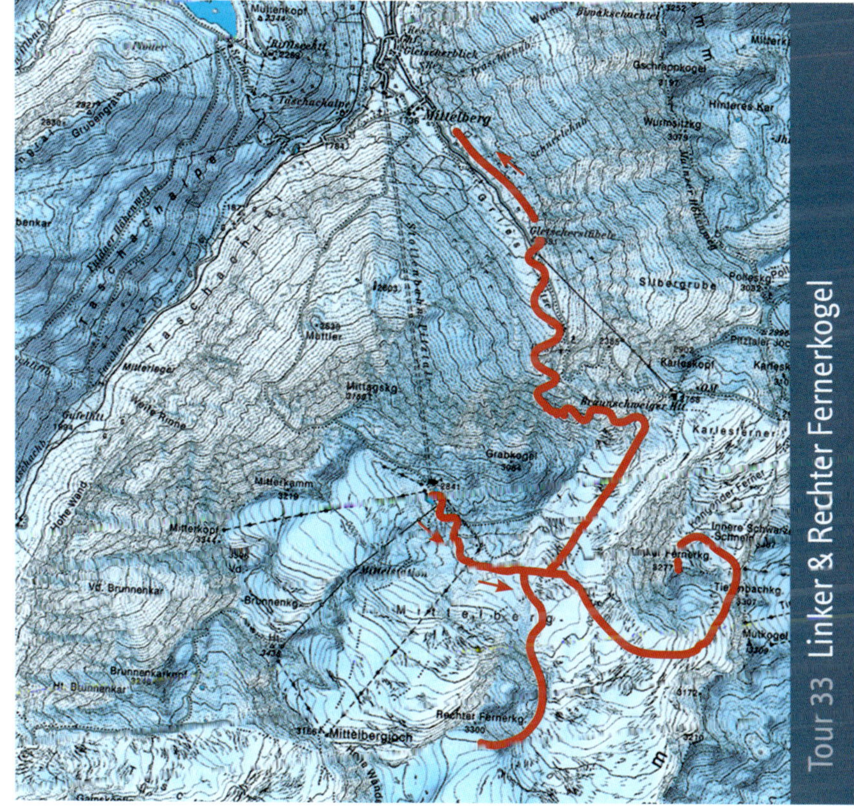

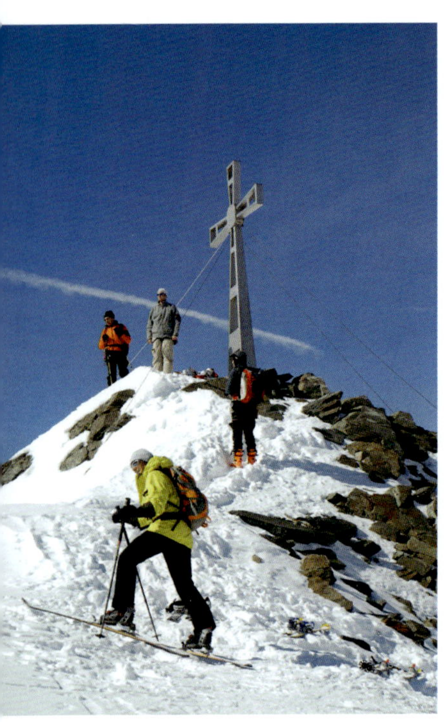

Längst haben die Seilbahnbetreiber ein scharfes Auge auf diesen Gipfel geworfen.

Seilbahn schon längst eingezeichnet. Noch aber ist dieser direkt über der Braunschweiger Hütte thronende Gletscherberg ein feines Ziel für den Skitourengeher. Sogar von zwei Seiten kann man ihn angehen oder zumindest auf der flacheren Seite aufstiegen und dann über den anspruchsvollen Hangenden Ferner abfahren. Ideal dafür ist natürlich, das muss auch gesagt sein, der heftig umstrittene Not- oder Sicherheitsweg, wie er jetzt offiziell heißt. Diese aus den Felsen gesprengte Talabfahrt gilt zwar nicht als offizielle Piste und darf nur auf eigene Verantwortung befahren werden, ist aber trotzdem bestens präpariert und gewalzt. Auch viele Tageskartenfahrer verlassen hier das gesicherte Skigebiet. Die Tourengeher haben sehr rasch entdeckt, dass man auf dieser Trasse, die sich in Form eines breiten Weges in vielen Windungen durch die Schlucht der Pitze zur Zunge des Mittelbergferners heraufschlängelt, sehr gut aufsteigen kann. So kommt man auf satte 1500 Höhenmeter. Will man es sich jedoch bequem machen, muss man sich die 33 Euro für die Auffahrt ins Pitztaler Gletscherskigebiet mit der U-Bahn spendieren.

Ausgangspunkt: Von der Autobahnausfahrt Imst bis in das hinterste Pitztal nach Mittelberg (40 km). Auffahrt mit dem Pitz-Express zur Bergstation (2841 m).

Aufstieg: Zuerst Ski anschnallen und kurze Abfahrt zum Mittelbergferner, wo die gewundenen Schleifen der Höhenloipe beginnen. Am noch recht flachen Teil des Gletschers bis zum Ende der Loipe, dann über den schönen und mäßig steilen Hang aufwärts zum Tiefenbachjoch. Das Gipfelkreuz blinkt schon fern in der

Sonne, vorher muss aber noch der Gipfelaufbau umrundet werden. Vom Joch nach links, leicht abwärts in die Mulde, dann auf der Nordseite des Berges über einen kurzen, aber steilen Gletscherhang zum höchsten Punkt. Abfahrt entweder am Aufstiegsweg oder über den steilen und gar nicht spaltenfreien Hangenden Ferner hinunter zur Braunschweiger Hütte. Die Abfahrt ins Tal über den Sicherheitsweg beginnt auf Höhe der Talstation der Mittelbergjochbahn. Hier verlassen Sie das gesicherte Skigebiet! Auch die Lawinensituation ist zu beachten.

Genau gegenüber des Linken Fernerkogels, gleichsam als felsige Insel im Zentrum des Mittelbergferners, liegt der Rechte Fernerkogel, der ebenfalls gut zu erreichen ist. Man steigt zwar mehr im rechten Teil des Gletschers auf, umgeht die nahe bei den Felsen befindlichen kleinen Gletscherbrüche und biegt auf ca. 3200 m nach rechts gegen den Westgrat und erklimmt den Gipfel in leichter Blockkletterei.

Aufstieg zu Fuß: Man beginnt direkt in Mittelberg bei der Brücke, folgt zuerst dem noch flachen Skiweg bis zur Gletscherstube, wendet sich hier auf die rechte Talseite und steigt in vielen Windungen auf der Pistentrasse bis in die enge Schlucht der Pitze. Dort wechselt der Weg wieder auf die linke Bachseite, schraubt sich in einigen Serpentinen zu einer breit in die Felsen gesprengten Querung und erreicht die Zunge des Mittelbergferners (2 bis 2:30 Stunden). Dort gerade aufwärts bis zur Höhenloipe und weiter wie bereits beschrieben.

34 Murmentenkarspitze 2770 m

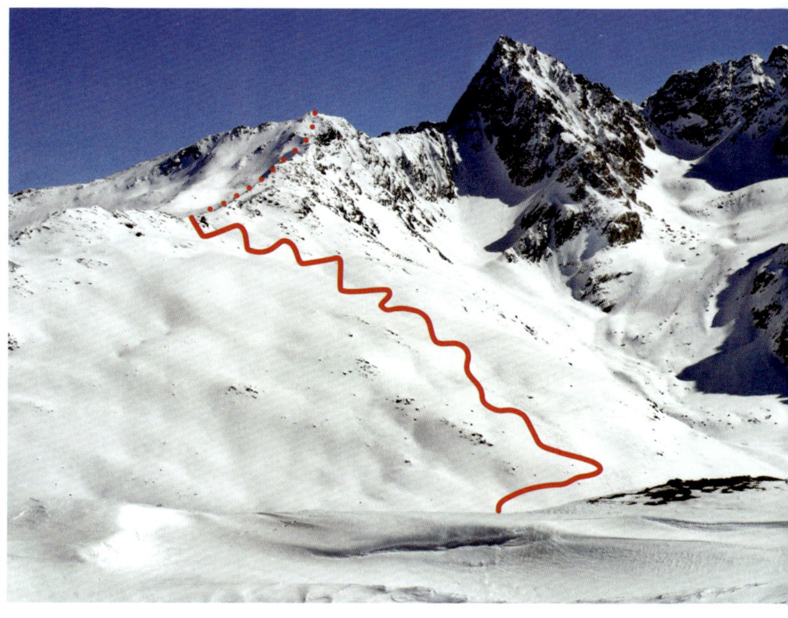

Nach der Hinteren Wenner Alm beginnen die tollen Skihänge zur Murmentenkarspitze.

→ **Ötztaler Alpen**
→ **Geigenkamm**

Der nördlichste Skigipfel des Geigenkamms wartet mit zwei sehr unterschiedlichen Routen auf: Sie können zwischen einer einsamen Taltour oder einer anspruchsvollen Skitour mit langem Pistenschluss wählen. Beide Wege haben ihre landschaftlichen Reize, beide verlangen dem Skitourengeher einiges ab.

Ausgangspunkt: Wald i. P., Auchtwiese (1200 m) od. Jerzens, Hochzeigerlifte (2400 m)

Höhenmeter, Zeit: 1600 Hm., 5:30 Stunden od. 1200 Hm., 3:30 Stunden und 2100 Hm. Abfahrt

Lawinensituation: Für Ausgangspunkt Wald LWS 2–3; für Lifttour LWS 1.

Österr. Karte: Blatt 145 Imst, 1:50.000

Diese Skitour für höhere Ansprüche an Kondition und skifahrerisches Können bringt uns auf einen der nördlichsten Ausläufer des Geigenkamms und damit in ein fast unberührtes Skitourengebiet. Die letzten traumhaften 1000 Höhenmeter von der Wenner Alm zur Murmentenkarspitze entschädigen reichlich für den gar nicht so langen Talhatscher. Diesem kann man mit 11 Euro Mehraufwand für eine Einzelfahrt der Hochzeigerbahnen entgehen, außerdem lässt sich so die Tour um eine Stunde auf 1200 Aufstiegsmeter verkürzen und die Abfahrt auf 2100 Meter verlängern.

Von Wald im Pitztal: Von der Ortsmitte Arzl i. P. links steil hinunter nach Wald/Leins, über die Pitze und wieder steil hinauf auf das gegenüberliegende Plateau. Bei der Straßengabelung links nach Wald, an der Kirche vorbei (Richtung Hoheneck/Waldeck/Roppen) und der alten Straße folgend bis zum östlichen obersten Dorfende (links auf Haus Schild: „Galtwiesenlift/Wenner Alm“). An der Säge vorbei auf der immer geräumten Straße (evtl. Schneeketten erforderlich) bis in die Kurve vor der Lift-Jausenstation; hier einige Parkplätze vor den Auchtwiesen.

Aufstieg: Den vielen gelben Wegweisern folgend zwei Kehren hinauf, bis man den eigentlichen Eingang des Walder Tales erreicht hat. Bei einer Abzweigung (ca. 1400 m) geradeaus „Wenner Alm“. Nach einer Stunde passiert man die Kalbenhütte und geht eben weiter zum Walder Bach. Über diesen rechts an der Wenner Ochsenalm vorbei in das sich nun weit öffnende Tal. Hier hat sich der „unproduktive“ Part der Skitour erledigt, der – verglichen mit den Anstiegen im Sellrain (Kemater Alm, Potsdamer oder Pforzheimer Hütte) – noch relativ kurz ist. Auf der orografisch rechten Talseite mäßig ansteigend in einer weiteren Stunde zur Hinteren Wenner Alm, 1956 m. Ab hier zieht meist eine „sausteile“ Spur gleich links hinauf. Effektiver ist’s, noch 20 Minuten taleinwärts zu gehen (Wegweiser in der Talmitte), um über tolles Skigelände genau ostwärts zum Punkt 2511 der ÖK aufsteigen zu können. Nun ein paar Meter hinab und in ein kleines Hochtal. Über die winzigen, im Winter nur zu erahnenden Wildmäserseen in südöstlicher Richtung zum kurzen Gipfelhang, steiler zum Gipfelkreuz. Beeindruckender Blick zum scharfen Grat des Brechkogels und nordwärts zum Tschirgantmassiv. →

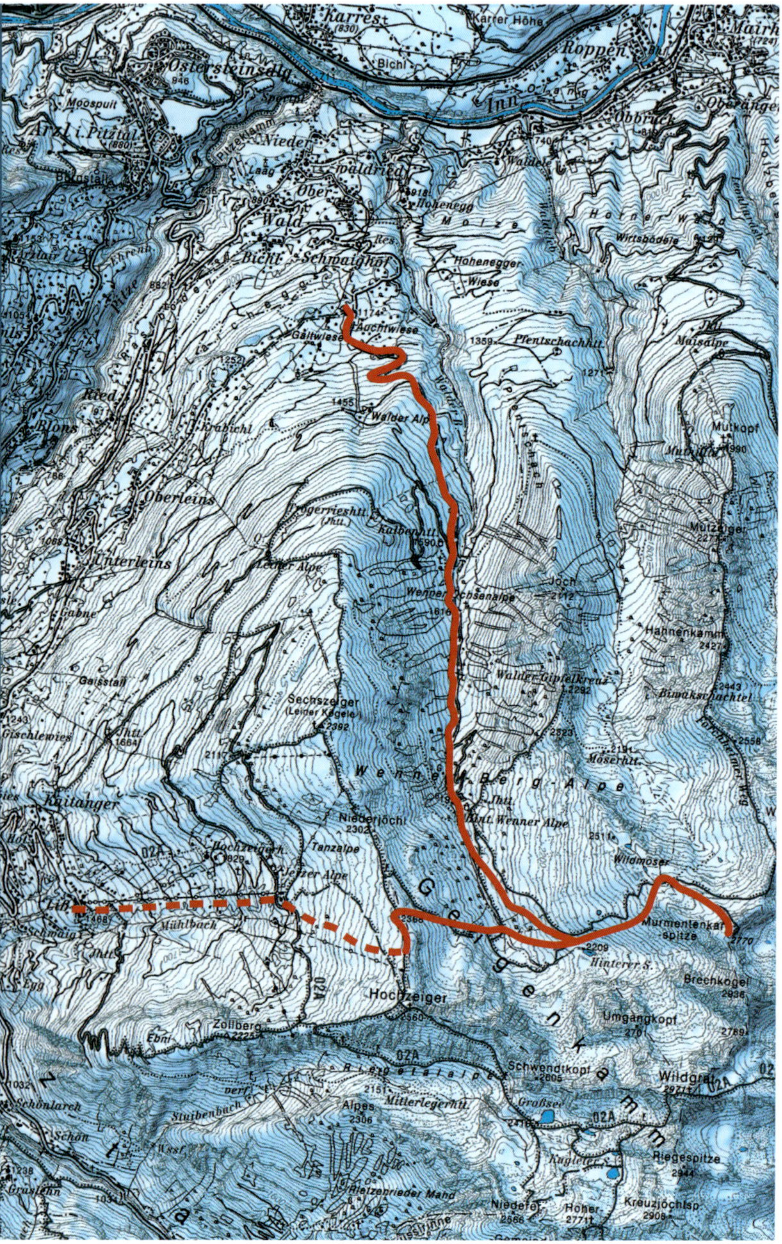

Tour 34 Murmentenkarspitze

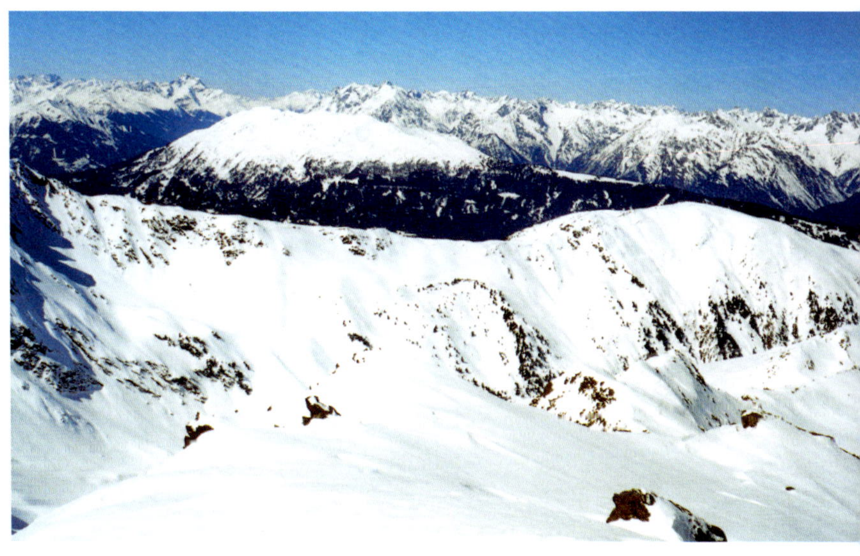

In der Bildmitte die steilen Osthänge des Hochzeiger, darüber der Venetberg.

Von Jerzens (nur bei sichersten Verhältnissen; Auskunft: Hochzeigerlifte, Tel. 05414/87000-77): Von Arzl im Pitztal weiter zur Abzweigung nach Jerzens und über die großzügig ausgebaute Bergstraße zum Hoteldorf bei den Hochzeigerliften, 1450 m. Mit der ersten Gondel (Einzelfahrt für Tourengeher/ Fußgänger 11 Euro) um 8.45 Uhr zur Mittelstation, rechts Abfahrt mit Skiern zur Rotmoosbahn und mit der 4er-Sesselbahn auf den Zeigergrat. Am Grat nördlich abwärts bis vor den Sechszeiger und rechts sehr steil über die Osthänge – zwischen zwei Waldstreifen – hinunter zur Hinteren Wenner Alm oder etwas weiter talein, ca. 2050 m. Auffellen und wie oben in 2 Stunden zum Gipfel.

Rückweg (mit 350 bis 400 Metern Gegenanstieg) wie Aufstieg in den Talgrund; je weiter man von der Wenner Alm talaus fährt, desto mehr Höhenmeter hat man zum Sechszeiger. Die Wechtensituation am Zeigergrat sollte man am besten schon während der Tour begutachten.

35 Eiskögele 3233 m Mittlerer Seelenkogel 3424 m

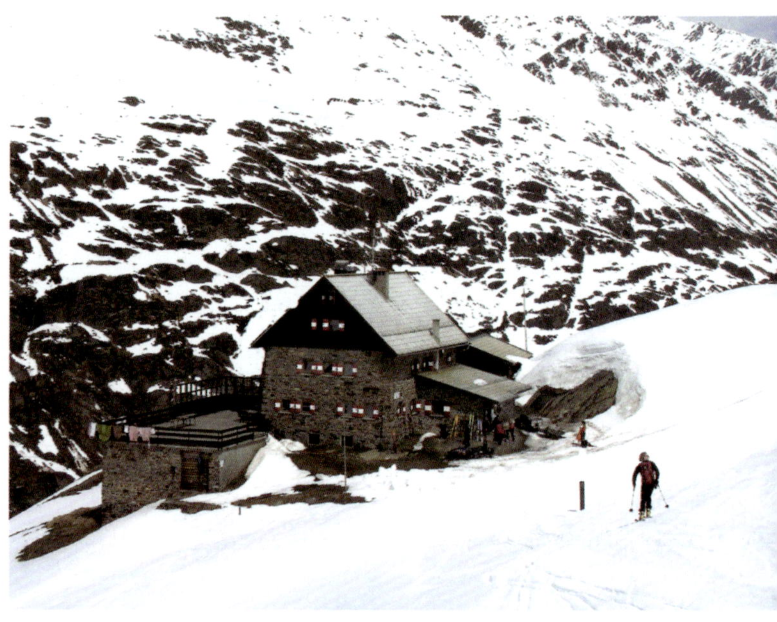

Die Langtalereckhütte ist ein feiner Stützpunkt für diese beiden Skiberge.

→ Ötztaler Alpen
→ Hauptkamm

Abschied vom Schnee mit einer Firnorgie: Wenn in Obergurgl die Saison zu Ende geht und die Seilbahnen ihren Betrieb einstellen, dann sind die Schneeverhältnisse auf den Gletscherbergen im inneren Ötztal erst richtig ideal.

Ausgangspunkt: Obergurgl (1907 m), Ötztal

Höhenmeter, Zeit: Langtaleregghütte (2430 m), 600 Hm., 2 bis 2:30 Stunden; Eiskögele 800 Hm., 2 bis 2:30 Stunden; Mittlerer Seelenkogel 1000 Hm., 3 Stunden

Lawinensituation: Am besten bei sicheren Firnverhältnissen.

Österr. Karte: Blatt 173 Sölden, 1:50.000

Nur ein kurzes Stück hinter den aper werdenden Pisten, ab der Schönwieshütte etwa, gibt es noch lange eine geschlossene Schneedecke. Ein relativ naher Stützpunkt für diese beiden Skitouren ist dabei die Langtaleregghütte (für Nächtigung Tel. 0664/5268655), die je nach Schneelage bis Anfang oder Mitte Mai geöffnet ist. Fein ist auch, dass die Hütte auf einem stets vom Schneewiesel gespurten Skiweg ohne viel Mühe erreichbar ist. Somit ist das Eiskögele für Frühaufsteher leicht als Tagestour zu bewältigen, für den um etwa eine Stunde weiteren Mittleren Seelenkogel ist wohl eine Hüttenübernachtung empfehlenswert. Natürlich ist auch der wesentlich steilere Aufstieg über den Hangererferner an der Nordostseite des Eiskögeles möglich, dazu braucht es aber ganz sichere Verhältnisse.

Ausgangspunkt: Obergurgl im inneren Ötztal (45 km von Oetz). Parken kann man üblicherweise gleich am Ortseingang bei der Festkogelseilbahn oder am Gebührenparkplatz unterhalb der Kirche im Zentrum. Nach Saisonschluss, wenn in dem wie eine Geisterstadt wirkenden Ort nur die Baukräne in Betrieb sind, evtl. auch weiter talein.

Aufstieg: Vom Gaisberglift auf der jeden Tag aperer werdenden Piste links vom Bundessportheim zum Bruggboden (vorbei an allen Liften), den Auslauf des Gaisbergtales querend ansteigen zur Schönwieshütte (2266 m) bei der Mündung des Rotmoostales (immer auf Pisten bzw. Ratracwegen). Ab Schönwieshütte Schneestangenmarkierung und mit dem Ski-Doo gewalzte Trasse zur Langtaleregghütte (angenehm für den Rückweg). Hinter dem Schönwieskopf längere Abfahrt zur Gurgler Alm mit einem Verlust von ca. 100 Höhenmetern (Gegenanstieg →

Zum Schluss wartet am Eiskögele noch ein steiler Gipfelhang.

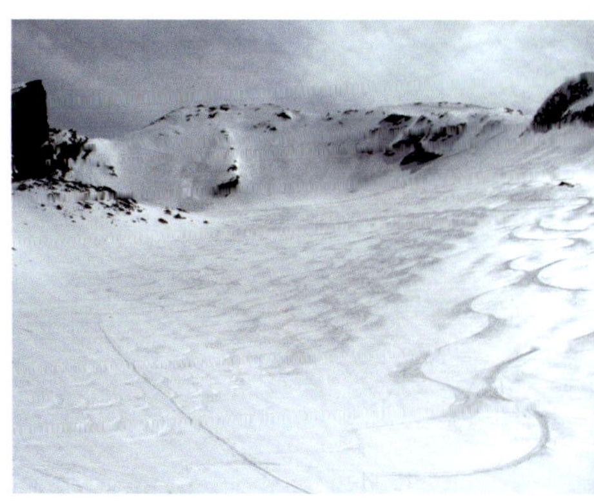

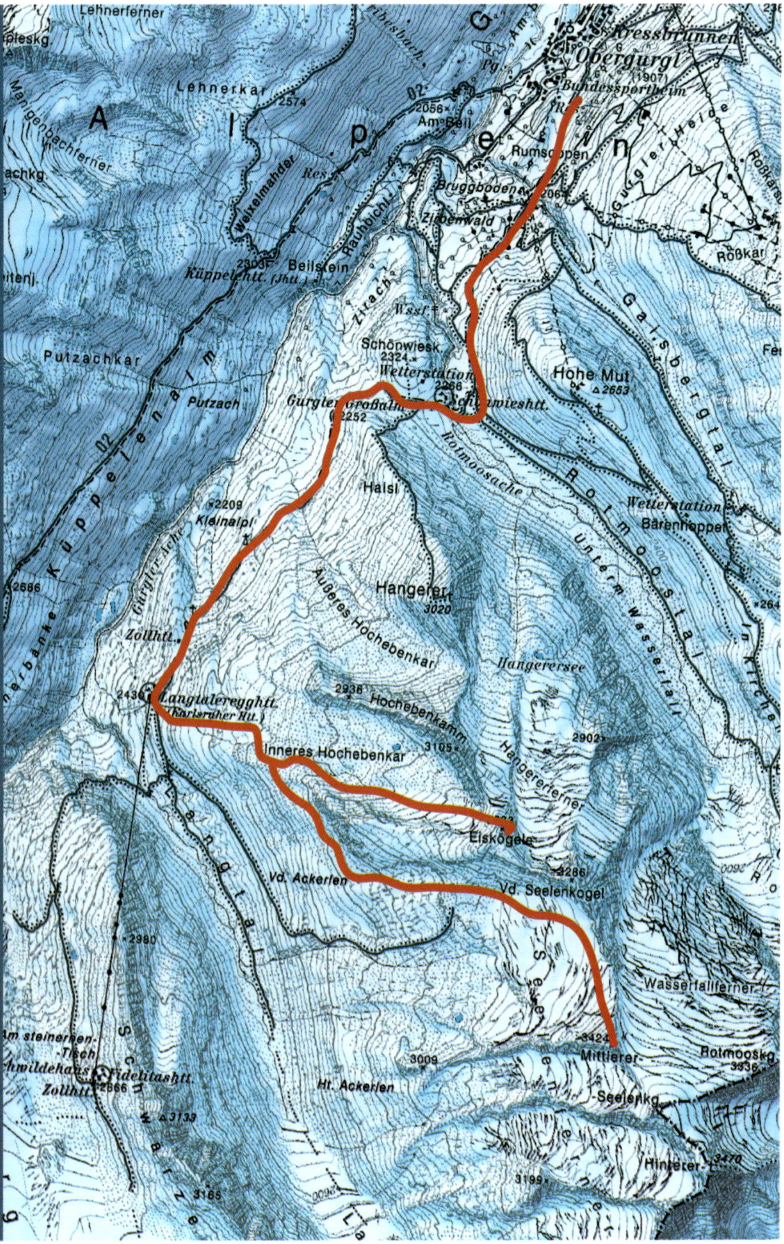
Lehnerferner
Lehnerkar
2574
Obergurgl
Bundessportheim
2056
Am Beil
Rumsoppen
Bruggboden
Zirbenwald
Weixelmahder
Beilstein
Küppelehtt.
Putzachkar
Putzach
Küppelenalm
Schönwiesk.
2324
Wetterstation
2266
Hohe Mut
2653
Gurgler Großalm
2252
Rotmoosache
Halsl
2209
Kleinalpl
Hangerer
3020
Äußeres Hochebenkar
Gaisbergtal
Rotmoostal
Wetterstation
Bärenhopper
Unterm Wasserfall
Zollhtt.
Langtalereggtt.
Karlsruher Htt.
2936
Hochebenkamm
3105
Hangerersee
Inneres Hochebenkar
2902
Hangererferner
Eiskögele
3286
Vd. Ackerlen
Vd. Seelenkogel
2980
Wasserfallferner
3424
Mittlerer
Rotmooskg.
3336
3009
Ht. Ackerlen
Seelenkg.
3133
Schwarze
3165
Hinterer
3470
3199
Fidelitashtt.
Zollhtt.
2866
Am steinernen Tisch
Schmildehaus
Langtal

beim Rückweg). An der Flanke des Hangerers, hoch über der Gurgler Ache, talein zur Hütte.

Zum Eiskögele: Der weitere Verlauf ist sowohl fürs Eiskögele als auch für den mittleren der drei Seelenkögel vorerst derselbe. Man steigt also von der Hütte etwas mühsam direkt über den steilen Hang auf, erreicht die Geländekante, hinter der man nun in angenehmer Neigung und stets gleich bleibender Richtung in das von zwei Gratausläufern eingerahmte Innere Hochebenkar gelangt. In einer Linie zieht man die Spur durch flache Karmulden auf die jetzt schon längst sichtbare weiße Schneepyramide des Eiskögeles zu. Unterhalb der wieder steileren Gipfelflanke entweder zur Scharte links des Gipfels oder mit langer Querung nach rechts zur westlichen Grathöhe und von dort zum höchsten Punkt.

Zum Mittleren Seelenkogel: Aufstieg auf der Spur zum Eiskögele ca. eine Stunde bis auf Höhe 2750 m (abweichend von der in der AV-Karte eingezeichneten Route zum Seelenkogel; man erspart sich so die unangenehme Querung im Steilhang des Langtales). Am Ansatz des mächtigen Gratkopfs, den das Eiskögele nach Westen vorschiebt (in der Karte namenlos), verlässt man die Spur nach rechts und steigt – jetzt unter der Südflanke dieses Gratausläufers – zu den Hängen unterhalb des Seelenkogelferners. Am Gletscher bleibt man in seinem linken, spaltenlosen Becken, erreicht die Grathöhe links des Gipfels und stapft zu Fuß zum höchsten Punkt.

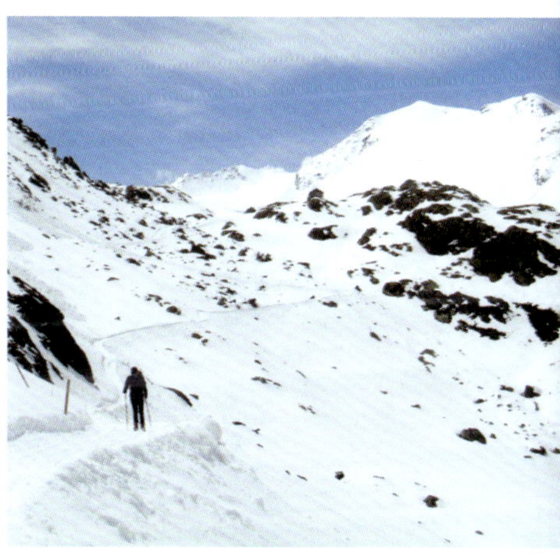

Eine gewalzte Ratracpiste führt bis zur Langtalereckhütte.

36 Breiter Grieskogel 3287 m

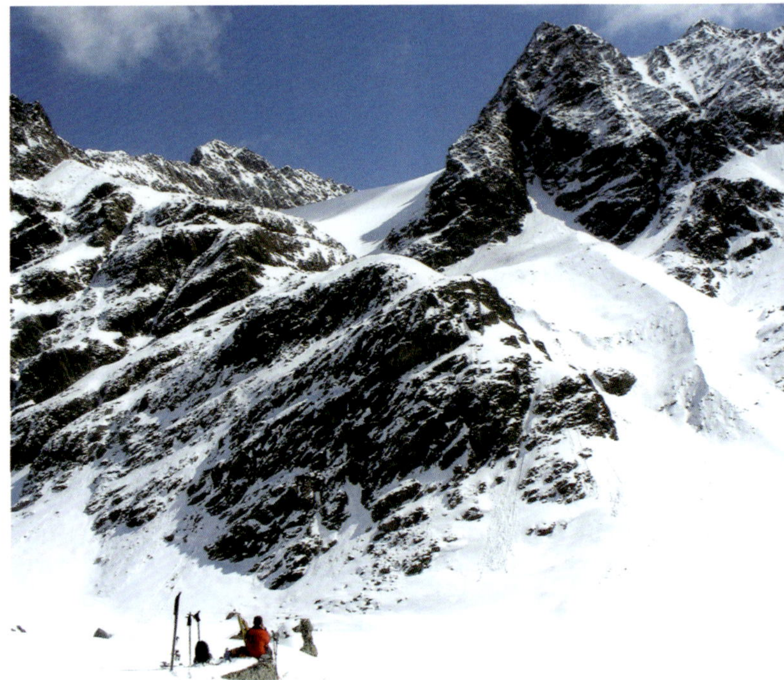

Schlüsselstelle der Tour: die Steilstufe vom Grastal zum Grastalferner.

→ **Stubaier Alpen West**
→ **Ötztaler Seite**

Einer der brillantesten Skiberge der westlichen Stubaier Berge mit gleich vier verschiedenen Routen ist der Breite Grieskogel. Anspruchsvoll sind sie alle. Welche die schönste ist? Die Antwort auf diese Frage überlassen wir Ihnen.

Ausgangspunkt: Niederthai (1535 m) oder Gries bei Längenfeld (1620 m)

Höhenmeter, Zeit: 1750 Hm. bzw. 1650 Hm.; 5 bis 6 Stunden, über Winnebachseehütte etwas kürzer

Lawinensituation: Sichere Verhältnisse nötig. Zwieselbachtal und Grastal evtl. weniger gefährdet.

Österr. Karte: Blatt 146 Oetz, 1:50.000

Von der Gubener Hütte, von der Winnebachseehütte mit Übernachtung oder als ausgiebige Tagestour von Niederthai aus hat man die Qual der Wahl. Am schönsten ist wohl die Route durch das Grastal – oder etwa doch über den Larstigferner? Einfach Geschmackssache, am besten man probiert sie der Reihe nach aus.

a) Von Niederthai (1535 m) durchs Grastal: Von Umhausen nach Niederthai. Parken bei der Langlaufloipe am Talschluss Niederthai, 5 Euro Parkgebühr/Tag. Nun nicht taleinwärts, sondern bei der Brücke beim Wegkreuz gleich in die große Wiese mit den Langlaufloipen, leicht schräg rechts haltend durch ein Wiesentälchen, hinter dem man sogleich auf den ins Grastal führenden Forstweg (Wegbeginn in Ennebach) trifft. Vorbei an einem Wasserschloss, weiter bis zu einer roten Bank und hier bei Wegweisertafeln Abzweigung rechts auf den gut gangbaren steileren Sommerweg, der in einer Linie hinauf zum Taleingang führt. Der viel flachere Forstweg windet sich mit mehreren Kehren auf der anderen Bachseite empor, kurz vor dem Talboden treffen beide Wege zusammen. Im flachen Talboden mit wenig Höhengewinn einwärts, bis endlich das Gelände steiler wird. Der Grastalsee (2534 m) liegt versteckt hinter einem hohen Moränenkamm. Erst folgt man noch ein Stück dem Bachlauf; wo er enger wird, zieht man nach rechts in die freien Hänge und kommt oberhalb des Sees auf eine Kuppe. Im weiten Bogen wird der See umrundet, dahinter steigt man durch ein verborgenes Tälchen zur Gletscherzunge hinan. (Diese ganze Umrundung des Grastalsees könnte man sich sparen, wenn man bereits von den Klüftboden im Talinneren nach links über den langen Steilhang durch Felsinseln und breite Firnrinnen aufsteigen könnte. Man schneidet damit ein großes Eck ab, jedoch sind absolut sichere Verhältnisse Voraussetzung. Dann kommt man oben direkt zum Bachabfluss der Gletscherzunge, wo man wieder →

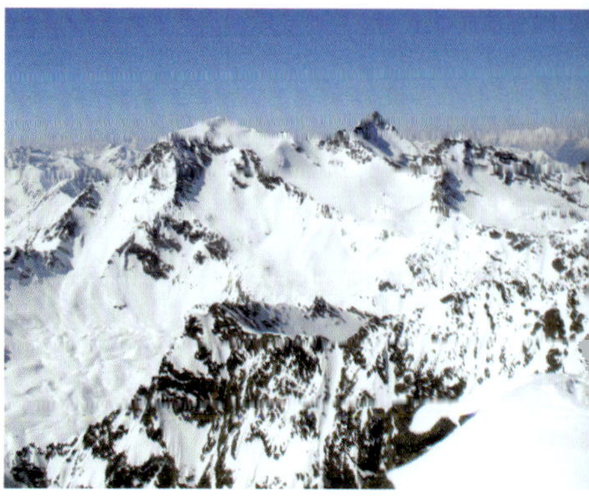

Der Breite Grieskogel mit seiner Südflanke über der Winnebachseehütte. Rechts der spitze Strahlkogel.

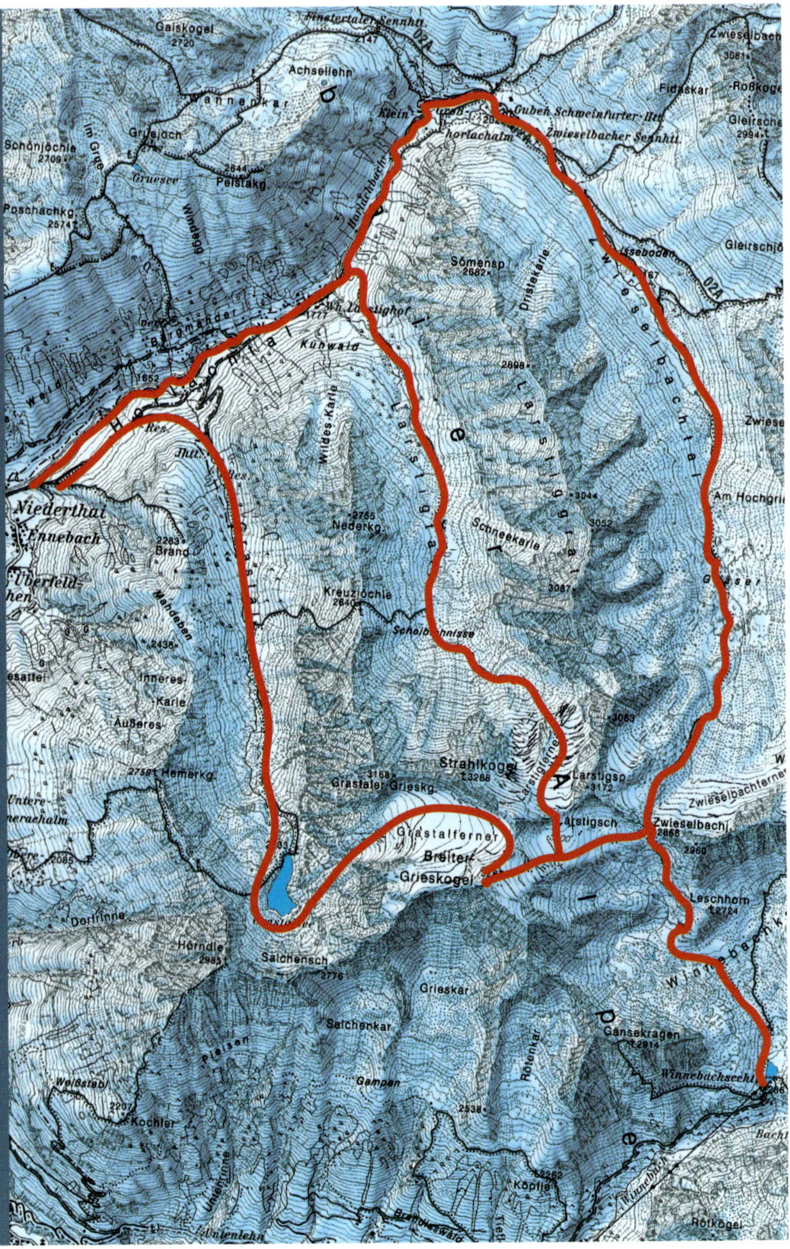

Gaiskogel
2720
Finstertaler Sennhtt.
2147
Achsellehn
Wannenkar
Klein
Guben Schweinfurter Htt.
Zwieselbacher Sennhtt.
Zwieselbach
3081
Fidaskar
Roßkoge
Gleirsche
2994
Griesjoch
Schönjöchle
2709
Im Grue
Gruesee
2644
Peistakg.
Poschachkg.
2574
Windegg
Hairlachbach
Sömensp.
2682
Dristekarle
Gleirschjö
Zwieselbachtal
D2A
Bergmähder
Wh. Larstighof
Kühwald
2898
Wald
1652
Res.
Jhtt.
Wildes Karle
Larstigtal
Larstiggrat
Zwiese
Niederthai
Ennebach
2283
Brand
Überfeld-
2755
Nederkg.
Schneekarle
3044
3052
Am Hochgri
3087
Kreuzjöchle
2640
Scheibschnisse
2436
Mahdeben
Inneres
Karle
Äußeres
3063
2759
Hemerkg.
3168
Grastaler Grieskg.
Strahlkogel
3288
Larstigferner
Larstigsp.
3172
Zwieselbachferner
Larstigsch.
Zwieselbachj.
2868
Grastalferner
Breiter
Grieskogel
2960
Dortrinne
Leschhorn
2724
Hörndle
2983
Salchensch.
2776
Grieskar
Winnebachk.
Salchenkar
Gänsekragen
2914
Rötenkar
Winnebachseehtt.
Gampen
Kochler
2538
Bachl
Köpfle
2262
Winnebach
Rötkogel
Brandleswald
Untenlehn

mit der Originalroute zusammentrifft.) Nochmals steil hinauf auf die Gletscherkante des Grastal und in mehreren Wellen leicht rechts haltend an den Gipfelaufbau hin. Der in früheren Jahren oft blanke Eisbuckel knapp unterhalb des Gipfels ist beträchtlich abgeschmolzen und stellt wohl kein Problem mehr dar. Mit Skiern kommt man bis zum Gipfel. Satte 1750 Höhenmeter hat man in den Beinen.

b) Von Niederthai durchs Larstigtal: Genauso anspruchsvoll wie a). Parken bei der Langlaufloipe am Talschluss Niederthai, 5 Euro Parkgebühr/Tag (1900 m), folgt noch kurz dem Weg zur Gubener Hütte und steigt rechts im Hang auf gutem Weg ins Larstigtal. Der Talboden ist genauso flach und nur wenig kürzer als das Grastal. Am Talende links hinauf zum Larstigferner und über ihn zur Larstigscharte (3052 m), wo man in Hänge der Südseite hinüberwechselt. Gemeinsam auf der vom Zwieselbachjoch kommenden Spur zum Gipfel.

c) Von Niederthai zur Guben/Schweinfurter Hütte (2028 m) und über das Zwieselbachjoch: Mit Hüttenübernachtung der leichteste Anstieg. Zur Hütte evtl. mit Schneewiesel, wenn man sich's organisieren kann. Dann im gewundenen Zwieselbachtal einwärts und zum Schluss über schönste Skihänge hinauf zum gleichnamigen Joch (2870 m). Hier trifft man mit der von der Winnebachseehütte kommenden Route zusammen. Das Zwieselbachtal ist sehr flach, eine Abfahrt über das Grastal daher zu empfehlen.

d) Von Gries bei Längenfeld (1620 m) über die Winnebachseehütte: Die Höhenmeter sind ziemlich gleich, aber die flachen Talböden bleiben einem erspart, man gewinnt mit jedem Schritt an Höhe – eine sehr sonnige, schöne Firntour. In Gries am Ortsende links auf der Straße nach Winnebach, am Talende links abzweigend Richtung Winnebachseehütte parken. Alternativ großer gebührenpflichtiger Parkplatz am Talende Gries, 3 Euro/Tag. Am beschilderten Weg zur Winnebachseehütte (2362 m), wobei man entweder bei der Waldgrenze den bezeichneten Winterweg benützt (Bach nach rechts überqueren) oder – im fortgeschrittenen Frühjahr – auch dem direkteren Sommerweg folgen kann. Hinter der Hütte aus dem flachen Seeboden gleich nach links in das Winnebachkar und aus dem oberen Karboden ziemlich direkt hinauf zum Zwieselbachjoch und nach links auf den Grieskogelferner und zum Gipfel.

37 Hohe Wasserfalle 3003 m
Hochreichkopf 3010 m

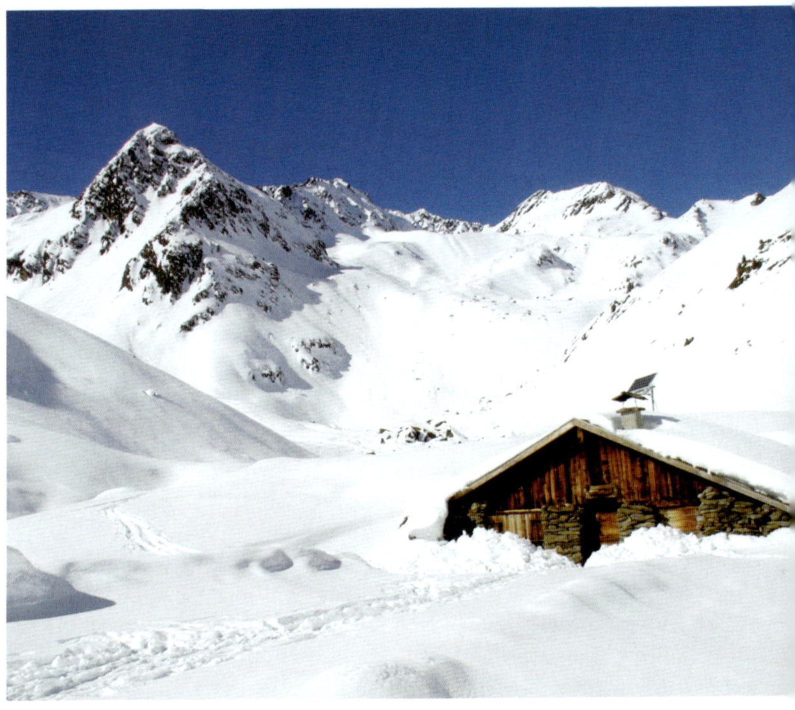

Bei der Finstertalhütte teilen sich die Anstiege zu Wasserfalle und Hochreichkopf.

→ Stubaier Alpen
→ Sellrainer Berge

Leidenschaftliche Tourengeher machen diese Skiberge leicht als Tagestour. Nächtigung auf der Guben-Schweinfurter Hütte oder Transport mit Skidoo sind natürlich die bequemeren Alternativen, um die zwanzig Spitzkehren im Wannenkar zu bewältigen.

Ausgangspunkt: Niederthai (1538 m), Zufahrt von Umhausen

Höhenmeter, Zeit: Guben-Schweinfurter Hütte (2028 m), 500 Hm., 2 Stunden. Insgesamt 1470 Hm., 4 bis 4:30 Stunden. Hochreichkopf (1500 Hm.), 4 bis 4:30 Stunden

Lawinensituation: Sichere Verhältnisse nötig.

Österr. Karte: Blatt 146 Oetz, 1:50.000

Vielleicht waren Sie in letzter Zeit einmal auf dem Zwieselbacher Rosskogel. Sitzt man da gemütlich am Gipfel und blickt in die Runde, springt einem gleich eine ganze Menge von neuen Tourenzielen ins Auge. Schaut man Richtung Nordwest, da sticht unweigerlich über dem Horlachtal ein wunderschöner Berg mit einladenden Hängen und einer eindrucksvollen Gipfelflanke besonders hervor. Oben ein schmales Kar, eingebettet zwischen zwei Graten – das ist das Lange Wannenkar und der Gipfel darüber ist die Hohe Wasserfalle. Rechts daneben mit genauso schönen Hängen, nur nicht so formschön, liegt der Hochreichkopf. Beide sind als Tagestour (aber nicht zugleich) gut machbar, allerdings steht zuerst ein langer Talmarsch durch das Horlachtal bevor. Zur Tourenzeit gibt es hier immer eine Skidoo-Spur des Hüttenwirts der Guben-Schweinfurter Hütte, die sich natürlich auch als Stützpunkt für diese beiden Berge sowie für den Breiten Grieskogel anbietet. Ob man den knapp zweistündigen Hüttenanstieg mit Hilfe eines Skidoos auf 20 Minuten verkürzen könnte, müsste man bei den Wirtsleuten anfragen.

Ausgangspunkt: Ins Ötztal bis Umhausen und Auffahrt nach Niederthai. Parken bei der Langlaufloipe am Talschluss Niederthai, 5 Euro/Tag.

Aufstieg: Den Horlachbach entlang auf dem gut präparierten Ski- und Rodelweg, vorbei am Larstighof (Jausenstation), bis zur Klein-Horlachalm. Eine Wegkehre darüber, bereits in Sichtweite der Guben-Schweinfurter Hütte, Abzweigung links ins Finstertal (Brücke und Wegweiser) bis zu einer tief im →

Im Wannenkar am Weg zur Hohen Wasserfalle.

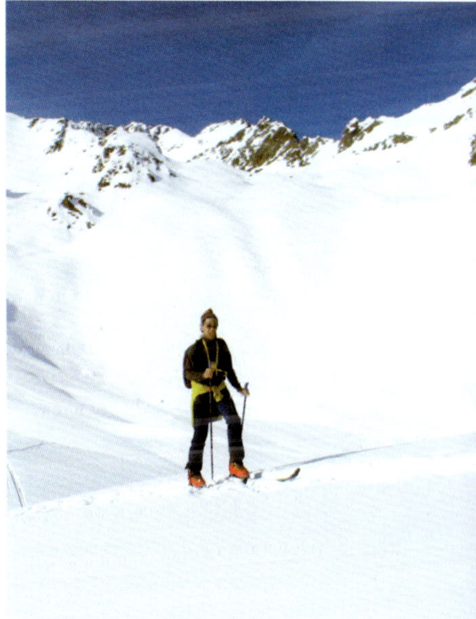

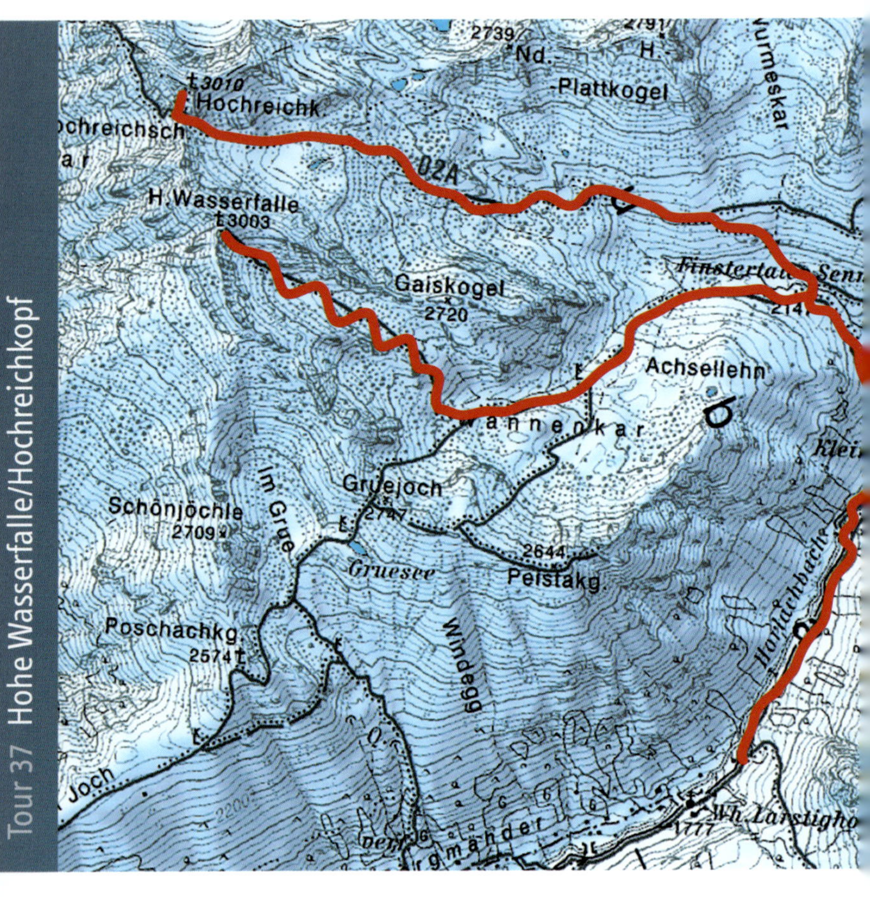

Schnee steckenden Alm- bzw. Jagdhütte. Gerade vor dem Betrachter, mit gut überschaubarem Gelände, liegt der Hochreichkopf. Die Hohe Wasserfalle lässt sich nicht so leicht in die Karten schauen, nur ihr Gipfel ist erkennbar, ihre prächtigen Skihänge sind aber zur Gänze verdeckt vom vorgelagerten spitzigen Gaiskogel.

Zur Hohen Wasserfalle: Gleich nach der Finstertalhütte (2147 m) verlässt man die geradeaus zum Hochreichkopf ziehende Skispur und steigt – die Steilhänge linker Hand schräg aufwärts querend – auf die nächste Flachstufe am Eingang des Wannenkars. Im Karboden einwärts, bis ein kleiner, deutlich ausgeprägter Moränen-

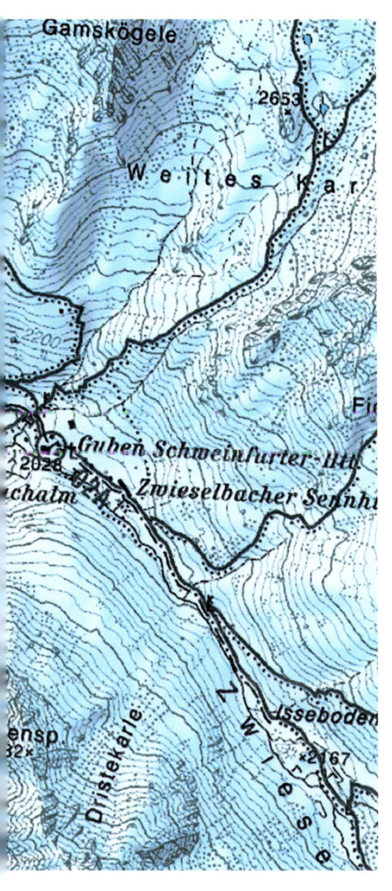

grat im Bogen rechts aufwärts ins darüber liegende Lange Wannenkar hinaufleitet, das hinter der Flanke des Gaiskogels im Südhang der Hohen Wasserfalle tief eingebettet ist. Der zunehmend steiler werdende und kürzer ausschende Gipfelhang erfordert noch so an die zwanzig Spitzkehren bis zum Beginn der Felszone. Hier kann man sich überlegen, die Skier zu deponieren und zu Fuß hinaufzustapfen. Die Rinne wird aber nach kurzer Engstelle wieder besser gangbar, man kann sie nach rechts hinaus verlassen und kommt mit Skiern bis knapp unter das Gipfelkreuz. Abfahrt gleich wie Aufstieg.

Zum Hochreichkopf: Will man zum Hochreichkopf, bleibt man bei der Finstertalhütte noch ein Stück im Talboden, folgt dem ausgeprägten Bachlauf rechts aufwärts und hält sich im Aufstieg dann eher an der rechten (östlichen) Seite des riesigen Karbeckens. Von seiner obersten Stufe peilt man die steile Schneerinne (Hochreichscharte) links des Gipfels an, über die man zu Fuß den Grat und den höchsten Punkt erreicht.

38 Brand 2283 m

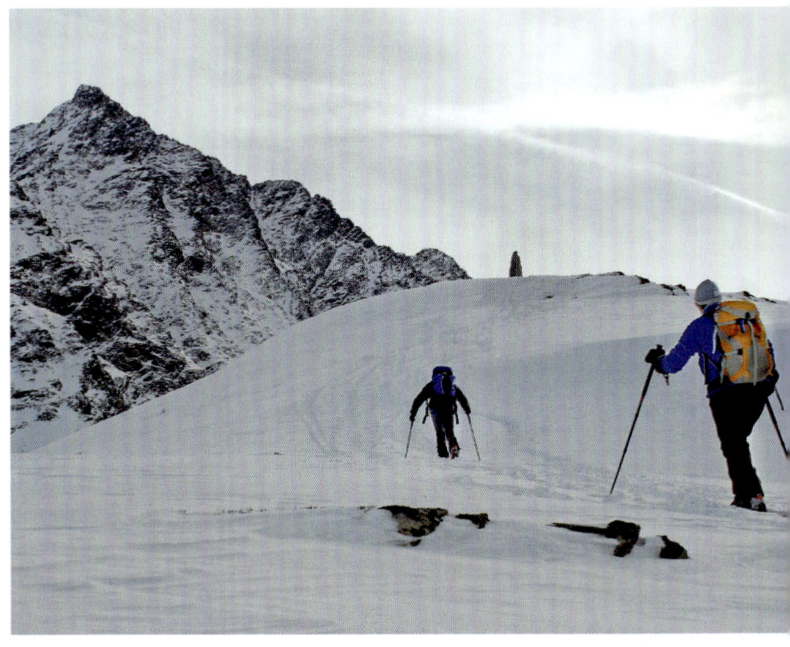

Der Steinobelisk am Brand ist bereits in Sicht und das Ende der Skitour erreicht. Über dem Tal der mächtige Strahlkogel.

→ **Westliche Stubaier Alpen**

Ein unscheinbarer Berg, ein Anhängsel des Hemerkogels, direkt über den Loipen von Niederthai im Ötztal, der den ganzen Winter über als anspruchsvolle Sprintskitour zu entdecken ist. Ein echter Geheimtipp in traumhafter Winterlandschaft.

Ausgangspunkt: Niederthai/Parkplatz (1538 m).

Höhenmeter, Zeit: Eingang Grastal – Brand (2283 m), 1:30 bis 2 Stunden, 750 Hm.

Lawinensituation: Kaum lawinengefährdet.

Österr. Karte: Blatt 146 Oetz, 1:50.000.

Der Name war mir kein Begriff, schon gar nicht, dass es hier, genau über dem Parkplatz von Niederthai, überhaupt eine Skitour gibt. Aber wie der Zufall so spielt, treffe ich am Parkplatz zwei junge Männer, die sich gerade die Skier anschnallen. „Wo geht's denn ihr hin?“ – „Auf den Brand“, sagen sie und zeigen auf einen kleinen, weißen Gupf, einen Gratausläufer des Hemerkogels, genau oberhalb des Parkplatzes, von dem eine tief eingeschnittene Lawinenrinne herunterzieht. „Das kennen nur die Einheimischen“, meinen sie, aber sie haben nicht mit dem Internet gerechnet, wo mittlerweile sogar diese Skitour zu finden ist, weshalb zugleich mit uns eine Schweizer Tourengruppe den Aufstieg in Angriff nimmt.

Beim Brand befindet man sich zu zwei Dritteln völlig im Wald, der gar nicht so einfach, aber doch recht gut fahrbar ist. Wichtig ist eine genügend dicke Schneedecke. Durch die nordseitige Lage kann man meistens auch mit stäubendem Pulverschnee rechnen. Eine alternative Skitour für gute Skifahrer, die auch mit steilem Waldgelände gut zurechtkommen. Nach Aussage der Einheimischen ist sie den ganzen Winter bei, – sagen wir: fast – jeder Lawinensituation gut →

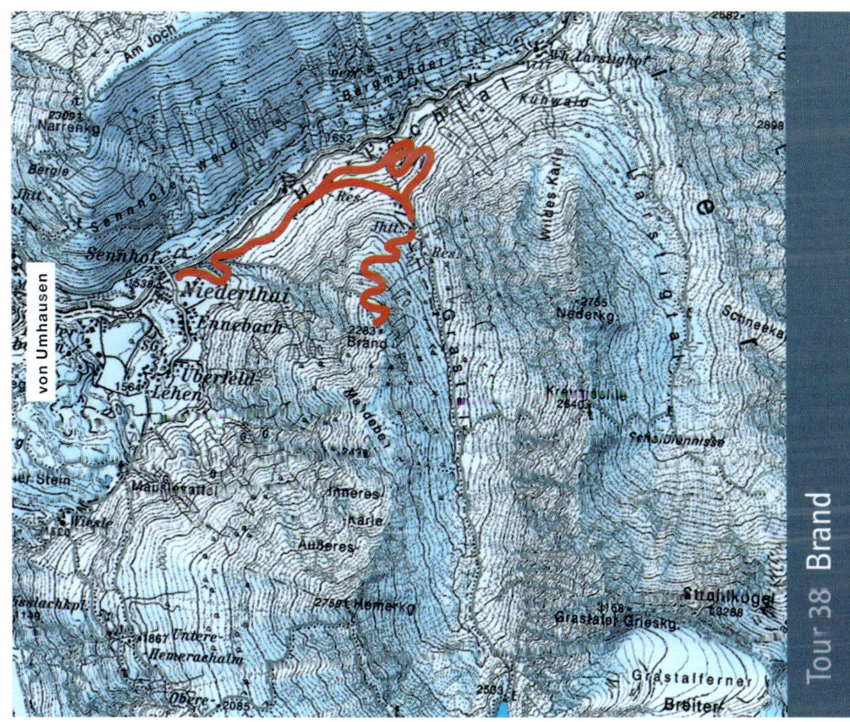

machbar ist. Immerhin befindet man sich zu zwei Dritteln völlig im Wald, der im oberen Teil recht locker und von vielen Lichtungen durchsetzt ist. Weiter unten kann man zur Not auch auf den gut fahrbaren Forstwegen bleiben. Durch die nordseitige Lage wird man meistens mit stäubendem Pulverschnee rechnen können.

Ausgangspunkt: Von Umhausen Auffahrt nach Niederthai (1538 m) zum großer Parkplatz am Beginn der Loipen (5 Euro/Tag).

Aufstieg: Ganz kurz entlang der Loipe durch die Wiesensenke zum Auslauf der großen Lawinenrinne, wo man auf den ins Grastal führenden Forstweg trifft. Man folgt dem gewalzten Weg bis zum Wasserschloss und weiter bis zur Wegteilung bei gelben Wegweisern. Rechts am Sommerweg aufwärts, bis man weiter oben nochmals einen vom Larstighof her kommenden Fahrweg erreicht. Diesem folgt man bis zu einer Jagdhütte. Gleich danach, wiederum bei einem gelben Pfeil, zieht die Aufstiegsroute stets

Beim Steinobelisk am Brand ist das Ende der Skitour erreicht. Der Grat führt weiter zum Hemerkogel.

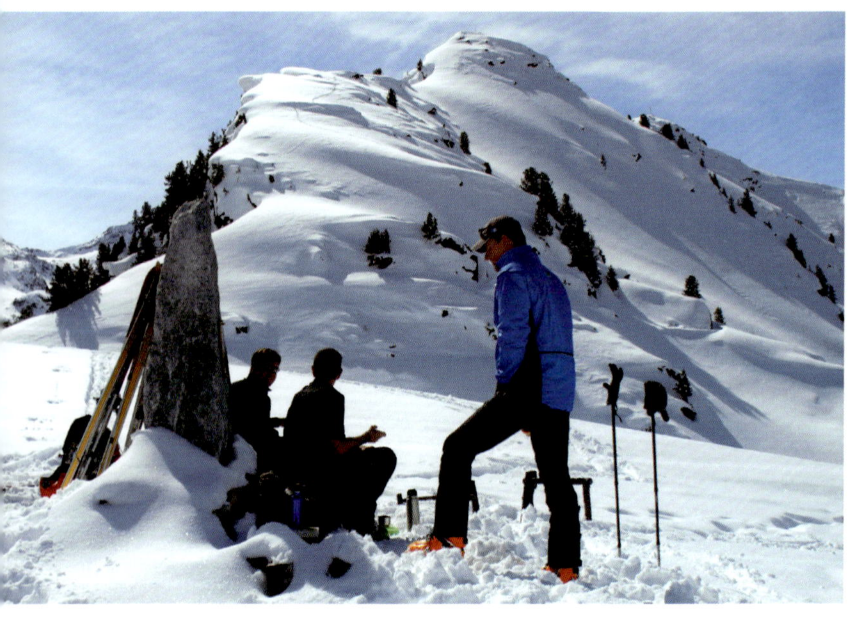

leicht rechts im steilen Wald aufwärts. Es gibt meist eine super Spur, die üblicherweise recht steil angelegt ist, aber mit der hohen Steighilfe gerade noch gut gangbar ist. Weiter oben wird der Wald allmählich lichter, es bleibt aber gleich steil, und in weiten Serpentinen führt die Spur durch den Hang. Ein letzter Aufschwung über der Waldgrenze im freien Gelände – und schon hat man das Ziel vor Augen. Ein kleiner Schneekopf, gekrönt mit einem schönen Naturstein aus Gneis mit einer Gedenktafel. Die Skitour ist hier zu Ende, der Grat zieht mit mehreren Aufschwüngen in Richtung Hemerkogel weiter.

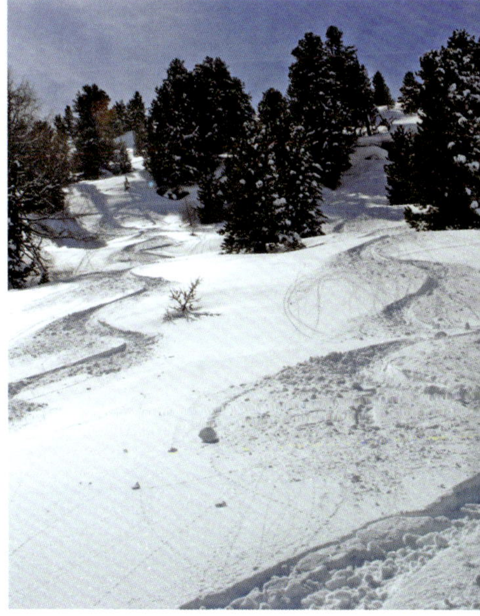

Die nordseitige Lage garantiert fast immer stäubenden Pulverschnee.

Abfahrt im Pulverrausch: Bei der Abfahrt vom Gipfel nur kurz die Aufstiegsspur entlang, aber gleich unter der ersten Geländeschulter hält man sich rechts und kommt in einen langen, relativ freien Pulverhang mit einzelnen Zirben, der allein die Tour wert ist. Weiter unten im dichteren Wald bräuchte man eine genügend dicke Schneedecke, ansonsten bleibt man besser am Fahrweg. Nach der Jagdhütte wechselt man kurz auf die rechte Bachseite, bis man bei einer Kehre gut nach links auf eine freie Wiese mit Almhütten abfahren kann. Dann steht man wieder auf der gewalzten Trasse, die zum Wasserschloss zurückführt. Genauso gut kann man aber auch auf der rechten Bachseite abfahren und gelangt so zum Larstighof, der immer für einen Einkehrschwung gut ist.

39 Kuhscheibe 3188 m Windacher Daunkogel 3348 m

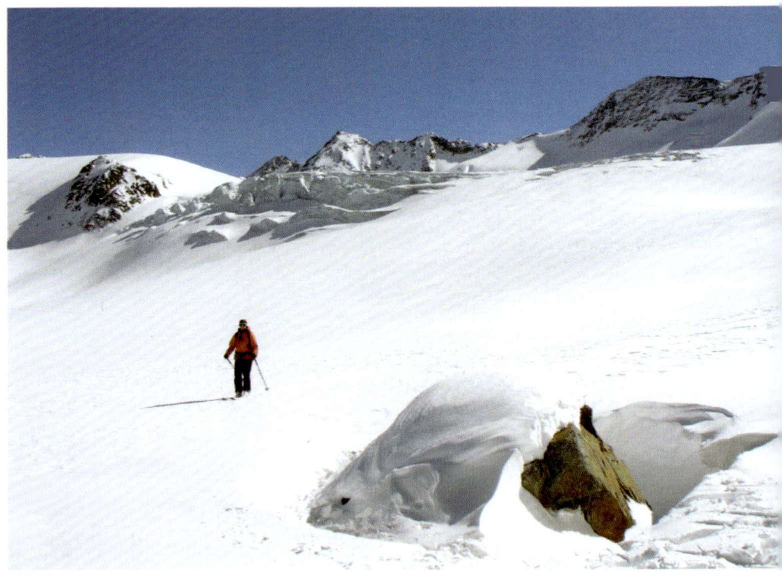

Als schräges Bügelbrett präsentiert sich der obere Sulztalferner.

→ Stubaier Alpen
→ Sulztal

Wer zum ersten Mal in das Gebiet der Amberger Hütte kommt, wird wahrscheinlich zuerst einmal die Kuhscheibe auswählen, und sie ist nicht zufällig so beliebt. Der „Windacher" dagegen ist fast eine Langlauftour – mit Betonung auf „lang".

Ausgangspunkt: Gries bei Längenfeld (1569 m)

Höhenmeter, Zeit: Amberger Hütte (2136 m) 560 Hm., 2 Stunden; Kuhscheibe 1050 Hm., 2:30 bis 3 Stunden; Windacher Daunkogel 1200 Hm., 3 bis 3:30 Stunden

Lawinensituation: Sichere Verhältnisse notwendig.

Österr. Karte: Blätter 146 Oetz und 147 Axams, 1:50.000

Die große Aufregung dürfte mittlerweile doch etwas abgeklungen sein, die Kraftwerkspläne schlummern weiter in den Schubladen, und wie es scheint, müssen die Tourengeher noch lange nicht über einen zugefrorenen Stausee zu ihren Skizielen im hinteren Sulztal ziehen. Als Tagestour von Gries aus ist die Kuhscheibe genauso wie die anderen Skiberge aber wohl nur ausdauernden Frühaufstehern anzuraten, für die 1600 bis 1800 Höhenmeter und ein fünf- bis sechsstündiger Anstieg kein Problem sind. Bequemer ist es, die Nacht auf der Amberger Hütte zu verbringen und am Morgen ausgerastet den ersten Steilhang in Angriff zu nehmen. Das gilt erst recht, wenn man den Windacher Daunkogel anstrebt, der zwar noch weniger schwierig ist, dafür aber mit einer noch längeren Gehstrecke aufwartet. Als weitere Supertouren im Umkreis der Hütte wären da noch der mächtige Schrankogel vorzumerken und nicht zu vergessen der Hintere Daunkopf mit seiner steilen Nordabfahrt.

Ausgangspunkt: Ins Ötztal bis Längenfeld und auf der super ausgebauten Serpentinenstraße in 5 km hinauf ins Sulztal nach Gries bei Längenfeld. Großer Parkplatz am Ortsende. Zur Amberger Hütte führt ein ratracgewalzter Skiweg, den auch viele Rodler und Tagesausflügler ohne Tourenambitionen heraufwandern (6 km, 2 Stunden). Die Hütte mit ihrem reichhaltigen Angebot an exklusiven Skitouren ist an schönen Wochenenden natürlich stark frequentiert, aber selbst bei großem Rummel findet sich noch ein →

Der Schrankogel ist die beherrschende Berggestalt über dem Sulztalferner.

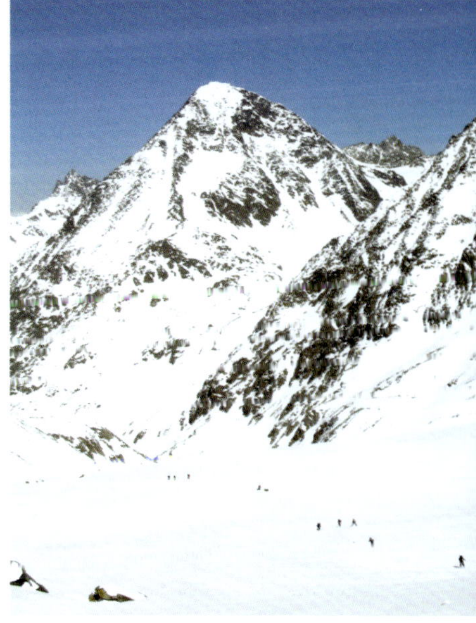

Plätzchen. Vorsichtshalber sollte man bei Hüttenwirt Serafin Gstrein anrufen: Tel. 0676/9523426.

Zur Kuhscheibe: Von der Hütte im ebenen Talboden der „Sulze" ca. 15 Min. einwärts (gleich am Schräghang zu queren bringt nichts), bis rechts ein Holzsteg über den offenen Bachlauf führt. Ziemlich steil und mitunter recht mühsam ersteigt man, harscheisenbewehrt, den schwach ausgeprägten Rücken und erreicht nach 200 Hm. eine flache Geländestufe unter dem Eingang des Roßkars. Nicht gleich geradeaus in das sich einladend öffnende Kar, sondern nach links in die südliche Karmulde, die sich hart an die Flanke des Wannenkogels schmiegt. In den flachen Hängen unter dem Wannenkogel einwärts, bis links die deutlich erkennbare Zunge des Roßkarferners sichtbar wird. In weitem Linksbogen über den spaltenlosen Gletscher in drei deutlichen Steilstufen bis zum breiten Schlusshang. Vom Skidepot gelangt man mit ein paar Stapfen zum Gipfel mit seiner prächtigen Nah- und Fernsicht.

Zum Windacher Daunkogel: Der ganz am Ende des Sulztalferners liegende Windacher Daunkogel ist wohl die problemloseste Tour im Gebiet der Amberger Hütte. Die vielen Flachstücke, fast ideal für Langläufer, ergeben eine Weglänge von beinahe 15 km und man wundert sich, wo dabei die vielen Höhenmeter herkommen. Denn auch sonst ist diese Tour nie besonders steil, und erst nach dem ebenen Kessel der Sulze befindet man sich in weitläufigen Gletscherhängen von idealer Neigung, wo man seine Spur in einer Linie und ohne eine einzige Spitzkehre bis zum Wütenkarsattel bergwärts zieht.

Hinter der Hütte dehnt sich ein fast ebener Boden – die Sulze. Erst nach diesem fast 1,5 km langen Aufwärmmarsch geht es allmählich in die Höhe. Am Hang rechts der kleinen Bachschlucht aufwärts, erreicht man wiederum ein Flachstück und hält geradeaus auf die schon fast abgeschmolzene Zunge des Sulztalferners zu. Wo das Gelände endlich steiler wird, bleibt man auf der rechten Talseite und steigt über wunderschöne, spaltenlose Gletscherhänge, hart am Fuß der Wilden Leck, gegen den gut sichtbaren Wütenkarsattel (3115 m) auf. Der Windacher Daunkogel präsentiert sich als flache Felspyramide, zentral über dem weitläufigen Gletscherbecken, der kleine weiße Vorgipfel in seinem Westgrat – der zum Schluss zu Fuß erstiegen wird – ist meistens auch das Ende der Tour.

40 Pirchkogel 2828 m

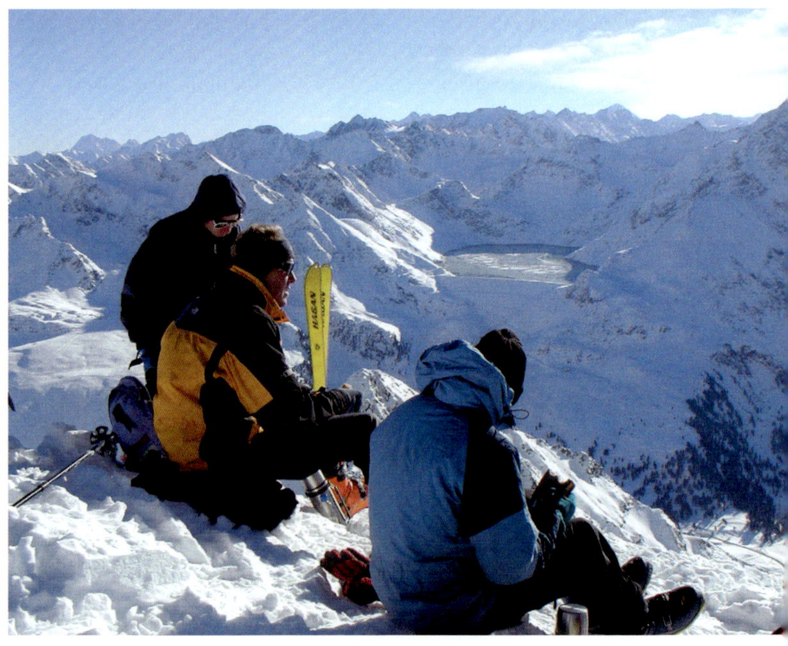

Gipfelrast am Pirchkogel mit Blick zum Finstertaler Stausee.

→ Stubaier Alpen
→ Sellrainer Berge
→ Inntalkette

Der Pirchkogel gehört zusammen mit dem Rietzer Grieskogel zu den meistbesuchten Skigipfeln des Kühtais, nicht zuletzt weil diese einfache, leicht zu findende Tour für Neulinge gut geeignet ist. Der einmalige Panoramablick macht sie aber auch für erfahrene Skitourengeher interessant.

Ausgangspunkt: Kühtai/Ochsengarten, GH Marlstein (1800 m)

Höhenmeter, Zeit: 1040 Hm., 3 Stunden

Lawinensituation: Bis zum Skidepot noch bis LWS 4 möglich.

Österr. Karte: Blatt 146 Oetz, 1:50.000

Ohne Lift und Piste auf einen „Vielbegangenen", das ist mein Vorschlag zur „Eroberung" des Pirchkogels. Der Lift hinauf zu den Gossenkölleseen verkürzt die Tour auf sage und schreibe 300 Höhenmeter, und selbst wenn man stattdessen zu Fuß die Piste benützt, bleiben nur noch 800 übrig. So macht diese Tour meiner Meinung nach nur Sinn, wenn man nur ein paar Stunden Zeit hat und/oder wenn der Liftbetrieb vor Weihnachten noch nicht begonnen hat. Der Gipfelanstieg von der Ostseite ist so unproblematisch bzw. sicher auch wieder nicht. Die hier vorgeschlagene Route über den langen Ostrücken entlang der Feldringer Böden ist besonders für Tourenneulinge geeignet, sie erfordert kein großes technisches Können für Aufstieg und Abfahrt – ist aber gerade so lange, dass man sie noch als Tagestour bezeichnen kann, und bietet fast während des gesamten Anstiegs einen einmaligen Panoramablick. Und: Wer weiß, wie lange man hier noch nur mit Gleichgesinnten unterwegs sein kann – Ausbaupläne der Kühtaier Lifte liegen bereits in den Schubladen.

Ausgangspunkt: Entweder über Kühtai und noch 5 km abwärts bis in die Fraktion Ochsengarten und rechts aufwärts zum Berghotel Marlstein; oder von Haiming übers „Sattele“ bzw. vom Ötztal aus. Bei höflicher Anfrage ist man bei einem „Einkehrschwung danach“ ein gern gesehener Gast.

Aufstieg: Mit aufgefellten Skiern nach Osten zum Hausschlepplift und auf den breiten Fahrweg. Die Kehren kann man über freie →

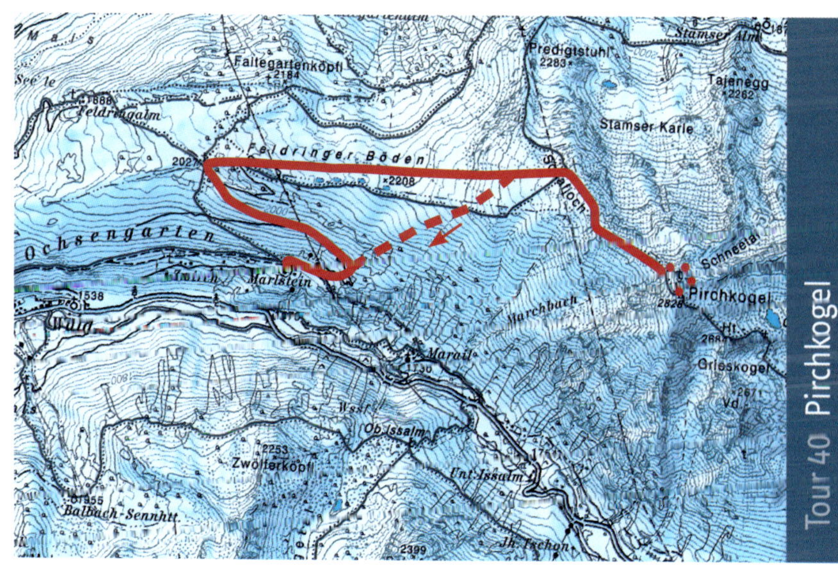

Hänge abkürzen, bis der Weg endgültig nach Westen zieht. Unter der Stromleitung durch gemütlich zur nächsten Richtungsänderung (links außen Andreaskreuz), wieder ostwärts. In Kehren und durch ein Tälchen aufwärts zum höchsten Strommasten. Hier erreichen wir den breiten Rücken, der zum meist abgewehten Vorgipfel mit dem dahinter massig und felsig aufragenden Tourenziel führt (links Gipfelkreuz). Langlaufartig in leichtem Auf und Ab – den Steinmännern und evtl. sichtbaren Sommermarkierungen folgend – zur ersten wirklichen Erhebung, dem Schafjoch. Weiter an der blauen Tafel mit weißem Pfeil vorbei auf den felsigen Vorgipfel. Bei nicht ganz sicheren Verhältnissen ist hier Tourenende. Wenn die Lage passt, geht man aber noch zum Ansatz des Westgrats und links eben hinüber in ein Sattele unterhalb des Nordgrats. Hier entweder zu Fuß – absolut sicher – steil hinauf zum Gipfelkreuz oder eben noch um den Nordgrat herum in ein Tälchen und steil mit Skiern zum Gipfel.

Ein etwas anderer Blick zum Pirchkogel: Die TIWAG lässt grüßen.

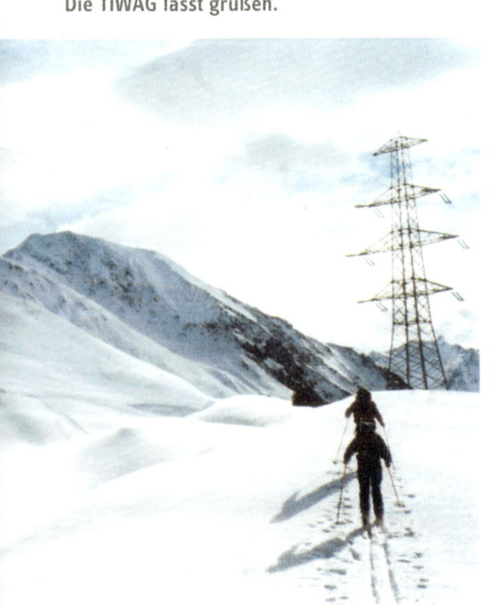

Abfahrt wie Aufstieg: Bei sicheren Verhältnissen – oder Firn, der hier schon im Hochwinter anzutreffen ist – kann man noch vor den Lawinenverbauungen links direkt nach Marlstein abfahren.

41 Schöllekogel 2902 m Kraspesspitze 2953 m Weitkarspitze 2947 m

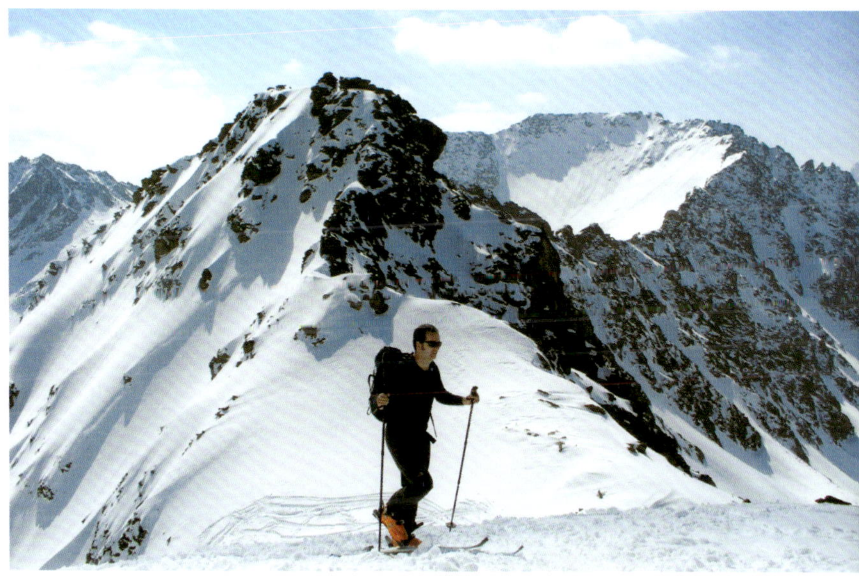

Wenige Schritte vor der Kraspesspitze, im Hintergrund der „Zwieselbacher".

Stubaier Alpen
Sellrainer Berge

Der einzige Fehler dieser Gipfel ist, dass sie keine 3000er sind. Daher erhalten diese stillen Ausweichziele für den Zwieselbacher Rosskogel zu Unrecht eher selten Besuch. Dabei bieten sie meist noch wenig oder gar nicht verspurte schattige Kare, die die Tour mit einem besonderen Abfahrtsgenuss versehen.

Ausgangspunkt: Sellraintal, GH Haggen (1646 m)

Höhenmeter, Zeit: 1250 bis 1300 Hm., 3:30 Stunden

Lawinensituation: Für Schlusshang von Schöllekogel und Kraspesspitze Stufe 1 erforderlich.

Österr. Karte: Blätter 146 Oetz und 147 Axams, 1:50.000

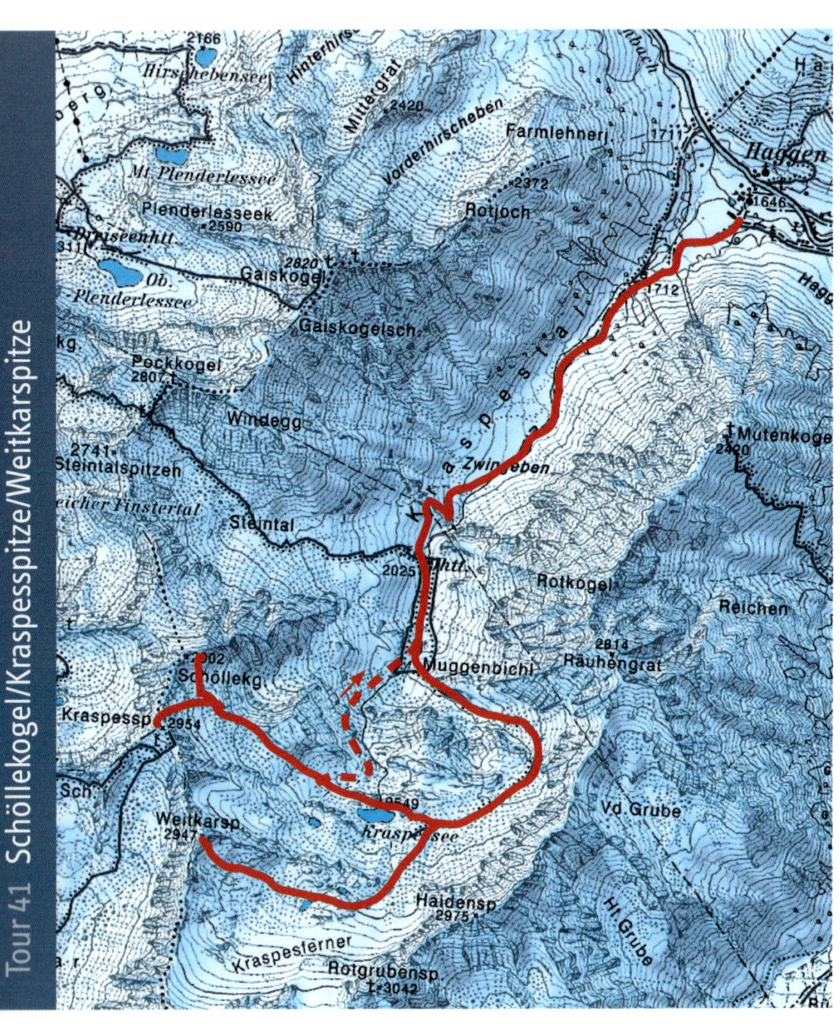

Der „Zwieselbacher“ ist wohl eine der meistfrequentierten Touren in den gesamten Sellrainern; dass in seinem langen Schatten noch andere Schmankerln warten, ist kaum zu glauben. Wie erwähnt sind Schöllekogel, Kraspesspitze und Weitkarspitze eben ein bisschen zu niedrig. Aber deswegen sollte man sich diese mittelschweren, mittellangen Skitouren mit steilem Schlusshang und jeweils zwei Abfahrtsvarianten – sichere Verhältnisse vorausgesetzt – nicht entgehen lassen. Ist der Schnee einmal nicht so gut, kann man immer noch zum Großteil auf die „Piste" des Zwieselbachers ausweichen.

Ausgangspunkt: Im Sellraintal Richtung Kühtai bis zum GH Haggen, links unterhalb der Straße (leicht erkennbar an den vielen parkenden Autos), 1646 m.

Zum Schöllekogel: Den vielen Wegweisern und Abfahrtsspuren folgend auf den Eingang des Kraspestales zu. Durch ein Waldstück und am linken Hang flach und baumlos auf das erste größere Hindernis zu, die so genannte „erste Zwing" (mit Bachfassung für das Kraftwerk Sellrain/Silz). In den Morgenstunden steil und pickelhart, da von den vielen Tourengehern zum Zwieselbacher abgerutscht (meist Harscheisen erforderlich), hinauf in den nächsten Kessel mit dem „Steinernen Hüttl" (Abzweigung zu den Steintalspitzen), 2025 m. (Guter Überblick auf die steile Abfahrtsvariante vom Kraspessee herunter.) Nun im Linksbogen um den vorgelagerten nackten Muggenbichl herum durch ein weites Kar zur nächsten Engstelle, der „zweiten Zwing". Nach deren weniger problematischen Überwindung noch gut 100 Hm. am Zwieselbacher-Aufstieg höher und rechts haltend, bis man die gelb-schwarze Schneemesslatte kurz vor dem Kraspessee sieht. Auf diese zu und am rechten Seeufer entlang zu einem Steinmann – jetzt hat man die imposante Gipfelrunde oberhalb des Wilden Kars direkt vor sich: Der äußerst rechte Felsklotz ist der Schöllekogel; links davon die Kraspesspitze (mit Kreuz), weiter links die Weitkarspitzen. Vom Steinmann an der Fels- →

Der steile Schlusshang in die Scharte vor der Kraspesspitze erfordert noch einige Spitzkehren.

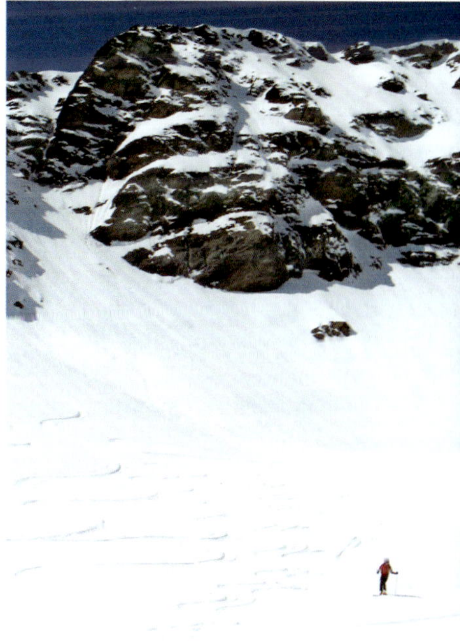

wand entlang einige Höhenmeter etwas heikel abwärts ins Wilde Kar – hier zweigt man bei Abfahrtsvariante 2 nach links/nördlich ab –, dann steigt man die sanften Geländestufen aufwärts zum breiten Gipfelhang. Dieser wird zwischen zwei Felsrippen an seiner rechten Flanke (bis 40 Grad steil) hinauf zum NO-Grat mit Skiern begangen – nicht wie in der AV-Karte links ins kleine Schartl zwischen Kraspesspitze und Schöllekogel (hier beginnt eine anspruchsvolle Felskletterei). Vom Skidepot am Ostgrat sind's nur wenige Meter zum Gipfel.

Abfahrt (besonders für schwächere Skifahrer) auf der Aufstiegsroute – die paar Höhenmeter hinauf zum Sattele vor dem Kraspessee kann man auch „tretteln".

Zur Kraspesspitze: Wie oben ins Wilde Kar, in ihm hinauf in den obersten Karboden und sehr steil links aufwärts – direkt auf das blinkende Gipfelkreuz zu. 1300 Höhenmeter ergeben in etwa den gleichen Zeitaufwand wie beim Schöllekogel.

Zur Weitkarspitze: Von der oberen Zwing bleibt man noch in der Spur zum Zwieselbacher bis zum Ansatz des Kraspesferners (ca. 2750 m), biegt hier scharf rechts ab und geht südlich eines Gletscherschliffs tälchenartig flach bis vor den großen Gipfelhang, den man problemlos auf seiner Südseite bis wenige Meter unterhalb des Gipfelsteinmanns mit Skiern besteigt. Ebenfalls 1300 Hm., 3:30 Stunden.

Für alle drei Tourenziele gilt: Die Abfahrtsvariante direkt hinunter in den Steintalboden (s. Foto S. 171) ist bei guten Verhältnissen ein Supererlebnis, aber ungleich schwieriger und ausgesetzter. Dazu vom Ansatz des Wilden Kars nach links/westlich steil unter den Felswänden querend in ein äußerst steiles Kar, das kurz oberhalb vom „Hüttl am Stoa" breit und sanft ausläuft.

42 Samerschlag 2829 m Gleirscher Fernerkogel 3189 m

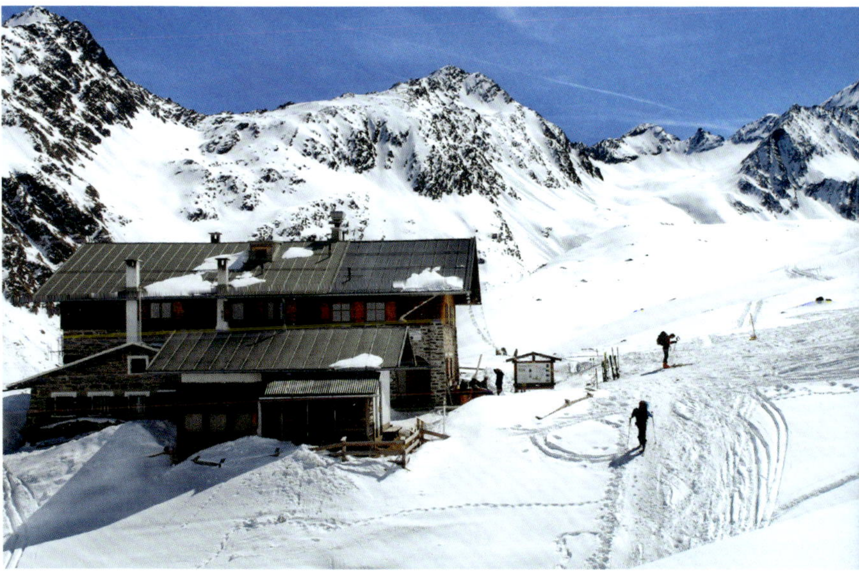

Die Pforzheimer Hütte im Gleirschtal mit Blick zu Zischgeles (Bildmitte), Schöntalspitze und Vorderer Grubenwand.

Stubaier Alpen
Sellrainer Berge

Wem der Gleirscher Fernerkogel oder die Vordere Grubenwand als Tagestour zu lang ist, findet auf der Pforzheimer Hütte einen feinen Unterschlupf. Der Samerschlag lässt sich leichter in einem Zug erobern.

Ausgangspunkt: St. Sigmund/Sellrain (1513 m).

Höhenmeter, Zeit: Pforzheimer Hütte (2310 m) 2:30 Stunden, 800 Hm, Samerschlag (2829 m) 1:30 Std., 500 Hm., Gleirscher Fernerkogel (3189 m) 3 bis 3:30 Stunden, plus 900 Hm.

Lawinensituation: Sichere Verhältnisse erforderlich.

Österr. Karte: Blatt 147 Axams, 1:50.000

Tour 42 Samerschlag/Gleirscher Fernerkogel

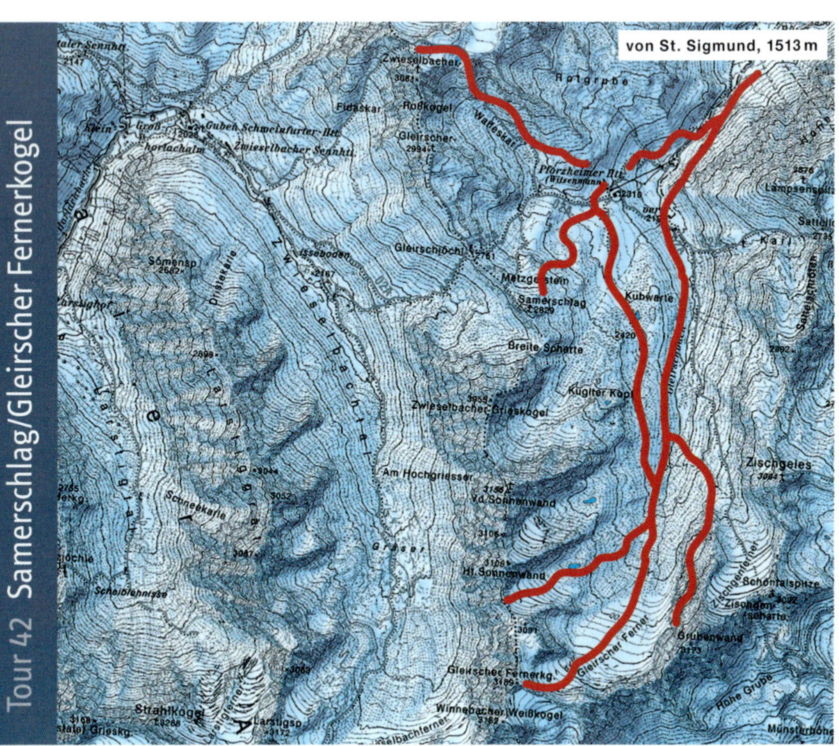

Von Geheimtipp brauchen wir wohl nicht mehr zu reden, auch wenn das Gleirschtal wesentlich weniger Besuch von den Skitourengehern erhält als die umliegenden Tourenziele im Sellraintal. Eher ist hier der doch etwas längere und zu Beginn recht flache Anmarsch durch den Talboden der Gleirschalm ein Grund dafür, dass die schönen Skigipfel am hinteren Ende des Tales nur von ausdauernden Tourengehern angegangen werden. Denn fünf bis sechs Stunden Gehzeit mit 1700 Höhenmetern, die man etwa für den Gleirscher Fernerkogel veranschlagen muss, sind nicht jedermanns Sache. Immerhin beträgt schon die reine Luftlinie von St. Sigmund zum Fernerkogel 10 km. Problemlos geht diese ausgiebige Skitour jedoch mit einer Übernachtung auf der Pforzheimer Hütte, wo man am Anmarschtag noch ganz leicht den Samerschlag besteigen kann, einen Skigipfel mit anspruchsvollen Hängen, der unmittelbar über der Hütte thront. Am nächsten Tag hat man dann genügend Zeit für die zuhinterst im Gleirschtal liegenden hohen Skiziele. Von denen gibt es eine ganze Menge. Bei einer Rundumschau stechen einem vor allem die Vordere Grubenwand ins Auge, auch die Hintere Sonnenwand und, als besonderes Schmankerl – aber nur bei absolut lawinensicheren Verhältnissen –, die Sattelschröfen gegenüber der Hütte.

Ausgangspunkt: Ins Sellraintal bis St. Sigmund. Großer Parkplatz links bei der Kehre, gebührenpflichtig, 4 Euro/Tag.

Anstieg zur Pforzheimer Hütte: Dem Rodelweg zur Gleirschalm kann man leicht ausweichen. Besser geht man gleich nach der Brücke auf dem parallel verlaufenden linksseitigen Fußweg bis zur Gleirschalm (30 Min.). Ab hier hat man eine breite Ratracspur zur Verfügung, welche bis zur Materialseilbahn unter der Pforz- →

Lang zieht sich die Skispur in das hintere Gleirschtal zum dortigen Fernerkogel.

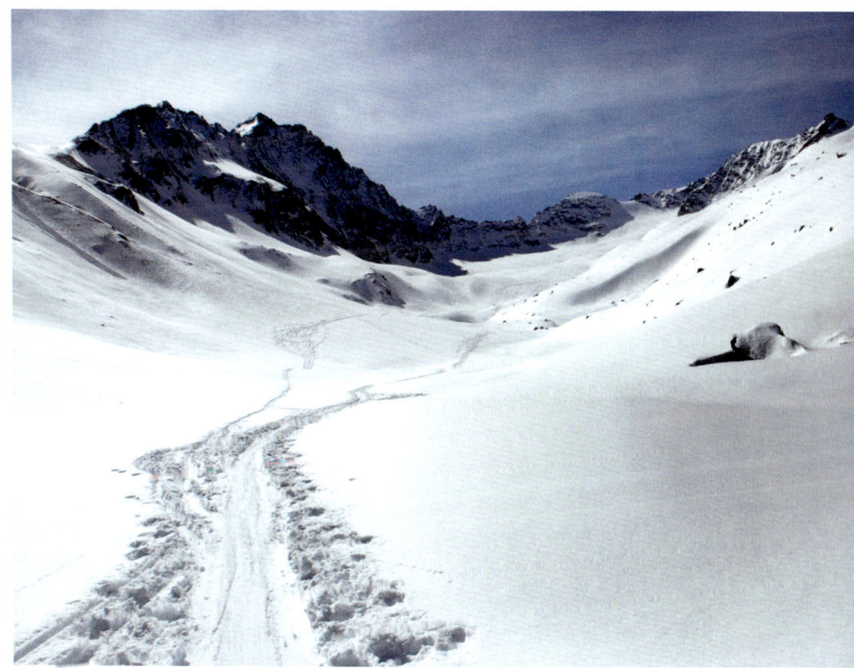

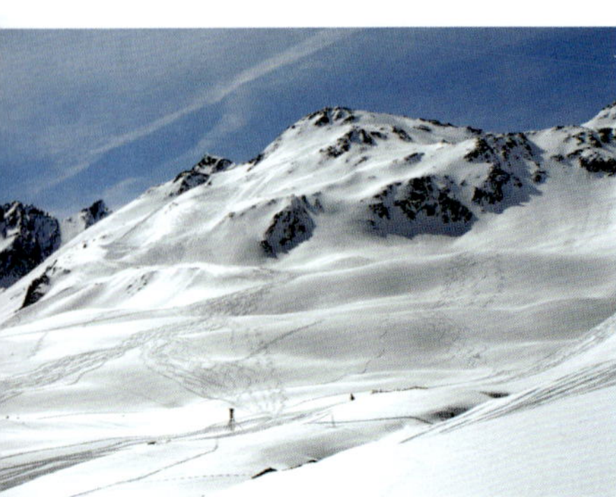

Der Samerschlag ist der beliebte Hausberg der Pforzheimer Hütte.

heimer Hütte führt. Bei der Materialseilbahn verlässt man den Talboden und steigt im Hang rechts zu der schon lange sichtbaren Schutzhütte auf. Sie ist geöffnet bis Anfang Mai, Tel. 05236/521, Nächtigung unbedingt anmelden.

Zum Samerschlag: Genau über der Hütte, Richtung Südwest, steht links der Einschartung des Gleirschjöchls der Samerschlag mit einem gut erkennbaren Gipfelkreuz. In der AV-Karte wird derselbe Berg als Schartlkopf bezeichnet. Der Anstieg führt zuerst in Richtung Westen zu einer Niederschlagsmessanlage (auch Giraffenfutterkrippe genannt) und über mittelsteile Hänge links/südlich ins Rosskar, wo man – bei günstigen Verhältnissen – nach links in den genau nach Norden ausgerichteten Gipfelhang einschwenken kann. Oder: rechts haltend in die Einsattelung zwischen Metzgerstein und Schartlkopf (Punkt 2742 m, Skidepot) und über den etwas alpinen, felsdurchsetzten Grat zu Fuß zum höchsten Punkt (1:30 Stunden ab Hütte).

Zum Gleirscher Fernerkogel: Er liegt zuhinterst im Gleirschtal. Man folgt dem Talboden stets rechts des Baches bis zum Beginn des Gleirschferners. (Kommt man von der Hütte, braucht man nicht ins Tal abzufahren, sondern geht über die welligen Terrassen unterhalb der Sonnenwände talein und betritt den Gleirschferner auf einer Höhe von 2500 m.) Im oberen Bereich des Gletschers hält man sich stark links und steuert auf den abschließenden Gipfelaufbau zu. Eine kurze Steilrinne wird zu Fuß erstiegen, jedoch die Skier mitnehmen, man braucht sie noch für den darüber liegenden steilen Gipfelhang (Harscheisen!). Abfahrt jeweils auf der Aufstiegsroute. Schieben braucht man kaum, denn die vielen Flachstücke im Talboden haben gerade so eine Minimalneigung, dass man ohne Stockeinsatz auskommt.

43 Lampsenspitze 2875 m

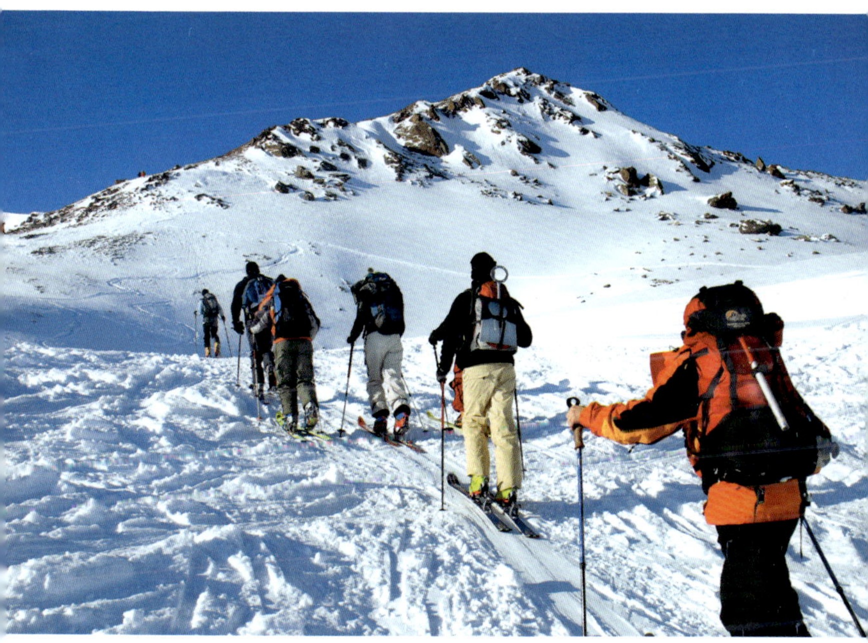

Auf der beliebtesten Skitour Tirols finden sich immer gute Tourenverhältnisse.

Stubaier Alpen

Die „Lampsen" ist der Tiroler Tourenklassiker schlechthin, eine der beliebtesten und am stärksten frequentierten Skitouren in den Sellrainer Bergen, wenn nicht von ganz Tirol, wo man vom ersten Schnee im November bis ins Frühjahr stets gute Verhältnisse vorfindet.

Ausgangspunkt: Praxmar (1692 m).
Höhenmeter, Zeit: Übungslift – Kogelalm (2101 m) – Lampsenspitze (2875 m), 2:30 bis 3 Stunden, 1200 Hm.
Lawinensituation: auf der Anstiegsroute wenig gefährdet, Vorsicht bei Variantenabfahrten.
Österr. Karte: Blatt 147 Axams, 1:50.000

Die Lampsenspitze ist wirklich so etwas wie ein idealer Skiberg. Sie ist eine der beliebtesten und am meisten frequentierten Skitouren in den Sellrainer Bergen, wenn nicht von ganz Tirol. Kriterien sind, wie in allen viel besuchten Tourengebieten, ein →

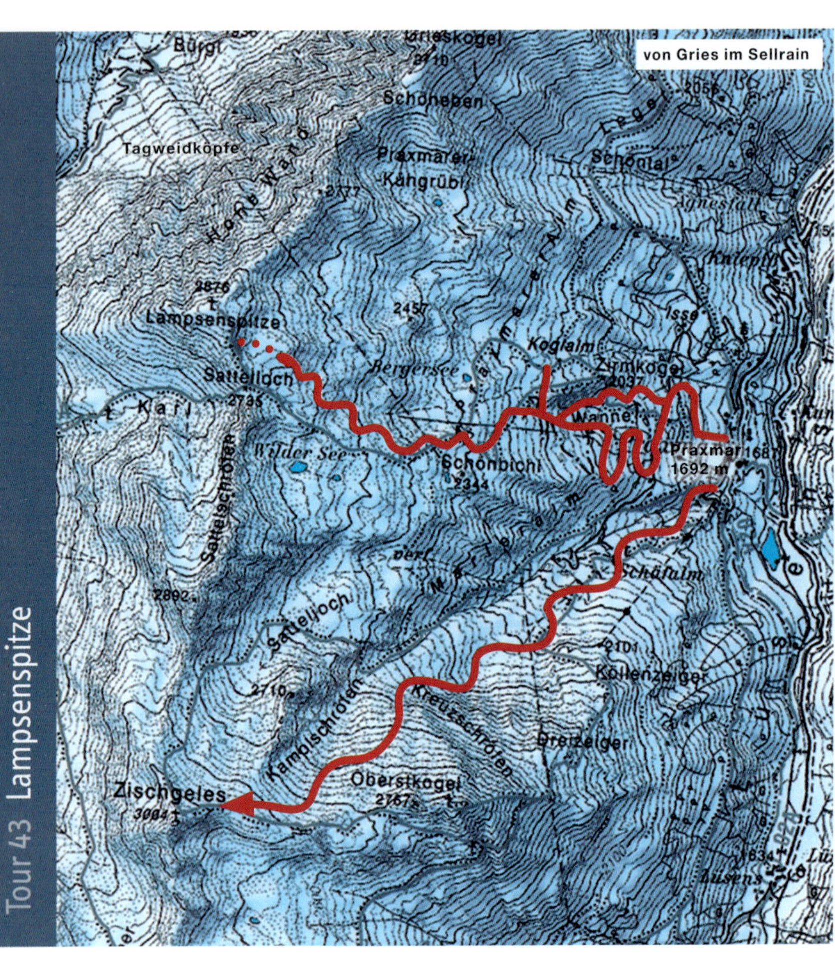

kurzer Anfahrtsweg, ausreichende Parkmöglichkeiten und eine Einkehrstation, was hier alles optimal zusammentrifft. Die Tour ist nach jedem Schneefall sofort angespurt. Die gut tausend Höhenmeter sind von jedem zu schaffen, das sonnige Gelände gut kupiert, mittelsteil, und – wenn man auf der üblichen Route bleibt – fast lawinensicher. Schlechte Schneeverhältnisse gibt es hier kaum, denn durch den zahlreichen Besuch bildet sich schon nach wenigen Tagen eine gut ausgefahrene Naturpiste und die weitläufigen Hänge der Lampsenspitze präsentieren sich stets wie vom Ratrac präpariert. Unverspurten Tiefschnee allerdings, den werden hier nur die frühesten Frühaufsteher finden, denn gleich nach jedem Schneefall sind alle Hänge weit und breit mit Skigirlanden verziert und die Hauptspur gleicht oft einer Buckelpiste. Die in Scharen bergwärts strebenden Tourengeher sollen einen nicht stören, Überholmöglichkeiten gibt es für die Schnelleren zur Genüge und meistens sind sogar zwei, wenn nicht drei parallele Aufstiegsspuren vorzufinden. Auch gehört es zum guten Ton, dass man wenigstens einmal im Tourenwinter der „Lampsen" einen Besuch abstattet. Mit Sicherheit trifft man hier lange nicht mehr gesehene Tourenfreunde.

Am Ausgangspunkt zur Skitour auf die Lampsenspitze wurde vom Oesterreichischen Alpenverein der erste Skitourenlehrpfad Österreichs angelegt. Sechs große Schautafeln entlang der Skispur informieren den Tourengeher über richtige Ausrüstung, Verhaltensregeln und vor allem über die Einschätzung der Gefahrensituation.

Ausgangspunkt: Praxmar (1692 m) im Lüsenser Tal (Parkplatz 4 Euro/Tag). Zufahrt von Innsbruck über Kematen ins Sellraintal bis Gries, hier Abzweigung links ins Lüsenser Tal bis Praxmar.

Anstieg: Vom Parkplatz in Praxmar gerade hinauf zum Übungsschlepplift und rechts davon auf der Skiwiese zum lichten Waldrand. Entweder am präparierten Ski- und Rodelweg oder im Gelände zwischen den weit ausholenden Kehren aufwärts bis kurz vor die kleine Hütte der Kogelalm auf Höhe des Zirmkogels. Meistens hat man sogar die Wahl zwischen einer flacheren und einer steileren Spur. Vor der kleinen Almhütte durch den steilen Hang in Kehren links aufwärts zu dem weithin sichtbaren Steinmann am Schönbichl, wo man etwa die Hälfte des Anstiegs bewältigt hat. Durch Mulden und Tälchen leicht rechts haltend über mehrere Geländestufen ins Gipfelgelände. Skidepot knapp hundert Meter unterhalb des vorher nie sichtbaren Gipfels, auf den man zu Fuß stapft. Abfahrt entlang der Aufstiegsroute. Freerider Abweichungen von der Route nur bei sicherster Lawinensituation.

44 Zischgeles 3004 m

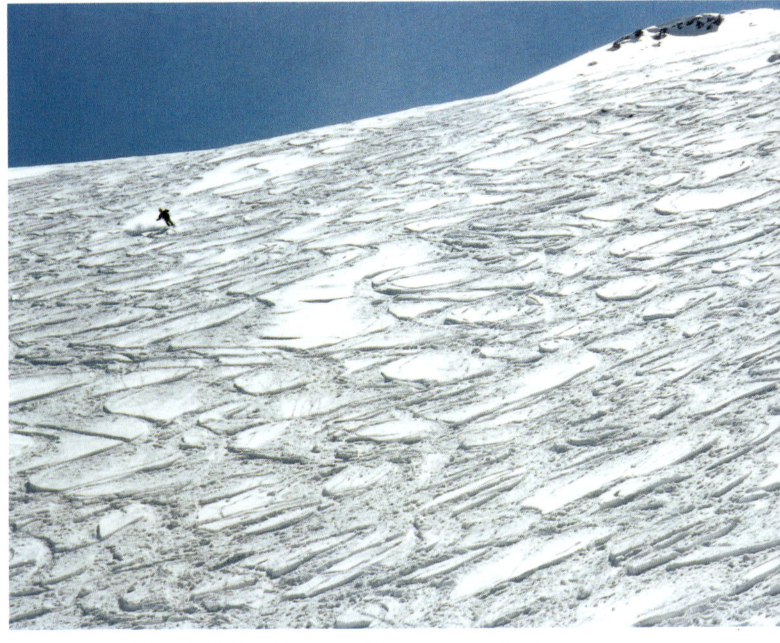

Verspurt, soweit das Gelände reicht, sind die Hänge am Zischgeles.

→ **Stubaier Alpen**
→ **Sellrainer Berge**

Diesen Tiroler Klassiker wollten wir wegen seiner Popularität lange Zeit nicht in unsere Bücher aufnehmen. Letzten Endes hat uns diese tolle Skitour ohne gravierende Mängel doch davon überzeugt, dass wir sie nicht auslassen sollten. Leider ist sie meist zur „Pistentour" ausgefahren und die Lawinensituation wird oft sträflich unterschätzt.

Ausgangspunkt: Praxmar im Lüsenstal (1685 m)

Höhenmeter, Zeit: 1350 Hm., 3:30 Stunden

Lawinensituation: Mitunter stark gefährdet (siehe Einleitung).

Österr. Karte: Blatt 147 Axams, 1:50.000

Unter den vielen Skitouren des Sellrainer Tourengebietes befindet sich auch ein Berg, unser Zischgeles, der oft mit recht unguten Meldungen auf sich aufmerksam macht. Der Berg selbst kann da freilich nichts dafür, denn es ist vielmehr die Unvernunft mancher Skitourengeher, die immer wieder und trotz detaillierter Lageberichte über die Lawinenverhältnisse prekäre Situationen heraufbeschwören. Fast jedes Jahr gerät dieser schöne Dreitausender, unmittelbarer Nachbarberg der beliebten Lampsenspitze, in die Schlagzeilen. Bei diesem Skigipfel oberhalb von Praxmar sind lange Steilhänge zu überwinden – bei Pulver oder Firn ein Traumgelände für jeden guten Tourenfahrer – die aber bei ungünstiger Schneelage schnell zu gefährlichen Lawinenfallen werden können. Und wenn sich auch im Frühjahr die Tourengeher zu Hunderten über die vielen Spitzkehren in den Firnhängen hinaufplagen, so kann die Situation von einem Tag zum anderen völlig umschlagen. Drum soll man sich die Warnungen unseres Lawinendienstes besonders zu Herzen nehmen und trotz Lawinenpieps und Airbagrucksack kein Risiko eingehen. Dieser Berg vermittelt eine trügerische Sicherheit und wird total unterschätzt; nur weil er den ganzen Winter über gespurt und angefahren ist, bedeutet das noch lange nicht absolute Sicher- →

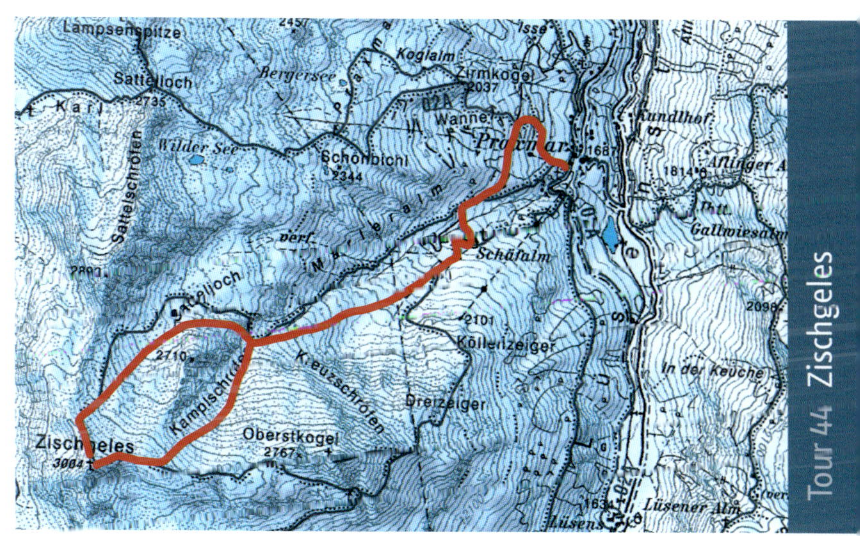

heit. Im Gegenteil: Weil meist die „sichere“ Abfahrt schon zerspurt ist, werden die neuen Schwünge in unverspurtes und damit noch steileres Gelände gezogen. Konsequenz daraus: Zahlreiche Beinaheunfälle, glimpflich verlaufene Verschüttungen, aber vor allem einige Lawinentote in den letzten Jahren belegen drastisch dieses Verhalten. Daher: Vorsicht und nochmals Vorsicht und nicht bei jedem Wetter und/oder bei mittlerer bis hoher Lawinenstufe!

Ausgangspunkt: Durch das Sellraintal bis Gries i. S., dort Richtung Lüsens. Nach den steilen Kehren rechts zu den Gaststätten von Praxmar (großer gebührenpflichtiger Parkplatz, 4 Euro).

Ruhe vor dem Sturm: Meist zieht eine lange Tourenkolonne dem Gipfel entgegen.

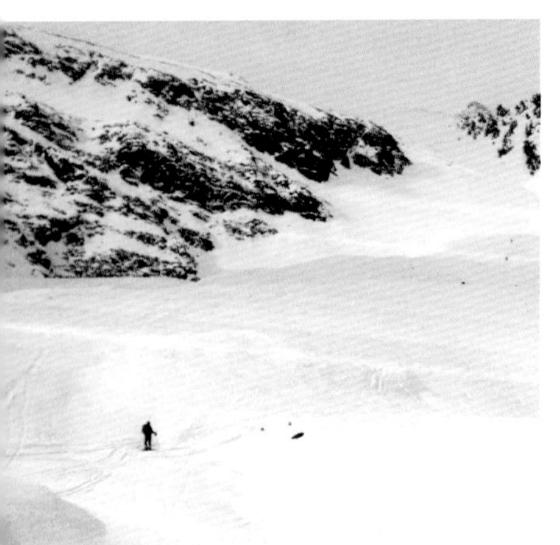

Aufstieg: Üblicherweise strebt das Tourenvolk dem aufgelassenen Schleppliftháusl zu und plagt sich über die steilen Hänge der ehemaligen Piste in Richtung Schafalm hinauf. Leichter und angenehmer geht's aber so: Vom Gasthaus Praxmar der Spur zur Lampsenspitze folgend rechts des kleinen Schlepplifts hinauf zur Asphaltstraße der Tiwag (WW Lampsen/Schafalm/Koglalm), diese flach bis zu ihrem Ende bei einer Kraftwerkseinleitung – ca. 2000 m – und hinüber zu den Hütten der Schafalm und in der weiten Mulde aufwärts zum Talschluss. Über einen großartigen Steilhang durch das „Kamplloch“ zu den Skidepots südlich oder östlich des Gipfels. Vom südlichen Skidepot leichte Kletterstellen (nur unzureichend versichert), die beim Abstieg etwas heikel sein können.

1. Abfahrtsvariante wie Aufstieg.

2. Abfahrtsvariante – etwas weniger gefährdet: Gleich nach dem Skidepot links haltend (nördlich), bis man nach den sperrenden Felsen der „Kamplschrofen“ ins „Sattelloch“ gelangt; man genießt hier dieselben herrlichen Hänge wie bei Variante 1, nur eben weiter nördlich und meist weniger verspurt.

45 Schöntalspitze 3002 m

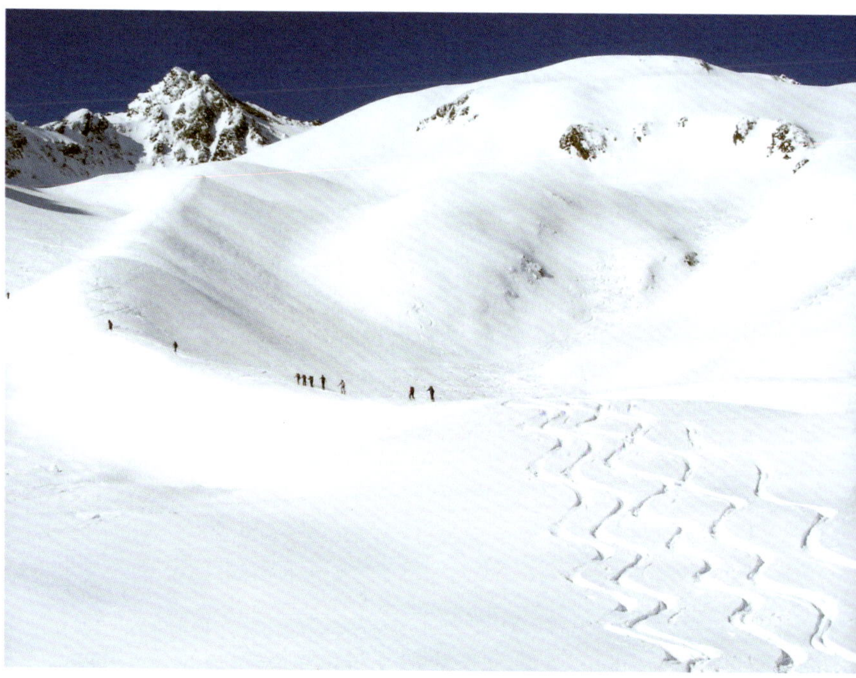

Der gut ausgeprägte Gaisruggen vermittelt den sicheren Aufstieg ins Schöntal.

Stubaier Alpen
Sellrainer Berge

Selbst wenn auf allen Skibergen rundum Bruchharsch ist – in den windgeschützten Karen des Schöntals hält sich der Pulverschnee am längsten. Dieser Vorzug macht die Schöntalspitze zu einer der Skitourenperlen des Sellraintals.

Ausgangspunkt: GH Lüsens (1636 m), von Gries i. Sellrain 8 km

Höhenmeter, Zeit: 1370 Hm., 3:30 bis 4 Stunden

Lawinensituation: Nur bei sicheren Verhältnissen.

Österr. Karte: Blatt 147 Axams, 1:50.000

Wie eine weiße Mauer steht der Lüsener Fernerkogel mit seinen Skihängen über dem Talschluss von Lüsens. Herunten im sonnigen Almboden sind die Langlaufloipen bestens gespurt für Skater und Klassikläufer. Ganz an der rechten Talseite, zur Gänze dem →

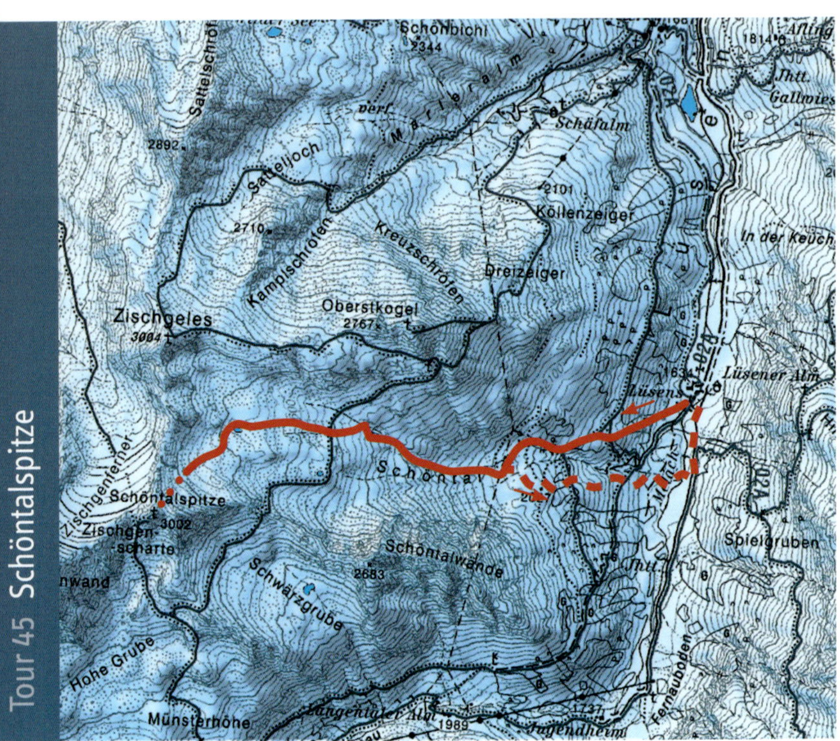

Blick entzogen, befindet sich die Schöntalspitze, die am Ende des langen Felsgrates der Schöntalwände über dem obersten Karboden thront. Sie ist auch keine so ausgeprägte Berggestalt und hebt sich nicht sehr von der benachbarten Grubenwand ab. Die Tour, die unmittelbar hinter dem Gasthaus in Lüsens in die Höhe zieht, ist auch etwas anspruchsvoller und ein wenig länger als etwa Zischgeles oder Lampsenspitze. Was diese beliebte und viel begangene Skitour aber auszeichnet, sind die traumhaft schönen Skihänge, die in mehreren Wellen durch das Schöntal bis in den Talgrund herunterziehen. Meistens gibt es in diesen windgeschützten Karmulden super Schneeverhältnisse, die zudem lange anhalten. Den steinigen Gipfelhang macht man – belagschonend – besser zu Fuß. Verhältnisse, wo man direkt vom Gipfel abfahren kann, sind eher selten.

Ausgangspunkt: Durch das Sellraintal bis Gries, beim Altwirt links ab ins Lüsenstal bis zum GH Lüsens (8 km). Große Parkplätze, Parkgebühr für den ganzen Tag 4 Euro (Geld abgezählt bereithalten, Automat wechselt nicht).

Aufstieg: Gleich hinter dem Gasthaus auf einem Ratracweg rechts aufwärts (Sommerweg Westfalenhaus) bis vor den Graben des Schöntalbaches. Abzweigung der Skispur vom breiten Weg kurz vor der Bachfassung. Wenn man die Betonmauer sieht, ist man bereits zu weit. Besser man geht ein paar Schritte zurück und steigt durch den Hang mit Erlengestrüpp ins freie Gelände. (Oft gibt es auch eine Spur auf der anderen Bachseite. Viele enge Spitzkehren sind hier erforderlich, wesentlich mühsamer und zeitaufwendiger als nördlich des Baches.) Erst wo der Bachgraben flacher wird, überschreitet man ihn nach links. Gut erkennbar ist nun der moränenartige „Gaisruggen“, auf dem man zuerst direkt, dann in kurzen Serpentinen aufsteigt und später, wo die Hänge flacher werden, nach links in das weite Gelände hinein quert. Über mehrere Stufen erreicht man die flachen Böden des obersten Kares. Zum Gipfel hin öffnet sich eine Mulde nach links. Im oft hartgepressten Hang (Harscheisen!) so hoch es

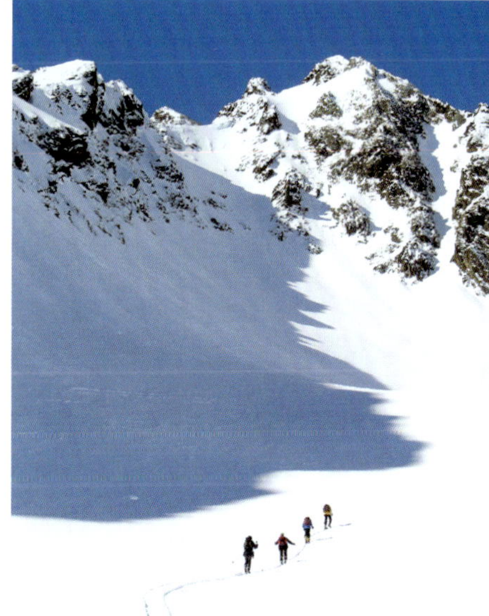

Der Vorgipfel ist bereits zu sehen, dahinter wartet noch der steile Gipfelhang.

geht bis zum Beginn der meist steinigen Flanke (Skidepot). Je nach Schneelage mehr oder weniger mühsam stapft man die letzten 100 Höhenmeter zu Fuß zum Gipfel (ca. 20 Minuten). Bei sehr guten Verhältnissen kann man sogar in der Steilflanke abfahren. Auf der flachen Geländestufe unterhalb des Gaisruggens hat man zwei Möglichkeiten: Entweder auf der bekannten Aufstiegsspur oder direkter und geradeaus, also südlich des Bachgrabens, in den inneren Talgrund, wo man auf der Loipe landet.

46 Lüsenser Fernerkogel 3298 m

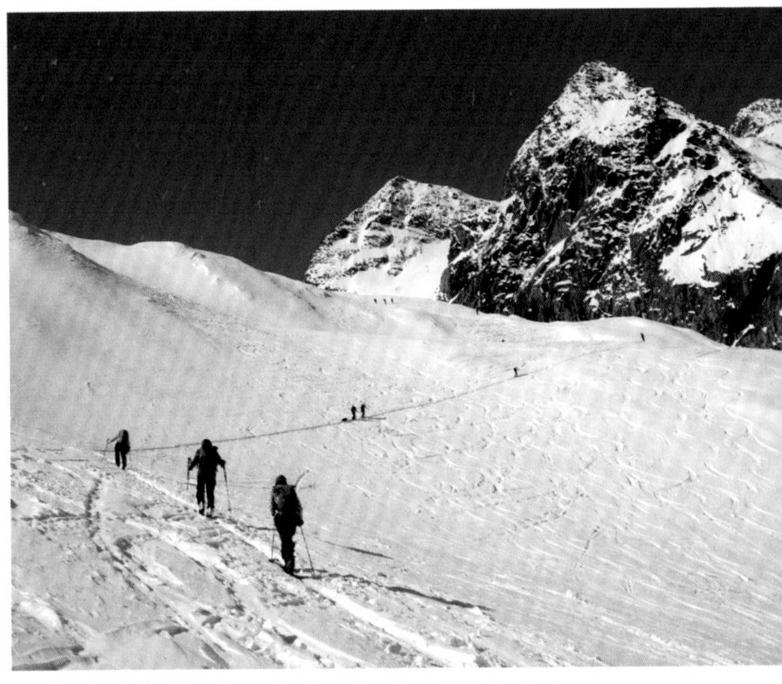

Aufstieg durch den Riesenhang des Fernerkogels zur Gletscherkante.

→ Sellrainer Berge

Eine Berggestalt, wie man sie eindrucksvoller kaum findet und welche kaum den Gedanken aufkommen lässt, dass man hier bis knapp unter den Gipfel mit den Skiern aufsteigen kann.

Ausgangspunkt: Lüsens (1640 m).

Höhenmeter, Zeit: Fernerboden (1720 m) – Plattige Wand (3000 m) – Skidepot Rotgratscharte (3200 m) – Lüsenser Fernerkogel (3298 m), 1660 Hm., ca. 4:30 bis 5 Stunden. Lüsenser Spitze (3230 m) unwesentlich kürzer.

Lawinensituation: Sichere Verhältnisse erforderlich. Am besten bei Firnlage im Frühjahr.

Österr. Karte: Blatt 174 Axams, 1:50.000

Schon für Walter Pause, den legendären Erfinder der „100 schönsten"-Vorschlagsbände, galt der Fernerkogel über das ganze Bergsteigerleben hinweg als seine Lieblingstour. Und so wie ihm mag es vielen ergehen, denn die Besteigung des Fernerkogels ist ein Höhepunkt für jeden geübten und erfahrenen Tourengeher. Besonders eindrucksvoll präsentiert sich der Lüsenser Fernerkogel am Ende des Sellraintales bereits bei der Anfahrt nach Lüsens, wenn man nach dem Kniepiß ins innere Tal einschwenkt. Der riesige Steilhang gleicht einer weißen Wand, alle Felsrinnen und Gletscherschliffplatten sind im Hochwinter und bis weit in den Frühling dick zugeschneit, der Schnee reicht noch im Mai bis in den Talboden. Eine Portion Ausdauer verlangt dieser Anstieg mit seinen fast 1700 Höhenmetern allemal.

Man sollte sich diese außergewöhnliche Skitour erst im bereits →

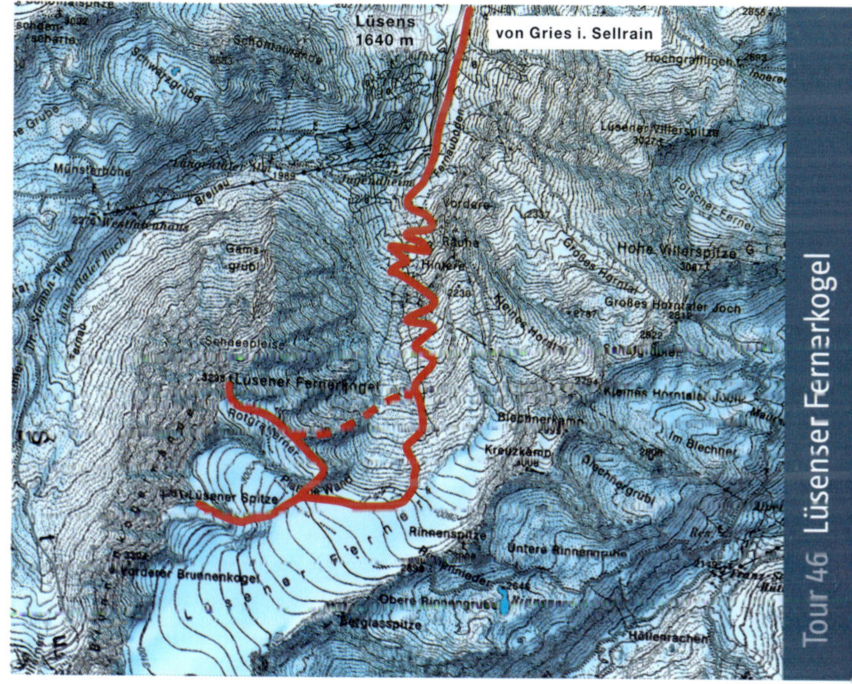

vorangeschrittenen Winter gegen Frühjahr hin vornehmen, wenn man nach klarer, frostiger Nacht mit idealen Firnverhältnissen rechnen kann. Auch ein früher Aufbruch ist wichtig, um die Abfahrt rechtzeitig antreten zu können, wenn die Firnhänge zu glänzen beginnen. Wer jedoch die vielgerühmte Bergeseinsamkeit sucht, ist hier wahrscheinlich auf der falschen Fährte, denn er muss sich an einem schönen Tag das Tourenerlebnis mit vielen Gleichgesinnten teilen. Dafür gibt es eine gut eingeschliffene Aufstiegsspur und keine Orientierungsprobleme. Mit engen Spitzkehren im Steilgelände sollte der Skibergsteiger jedoch bestens vertraut sein.

Die vom Rotgratferner herunterziehende Steilrinne (Abfahrtsvariante) wird oft auch im Aufstieg begangen.

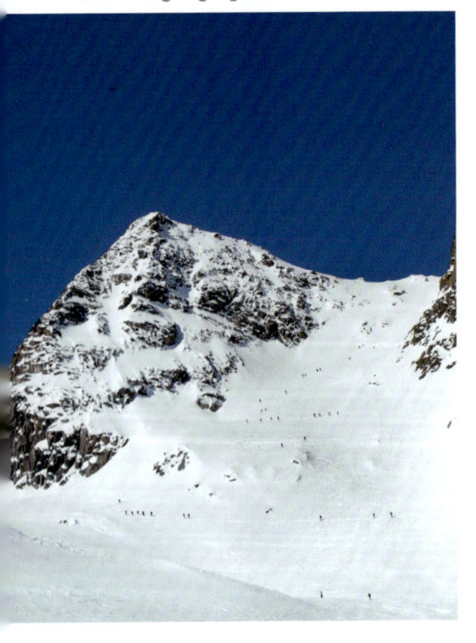

Ausgangspunkt: Von Kematen ins Sellraintal bis Gries, dann links nach Lüsens abzweigen. Für den Parkplatz 4 Euro Hartgeld bereithalten. Bitte beachten: Auch wenn die Parkplätze besetzt sein sollten, besteht Gebührenpflicht für Straßenparker bereits ab dem Weiderost bei der Einfahrt in den Talkessel von Lüsens (Hinweisschild beachten!).

Aufstieg: Aufwärmstrecke von 30 Minuten auf dem breit gewalzten Weg in den Talschluss des Fernerbodens bis zur Materialseilbahn des Westfalenhauses. Hier geradeaus weiter, genau auf die deutliche Bachrinne zu, welche den unteren Steilabfall durchzieht. In der breiten Rinne aufwärts bis kurz vor ihrem Ende, dort verlässt man sie nach rechts und erreicht nach einigen steilen Spitzkehren den Beginn des weißen Riesenhanges, der sich dem Betrachter von hier aus stark verkürzt darbietet.

In weit ausholenden Serpentinen aufwärts, weiter oben allmählich gegen rechts hinauf zu der vom Lüsenser Ferner gebildeten Geländekante, dem sogenannten Tisch, wo man bereits

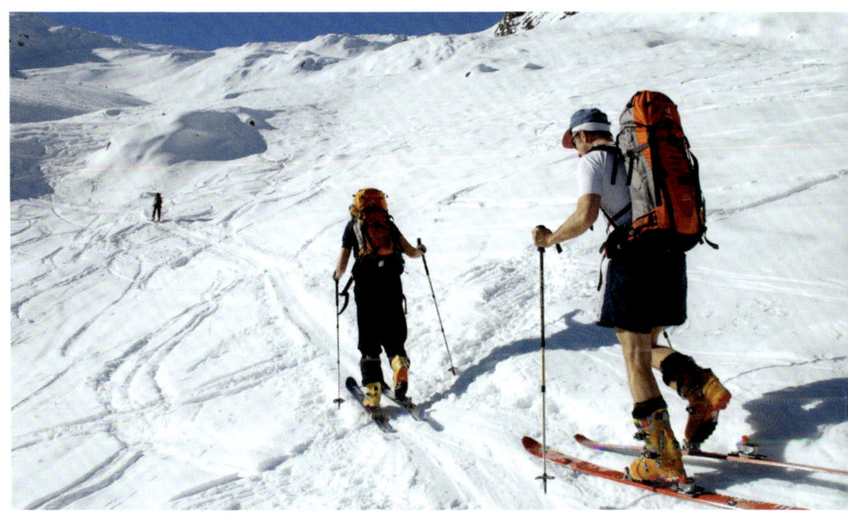

Marscherleichterung bei Frühlingsverhältnissen im Riesenhang des Lüsenser Fernerkogels.

1200 Höhenmeter bewältigt hat. Die breite Steilrinne, die sich rechter Hand öffnet und in einer geraden Linie zum weiter oben liegenden Rotgratferner hinaufzieht, wird bei guten Verhältnissen auch im Aufstieg durchstiegen. Angenehmer ist es aber, auf der üblichen Route zu bleiben. Man biegt am Lüsenser Ferner in das rechte Gletscherbecken ein, genau bis auf die Höhenlinie von 3000 m, und steigt von links nach rechts durch den zerklüfteten Schrofenhang der Plattigen Wand. Oben auf der Schulter betritt man den kleinen Rotgratferner und hat bald darauf die Scharte mit dem Skidepot erreicht. Noch warten 100 Höhenmeter leichte Kletterei am blockigen Granitgrat, der bei trockenem Fels kein Problem darstellen sollte. Abfahren kann man dann durch die riesige Steilrinne.

Lüsenser Spitze: Etwas einfacher, aber nur unwesentlich kürzer ist die um 70 m niedrigere benachbarte Lüsenser Spitze, deren Gipfel man dafür komplett mit Skiern erreicht. Genau auf Höhe der Plattigen Wand (bei 3000 m) wendet man sich nach links, steigt durch den ebenmäßigen Hang bis zum Ansatz des Grates und quert den Gipfelaufbau auf seiner Südseite in Richtung Westen. Noch zwei Spitzkehren und man steht beim Gipfelkreuz.

47 Hoher Seeblaskogel 3235 m Westl. Seeblaskogel 3048 m

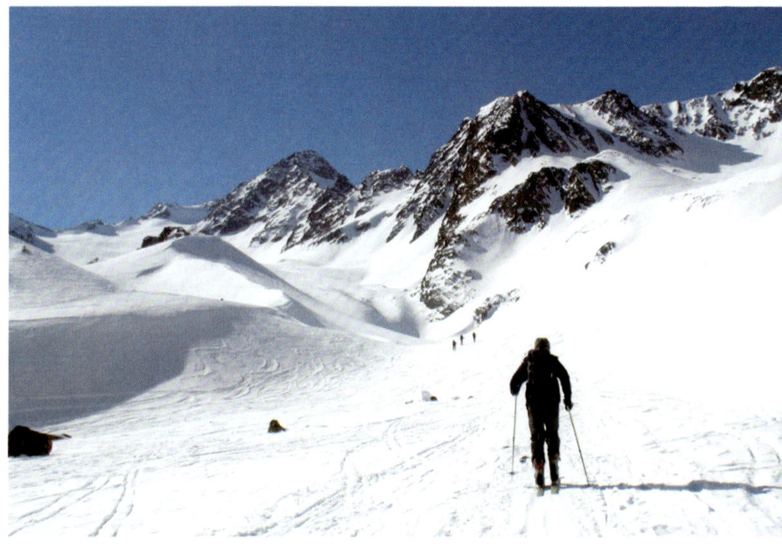

Abzweigung im Längental nach rechts aufwärts zum Grünen-Tatzen-Ferner.

→ **Stubaier Alpen**
→ **Sellrainer Berge**

Von früher hatten wir den Seeblaskogel als einsame Tour in Erinnerung, doch mittlerweile streben an einem schönen Tag an die hundert Tourengeher diesem Gipfel zu. Eine regelrechte Piste vom Gipfel bis ins Tal ist das Ergebnis. Doch der Seeblaskogel hält mit seinem Westgipfel noch ein ganz besonderes Gustostückerl parat.

Ausgangspunkt: Lüsens, Sellraintal (1634 m), Westfalenhaus (2275 m)

Höhenmeter, Zeit: 1600 Hm., 4 bis 4:30 Stunden

Lawinensituation: Sichere Verhältnisse Voraussetzung, bei Firn.

Österr. Karte: Blätter 147 Axams und 146 Oetz, 1:50:000

Endspurt am Grünen-Tatzen-Ferner. Hat man den frostigen Schatten, den der Lüsener Fernerkogel bis in den späten Vormittag über das Längental wirft, durchschritten, wartet auf dieser anspruchsvollen Skitour ein gewaltiger Firnhang mit zahlreichen Spitzkehren. Er führt hinauf zu dem zwischen zwei Felsgraten eingebetteten Grünen-Tatzen-Ferner, dessen Tatze im Vergleich mit den umliegenden Gletschern aber nur mehr ein kleines Pratzerl ist. Hat man ihn einmal betreten, sieht man an seinem Ende bereits den Gipfel des Seeblaskogels hervorspitzen und das heutige Tagesziel ist schon recht nahe gerückt. Alles in allem eine erstklassige Skitour im Gebiet des Westfalenhauses, die bereits etwas höhere Anforderungen an die Ausdauer stellt.

Ausgangspunkt: Durch das Sellraintal nach Lüsens (1636 m). Geräumiger Parkplatz, Parkgebühr 4 Euro/Tag.

Aufstieg: Auf der Ratracloipe gerade talein bis in den Fernerboden. Beim Jugendheim am Ende der Loipe beginnt endlich der Aufstieg zur Längentalalm und zum Westfalenhaus. Zur Tourenzeit ist der unterste Teil der hier ansetzenden Steilstufe zu einer regelrechten Buckelpiste ausgefahren und am Morgen hart gefroren (Harscheisen!). Man kann diesen unangenehmen Teil aber leicht austricksen, denn meistens gibt es eine von der Abfahrt unberührte Aufstiegsspur links der Piste. Gleich beim Haus, noch im Flachen, ein paar Schritte nach links und im lockeren Wald →

Gipfelblick nach Süden zum Schrankogel.

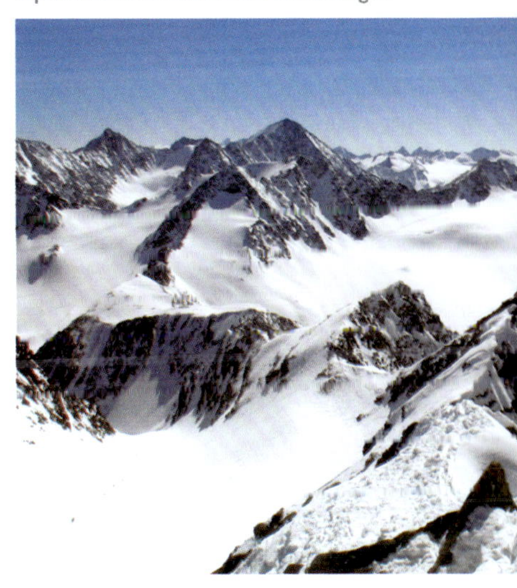

aufwärts, bis man nach der Steilstufe wieder nach rechts in die Piste zurückkommt.

Nach der Längentalalm dem Bachlauf folgend talein, unter dem hoch am Hang liegenden Westfalenhaus vorbei und danach im mittelsteilen Gelände, stets im rechten Teil des Talbodens auf eine flache Geländestufe am Ansatz des Seeblaskogels bis zu einem Wegweiser. Hier trennen sich die Skirouten. Geradeaus geht es weiter zum Längentaler Weißen Kogel (etwas flacher, vielleicht weniger anstrengend, aber von der Gehzeit her auch nicht kürzer).

Rechts beginnt nun das Kernstück der Tour zum See-

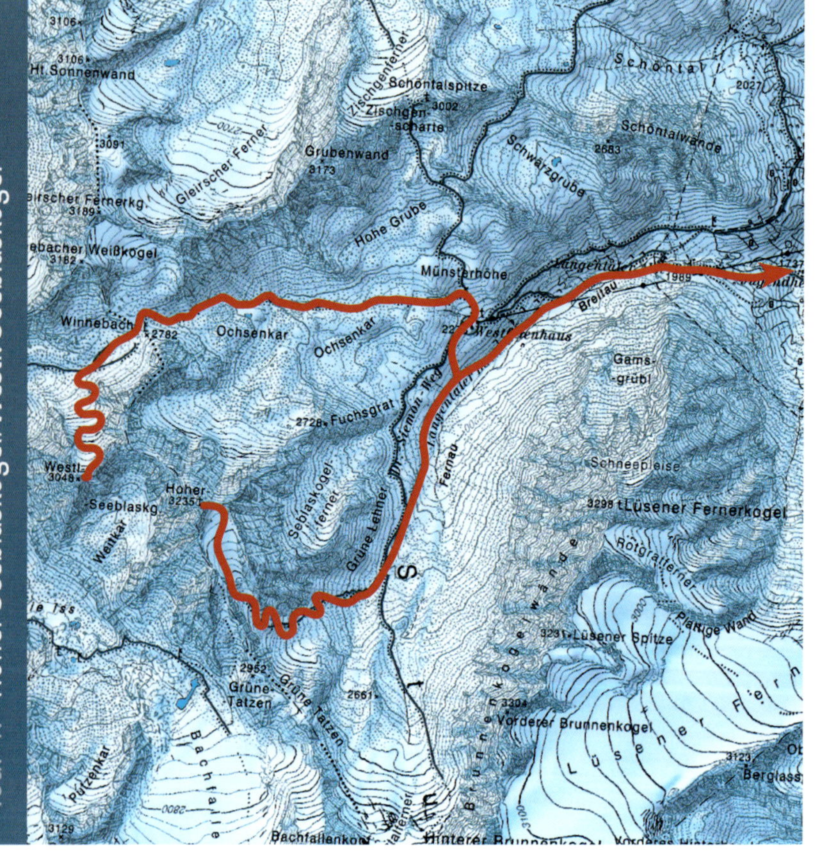

blaskogel – der lange und gut einsehbare Steilhang, der in einer schön angelegten Spur mit vielen Spitzkehren bis zu seiner oberen Hangkante erstiegen wird. Dahinter betritt man das schmale Gletscherbecken des Grünen-Tatzen-Ferners und folgt ihm, jetzt wieder wesentlich flacher, bis unter den bereits sichtbaren Schlusshang. Vom Skidepot stapft man zu Fuß hinauf zum Gipfelkreuz und genießt die prachtvolle Rundumsicht über die Stubaier Gletscherberge. Abfahrt auf der Aufstiegsroute. Den großen Steilhang fährt man besser in seinem rechten Teil ab.

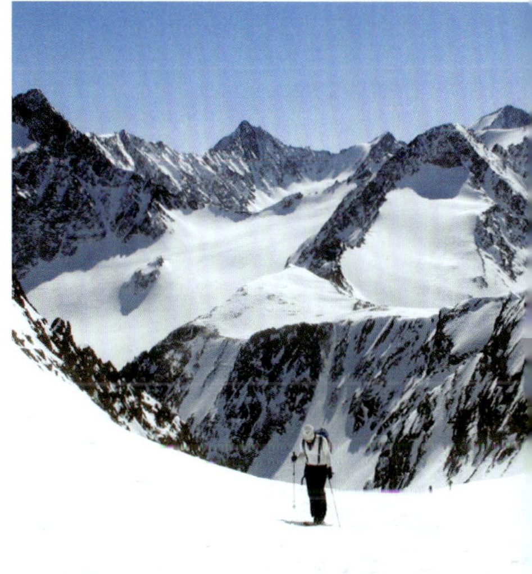

Allmählich wird der Grüne-Tatzen-Ferner flacher, der Gipfel rückt näher.

Seeblaskogel-Westgipfel (3048 m): Das Besondere daran, aber auch kein Geheimtipp mehr, ist der makellose Firnhang, der in der Nordflanke des Westgipfels gegen das Winnebachjoch (2782 m) herunterzieht. Für sich allein ist diese Tour schon lohnend, man kann sie aber auch gut mit dem Winnebacher Weißen Kogel (3182 m) kombinieren. Vom Westfalenhaus steigt man zuerst auf das Winnebachjoch. Achtung! Der letzte Steilhang unmittelbar vor dem Joch kann oft gefährlich sein, besser man steigt bereits vorher rechts im Hang an und fährt von oben zum Joch zurück bzw. fährt noch ca. 80 Hm. ab zum Beginn des traumhaft schönen Gipfelhanges. (Der Westgipfel des Seeblaskogels ist zwar knapp 200 m niedriger, mit dem Gegenanstieg zurück zum Joch kommt man auf gleich viel Höhenmeter. Auch zeitmäßig gleich.)

48 Fotscher Windegg 2577 m

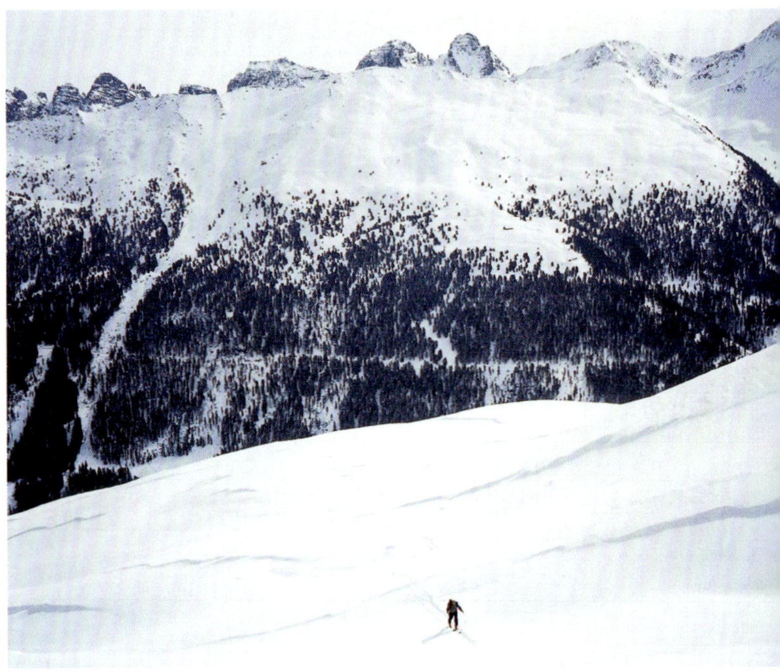

Mit zunehmendem Höhengewinn taucht die Kette der Kalkkögel am Horizont auf.

→ **Stubaier Alpen**
→ **Sellrainer Berge**

Am Parkplatz unterhalb des Bergheims Fotsch zeigt eine große Tafel alle Schutzgebiete des Fotschertals. Die ausgewiesenen Routen außerhalb der Schutzzonen springen sofort ins Auge und sind zudem im Gelände durch orange Tafeln markiert.

Ausgangspunkt: Sellrain, Fotsch, Parkplatz Eisbrücke in der Kehre an der Götzener Landesstraße (1100)

Höhenmeter, Zeit: Parkplatz – Almindalm, 2 bis 2.5 Stunden – Fotscher Windegg 1477 Hm.; gesamt 4:30 bis 5 Stunden

Lawinensituation: Mäßige Hangneigung, weite Hänge und kupiertes Gelände erleichtern die optimale Routenwahl.

Österr. Karte: Blatt 147 Axams, 1:50.000, AV-Karten 31/2 Stubaier Alpen, Sellrain 1:25.000, 31/5 Innsbruck und Umgebung 1:50.000

Der Rote Kogel mit seinen wunderschönen Skihängen galt schon seit langem als Tiroler Paradeskiberg, aber auch das Fotscher Windegg, welches gleich die erste markante Erhebung im Kamm über dem Fotscher Tal bildet, war stets ein beliebtes und vor allem lawinensicheres Ziel.

Seit der Fahrweg in das Fotscher Tal vor ein paar Jahren im Winter für den allgemeinen Verkehr gesperrt wurde, ist es in diesem so stadtnahen Skitouren- →

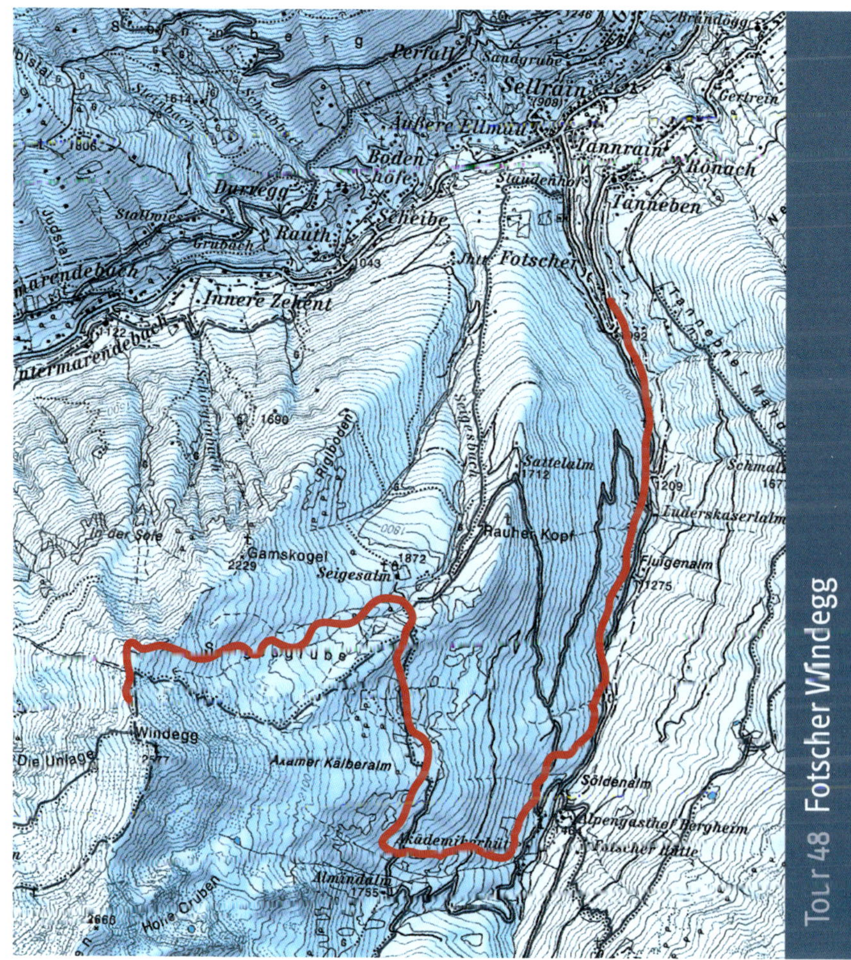

Tour 48 Fotscher Windegg

gebiet merklich ruhiger geworden. Immerhin haben sich die Gehzeiten für alle – ohnehin nicht kurzen – Touren um eine gute Stunde verlängert. Wunderschön ist das Tal nach wie vor! Zu beachten sind zudem die ausgewiesenen Schutzgebiete für Birkhuhn, Auerhahn, Gams und Steinbock – siehe große Tafel am Parkplatz, gleich neben dem LVS-Gerät-Check-Point.

Ausgangspunkt: Ins Sellraintal und in Sellrain/Ortsmitte vor dem Fotscher Bach (Wegweiser Tanneben) links aufwärts bis zur Straßenkehre am Eingang zum Fotscher Tal. Parkplatz bei der Kehre.

Aufstieg: Entlang des Rodelwegs ins Fotscher Tal bis zum Gasthaus Bergheim (4 km). Bei der Brücke unterhalb des Gasthauses rechts bleiben und besser gleich auf dem nochmals rechts abbiegenden Forstweg in einer Retourschleife talein in Richtung Almindalm. Hat man die Akademiker-Skihütte passiert, quert der Weg eine breite Waldschneise. Hier zeigen schon die Skitourenschilder die Aufstiegsroute durch die Waldschneise an, damit man nicht versehentlich durch das Schutzgebiet für Auerhahn und Birkhuhn poltert. In der letzten Kehre vor der Almindalm mündet die Aufstiegsspur wieder auf den Almweg. Von der Almindalm nach rechts zum Wald hin und ebenfalls auf breitem Almweg Richtung Nordost querend, bis die Bäume lichter werden. Bei einem Wegweiserschild „Seigesalm“ ist es höchste Zeit, diesen Weg zu verlassen und links hinauf ins freie Gelände abzubiegen. Bald trifft man auf uralte Skimarkierungen Marke Haselnuss, die in einer Linie durch die welligen Hänge am Fuße des steilen Gipfelaufbaues, aber in gehörigem Respektabstand, den Weg weisen. Immer gemächlich ansteigend, die hohe Steighilfe bleibt heute unbenützt, auf die vom Windegg nach Norden zum Gamskogel streichende Grathöhe zu, die etwa in ihrer Mitte erreicht wird. Nun nach links über den Rücken auf das längst sichtbare Gipfelkreuz zu. Auf dem oft abgeblasenen, steinigen Aufschwung schont man besser die Skier und stapft die paar Minuten zu Fuß hinauf zum höchsten Punkt.

49 Gallwieser Mittergrat
2843 m

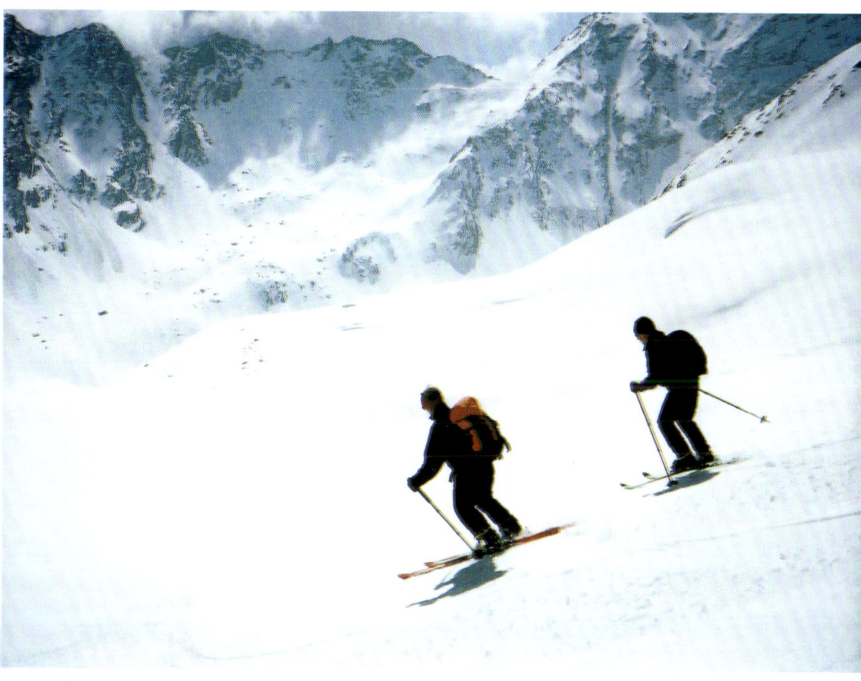

Super Skihänge im Äußeren Bremstall südlich des Roten Kogels.

Stubaier Alpen
Sellrainer Berge
Fotscher Tal

Es ist keine Bildungslücke, diesen selten besuchten Skiberg – einen Nachbar des Roten Kogels – nicht zu kennen. Wenn Sie seine idealen Sonnenhänge ignorieren, würden Sie aber einiges an Firngenuss verpassen!

Ausgangspunkt: Sellrain, Fotsch, Parkplatz Eisbrücke

Höhenmeter, Zeit: 1864 Hm., 5 bis 5:30 Stunden

Lawinensituation: Als Frühjahrstour sicherer Firn. Bei Triebschneeproblematik Gipfelanstieg/Anstieg zum Grat vorsichtig beurteilen.

Österr. Karte: Blatt 147 Axams, 1:50.000, AV-Karten 31/2 Stubaier Alpen, Sellrain 1:25.000, 31/5 Innsbruck und Umgebung 1:50.000

→

In den gängigen Landkarten ist dieser Anstieg entweder gar nicht oder nur strichliert (für beste Verhältnisse) als Skiroute eingezeichnet. Zudem sind im Hochwinter seine gegen das Fotscher Tal abfallenden Steilhänge ziemlich lawinengefährdet, so dass man sich im Tourengebiet der Potsdamer Hütte besser andere Ziele auswählt.

Im Frühjahr entpuppt sich dieser Anstieg als eine prächtige Firntour in einem problemlosen Gelände mit idealer Neigung. Wenn die Potsdamer Hütte bereits geschlossen hat, kann man diesen Berg jedoch nur mehr als Tagestour planen. Sollte die Schneeschmelze zu rasch fortschreiten und sollten die Sonnenhänge im Äußeren Bremstall schon verdächtig dünn sein, könnte man immer noch ganz leicht umdisponieren und sein Ziel auf die gegenüberliegende schattigere Vis-à-vis-Seite verlegen. Auch der Wildkopf und das Schaldersjoch oder gar die Lisenser Villerspitze sind sehr schöne Skitouren.

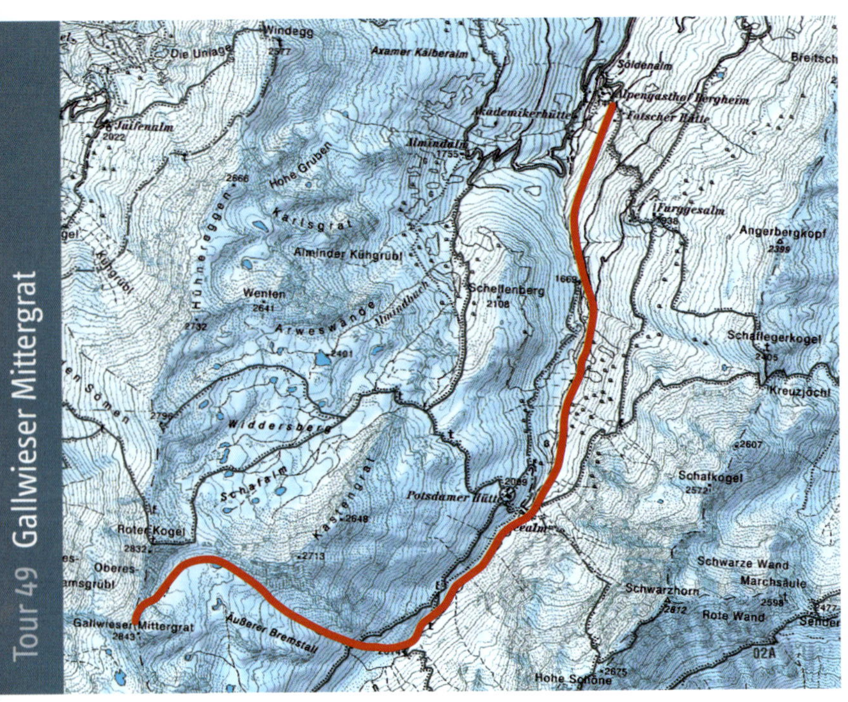

Ausgangspunkt: Von Kematen ins Sellraintal bis Sellrain/Rothenbrunn und beim grünen Wegweiser vor der Brücke links ins Fotscher Tal bis zur „Eisbrücke“. Hier auf dem Parkplatz in der Kehre parken.

Aufstieg: Entlang der Forstraße ins Fotscher Tal bis zum GH Bergheim. Auf dem zur Potsdamer Hütte führenden Ratracweg, der meist noch eine tadellose Schneeauflage aufweist, bis zur Seealm (2:30 Stdn.). Nicht hinauf zur knapp darüber sichtbaren Potsdamer Hütte, sondern im flachen Talboden links des gewundenen Bachlaufes ca. 15 Minuten einwärts bis zu einem kleinen Wegkreuz bei einer Verengung des Baches (2014 m, hier evtl. Abzweigung links zum Wildkopf). Noch ein kurzes Stück weiter bis zu einem Holzsteg und auf die nördliche Bachseite. Jetzt endlich beginnt der Ernst der Tour mit dem Aufstieg in den Äußeren Bremstall. Die erste steile Geländestufe mit Felsblöcken und Latschen schaut auf den ersten Blick nicht gerade einladend aus, ergibt sich aber dann doch ganz locker, und oberhalb der ersten Schulter führen dann wunderschöne Firnhänge bis in ein längliches, nach rechts gegen den Kastengrat hin ziehendes Kar. Vom Karboden steigt man aber gleich in den linksseitigen Hängen zur nächsten Karstufe empor mit einem kleinen eingebetteten See und hat nur mehr den abschließenden Hang bis zur Kammhöhe vor sich. Den Grat erreicht man in einer flachen Einsenkung zwischen Rotem Kogel und Gallwieser Mittergrat. Am Grat nach links, das letzte Stück besser zu Fuß stapfend zum Gipfelsteinmann.

Alternativ kann man bei guten Verhaltnissen auch mit Ski bis zum Gipfel gehen. Hierfür hält man nicht auf die Einsenkung am Grat zu, sondern zieht seine Spur weiter nach Südosten und dann über zwei steilere Aufschwünge bis zum Gipfel.

50 Archbrandkopf 2058 m
Brechten 2419 m

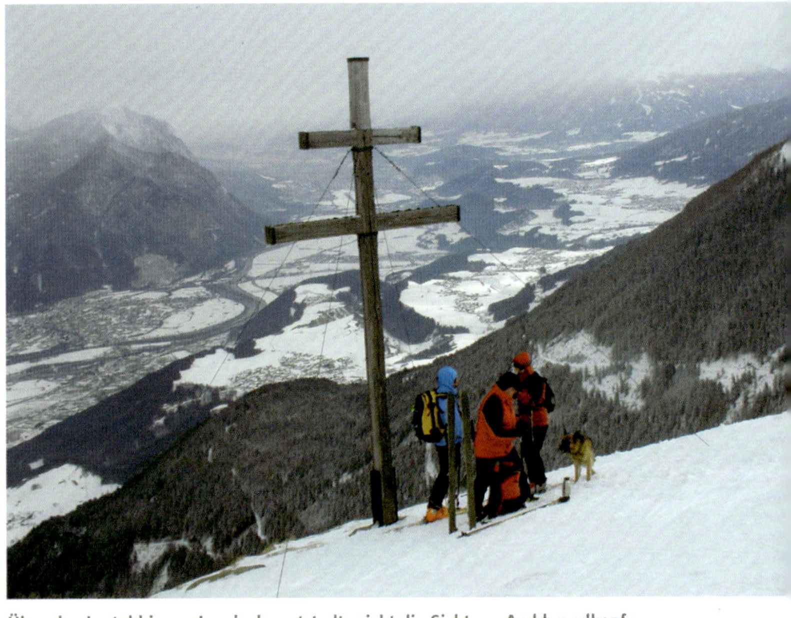

Über das Inntal bis zur Landeshauptstadt reicht die Sicht am Archbrandkopf.

→ **Stubaier Alpen**
→ **nördliche Sellrainer Berge**

Die schmale Waldschneise der Hoarlig-Wiesen scheint immer mehr zuzuwachsen. Als Skitour ist der Archbrandkopf wegen des wunderbaren Ausblicks immer noch empfehlenswert, auch wenn man ein Engstellen in Kauf nehmen muss und der Aufstieg in mühsamen Spitzkehren durch steiles Gelände führt.

Ausgangspunkt: Inzing, Weiler Hof (840 m)

Höhenmeter, Zeit: 1200 Hm., 2:30 bis 3 Stunden, weiter zum Brechten plus 400 Hm., 1:30 Stunden

Lawinensituation: Von der Waldgrenze bis zum Archbrandkopf nur mäßig steil, Brechten ausgesetzter.

Österr. Karte: Blatt 117 Zirl, Blatt 147 Axams (für Brechten), 1:50.000, bzw. AV-Karte Innsbruck und Umgebung, Stubaier Alpen Sellrain (für Brechten)

Direkt neben dem gut besuchten Rangger Köpfl eine eher einsame Tour. Doch schon der Aufstieg über die vom Inntal aus gut sichtbaren Hoarlig-Wiesen und die immer schmäler werdenden Waldschneisen unterhalb der Archbrandalm erfordert einigen Krafteinsatz, vor allem gute Felle und und bei eisigen/harten Verhältnissen auch Harscheisen. Immerhin macht man schon bis zum Archbrandkopf 1200 Hohenmeter in einem Zug.

Auch die Abfahrt ist im Waldstück unterhalb der Archbrandalm ist eher fordernd.

Ausgangspunkt: Von Inzing weiter zum Weiler Hof auf gut geräumter und gestreuter Straße (evtl. Ketten). Der Parkplatz befindet sich an der Abzweigung zur Inzinger Alm gegenüber der kleinen Wannerkapelle. Begrenzte Parkmöglichkeit.

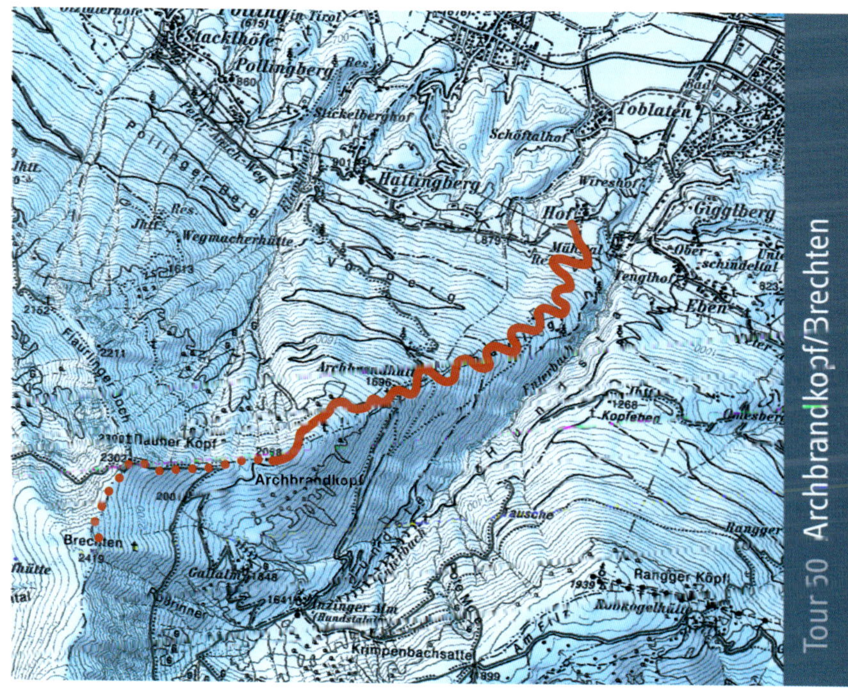

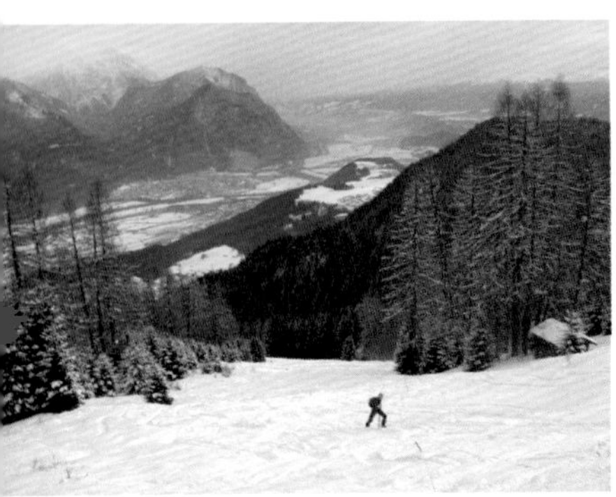

Durch die steilen Wiesenschneisen der Hoarlig führt der Anstieg zur Archbrandalm.

Aufstieg: Der Aufstieg beginnt gleich gegenüber des Parkplatzes auf der Wiese in Richtung Hochspannungsmasten hinauf zum Waldrand und verläuft weiter auf dem Fahrweg zur Inzinger Alm. Nach der ersten großen Kehre kann auf den Hohlweg in Richtung Archbrand gewechselt werden und nach einer weiteren Kehre ist der Fuß der Hoarling-Schneise erreicht. Die Spur führt nun entweder kerzengerade am rechten Rand der Schneise bergwärts oder in Serpentinen über die zunächst breite Wiese. Nach oben hin wird die Wiese eher zu einer Schneise, hier ist solide Spitzkehrentechnik gefragt. Im letzten Abschnitt bis zur Archbrandalm (1696m) erfolgt der Aufstieg zum Teil etwas unwegsam über den Sommerweg. Nach der Alm wird das Gelände zusehends sanfter. Nur mehr lockerer Wald und immer mehr freies Gelände führen zum etwas tiefer gesetzten Gipfelkreuz des Archbrandkopfs. Der höchste Punkt befindet sich auf der Kuppe darüber. Schön ist der Blick von hier heroben auf das ausgebreitete Inntal.

Zum Brechten: Vom Archbrandkopf kann der Weg zum Brechten fortgesetzt werden, wenn es die Verhältnisse erlauben. Den Grat entlang oder in der Flanke, die zur Inzinger Alm abfällt, und danach auf dem Rücken zum Rauhen Kopf (rechter Hand) und weiter zum Brechten-Gipfel (links). Möglich ist auch eine Abfahrt über die Galtalm zur Inzinger Alm und Wiederaufstieg zum Archbrandkopf (oder entlang des Forstwegs zur Archbrandalm).

51 Jochkreuz 2142 m

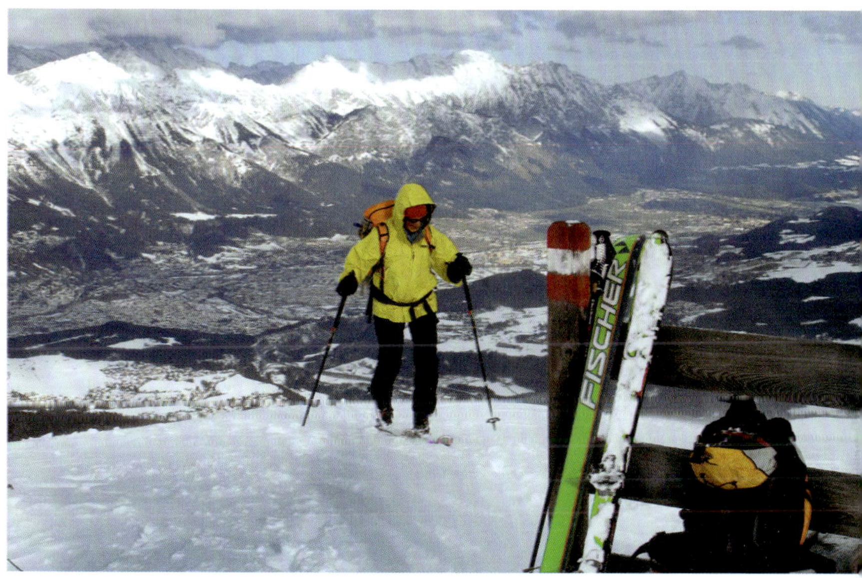

Ausgebreitet liegen das Inntal und die Landeshauptstadt vor dem Betrachter.

Stubaier Alpen

Von Telfes aufs Jochkreuz: Es schaut überhaupt nicht wie ein Skiberg aus – und doch erhält das Jochkreuz am Eingang ins Stubaital recht regen Besuch von den Skitourengehern. Eine gute Alternative bei hoher Lawinenwarnstufe.

Ausgangspunkt: Telfes/Kapfers, Rodelparkplatz.

Höhenmeter, Zeit: Wegbeginn Pfarrachalm (ca. 1100 m) – Sommerweg bis Burgannamahd – Jochkreuz (2045 m), 950 Hm., 2:30 bis 3 Stunden.

Lawinensituation: kaum gefährdet.

Österr. Karte: Blatt 147 Axams, 1:50.000

Wie ein Skiberg schaut er nicht gerade aus, jener dicht bewaldete Bergrücken am Eingang des Stubaitals oberhalb von Telfes, der von der Nockspitze – stubaierisch Saile – in Richtung Kreith herunterzieht. Was man von unten nicht sieht, jedenfalls nicht auf den ersten Blick, sind die Burganna genannten Mähder, die wie Inseln im Wald liegen und zu-

→

mindest in den oberen beiden Dritteln ausgezeichnetes Skigelände bieten. Ein paar kleine Abstriche in Form von Forstwegen oder kurzen Engstellen muss man natürlich in Kauf nehmen, aber im Gesamten gesehen ergibt sich eine feine und stille Skitour, bei der vor allem die Lawinengefahr kein Thema ist. Selber spuren wird man wohl kaum müssen, denn fast immer zieht eine meist recht steil angelegte Hausmeisterspur von einer Wiesenlichtung zur nächsten. Orientieren kann man sich gut an den gelben Wegweisern, weil der Aufstieg ja mit dem Sommerweg fast identisch ist. Landschaftlich ist die Tour wunderschön, die Serles blickt stolz auf sie herab. Oben auf dem breiten Rücken wandert man zwischen dem Stubaital und dem Inntal.

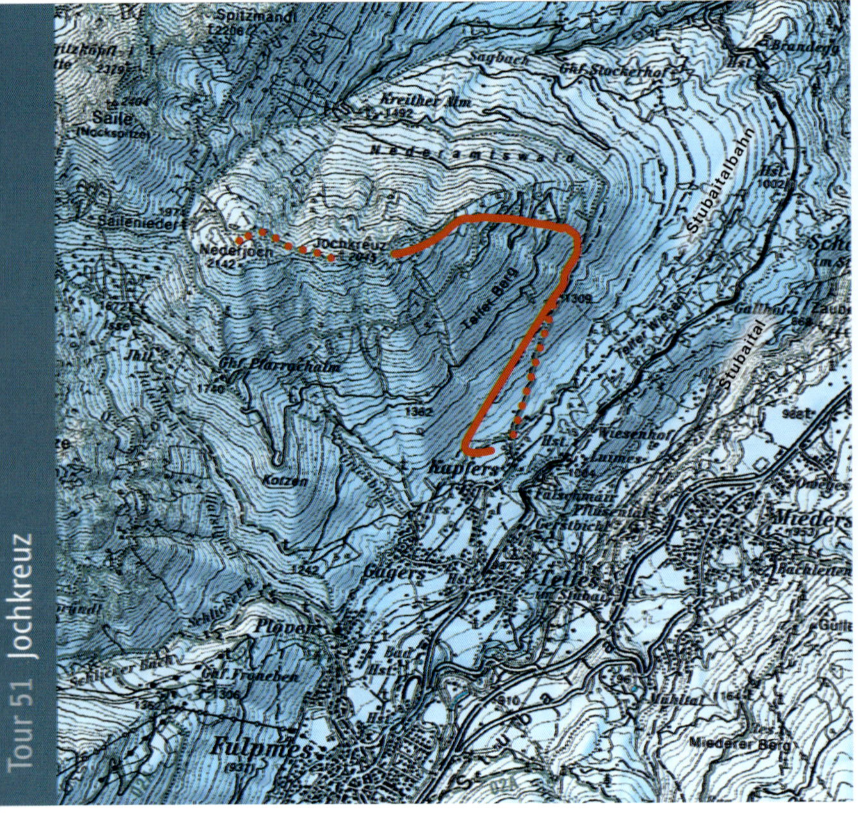

Ausgangspunkt: Einfahrt ins Stubaital und kurz vor Fulpmes Auffahrt nach Telfes. Durchfahrt auf der Hauptstraße bis zum Ortsteil Kapfers, wo bei einer Telefonzelle links der Fahrweg zur Pfarrachalm abzweigt. Kurze Auffahrt bis zu einem kleinen Parkplatz am Beginn des Rodelweges. Parken kann man auch hinter dem Thalerhof, am Beginn der Telfeser Wiesen (bei der Telefonzelle rechts und ca. 500 Meter weiter).

Anstieg: Zwei Forstwege, ein unterer und ein oberer, durchziehen von links nach rechts den Telfeser Berg. Man startet auf dem zur Pfarrachalm führenden Forstweg, folgt ihm aber nur wenige Schritte, bis rechts ein anfangs recht flacher Fahrweg abzweigt (Wegweiser Jochkreuz) und marschiert vorerst eine halbe Stunde Richtung Osten, bis ein steilerer, aber auch mit Skiern gut gangbarer Sommerweg links abzweigt, der zum unteren Rand der Burgannamahd führt, die nun vom oberen Forstweg in langen Kehren durchzogen wird. Besser steigt man aber gleich in der ersten Wiesenlichtung gerade empor, die nächste schließt etwas versetzt rechts an und leitet wiederum nach links ins freie Gelände, zum Fahrweg. Nach der letzten Kehre, wo der Wald lichter wird, leicht rechts haltend über einen kurzen Steilhang gerade zu einem breiten Rücken hinaufsteigen. Nach einem Wegkreuz folgt nochmals eine kurze, etwas anstrengende Steilstufe, die man am besten von rechts nach links auf der Trasse des Sommerwegs überwindet (Markierung an den Bäumen). Dann im Latschengelände auf die oberen Lawinenverbauungen zu und über einen letzten Aufschwung zum Gipfelkreuz hin.

Achtung bei Abfahrt: Abfahrt bis zum unteren Rand der Burgannawiese gleich wie Aufstieg. Nach der Zaunlücke an der Waldgrenze, wo der Sommerweg einmündet, wurde recht kräftig ausgeholzt, man kann jetzt problemlos gerade und steil über den kahlen Rücken abfahren und mündet auf einer kleinen Lichtung, wo der untere Fahrweg ansetzt. Bei gutem Gefälle läuft der Ski tadellos zurück zum Ausgangspunkt.

52 Nockspitze 2403 m

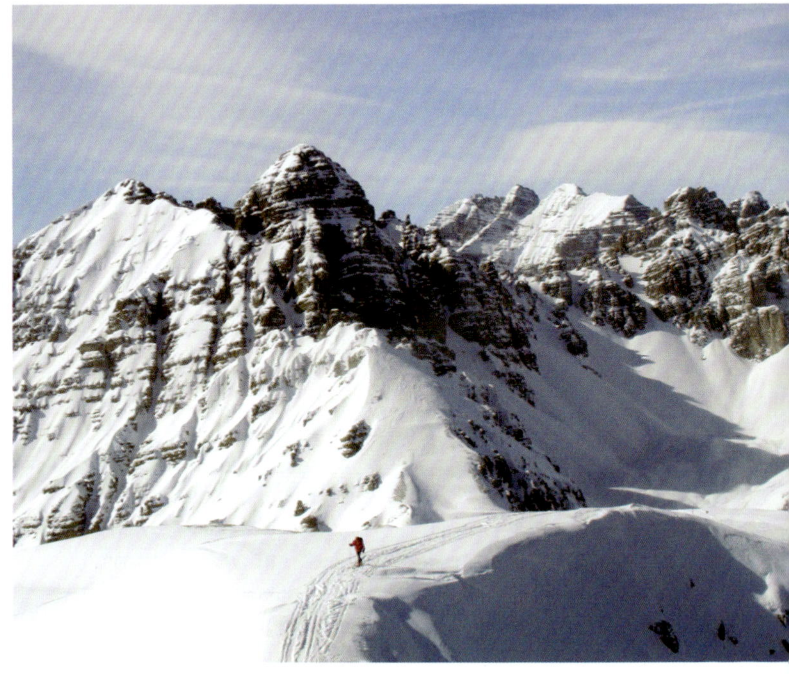

Von der Nockspitze bis ins Kar unterhalb der Marchreisenspitze führt diese Rundtour.

→ **Stubaier Alpen**
→ **Kalkkögel**

Bei der Nockspitze sind besonders die Innsbruck-Nähe, die landschaftliche Schönheit in der großartigen Umgebung der Kalkkögel und das exzellente Skivergnügen, das Sie als Belohnung für Ihre Anstrengungen erwartet, hervorzuheben. Etwas bequemer wird's mit dem Lift auf das Birgitzköpfl.

Ausgangspunkt: Birgitzköpfl (2035 m) oder Axamer Lizum (1564 m)

Höhenmeter, Zeit: Aufstieg insgesamt 800 Hm., Abfahrt 1300 Hm.; Nockspitze 380 Hm., 1 bis 1:15 Stunden, Aufstieg Halsl-Schneiderspitze 1 bis 1:15 Stunden

Lawinensituation: Sichere Verhältnisse notwendig.

Österr. Karte: Blatt 147 Axams, 1:50.000

Das Leintuch nennen die Einheimischen jenen glattgebügelten und faltenlosen Hang, der vom Gipfel der Nockspitze gegen das Stubaital hinunterzieht. Gut 400 Höhenmeter in einer Neigung von ca. 35 Grad bieten bei Firn oder zumindest gut fahrbarem Schnee das optimale Skivergnügen, das sich ein Tourengeher nur wünschen kann. Oft hält sich in den nordseitigen Steilrinnen zwar immer noch der Pulverschnee, aber in den reinen Sonnenhängen hat die Umwandlung in den grobkörnigen Firn bereits eingesetzt. Bei dieser Tour auf die Nockspitze hat man gleich alle Hangrichtungen und alle Schneearten auf einmal.

Schattiger Aufstieg vom Birgitzköpfl von Norden. Abfahrt nach Süd und West. Aufstieg aufs Halsl und zur Schneiderspitze und Nordabfahrt in die Axamer Lizum. Wer mit dem Lift auf das Birgitzköpfl fährt (Betrieb ab 9 Uhr), darf sich nicht mehr lange Zeit lassen, denn das Leintuch glänzt bereits seit den allerersten Sonnenstrahlen. Beliebig früh aufbrechen kann man, wenn man von der Axamer Lizum über die hartgefrorene Buckelpiste zu Fuß aufsteigt (400 Hm., 1 Stunde). Oben eröffnet sich wunderbarer Firngenuss, leider viel zu kurz.

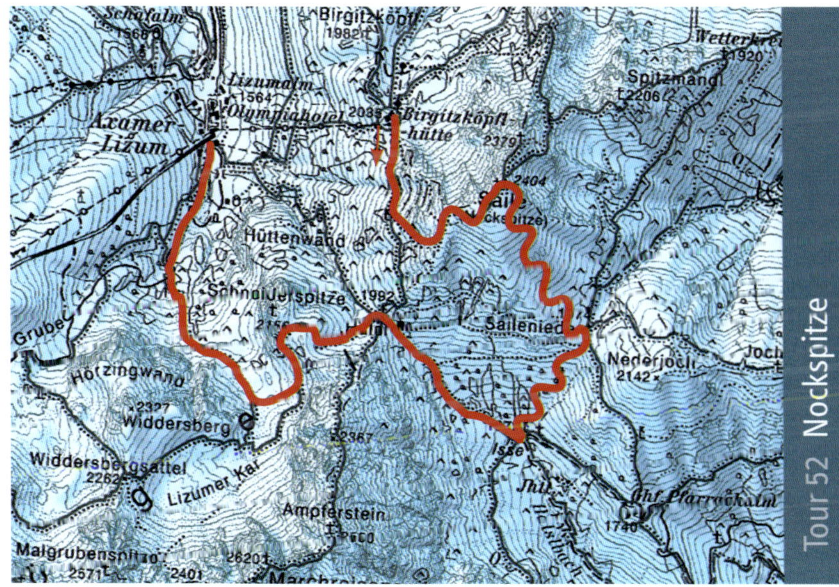

Ausgangspunkt: Von Axams in die Axamer Lizum und mit dem Sessellift auf das Birgitzköpfl (2035 m). Liftbetrieb ab 9 Uhr, Bergfahrt 13.50 Euro (dann keine Parkgebühr). Parkgebühr 6 Euro, Ticket ab 8.00 lösbar (davor Parken verboten).

Aufstieg: Zwei Spuren führen vom Birgitzköpfl auf die Nockspitze oder Saile, wie die Stubaier sagen. Entweder nach rechts durch die Lawinenverbauungen und über den Westhang. Wesentlich schöner, allerdings bei weitem nicht so lawinensicher, ist die Spur durch die Mair-Rinne (links) im Nordhang der Nockspitze. Mit gut angelegten Spitzkehren lässt sich der Pulverhang gut überwinden, einziger Nachteil: man ist länger im Schatten.

Vom Gipfel Abfahrt auf der Stubaier Seite der Nockspitze über das Leintuch, das sich als breiter Hang in Idealneigung präsentiert, bis zum Sailenieder (1974 m). Von hier führt ein steiler Graben Richtung Westen in das zum Halsl ziehende Talbecken. Abfahrt durch den engen Graben, meist auf seiner linken Flanke, aber genauso rechts davon, wenn der Schnee noch gut trägt, bis zu seinem Auslauf in der Isse (1678 m). Bei fortgeschrittener Ausaperung könnte man sich diese Abfahrt sparen und bereits vom Sailenieder waagrecht und ohne Höhenverlust auf einem Steig durch die teilweise schon apere Südflanke der Nockspitze zum Halsl hinüber queren.

Aufstieg aufs Halsl und zur Schneiderspitze: In der Isse wieder auffellen und bequemer Aufstieg auf das Halsl (1992 m), eine Einsattelung zwischen Ampferstein und Nockspitze. Vom Halsl aber ja nicht in die Lizum abfahren, sondern am linken Hang des Ampfersteins kurz aufsteigen. Gleich erblickt man ein schönes Schneekar und in einer lang gezogenen Serpentine ist auch schon die Grathöhe knapp unter der Schneiderspitze (2156 m) erreicht. Abfahrt nach links in das Lizumer Kar und – ab jetzt wieder im Pulverschnee – gerade hinunter in die Axamer Lizum. Bei sicheren Verhältnissen kann man auch direkt vom Gipfelkreuz der Schneiderspitze ebenfalls links haltend ins Lizumer Kar abfahren. Man mündet in den untersten Teil der Damenabfahrt vom Hoadl.

53 Waldraster Jöchl 1878 m

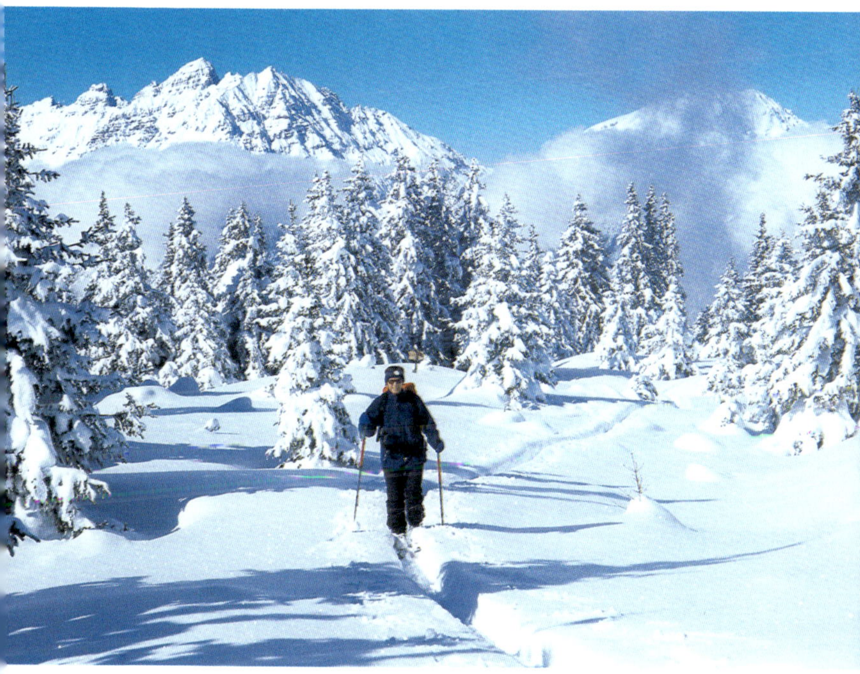

Ein verschneiter Winterwald für Romantiker, Abfahrt auf Schneisen und Pisten.

Stubaier Alpen
Ausläufer
Serleskamm

Von Mieders abseits der Piste durch einen verschneiten Winterwald auf den Berg, den die Stubaier das Gleinser Jöchl nennen. Eine wunderbare Möglichkeit, lawinengefährliche Tage zu überbrücken.

Ausgangspunkt: Mieders-Dorfmitte oder Serles-Lifte (953 m)

Höhenmeter, Zeit: 920 Hm., 2:30 bis 3 Stunden

Lawinensituation: Bessere Alternative bei unsicheren Verhältnissen gibt's wohl keine.

Österr. Karte: Blatt 148 Brenner, 1:50.000 AV-Karte 31/5 Innsbruck und Umgebung 1:50.000

Gar nicht so einfach, bei Lawinenstufe 4 eine Skitour schmackhaft zu machen, noch dazu, wo alle Medien abraten, einen Fuß vor die Tür zu setzen. Doch im Waldgelände des Gleinser Jöchls muss man sich mit dieser permanenten Bedrohung erst gar nicht auseinander setzen. Seit die Miederer →

Tour 53 Waldraster Jöchl

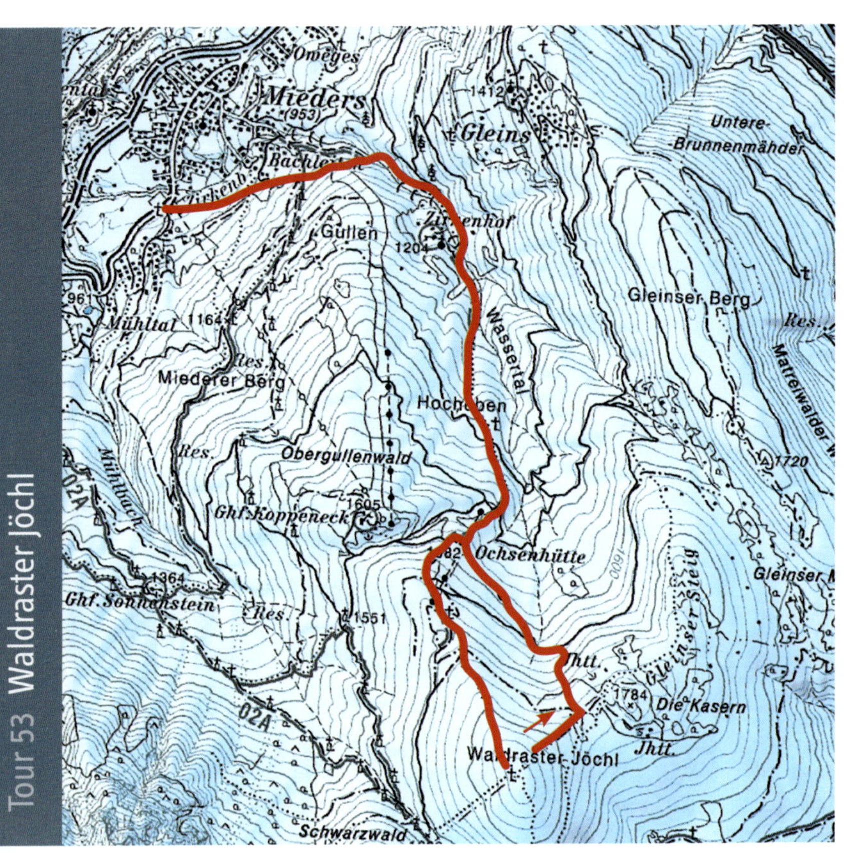

Tourenfreunde eine eigene Skiroute im Tal des Zirkenbaches ausgeschildert haben, braucht man auch nicht mehr mitten im Pistengetriebe aufzusteigen. Und wenn es noch so geschneit hat über Nacht – mit Sicherheit wird man schon am frühen Morgen die Skispur eines ortskundigen Lokalmatadors vorfinden.

Ausgangspunkt: Von der Brennerautobahnn (Ausfahrt Stubaital) bis Mieders. Man könnte nun gleich von der Dorfmitte der Beschilderung zum Zirkenhof folgen. Weil man sich aber hier mit dem Parken schwer tut, ist es besser, zum Parkplatz der Serleslifte zu fahren.

Aufstieg: Erster Richtpunkt ist nun der Zirkenhof (1204 m), der von hier uneinsehbar in dem tief eingeschnittenen Graben des Zirkenbaches liegt. Man steigt zuerst über die schrägen Wiesenhänge des Pistenauslaufes hinauf bis zu einem Stadel direkt über den obersten Häusern. Die Piste, die nun als steile Schneise bergwärts zieht, wird hier nach links verlassen. Ein paar Schritte flach zu einem Fahrweg, der ebenfalls zum Zirkenhof führen würde. Die Einheimischen fahren aber sofort links in einem Bogen durch den Wald hinunter zum bereits sichtbaren Bachbett des Zirkenbaches und marschieren dann auf breitem Weg in angenehmer und stets gleich bleibender Steigung neben den Bachverbauungen im Waldtal einwärts. Bald wird das Gelände freier, der Zirkenhof auf der anderen Hangseite wird passiert und bei der Brücke entdeckt man den ersten „Skitour“-Wegweiser. Immer am Fahrweg neben dem Bach, bis dieser im Rechtsbogen zum Koppeneck wegführt. Hier wiederum bei Schildern auf einem jetzt wesentlich schmäleren Sommersteig und etwas steiler direkt aufwärts, bis man zum ersten Mal auf die Loipe trifft. Auf ihr nach links zu einem breiten Kahlschlag und jetzt im freien Gelände an seinem rechten Rand auf eine flache Stufe, wo nochmals die

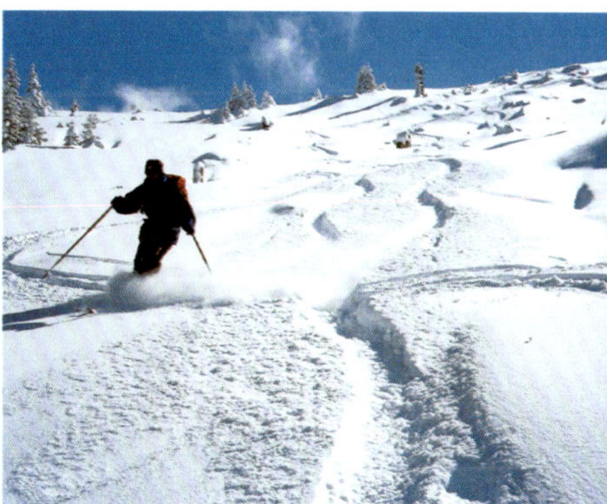

Aufstieg im dichten Wald, Abfahrt in freien Schneisen und Pisten.

Loipe gequert wird. Zum Schluss wieder im Wald, dem Sommerweg folgend, neben einem Weidezaun zum Gipfelkreuz.

Abfahrt zur Ochsenhütte: Wenn die Latschen auf der Gipfelfläche zugeschneit sind, fährt man in Richtung Nord/Nordost durch den lockeren Wald auf die freie Fläche, wo man auf die Höhenloipe trifft. Diese überquert man und kommt geradeaus in eine große Schneise. Ein leider viel zu kurzer Idealhang im staubenden Pulverschnee. Auf der unteren Loipe nach links zur Ochsenhütte (während der Liftöffnungszeiten bewirtschaftet), wo man das Pistengelände erreicht. Am Skiweg nach links zur Abfahrt des Serlesliftes und zurück zur Talstation.

54 Serles 2717 m

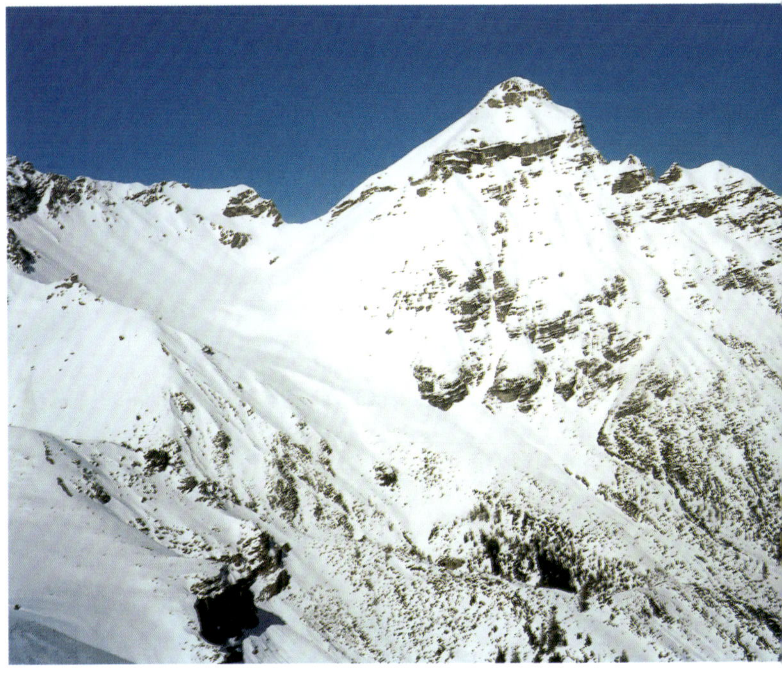

Kaum zu glauben: Abfahrt vom Gipfel der Serles für gute Skifahrer kein Problem.

→ Stubaier Alpen
→ Serleskamm

Von Innsbruck aus glaubt man's sowieso nicht. So majestätisch der „Altar Tirols“ über dem Stubaital thront, wie ein Skiberg schaut die Serles wirklich nicht aus. Der formschöne Felsberg hat auf seiner Rückseite aber traumhafte Skihänge aufzuweisen. Bei guten Bedingungen ergibt sich so eine sehr lohnende unproblematische Tour.

Ausgangspunkt: Matrei, Ochsenalm, kurz vor Maria Waldrast (1558 m)

Höhenmeter, Zeit: 1100 Hm., 2:30 bis 3 Stunden

Lawinensituation: Sichere Verhältnisse Voraussetzung.

Österr. Karte: Blatt 148 Brenner, 1:50.000

Entdecken Sie das wunderschöne Skigelände auf der Rückseite des „Altars Tirols“ mit seiner prallen Nordwand! Eines ist für diese Tour notwendig: Eine satte Schneedecke sollte auf dem riesigen Latschenhang liegen und die Krummholzgewächse bis oben hin gut zudecken. Sind die Latschen nicht „zu“, sucht man sich besser ein anderes Ziel. Andererseits gibt es Jahre, wo es so gut geht, dass – wie mir ein Einheimischer erzählte – er schon bis Mitte März zehn Mal auf seinem Hausberg war. Im Prinzip ist die Serles eine relativ einfache Tour, wichtig ist jedoch ein frühzeitiger Aufbruch, denn die ganze Flanke des Berges erwischt am Morgen schon die allerersten Sonnenstrahlen. Kommt man spätestens gegen 11 Uhr zum Abfahren, dann hat man die Gewähr, dass man auch auf den unteren Hängen nicht im tiefen „Baz“ versinkt.

Ausgangspunkt: Matrei/Maria Waldrast (Wallfahrtskirche, Gastbetrieb, schöne Rodelbahn).

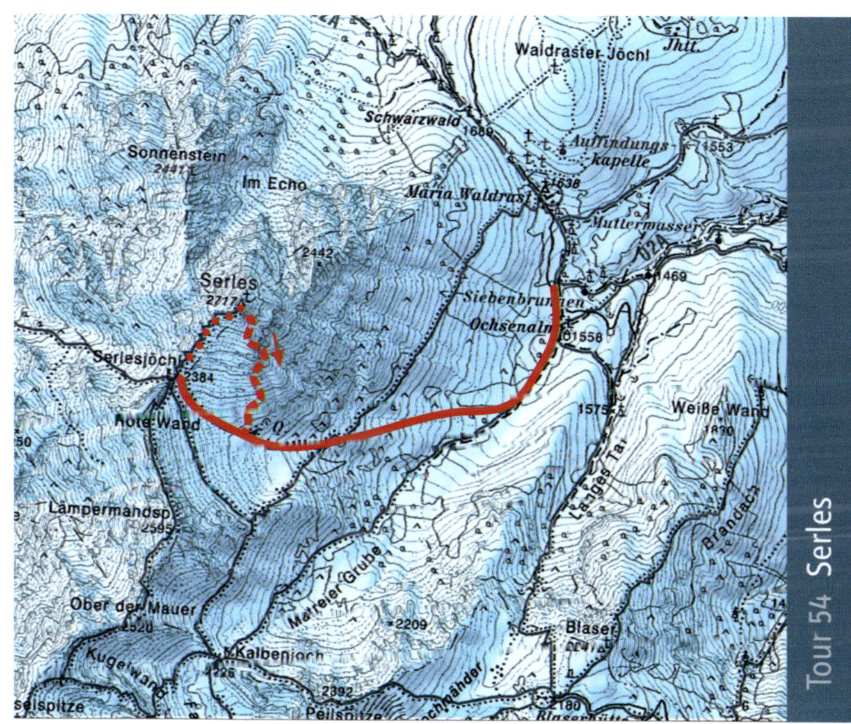

Zufahrt von Matrei am nördlichen Ortseingang bei Wegweiser „Waldrast/Mützens“ (von der Autobahnausfahrt kommend fährt man zurück durch den Ort in Richtung Innsbruck). Die Waldraster Straße ist im Winter mautfrei, aber oft eisig und schneekettenpflichtig. Nur wenig Parkplatz am unmittelbaren Startpunkt, wo die Höhenloipe die Straße quert. Besser 0,5 km vorher (nach dem Wegweiser ins Lange Tal), oder oben beim Gasthaus.

Aufstieg: Auf der Langlauftrasse in den Auslauf der Matreier Grube, vorbei an der Ochsenalm. Ab der Loipenwende kann man gleich schräg rechts aufwärts ansteigen, passiert noch einen lockeren Waldstreifen und gelangt auf den riesigen latschenbewachsenen Rücken, der vom Auslauf des Kares ins Tal herunterzieht. Wenn die Latschen gut eingeschneit sind, gibt es kein Hindernis. Man erreicht das unter der Roten Wand eingelagerte kleine Kar, welches sich im Rechtsbogen an die Serles schmiegt. Es endet mit einem kurzen Steilhang am Serlesjöchl (2384 m).

Eine Landschaft wie in den Dolomiten: die Türme der Peilspitze über der Matreier Grube.

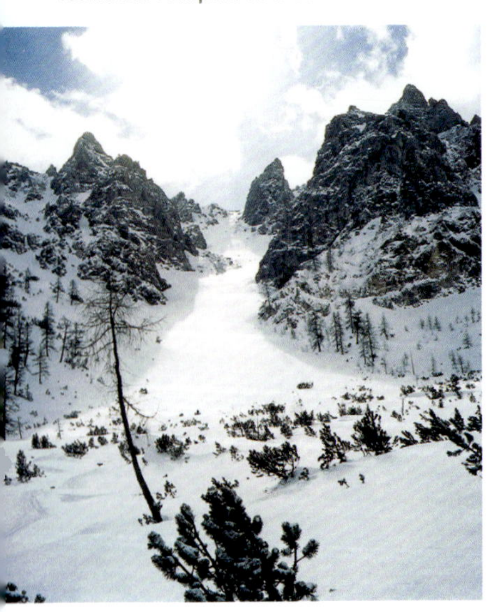

Zum Gipfel geht es jetzt gleich wie im Sommer, zu Fuß nämlich, denn der ganze Rücken wird meist schon früh im Jahr aper. Direkt hinter dem Serlesjöchl gibt es eine Passage mit Eisenstufen und Seil. Auch bei viel Schnee gibt es meist eine festgetretene Spur, kerzengerade über den Hang hinauf bis zum Gipfel. Die Länge darf man allerdings nicht unterschätzen, denn man hat noch gut 300 Höhenmeter zu stapfen. Die Ski nimmt man auf alle Fälle mit, denn der Gipfelhang lässt sich gut abfahren. Der Durchschlupf durch das unterste Felsband ist breit, gut sichtbar und problemlos zu passieren. Außerdem kann man sich beim Aufstieg vom Karboden aus diese Stelle gut anschauen.

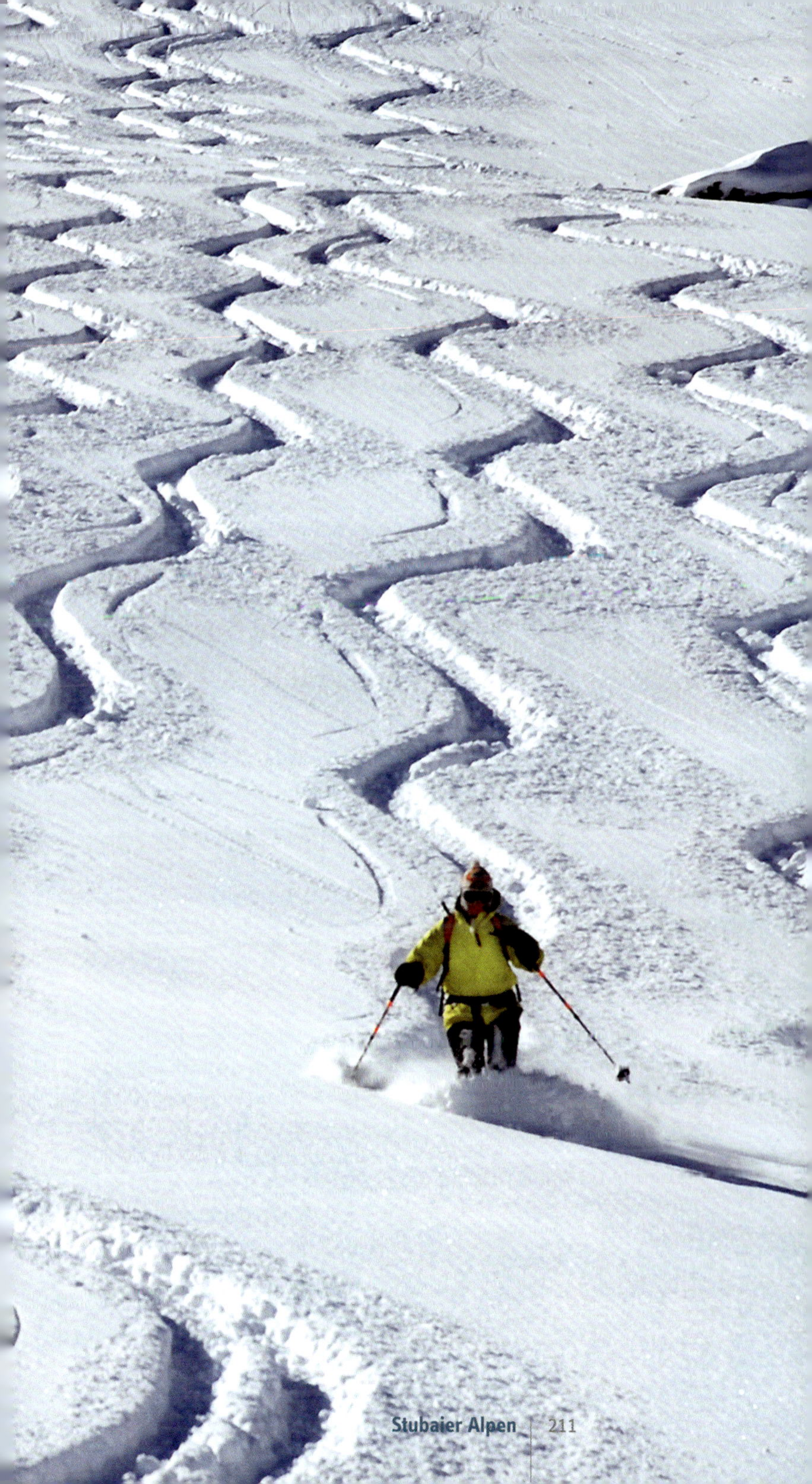

55 Seblasspitze 2450 m

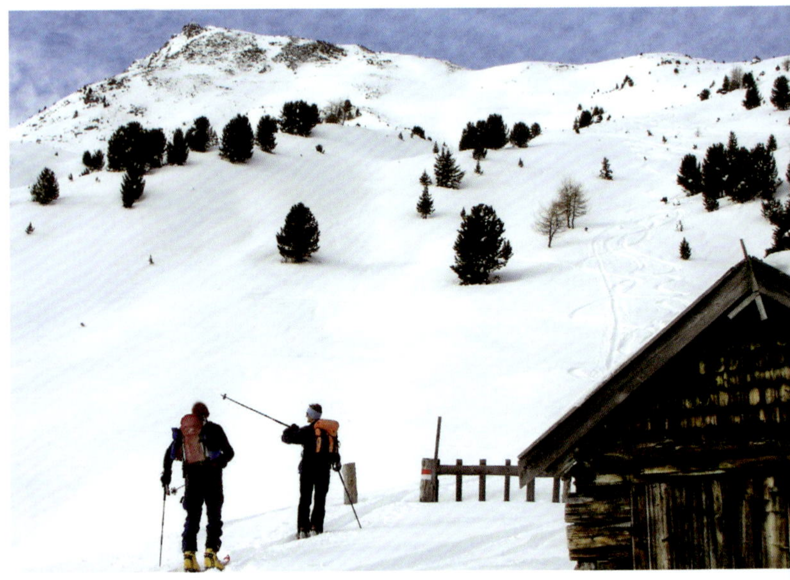

Ein feiner Skigipfel mit super Skihängen ist die Seblasspitze ober der Brandstattalm.

→ **Stubaier Alpen**
→ **Stubaital/ Oberbergtal**

Fährt man im Stubaital auf Neustift zu, beherrscht die Kerrachspitze den Horizont. Rechts davon, gegen das Oberbergtal hin, fällt der kleine Seblasgipfel mit seinen super Skihängen kaum auf. Dieser versteckte Skigipfel birgt jedoch einige angenehme Überraschungen.

Ausgangspunkt: Parkplatz Auffangalm zwischen Bärenbad und Seduck im Oberbergtal (ca. 1400 m), Zufahrt von Neustift/Milders

Höhenmeter, Zeit: 950 Hm., 2:30 bis 3 Stunden

Lawinensituation: Bei richtiger Spuranlage wenig gefährdet.

Österr. Karte: Blatt 147 Axams, 1:50.000

Oft würde man gerne anspruchsvollere Touren planen, doch die Lawinensituation lässt es geraten erscheinen, auf hochgelegene Gipfel zu verzichten. Die Seblasspitze (2353 m) im Stubaital wäre da eine passende Alternative, weil man der Lawinengefahr mit guter Spurwahl ein Schnippchen schlagen kann. Von nirgends sind ihre schönen Skihänge so richtig einzusehen, vielleicht ist sie darum nicht so bekannt und überlaufen, aber Geheimtipp ist sie längst keiner mehr. Steil nur auf einem kurzen Stück, aber das ist noch mitten im Wald und könnte zudem auf dem Forstweg umgangen werden. Ober der Waldgrenze erwartet den Skitourengeher mittelsteiles, welliges Gelände, wo man bei halbwegs vernünftiger Spuranlage kaum mit Schneebrettern in Berührung kommen sollte. Einkehren kann man in der Auffangalm, mit einer 2 km langen Rodelbahn, die immer bestens in Schuss ist. Die weiter oben am Waldrand liegende Brandstattalm bleibt im Winter zu.

Ausgangspunkt: Ins Stubaital bis Neustift und entweder auf der Talstraße weiter bis Schaller und rechts im spitzen Winkel zurück nach Milders, oder in Neustift oberhalb der Kirche durch das Dorf. In Milders beim Hotel „Zum Holzknecht" ins Oberbergtal bis Bärenbad und weiter bis zu einem geräumigen Parkplatz (P1, Parkplatz Josef, 1400 m, 3,6 km ab Milders) am Beginn der Rodelbahn zur bewirtschafteten Auffangalm. →

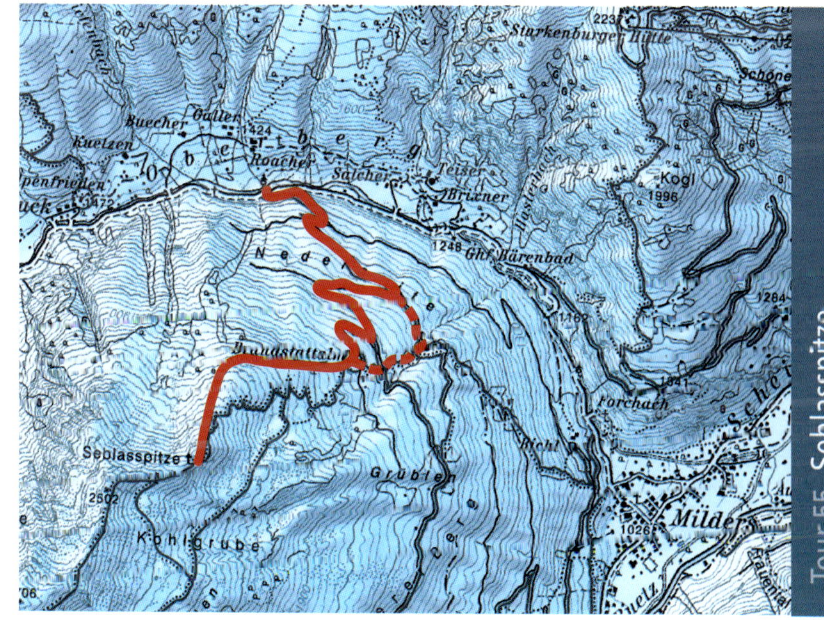

Aufstieg: Es ist derselbe Weg wie zur Brandstattalm. Die erste Kehre kann bei vorhandener Spur durch ein kurzes steiles Waldstück abgekürzt werden, sodass man direkt zur zweiten Kehre kommt. Bei Kehre fünf verlässt man ihn nach links zur bereits sichtbaren Almhütte. Unmittelbar vor dem Almgebäude zieht eine steile Schneise mit zwei Stadeln im Wald empor. In der meistens kerzengeraden Spur hinauf bis zur Waldgrenze, wo sich der enge Graben zu einer großen Mulde erweitert. Die Brandstattalm (1888 m) kriegt man nicht zu Gesicht. (Die gemütlichere und kraftsparendere Alternative wäre, bis zur Brandstattalm am Fahrweg zu bleiben, anstatt sich durch den Auffanggraben heraufzuschinden. Dafür ist, bei entsprechender Schneelage, die Abfahrt super.) Ab dem Waldrand anfangs rechts haltend über schönste Skihänge bis zu einer winzigen Schäferhütte. Der kleine Felsgipfel der Seblasspitze ist bereits in Sicht, man bleibt aber vorerst noch weit rechts (nördlich) davon und steigt ziemlich gerade und eher rechts haltend zum breiten Gratausläufer an und wendet sich erst auf dem Rücken dem Gipfel zu. Man kommt mit den Skiern direkt zum Gipfelkreuz des Wintergipfels, welcher der eigentlichen Seblasspitze etwas vorgelagert ist. Will man sicher abfahren, sollte man nahe der Aufstiegsspur bleiben und auf den verlockenden direkten Gipfelhang verzichten.

Tiefblick ins Stubaital zu Serles und Kesselspitze.

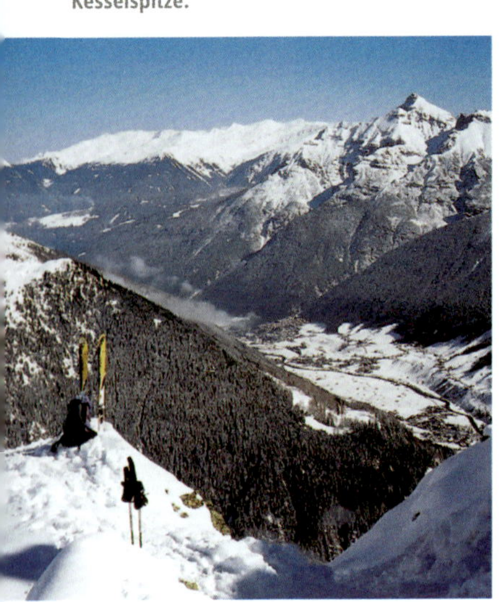

Verlängerungsmöglichkeit: Wer die Auffahrt ins Oberbergtal auf winterlicher Schneefahrbahn scheut und genug Ausdauer für zusätzliche 300 Höhenmeter hat, parkt gleich oberhalb von Milders bei der Abzweigung zum Bichlhof (beschildert) und marschiert auf dem Forstweg zur Auffangalm (+ 1 Stunde).

56 Wildes Hinterbergl
3288 m

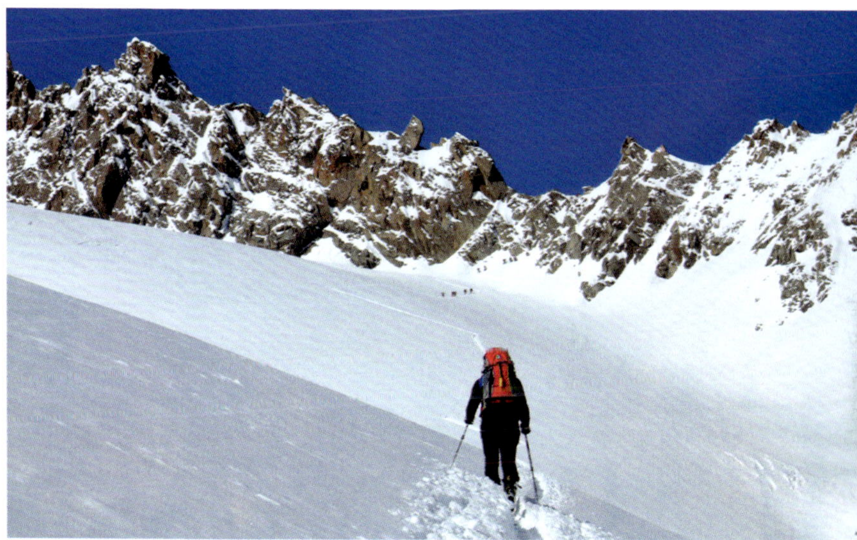

Eine kurze Unterbrechung der Skitour ist der mit einem Fixseil gesicherte Anstieg zur Turmscharte. Danach ist es nicht mehr weit zum Gipfel.

Stubaier Alpen
Stubaital/
Oberbergtal

Eine Sonnencreme mit hohem Schutzfaktor ist Pflicht auf dieser Gletschertour über den spaltenarmen Verborgen-Berg-Ferner. Wie der schöne Gletscherberg zu seinem „wilden" Namen kam, können wir uns ob seiner sanft gewölbten Gipfelkalotte nicht erklären.

Ausgangspunkt: Neustift/Stubaital, Sedugg (1450 m) oder Oberissalm (1740 m)

Höhenmeter, Zeit: 1840 Hm. bzw. 1550 Hm., ab Sedugg 2 bis 2:30 Stunden, ab Oberissalm 1 bis 1:15 Stunden zur Franz-Senn-Hütte (2147 m); zum Gipfel 3:30 bis 4 Stunden

Lawinensituation: Bei Frühjahrsverhältnissen nur mäßig gefährdet.

Österr. Karte: Blatt 147 Axams, 1:50.000

Wenn man vom Alpeiner Ferner über die sonnigen Firnflanken des recht zahmen Verborgen-Berg-Ferners zur Turmscharte aufsteigt, kann man nichts besonders Wildes an diesem Berg entdecken, vielmehr eine wunderschöne Frühjahrstour im Bereich der Franz-Senn-Hütte, wo der Touren- →

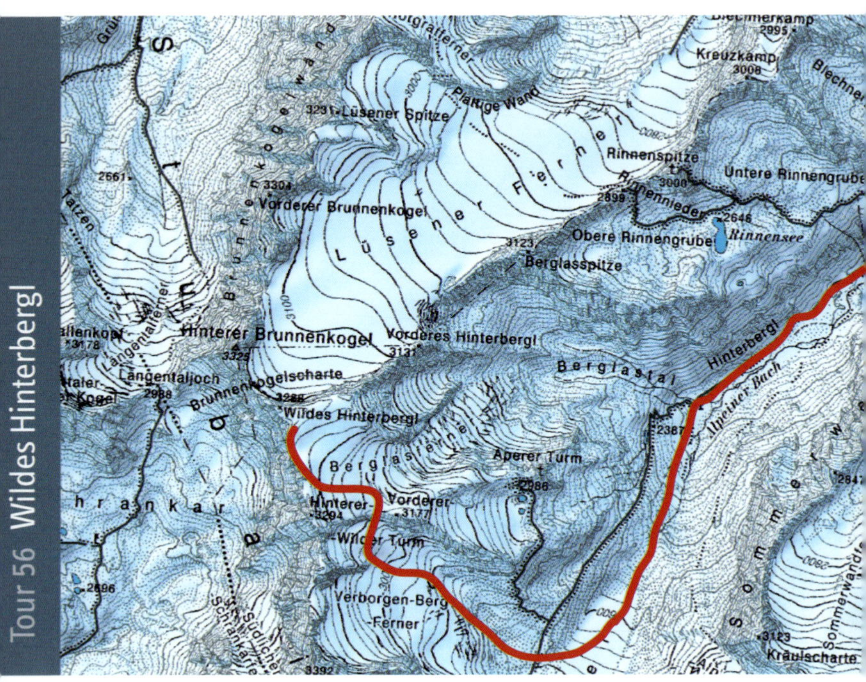

geher ein so reichhaltiges Angebot an verlockenden Skizielen vorfindet, dass es sich unbedingt lohnt, mehr als nur eine Tour einzuplanen. Für Konditionsbolzen lässt sich das Hinterbergl gerade noch an einem Tag bewältigen, besser aber nächtigt man auf der Franz-Senn-Hütte, die üblicherweise von Mitte Februar bis Mitte Mai geöffnet ist. Ruderhofspitze, die Kräulspitzen am Sommerwandferner, die Östliche Seespitze oder Schrandele und Schrankogel sind weitere lohnende Skiberge. Die Straße ins Oberbergtal ist bis Sedugg geräumt, danach gibt es je nach Verhältnissen eine Ratracspur bis zur Oberissalm (Materialseilbahn, Rucksacktransport möglich).

Ausgangspunkt: Ins Stubaital bis Neustift, dann besser nicht durch das Dorf, sondern auf der Talstraße weiter bis zur Abzweigung nach Milders und den Wegweisern nach ins Obergtal bis Bärenbad und weiter bis zum Ende der geräumten Straße in Sedugg (genügend Parkplatz).

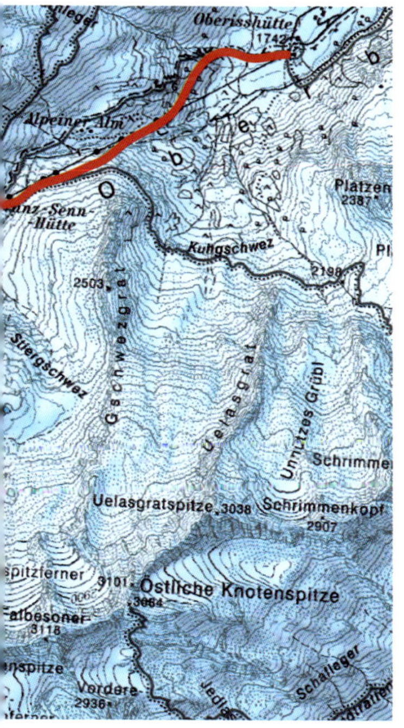

Aufstieg: Weiter zur Stöcklalm und Oberissalm. Von der Alm am stets angespurten Winterweg zum Fuß des Steilhanges und links ansteigend in Richtung Seilbahnstützen bis zur Kante der Bachschlucht und rechts davon ins allmählich flachere Gelände der Alpeiner Alm. Bald rückt die Hütte ins Blickfeld. Ein steiler Bachgraben wird nach links gequert und gleich ist das Ziel erreicht (2 bis 2:30 Stunden ab Sedugg, 1 Stunde ab Oberiss).

Zum Wilden Hinterbergl: Hinter der Hütte rechts über die Brücke und fast 40 Min. ohne wesentlichen Höhengewinn geradeaus talein. Diesen morgendlichen Langlauf bis zum Beginn des Alpeiner Ferners sollte man nicht als Schönheitsfehler, sondern als feine Aufwärmstrecke betrachten, die den Organismus schön langsam in Schwung bringt. Endlich geht es aufwärts. Im linken Teil der Mulde der abgeschmolzenen Gletscherzunge steigt man auf die den Horizont bildende Geländekante, hinter der man jetzt den Alpeiner Ferner betritt. Man folgt dem sanft ansteigenden Gletscher noch ca. 15 Minuten, bis sich auf Höhe von 2700 m rechts das weite Kar des Verborgen-Berg-Ferners öffnet. Wiederum in seinem rechten Teil über ideale Skihänge aufsteigend bis unter die Turmscharte, welche in dem lang gezogenen Felsgrat zwischen Hinteren und Vorderen Turm eingeschnitten ist. Dort heißt es die Skier schultern, denn zur Scharte hinauf geht es nur zu Fuß. Der kurze Steilhang ist aber nicht schwierig und zudem mit einem Fixseil gesichert. Danach ist der Gipfel schon zum Greifen nahe. Jetzt befindet man sich auf dem obersten Teil des Bergglasferners. Es folgen noch drei weit gezogene Gletscherwellen hinüber zur Gipfelkuppe (3:30 bis 4 Stunden).

57 Wilder Freiger 3418 m

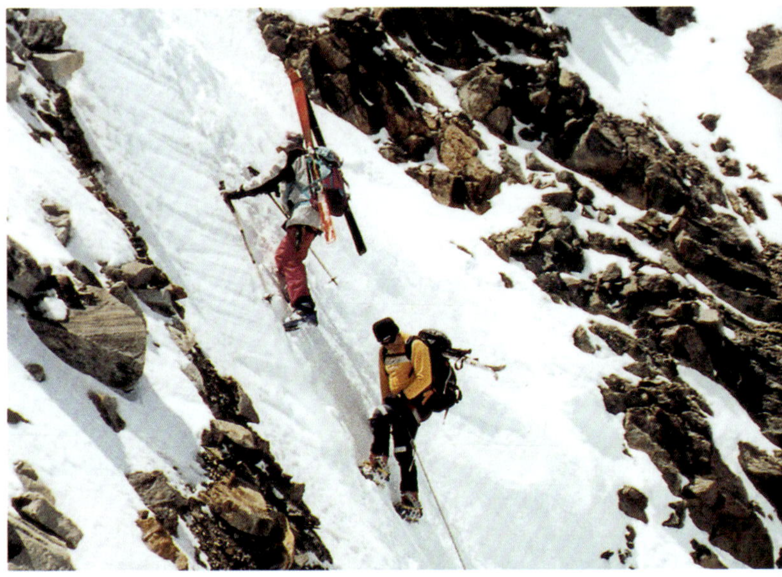

Das Pfaffennieder – die Schlüsselstelle der Skitour zum Wilden Freiger.

→ **Stubaier Alpen**
→ **Hauptkamm**

Hier finden geübte Skitourengeher alles, was das Herz begehrt: eine hochalpine Top-Skitour mit verhältnismäßig wenigen Aufstiegs-, aber vielen Abfahrtsmetern in vollkommener Einsamkeit.

Ausgangspunkt: Bergstation der Stubaier Gletscherbahn, Eisgrat (2870 m)

Höhenmeter, Zeit: Bis Freiger 1270 Hm. Aufstieg, 630 Hm. Abfahrt, 5 Stunden; bis Grawaalm 1380 Hm. Aufstieg, 2600 Hm. Abfahrt, 7 Stunden

Lawinensituation: Nur bei sichersten Frühjahrsverhältnissen.

Österr. Karte: Blätter 147 Axams und 174 Timmelsjoch, 1:50.000

Wir empfehlen den Wilden Freiger ausdrücklich nur, wenn die Lawinenhänge von der Sulzenauhütte und zur Grawaalm herab abgelahnt sind. Mit Hilfe der Stubaier Gletscherbahn lassen sich eine Reihe von wunderschönen Touren-Dreitausendern mit wenig Kraftaufwand machen. Benötigt man für andere Gipfel „nur“ etwas skifahrerisches Können, so stellt der Wilde Freier andere Anforderungen: Eine komplette Hochtourenausrüstung mit Seil und Pickel ist Voraussetzung, dazu ein gutes Auge für Linienführung und Lawinenhänge, etwas Klettertechnik für steile Schnee-/Eisrinnen, aber vor allem ein Batzen Schmalz in den Oberschenkeln für 2600 Höhenmeter Abfahrt in wechselnden Schneearten. Trifft das alles zu, dann ist man ab dem Pfaffennieder allein: Unternehmen Sie diese Tour daher mit mehreren gleich starken Tourenpartnern!

Ausgangspunkt: Durch das Stubaital auf der Gletscherstraße zur Talstation bei der Mutterbergalm, 1721 m. Tourenkarte zum Eisgrat: →

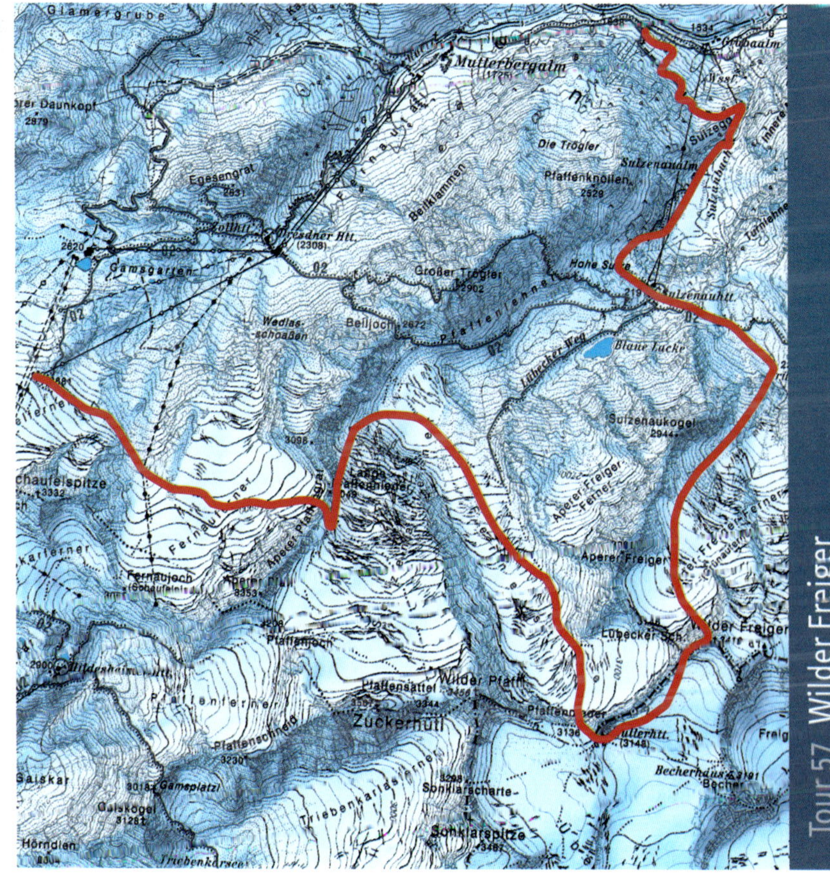

29.80 Euro (erste Bahn um 7.45 Uhr, Skier nicht auffellen).

Aufstieg: Man fährt auf Piste 4 mit 100 m Höhenverlust so hoch wie möglich unterhalb der Schaufelspitze zur Piste 10 ab (auffellen); quert die Piste 10, in weiterer Folge unter der 6er-Sesselbahn Fernau durch, noch über die Skiroute, und hält auf den Langen Pfaffennieder zu (immer Aufstiegsspur von Zuckerhütl-Gehern). Mit den Skiern nicht auf die niedrigste Einsattelung zu, sondern etwas rechts davon zu einer Markierungsstange (3049 m); ca. 300 Hm./45–60 Min. Ski auf den Rucksack und den roten Markierungen abwärts folgen (die letzten Meter zum Sulzenauferner sind seilversichert). Die Wegmarkierungen am Übergang Langer Pfaffennieder sind nicht einfach zu finden. Als Alternative bietet sich ein Anstieg über das Peiljoch oder den Wilden Pfaff an.

Es folgt die zweite Abfahrt am linken Rand des Ferners bis in eine Höhe von 2500 Metern; nochmals auffellen. Im 90-Grad-Winkel unterhalb eines rapide abschmelzenden Eisbruchs steigt man in sanfter Steigung über die Fernerstube auf, sicherer ist es auf der linken Seite und über ein Steilstück in ein flaches Becken, dort rechts eben bzw. leicht fallend zum Pfaffennieder, einem Schartl zwischen Pfaff und Freiger. Zu Fuß ca. 50 Hm. hinauf zu Steinmann (3136 m) und Sommerwegmarkierung. Links haltend auf die silberne Windrotorkonstruktion zu, gleich dahinter liegt die Müllerhütte (3145 m). Mit aufgefellten Skiern fährt man auf der Südseite 50 Höhenmeter bis unterhalb der Felsriegel, quert links hinaus und steigt immer unterhalb des Freiger-Westgrats in gleich bleibender Neigung auf den Gipfelhang zu. Zum Schluss steil – evtl. zu Fuß – zum Gipfelkreuz. Schöner Blick zum unter uns gelegenen Becherhaus und auf die Gletscherwelt der südlichen Stubaier Alpen.

Abfahrt: Vom Gipfel nördlich hinunter auf den Grünauferner (Wilder-Freiger-Ferner) und am Aperen Freiger und Sulzenaukogel vorbei bis vor den Grünausee. Links haltend am Ostgrat des Sulzenaukogels herum und etwas aufsteigend zur Sulzenauhütte. Nun immer am Sommerweg abwärts zur Sulzenaualm, am Talboden zur Kante mit der Materialseilbahn und wieder am Sommerweg 136 den äußerst steilen Hang hinausquerend – nicht direkt hinunter zur Grawaalm – in den Wald (evtl. kurz vorher einen Lawinenstrich abwärts) und hinaus zur Brücke über die Ruetz.

58 Hinterer Daunkopf 3225 m

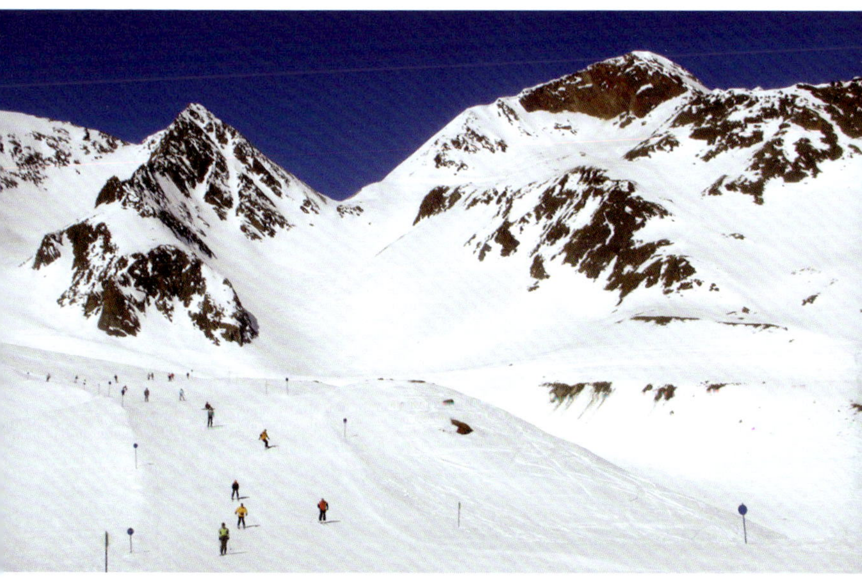

Vom Gamsgarten zieht die Spur in einer Linie zum Daunjoch, rechts unser Gipfel.

Stubaier Alpen

Obwohl der Hintere Daunkopf durch den Lift zur reinen Pistentour verkümmert ist, fordern gleich drei Abfahrtsvarianten – in reinem Tourengelände oder auf der Piste – zum Ausprobieren heraus.

Ausgangspunkt: Mutterbergalm, Stubaier Gletscherbahn (1720 m); Station Gamsgarten-Eissee (2615 m)

Höhenmeter, Zeit: Mit Seilbahn 600 Hm., 1:30 bis 2 Stunden; zu Fuß ab Mutterbergalm 1500 Hm., 4 Stunden

Lawinensituation: Wenig gefährdet.

Österr. Karte: Blätter 147 Axams und 174 Timmelsjoch, 1:50.000

Dem Massenbetrieb geht der Tourengeher ja lieber aus dem Weg, aber ab und zu benützt auch der eingefleischteste Liftgegner ganz gern einmal eine Aufstiegshilfe, vor allem, wenn man mühelos zu einer so tollen Skitour kommt. Wenn im Frühjahr die Schneegrenze rapide nach oben klettert, ist man hier, im „Königreich des Schnees“, noch lange aufgehoben. Die Erschließung →

hat aber auch vor dem Hinteren Daunkopf nicht Halt gemacht, seit kurzen führt ein Lift bis auf eine Schulter kurz unterhalb des Daunjochs und eine feste Stapfspur führt zu dem in der Sonne glitzernden Gipfelkreuz, das vor nicht allzu langer Zeit von der Bergrettung Gries errichtet wurde. Für den Tourengeher ist dieser Berg nun zu einer fast reinen Pistentour geworden. Was ihn aber trotzdem lohnend macht, ist die „noch“ naturbelassene 1500-m-Abfahrt durch die Glamergrube hinunter zur Muttterbergalm (durch die man aber auch – von Liftbetrieb völlig unberührt – aufsteigen kann). Allerdings sind auch hier die Tourengeher nicht mehr unter sich, denn nun kommen die Pistenfreaks und Freerider ebenfalls in den Genuss dieses herrlichen Gletscherhanges.

Ausgangspunkt: Von der Mutterbergalm mit der Gamsgartenbahn (Tourenkarte verlangen, 12 Euro, Betrieb ab 8 Uhr) ist man im Nu auf 2600 m. Der Gipfel und die ganze Anstiegsroute bis zum Daunjoch liegen bereits in der Morgensonne und sind komplett überschaubar.

Aufstieg: Ein kurzes Stück auf der Piste Nr. 7 und in gerader Richtung auf das Daunjoch zu.

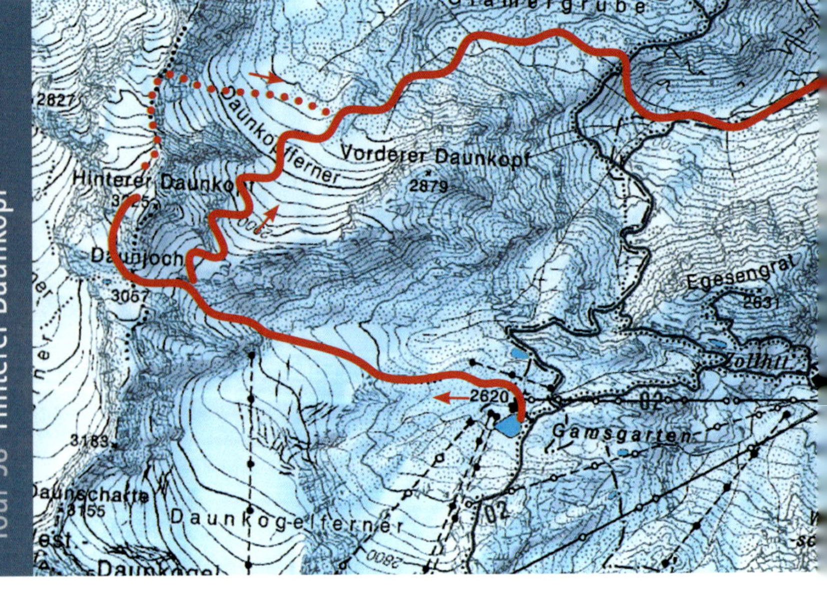

Entweder direkt durch die oben immer steiler werdende Karmulde oder, fast angenehmer zu gehen, etwas rechts davon auf der gestuften Terrasse. Vom Joch stapft man entweder zu Fuß durch die oft steinige Westflanke in die Höhe, kann aber auch gut mit Skiern den steilen Hang in der Nordflanke schräg aufwärts queren (Harscheisen) und kommt danach im flacheren Gelände direkt zum Gipfel (1:30 bis 2 Stunden).

Ausdauergeher starten bereits von der Mutterbergalm zu Fuß, marschieren über die Wilde-Gruben-Piste herauf zum Gamsgarten oder gehen abseits vom Skibetrieb durch die Glamergrube und den Daunkopfferner aufs Daunjoch (4 Stunden).

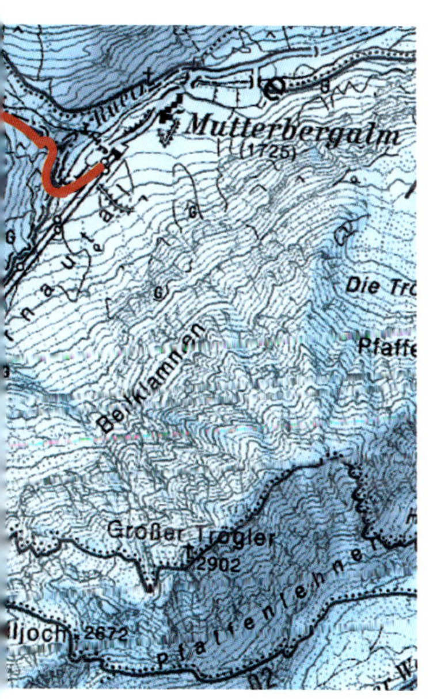

Abfahrt: Dann gibt es nur auf der Stubaier Seite gleich drei Abfahrtsvarianten:

1.) Am problemlosesten zurück zum Gamsgarten und auf der Piste Nr. 14 durch die Wilde Grube zur Mutterbergalm.

2.) Über den Daunkopfferner in die Glamergrube. Dazu fährt man vom Daunjoch gleich schräg nach links auf den kleinen Seitengrat, der vom Vorderen Daunkopf anstößt, und dahinter auf dem wunderschönen spaltenlosen Gletscherhang des Daunkopfferners in die Glamergrube. Im Rechtsbogen durch die Karmulde und weiterhin rechts haltend über eine Steilstufe in den Auslauf der Wilden Grube.

3.) Nur wenn mit super Firn und sicheren Lawinenverhältnissen zu rechnen ist. Dazu muss man die Skier auf alle Fälle auf den Gipfel mitnehmen. Dann fährt man auf dem nordseitig zwischen zwei kleine Grate eingebetteten namenlosen Gletscher (Richtung Amberger Hütte) ca. 200 Hm. ab, bis man ganz einfach in eine Lücke im rechten Seitengrat hinausqueren kann. Von dort über den endlos langen Steilhang 500 Hm. in einem Zug hinunter in die Glamergrube.

59 Zuckerhütl 3505 m

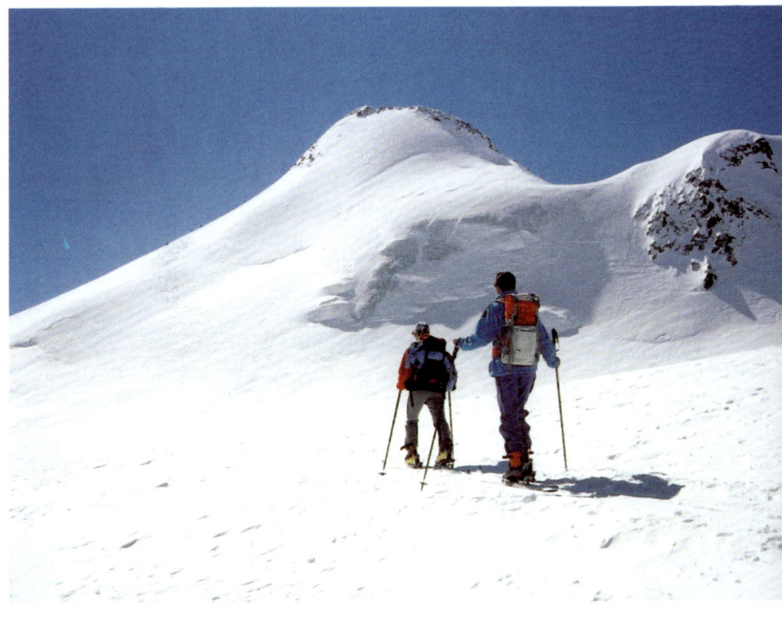

Vom Pfaffensattel, ganz links, führt die Spur bis knapp unter den Gipfel.

→ Stubaier Alpen
→ Stubaital

Das Zuckerhütl ist der König im Königreich des Schnees. Mit Hilfe der Stubaier Gletscherbahnen wurde aus dieser Majestät eine beliebte und lockere Vormittagstour mit eindrucksvollen Ausblicken und einer Riesenabfahrt.

Ausgangspunkt: Mutterbergalm, Stubaier Gletscherbahn, Bergstation Eisjoch (3130 m)

Höhenmeter, Zeit: 650 Hm. Aufstieg, 2000 Hm. Abfahrt, 2 bis 2:30 Stunden

Lawinensituation: Kaum gefährdet, nur bei späterer Tageserwärmung.

Österr. Karte: Blatt 174 Timmelsjoch, 1:50.000

Ähnlich wie die Wildspitze in den Ötztaler Alpen ist auch das Zuckerhütl im Stubai durch die Aufstiegshilfen der Stubaier Gletscherbahnen zu einer kurzen Vormittagstour „verkommen". Eindrucksvoll ist es aber nach wie vor, und man kommt ohne großen Aufwand in den Genuss eines wunderschönen Tourenerlebnisses, das man allerdings mit vielen Gleichgesinnten teilen muss.

Der berühmte Steilaufschwung zum Gipfel des Hütls ist bei ausreichender Schneelage relativ leicht mit tiefen Stapfen im Firn zu bewältigen. In den letzten Jahren kommen aber sogar schon im Frühjahr die Felsblöcke zutage. Steigeisen und ein Sicherungsseil sind trotzdem ratsam. Wer sich das nicht ganz zutraut, der geht lieber vom Sattel nach links auf den Vis-à-vis-Kogel und kommt ganz mühelos mit Skiern bis auf den Gipfel des Wilden Pfaff und hat somit auch einen des berühmten Stubaier Dreigestirns (Freiger, Pfaff, Zuckerhütl) in der Tasche.

Ausgangspunkt: Durch das Stubaital zur Mutterbergalm und zur Talstation der Gletscherbahn. Man löst eine Tourenkarte für zwei Teilstrecken (10.20 Euro) bis zum Eisjoch oder drei Teilstrecken (13.50 Euro) für die Auffahrt am Gaiskarferner beim Rückweg. Unbedingt mit der ersten Bahn (ab 8 Uhr) auffahren. Am besten zuerst mit der Gamsgartenbahn, dann weiter mit dem 6er-Sessellift aufs Eisjoch. →

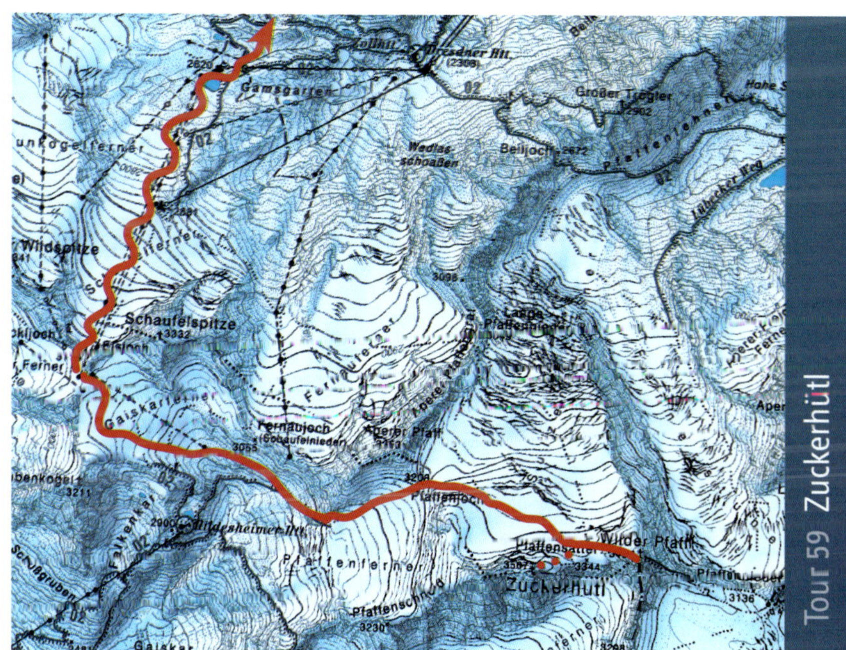

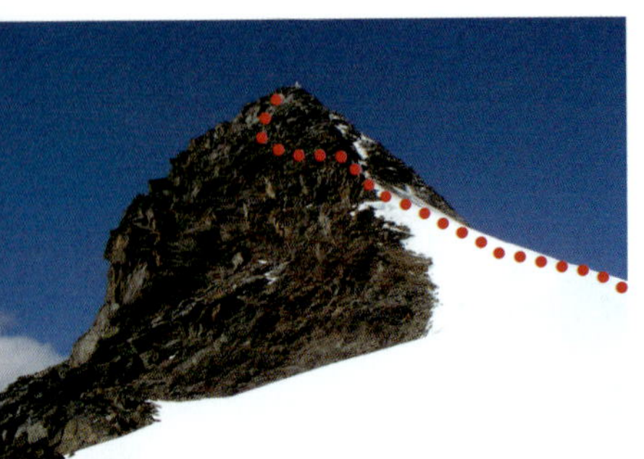

Bei entsprechender Ausaperung links am Stahlseil.

Aufstieg: Ein bisschen schupft und brettelt man hinüber zur Jochdohle, dem höchstgelegenen Restaurant Österreichs, an der Südseite der Schaufelspitze. Abfahrt auf Piste Nr. 5 über den Gaiskarferner bis kurz unter die Talstation der beiden Lifte, von wo man möglichst nicht zu hoch ansetzt und in einer Querfahrt auf den steilen Buckel des Pfaffenferners zufahren kann. Ungefähr auf Höhe 2850 m auffellen und Harscheisen aufstecken. In zwei, drei Kehren lässt sich der Steilhang überwinden, dann strebt man in gerader Linie auf das Pfaffenjoch (3213 m) zu. Nach dem Übergang auf den Sulzenauferner in weit ausholendem Bogen nach rechts in die Einsattelung (3344 m) zwischen Pfaff und Zuckerhütl und noch ein paar Kehren zum Skidepot am Beginn des Steilaufschwunges. Für die restlichen 50 Höhenmeter hinauf zum Gipfel sind Steigeisen ratsam, und vor allem für den Abstieg ist ein Sicherungsseil, das man an einem Felsblock fixieren kann, recht hilfreich. Achtung! Im Frühjahr, wenn die Ausaperung schon etwas fortgeschritten ist, kann man diesem letzten steilen Aufschwung auch gut ausweichen. Denn was von den meisten Bergsteigern oft übersehen wird, ist der Umstand, dass genau an der Stelle, wo der Firngrat endet und in die Schlussflanke übergeht man leicht nach links in die Felsen queren kann. Dort beginnt ein fixes Stahlseil, das auf breiten Bändern im gut gestuften Fels zum Gipfel leitet. Und wie gesagt, wer es sich einfacher machen will, steigt gemütlich auf die runde Kuppe des Wilden Pfaff (3456 m) und schaut zu, wie sich die Freunde im Steilhang hinaufplagen.

Abfahrt: Abfahrtsmöglichkeiten gibt es mehrere, am problemlosesten fährt man auf der Aufstiegsroute zurück. Hier wartet allerdings noch ein gut halbstündiger Gegenanstieg auf den Pisten entweder aufs Schaufelnieder (3055 m) oder hinauf zur Jochdohle (3150 m). Am bequemsten ist es, wenn man die Liftkarte mit der dritten Teilstrecke parat hat. Abfahrt auf den Pisten bis zur Gamsgrube und durch die Wilde Grube (Piste Nr. 14) ins Tal.

60 Nößlachjoch 2231 m

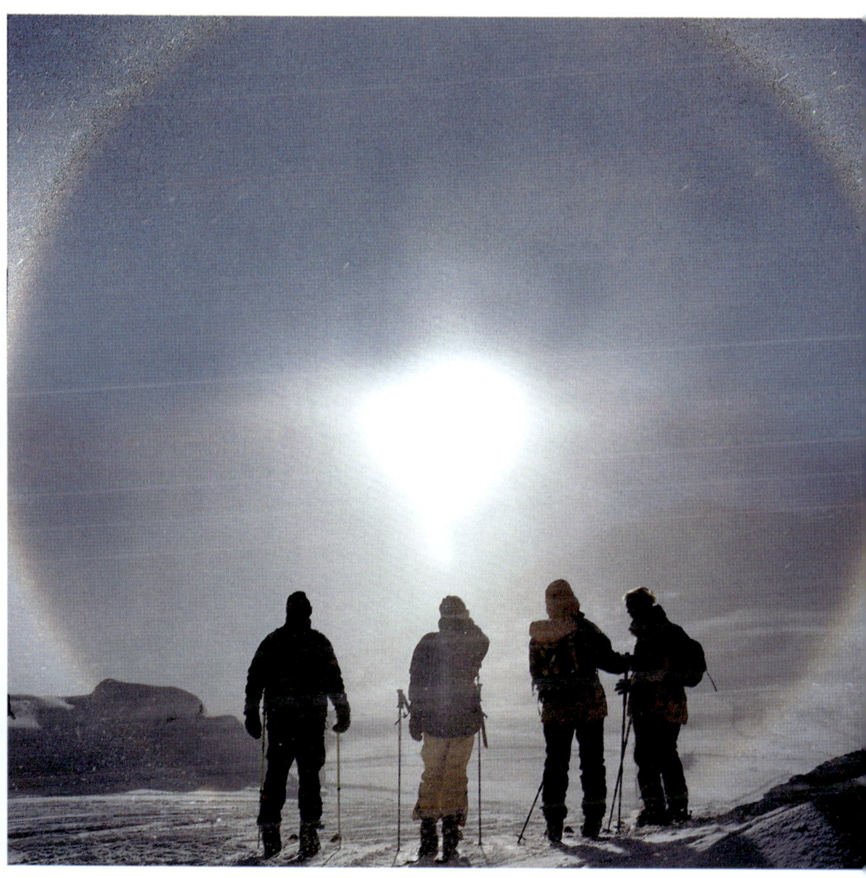

Eine seltene Himmelserscheinung bewundern die Tourengeher am Nößlachjoch.

Stubaier Alpen
Brennerberge

Es mag eine Allerwelts- und Verlegenheitstour sein, attraktiv ist das Nößlachjoch aber allemal, und zwar bei allen Schneeverhältnissen, solange nur kein Föhn bläst.

Ausgangspunkt: Nößlachplateau, Autobahnausfahrt (1350 m)

Höhenmeter, Zeit: 880 Hm., 2 bis 2:30 Stunden

Lawinensituation: Praktisch lawinensicher.

Österr. Karte: Blatt 148 Brenner, 1:50.000 →

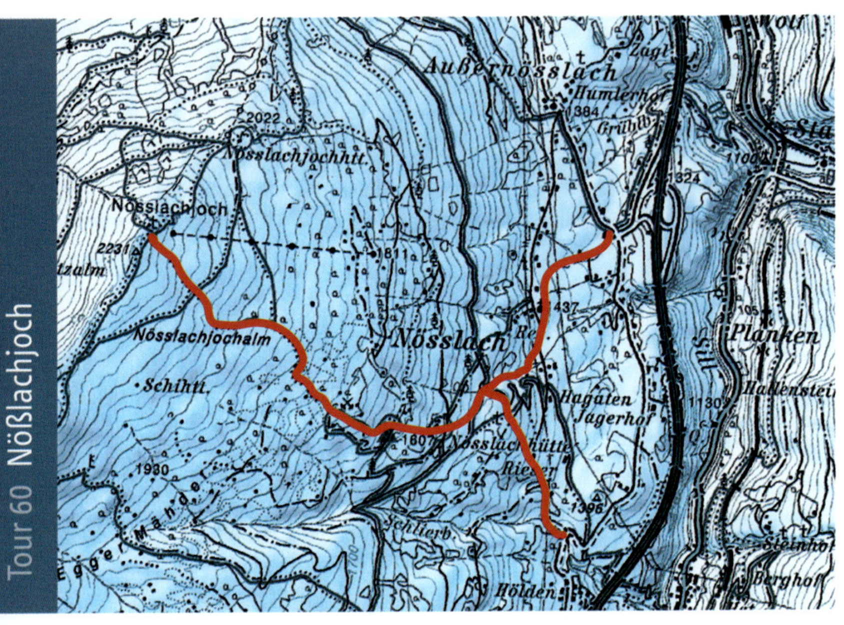

Jetzt habe ich gar einmal einen jungen Tourengeher getroffen, der noch nie am Nößlachjoch war! Die eingefleischten Tourenfüchse können darüber nur milde lächeln. Der junge Mann hatte nicht einmal den Namen gehört! Allerdings, das muss dazugesagt werden – es war im Lichtjahre entfernten Alpbachtal, als mir ein junges Greenhorn auf einem Gipfel alle Tourenmöglichkeiten im weiten Umkreis haarscharf erklärte, aber das „Nößlach“ war ihm gänzlich unbekannt. Doch es gibt eben auch genügend Neueinsteiger, denen man das wirklich nicht verübeln darf.

Wem ein zweistündiger Anstieg über knapp 900 Höhenmeter genügt, ist hier auch bei nicht so optimalen Wetter- oder Schneeverhältnissen gut beraten. Man braucht keine Landkarte für die Orientierung, weil man meistens nur einer breit ausgeschliffenen Spur zu folgen braucht.

Für die Abfahrt durch die lockeren Waldschneisen bildet sich rasch eine regelrechte Piste, und im mäßig geneigten Gelände der Gipfelregion hat man keine Lawinengefahr zu fürchten. Noch dazu gibt es für den Einkehrschwung eine gut bewirtschaftete Hütte direkt neben der Aufstiegsspur.

Am Gipfel beeindruckt wie bei allen Brennerbergen eine prächtige Rundumsicht zu Habicht, Olperer und den Tribulaunen. Fotografen finden hier auf dieser unspektakulären Tour jede Menge an Motiven für „Kalenderbilder“ mit knorrigen Bäumen im glitzernden Neuschneekleid oder ein von sturmgespickten Eisnadeln überzogenes Gipfelkreuz. Spielverderber kann nur der oft vom Brenner ungebremst einfallende Föhn sein, der dann die Hänge so freifegt, dass man über der Waldgrenze Preiselbeeren klauben kann.

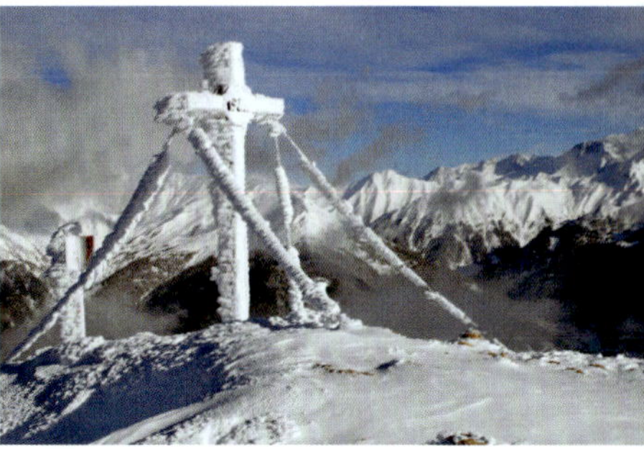

Das Gipfelkreuz muss einige Windstärken aushalten.

Ausgangspunkt: Brennerautobahn (Ausfahrt Nößlach). Wissen muss man, dass am früher üblichen Startpunkt am Nößlachplateau auf der nach Gries/Vinaders führenden Straße wegen der Haltestelle des Wipptaler Skibusses in beiden Richtungen Parkverbot besteht. Darum lässt man das Auto unmittelbar am großen Platz bei der Autobahnabfahrt stehen, geht die paar Schritte vor zur Kreuzung und kann auch hier gleich die Skier anziehen.

Aufstieg: Beim GH Alpenland über das flache Feld ansteigend und immer links haltend zum Waldrand (immer angespurt). Andere Möglichkeit wäre, auf der Vinaderer Straße von der besagten Haltestelle noch ein Stück weiterzufahren. Wo sich die Straße zu einem Bauernhof absenkt, gibt es auch ein paar Abstellmöglichkeiten. Anstieg durch Wiesenmulden zum obersten Bauernhof und über die Wiese dahinter zum Waldrand. Beim Zaundurchlass betritt man den Wald und bald darauf ist die Nößlachhütte erreicht.

Über die Lichtung gleich hinter der Hütte und wiederum im lockeren Wald durch Tälchen und Schneisen hinauf ins baumfreie Gelände, das man in der Nähe der Piste des Sonnenliftes erreicht. Links der Piste bleiben und gerade aufwärts zum schon von weitem sichtbaren Gipfelkreuz. Auch der Weiterweg über den breiten Gratrücken zum benachbarten Eggerberg und Leitnerberg ist meist problemlos möglich.

61 Weiße Wand 1830 m

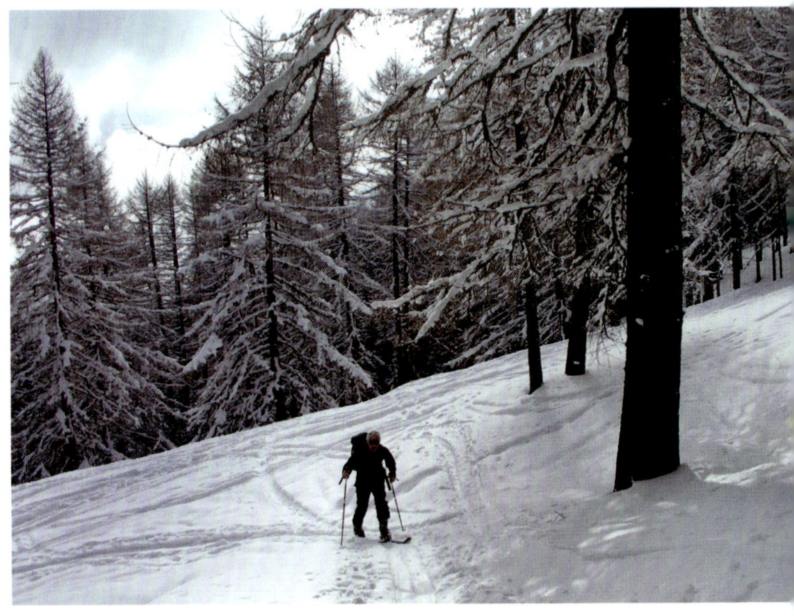

Einem Riesenslalom im lockeren Lärchenwald gleicht die Skitour auf die Weiße Wand.

→ **Stubaier Alpen**
→ **Wipptal**

Wetteraussichten schlecht, Lawinenwarnstufe hoch. Da bleibt entweder eine Pistentour oder sicheres Gelände im Waldbereich. Die Weiße Wand bei Matrei am Brenner kommt da gerade recht, ist aber nur bei sehr guter Schneelage zu empfehlen.

Ausgangspunkt: Matrei a. Br. (990 m).

Höhenmeter, Zeit: Matrei – Weiße Wand (1830 m), 840 Hm., 2 bis 2:30 Stunden. Weiterweg zum Blaser möglich, aber nicht lohnend

Lawinensituation: Reine Waldtour, keine Lawinengefahr

Österr. Karte: Blatt 148 Brenner, 1:50.000.

Als Skitourengeher kennt man das zur Genüge. Kaum schneit es, tönen aus den Medien die Warnungen, die Nase ja nicht aus dem sicheren Wald zu stecken, auf den Pisten zu bleiben und freies Gelände zu meiden. Das mag durchaus oft seine Berechtigung haben, aber es gibt auch Alternativen, man muss sie nur zu finden wissen. Gut aufgehoben ist man im sicheren Gelände der Weißen Wand oberhalb von Matrei a. Br. – unabhängig von Wetter- und Lawinensituation. Eine reine Waldtour, für die als einziges Kriterium die Schneequalität ausschlaggebend ist, am besten ist aufgrund der steilen Waldwege natürlich jede Menge Neuschnee.

Wie die Weiße Wand zu ihrem abschreckenden Namen kam, ist schwer nachvollziehbar, im wald- und latschenbedeckten Rücken, der vom Blaser gegen Matrei herunterzieht, ist sie nur ein unbedeutendes Köpfl. Direkt an der Bundesstraße in Matrei kann man in die Ski steigen. Auch ist diese Tour meistens angespurt, denn für manchen Matreier Tourengeher ist dieser Berg ein netter Ausflug vor dem Mittagessen.

Ausgangspunkt: Einziges Problem für Autofahrer ist die Parkplatzsituation in Matrei, denn es gibt in unmittelbarer Nähe nirgends einen offiziellen Abstellplatz. Fragen kann man beim Kiosk (vor der Unterführung nach Navis). Am besten ist man als Bahnfahrer dran, weil man vom

→

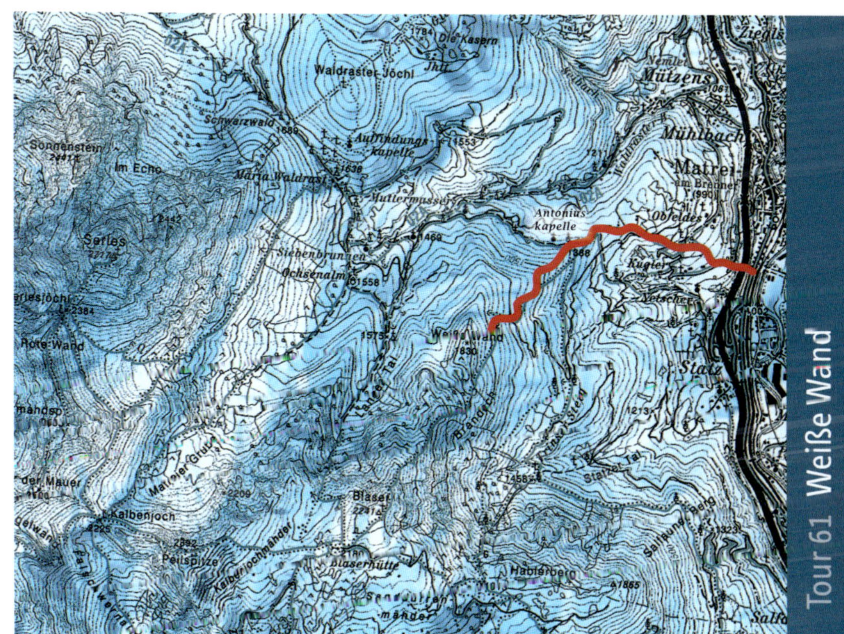

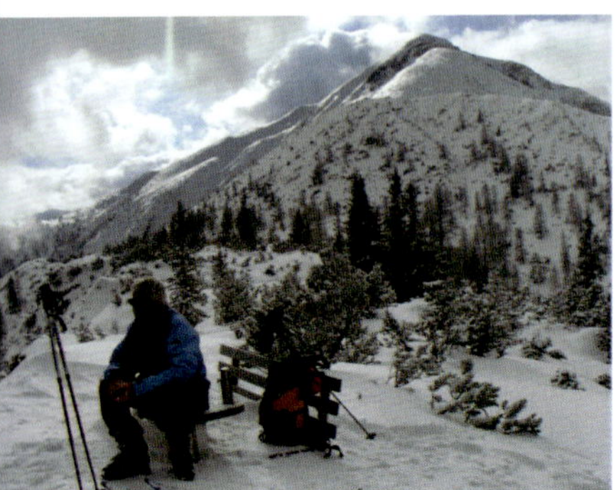

Ein kleines Gipfelkreuz markiert das Ende der Skitour. Dahiner der Blaser.

Bahnhof nur ein paar Schritte Richtung Brenner gehen muss und gleich nach dem Ortsendeschild über sich die Autobahnunterführung sieht, hinter der es richtig losgeht.

Aufstieg: Von der Autobahnausfahrt Matrei zur Einmündung in die Bundesstraße. Ein paar Schritte Richtung Ortsmitte/Bahnhof bis zum Ortsschild. Die Autobahnunterführung befindet sich unmittelbar darüber. Dahinter in den Wiesen auf dem gut erkennbaren Traktorweg links aufwärts zum Bauernhof Kugler mit kleiner Kapelle. Von dort folgt man dem gut erkennbaren und markierten Sommerweg Nr. 3 erst einmal in Richtung Waldrast. Nach einem tief eingeschnittenen Hohlweg kommt man zur kleinen Antoniuskapelle, verlässt jetzt die Waldrast-Beschilderung, steigt durch eine kurze Waldschneise gerade empor und zieht die Spur am meist gut erkennbaren Sommerweg aufwärts, vorbei an Jagd- und Almhütten, durch alten Lärchenbestand, bis sich immer deutlicher der Rücken herausbildet, der vom Blaser herunterzieht. Erst am „Gipfel", gekennzeichnet mit einem kleinen Kreuz und mit Tisch und Bank und bequem wie selten, erhält man einen Überblick über die Umgebung mit freier Sicht zu Serles, Blaser und aufs Wipptal.

Alpiner Slalom: Die Abfahrt ist ein richtiger Slalom. Die weit gesetzten Tore bestehen zwar aus massiven Lärchenstämmen, aber wenigstens ohne Unterholz und Jungwald, so dass man tadellos seine Schwünge ziehen kann. Ab der Kapelle hält man sich etwas direkter auf das Tal zu und erreicht bald den obersten Rand der freien Wiesen.

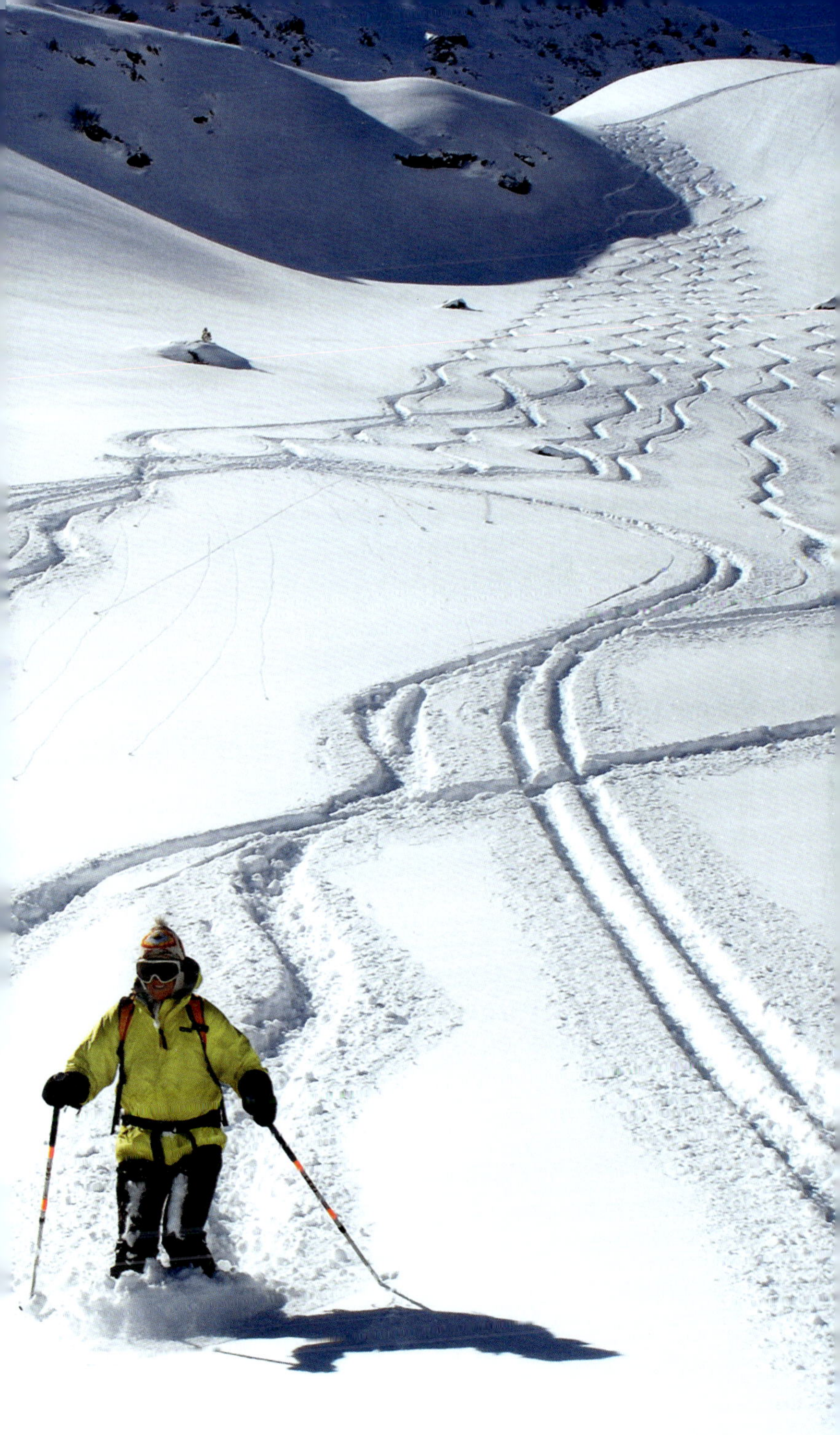

62 Kesselspitze 2728 m

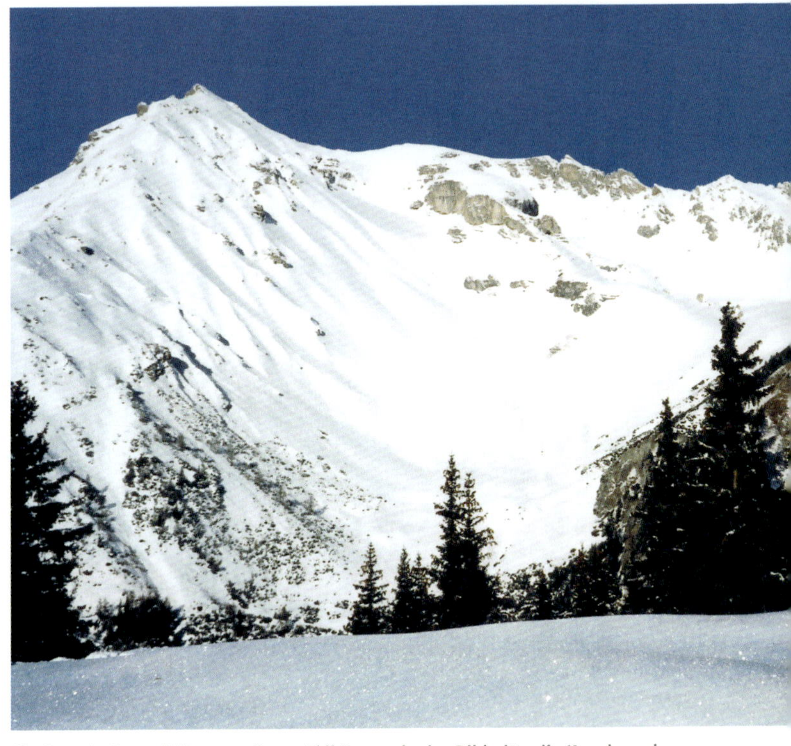

Die Kesselspitze mit ihren endlosen Skihängen, in der Bildmitte die Kugelwand.

→ **Stubaier Alpen**
→ **Serleskamm**

Und noch zwei Skitouren ausgehend von Trins (siehe Nr. 66), diesmal jedoch nur für versierte Komplettskitourengeher zu empfehlen, weil beide Varianten großteils sehr steil – und entsprechend spektakulär – sind; am besten bei sicherem Frühjahrsfirn anpeilen.

Ausgangspunkt: Trins (1235 m) oder Maria Waldrast (ca. 1550 m)

Höhenmeter, Zeit: 1500 Hm., 4:30 Stunden od. 1200+150 Hm., 3:30+0:30 Stunden

Lawinensituation: Nur bei sichersten Verhältnissen.

Österr. Karte: Blatt 148 Brenner, 1:50.000

Für beide Varianten braucht's die gleichen Anforderungen an den Skitourengeher, sehr gute Kondition und skiläuferisches Können, keine weichen Knie bei ausgesetzten Querungen und gute Einschätzung der Lawinensituation. Wenn das alles zutrifft, dann sind diese Skitouren mit großartigem alpinem Touch bestimmt ein Highlight in Ihrer Tourensaison. Die Kesselspitze – hinter dem breiten Rücken der Serles etwas versteckt – bietet mit ihren breiten Karen und der besonders originellen Variante über die Kugelwand ein Top-Tourenziel, allerdings sei nochmals darauf hingewiesen: nur wenn die Lawinengefahr gebannt ist.

Ausgangspunkt Trins: wie in den Touren Peilspitze oder Padasterkogel beschrieben. Nun wie in Tour Peilspitze bis zum Burgwald und geradeaus steiler werdend Richtung Kalbenjoch. Hier wird das breite Kar von der Kugelwand in zwei schmälere geteilt. Keinesfalls ins rechte Kar aufsteigen, sondern ins linke, in dem wir über bis zu 40 Grad steile Stufen hinauf zum Nordostgrat gelangen. Knapp unterhalb hinüber zum Südostgrat und über diesen flach zum Gipfelkreuz.

Über die spektakuläre Kugelwand zum Gipfel. Die Skitour von der Waldrast aus ist zwar etwas kürzer, aber noch schwieriger – die Route folgt im Großen und Ganzen dem Sommerweg übers Kalbenjoch zur Kesselspitze.

Ausgangspunkt Waldrast: Wie in Tour Peilspitze ca. 5 km bis zum Parkplatz nach dem Langen Tal oder bei sehr frühem Start noch ein Stück weiter – bis die Loipe das zweite Mal die Straße quert; kleiner Parkplatz.

Hier bei den gelben Wegweisern (Kalbenjoch/Kesselspitze, 3:30) leicht abwärts an der Ochsenhütte vorbei in die Matreier Grube und durch eine breite Gasse im Wald sanft ansteigend bis ganz an den Latschenkegel, →

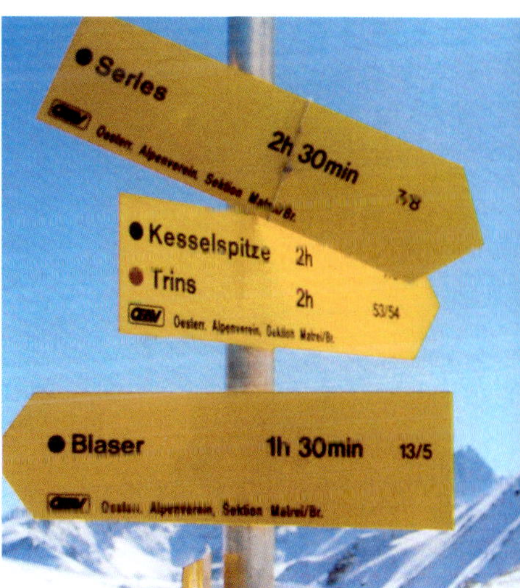

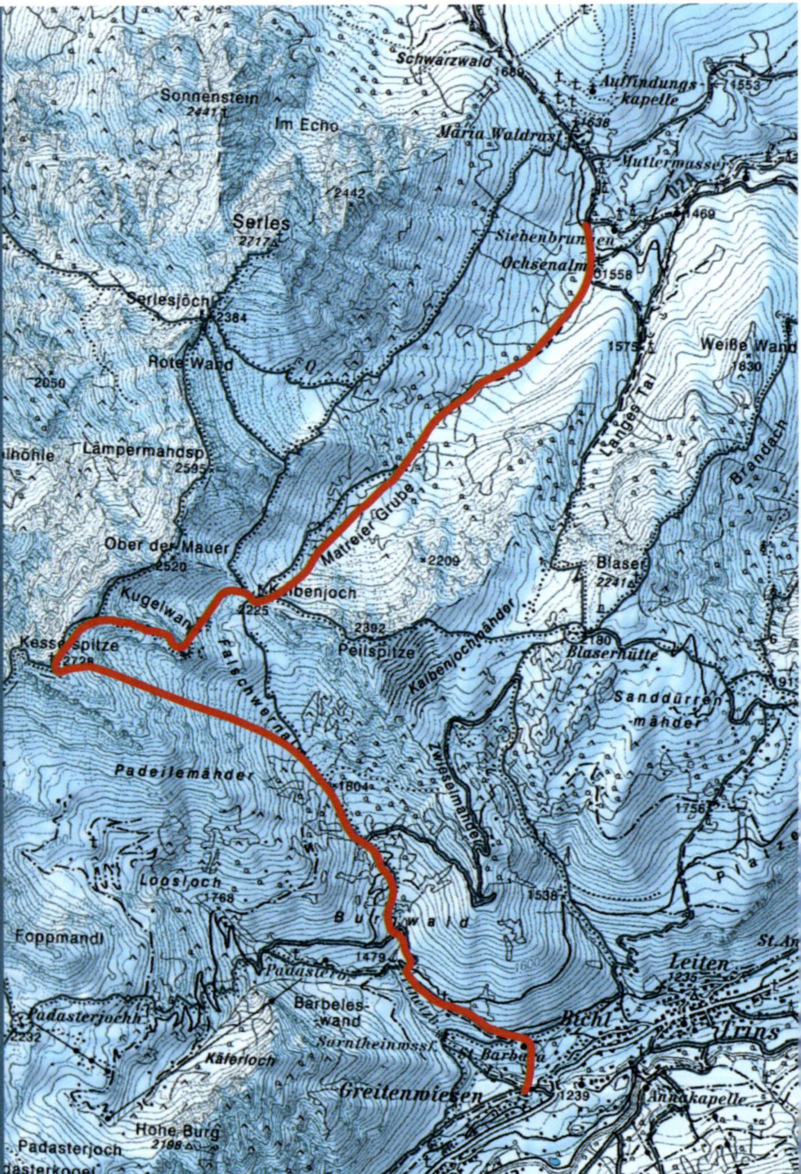

Tour 62 Kesselspitze

der vom Kalbenjoch herunterzieht. An seinem Fuß schräg links aufwärts durch lichten Lärchenbestand, der allmählich in Latschengelände übergeht und unter den Felstürmen der Peilspitze auf eine Geländestufe. Fast eben einwärts und auf der rechten kupierten Hangseite bis unters Joch, das man von rechts nach links über einen kurzen Steilhang erreicht; gelbe Wegweiser (Kesselspitze, 2:00), die schon eine Reparatur nötig haben; 2225 m.

Der Weiterweg ist von hier gut überschaubar: Man quert einige Höhenmeter abfahrend hinein in die Karmitte, hinauf zu den senkrechten Felswänden der Kugelwand und unterhalb scharf links auf dem steilen Schneeband (Harscheisen!) hinaus auf das Dach des dreieckigen Felsvorsprungs ganz am linken Rand des Massivs. Nun kurz mit zwei, drei Spitzkehren – oder zu Fuß am abgewehten Sommerweg – auf den hier ansetzenden Rücken, der ab hier unschwierig auf den breiten Grat leitet. Eine kleine Gratscharte erfordert kurzes Skiausziehen, dann aber ohne Umschweite auf das weithin sichtbare Gipfelkreuz zu.

Abfahrt: Nicht auf der Aufstiegsspur, sondern gleich im tollen Kar – wie bei Variante Trins – abwärts bis unterhalb der Felszonen der

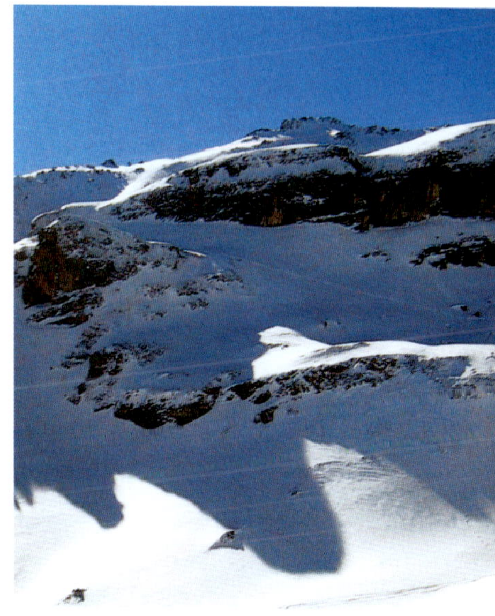

In einer großen Schleife zieht die Spur über das sonnige Schneeband der Kugelwand.

Kugelwand auf eine Höhe von ca. 2100 m. Hier fellt man nochmals auf und steigt die 150 Höhenmeter in 20 bis 30 Minuten hinauf zum Kalbenjoch. Weitere Abfahrt wie Aufstieg oder bei guten Verhältnissen (hohe Schneelage): Im obersten flachen Karboden ganz links halten, hart am Hang der Lämpermahdspitze, und durch steile Latschengassen abwärts in den Talboden.

63 Padasterkogel 2301 m

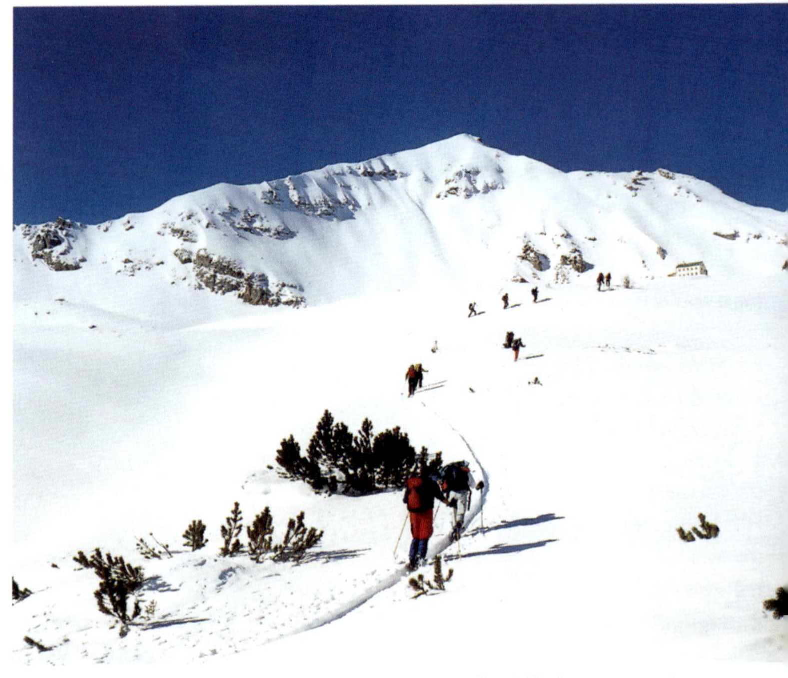

Harmloses Skigelände beim Padasterjochhaus, darüber die tückische Hammerspitze.

→ **Stubaier Alpen**
→ **Gschnitztal**

Echte Skitouren-Geheimtipps zu finden wird immer schwieriger. Diese leichte, mittellange Tour in alpinem Ambiente auf einen harmlosen Ableger im Serles-Habicht-Kamm wird tatsächlich nur von Insidern begangen.

Ausgangspunkt: Trins (1200 od. 1300 m)
Höhenmeter, Zeit: 1100 od. 1000 Hm., 3 Stunden
Lawinensituation: Je nach Abfahrtsvarianten LWS 2 erforderlich.
Österr. Karte: Blatt 148 Brenner, 1:50.000

Vom ersten österreichischen Naturfreundehaus am Padasterjoch, das in einem wunderschönen Blumenwiesenkessel liegt – daher im Sommer viel besucht von Wanderern und, seit die Straße bis zum Haus führt, vermehrt von Bergradlern –, lassen sich mehrere anspruchsvolle Skigipfel machen: Kesselspitze, Wasenwand, Hammerspitze. Der „harmloseste“ und damit sicherste ist der Padasterkogel, der in puncto Aussicht den vorher erwähnten aber um nichts nachsteht.

Zwei Ausgangspunkte (je nach Schneelage und Parkmöglichkeit): Entweder wie bei Tour „Peilspitze/Blaser“ zum Padasterbach (1200 m) oder schon vorher in Trins an der Kirche vorbei Richtung Padasterjochhaus zum MTB-Start der Routen 524, 523 und unserer „Trins–Padasterjochhaus 577“ beim Eisengatter (wenig Parkraum).

Zum Padasterkogel: In 20 Minuten auf dem Fahrweg zum Rodelbahn-Zielhäuschen; ab hier gemeinsamer Weiterweg von AP 1 und AP 2: Kurz nach dem Häuschen nicht rechts die Rodelbahn weiter, sondern durchs offene Gatter auf eine freie Wiese und den Sommerweg 122 flach am Zaun entlang zum Padasterbach. Nun weitet sich das Tal, die lockeren Lärchenwiesen werden etwas steiler und genau vor uns im Westen sieht man den mächtigen talsperrenden Hang hinauf zum Padasterjochhaus. Dieser Hang wird von der Hütten- und Mountainbikestraße – ebenfalls gut sichtbar – mittels mehrerer großer Serpentinen überwunden und vermittelt uns so einen

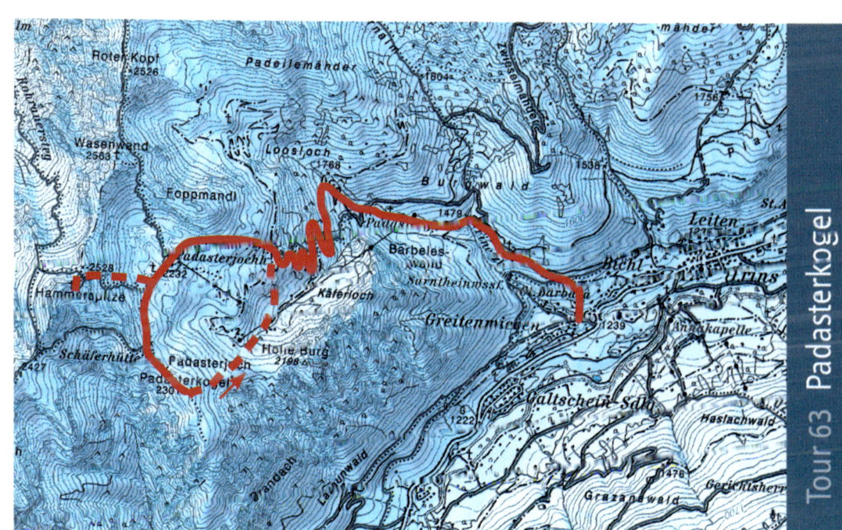

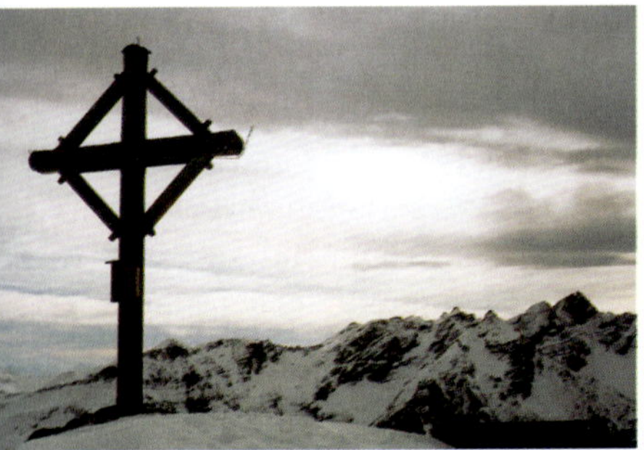

Ein eigenwilliges Gipfelkreuz schmückt den Padasterkogel.

relativ sicheren Aufstieg (Abfahrt je nach LWS-Verhältnissen direkt zum Bach hinunter möglich). Nach ca. 300 Hm. erreicht man erstmals bei einem Brunnen diese Straße, quert sie und steigt in einer immer schmäler werdenden Latschenmulde hinauf zur letzten großen Linkskehre (Abzweigung bei Brunnen rechts hinaus zum Burgwald), ca. 1770 m. Nun endgültig auf der flachen Straße weiter (die Sommerwegabkürzungen bringen nichts, außer sie sind angespurt) zur Waldgrenze und zum kleinen verfallenen Stadel, ca. 2000 m. Schöne Übersicht: links außen unser Ziel, rechts die Hammerspitze, in der Mitte die felsige Kirchdachspitze (alle mit Kreuzen versehen). Von der Garage auf dem Sommerweg auf das Hammerspitzkreuz zu, und bald kommt das Padasterjochhaus in unser Blickfeld, das man über schön kupiertes Skigelände – an einem „tipi“-ähnlichen Holzstoß vorbei – nach ca. 2:30 Stunden erreichen sollte. Schöne Rastterrasse (und evtl. Tourenende) bei der über 100-jährigen Naturfreundehütte. Skifahrerisch bringt die 20-minütige flache Querung übers Padasterjoch hinüber zum Padasterkogel nichts – nur eine tolle Aussicht. Außer man wählt folgende Abfahrtsvariante: Ostwärts steil direkt vom Gipfel hinunter zu den Heuhüttchen und rechts haltend ins V-förmige Käferloch abwärts, knapp bevor es sich schließt (bei ca. 1900 m). Hier fellt man auf und steigt links – sehr steil – zwischen 50 und 100 Höhenmeter zur gut sichtbaren Straße hinauf.

Zur Hammerspitze, 2634 m: Auch wenn von der Hüttenterrasse aus der tolle Gipfelhang noch so locken mag, vor einer Besteigung über die Hammerscharte und Abfahrt über den 400-m-Hang kann nicht genug gewarnt werden, hier haben schon einige Einheimische ihr Leben in Lawinen verloren! Nur bei LWS 1 oder – noch besser – bei sicherem Firn ist diese Tour vertretbar.

64 Muttenkopf 2638 m

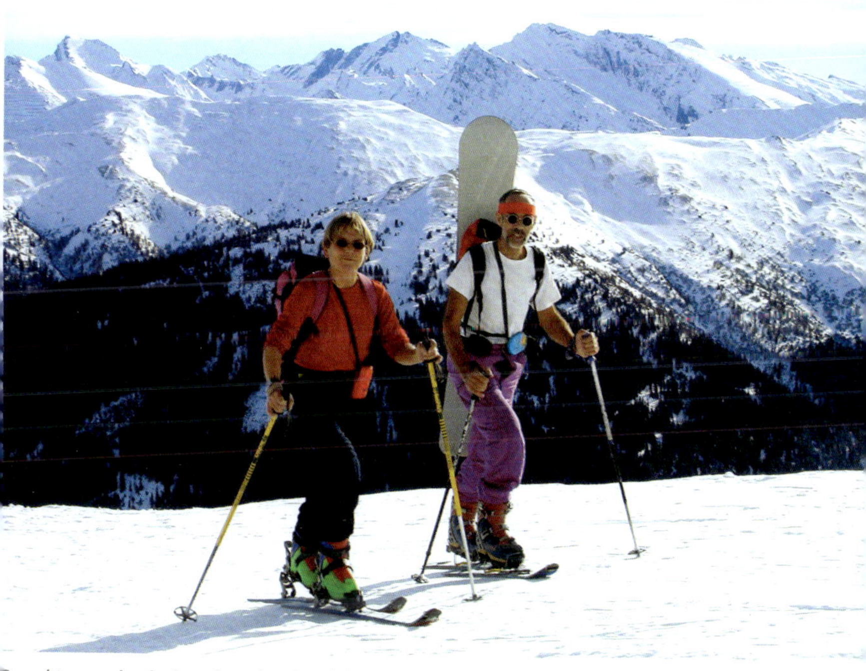

So geht es auch: ein Snowboarder, der nicht die Skispur zertrampelt.

Stubaier Alpen
Brennerberge
Obernbergtal

Und die einen sind im Schatten, und die anderen sind im Licht ... Ersteres trifft auf die eine Hälfte der Tourengeher zu, die vom Waldesruh Parkplatz nach links zum Grubenkopf zieht, während wir auf dem Weg zum Muttenkopf von Beginn an voll in der Sonne marschieren.

Ausgangspunkt: Obernberg, Parkplatz Waldesruh (1439 m)

Höhenmeter, Zeit: 1200 Hm., 3 bis 3:30 Stunden

Lawinensituation: Wenig gefährdet.

Österr. Karte: Blatt 148 Brenner, 1:50.000 →

Auf der Sonnenseite des Obernbergtals gibt es eine angenehme Ganzwinterskitour mit sonnseitigem Anstieg, was man natürlich besonders im Hochwinter zu schätzen weiß, auch wenn die „Gotl“ noch keine große Wärme abzugeben vermag. Dass diese Skitour viel begangen ist, sollte einen nicht stören, das Gelände verträgt schon einiges, und oft sind die zu einer Piste ausgefahrenen Hänge bei nicht gerade optimalen Schneeverhältnissen sowieso recht angenehm. Die Bergrettung machte hier einmal an einem Schönwettersonntag eine Zählung, um zu ermitteln, wie viel Tourengeher genau auf den Muttenkopf streben, und kam auf eine Zahl von über 200. Ernüchterndes Detail am Rande: Nur etwas mehr als die Hälfte der Tourengeher war mit einem Lawinenverschüttetensuchgerät ausgerüstet!

Ausgangspunkt: Von der Autobahnausfahrt in Nößlach nach Vinaders oder von Gries a. Br. ins Obernbergtal bis zum Talschluss beim GH Waldesruh (3.50 Euro/ 3 Std., jede weitere Std. 0.50 Euro).

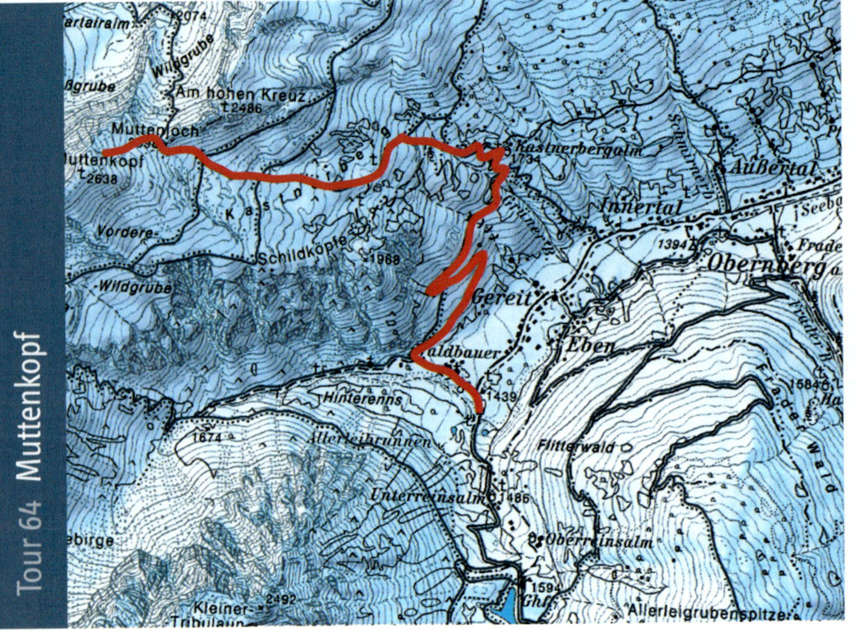

Aufstieg: Auf dem Fahrweg in Richtung Talschluss zum letzten Gehöft (Waldbauer) und dahinter gleich rechts auf dem breiten Almweg in zwei Kehren zur Kastnerbergalm. Am Weg, solange er noch je nach Schneelage erkennbar ist, weiter zum Hochleger auf einer Geländeterrasse, wo die obersten Almhütten liegen. Das Muttenjoch (2398 m) und der weitere Verlauf der Tour sind jetzt genau einsehbar und der Anstieg bewegt sich so ziemlich in der Mitte der weiten Karmulde auf den Sattel zwischen Muttenkopf links und Hohem Kreuz rechts zu. Mühsam kann der etwas steilere und oft abgeblasene und harschige Schlusshang werden, der mit ein paar Spitzkehren durchstiegen wird. Abfahrt auf der Aufstiegsroute. Bei ganz optimalen und lawinensicheren Verhältnissen kann man vom Gipfel direkt abfahren und kommt erst weit unterhalb des Muttenjochs zurück auf die Aufstiegsspur.

Geradeaus geht es auf das Muttenjoch zu, nach links zur Gipfelkuppe.

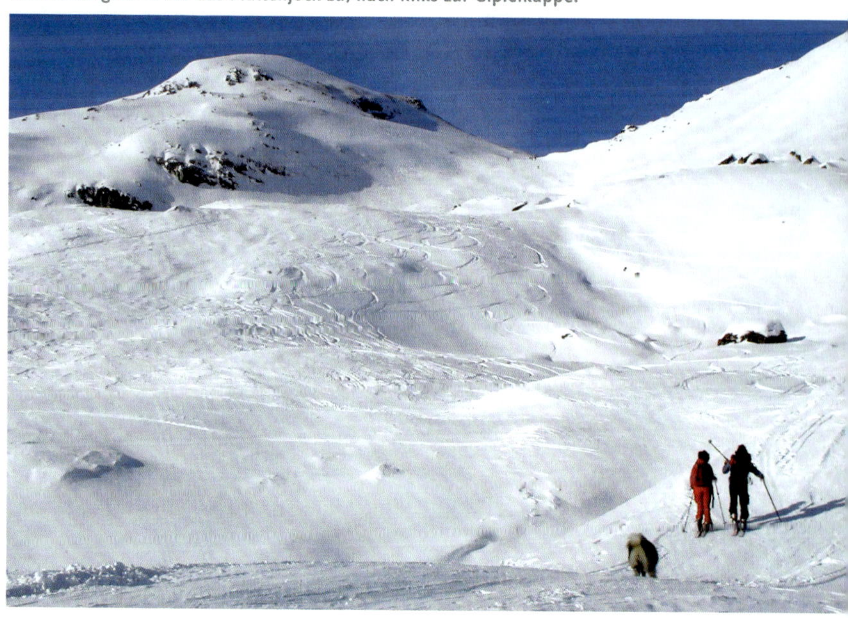

65 Hoher Lorenzen 2315 m Allerleigrubenspitze 2131 m

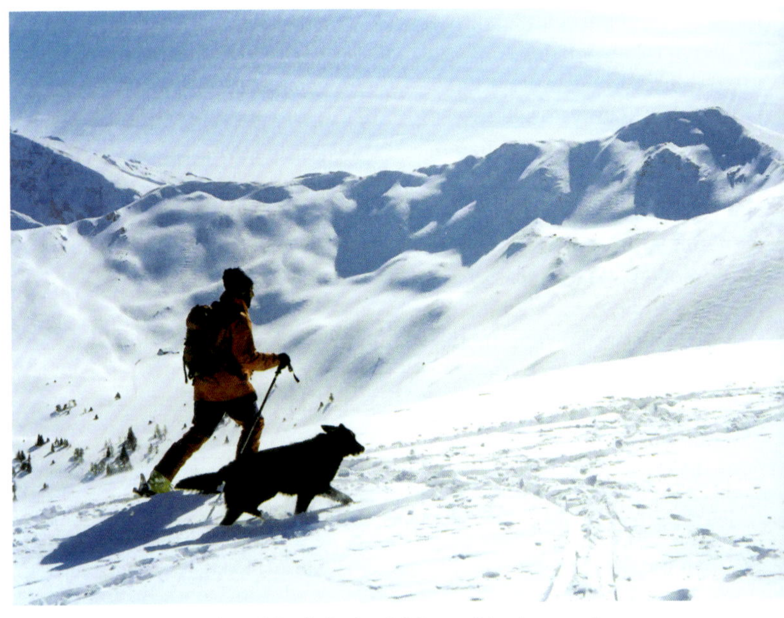

Von der Allerleigrubenspitze zieht ein breiter Rücken auf den Lorenzenberg zu.

→ **Stubaier Alpen**
→ **Brennerberge**

Eine runde Sache ist die Überschreitung von der Allerleigrubenspitze zum Lorenzenberg: Der etwas eintönige Aufstieg ist eine gute Gelegenheit, um die Gedanken schweifen zu lassen; auf der rasanten Abfahrt ins stille Fradertal wird es dann aufregend.

Ausgangspunkt: Obernbergtal, Ortsteil Frader (1394 m)

Höhenmeter, Zeit: 1000 Hm., 3:30 bis 4 Stunden

Lawinensituation: Aufstieg kaum gefährdet, evtl. aber die Abfahrt vom Sattele.

Österr. Karte: Blätter 148 Brenner und 175 Sterzing, 1:50.000

Kommt man von den oft noch aperen Talhängen des Wipptals aufs Nößlachplateau, erscheint der vom Sattelberg ins Obernbergtal ziehende Kamm wie eine weiße Mauer. Eine ganze Menge an Skitouren bietet sich hier an, und die Berge auf beiden Talseiten sind ja ab den ersten Schneeflocken das Tourendorado aller Nord- und Südtiroler und wohl auf keiner wird man sich einsam fühlen. Ein bisschen weniger Betrieb ist meistens am Niedererberg oder auch am Fradersteller, und vom Massenansturm verschont ist auch der als Nächstes im Kamm befindliche Hohe Lorenzen. Er ist wohl ein klein wenig anspruchsvoller, ein wenig weiter und etwas steiler. Auch stellt sich die Frage, auf welcher Route man ihn angehen soll, vor allem wenn man am Ausgangspunkt sein Auto stehen hat und wieder zu diesem zurück will. Eine schöne Rundtour bietet sich an, wenn man am Eingang des Fradertals startet, aber nicht talein, sondern sofort nach rechts in einem langen und zugegeben →

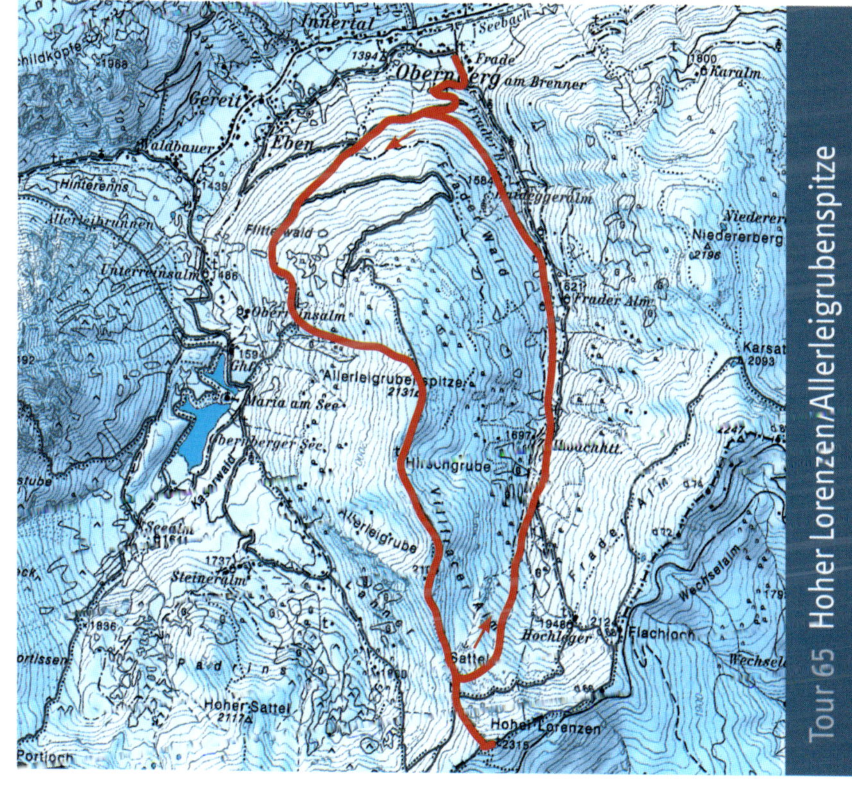

etwas eintönigen Schrägaufstieg die Allerleigrubenspitze ersteigt und über den aussichtsreichen Höhenrücken über den Koatnerberg zum Lorenzen hinmarschiert. Die Abfahrt führt durch schönstes Skigelände in den inneren Kessel des Fradertals. Aber bitte beachten: Die nordostseitigen Schattenhänge erfordern eine sichere Lawinenlage. Im Zweifelsfall begnügt man sich mit der Allerleigrubenspitze.

Ausgangspunkt: Von Gries a. Br. oder von der Brennerautobahn (Ausfahrt Nößlach) nach Vinaders und ins Obernbergtal. Gleich nach der Ortstafel von Obernberg links befinden sich der Ortsteil Frader und der Ausgang des Fradertals. Parken aber besser auf der Landesstraße. Wer nach der Tour einen Einkehrschwung plant, kann sein Fahrzeug auch bei den beiden Gasthäusern abstellen.

Aufstieg: Vom Sägewerk neben dem Fraderbach in ein paar Schritten bis zur Brücke und nach rechts auf dem breiten Fahrweg bis zur dritten Serpentine und rechts in gerader Richtung auf ebenfalls breitem Forstweg, immer zügig ansteigend talein. Nie nach links abbiegen, sondern so lange am Fahrweg weiter, bis man die lichtere Westseite des Berges erreicht hat und mit der von der Unterreinsalm heraufziehenden Skispur zusammentrifft. Durch eine Kette von kleinen Lichtungen ziemlich direkt aufwärts ins freie Gelände auf den kahlen Rücken der Allerleigrubenspitze und auf das bald sichtbare Gipfelkreuz zu (2131 m, 2 bis 2:30 Stunden). Der Weiterweg ist jetzt gut zu überblicken. Links weitet sich der schneeweiße Kessel des inneren Fradertals, der Lorenzenberg ist die dominierende Berggestalt rechts davon. Wie in der sibirischen Tundra wandert man über die freigewehten Kuppen weiter zum Koatnerberg (2199 m) und knapp rechts des Grates mit einer Schrägfahrt abwärts ins Sattele (2107 m), eine Senke vor dem Gipfelaufbau des Lorenzenbergs. Über die ausgeprägte Geländerippe gerade hinauf zum Gipfel (2315 m, 1 bis 1:30 Stunden).

Abfahrt: Entweder zurück ins Sattele und etwas links haltend auf den ersten flachen Boden und weiter links durch talartige Mulden hinunter ins Fradertal oder vom Gipfel nach Osten über mehrere Stufen zum Flachjoch und von hier gerade in den Almkessel. Den engen Bachgraben durchfährt man auf der rechten Hangseite talaus zur Fraderalm. Dort bleibt man links der Brücke auf dem Almweg, auch wenn man anfangs ein Stück schieben muss.

66 Morgenkogel 2607 m

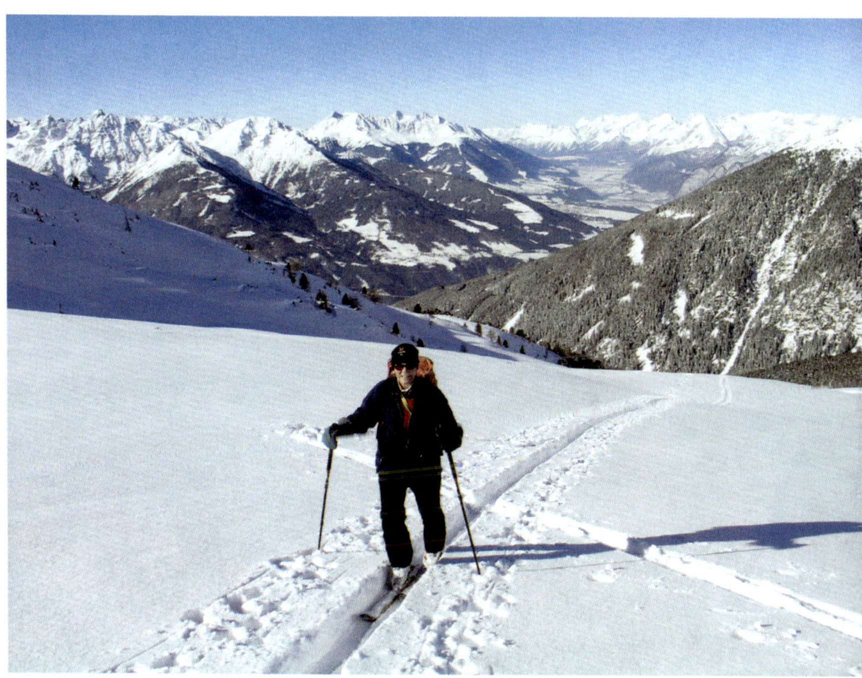

Hänge mit sanfter Neigung ziehen zum Überfallgründl. Blick ins Oberinntal.

Tuxer Alpen
Viggartal

Eine feine Skitour ohne jede Hintertücke, wenn man von Ihren Ansprüchen an die Kondition absieht, ist dieser stille Berg am Eingang des Viggartals hinter dem Patscherkofel. Nur Geduld auf dem langen Anstieg, traumhaftes Skigelände ist der Lohn!

Ausgangspunkt: Oberellbögen/Dörfl, Parkplatz Hinterlarcher (1313 m)

Höhenmeter, Zeit: 1300 Hm., 3:30 bis 4 Stunden

Lawinensituation: Kaum gefährdet.

Österr. Karte: Blatt 148 Brenner, 1:50.000

Vom Gelände her leicht, nordseitig ausgerichtet, ist diese Skitour eine Empfehlung für den ganzen Winter. Allerdings verlangt der Morgenkogel als Tagestour von Oberellbögen aus schon eine gewisse Ausdauer, denn der relativ flache Fahrweg bis zur →

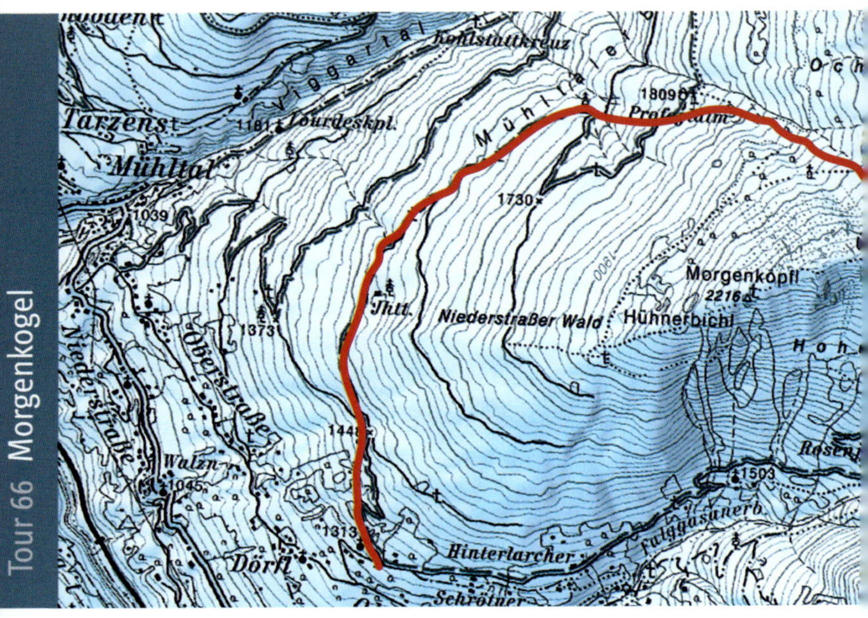

Ochsenalm will einfach kein Ende nehmen. Wenigstens gibt es meist eine Skidoospur bis kurz unter die Alm. Das baumfreie Gelände oberhalb der Waldgrenze ist dann aber wunderschön, denn es hat gerade so eine Neigung, dass man zwar niemals eine Lawine befürchten muss, aber trotzdem noch Girlanden und Zöpfe in die weitläufigen Hänge hineinflechten kann. In gerader Linie und ohne eine einzige Spitzkehre zieht die Spur über die sanften Skihänge bis vor den Gipfelaufbau hin, der allerdings vom Wind manchmal so blankgefegt sein kann, dass man gut schauen muss, wie man am besten durch die Steinhalden findet.

Ausgangspunkt: Von Igls nach Patsch und auf der Ellbögener Straße bis Mühltal. Nach der Ortsdurchfahrt aus dem Talgraben heraus bis zum Feuerwehrhaus und dort links hinauf auf dem immer gut geräumten Gemeindesträßchen nach Oberellbögen/Dörfl. Nach der Doppelserpentine passiert man eine Kapelle, dann gelbes Schild Ochsenalm (4 km ab Mühltal, 1313 m). Allerdings ist hier keine Parkmöglichkeit. Der Chauffeur lässt seine Mitfahrer aber hier aussteigen, die sich für

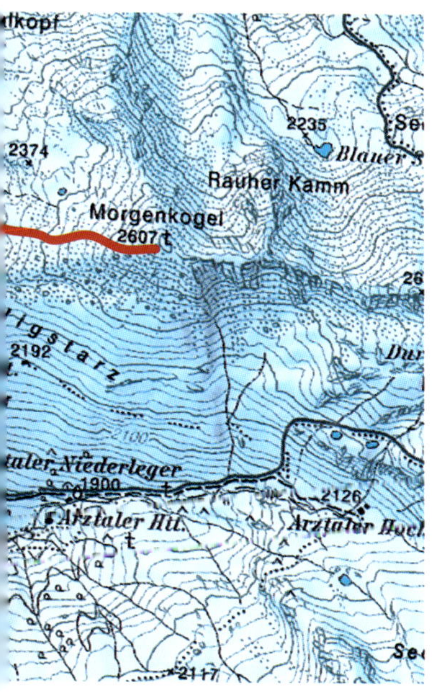

die Tour vorbereiten können, fährt das Auto noch 400 m weiter bis zum großen Parkplatz (Parkgebühr 2 Euro für 6 Stunden) beim Hinterlarcher und geht die paar Minuten zurück zum Wegbeginn.

Aufstieg: Den Almweg verfolgt man immer geradeaus, die erste große Kehre lässt sich am alten Weg abkürzen, dann mündet man bei einer großen Kurve in den von Mühltal kommenden Agrarweg ein. Die fast 2 km lange Gerade zieht schnurgerade am Hang ins Viggartal einwärts. Erst bei der folgenden Rechtskehre kann man den Weg nach links verlassen und steil durch einen kleinen Bachgraben direkt zur Ochsen- oder Profeglalm (1809 m) aufsteigen.

Oberhalb der Alm zieht die Spur nach links durch ein flaches Tälchen im immer lichter werdenden Wald und erreicht die weitläufigen welligen Skihänge. Man steuert unter dem vom Morgenköpfl zum Überfallgründl ziehenden Gratrücken gerade auf den Gipfel zu, zieht in einer S-Kurve durch die schneegefüllten Tälchen zur Grathöhe und hat gerade noch die steinige Gipfelflanke zu überlisten.

Abfahrt: Nur wenn der Westhang zu steinig ist, fährt man zuerst durch schmale Schneestreifen und ohne Bodenberührung nach Norden in Richtung Meißner Haus bis unter den Gipfelkopf zur ersten Verflachung und zieht dann immer nach links durch Mulden und Tälchen in Richtung Aufstiegsspur. Am Almweg laufen die Skier mühelos und ohne einen Schupfer talwärts.

Wer es sich überhaupt leichter machen will, kann natürlich im Meißner Haus übernachten und von Norden auf der früher üblichen Route (wo es sogar noch eine alte Schneestangenmarkierung gibt) zum Gipfel aufsteigen.

67 Seeblesspitze 2628 m

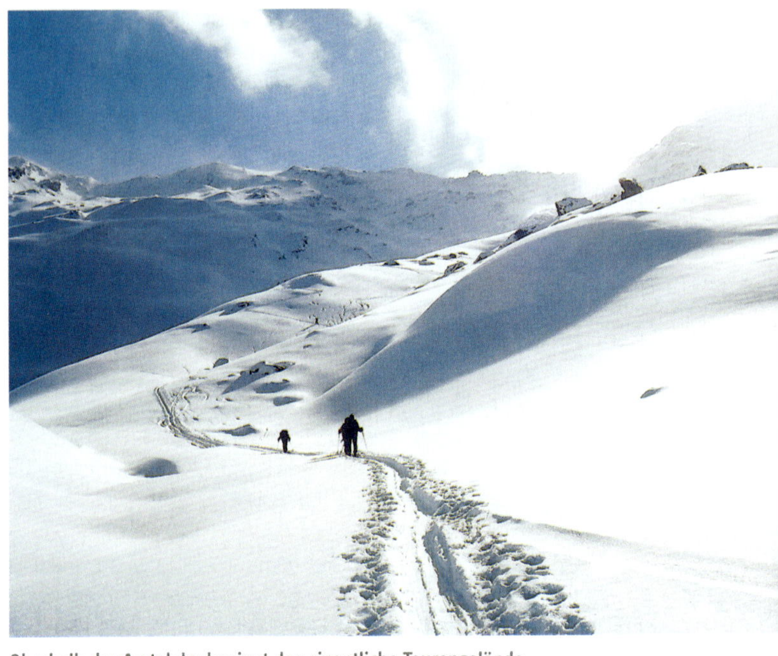

Oberhalb der Arztalalm beginnt das eigentliche Tourengelände.

→ Tuxer Alpen
→ Arztal

Die „schönste und effektivste" Skitour im Arztal – dem großen Tourenrevier der Eisenbahner –, mittellang, mit gutem Verhältnis von Top-Skigelände zu Forststraßen, auch für „Nicht-Eisenbahner" gut geeignet.

Ausgangspunkt: Arztal, Parkplatz Hinterlarcher (ca. 1400 m)

Höhenmeter, Zeit: 1250 Hm., 3:30 Stunden

Lawinensituation: Bei richtiger Spurwahl geringe Gefahr (s. Einleitung).

Österr. Karte: Blatt 148 Brenner, 1:50.000

Das Arztal – das zweite Seitental des Wipptals südlich des Patscherkofels – ist das „Eldorado" der aktiven und pensionierten Eisenbahner, die kurz nach dem Zweiten Weltkrieg mit viel Enthusiasmus und persönlichem Schweiß die „Eisenbahnerhütte" nahe der Arztaler Alm gebaut und sie im Laufe der Jahrzehnte zu einem wahren Schmuckkästchen gestaltet haben. Der große Vorteil für gebietsfremde Skitourengeher besteht nun darin, dass das ganze Gipfelrund – von Morgenkogel über Kreuzspitze, Rosenjoch, Grünberger, Seeköpfl bis Seeblesspitze und Kreuzjoch – den Winter über angespurt ist, aber wirklich nur, wenn es „sicher“ ist. Wobei „sicher“ bedeutet, dass man bei der Aufstiegs-, aber auch den Abfahrtsspuren bleibt. Ein weiteres Plus ist der große Parkplatz (Parkgebühr 3 Euro/Tag) nahe der Hinterlarcher-Schaumühle vor dem Hinterlarcher-Bauern.

Ausgangspunkt: Auf der Ellbögener Landesstraße von Patsch südwärts bis St. Peter-Mühltal und nach dem Graben gegenüber der Feuerwehr links aufwärts (WW Arztal/Oberellbögen). Auf der immer gut geräumten Asphaltstraße durchs Dörfl bis zum oben erwähnten Parkplatz.

Aufstieg: Zu Fuß eben 500 m zum Hinterlarcher, Ski anschnallen. Ohne Steighilfe am Almweg talein bis zu einer Lichtung, hier verlässt man den Fahrweg nach rechts und geht an einem Jägerstand vorbei unter der Materialseilbahn zur ebenfalls privaten Rosenjochhütte durch. Bei wenig Schnee ist ab der kleinen Kapelle der Jägersteig statt des Sommerwegs zu empfehlen. Dort durch ein kurzes →

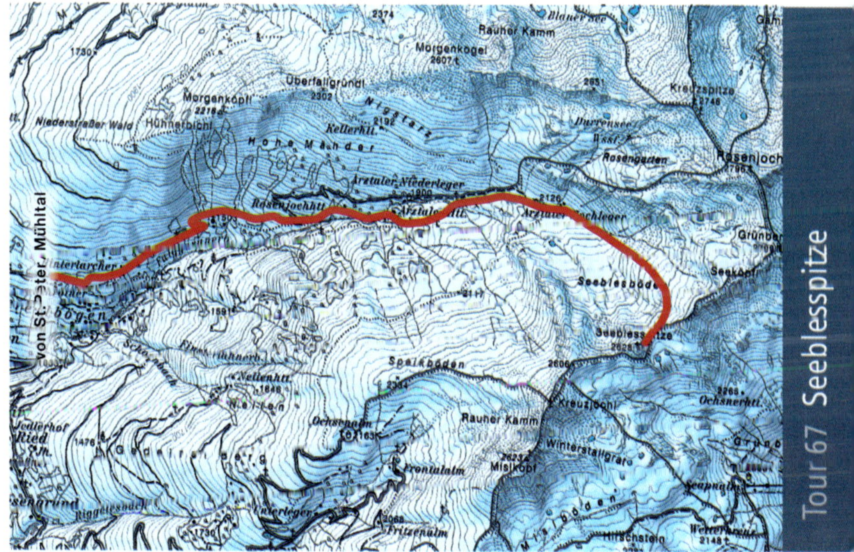

Waldstück und steil über dem Falggasaner Bach (blau-weiße Skimarkierung) flach talein, bis sich der Graben schließt und man über schönes Skigelände hinauf zur Eisenbahnerhütte am E-Werkl vorbei aufsteigen kann, 1920 m, 1:15 Stunden. Nun den anfangs von kleinen Lärchen durchsetzten Rücken aufwärts Richtung Osten (die Arztal-Niederlegeralm liegt gegenüber auf der anderen Bachseite unterhalb der gewaltigen Südhänge des Morgenkogels) zu einem Weidezaun. Dort links an einem Köpfl vorbei auf den weithin sichtbaren Hochleger zu. Bald nach dem Zaun zweigt rechts die Spur zum Kreuzjöchl ab, man geht aber im Talgrund – bei einem Schild sogar einige Meter abwärts – eben weiter, ehe man die nächste Stufe hinauf zum Oberleger in Angriff nehmen kann. Dort weiter (Richtung Rosenjoch) – schöne Skitälchen links von auffälligen Felsen benützend – in eine Höhe von 2500 Metern. Nun verlässt man die Grünberger/Rosenjoch-Spur nach rechts/südlich und steigt in einem Linksbogen (einzige heikle Passage der Tour) hinauf ins Jöchl zwischen Seeköpfl links und Seeblesspitze rechts; meist Skidepot. In wenigen Minuten unschwierig zum großen hölzernen Gipfelkreuz mit Christuskopf und Glocke; 2 Stunden ab Hütte.

Abfahrt wie Aufstieg , bei sicheren Verhältnissen direkt vom Skidepot.

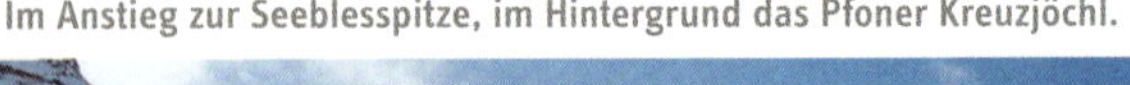

Im Anstieg zur Seeblesspitze, im Hintergrund das Pfoner Kreuzjöchl.

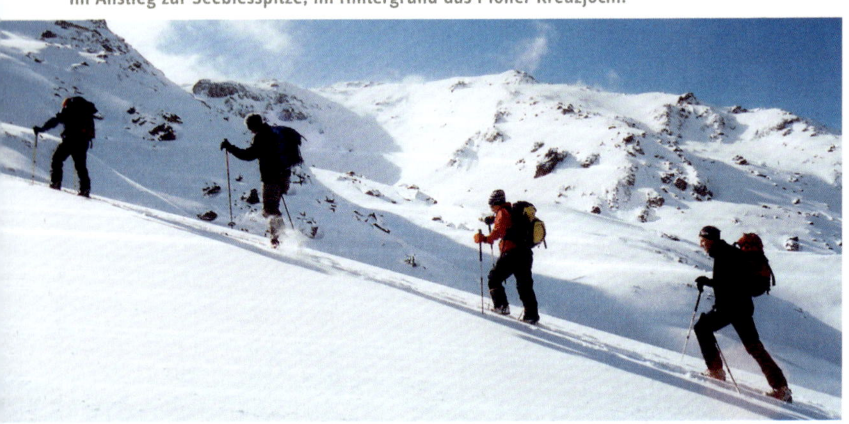

68 Pfoner Kreuzjöchl 2640 m
Naviser Kreuzjöchl 2536 m

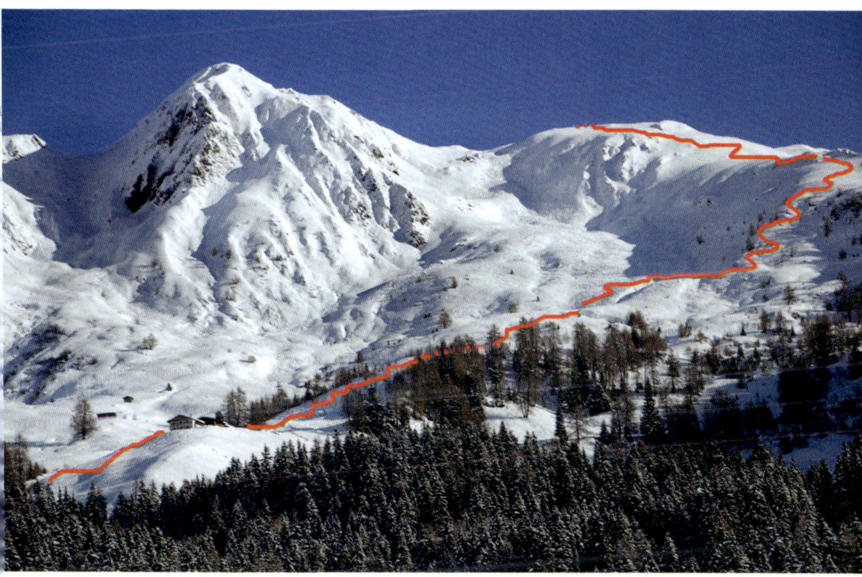

Der Anstieg zum Naviser Kreuzjöchl führt von der Stöcklalm zum Weirichseck.

Tuxer Alpen

Zwei Kreuzjöchln – zwei Standardskitouren für den ganzen Winter: sonnig und freundlich das Pfoner Kreuzjöchl, eher auf der Pulverseite das Naviser Kreuzjöchl.

Ausgangspunkt: Navis, Grünhöfe, Parkplatz Liesen (1485 m) oder Parkplatz Naviser Hütte (1360 m)

Höhenmeter, Zeit: Beide ca. 1150 Hm., 3 Stunden

Lawinensituation: Bei überlegter Routenwahl, besonders bei der Abfahrt, ist das mittelsteile Idealgelände selten gefährdet

Österr. Karte: Blätter 148 Brenner und 149 Lanersbach, 1:50.000

Eine Erhebung namens Kreuzjöchl findet sich in Tirol in fast jedem Tal. Insgesamt 40 Gipfel mit dieser Benennung, über das ganze Land verstreut, gibt es in unseren Bergen. Das hat der Innsbrucker Bergsteiger Walter Spitzenstatter herausgefunden, der alle Tiroler Erhebungen, von der niedrigsten bis zur höchsten, genau zählte und katalogisierte. →

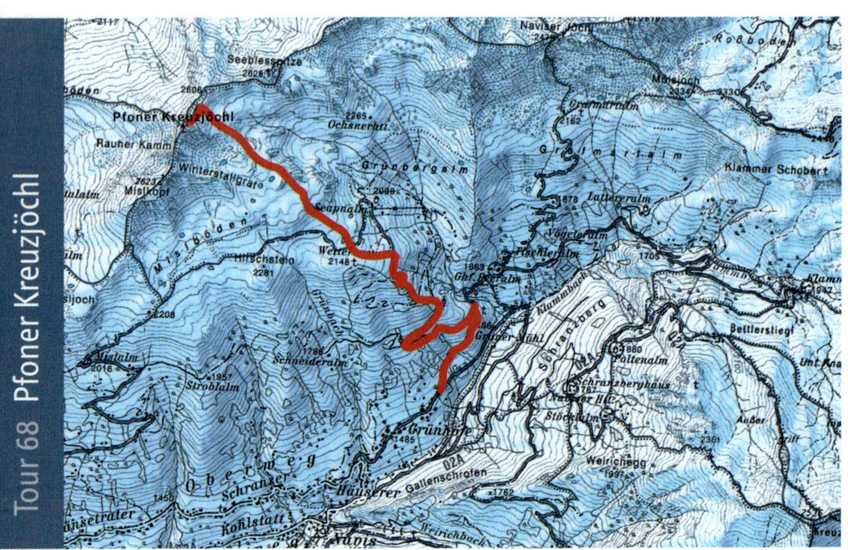

Im Navistal gibt es gleich zwei Kreuzjöchln. Sie liegen sich auf jeder Talseite genau gegenüber und beide sind ganz exquisite Skiberge. Allerdings streben die meisten Tourengeher wie selbstverständlich das schattseitige Naviser Kreuzjöchl an, denn immerhin gibt es am Wege dorthin die Naviser Skihütte und man kann, je nach Schneelage, zwischen zwei verschiedenen Abfahrtsvarianten wählen.

Auf der Sonnenseite zum Pfoner Kreuzjöchl. Auf der südlichen Talseite, in der Mitte des Kammes der vom Grünberger zum Mieslkopf streicht, liegt das Pfoner Kreuzjöchl, das wiederum genauso gut von Norden, vom Arztal her, ein recht beliebter Anstieg ist. Am schönsten und am problemlosesten ist aber seine Südflanke mit den prächtigen Sonnenhängen über dem vorgelagerten Wetterkreuz (2148 m), welches für sich allein auch gerne als Kurzskitour besucht wird. Schön ist es im Hochwinter nach nicht zu viel Neuschnee oder an kalten Tagen, denn auch wenn die Sonne noch keine Wärme hergibt, ist man doch gerne in ihrem Licht. In die Verlegenheit, selbst spuren zu müssen, wird man bei dieser Tour auch nur sehr selten kommen.

Ausgangspunkt: Von Matrei ins Navistal und bereits in Talmitte

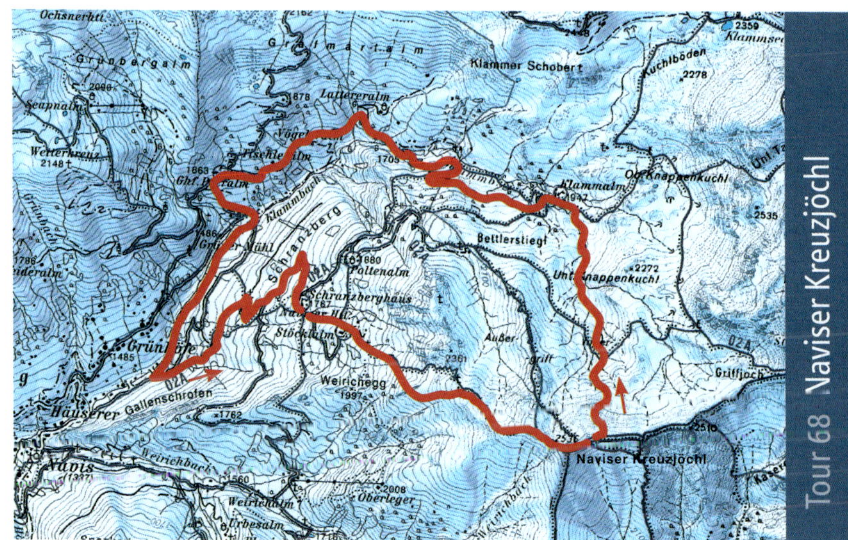

bei Wegweiser links ab auf die „Oberweg“ genannte Straße, die viele Gehöfte oberhalb der Landesstraße verbindet, oder direkt bis Navis, durch den Ort, bei der Raika links und nach der Lawinengalerie nochmals links über die Brücke und hinauf zum Oberweg; dort nach rechts zu den Grünhöfen. Eine Schleppliftpiste wird überquert, und bald danach geräumiger Parkplatz (gebührenpflichtig, 3 Euro/Tag) am Beginn des Weges zur (meist bewirtschafteten) Peeralm.

Aufstieg: Auf dem Rodel- und Skiweg ca. 30 Min. in Richtung Peeralm. Kurz vor der Alm bei der Brücke biegt man in spitzem Winkel nach links ab auf den breiten Weg zur Seapnalm, den man solange verfolgt, bis er nach zwei lang gezogenen Kehren nach rechts zu den Almhütten hinauszieht. (Ortskundige spuren meist noch vor Beginn des breiten Seapnweges auf den alten Pfaden geradeaus durch den Wald hoch, der Almweg wird dabei mehrmals gequert. Wem es nicht zu steil ist, der kann dieser Spur ohne weiteres folgen.) Ab der Waldgrenze geradeaus über Lichtungen und freie Hänge zum Wetterkreuz, einem kegelartig ausgeprägten Kopf hoch über Navis, mit einer auffallenden, bogenförmigen Lawinenverbauung. Genau darüber sieht man den felsigen Grat →

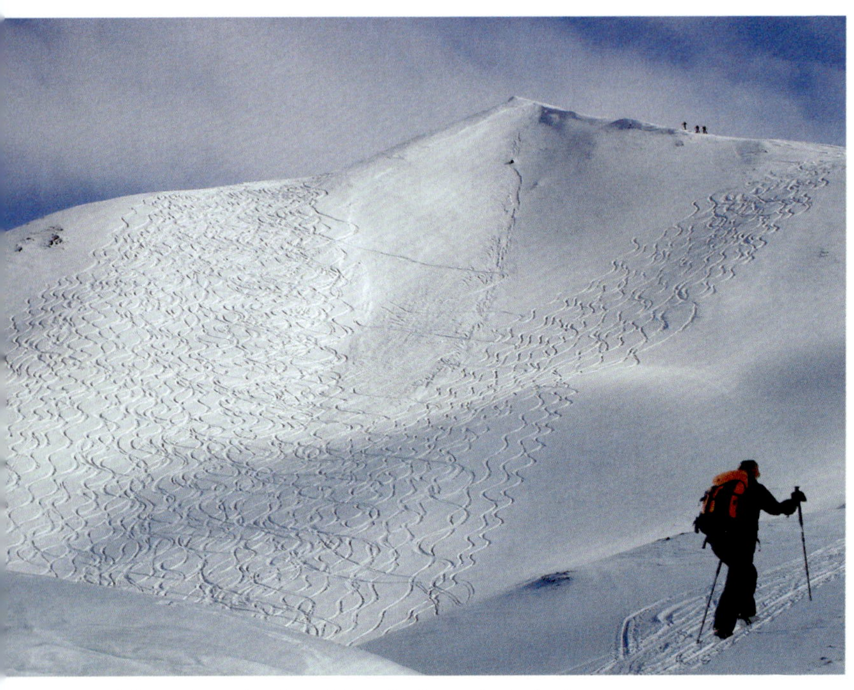

Der Gipfelhang des Naviser Kreuzjöchls, frisch verschneit, frisch verspurt.

des Rauhen Kamms und das Pfoner Kreuzjöchl befindet sich an seinem nordöstlichen Gratansatz. Über gestufte Hänge strebt man die breite Gratsenke rechts davon, zwischen Kreuzjöchl und Seeblesspitze, an, überquert sie auf die Ellbögener Seite und steigt die letzten Meter von Norden her zum Gipfel.

Abfahren kann man nun entweder entlang der Aufstiegsspur zurück zum Wetterkreuz und am Fahrweg zur Peeralm oder westlich des Wetterkreuzgipfels gerade und steil hinunter nach Navis/ Liesen und direkt zum Parkplatz. Bei sicherer Schneelage kann man gleich von der Gratscharte unterhalb der Seeblesspitze scharf links hinüberfahren in Richtung auf die vom Grünberger herabziehenden Hänge. Über gestuftes prächtiges Steilgelände in die Talmulde, die Seapnalm bleibt weit rechts drüben liegen. Unten im Talauslauf hält man sich östlich des Bachgrabens und mündet nach einer kurzen, engen Walddurchfahrt genau bei der Peeralm.

Und jetzt in den Pulverhängen an der Nordseite. Es gibt Skitouren, die gehören so zum absoluten Programm eine Tourengehers, dass er sie immer wieder gerne geht, zumindest einmal in jedem Winter. So eine Tour, bei der rundherum alles passt und wo man fast immer mit guten Schneeverhältnissen rechnen kann, ist das Naviser Kreuzjöchl. Ein großer Parkplatz, wo man beim Auto bereits die Skier anschnallt, eine Aufstiegsspur, die ohne ein einziges Flachstück zielstrebig nach oben führt, und wahlweise zwei Abfahrtsvarianten. Einem lawinengefährdeten Hang kann man aus dem Weg gehen, wenn man sich oberhalb der Stöcklalm an den ausgeprägten Rücken des Weirichecks hält. Als Einkehrstation liegt am Weg die Naviser Skihütte.

Ausgangspunkt: Von Matrei (Autobahnausfahrt) in 8 km ins Navistal. In Navis bei der Raika links und nach der Schutzgalerie geradeaus weiter zum geräumten Parkplatz (gebührenpflichtig, 2.50 Euro/Tag, für Rodler ab 12 Uhr mittags 1.50).

Ein paar Schritte am Rodelweg, aber gleich beim Zielhäusl Beginn einer eigenständigen Aufstiegsspur am Sommerweg, wobei der Fahrweg nur zweimal gequert wird. Bei der Naviser Skihütte (1 bis 1:15 Stunden, 420 Hm.) kurz nach rechts und entweder am flacheren Fahrweg oder direkt und steiler zur bereits sichtbaren Stöcklalm. Von hier im gestuften Gelände, stets nach rechts haltend, auf den von einzelnen Lärchen besetzten Rücken des Weirichecks zu, über den man entlang eines Weidezauns in kurzen Kehren die flache Mulde unterhalb des Gipfelaufbaus betritt. Der mit Skigirlanden überzogene Hang des Vorgipfels steht vor dem Betrachter. Die Aufstiegsspur führt aber über den rechts begrenzenden Rücken, zum Schluss auf dem schmalen Gratfirst zum Gipfelkreuz hin (3 Stunden, insges. 1160 Hm.).

Zwei Abfahrtsmöglichkeiten: Abfahren kann man entweder auf der Aufstiegsroute (wenn es lawinensicher ist, vom Weiricheck in der steilen Mulde links der Aufstiegsspur) zurück zur Hütte, danach auf einer Waldschneise bis zum Rodelweg. Die letzten zwei Kehren muss man sich mit den Rodlern teilen. Oder man überschreitet den Gipfel und fährt nordseitig über schattige Pulverhänge ins Klammtal bis zur Peeralm, danach am Fahrweg bis zum Schlepplift bei den Grünhöfen. Am Ende des Lifthanges gibt es einen Steg, und in wenigen Schritten ist man zurück am Parkplatz.

69 Kleiner Kaserer 3093 m Höllscharte 2991 m

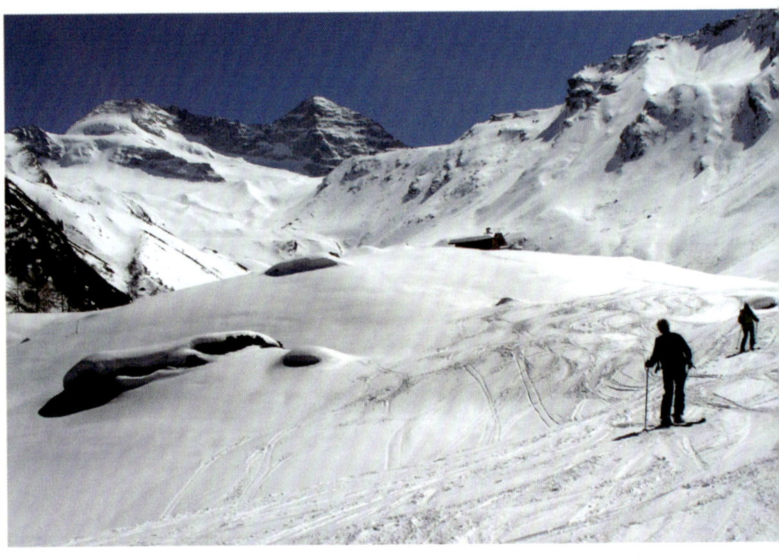

Traumhafte Firnhänge dehnen sich unter den Gipfeln von Olperer und Fußstein.

→ Zillertaler Alpen
→ Tuxer Kamm

Die phantastische Kulisse von Olperer und Fußstein beeindruckt den Tourengeher im inneren Wildlahnertal. Ein optimales Firnvergnügen, auch wenn man sich „nur“ mit der Höllscharte begnügt.

Ausgangspunkt: Schmirn/Toldern (1460 m), Auffahrt im Wildlahnertal bis zur Brücke.

Höhenmeter, Zeit: Höllscharte (2991 m), 4 bis 4:30 Stunden, 1500 Hm. Kleiner Kaserer (3093 m) 100 Hm., 30 Min., alpin; Großer Kaserer (3263 m) 270 Hm., 45 Min.

Lawinensituation: Nur bei sichersten Frühjahrsverhältnissen.

Österr. Karte: Blatt 149 Lansersbach, 1:50.000.

Die Kaserergipfel, und das gilt für den Kleinen, den Großen sowie für den Falschen gleichermaßen, sind eher untergeordnete Erscheinungen im Kranz der mächtigen Berggestalten des Tuxer Kammes, wo Olperer und Fußstein alle Blicke auf sich ziehen. Skifahrerisch sind sie aber allererste Sahne, wobei der Hauptanstieg zu allen Kaserern erst einmal über die Höllscharte führt. Der Anstieg zu den Gipfeln ist dann nur noch eine Draufgabe.

Die Snowboarder und Skifahrer, die am Hintertuxer Gletscher mit den Liften zur Höllscharte heraufgekommen sind, schauen stets begehrlich in das riesige Steilkar hinunter. Diese tollen Firnhänge sind jedoch allein dem Tourengeher vorbehalten und auch der muss sich das Abfahrtsvergnügen mit einem 1500-m-Aufstieg erst hart erarbeiten. Trotzdem soll es schon vorgekommen sein, dass ausländische Pistenfreaks sich von den tollen Skispuren zur Abfahrt verleiten ließen und unten im Schmirntal vergebens nach Teleferique oder Cablerailway fragten.

Ausgangspunkt: Von der Brennerbundesstraße bei Stafflach nach St. Jodok. Oberhalb der Kirche links ins Schmirntal. Von Schmirn noch 1 km weiter bis zum Ortsteil Toldern und dem Wegweiser nach zum Eingang des Wildlahnertals (10 km ab Brennerstraße). Parken kann man unmittelbar vor der Brücke beim Bach, wo man auch schon in die Skibindung steigt.

→

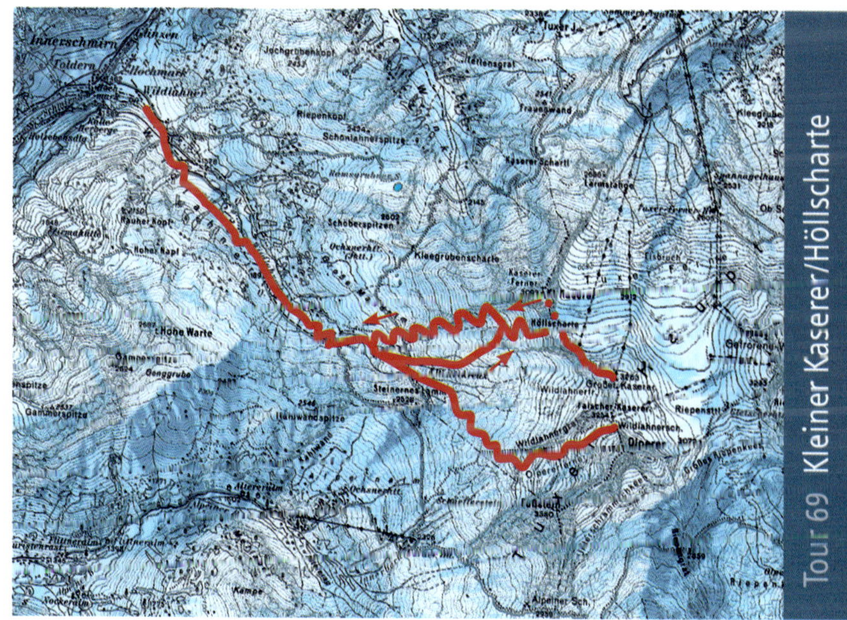

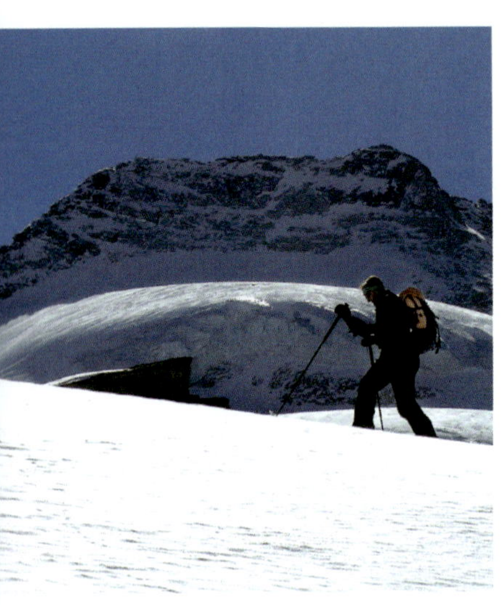

Der berühmte Eiswulst am Olperer leidet stark unter dem Gletscherschwund.

Aufstieg: Dem gut sichtbaren Almweg folgend, Kehren abkürzend, an der rechten Hangseite talein bis zur Waldgrenze. Flach einwärts unter den Hängen der Hohen Warte bis zur ersten steileren Geländestufe. Dann kurze Querung knapp oberhalb des Talgrundes und in den Auslauf einer deutlich ausgeprägten Bachrinne. Mit ein paar kurzen Kehren hinauf in die wesentlich flacheren Hänge. (Geradeaus, auf die rechte Kante des Wildlahnergrates und direkt auf den Eisbuckel des Olperers zu, ziehen jene, die die Wildlahnerscharte und den Falschen Kaserer als Ziel gewählt haben.) Zur Höllscharte führt die Spur halblinks durch seichte Mulden, vorbei an einem mit einem Kreuz gezierten Moränenkopf (Wetterkreuz), den man rechts liegen lässt. Erst danach biegt man allmählich stärker nach links, bleibt aber besser in den Hängen rechts des Höllkars und steuert eine im Auslauf immer dünner werdende Felsrippe an, wo man ungünstigenfalls die Skier für ein paar Schritte ausziehen muss. Danach ist man gleich im obersten Kar und sieht über sich die Kante der Höllscharte.

Man kann sich nun mit der Scharte allein begnügen oder noch ein Schäuferl nachlegen und auf einen der unmittelbar benachbarten Kaserergipfel steigen. Mit denen verhält es sich so wie mit vielen Bergen, von denen es einen „Großen" und einen „Kleinen" gibt. Der Große ist meist der Gutmütigere, der Kleine der Wehrhaftere. Während man zum Großen Kaserer im Rechtsbogen locker mit den Skiern hinaufziehen kann, ist am Kleinen ein sehr ausgesetztes, steiles Gratstück zu überklettern. Eine Seilsicherung ist daher bestimmt kein Fehler.

70 Hohe Warte 2398 m
Naviser Kreuzjöchl 2536 m

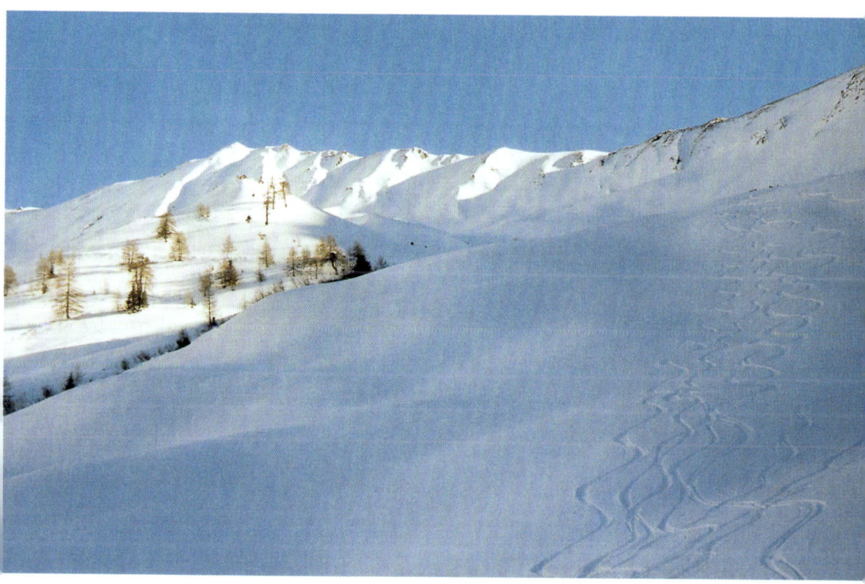

Auf dem mit einzelnen Bäumen besetzten Kögele steht die Kupferbergalm.

Tuxer Alpen
Navistal

Der eigentlich unbedeutende, aber doch anspruchsvolle Gipfel der Hohen Warte im Naviser Weirichtal hebt sich durch seine Einsamkeit wohltuend vom Tourenrummel im übrigen Navis ab. Außerdem stellen wir eine kleine Sensation vor: eine ruhige Route auf das überlaufene Naviser Kreuzjöchl.

Ausgangspunkt: Navis (1340 m)

Höhenmeter, Zeit: Hohe Warte 1060 Hm., 3 Stunden; Naviser Kreuzjöchl 1200 Hm., 3:30 Stunden

Lawinensituation: Nur bis LWS 2 – über 30° steil.

Österr. Karte: Blätter 148 Brenner und 149 Lanersbach, 1:50.000

Die Hohe Warte ist etwas sicherer als die benachbarten Gipfel, zwar natürlich nicht so sicher wie das überlaufene Kreuzjöchl, aber beileibe nicht so gefährlich wie die Nachbarn Scheiben- und Schafseitenspitze. Entscheidend sind die Hänge oberhalb der Möslalm –

sollte man hier feststellen, dass der Wind ganze Arbeit geleistet hat und man mit heimtückischem Triebschnee rechnen muss, ist vorsichtige Routenwahl oder überhaupt ein Ausweichen aufs Kreuzjöchl anzuraten.

Ausgangspunkt: Von Matrei a. Br. auf der jetzt durchgehend super ausgebauten Landesstraße 12 km bis nach Navis. Parken beim GH Kirchenwirt oder vor dem Friedhof.

Zur Hohen Warte: Bei den Wegweisern folgt man der Straße zur Urblesalm rechts des Weirichbaches zur ersten Kehre. Nun entweder auf der Fahrstraße weiter oder die Abkürzung hinauf bis zur Abzweigung der Rodelbahn

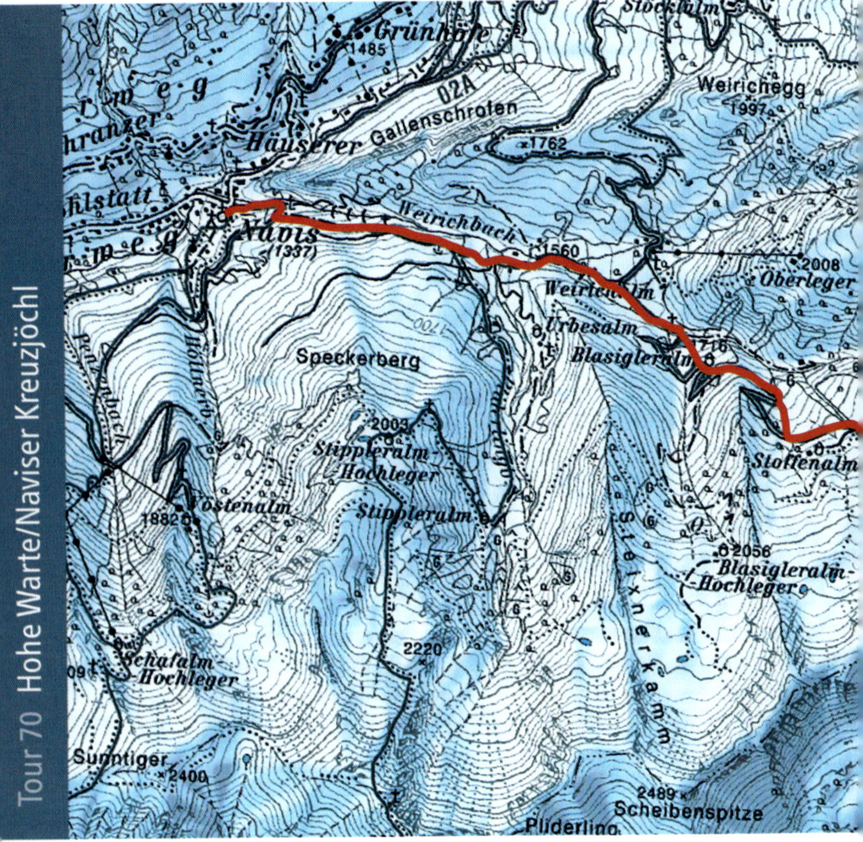

Urblesalm. Weiter geradeaus zu den freien Wiesen der Weirichalm. Hier auf dem geräumten Weg durch ein Waldstück zu den Hängen der Blasigeralm, direkt oder rechts den Fahrweg benützend hinauf zur mit einem großen Edelweiß geschmückten Alm, 1716 m. Von der Alm am Sommerweg zum untersten Rand des Zirbenwaldes, rechts aufwärts zum Fahrweg und hinein zu den mit einzelnen kleinen Lärchen bestandenen Hängen hinauf zur Möslalm (auch Kupferbergalm), 2040 m laut Karten. Von der großzügig um- und ausgebauten Alm (mit alter Kapelle), die auf einer sicheren Geländekuppe steht, gerade hinüber am Stadel vorbei zu den ziemlich steilen Nordhängen und über meist abgeblasene Rippen zum niedrigsten Punkt im Kammverlauf und nach rechts zum überwechteten zeichen- und kreuzlosen Gipfel. Bei der Abfahrt größte Vorsicht in den neben den abgeblasenen Rippen liegenden eingeblasenen Mulden.

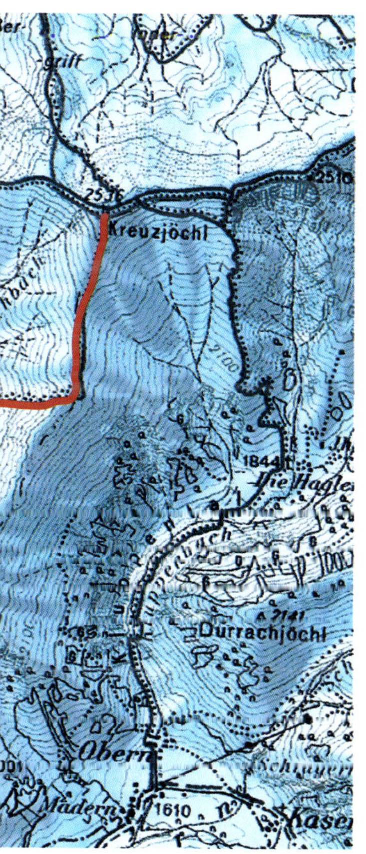

Die stillste Variante auf „das" Kreuzjöchl: Von der Möslalm ist mit einer halben Stunde Mehraufwand das Kreuzjöchl zu erreichen. Dazu von der Alm dem Sommer-WW folgend fast eben hinein in den Talschluss des Weirichbaches und steil über großwelliges Gelände hinauf in den Sattel vor dem Südgrat. Nordwärts auf dem breiten, ebenfalls großteils abgewehten Rücken zum Gipfelkreuz, das sicherlich schon von etlichen Tourengehern umlagert wird.

71 Fischers Napf 2493 m

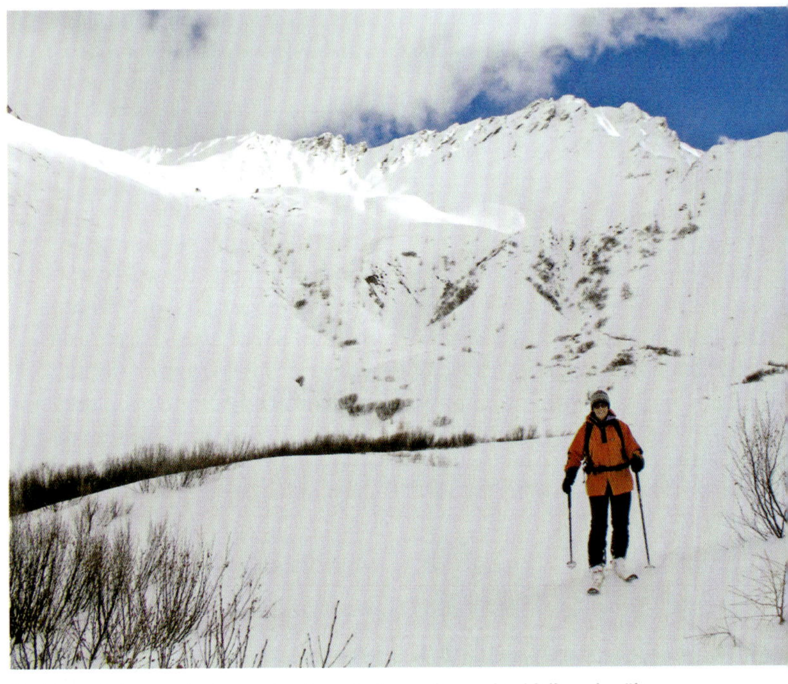

Die Hänge links vermitteln den Aufstieg, die Hornspitze rechts bleibt unberührt.

→ **Tuxer Alpen**

Einst ein absoluter Geheimtipp, wissen mittlerweile viele Tourengeher, dass dieser unscheinbare Gipfel eine der lohnendsten Skitouren im Schmirntal ermöglicht. Drei Viertel der Route bewegen sich in prachtvollem, mittelsteilem Skigelände, das die Plagerei zu Beginn rechtfertigt.

Ausgangspunkt: Ortsteil Obern/Madern im innersten Schmirntal (1610 m)

Höhenmeter, Zeit: 900 Hm., 2:30 bis 3 Stunden

Lawinensituation: Bei richtiger Spuranlage kann man den lawinenträchtigen Hängen gut ausweichen.

Österr. Karte: Blatt 149 Lanersbach, 1:50.000

Der kleine Gipfel selbst ist völlig unspektakulär und scheint in fast allen Landkarten nur als namenloser Vermessungspunkt mit der Kote 2493 auf, gelegen in dem vom Geier zum Tuxer Joch ziehenden Kamm zwischen Gamskar- und Hornspitze. In der AV-Karte wird er zwar als „Gulfen" bezeichnet, die Einheimischen nennen ihn aber entweder „Fischers Napf" oder einfach „die Napfn". Nicht verwechseln darf man ihn mit dem Hohen Napf weiter talaus. Der Zugang zu den idealen Skihängen beginnt mit einer steilen Querung durch die untersten Hänge des Durrachjöchls zur Schlucht des Schragenbaches hin und ist mit einer prickelnden Schlüsselstelle versehen. Dem Tourengeher mag es hier gehen wie dem Reiter über den Bodensee. Erst nach der bestandenen Gefahr und im Zurückschauen wird einem die Ausgesetztheit der Stelle bewusst, die bei den Almleuten sinnigerweise „Toatfall" heißt.

Steht man in Innerschmirn auf dem Buswendeplatz, bemerkt man rechts die Hütte eines Heuaufzugs. Schaut man diesem Seil entlang bis zu seiner „Bergstation", hat man genau den Punkt im Auge, zu dem man hin muss. Das Seil überspannt die kleine Schlucht des Schragenbaches, →

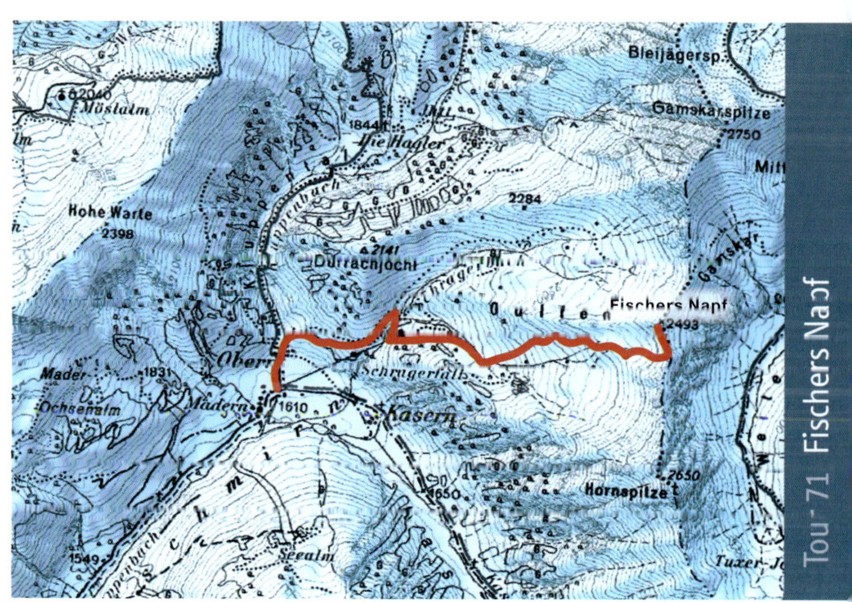

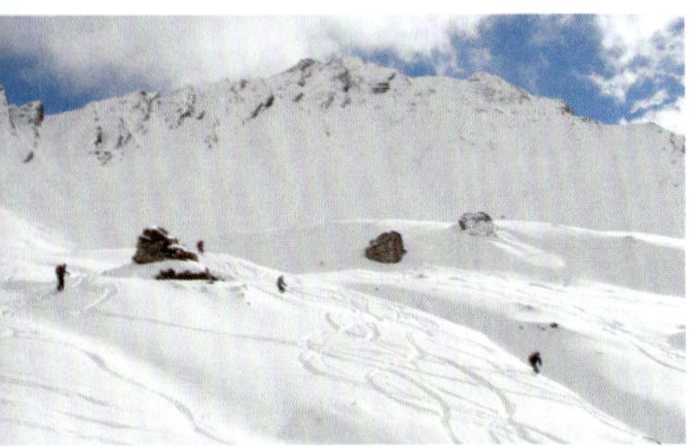
Prächtiges Skigelände im Kar unterhalb der Hornspitze.

der mit einem Wasserfall in den Talboden stürzt. Bei der ebenfalls gut sichtbaren Stütze des Heuseils befindet sich jene kurze, aber sehr ausgesetzte Wegpassage, wo man ein Ausrutschen tunlichst vermeiden sollte. Danach hat man gleich die schönen Skihänge erreicht.

Ausgangspunkt: Von der Brennerbundesstraße bei Stafflach links nach St. Jodok und der Beschilderung folgend nach Schmirn und weiter bis ins Talende. Vom Buswendeplatz links aufwärts zum obersten Bauernhaus am Eingang in die Kluppe (Parkmöglichkeit).

Aufstieg: Unmittelbar hinter dem Haus steigt man nach rechts an und quert auf der meist gut erkennbaren Kante des Sommersteiges den kahlen Hang des Durrachjöchls, so lange, bis man eine Stütze des Heuaufzugs sieht. Befindet man sich bereits oberhalb dieser Stütze, steigt man besser gleich zu ihr ab, denn genau dort mündet man in den Almweg ein. Auf dem schmalen, aber völlig ebenen Weg um das ausgesetzte Eck in den Schluchtgrund, über den Bach nach rechts und durch eine Schneise im Erlengestrüpp etwas mühsam hinauf zur Almhütte beim Seilende. Im leichten Rechtsbogen aufwärts, erreicht man eine fast ebene Stufe, hält sich jetzt leicht nach links zu einem am Beginn schmalen, auf beiden Seiten von Rinnen flankierten Rücken. (Bei sicheren Verhältnissen verläuft die Aufstiegsspur oft links davon in dem riesigen weißen Hang.) Hat man einen auffallenden Felsblock auf einer Geländekante passiert, wendet man sich wiederum nach links und kommt zum obersten Karboden, wo man erstmals den unscheinbaren Gipfel erblickt. Durch die Karmulde und den steilen Schlusshang in die Einsattelung rechts des Napfn. Auf das mit einem Minikreuz geschmückte kleine Felshörnchen links im Grat muss man noch ein paar Minuten steil hinaufstapfen.

72 Leiten 2078 m Ottenspitze 2179 m Windbichl 2283 m

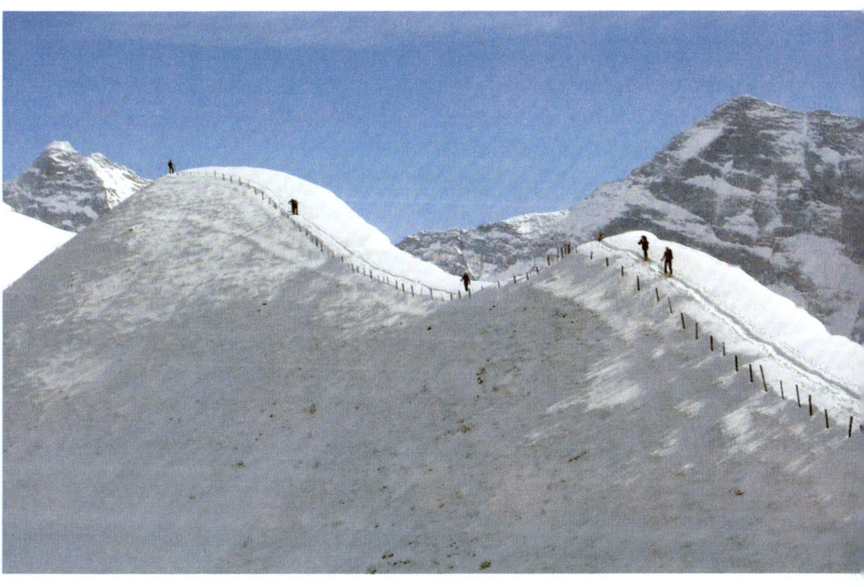

Vom Windbichl zieht die Spur wie über Kamelbuckel zur Rippen- und Gammerspitze.

Zillertaler Alpen
Schmirntal

Nach dem gemeinsamen Aufstieg auf der Schneise durch den Lorleswald hat man auf dieser variantenreichen Skitour in den Brennerbergen mehrere Gipfel zur Auswahl. Unser Tipp für eine nette Trainingstour zu Saisonbeginn: ein Sprint auf den Leiten.

Ausgangspunkt: Schmirner Landesstraße, Muchnersiedlung (1381 m)

Höhenmeter, Zeit: Leiten 700 Hm., 1:30 bis 1:45 Stunden; Ottenspitze 800 Hm., 2:30 Stunden; Windbichl 900 Hm., 2:45 bis 3 Stunden

Lawinensituation: Leiten und Windbichl kaum, Ottenspitze evtl. im Gipfelhang gefährdet.

Österr. Karte: Blatt 148 Brenner, 1:50.000

Wer schon längere Zeit nicht mehr auf der Ottenspitze oder auf ihren Nachbargipfeln war und die Skitour nur als enge, dafür lawinensichere Waldpartie in Erinnerung hat, der wird sich wundern, was für schön ausgeschlagene Schneise jetzt von der Schmirner Straße durch den Lorleswald in die Höhe zieht. Erst weit oben, wo sich die Wege zur Ottenspitze oder zum Leiten trennen, muss man noch ein wenig um die knorrigen Lärchen herumkurven.

Der am weitesten nach Westen gegen St. Jodok vorgelagerte Kopf des Leiten ist eine kurze Trainingstour mit 700 Höhenmetern, welche flotte Geher sogar unter einer Stunde bewältigen und die wohl bei jeder Lawinensituation gefahrlos begangen werden kann. Danach werden die Gipfel jeweils um eine Stufe höher. Als Nächstes im Kamm, der das Schmirntal vom Valser Tal trennt, liegt die Ottenspitze, bei den Einheimischen als Ultenspitze bekannt, danach kommt der Windbichl, von dem der Gipfelsammler noch über den Grat bis zur Gammerspitze weiterziehen kann.

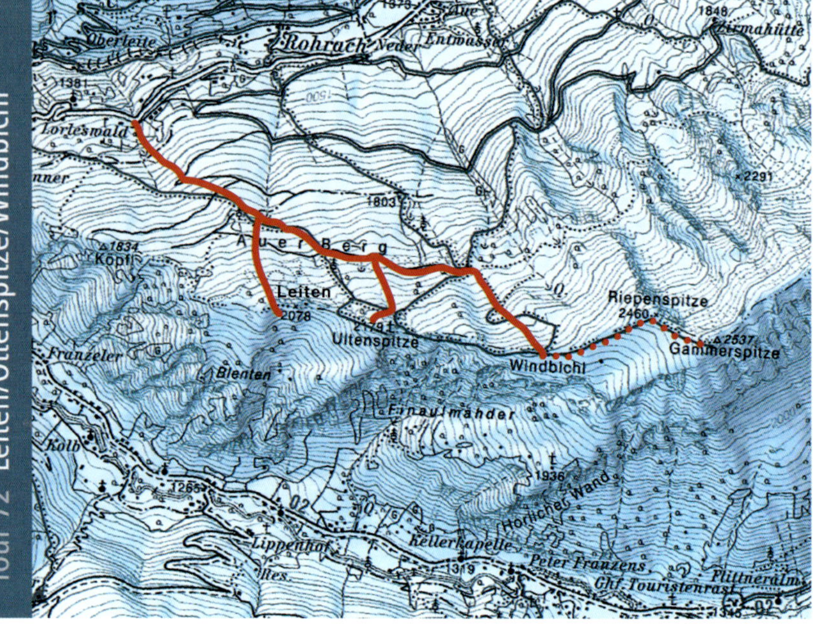

72 Leiten Ottenspitze Windbichl

Ausgangspunkt: Von St. Jodok ins Schmirntal bis zur Kehre bei der Muchnersiedlung (ca. 4 km, meist genügend Parkmöglichkeit, 1381 m).

Aufstieg: Von der Wegeinfahrt zum rechts oben liegenden Bauernhaus über die Wiese gerade empor zum Zaun. Danach Beginn der freien Schneise, die ziemlich gerade nach oben zieht und den Fahrweg zur Lorenzalm mehrere Male überquert. Wenn man die große Lichtung erreicht, von der ein Almweg als schmale Gasse, aber deutlich erkennbar, nach links wegzieht (unmittelbar darüber sieht man den weißen Gupf des Windbichls), trennen sich die Routen. Geradeaus weiter durch den lockeren Wald geht es zum Leiten, der seinen Kopf gerade noch ein wenig über die Baumkronen herausstreckt und einen schönen Blick hinüber zu Vennspitze und Padauner Kogel freigibt (1:30 bis 1:45 Stunden).

Zur Ottenspitze, erkennbar am Gipfelkreuz, folgt man dem Almweg nach links, bis die Baumgrenze und darüber eine flache Geländestufe erreicht ist. Der spitze Gipfel wird geradeaus über den steilen, mit kleinen Bäumchen gespickten Hang erstiegen. Geht man unten nach links weiter, sieht man die urige Ellerhütte und dahinter die

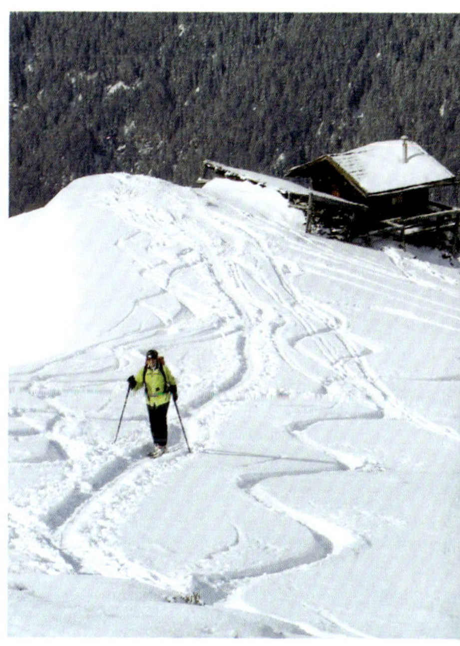

Aufstieg zum Windbichl.

weiße Schneekappe des Windbichls (2:45 bis 3 Stunden). Über zwei weiße Kamelhöcker führt die Spur weiter am Grat zum Gipfelhang der Gammerspitze. Lawinenfreie Abfahrten gibt es aber nur entlang der Aufstiegsroute, alle anderen Varianten – wie etwa die berüchtigte Jeneweinrinne – erfordern allersicherste Schneeverhältnisse.

73 Alpeiner Scharte 2959 m

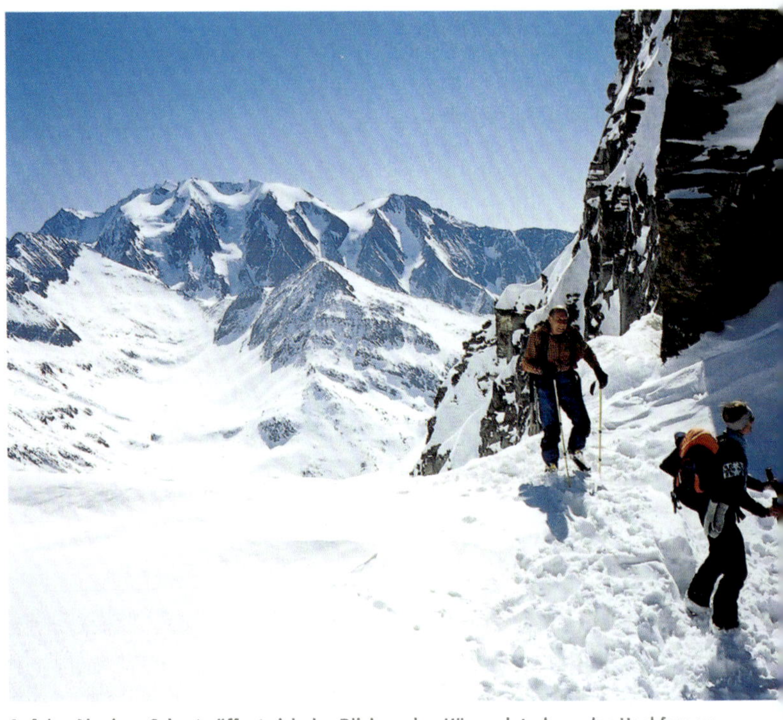

Auf der Alpeiner Scharte öffnet sich der Blick zu den Hängegletschern des Hochferners.

- Zillertaler Alpen
- Tuxer Kamm

Eine Skitour der Superlative unter der „Tiroler Eigernordwand". Ziel ist kein Gipfel, sondern eine schmale Bresche zwischen Fußstein und Schrammacher, riesige Pulverhänge und eine gewaltige Landschaft beeindrucken. Ausdauernde Alpinisten können von der Scharte noch auf den Fußstein steigen und kommen auf 2000 Höhenmeter.

Ausgangspunkt: Gasthaus Touristenrast im innersten Valser Tal (1345 m)

Höhenmeter, Zeit: 1600 Hm., 3:30 bis 4 Stunden

Lawinensituation: Sichere Schneelage erforderlich, nicht nach Neuschnee, höchstens Stufe 2.

Österr. Karte: Blätter 148 Brenner und 149 Lanersbach, 1:50.000

Es ist schon ein wilder Gebirgskessel am Ende des Valser Tals, der sich unter den düsteren Nordwänden von Schrammacher und Sagwand ausbreitet. Die Skitour hinauf zur Alpeiner Scharte, jener schmalen Bresche am Gratansatz des Fußsteins, ist jedoch einmalig schön. Und selbst wenn dieser Anstieg gar nicht auf einem Gipfel, sondern „nur" auf einer Scharte endet – die Länge und der enorme Höhenunterschied von 1500 m machen ihn zu einer Tour für ausdauernde Geher. Früher Aufbruch nach einer kalten Nacht und Abfahrt noch vor den Mittagsstunden sind wie bei jeder Hochtour das Wichtigste. Die Tour liegt größtenteils im Schatten, weshalb auch längere Zeit nach Neuschneefällen noch guter Pulverschnee zu finden ist.

Ausgangspunkt: Von der Brennerbundesstraße bei Stafflach nach St. Jodok und bei der Verzweigung oberhalb der Kirche rechts ins Valser Tal bis zum Ende der Fahrstraße. Parken bei GH Touristenrast am Talschluss oder kurz davor rechts abzweigen und beim Alpeiner parken.

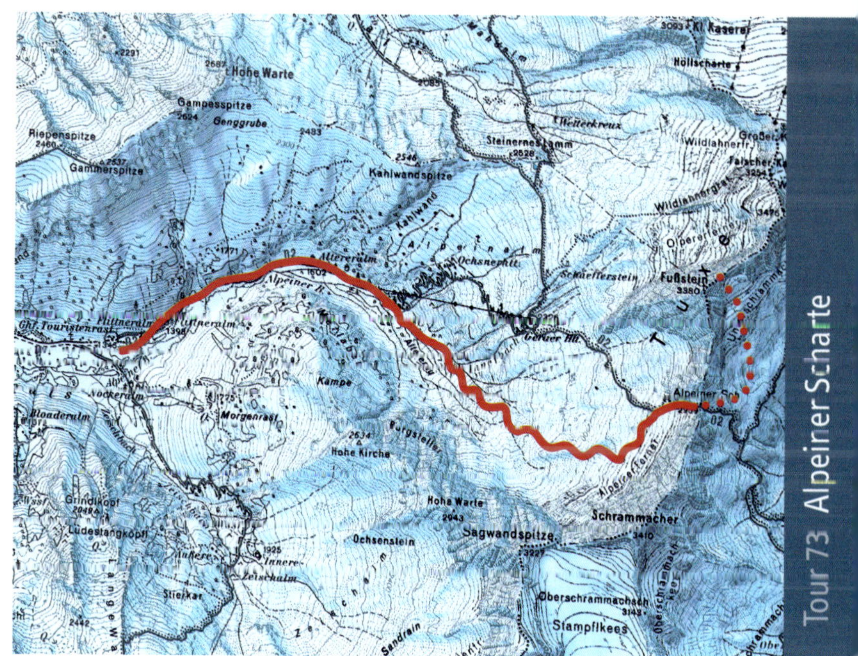

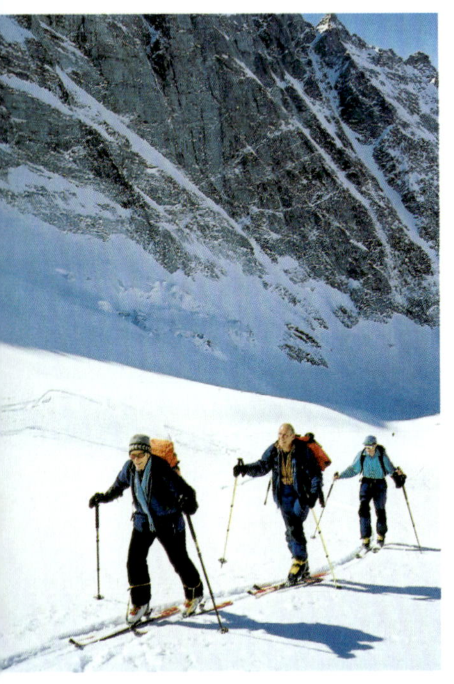

Ein alpines Schaustück sind die Nordwände von Schrammacher und Sagwand.

Aufstieg: Auf dem breiten Fahrweg geradeaus talein bis zur Materialseilbahn für die Geraer Hütte. Dort weitet sich der riesige Talkessel, der von vielen Wasserläufen des Alpeiner Baches geprägt ist. Geradewegs zwischen den seichten Bachgräben auf den Steilhang zu und ziemlich genau in seiner Mitte über einen kegelförmigen, im unteren Teil noch erlenbestandenen Rücken, der auf beiden Seiten von tiefen Gräben begrenzt ist, bis zu einem deutlichen Absatz, hinter dem sich nun weitläufige Mulden ausdehnen. Das steilste Stück des Anstiegs ist damit geschafft.

Unterhalb der Mini-Eigernordwand des Schrammachers zieht man die Spur jetzt nach links über mehrere Terrassen gegen den Fußstein hin. Linker Hand passiert man die verfallene Ruine des einstigen Molybdänbergwerks aus Kriegszeiten, das seit den Vierzigerjahren vor sich hin rostet und keinen Entsorger findet. Zum Schluss hat man noch ein paar anstrengende Spitzkehren hinauf zur Scharte zu bewältigen. Der Schlusshang ist oft vereist, Harscheisen sind empfehlenswert. Bei den untersten Felsinseln lässt man die Skier zurück und steigt zu Fuß in die schmale Kerbe der Alpeiner Scharte. Schöner Blick hinüber zum Pfitscher Joch und den Eiswänden des Hochferners.

Abfahrtsmöglichkeiten in diesem weitläufigen Gelände gibt es mehrere, man hat beim Aufstieg Muße genug, sich das Gelände einzuprägen und zu entscheiden, ob man lieber ganz links in den Schattenhängen oder in den mittlerweile sonnenbeschienenen Firnflanken rechts der Aufstiegsspur bleibt.

74 Sumpfschartl 2666 m

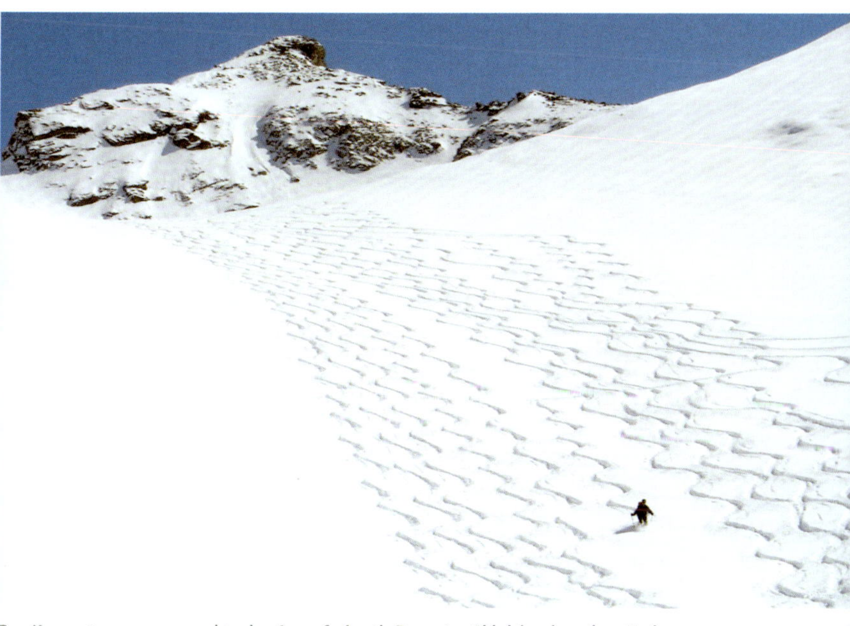

Der Kraxentrager, ganz rechts das Sumpfschartl. Darunter Skigirlanden ohne Ende.

Zillertaler Alpen
Brennerberge

Nur eine kleine Gratscharte unterhalb des Kraxentragers, aber ein Skigelände, wie es sich ein versierter Tourengeher nicht schöner wünschen kann. Zum Kraxentrager geht's ein andermal (siehe Nr. 83).

Ausgangspunkt: St. Jodok, Innervals (1320 m)
Höhenmeter, Zeit: 1340 Hm., 3 bis 3:30 Stunden
Lawinensituation: Nur bei absolut sicheren Verhältnissen.
Österr. Karte: Blatt 148 Brenner, 1:50.000

Die Skifahrer, die so im frischen Pulver schwelgen konnten wie hier auf unserem Bild, schwärmten gleich in höchsten Tönen von der „schönsten Skitour des Jahres". Bei Firn wäre es wahrscheinlich noch genussvoller, wenn man es richtig erwischt. Schönheitsfehler oder nicht, die Tour auf das Sumpfschartl endet einmal auf keinem Gipfel, son- →

dern „nur“ in einer Einkerbung im Grat zwischen Kraxentrager und Saxalmwand, trotzdem ist es eine respektable Unternehmung und nichts für blutige Anfänger. 1300 Höhenmeter, durchwegs steil, sind zu bewältigen, und vor allem die Spitzkehren dürfen kein Problem darstellen. Super wäre es, wenn die mühsam angelegte Aufstiegsspur nicht von den Abfahrtsgirlanden niedergefahren würde.

Ausgangspunkt: Von der Brennerbundesstraße bei Stafflach links nach St. Jodok und (nach der Kirche Abzweigung rechts) im Valser Tal einwärts nach Innervals, vorbei an der Kelderkapelle (dem berühmten Tirolmotiv), bis nach dem letzten Gehöft der ebene Talboden mit der Loipe beginnt. Parken muss man an der Straße.

Aufstieg: Schaut man zum rechten Berghang, erkennt man eine breite, sich oben verjüngende Wiesenschneise (mit vielen Spuren), die oben von einem Fahrweg gequert wird. In dieser Schneise steigt man auf bis zum Weg, folgt diesem nach links und hat gleich darauf die Bloaderalm (1572 m) erreicht.

Der unwirtliche Talkessel genau hinter den Almhütten lässt erst einmal gar kein Weiterkommen vermuten, ist aber doch recht einfach zu überwinden. Zuerst gerade in den oft von Lawinenknollen gefüllten Auslauf, danach erreicht man eine eingelagerte Terrasse über der ersten Felsstufe. Zum oberen Rand des Kessels gelangt man ganz links, nahe der Felsen, wo auch der Sommerweg verläuft. Jetzt ist man bereits in den großen Hängen; steigt aber noch nicht gerade hinauf (auch wenn die Abfahrtsspuren hier herunterkommen), sondern folgt einem Bachgraben nach rechts in Richtung Niedervennjöchl bis auf Höhe der obersten Lärchen. Hier quert man wieder nach links zurück in die großen Karhänge. Von Stufe zu Stufe aufsteigend erreicht man den flachen Boden unter dem Gipfelaufbau des Kraxentragers. Im Gratausläufer rechts ist das Sumpfschartl gut erkennbar, flankiert von einem markanten dreieckigen Felsturm. Mindestens zwölf Spitzkehren braucht es noch, danach ist auch der steile Schlusshang überwunden. Die Abfahrtsroute konnte man sich ja schon beim Aufstieg genau einprägen.

75 Sattelberg 2115 m

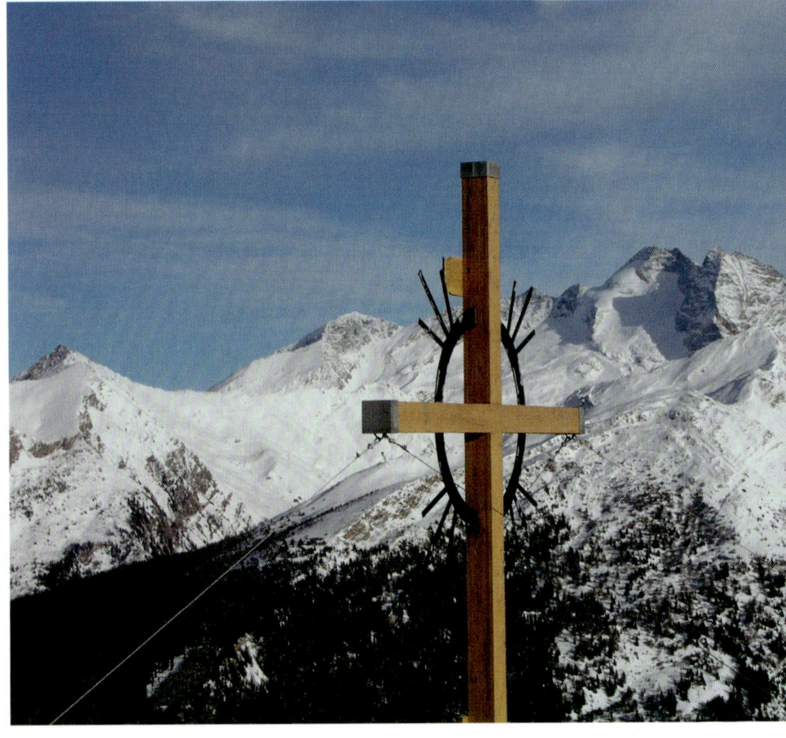

Blick vom Sattelberg über den Padauner Sattel zu den Bergen der Zillertaler Alpen.

→ Stubaier Alpen
→ Brennerberge

Nach Schließung des Liftbetriebes avancierte der Sattelberg rasch zu einem der beliebtesten Skitourenberge Tirols. Ab den ersten Schneeflocken kann man den ganzen Winter über mit guten Schneeverhältnissen rechnen.

Ausgangspunkt: Ausgangspunkt: Gries am Brenner (1220 m), Parkplatz unter der Autobahnbrücke oder weiter zum westlichen Tourengeherparkplatz.

Höhenmeter, Zeit: Sattelbergalm (1633 m) 1 bis 1:15 Stunden; Sattelberg-Gipfel (2115 m) 1:15 bis 1:30 Stunden. Gesamt 2:30 bis 3 Stunden, 900 Hm.

Lawinensituation: Kaum gefährdet, ohne den Gipfelhang

Österr. Karte: Blatt 148 Brenner, 1:50.000, AV-Karte 31/3 Brennerberge, 1:50.000

Das waren noch Zeiten – aber daran erinnern sich wohl nur mehr die skitourengehenden Großväter –, als der morgendliche Personenzug zum Brenner im Bahnhof Gries stoppte und eine lange Menschenschlange ausspuckte, alle mit geschulterten Skiern, die zuerst hinunter ins Dorf stapfte und auf der Gegenseite sofort den Anstieg zum Sattelberg in Angriff nahm. Schon damals war der Sattelberg eine der beliebtesten Skitouren im Nahbereich der Landeshauptstadt. Dann wurde der genau an der Landesgrenze liegende Mugelberg skitechnisch erschlossen und bis kurz unterhalb der Gipfelkuppe mit Liften versehen. Als kleinräumiges Skigebiet hatte er durchaus seine Anhänger.

Die Jahre zogen ins Land und die Aufstiegshilfen wurden allmählich baufällig. Für eine rigorose Erneuerung fehlte das Geld, →

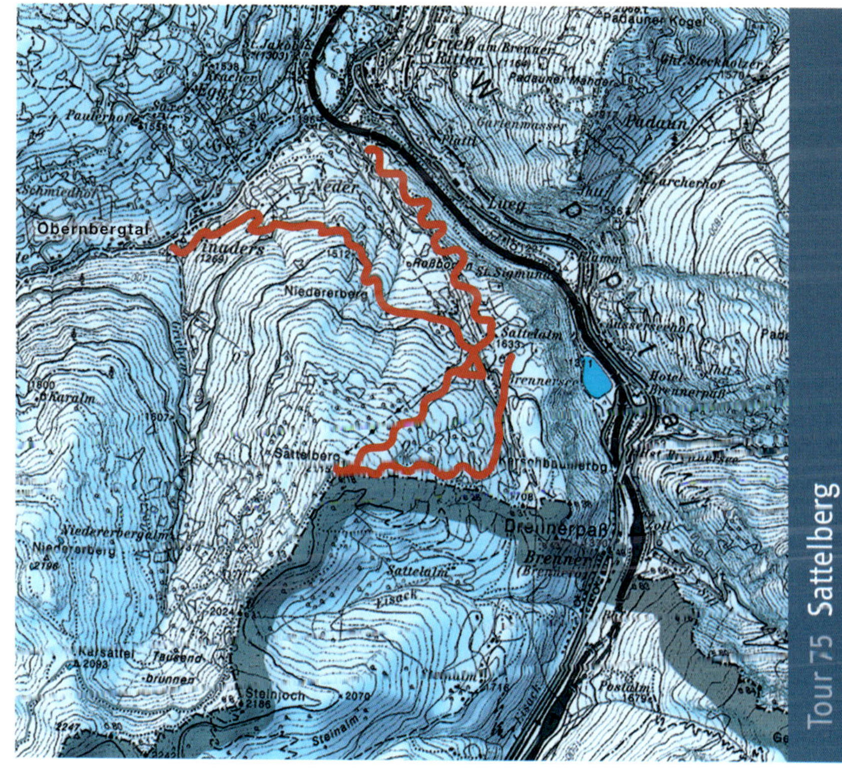

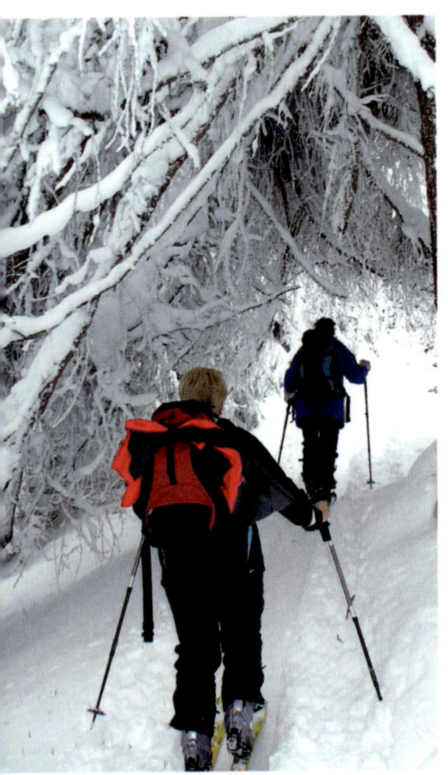

Romantiker marschieren abseits der Piste auf der „Zauberwaldroute" zur Sattelbergalm.

so fiel der Sattelberg mit seinen breiten Pistenschneisen wieder an die Tourengeher zurück, die ihn erfreut den Alleinbesitz übernahmen. Denn immerhin vereint der Sattelberg viele Vorzüge, die der Normalverbraucher an eine Skitour stellt. Rasche Erreichbarkeit, genügend Parkmöglichkeit, bereits bei den ersten Schneefällen möglich, keine Orientierungsprobleme und vor allem frei von objektiven Gefahren. Ein mit Beginn der Tourensaison geöffnetes Almgasthaus lädt zum Einkehrschwung ein und die Pisten werden weiterhin vom Wirt der Sattelbergalm mit dem Ratrac gewalzt, so dass fast immer mit guten Bedingungen gerechnet werden kann. Zudem wurde ein Direktanstieg durch Waldlichtungen als Skitourenroute ausgeschildert – in Zusammenarbeit von Vertretern des Alpenvereins, des Forstes, der Jagd und des Hüttenwirts der Sattelbergalm – um den Lebensraum von Auerhuhn und Birkhuhn nicht zu beeinträchtigen.

Ausgangspunkt: In Gries a. Br. zum Eingang des Obernbergtales bis unmittelbar unter die Autobahnbrücke. Hierher entweder auf der Brennerbundesstraße oder von der Autobahnausfahrt Nößlach nach Vinaders und talaus nach Gries. Über die Brücke, dann kurze, steile Auffahrt zu den Pfeilern und den eigens für die Tourengeher angelegten Stellplätzen. Erfolgt der Aufstieg nicht über die Pistenschneise, ist der westlichste der Parkplätze (Nummer 2) an der Straße Richtung Obernberg anzuraten, da von dort der neue Direktanstieg beginnt.

Aufstieg: Vom Parkplatz unter der Autobahnbrücke auf der Wiese rechts hinauf zum Hoachnhof und nun geradeaus, die immer breiter werdende Piste entlang zur Sattelbergalm (1 bis 1:15 Stunden). Romantiker, die lieber durch den verschneiten Winterwald wandern, verlassen die Piste gleich oberhalb des Bauernhofes nach rechts und folgen der dort abzweigenden Skispur in den Wald. Ohne nennenswerten Mehraufwand an Zeit gelangt man auf der „Zauberwaldroute" über eine Reihe von kleinen Lichtungen zur ehemaligen Mittelstation knapp oberhalb der Sattelbergalm.

Auch von der Alm zum Gipfel gibt es mehrere Anstiegsmöglichkeiten. Wem die direkte Spur im ersten Aufschwung zu steil ist, der nimmt gleich am Beginn des Steilhangs die Schleife nach links und mündet oberhalb der ersten Steilstufe wieder in die gerade Route →

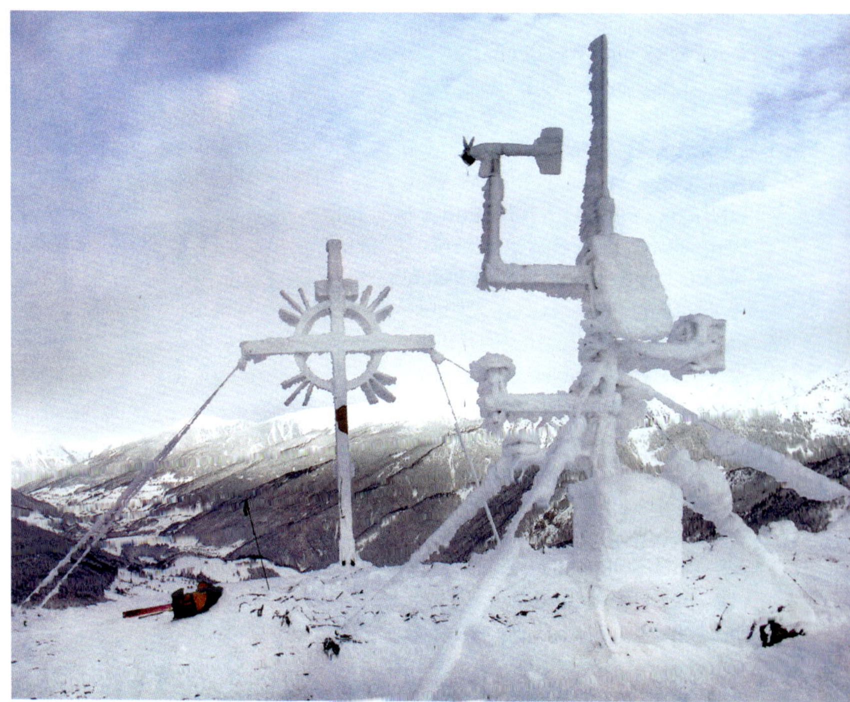

Dass der Wind ganze Arbeit leistet, erkennt man am Gipfelkreuz und den meteorologischen Messgeräten.

ein. Schon von weitem rückt das riesige Gipfelkreuz ins Blickfeld, welches dem Betrachter durch seine Größe eine wesentlich geringere Entfernung vorspiegelt. Im freien Gelände oberhalb der Waldgrenze schlägt man nochmals einen sanften Bogen nach links und steigt am Rücken des Grenzkammes empor zum Gipfel.

Schöner und geruhsamer, jedoch ein klein wenig länger, ist es aber, weitab von der Pistenschneise auf dem erst vor kurzem verbreiterten Weg nahe der Staatsgrenze zum Gipfel aufzusteigen. Dazu folgt man von der Sattelbergalm dem Wegweiser Richtung Brenner, marschiert 10 bis 15 Minuten fast eben durch ein Waldtal bis zu den gelben Wegtafeln. Hier auf dem Jubiläumsbergweg Nr. 80 rechts aufwärts bis zur Waldgrenze und im freien Gelände rechts des Grenzzaunes auf das weithin sichtbare Gipfelkreuz zu. Der neue Direktanstieg beginnt am Parkplatz Nummer 2 und ist mit orangen Skitourenmarkierungen ausgeschildert. Dieser Anstieg verläuft durch Waldlichtungen und ist landschaftlich schöner, als der Anstieg entlang der Pistenschneise. Zunächst direkt über die Wiesen aufwärts am Bauernhof vorbei, auf ca. 1300 m in den Wald, immer den orangen Hinweisschildern nach. Nach der Querung der Forststraße, die zur Sattelbergalm führt weiter durch Lichtungen bis zur Waldgrenze. Im mäßig steilen Gelände in einem Bogen zum Gipfel. Die Abfahrt erfolgt über die Pistenschneise. Den steilen und meist durch Windverfrachtungen eingewehten nordseitigen Gipfelhang, direkt über der alten Schleppliftstation, lässt man bei der Abfahrt besser in Ruhe. Hier sind immer wieder Lawinenopfer zu beklagen.

76 Kraxentrager 2999 m

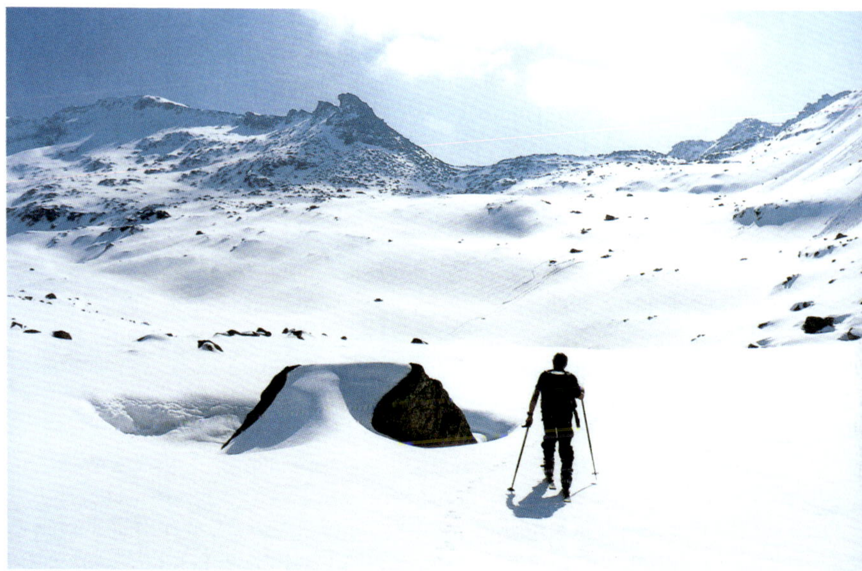

Rechts des schnabelartigen Felsens beginnt das Tälchen zur Landshuter Hütte.

Zillertaler Alpen
Brennerberge

Der lange Weg durchs Venntal zu einem „Fast-Dreitausender“ ist eine einsame Spätwintertour, die wir nur kompletten Skibergsteigern ruhigen Gewissens empfehlen können. Die etwas komplizierte Route hält einige Herausforderungen, aber auch traumhafte Vorzüge bereit.

Ausgangspunkt: Hst. Brennersee (1352 m) bzw. Vennhöfe (1457 m)

Höhenmeter, Zeit: 1650 Hm., 4:30 Stunden bzw. 1550 Hm., 4 Stunden

Lawinensituation: Häufig lawinengefährdet, daher nur bei sichersten Verhältnissen bzw. wenn die steilen Talschlusshänge schon abgelahnt sind.

Österr. Karte: Blätter 148 Brenner, 149 Lanersbach und 175 Sterzing, 1:50.000

Beim Venntal handelt es sich um das vorletzte östliche Seitental des Wipptals vor dem Brenner-Hauptkamm, durch das der Landshuter Höhenweg 531 über die Europahütte (Hüttenkuriosum: halbe Hütte Landshuter DAV-Hütte, halbe Hütte ehemaliges italienisches Zollhaus) zum Pfitscher Joch verläuft. Der östliche Eckpfei- →

ler, der nur 2999 m hohe Kraxentrager, kann mit Skiern über eine etwas komplizierte Route – steiles, lawinengefährdetes Waldstück, traumhafte Skihänge, leichte Kletterstellen (seilversichert) – bei sicheren Verhältnissen erreicht werden.

Ausgangspunkt: Auf der Brennerbundesstraße kurz vor dem Pass nach links zur Haltestelle Brennersee. Nun den gelben Wegweisern „Vennhöfe" und später „Kraxentrager" folgend auf geräumter Straße entweder mit Skiern an den Füßen oder Schneeketten am Pkw ca. 2 km zu den Vennhöfen (Auffahrt geduldet bei Einkehr).

Aufstieg: Eben den Bach entlang, nach rechts über eine Brücke und steiler am Fahrweg zur Vennalm. Nun scharf rechts (Wegweiser Landshuter Hütte 3:30 Stdn.) eine schmale Lichtung 50 Hm. aufwärts zu einem Zaun und links durch deutliche Wegschneisen – immer gut markiert – in eine Höhe von 1850 Metern mit Erlen und lockerem Lärchenwald. Achtung: Von rechts oben droht Schneebrettgefahr! In Serpentinen nochmals 100 Hm. höher hat man den Talschluss überwunden

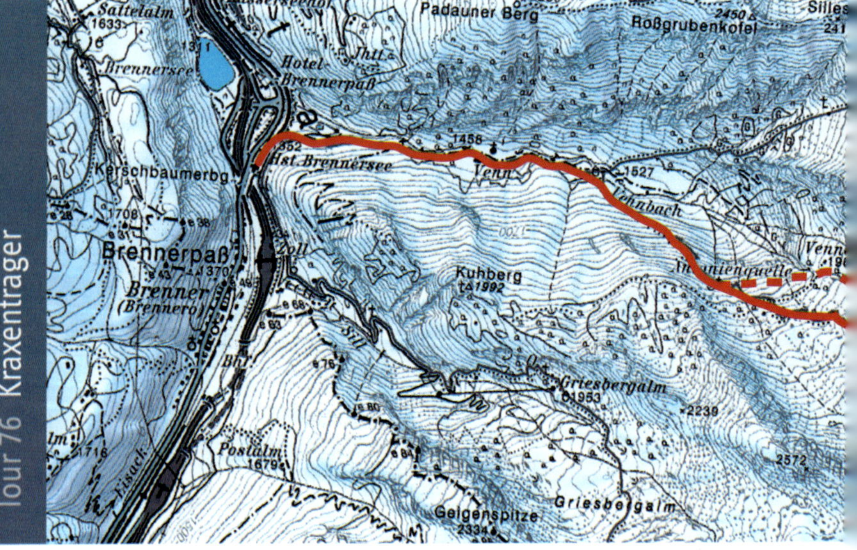

und gelangt zu einer Almhütte. Nun immer rechts haltend – Gipfelkreuz in Sicht – unter dem felsigen NW-Grat der Wildseespitze aufwärts zu einem Sattele (rechts des auffälligen „Geierschnabels") mit Steinmännern. Man gelangt in ein schneearmes steiniges Hochtal, auf dessen rechter, südlicher Begrenzung die Landshuter Hütte thront. Diese lässt man deutlich rechts liegen und steigt linker Hand über einen mittelsteilen Hang hinauf zur höchsten sichtbaren Stelle des Grenzgrats, den man beim marmornen Grenzstein 114 erreicht. Südlich zu einem Felskopf, an dessen Hinterseite man 40 Höhenmeter an Drahtseilen absteigt (bei eisigen Bedingungen sind Steigeisen und evtl. ein Pickel empfehlenswert, die Seile sind teils komplett eingeschneit). Auf Skiern weiter zum Skidepot kurz unter dem Gipfelkreuz mit der Inschrift „Unser Ziel" – wie wahr!

Abfahrt wie Aufstieg oder – bei entsprechend sicheren Verhältnissen und griffigem Schnee – kurz nach dem Skidepot nach rechts äußerst steil durch die Westwand und weiter in der Mitte des nördlicheren Hochtales hinaus. Links davon neben den Wasserfällen extrem steil hinunter in den Talschluss.

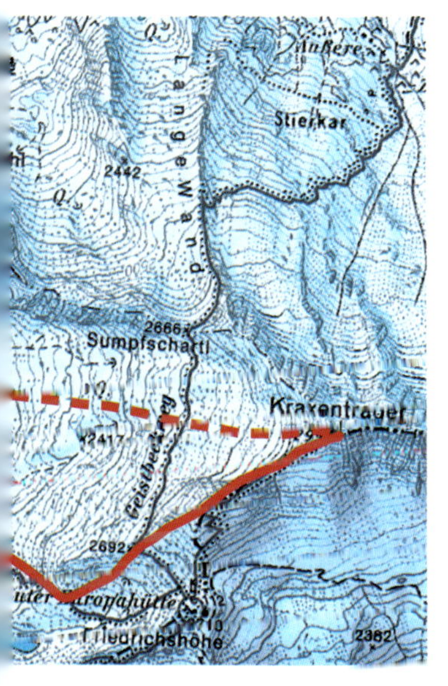

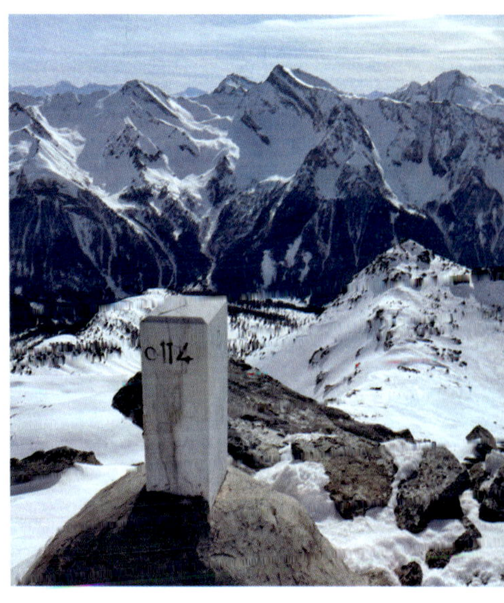

Grenzstein am Kraxentrager.

77 Wolfendorn 2774 m

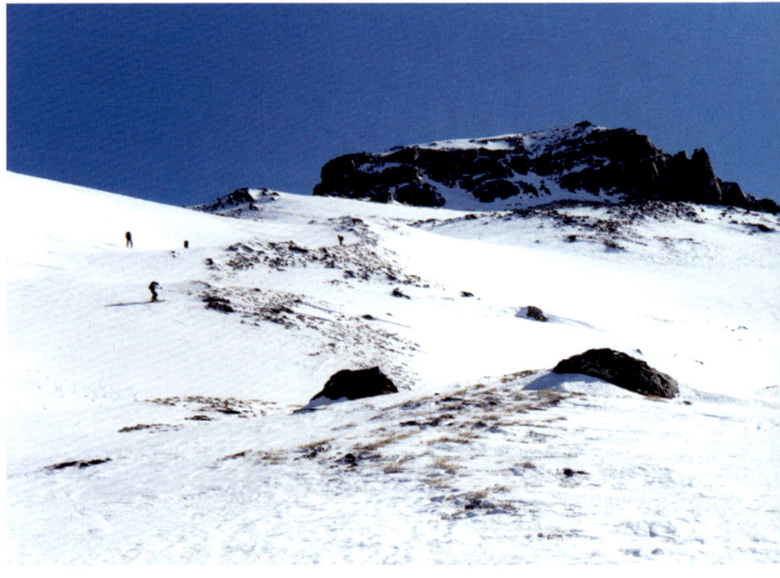

Die felsige Gipfelbastion des Wolfendorn wird rechts umgangen.

→ **Zillertaler Alpen**
→ **Brennerberge**

Von den Westhängen auf der Südtiroler Seite des Wolfendorns schwärmte schon der alte Pause in seinen „Hundert Schönsten". Diese Tour sollten Sie bei Spätwinter- und Frühjahrsverhältnissen unbedingt in Erwägung ziehen.

Ausgangspunkt: GH Wolf (Lupo), Autobahnausfahrt Brennerpass (1380 m)

Höhenmeter, Zeit: 1400 Hm., 3:30 bis 4 Stunden

Lawinensituation: Sichere Verhältnisse notwendig.

Österr. Karte: Blätter 148 Brenner und 175 Sterzing, 1:50.000

Schon in Zeiten, als die Tourengeher noch mit vorsintflutlicher Ausrüstung, mit Gurten und Kabelbindung unterwegs waren, war die Felspyramide östlich des Brenners ein beliebtes Tourenziel der Innsbrucker. Auch schon der alte Pause schwärmte in seinen „Hundert Schönsten" vom westlichsten Gipfel der Zillertaler Alpen in den höchsten Tönen. Vom Zug stolperte man damals beim GH Kerschbaumer über die Bahngleise und strebte dem langen und nicht ungefährlichen Steilhang am Beginn der Tour entgegen. Seit nun die Autobahn den direkten Zugang zum Sill-Ursprung versperrt, hat sich vermehrt der Anstieg über die Westhänge des Wolfendorns eingebürgert. Ein Anstieg, der wesentlich einfacher und auch kürzer ist, mit Start genau beim Gasthaus Wolf. Die Waldstufe wird auf einem Forstweg überwunden, das schöne Skigelände beginnt dann oberhalb der verfallenden Luegeralm.

Ausgangspunkt: Brennerpass, Gasthaus Wolf, oberhalb des ehemaligen italienischen Zollplatzes. Autobahnausfahrt nach dem Tunnel direkt beim ehem. ital. Zollgebäude. Noch bevor man auf die Staatsstraße hinausgelangt, im spitzen Winkel links der Beschilderung (al Lupo) folgend zum Gasthaus Wolf, eine Kehre oberhalb der Autobahn (genügend Parkplätze). Kommt man auf der Staatsstraße, →

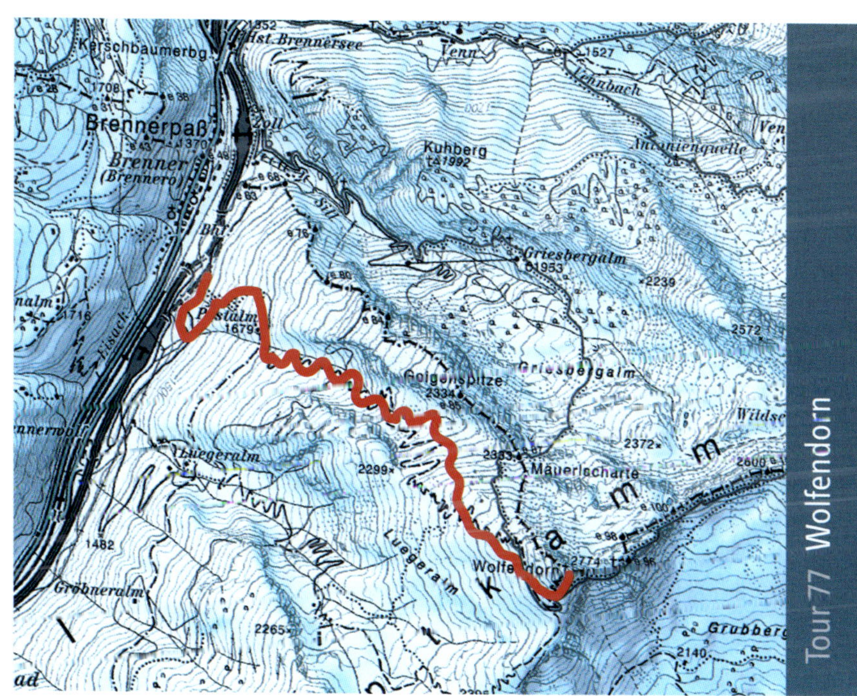

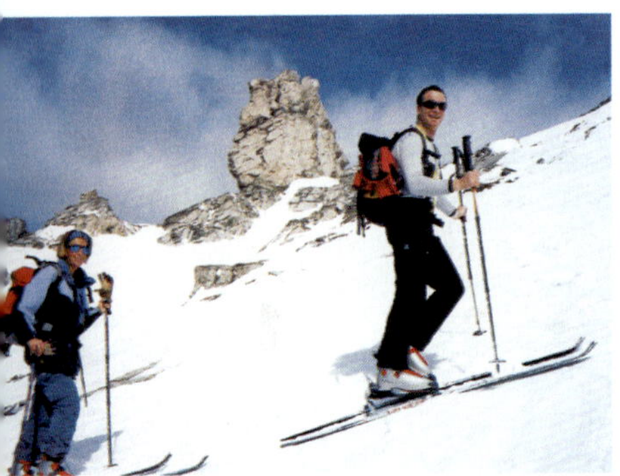

Ein kecker Felsturm, Wolfendornkind genannt, danach wartet noch der steile Gipfelhang.

ist die Abzweigung ca. 1 km nach Brenner-Ort.

Aufstieg: Vom Gasthaus Wolf den an der Kapelle beginnenden Forstweg in nördliche Richtung bis zum Wegweiser zum Wolfendorn, weiter über den steilen Sommerweg in der Waldschneise bis zur Luegeralm (ca. 1600 m). Alternativ kann man dem Forstweg nach rechts folgen und kommt über vier lange flache Kehren zur selben Almlichtung.

Der weitere Anstieg ist jetzt gut einzusehen. Gerade durch den lichter werdenden Lärchenbestand, wo sich immer noch ein Forstweg emporwindet, auf die breite Schneewanne zu, die in der Früh ganz im Schatten liegt und recht hart und glatt sein kann (Harscheisen!). Den Hang verlässt man nach einer Flachstelle nach rechts und kommt in gut gestuftes Gelände. Rechts eines lang gezogenen Rückens geht es durch breite Tälchen, Mulden und gestufte Steilhänge direkt auf den trapezförmigen Gipfelaufbau zu, und man steuert oben seine rechte Ecke an. Noch unterhalb eines markanten, frei stehenden Felsturms, dem so genannten Wolfendornkind, quert man über flache Hänge im Bogen nach rechts hinaus in die Südflanke.

Der Gipfelhang ist ziemlich steil und erfordert noch einige Spitzkehren, doch bei guter Schneelage kommt man mit Skiern bis zum höchsten Punkt.

Es gibt aber auch noch eine andere Möglichkeit: Man geht links hinauf in die Scharte zwischen Wolfendornkind und der felsigen Westflanke und steigt ohne Skier über ganz harmlose Felsstufen auf das Gipfeldach. Ein prächtiger Blick auf die wilden Pfunderer Berge und tief hinunter ins Pfitscher Tal belohnt die Mühen.

78 Flatschspitze 2566 m

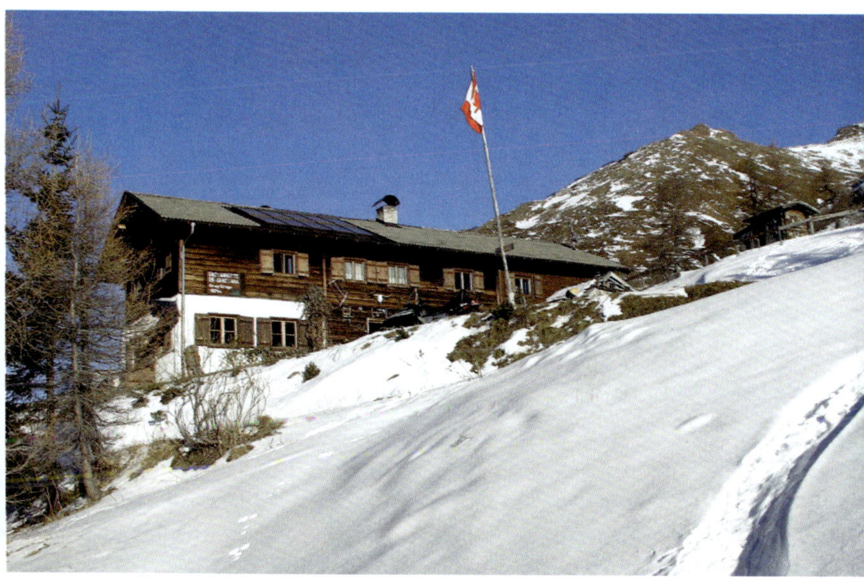

Die Enzianhütte am Anstieg zur Flatschspitze. Auch ein beliebtes Ziel von Rodlern.

westliche Zillertaler Alpen
Brennerberge

Wenn der Föhn nicht zu sehr wütet, wenn es frisch geschneit und noch kein Wind den Schnee verblasen hat – dann ist der richtige Zeitpunkt, diese beliebte Skitour zu unternehmen, in der Enzianhütte einzukehren und die urig aussehenden Hochlandrinder neben der Skispur zu bewundern.

Ausgangspunkt: Brennerbad, ehemalige Liftstation (1305 m)

Höhenmeter, Zeit: 1250 Hm., 3 bis 3:30 Stunden

Lawinensituation: Alte Pistenschneise durch den Wald, oberhalb der Waldgrenze lässt sich die Spur gut auf mäßig geneigten Rücken legen.

Österr. Karte: Blatt 175 Sterzing, 1:50.000, 31/3 AV-Karte Brennerberge

Die Flatschspitze ist so wie der Wolfendorn eine der beliebtesten Brennertouren, und zwar wegen der geringen Lawinengefahr und auch wegen der 7 km langen Rodelbahn zur Enzianhütte, die immer gut präpariert ist. Sie geht am besten, wenn es frisch geschneit hat und noch kein Wind den Schnee verblasen →

hat. Bei diesem Berg halten sich die Plus- und Minuspunkte so ziemlich die Waage. Die steile Waldschneise der ehemaligen Zirog-Piste wächst langsam, aber stetig zu. Die Hänge oberhalb der bewirtschafteten Enzianhütte sind oft stark abgeblasen und der Schnee weiß der Kuckuck wo, bemängeln die Nörgler. Positiv vermerken lässt sich dafür, dass die Lawinengefahr bei dieser Skitour relativ gering ist. Also eine gute Alternative, wenn von Touren im Steilgelände abgeraten wird. Denn dort, wo es steil ist, schützt der sichere Wald, und die günstige Neigung der freien Hänge oberhalb der Enzianhütte ist gerade so, dass man die Lawinenregel „Verzicht auf Spitzkehrengelände" beherzigen kann, denn schnurgerade führt die Spur auf den Gipfel zu. Die Waldschneisen sind meist zur Piste ausgefahren, das freie Gelände ist gut zu fahren und die Enzianhütte bewirtschaftet. Nicht zu erschrecken braucht man vor den urig aussehenden rothaarigen Hochlandrindern, die plötzlich neben der Skispur auftauchen und schon seit mehreren Jahren den Winter unbeschadet im Freien verbringen. Sie haben riesige Hörner, sind aber ganz friedlich. In der Enzianhütte stehen sie auf der Speisekarte.

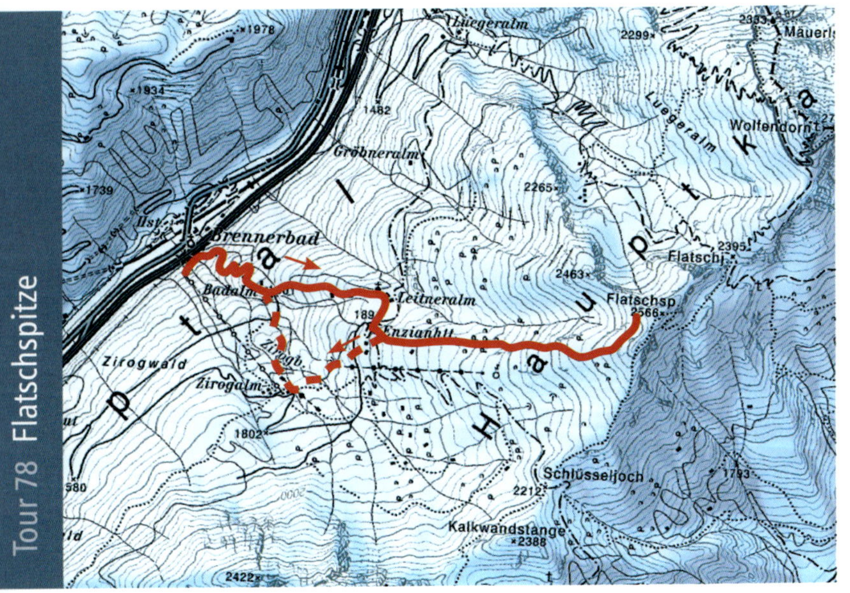

Ausgangspunkt: Über den Brenner und auf der Staatsstraße 3 km bis Brennerbad. Unmittelbar nach der Kapelle gibt es einen kleinen Durchschlupf unter der Autobahn. Geräumter Parkplatz hinter der Unterführung oder am Parkstreifen neben der Straße.

Aufstieg: Am verfallenden Lifthäusl vorbei und in die alte Pistenschneise. Wie lange das einst beliebte Skigebiet Zirog gestorben ist, merkt man gut an der Höhe der jungen Bäume, welche die alte Piste langsam, aber sicher zudecken, aber noch kommt man ganz gut durch. Erreicht man die erste Lichtung der Badalm mit zwei Almhütten, von der eine Aufstiegsspur nach rechts in den Waldgraben führt, kann man dieser getrost folgen (man kommt zuerst zur Zirogalm und geht das letzte Stück am Rodelweg zur Enzianhütte). Die übliche Route bleibt auf der oft gar nicht mehr als Piste zu erkennenden zugewachsenen Schneise und erreicht die Leitneralm. Von der Enzianhütte (1894 m, 1:30 Stunden) ist der Weg klar vorgegeben. Gerade hinauf zu den Sendemasten und über den schwach ausgeprägten Rücken auf den Vorgipfel zu. Kurzer Abstieg in die Scharte zum antennenbewehrten Hauptgipfel.

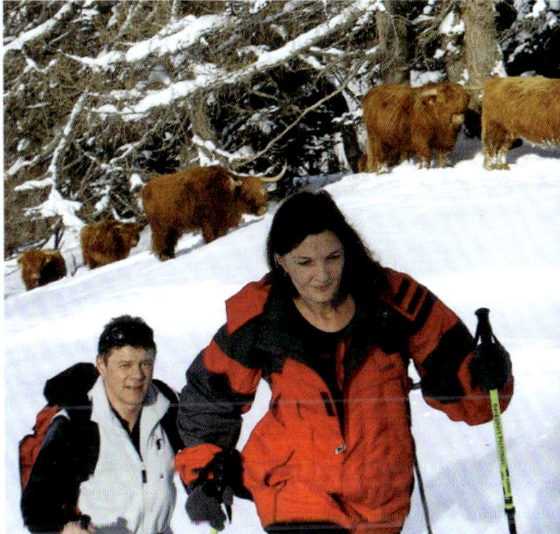

Nicht erschrecken! Die im Freien lebenden Hochlandrinder sind ganz friedlich.

Abfahrt: Ist der Rücken stark abgeblasen, liegt der Schnee meistens in der großen Schattenmulde, die vom Schlüsseljoch herabzieht, nahe der benachbarten Kalkwandstange. Dort kann man dann oft überraschend gut abfahren bis zur unterhalb der Enzianhütte gelegenen Zirogalm. Hat man den Rodelweg erreicht, entweder auf ihm zurück zur Enzianhütte oder gerade hinunter in den Graben bis zum Almdorf und in einer langen Querfahrt nach rechts zur Lichtung der Badalm, wo man wieder in die Aufstiegsspur mündet. Wenn es die Schneesituation hergibt, kann man die Abfahrtsroute natürlich auch direkt vom Gipfel über die zwei etwas steileren Stufen in das Tal direkt auf die Leitneralm zu legen.

79 Amthorspitze 2748 m

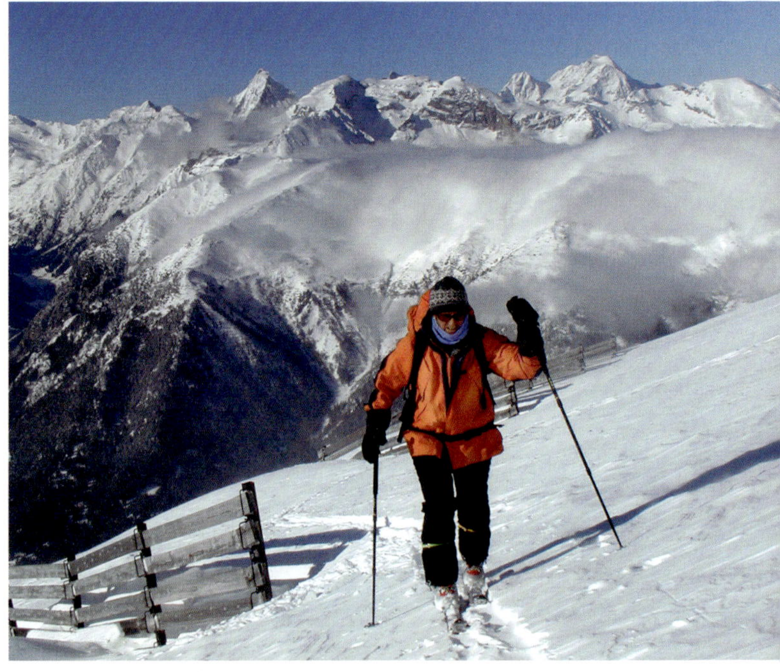

Vor zehn Jahren wurde der Lift auf die Amthorspitze „eingefroren".

→ **Zillertaler Alpen**
→ **Ausläufer des Tuxer Hauptkamms**

Das aufgelassene Skigebiet am Hühnerspiel, gleich hinter dem Brenner, gehört längst wieder den Tourengehern allein. Beeindruckendes Gebirgspanorama, ein endloser Hang in lawinensicherer Idealneigung – eine phantastische, aber anspruchsvolle Tour.

Ausgangspunkt: Pontigl, Bauernhof Dax (1300 m)

Höhenmeter, Zeit: 1450 Hm., 3:30 bis 4 Stunden

Lawinensituation: Praktisch lawinensicher.

Österr. Karte: Blatt 175 Sterzing, 1:50.000

Die Amthorspitze befindet sich im westlichsten Teil des Tuxer Kammes südlich des Brenners, gleichsam im Gratverlauf von Wolfendorn und Flatschspitze. Riesige Sendemasten, Parabolspiegel und Antennen „zieren" ihren Gipfel. Die technischen Anlagen dienen der Nato und der italienischen Post. Rundherum breitet sich ein gewaltiges Gebirgspanorama mit Blick zu den Bergen der südlichen Stubaier Alpen.

Als Skitour ist die Amthorspitze zwar nicht schwierig, durch ihre Länge aber doch ein wenig anspruchsvoll. Sie gliedert sich in zwei Abschnitte. Zuerst geht es auf einem breiten Fahrweg und weiter oben abkürzend auf den alten Pistenschneisen zur bewirtschafteten Hühnerspielhütte. Den Weg zum Gipfel vermittelt ein einziger Schräghang mit einem Niveauunterschied von 800 Höhenmetern in idealer Neigung, die kaum eine Spitzkehre erfordert. Selbst bei Lawinenwarnstufe 3 und Anwendung der Stop-or-go-Methode, welche in dieser Situation einen Verzicht auf Hänge über 30 Grad Neigung verlangt, ist diese Skitour sicher zu bewältigen. Zu berücksichtigen ist, dass der freie Westrücken des Berges sehr windausgesetzt sein kann. Dann hat man auch noch mit den Windgangeln zu kämpfen.

Ausgangspunkt: Vom Brenner auf der Staatsstraße ca. 4 km südwärts bis zur Doppelkehre oberhalb von Pontigl. Genau vor der oberen Kehre, wo eine Autobahnausfahrt in die Staatsstraße einmündet, unmittelbar und parallel zu dieser Ausfahrt (aber bitte nicht als Geisterfahrer) auf dem schmalen Sträßchen nach Dax, steil, aber gut geräumt, in ca. 1 km zum →

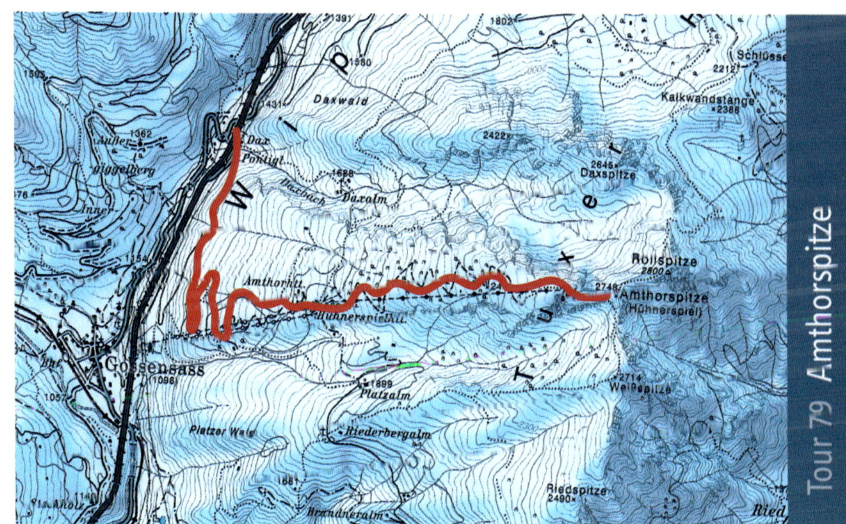

kleinen Parkplatz am Wegbeginn zur Hühnerspielhütte (beschildert). Ebenso möglich, aber um eine halbe Stunde länger, ist die Zufahrt in Gossensass beim GH Nussbaumer und die Auffahrt bis unter die Autobahn.

Aufstieg: Auf dem meist mit Skidoo gespurten Weg, bis man mit dem von Gossensass kommenden Weg zusammentrifft (bei Jägerstand). Danach sind stets beschilderte Abkürzungen möglich. Im oberen Teil benützt man die alten Schneisen der Skiabfahrt bis zur Hühnerspielhütte (1868 m, 1:30 Stunden).

Zur Amthorspitze: Von der Hütte über den ersten steileren Buckel, danach flacher und in stets gleich bleibender Neigung bis die Antennenanlagen ins Blickfeld kommen. Hinter dem obersten Mast auf dem sich verjüngenden Rücken zum höchsten Punkt (2 bis 2:30 Stunden).

Die technischen Anlagen von Post und Militär zieren den Gipfel der Amthorspitze.

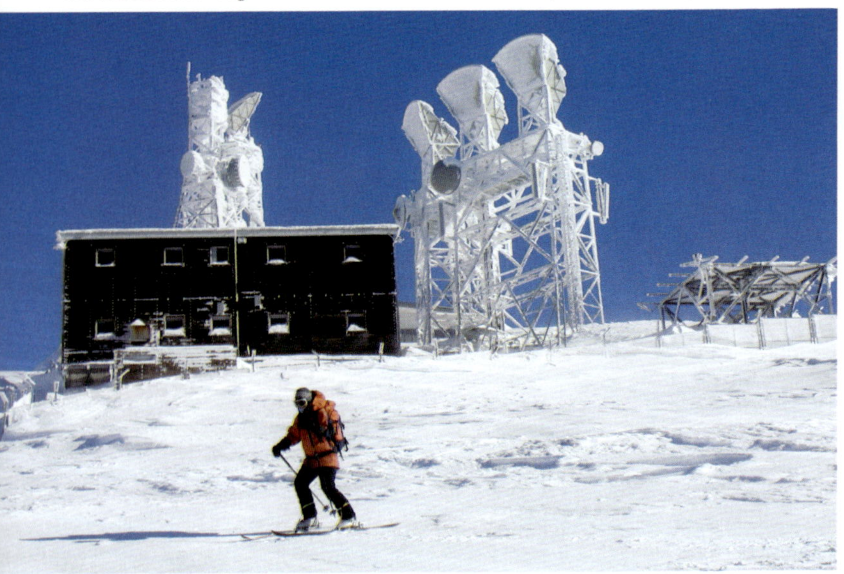

80 Maurerspitze 2628 m Ellesspitze 2661 m

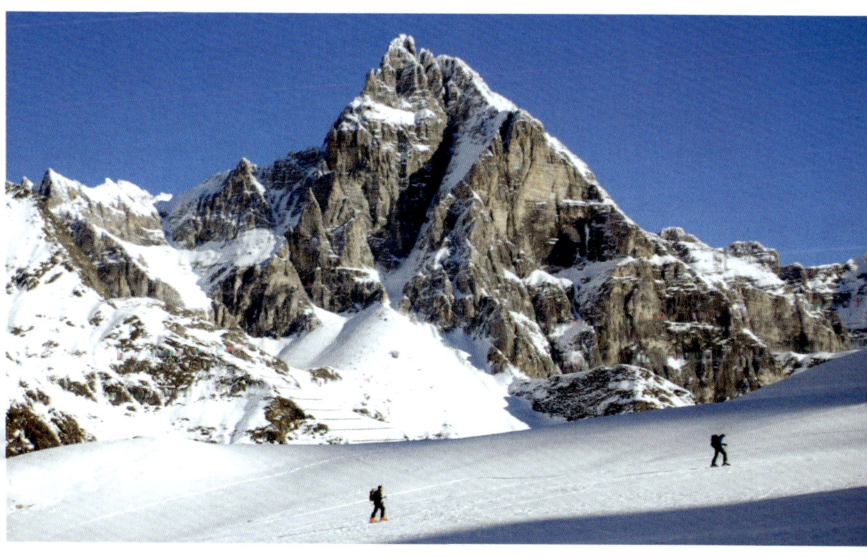

Beherrschender Blickfang bei allen Touren im Pflerschtal und auch auf dem Weg zur Maurerspitze ist der mächtige Felsobelisk des Pflerscher Tribulauns.

Südliche Stubaier Alpen

Es sind wahre Leckerbissen für den trainierten Skitourengeher, die das Pflerschtal gleich hinter dem Brenner zu bieten hat. Gehört die Maurerspitze zum Standardprogramm, so ist die Ellesspitze eher als elitär zu einzuordnen.

Ausgangspunkt: St. Anton im Pflerschtal.
Höhenunterschied, Zeit: Brücke vor den Steinhöfen (ca. 1400 m) – Grubenalm – Maurerspitze (2628 m), 1230 Hm., 3 bis 3:15 Stunden. Ellesspitze (2661 m), 1260 Hm., 3:15 bis 3:30 Stunden.
Lawinensituation: sichere Verhältnisse erforderlich, besonders für Ellesspitze.
Österr. Karte: Blatt 174 Timmelsjoch, 175 Sterzing, 1:50.000.

Rasch spricht sich unter den Tourengehern herum, wenn die Schneelage südlich des Brenners wesentlich besser ist als in Nordtirol – und das ist gar nicht so selten der Fall. Vor allem das nahe Pflerschtal kann von allen gängigen Tourengebieten oft mit den besten Verhältnissen aufwarten. →

Hat man noch dazu eine günstige Lawinensituation mit einer niedrigen Warnstufe, kann man ruhigen Gewissens auch eine so steile Skitour wie die Ellesspitze in Angriff nehmen. Die Maurerspitze, die als Standardskitour gilt, ist aber auch nicht zu verachten.

Eines aber muss der Tourenaspirant im Pflerschtal wissen: Um noch einen Parkplatz am Ausgangspunkt bei der Brücke vor den Steinhöfen im innersten Pflerschtal zu ergattern, muss man zeitig aufstehen. Spätestens um 8.30 Uhr sind am Wochenende alle vorhandenen Plätze belegt und die Auffahrt wird rigoros gesperrt. Allerdings gibt es einen richtig großen Parkplatz am Beginn des Rodelweges zur Allrißalm. Von dort marschiert man aber gut 15 Minuten (und danach wieder zurück) bis hinauf zum Tourenstart.

Ausgangspunkt: Von Gossensass nach Innerpflersch bis unmit-

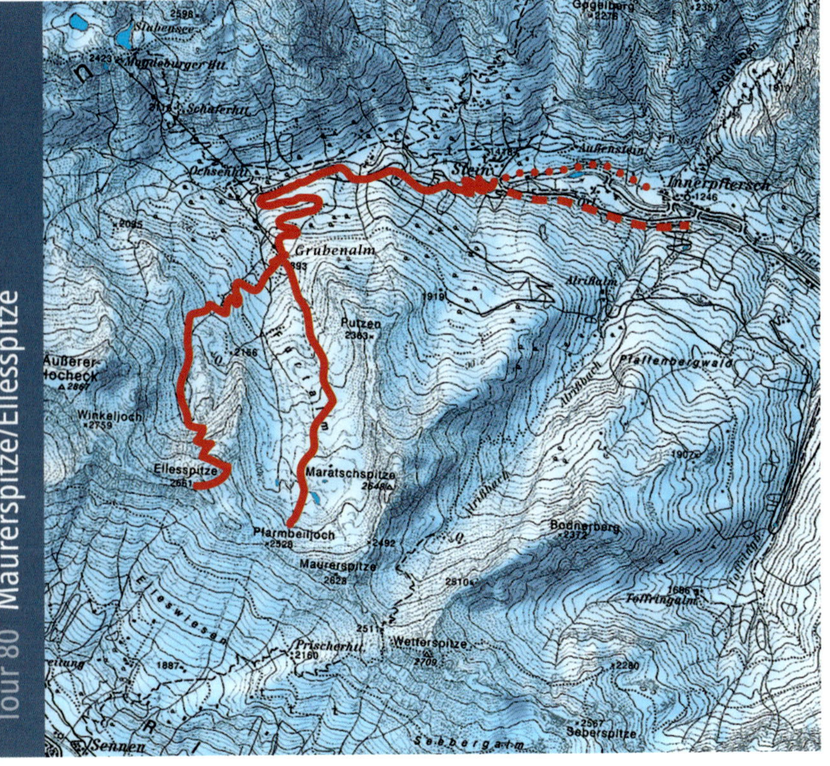

telbar vor St. Anton, wo bei km 8 links, unmittelbar vor der Brücke, die Auffahrt zu den Steinhöfen abzweigt. Parkplatz am Start des Forstweges (vor und nach der Brücke, bis zum Fahrverbotschild) oder beim Start der Rodelbahn zur Allrißalm. Kassa-Häuschen, wenn niemand da ist gratis. Alternativ kann man auch hinter St. Anton parken und weiter Richtung Talschluss und über Wiesen rechterhand zu den Steinhöfen aufsteigen.

Aufstieg: Wegbeginn aller Touren im Pflerschtal direkt vor der Brücke. Am breiten, meist zu einer Piste ausgefahrenen Almweg talein bis kurz vor die Ochsenalm. Bei der Materialseilbahnhütte scharf links und weiter auf dem breiten Fahrweg in einer weit ausholenden Schleife zur Waldgrenze und um eine Geländeschulter zur tief im Schnee steckenden Grubenalm. (Eine sehr steile Abkürzungsspur gibt es bereits vorher, wenn man nach ca. 30 Min. die erste freie Lichtung passiert.) Auf dem flachen Almboden in Höhe der Grubenalm teilen sich nun die beiden Anstiege. Geradeaus, durch die auffallende Mulde, zieht die Spur genau in Südrichtung fast in einer Linie über mehrere Geländestufen bis unter das Pfarmbeiljoch, wo der Hang noch einmal etwas steiler wird. Skidepot am Joch, nach links (Osten) in guter Stapfspur genau 100 Höhenmeter zum Gipfel der Maurerspitze. Abfahrt entlang der Aufstiegsroute.

Ellesspitze: Bei der Grubenalm verlässt man die zur Maurerspitze führende Spur, wendet sich nach rechts, überquert die flache Geländestufe und erklimmt den langen Steilhang rechts der Almböden bis hinauf zu einer deutlichen Terrasse, von der ein kleiner Taleinschnitt in ein weitläufiges Kar überleitet. Den wechtengekrönten Gipfel der Ellesspitze vor sich, steuert man nun den links von der Gipfelfalllinie sichtbaren steilen Hang an. Ein jochartiger Einschnitt wird erreicht. Von hier geht es wieder wesentlich gemütlicher zur Grathöhe unterhalb des höchsten Punktes. Zum Schluss stapft man noch ein paar Schritte zu Fuß zum Gipfelkreuz. Eine super Tour, aber wirklich nur bei niedrigster Lawinenwarnstufe.

81 Glungezer 2677 m

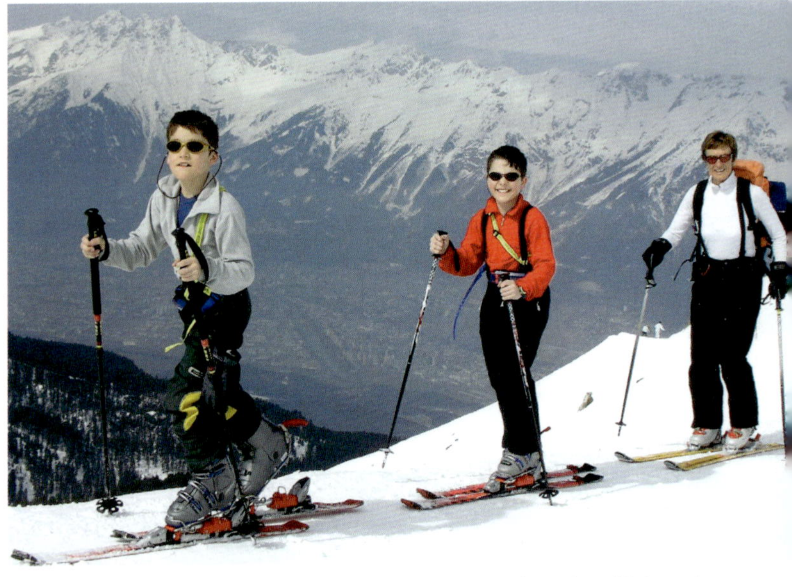

Am Glungezer-Normalanstieg kann man Kindern das Tourengehen schmackhaft machen.

→ **Tuxer Alpen**

Kehr dich um von diesen Höh'n, nach der Stadt zurück zu seh'n ... Bei dieser klassischen Innsbrucker Skitour, die nach dem Abbruch des Lawinenstollens am Patscherkofel wiederbelebt wurde, stehen zwei Routen zur Auswahl, deren Entdeckung sich lohnt.

Ausgangspunkt: Patscherkofelbahn Talstation (1009 m)

Höhenmeter, Zeit: 800 Hm. für Route Classic, 3 bis 4 Stunden (mit Patscherkofelgipfel 300 Hm. ca. 0:45 mehr); 950 Hm. für Route Roman, 3 bis 3:30 Stunden

Lawinensituation: Für die Abfahrt im Osthang des Patscherkofels bzw. die Querung oberhalb des Lanser Grabens sichere Verhältnisse notwendig.

Österr. Karte: Blatt 148 Brenner, 1:50.000, AV-Karte Innsbruck und Umgebung 1:50.000

Der Gang vom Issboden durch den Zirbenwald unter der Viggarspitze und dann hinauf ins Neunerkar und ins Frauental ist wunderschön, ruhig und beschaulich. Mit dem Blick hinunter in das dicht besiedelte Inntal und der Nähe der Landeshauptstadt ist der Skiwanderer völlig entrückt in vollkommener Einsamkeit. Sogar für Langläufer war es eine beliebte Trainingstour, und der Tschäms, ein Innsbrucker Sportler Original und Urvater der Alpinlangläufer, bewältigte die Glungezerrunde an einem einzigen Tag gleich dreimal. Die alten Skimarkierungen sind anfangs nur mit viel Glück zu finden, doch ab der Waldgrenze, im freien Gelände, weisen noch immer die alten Haselnussstecken den Weg bis zur Hütte.

Route Classic: Mit der Patscherkofelbahn (ab 08:30 Uhr) auf den Innsbrucker Hausberg und zu Fuß hinauf zu den Sendemasten (2246 m). Ist der Gipfellift nicht in Betrieb, verlängert sich der Anstieg um eine knappe Stunde bzw. 300 Hm. Die Tour beginnt sogleich mit einer rasanten Abfahrt. Zum Sendergebäude hin und von seiner Ostecke hinunter über den gar nicht so steilen Osthang, leicht rechts haltend, gerade auf die gut sichtbare Grünbodenhütte zu. Alternativ kann man auch vom Patscherkofelschutzhaus oberhalb des Lanser Grabens herüber queren (etwas mühsam) oder ein Stück in den Lanser Graben abfahren, queren und wieder zur Grünbodenhütte aufsteigen. Beide Varianten sind nur bei sehr günstigen Lawinenverhältnissen für erfahrene SkitourengeherInnen zu empfehlen. Kurz vor der Hütte durch ein flaches Tälchen nach rechts und durchs Isstalele (Jochtal) in mehreren Stufen hinunter auf den ebenen Issboden, den man in Richtung Osten durchquert bis zu den Almhütten (1873 m). Nun erst auffellen.

Von der Hütte in den lockeren Wald und im leichten Auf und Ab unter dem Steilhang der Viggarspitze nach Osten (den rostigen ÖAV Markierungen folgen), so lange, bis auch das felsige Horn der kleineren Neunerspitze (Eingang zum Kar von der Roten Wand aus westwärts gelegen) passiert ist. (Auf keinen Fall darf man früher aufsteigen.) Dann in einer rinnenartigen Mulde zwischen Wald und den Steilhängen rechts hinauf zu den obersten Zirben. Hier trifft man auf den auch im Winter gut erkennbaren Zirbenweg, folgt diesem bis zu einem ausgeprägten Kopf (Rote Wand) und biegt scharf nach rechts aufwärts ab. Hat man nun das freie Gelände östlich der Neunerspitze erreicht, sieht man auch gleich die alten →

Markierungsstangen, die hinauf zum Eingang des Neunerkars (Eingang zum Kar von der Roten Wand aus westwärts gelegen) weisen und dann in einer schnurgeraden Linie durch den weiten Karboden gesteckt sind. Nach der flachen Karmulde wird an seiner linken Seite eine kurze Steilstufe erklommen, dann betritt man den Hirschvogelhang, trifft erstmals auf Abfahrtsspuren der Direttissima und gelangt zu einem Denkmal für Lawinenopfer am Eingang ins Frauental. Am Ende des Tälchens mündet man in die übliche Tulfein-Route ein und hat nur mehr ein paar Minuten zur Glungezerhütte und zum um 30 Hm. höheren Gipfel.

Route Roman: Noch eine zweite Möglichkeit gibt es, um vom Patscherkofel zum Glungezer zu gelangen. Und zwar indem man stets ganz auf der Höhe des

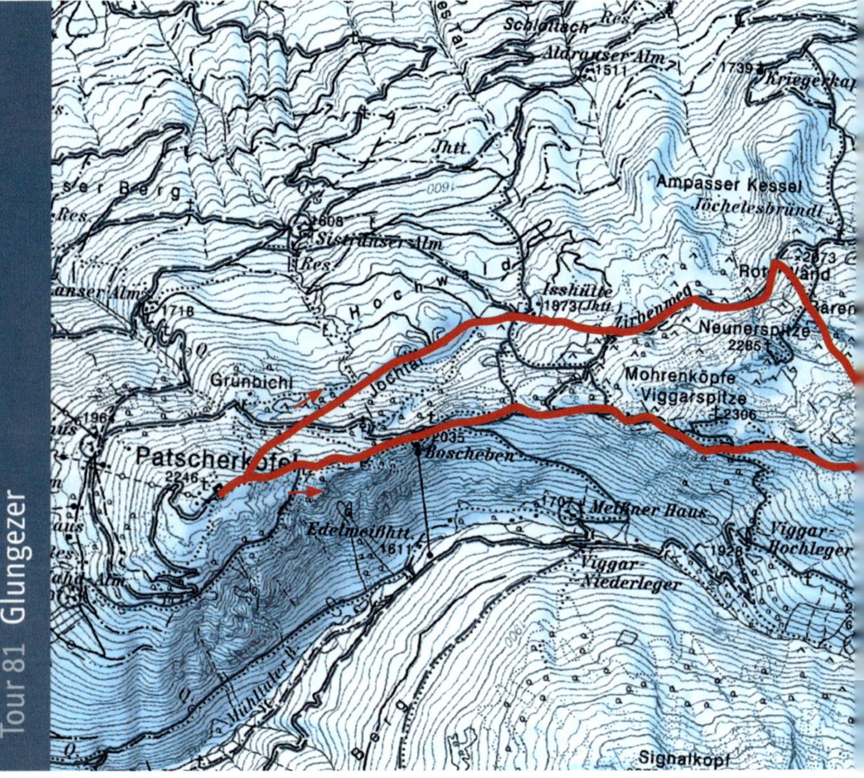

Verbindungsgrates bleibt. Der alte Tourenfuchs und Glungezer-Hüttenwart Roman Klingenschmid hat hier in Eigenregie erst jetzt wieder Markierungsstangen gesetzt. Dazu fährt man vom Gipfel entlang des Ostgrates ab bis Boscheben (2035 m, einmal muss man kurz in die Südflanke ausweichen) und folgt vom Sattel dem hier gut erkennbaren Zirbenweg über eine Geländerippe in die dahinter liegende Mulde, durch die man zur Viggarspitze (2306 m) aufsteigen kann. Nun immer auf dem breiten, mit vielen Felsblöcken besetzten Gratverlauf über das Mohrenköpfl zur Sonnenspitze (der Vorgipfel, hinter dem die Hütte liegt).

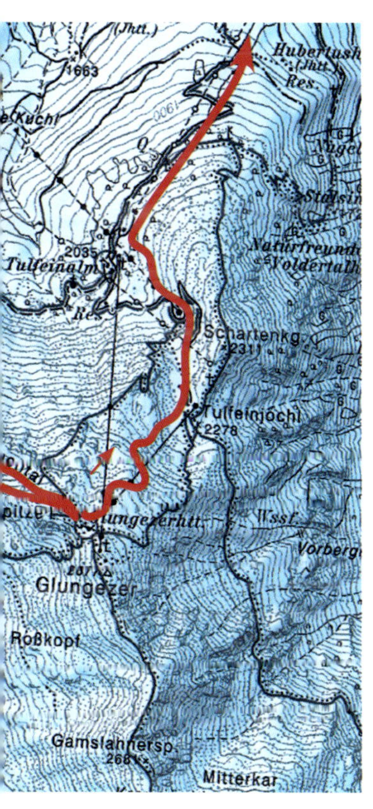

Abfahrt auf der Standardroute nach Tulfein und über die Pisten nach Halsmarter und Tulfes. Dann steht man in Tulfes und hat das Auto am Patscherkofel. Busse gibt es Sonntags stündlich, an den anderen Wochentagen ca. halbstündlich. Zum Patscherkofel zurück muss man Umsteigen und Wartezeit in Kauf nehmen, daher die Empfehlung besser morgens von Innsbruck gleich öffentlich zum Patscherkofel zu fahren und dann mit dem Bus zurück nach Innsbruck.

82 Largoz 2214 m

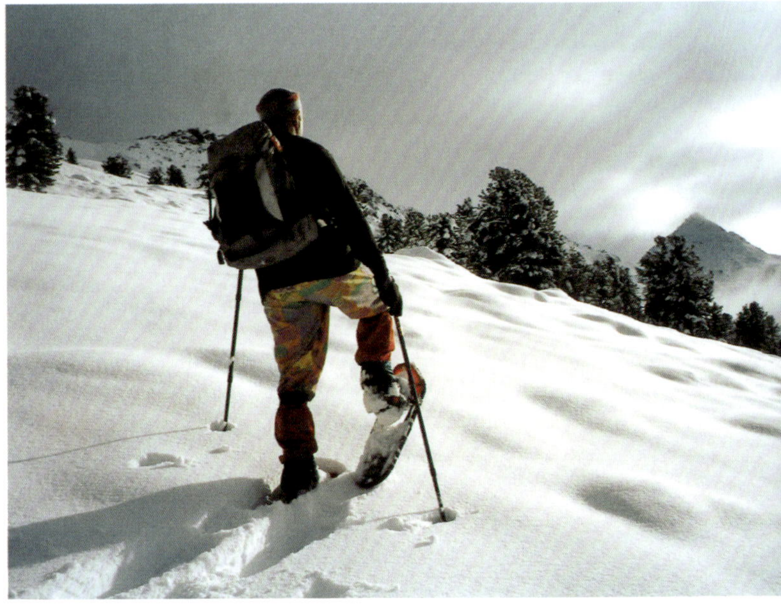

Im Vorwinter unterwegs mit Tubbs, oberhalb der Largozalm.

→ **Tuxer Alpen**
→ **Voldertal**

Diese trotz der langen, dichten Waldpassage sehr beliebte Skitour ist unserer Meinung nach nur interessant, wenn der Schnee bis ins Inntal reicht. Dann lässt sich ihr allerdings einiges abgewinnen. Ein Alternativvorschlag: von der Krepperhütte eine Schneeschuhtour unternehmen.

Ausgangspunkt: Volders (560 m) bzw. Krepperhütte (1350 m)

Höhenmeter, Zeit: 1660 Hm., 4:30 Stunden bzw. 870 Hm., 2:30 Stunden

Lawinensituation: Kaum gefährdet, nur Gipfelhang etwas steiler.

Österr. Karte: Blätter 118 Innsbruck, 119 Schwaz, 148 Brenner und 149 Lanersbach, 1:50.000

Der Largoz, ein uraltes Tourenziel in den Tuxer Vorbergen, macht den Skitourengehern schon längere Zeit keine rechte Freude mehr: Die meist dünne Schneedecke in den immer mehr zuwachsenden Waldschlägen zwischen Largozalm und Krepperhütte zwingt zum Ausweichen auf

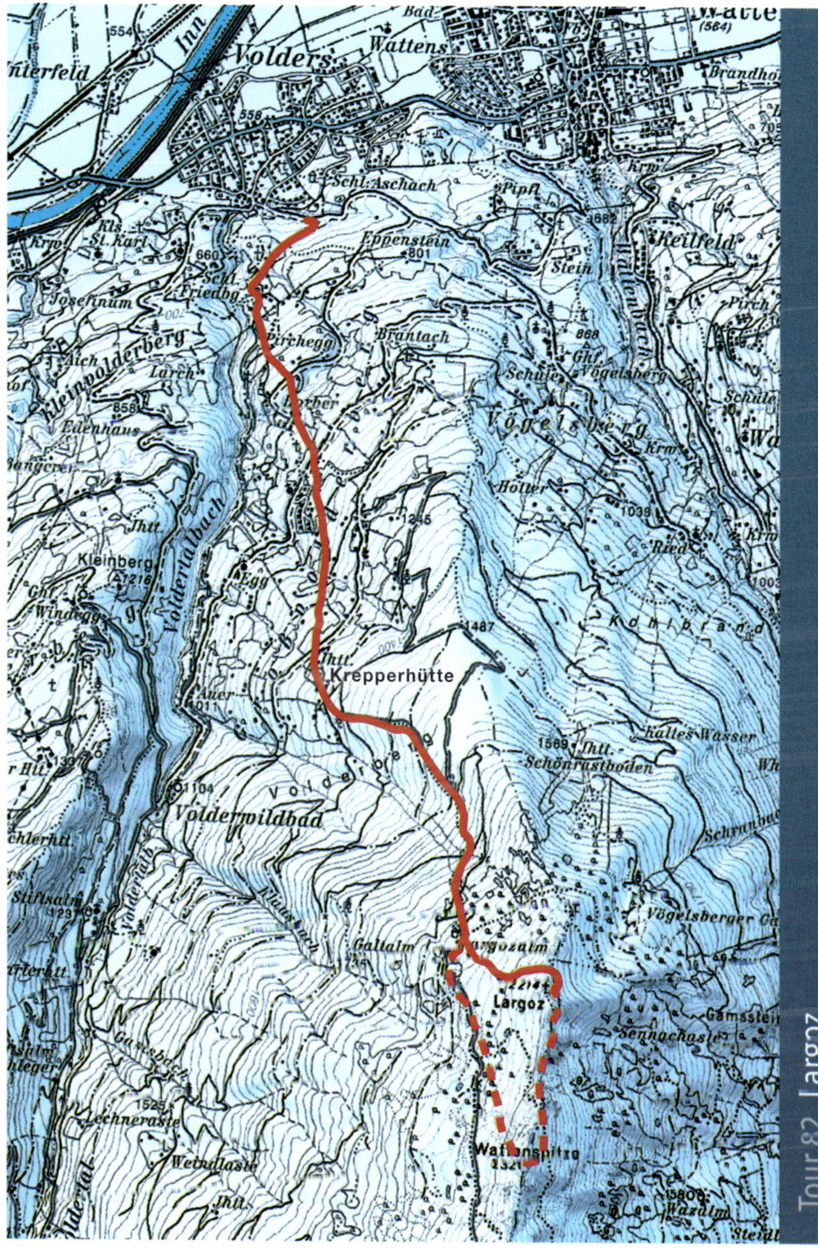
Tour 82 Largoz

die Forststraßen, die zunehmend von Verhüttelung geprägten freien Bauernwiesen talwärts erfordern einen Zickzackkurs, den man nur mittels der Insiderspuren schafft. Trotzdem ist diese Tour die ganze Woche über „ausgebucht" – vielleicht weil man sich mit dem Taxi 800 Hm. Anstieg sparen kann. Und wenn die Schneelage passt, dann kann man der insgesamt fast 1700 Hm. langen Skitour schon einiges abgewinnen – besonders den wirklich schönen Schwüngen des Gipfelhangs bis zur Largozalm.

Ausgangspunkt: In Volders bei der Kirche hinter dem GH Jagerwirt Parkplatz (auch Abfahrt vom Taxibus Federer, Tel. 05224/ 53378). Will man mit dem eigenen Pkw zur Krepperhütte, dann biegt man am westlichen Ortsanfang von Volders (Wegweiser gegenüber Café Marmaris) zur Großvolderbergstraße ab und fährt diese – immer gut beschildert – bis zur Wegteilung oberhalb der Krepperhütte (Parkplatz vor Schranken); 1350 m.

Skitour von Volders: Zu Fuß zur Auffahrt ins Voldertal (WW Krepperhütte/Voldertalhütte). Nach wenigen Metern (bei Verkehrsspiegel) rechts steil den RWW „Volderwildbad" aufwärts in den Ortsteil Unterberg; hier kann man die Skier anschnallen. Nun den Einheimischenspuren folgend über Bauernwiesen, durch Hohlwege, durch Zäune und Hecken, um Bauerngehöfte, Villenneu- und -rohbauten herum, an der Volksschule Großvolderberg vorbei; später auch an Wochenendhäusern entlang gelangt man zur Krepperhütte (Fr/Sa/So geöffnet) und dem Parkplatz; 800 Hm./gut 2 Stunden.

Der spärlich markierte Sommerweg beginnt direkt zwischen den zwei Forststraßen und führt über viele kleine Wasserläufe und kleine Lichtungen – fünfmal verschiedene Forststraßen querend – zur Hochwaldgrenze und über freie Wiesen zum Almdorf Largoz, 1920 m; ab Krepperhütte 570 Hm./1:30 Stunden. Von der Alm über traumhafte Skihänge eher ostwärts haltend höher – bald erblickt man das riesige Gipfelkreuz –, ab hier beliebig zum Gipfel. Der Weiterweg zur felsigen Wattenspitze (2321 m) führt am Weidezaun entlang, immer am Grat bleibend, und macht nur Sinn, wenn man die schönen Westhänge hinunter zum Almweg abfährt, der flach zur Largozalm führt (siehe Skizze).

Bei der weiteren Abfahrt von der Largozalm bleibt man nach den ersten freien Lichtungen besser auf einem der Fahrwege zur Krepperhütte.

83 Rosenjoch 2796 m
Malgrübler 2749 m

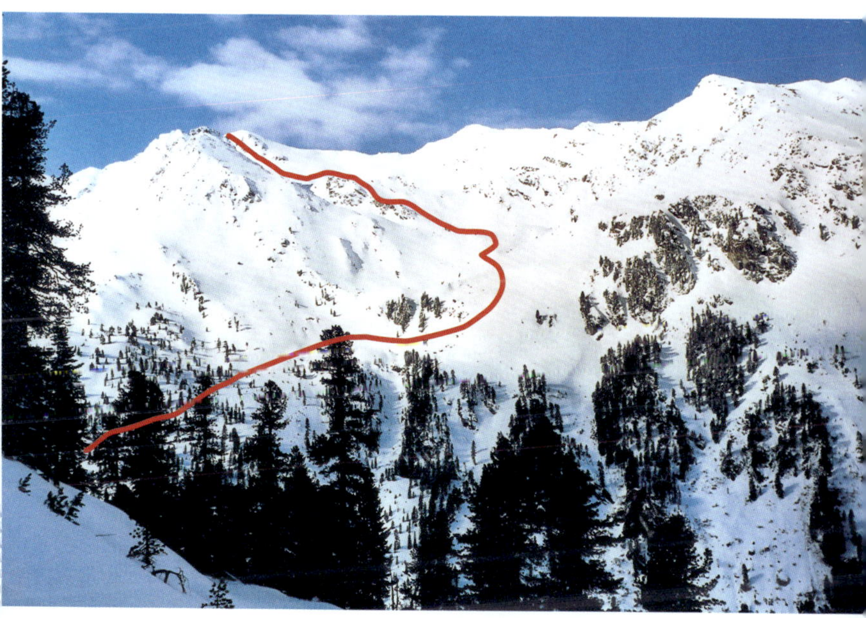

Beim Anstieg zum Malgrübler hat man den besten Blick auf die Rosenjoch-Route.

Tuxer Alpen

Berechtigungsschein besorgen, Abkürzung nehmen und ab auf das Rosenjoch, das eine lange und einsame Skitour für gute Geher und Skifahrer im Nahraum von Innsbruck verheißt. Bei ungünstigeren Verhältnissen empfehlen wir als attraktive Alternative einen zweiten lohnenden Skigipfel des Voldertales, den Malgrübler.

Ausgangspunkt: Parkplatz Volderwildbad im Voldertal (1100 m)

Höhenmeter, Zeit: 1700 Hm., 4 bis 4:30 Stunden

Lawinensituation: Eine heikle Steilstufe (beim Rosenjoch), die Gefühl für Routenwahl und sichere Verhältnisse erfordert.

Österr. Karte: Blatt 148 Brenner, 1:50.000

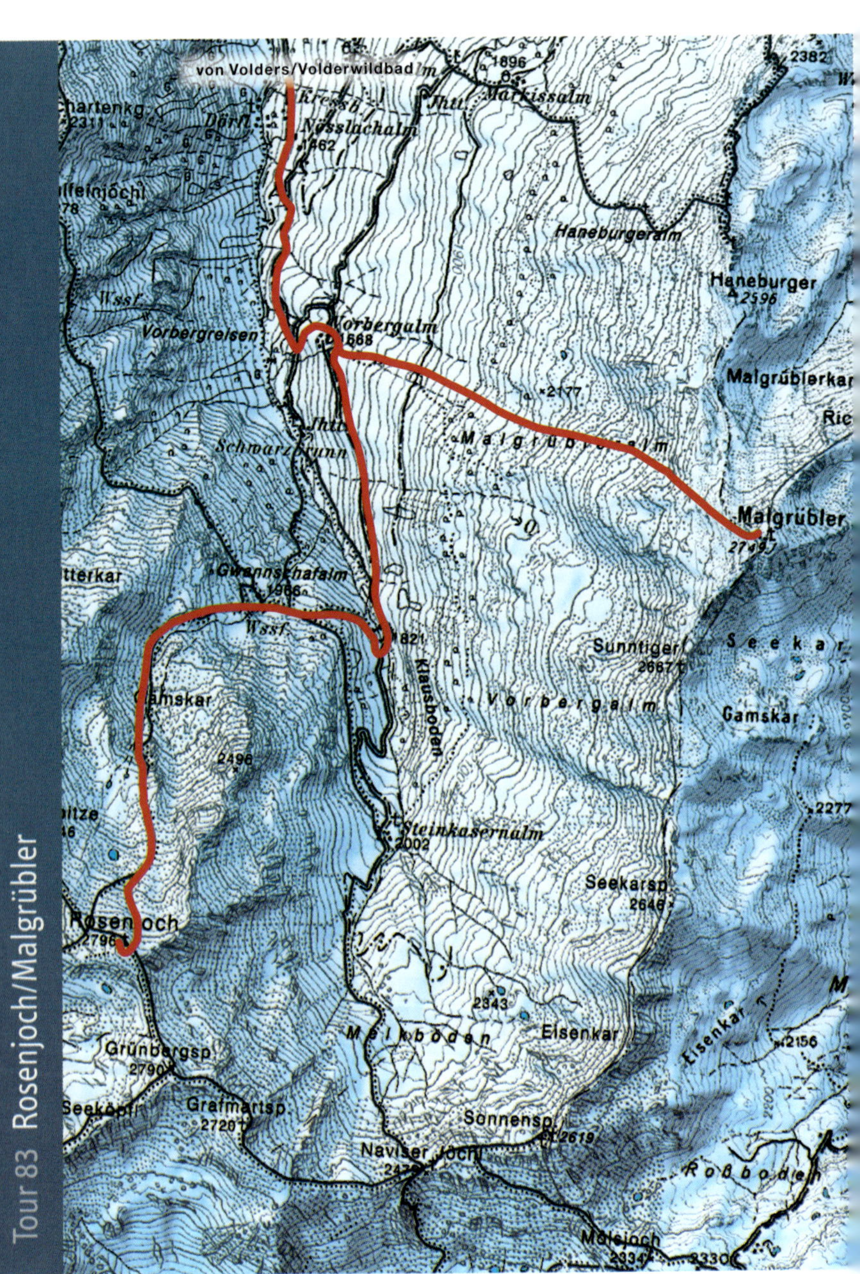

von Volders/Volderwildbad
1896
2382
Markissalm
Nösslachalm
Haneburgeralm
Haneburger
2596
Vorbergalm
1568
Vorbergreisen
×2177
Malgrüblerkar
Malgrübleralm
Malgrübler
2749
Schwarzbrunn
Gwannschafalm
1966
Wssf.
1821
Klausboden
Sunntiger
2667
Seekar
Gamskar
2496
Vorbergalm
Steinkasernalm
2002
Seekarsp.
2646
Rosenjoch
2796
2343
Eisenkar
Melkboden
Eisenkar
2156
2277
Grünbergsp.
2790
Grafmartsp.
2720
Seeköpfl
Sonnensp.
2619
Naviser Jöchl
Roßboden
Mölsjoch
2334
2330

Fast alle Skitouren im Voldertal sind meist wunderbar einsam, dafür aber lang und mühsam. Aber erst ab Winterende, Anfang Frühling gibt es eine Möglichkeit, den elendslangen Talhatscher um gut zwei Stunden zu verkürzen: Ein Berechtigungsschein (erhältlich beim Auerhof, letzter Bauer links vor Volderwildbad; Hinweistafel) macht's möglich, mit dem Pkw bis zum Parkplatz Nößlach (1462 m) vorzudringen – sonst bleibt als Alternative für gute Mountainbiker nur das Bergradl. Damit reduzieren sich die 1700 Höhenmeter vom Parkplatz Volderwildbad auf „nur" mehr 1350.

Ausgangspunkt: Von Volders hinauf Richtung Großvolderberg zur 3. Abzweigung nach rechts (Krepperhütte). Bei der nächsten Wegteilung nach rechts (kleines Schild „Naturfreundehaus") und eben am Hang entlang zum Auerhof. Wer bis nach Nößlach fahren will, löst hier einen Berechtigungsschein und fährt weiter steil hinauf zum Parkplatz Volderwildbad. Von hier wären's noch ca. 4 km nach Nößlach.

Zum Rosenjoch: Zu Fuß das Steilstück zehn Minuten hinauf bis zur ersten Straßengabelung. Nun bei Fahrverbot, Sackgasse und Schranken weiter, immer links des Baches, bis man wieder auf den Hauptweg kurz vor der Voldertalhütte trifft, diesen aufwärts zum Parkplatz Nößlach. Auf dem Talweg weiter und mit einer S-Kurve – die man auch abkürzen kann – hinauf zur Vorbergalm (guter Überblick über die weitere Tour – s. Foto). Dort an einem Baum (Naturdenkmal) Wegweiser: „Winterweg zum Naviser Joch bzw. Sonnenspitze". Hoch über dem Bach zur ersten Steilstufe. Nach dem Felsen in der Bachmitte (mit Bäumen drauf) gleich auf einer Eisentraverse (Beschriftung: „Gwann/Rosenjoch") – noch vor dem gelben Sommerwegweiser – rechts hinüber in einen erlendurchsetzten äußerst steilen Hochwald. In diesem (einzelne Markierungen des Sommerweges 332 helfen bei der Orientierung) in einem Linksbogen hinauf in die Geländemulde der Gwannschafalm, an der man links vorbeizieht. Nun wieder wie auf der AV-Route ins flache Untere Gamskar, 30–35 Grad steil ins Obere Gamskar und über gestuftes Gelände (ca. 2100 m) und ein herrliches Skitälchen hinauf zum Grat links des weithin sichtbaren Gipfelkreuzes. Über den kurzen Wechtengrat zum höchsten Punkt des Voldertales.

Ausweichtour zum „lohnendsten" Skigipfel des Voldertals. Einleitung wie Skitour Rosenjoch; das Ver- →

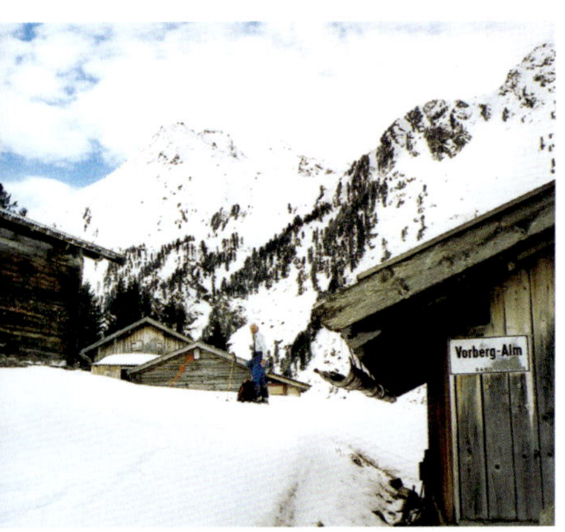

Bei der Vorbergalm Wegteilung: links zum Malgrübler, geradeaus zum Rosenjoch.

hältnis Skigelände zu Forstwegen ist hier allerdings bedeutend günstiger – 85:15 Prozent, bei Start in Nößlach; im ungünstigsten Fall (Beginn der Tour in V olderwildbad) immer noch zwei zu eins bei insgesamt 1650 Hm. Das Schwierigste bei dieser Tour ist, den günstigsten Zeitpunkt zu erwischen. Da hilft nur eines: Selber mittels eines Spazierganges oder Rodelpartie zum Naturfreundehaus (dzt. im Winter leider geschlossen – wegen Schutzes der „Steinfliege") Lage und Verhältnisse zu erkunden. Im Hochwinter geht's sowieso nur von Volderwildbad aus (1100 m) – die Tour hat gegenüber dem Rosenjoch den Vorteil, dass sie um einiges sicherer (max. bis 35 Grad) und daher bei richtiger Spuranlage bis LWS 2 machbar ist.

Zum Malgrübler: Wie oben am Fahrweg bis zur Vorbergalm (1668 m) und links hinauf – rechts des Baches – in den obersten freien Zipfel. Nun dem Sommerweg folgend durch einen schmalen Schlag aufwärts. Schon nach 100 Hm. weitet sich der Schlag zu einer großen Lichtung – malerisch durchsetzt von kleinen und großen Zirben –, auf der selbstverständlich ein Jägerhochstand thront. Immer die wunderschön kupierten Hänge Richtung OSO aufwärts zur endgültigen Waldgrenze auf 2100 Meter. Bei guter Sicht – und nur dann ist die Tour empfehlenswert – sieht (ahnt) man ab hier den Gipfel, von dem ein felsiger Rücken (mit auffallenden Pinguin-Felsen) herabzieht. Ab hier zwei Varianten möglich:

1.) links vom Rücken – immer nach links querend – die Tälchen und Buckel aufwärts oder

2.) flach noch weiter links in ein weites Becken und in einem Rechtsbogen hinauf zum Grat (beide Varianten ungefähr gleich steil), den man ca. 100 Hm. unterhalb des Gipfels erreicht. Über flaches Gelände südwärts mit Skiern – bei richtiger Spuranlage ohne eine einzige Spitzkehre gemacht zu haben – betritt man den flachen aussichtsreichen Gipfel mit schönem Metallkreuz, Trigonometer und BH-Warntafel.

84 Eiskarspitze 2611 m

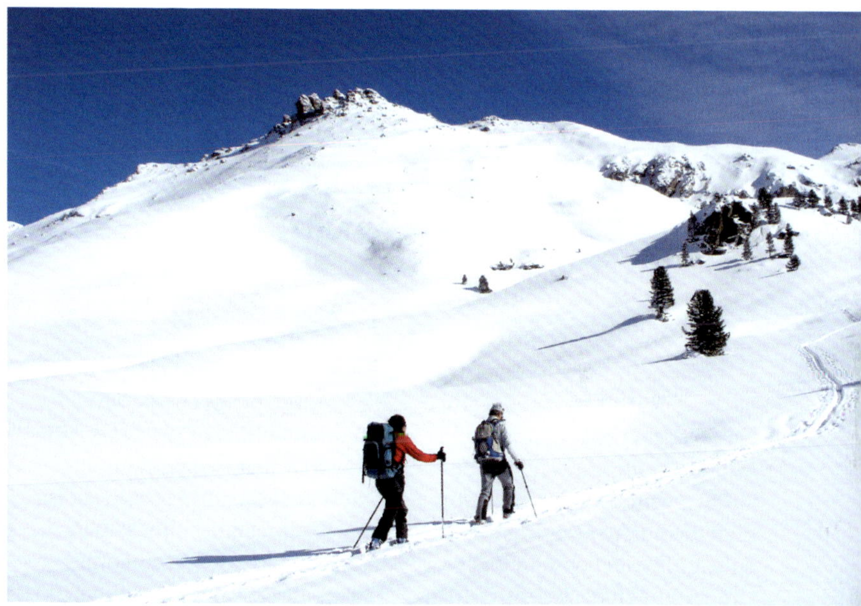

Von spitzen Felstürmen gekrönt ist die Eiskarspitze. Darunter herrliche Skihänge.

Tuxer Alpen
Wattental

Und noch eine stille Perle im Wattental für all jene, die nicht „wie die Lemminge" unterwegs sein wollen. Diese ausgesprochen feine Skitour in weitem Gelände mit idealer Hangneigung ist eine würdige Alternative zur überlaufenen Grafensspitze.

Ausgangspunkt: Lager Walchen (1410 m)
Höhenmeter, Zeit: 1200 Hm., 3 bis 3:30 Stunden
Lawinensituation: Relativ geringe Gefahr.
Österr. Karte: Blatt 149 Lanersbach, 1:50.000

Im inneren Wattental ist eine Reihe von Skitouren aufgefädelt, vom Hirzer bis zum Geier, eine schöner als die andere, jeder Berg ein Hit. Beliebtester Skigipfel in diesem Gebiet ist hier wohl die Grafensspitze, deren weite Hänge die Tourengeher stets in Massen bevölkern. Wer aber nicht „wie die Lemminge" unterwegs sein →

will, versucht es einmal mit der benachbarten Eiskarspitze. Als wesentlich stillere Variante ist sie der übernächste Gipfel im Kamm taleinwärts und liegt gleich hinter dem Hippold, leicht erkennbar an ihrem mit kleinen Felszacken gespickten Gipfel unmittelbar über der Innermelangalm. Ausgangspunkt und erstes Wegstück sind gleich wie bei der „Grafens“. Nur eine ganz kurze Waldpassage ist zu überwinden, danach gibt es wunderbar gestufte Hänge und Mulden in idealer Neigung und kaum lawinengefährdet, wenn man die Aufstiegsspur ordentlich anlegt. Kleiner Schönheitsfehler: Die Skitour endet am Eiskarjoch (2550 m), das letzte Stück über einen flachen Wechtengrat zur Gipfelpyramide ist von den Verhältnissen abhängig und eher den Alpinisten vorbehalten. Als Alternative könnte man aber auch von hier zur Torspitze (2663 m) aufsteigen.

Ausgangspunkt: Von Wattens über Wattenberg bis zum Lager Walchen. Abzweigung von der Bundesstraße in der Ortsmitte von Wattens beim GH Goldener Adler. Ab GH Mühle am Wattenberg stets gut geräumte Straße, meist aber Schneefahrbahn, Ketten ratsam. In Walchen geräumiger, kostenloser Parkplatz vor dem

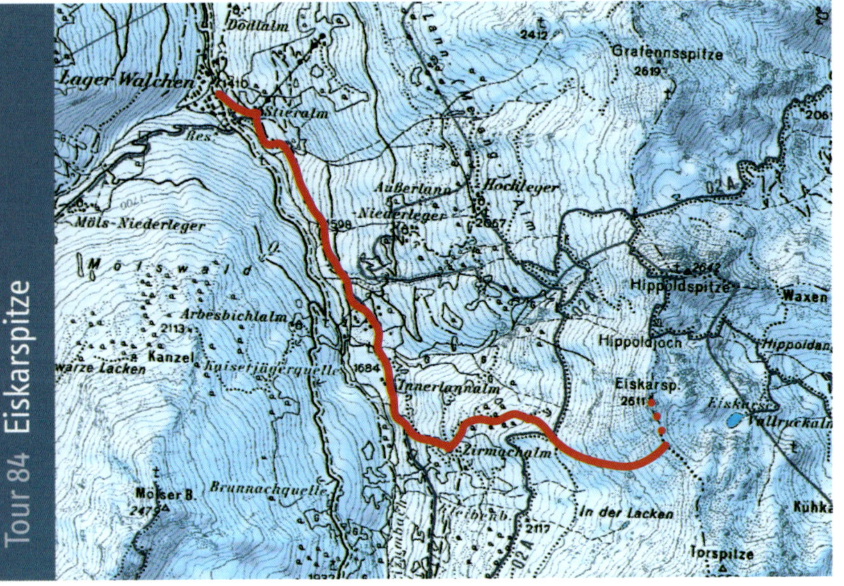

Schranken der Kaserne. Schießzeiten beachten und am besten vorab informieren unter www.wattenberg.tirol.gv.at/truppenuebungsplatz.

Aufstieg: Vom Schranken in wenigen Schritten bis zur Brücke und noch davor links des Baches zur Wiese der Stieralm. Danach auf dem zur Piste ausgefahrenen Winterweg bis ins freie Gelände der Innermelangalm. Kurz vorher zweigt bei einem Jägerstand links die Spur zur Grafensspitze ab. Geradeaus weiter bis unmittelbar vor das Kraftwerksgebäude. Hier links über die flache Wiese auf die Alm zu und im freien Hang dahinter hinauf zum Waldrand. Oft führt auch eine Spur, links der Alm beginnend, entlang des Sommerweges in gerader Linie nach rechts durch die kurze Waldzone ins freie Gelände, das bei der Zirmachalm erreicht ist. Ober der Waldgrenze schwenkt man allmählich nach links gegen den stets sichtbaren Felsgipfel der Eiskarspitze hin, bleibt aber am Fuß ihres steilen Gipfelaufbaus und zieht die Spur durch schöne Mulden von Stufe zu Stufe auf den Steilhang der Torspitze zu, bis man die Eiskarspitze fast umrundet hat und nach links zur Grathöhe aufsteigen kann. Ende der Skitour ist am Eiskarjoch, die verbleibenden 60 bis 70 Höhenmeter müssen zu Fuß gestapft werden.

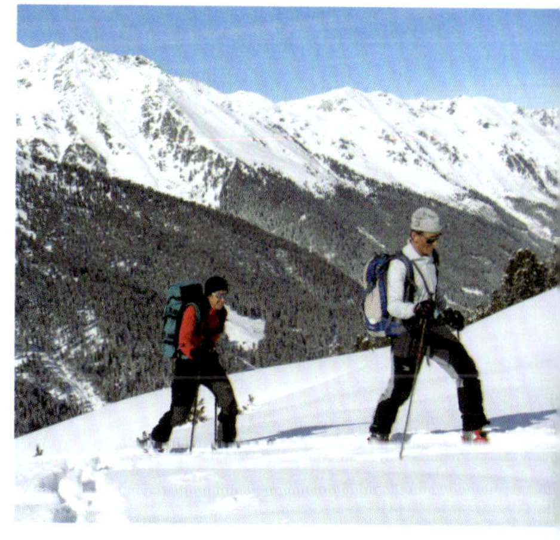

Blick über das Wattental zu Malgrübler und Haneburger.

Abfahrtsvariante: Entlang der Aufstiegsspur zurück bis zur Zirmachalm kurz vor der Waldquerung. Sieht man Spuren durch die breite Schneise gerade hinunter ziehen, kann man ihnen getrost nachfahren. Man mündet ein Stück weiter innen im Talboden, muss allerdings die Ski abschnallen und den seichten Bach überqueren. Drüben ist man gleich auf einem Forstweg und gelangt beim E-Werk wieder zur üblichen Abfahrt.

85 Geier 2857 m

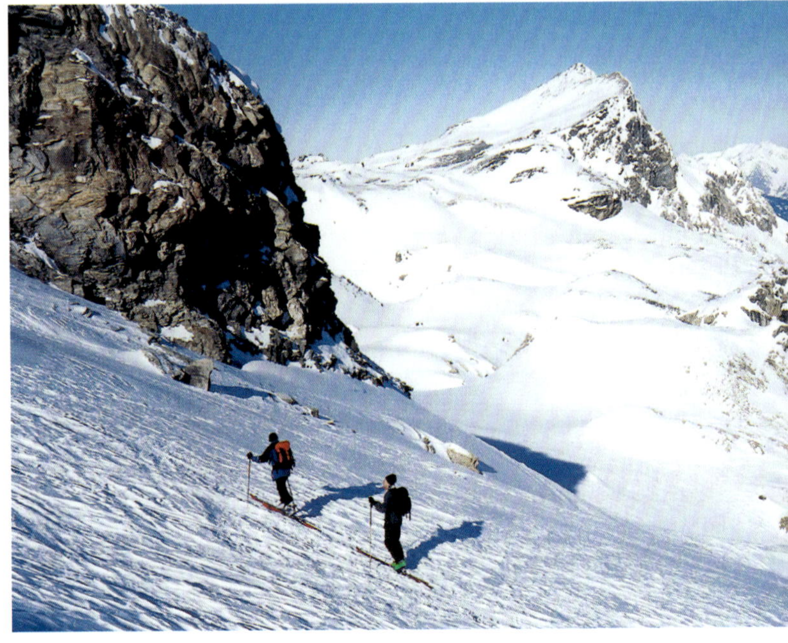

Aufstieg zum Geier. Die Lizumer Sonnenspitze wäre einen Abstecher wert.

→ **Tuxer Alpen**
→ **Wattental**

Ein sehr populärer Gipfel, der jedoch mit dieser von uns vorgeschlagenen Variante ganz neue Seiten zeigt: Wenn man den kurzen Gegenanstieg auf das Klammjoch in Kauf nimmt, ergibt sich eine interessante „Reib'n", eine großzügige Umrundung des Recknerstockes in großartiger Landschaft.

Ausgangspunkt: Lizumer Hütte (2019 m), mit Taxi erreichbar oder von Lager Walchen (1410 m), 2 Stunden

Höhenmeter, Zeit: Ab Walchen 1400+ 300 Hm., gesamt 5:30 bis 6 Stunden; ab Lizumer Hütte 840 Hm., 2 bis 2:30 Stunden; Anstieg Klammjoch 300 Hm., 45 bis 60 Minuten.

Lawinensituation: Sichere Verhältnisse nötig.

Österr. Karte: Blatt 149 Lanersbach, 1:50.000

Der Geier in der Wattener Lizum ist ein Skiberg, den man als Tourengeher immer wieder gerne besucht, vor allem weil man in der Geiermulde während der ganzen Skitourensaison, oft bis in den Juni hinein, gute Schneeverhältnisse vorfindet. Doch das ist wirklich nichts Neues. Wer diesen Berg aber noch ein bisschen interessanter erleben möchte, dem sei einmal die Umrundung des gesamten Massivs von Geier, Reckner und Sonnenspitze bis zum Klammjoch empfohlen. Man kann dabei ein wenig die Scheu ablegen, in ein Gelände, das man vom Aufstieg her nicht kennt, abzufahren. Mit nur einer schwachen Stunde Mehraufwand genießt man ein grandios wechselndes Panorama und um gut

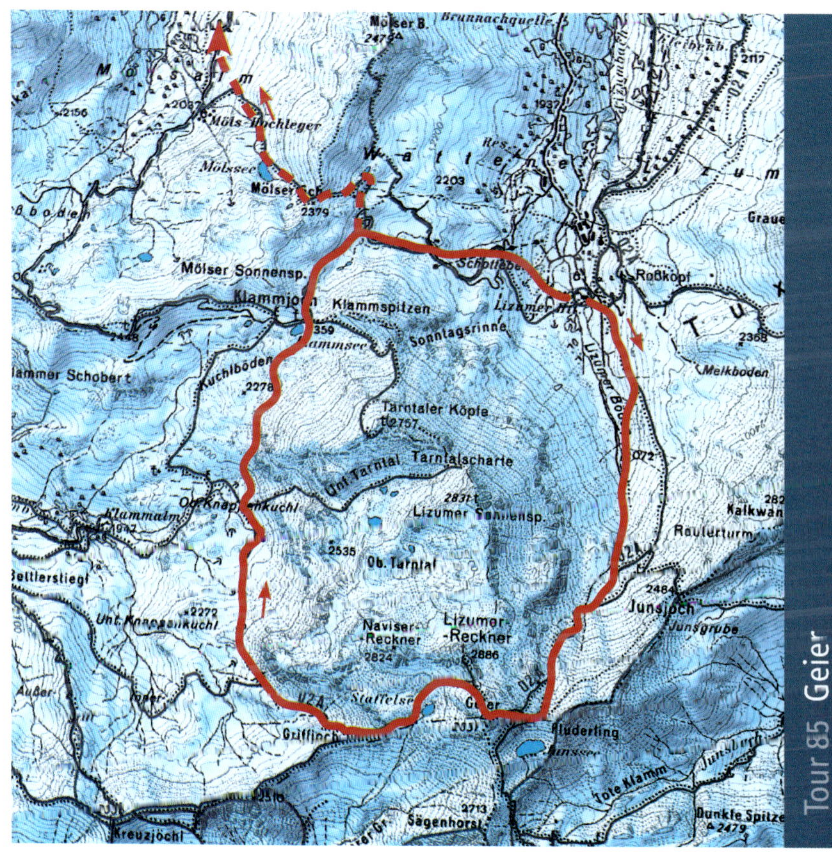

300 Höhenmeter mehr Abfahrt. Damit es nicht zu weit wird, lässt man sich vorteilhaft mit dem Taxi von Walchen herauf zur Lizumer Hütte bringen.

Ausgangspunkt: Von Wattens genau gegenüber der Pfarrkirche auf den Wattenberg und auf der stets gut geräumten Straße bis zum TÜPl. Walchen (großer Parkplatz, gebührenfrei, unter Umständen Schneekettenpflicht). Mit dem auf Bestellung fahrenden Taxi hinauf zur Lizumer Hütte (12 Euro). Zu Fuß von Walchen auf dem markierten Skiweg 2 Stunden. Schießzeiten beachten und am besten vorab informieren unter www.wattenberg.tirol.gv.at/truppenuebungsplatz.

Aufstieg: Von der Lizumer Hütte durch den flachen Lizumer Boden und noch vor dem Talschluss schräg ansteigend an den rechtsseitigen Hängen der Sonnenspitze entlang in die Geiermulde. In der großen, karartigen Wanne in vielen Serpentinen bis auf eine Geländestufe mit Wegweisertafel, genau unter dem Gipfelhang des Geiers, wo man auch nach rechts hinüber zur Lizumer Sonnenspitze queren könnte. Viele plagen sich über den steilen Hang zum Geier-Gipfel hinauf, besser und um nichts weiter ist es, wenn man in der Mulde geradeaus weiterzieht und bis auf das kleine Joch zwischen Pluderling und Geier und nun über bedeutend flachere Hänge von Südosten her zum Gipfel steigt, auf dem als Wahrzeichen ein mehr einer Friedenstaube gleichender Nirostageier die Gipfelbuchkassette bewacht.

So geht die Umfahrung: Abfahrt vom Geier nach Norden in die Senke vor dem Lizumer Reckner und über schöne Hänge hinunter zum von oben gut auszumachenden Staffelsee. Im Schuss über den zugefrorenen See und mit ein paar Schlittschuhschritten auf den Gegenhang, hin zu einer markanten Felsbarriere. Unterhalb dieser Wand folgt eine kurze, aber ausgesetzte Schrägfahrt mit einem tollen Tiefblick in die Schlucht der Kluppe im Schmirntal. Also volle Aufmerksamkeit, gut auf der Kante stehen, und schon ist es vorbei. Der nun breite Hang mündet am tiefer liegenden Griffjoch, bereits auf der Naviser Seite des Berges. Durch ein ausgeprägtes Tälchen, immer nahe am Auslauf der Hänge des Recknerstockes, zieht man einen weiten Rechtsbogen und gelangt in das flache Gelände der Knappenkuchl oberhalb der Klammalm (ca. 2050 m). Nochmals auffellen. Der Aufstieg aufs Klammjoch (2359 m) ist in 45 Minuten geschafft. Wieder bieten sich hier zwei Möglichkeiten an. Entweder hinunter in die Lizum, dann ein Stück auf der Straße talaus, bis ein großes Schild die markierte und meist zu einer Piste ausgefahrene Skiabfahrt nach Walchen anzeigt. Auf keinem Fall auf der Straße abfahren!

Zweite Möglichkeit wäre ein nochmaliger kurzer Aufstieg links auf die Mölser Sonnenspitze und Abfahrt über wunderschöne Nordhänge zum Mölser Hochleger, wo man wiederum auf eine meist gut geräumte Militärstraße trifft, auf der man dann direkt nach Walchen gelangt.

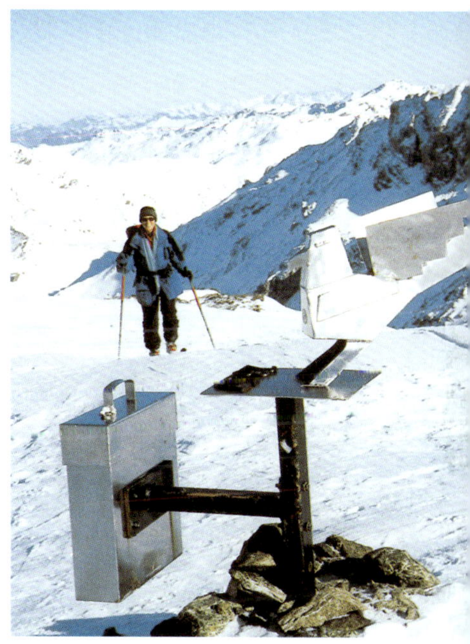

Eine Friedenstaube begrüßt die Tourengeher am Geier-Gipfel.

86 Halslspitze 2574 m Hobarjoch 2512 m

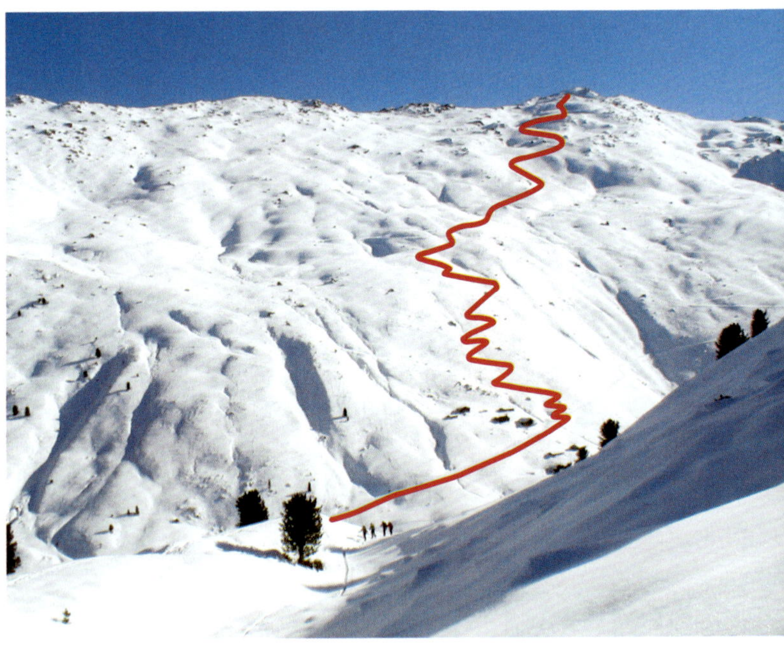

Ein unscheinbarer Berg ist die Halslspitze, lohnt aber mit traumhaftem Skigelände.

→ Tuxer Alpen
→ Weertal

Schwer zu sagen, welcher dieser beiden Gipfel der schönere ist. Etwas Ausdauer vorausgesetzt, sind die Skiberge im inneren Weertal auch als Tagestour empfehlenswert. Oder Sie übernachten auf der Weidener Hütte, wo Sie Ruhe und Beschaulichkeit genießen werden.

Ausgangspunkt: Innerst (1283 m), Weidener Hütte (1799 m)

Höhenmeter, Zeit: 500 Hm. zur Weidener Hütte (1799 m), 2 Stunden; Halslspitze 780 Hm., Hobar 720 Hm., 2 bis 2:30 Stunden

Lawinensituation: Mittelsteile Hänge, nicht sehr gefährdet.

Österr. Karte: Blätter 119 Schwaz und 149 Lanersbach, 1:50.000

Die Halslspitze und der Hobar (oder Hobarjoch) sind zwei exzellente Skiberge im hintersten Weertal, der eine links und der andere rechts vom trennenden Geiseljoch gelegen, beide mit traumhaft schönen Skihängen. Vor dem eigentlichen Skivergnügen steht aber der lange „Hatscher“ zur Weidener oder Nafinghütte, wo man nur mit wenig Höhengewinn zwar bequem, aber doch etwas eintönig, auf einem breit gewalzten Fahrweg dahinmarschiert. Immerhin hat man eine Einkehrstation und umso größer ist die Entschädigung im zweiten Teil der Tour, der sich dann im feinsten Skigelände abspielt. Spätestens jetzt muss man sich entscheiden, welchen der beiden Gipfel man anpeilen will – die sonnigere Westflanke der Halslspitze oder die nach Norden gerichteten Hänge des Hobarjochs.

→

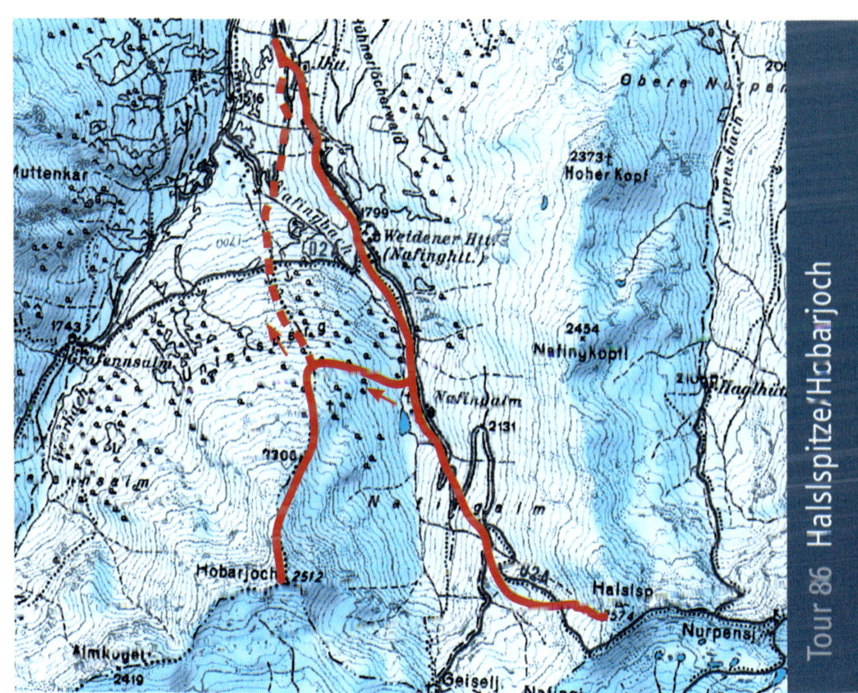

Ausgangspunkt: Auffahrt auf den Weerberg entweder von Weer (Einfahrt von der Bundesstraße am östlichen Ortsrand zum Weererwirt und Auffahrt über St. Peter nach Weerberg, steil, oft eisig) oder von Pill auf der weniger steilen Straße und weiter bis Innerst (gebührenpflichtiger Parkplatz 10 Euro). Ein Parksystem zeigt die freien Kapazitäten in Innerst. Sind alle besetzt, parkt man am besten kostenlos beim Sportplatz in Weerberg. Von dort fährt stündlich ein Shuttlebus (7:30–11:30 und ab 13:30, 3 Euro für Hin- und Rückfahrt).

Aufstieg: Vom Gasthaus Innerst (leider kein Gastbetrieb mehr) der Beschilderung Weidener Hütte folgend, nur kurz auf dem Weg ins Nurpenstal bis zur ersten Weggabelung. Dort rechts und leicht abwärts zur Brücke beim E-Werk. Bald trifft man auf den vom Talgrund kommenden Fahrweg. Die erste Serpentine kann man am Sommerweg abkürzen, dann am schön gewalzten Skiweg (gute Rodelbahn) talein zur ganzjährig bewirtschafteten Weidener Hütte (ca. 2 Std., evtl. Übernachtung, Tel. 05224/22525).

Zur Halslspitze: Auf dem noch gut kenntlichen Almweg ca. 20 Min. weiter bis zu den Hütten des Oberlegers der Nafingalm. Den folgenden Bachgraben überschreiten, aber gleich danach Aufstieg nach links über ideale Hänge in mittlerer Neigung. Oben durch Mulden auf das von weitem sichtbare Gipfelkreuz zu. In halber Höhe des Hanges kann man auch weit nach rechts queren und über etwas flacheres Gelände den Rücken südlich des Gipfels erreichen.

Zum Hobar: Von der Nafinghütte talein bis ober die kurze Doppelkehre des Almweges. Gleich danach beim eisernen Wegkreuz leicht abwärts zum Bach und auf einer schrägen Terrasse nach rechts aufwärts zum Nordrücken des Berges. Der Rücken wird allmählich zu einem schmalen Grat, den man bei sicherer Schneelage auf seiner Ostseite umgehen kann und der bei ca. 2460 m in einen felsigen Aufschwung kulminiert; endgültig Skidepot. In leichter Kletterei über ein paar Türmchen ausgesetzt in 10 bis 15 Minuten zum Trigonometer. Abfahren kann man dann – wenn man nicht mehr zur Hütte zurück muss – durch den lockeren Zirbenwald in einer geraden Linie bis hinunter zum Nafingbach, wo man unweigerlich auf einen Fahrweg trifft, denn man allerdings noch ein Stück rechts aufwärts verfolgen muss (besser auffellen), bis man in den Hüttenweg einmündet.

87 Proxenstand 1898 m

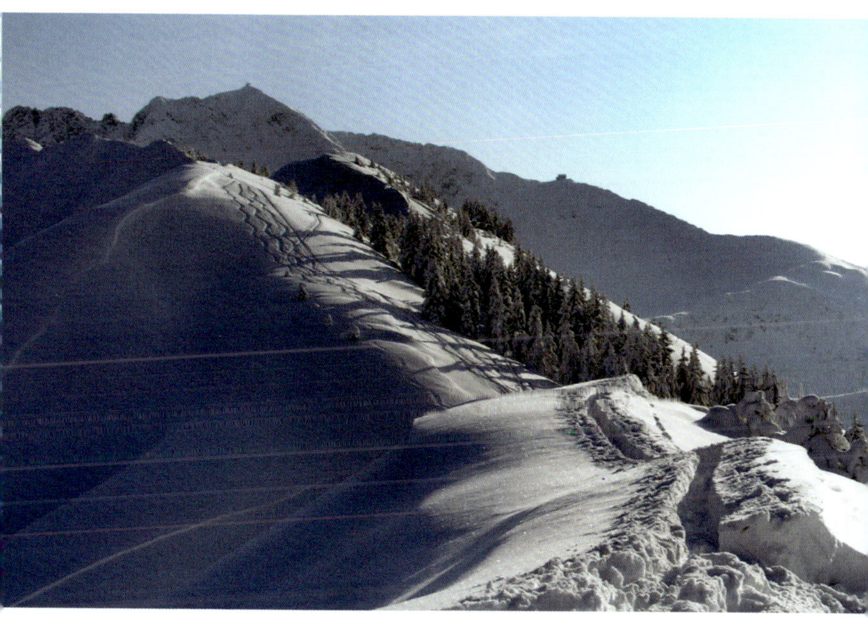

Vom Proxenstand lässt sich die Skitour noch bis zum Gratzenkopf fortsetzen.

Tuxer Voralpen

Ein berühmter Gipfel ist er nicht gerade, dieser Ausläufer des Gratzenkopfs oberhalb von Schwaz. Aufstieg im dichten Wald, Abfahrt in freien Schneisen und Bauernwiesen bis ins Inntal. Aber eine feine Trainingstour ohne Lawinenangst.

Ausgangspunkt: Schwaz-St. Martin, Friedhof, Parkplatz bei der Forstmeile.

Höhenmeter, Zeit: Schwaz/St. Martin (600 m) Gasthaus Pirchner Ast – Proxenstand (1898 m) 3 bis 3:30 Stunden, 1300 Hm. Ab Petrach (ca. 1100 m), 1:45 bis 2:15 Stunden, 700 Hm.

Lawinensituation: Kaum lawinengefährdet.

Österr. Karte: Blatt 119 Schwaz, 1:50.000.

Selten wird man eine Skiroute finden, die so viele Vorteile vereint. Bei den Tourengehern aus dem Raum Schwaz ist sie natürlich ein alter Hut und die Trainingstour schlechthin. Man kann den Aufstieg, der auf voller Länge immerhin an die 1300 Höhenmeter bietet, mit Benützung des Citybusses fast auf die Hälfte abkürzen und doch die volle Abfahrt genießen. An Lawinengefahr braucht man ebenfalls nicht zu denken, denn der Aufstieg bewegt sich stets im sicheren Wald und auch die Abfahrt im oberen Bereich ist ungefährlich.

Ein paar Dörfer weiter aber und in der Landeshauptstadt ist der Proxenstand auch bei versierten Tourengehern nicht einmal dem Namen nach bekannt.

Bei einer bis ins Tal reichenden Schneelage ist diese Tour sowieso ein Hit, denn gar so viele Skitouren fallen mir nicht ein, wo man vom Gipfel bis ganz in den Talboden des Inntals herunterfahren kann. Dazu gehört eben auch der Proxenstand bei Schwaz, wo konditionsstarke Geher gleich hinter dem Schwazer Friedhof in St. Martin in die Bindung steigen und über den Zintberg zur Pirchner Ast hinaufmarschieren. Wer es etwas gemütlicher mag, fährt entweder selber mit dem Auto dort hinauf oder benützt sinnvollerweise den Citybus Nr. 6, der seine Passagiere von der Stadt bis zwei Kehren unterhalb des Berggasthofs bringt. Unmittelbar bei der Umkehrstelle beginnt auch schon eine feste Skispur, die durch den Wald zum Parkplatz der Pirchner Ast führt.

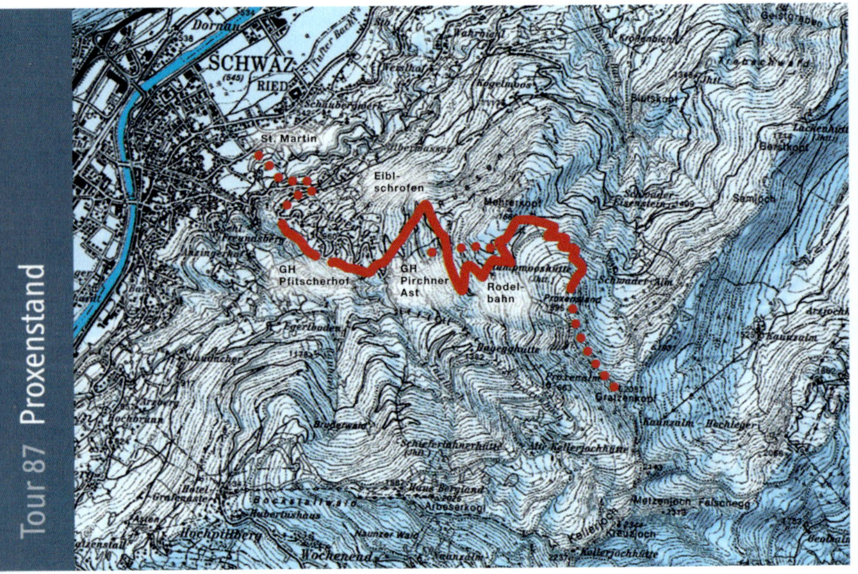

Ausgangspunkt: Idealerweise stellt man das Auto in der Nähe einer der oberen Haltestellen des Citybusses Nr. 6 ab. Von der Autobahnabfahrt Schwaz zum ersten Kreisverkehr, dann rechts, innaufwärts, bis zur ersten Ampelkreuzung bei der Brücke. Dort links und immer geradeaus, stets der Beschilderung nach Zintberg folgend, bergauf. Überquert man im rechten Winkel die Brücke über den tiefen Bachgraben, sollte man gleich danach einen Parkplatz finden. Haltestellen des Stadtbusses sind unmittelbar bei der Brücke und auch weiter oben, wo eine Straße zum Schloss Freundsberg abzweigt. Der Bus kostet 1.30 Euro.

Aufstieg: In Petrach, drei Kehren unterhalb des GH Pirchner Ast, ist Endstation, unmittelbar neben der Straße kann man in die Skispur steigen, die einmal noch die Straße überquert und zum Parkplatz das Gasthauses führt. Ab dort kann man entweder den Rodelweg benützen oder der steileren Spur folgen, die wesentlich kürzer, aber auch anstrengender alle Kehren des Rodelwegs abschneidet. Ist die sonnige Wiese von Plumsmoos (mit Almhütte) erreicht, kommt man dahinter folgt man dem Fahrweg nach rechts bis man bei einem alten Schild „Sparkassenweg" links in den Wald abzweigt und abwechselnd durch dichten Wald und kleine Lichtungen aufsteigt. Erst der letzte Aufschwung führt ins freie Gelände, dann hat man den runden Kopf des Proxenstands erreicht, den ein kleines Gipfelkreuz ziert. Wer hier noch nicht genug hat, kann die Tour über den breiten Rücken bis zum Gratzenkopf fortsetzen.

Abfahrt: Bei der Abfahrt bleibt man gleich von Beginn an rechts des Waldrandes und fährt in zwei Wellen in die Senke vor dem Mehrer Kopf. Dort nach links zur Plumsmooswiese und auf dieser hinunter, bis man am Rodelweg steht. Auf dem durchfährt man in zwei langen Kehren die dichte Waldpassage und erreicht die erste Wiese oberhalb der Pirchner Aste. Vom Gasthaus gerade hinunter, wobei man stets am linken Rand der oft schon pistenmäßig verspurten Wiesen eher noch ein paar Schwünge im unverspurten Pulver machen kann.

88 Kellerjoch, Kreuzjoch (1)
2344 m

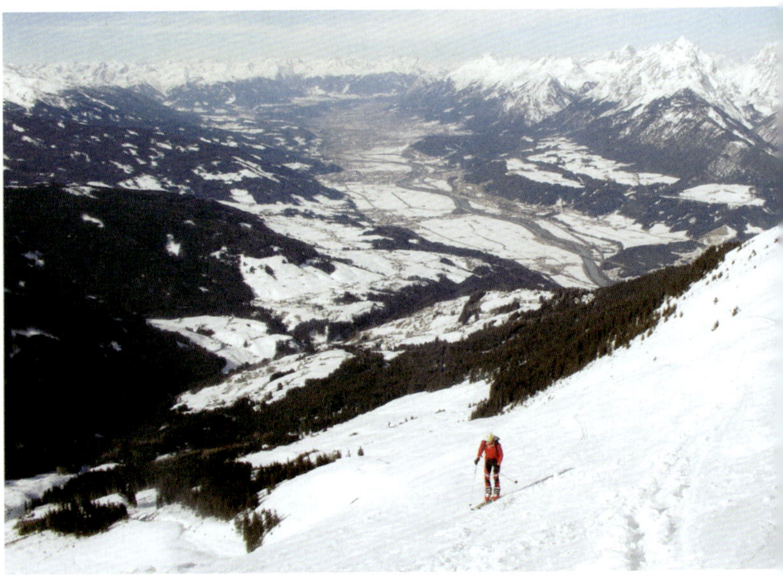

Die Westhänge des Kellerjochs, ganz unten am Waldrand die Naunzalm.

→ Tuxer Alpen

Alles hat zwei Seiten, so auch der beliebte Schwazer Hausberg: Im Hochwinter am besten von der Nordseite und im Frühling die Firnhänge der Naunzalm – so erlebt man die zwei grundverschiedenen Anstiege auf den „Kellner".

Ausgangspunkt: Schwaz, Pirchneraste (1240 m)

Höhenmeter, Zeit: 1100 m, 2:30 bis 3 Stunden

Lawinensituation: Bei höherer Gefahrenstufe kann man leicht umdisponieren und auf den benachbarten Proxenstand ausweichen.

Österr. Karte: Blatt 119 Schwaz, 1:50.000

Seit drei Wochen keine einzige Schneeflocke und immer strahlendes Wetter – kein Wunder, dass auf allen bekannten Tourenbergen kein unverspurter Hang mehr zu finden war. „Wie viel Touren bist du heuer schon gewesen?" – „Ja mit der heutigen genau 38!" – „Und i lei 26!" Das belauschte Gespräch der beiden Bergsteiger bei der Rast auf der Kellerjochhütte – es war erst Mitte Jänner – macht verständlich, welches Ausmaß das Tourengehen angenommen hat. Sogar auf nicht so populären und nur von den unmittelbaren Einheimischen frequentierten Bergen haben sich schon längst regelrechte Pisten gebildet, ebenso wie hier am „Kellner“, wie die Schwazer ihren Hausberg nennen.

Bei einer niedrigen Lawinengefahrenstufe ist der Aufstieg von der Pirchneraste über die Proxenalm zur Kellerjochhütte und zur Kapelle am Kreuzjoch eine perfekte Skitour mit genau 1100 Höhenmetern. Allerdings: die Sonne kommt im Jänner kaum hinter dem Grat hervor und man marschiert den Großteil der Tour im Schatten und kommt erst weit oben in den Genuss der wärmenden Strahlen. Fein ist dafür die Rast an der Sonnenwand der Kellerjochhütte. Der schattige Anstieg hat aber den Vorteil, dass der Schnee zumindest lange Zeit pulvrig bleibt. Meist hat sich auf den schmäleren Passagen eine regelrechte Piste gebildet, und man muss sogar bei Neuschnee ein fanatischer Frühaufstcher sein, wenn man die Hänge der Proxenalm noch unverspurt genießen will. Steigt nach größeren Schneefällen die Lawinengefahrenstufe, kann man leicht umdisponieren und auf den waldigen Proxenstand ausweichen.

Ausgangspunkt: GH Pirchneraste am Zintberg (1240 m) hoch über Schwaz. Einfahrt von der Bundesstraße ins Zentrum der Altstadt und gerade bergwärts durch die Burggasse, Wegweiser zuerst Schloss Freundsberg, kurz unterhalb Abzweigung links zur Pirchneraste. Parkplatz kurz vor dem Gasthaus (bewirtschaftet, Dienstag Ruhetag). Bei guter Schneelage kann man auch von Schwaz starten oder ab der Citybus Haltestelle Petrach (siehe Toure 93 Proxenstand). →

Meist stapft man zu Fuß von der Kellerjochhütte zur Kapelle am Kreuzjoch.

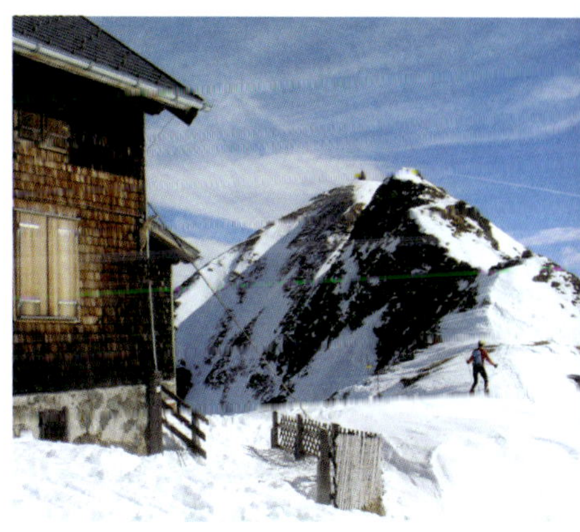

Aufstieg: Vom Parkplatz links über die Rodelbahn bis zur zweiten Kehre, wo ein Wegweiser nach rechts zur Proxenalm leitet. Diesen Fahrweg weiter bis zum Lahnbach, und linkerhand des Baches steil hinauf zur Proxenalm (1663 m). Bei entsprechender Schneelage (und vorhandener Spur) auch schon vorher dem steilen Sommerweg entlang.. Vorbei an den Hütten bis in den flachen Boden und nun rechts über einen langen Steilhang mit schütteren Lärchen, wo man bald wieder dem gut sichtbaren Fahrweg folgen kann. Die Tour erschließt sich erst nach und nach. Wenn man die obere Kante erreicht hat, lässt sich der logische Weiterweg gut überblicken. Das dahinter liegende Kar wird über schöne Terrassen in sicherer Entfernung der steilen Gipfelhänge durchquert, ein paar kurze Steilstufen leiten an den breiten Rücken, der vom Arbeserkogel herüberzieht. Die Kellerjochhütte (2237 m) längst in Sicht, steigt man genau am Westrücken zu ihr hin. Das 100 m höhere Kreuzjoch, den höchsten Punkt des Kellerjochmassivs (2344 m), den eine Kapelle ziert, erreicht man am besten zu Fuß über den Grat (es geht aber auch mit Ski, 20 Min.).

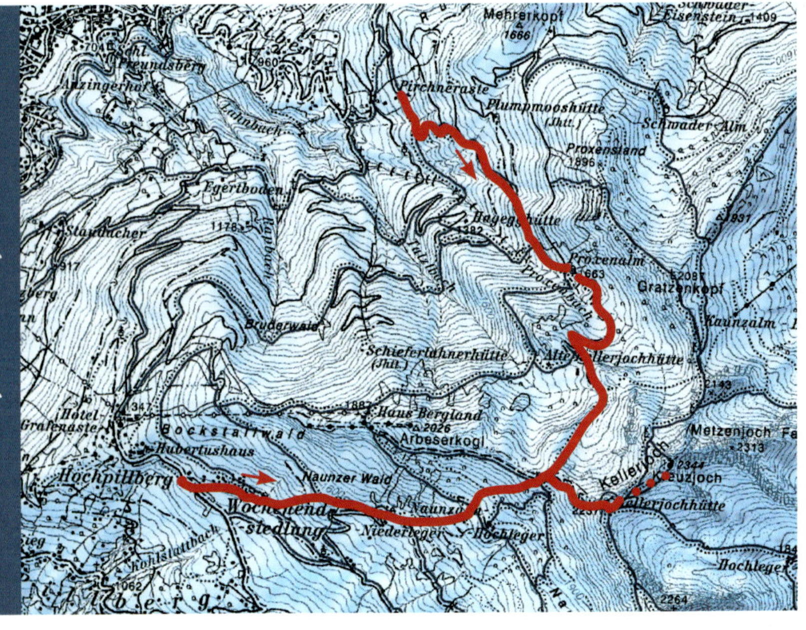

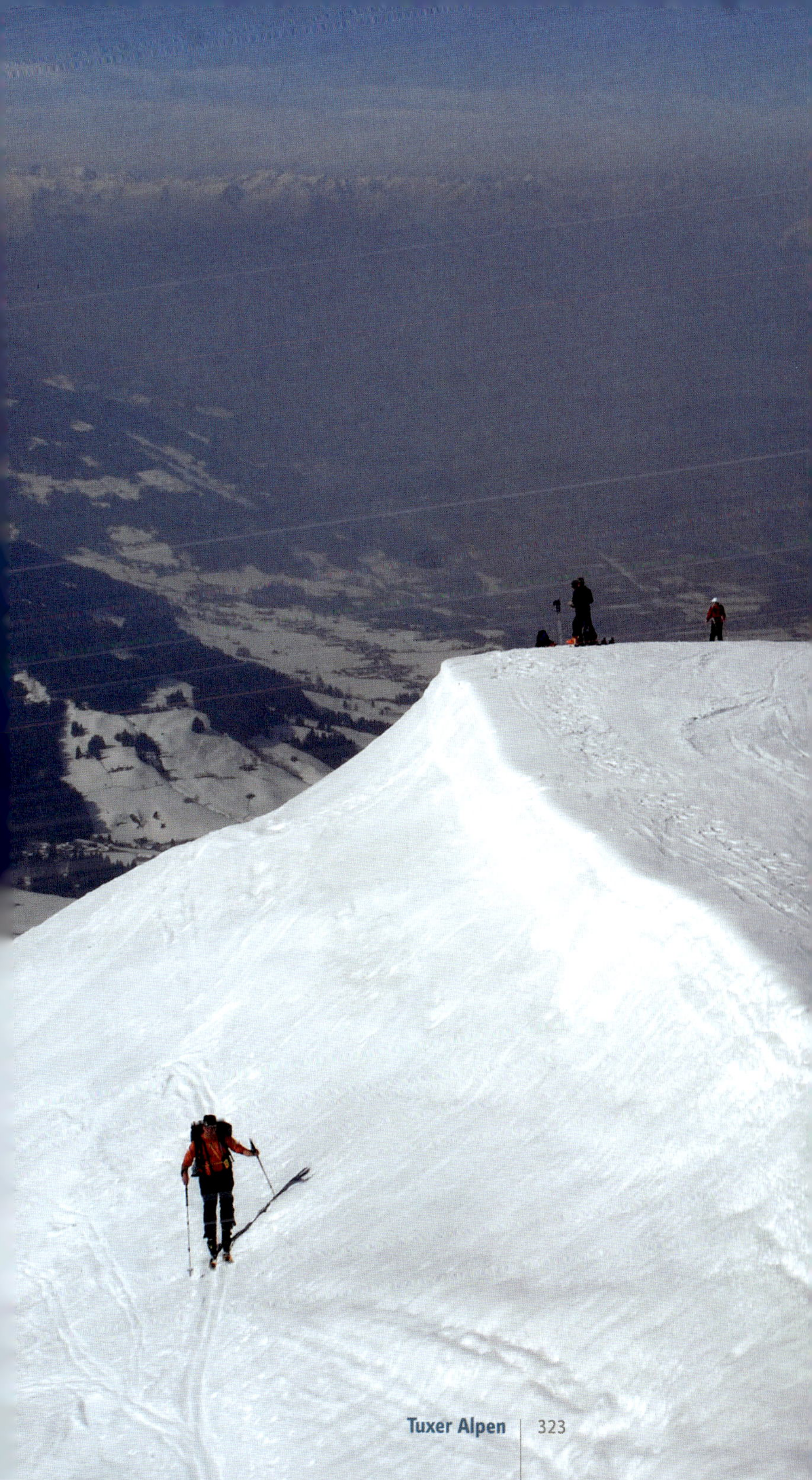

89 Kellerjoch (2) 2344 m

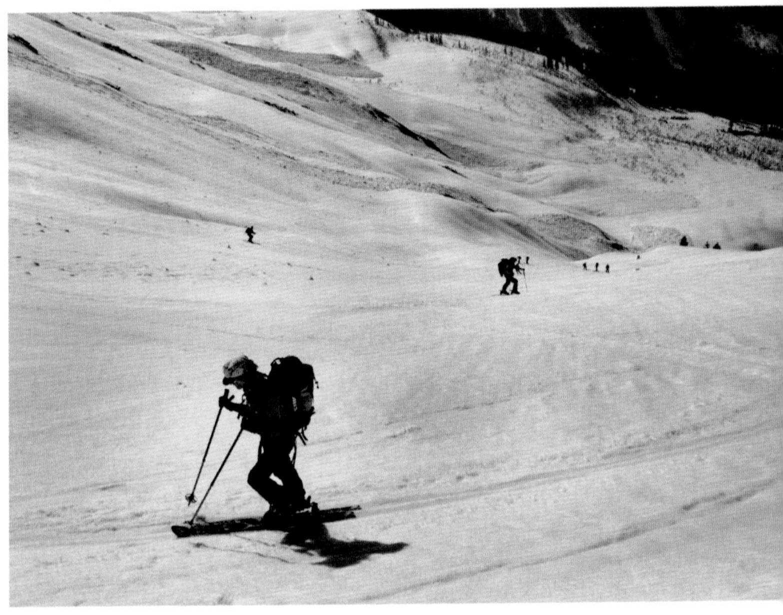

Erst wenn die Lawinengefahr komplett gebannt ist, lassen sich die Westhänge des „Kellners“ gefahrlos begehen.

→ **Tuxer Voralpen**

Die Skitour auf den „Kellner“, wie die Schwazer ihren Hausberg nennen, ist bei guten Firnverhältnissen geradezu optimal. Der Anstieg erfolgt vom Hochpillberg über das Gelände der Naunzalm hinauf zur Kellerjochhütte.

Ausgangspunkt: Parkplatz Hochpillberg (1320 m).

Höhenmeter, Zeit: Naunzalm – Kellerjochhütte (2227 m) – Kreuzjoch-Kapelle (2344 m), insgesamt 1000 Hm., 2:30 bis 3 Stunden.

Lawinensituation: nur bei sicheren Firnverhältnissen.

Österr. Karte: Blatt 119 Schwaz, 1:50.000

Im Hochwinter hat man in der steilen Westflanke des Kellerjochs nichts verloren. Man macht diese beliebte Skitour dann eben von Norden her über die Proxenalm. Setzt aber das Frühjahr ein und ist die Rede vom „Kellner“, wie die Schwazer ihren Hausberg nennen, dann überbieten sich die Skitourengeher im Schwärmen über diese Supertour. Dazu braucht man aber perfekte Firnverhältnisse und eine entsprechend niedrige Lawinenwarnstufe. Das hat man natürlich nicht allzu oft – die wenigen Tage, an denen solche idealen Verhältnisse herrschen, muss man oft richtiggehend abpassen. Dann aber nichts wie hin, denn so einen perfekten Firnhang wie den, welcher vom Kellerjoch zur Naunzalm herunterzieht, findet man selten. Nicht übermäßig steil, schön gewellt, problemloses, traumhaft schönes Skigelände. Doch wie bei allen Firntouren muss man hier die günstigste Abfahrtszeit genau einhalten und darf sich nicht zu lange Zeit lassen. Früh genug aufbrechen – das ist die Devise. Für die Abfahrt sollte man am besten noch in den Vormittagsstunden in die Bindung steigen. Und – müßig zu sagen – Sinn macht diese Tour nur nach einer klaren Nacht mit kühlen Temperaturen. Harscheisen nicht vergessen.

Ausgangspunkt: Auffahrt auf den Hochpillberg nach Grafenast entweder direkt von Pill oder von Schwaz (beim Schwimmbad) über den Arzberg. Großer Parkplatz oberhalb der Abzweigung der →

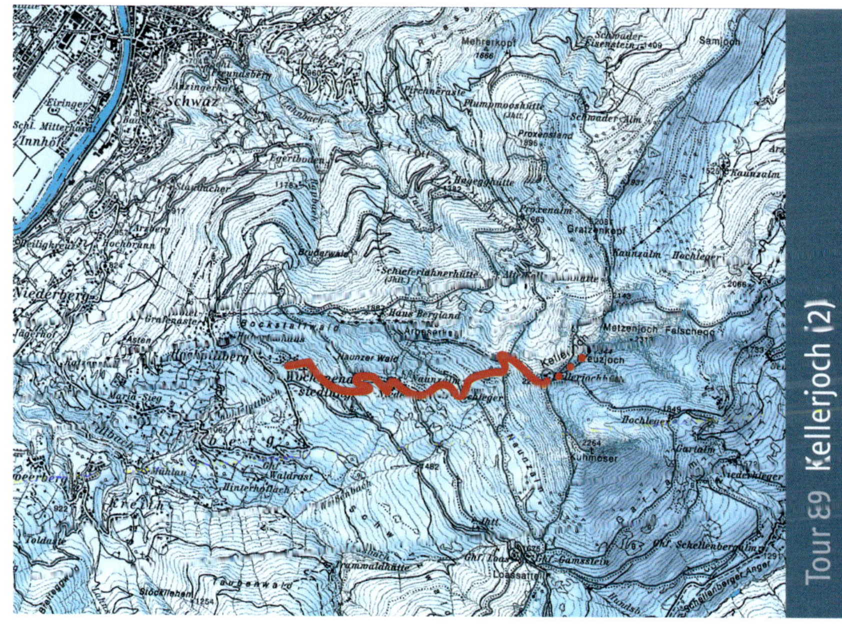

Straße zum Loassattel (gebührenpflichtig, 4 Euro). Man kann auch noch etwa 1 km Richtung Loassattel bis zum direkten Ausgangspunkt beim Riesenhang der Naunzalm weiterfahren. Allerdings gibt es dort nur ganz beschränkt Parkmöglichkeiten.

Aufstieg: Es empfiehlt sich auf alle Fälle, das Auto beim großen Parkplatz stehen zu lassen und die 15/20 Minuten bis zum eigentlichen Startpunkt mit eigener Kraft zurückzulegen. Am besten nimmt man den „Weg der Sinne" (wenige Schritte nach dem Mautautomaten) und steigt in einer kleinen Schneise auf den oberhalb verlaufenden Hoferweg, der in gerader Linie ins Naunzalmgelände führt. Bei geringer Schneelage kommt man alternativ über die Loipe (Ausgangspunkt Parkplatz Grafenast hinter der Bergstation des Skigebiets) bis in die Wiesen unterhalb der Naunzalm. Wo der Hoferweg mit der Fahrstraße zur Loas zusammentrifft, beginnt der riesige Firnhang. Man steigt anfangs im mittelsteilen und schön kupierten Hang gerade zu den Hütten des Niederlegers empor, wendet sich dann allmählich nach rechts zu den von den Lawinen unberührten Hängen. Wo ein gut ausgeprägter Fahrweg einen Steilhang durchschneidet, folgt man diesem am besten bis zur Kehre, welche das Steilgelände umgeht und wieder ins etwas flachere Gelände zur noch tief im Schnee steckenden Hütte des Hochlegers führt. Die Kehren des Fahrweges können (bei vorhandener Spur) links über einen steilen Hang zwischen Sträuchern hindurch abgekürzt werden. Oberhalb, leicht rechts, erblickt man ein paar einzeln stehende Bäumchen, welche nun die Richtung anzeigen. Nach rechts zum obersten Baum, hinter dem man in einer großen Mulde den zur Grathöhe führenden Hang betritt, dann auf dem vom Arbeser her kommenden Gratrücken zur bereits sichtbaren Kellerjochhütte (im Winter geschlossen). Die verbleibenden 100 Höhenmeter hinauf zur Kapelle am Kreuzjoch, dem nördlichen der beiden Kellerjochgipfel, stapft man am besten zu Fuß.

Für die Abfahrt kann man entweder die Aufstiegsroute benutzen, oder ab dem Hochleger nach links über traumhaft schönes Gelände bis zur Loas-Straße hinunterschwingen, welche man weiter talein erreicht. Hier muss man allerdings die Skier für ein Stück schultern und zu Fuß zum Ausgangspunkt zurückmarschieren.

90 Gilfert (1) 2506 m

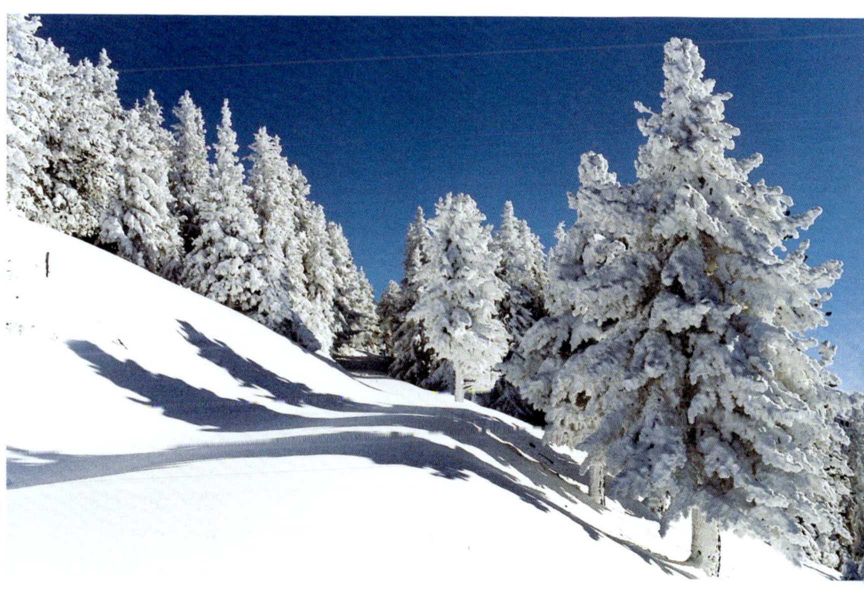

Der lange Höhenweg von der Hausstatt zur Nonsalm.

Tuxer Alpen
Weertal

Den Gilfert eingefleischten Skitourengehern – und auch Tourenanfängern – vorzustellen hieße Eulen nach Athen tragen. Die drei reizvollen Abfahrtsvarianten dieser einfachen „Skiwanderung" möchten wir dennoch erläutern, denn hier gilt: Wenn ein Gipfel soviel Besuch erhält, hat das meist auch gute Gründe ...

Ausgangspunkt: Weerberg, Hausstatt (1260 m)

Höhenmeter, Zeit: 1250 Hm, 3:30 Stunden

Lawinensituation: Den ganzen Winter über angefahren, daher mäßig gefährdet.

Österr. Karte: Blatt 119 Schwaz, 1:50.000

Außer Rietzer Grießkogel und Lampsen im Sellrain gibt's wohl kaum einen bekannteren Skiberg. Die Aufstiegsvariante über die Hausstatt ist eher weniger bekannt – noch dazu kann sie mit drei Abfahrtsvarianten und einer Verlängerung hinab nach Weerberg-Dorf aufwarten. →

Ausgangspunkt: Von Pill auf den Weerberg (5 km), nach der Ortschaft Wegteilung: links steil auf gut gestreuter Straße in vielen Kehren zum Parkplatz Hausstatt parken (10 Euro Parkgebühr, davon 5 Euro Gastronomiegutschein). Empfehlenswert ist der Gasthof Hausstatt als sonnige Einkehrmöglichkeit. Ein Leitsystem zeigt die freien Kapazitäten in Hausstatt. Sind alle Plätze besetzt, parkt man am besten kostenlos beim Sportplatz in Weerberg. Von dort fährt stündlich ein Shuttlebus (7:30 – 11:30 und ab 13:30, 3 Euro für Hin- und Rückfahrt).

Aufstieg: Zu Fuß oder mit Skiern zur 2. Sektion des Hausstattlifts (die untere wurde wegen Schneemangels schon vor Jahren aufgelassen, dennoch ist bei Topschneelage – wie im Winter 2004 – eine Abfahrt bis Weerberg möglich). Nun am rechten Pistenrand

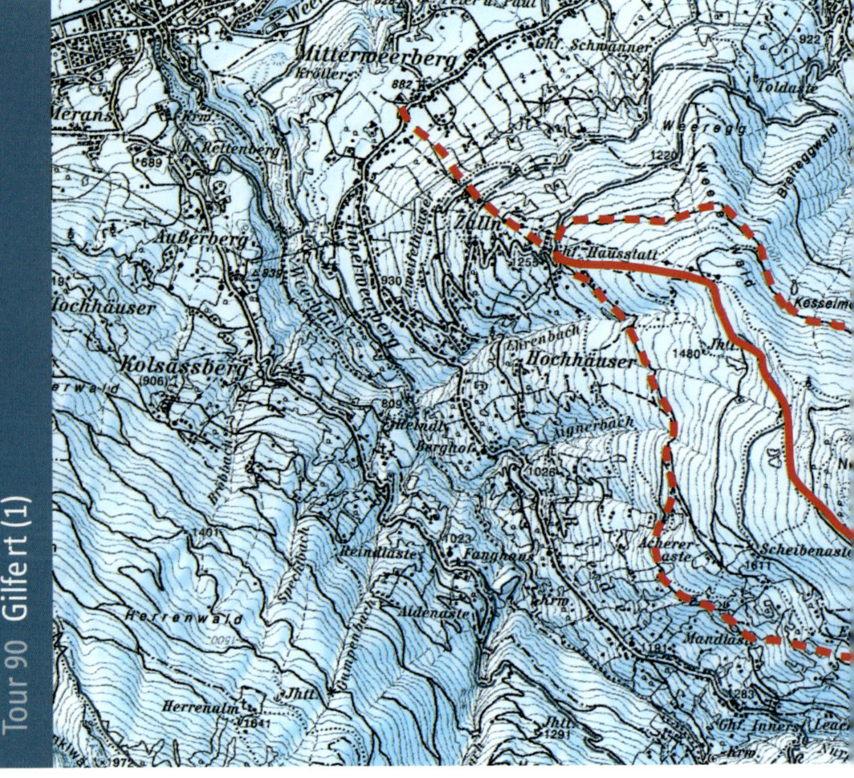

bis Höhe Bergstation-Lifthäusl, ca. 1550 m. Hier den ersten geräumten Forstweg nach rechts; schon nach wenigen Minuten links den „Saugrasweg“ aufwärts Richtung Höhenweg. Bestens mit roten Quadraten markiert geht's durch den Hochwald zum Höhenweg, den man bei einem Marterl (ca. 1800 m) erreicht; rechts flach noch 500 Meter weiter. Nach ein paar Metern Abfahrt Wegteilung: Wir bleiben links (MTB-Schild

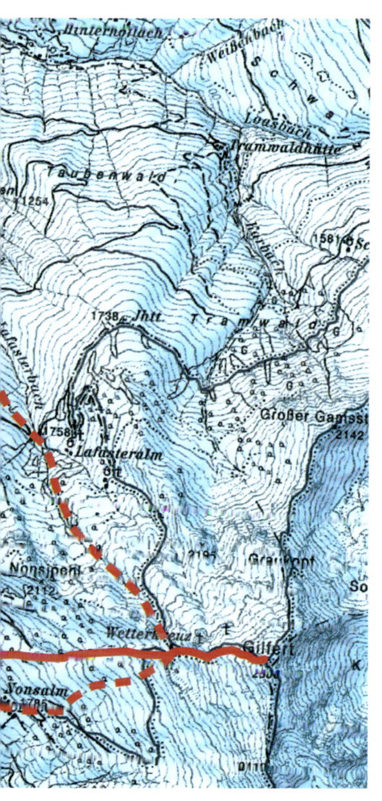

Hausstatt–Nonsalm) und laufen ein sattes Stück den Zirbenhang entlang bis zum Wegende (ca. 1950 m). Hier mündet die Aufstiegsspur von Innerst/Nonsalm ein, die gleichzeitig „Schluss mit lustig“ bedeutet. Hat man bis hierher keine oder nur die kleine Steighilfe benötigt, so geht's nun anders zur Sache – aber dieses Problem kennt man ja von allen Standardtouren. Steil bis sausteil zieht die Spur – dafür mit Spitzkehren statt mit Bögen – über die traumhaften Skihänge hinauf zum NW-Grat zwischen dem vorgelagerten Wetterkreuz und dem riesigen Gipfelkreuz des Gilfert.

Abfahrtsvarianten:

1.) Wie Aufstieg, aber die schönen Skihänge ausnützend bis zum Stadel unterhalb der Nonsalmhütten; auffellen und ca. 70 Hm. (15 Min.) zur Kreuzung mit dem Mountainbike-Schild aufsteigen; auf der Aufstiegsroute retour zur Piste.

2.) Wie oben zur Nonsalm, weiter Richtung Innerst und den meist geräumten Weg hinaus (etwas auf und ab) zum Lift/Piste.

3.) Nur bei sicherer Schneelage: Am NW-Grat abwärts bis zum Wetterkreuz, die tollen steilen, aber gut kupierten Hänge nördlich hinunter zur Lafasteralm und auf dem langen Almweg hinaus zur Hausstatt.

91 Gilfert (2) 2506 m

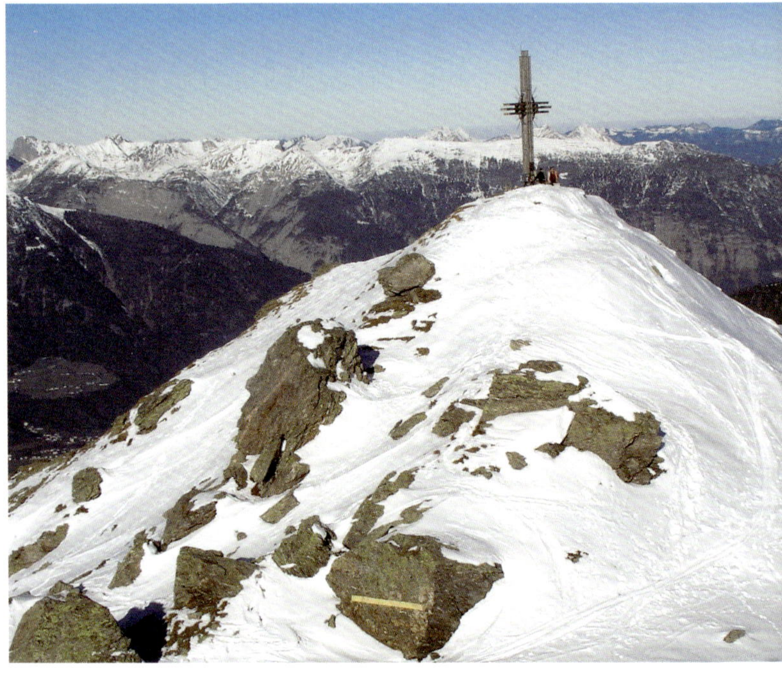

Tourengeher aus dem Weertal und von Hochfügen treffen sich am Gilfert.

→ Tuxer Alpen
→ Hochfügen

Dass man üblicherweise vom Weertal auf den Gilfert steigt, weiß wohl jeder und können Sie bei Tour Nr. 98 nachlesen. Fast leichter, vor allem bei oft karger Schneelage zu Winterbeginn, geht es mit der Benützung der Kunstschneepisten von Hochfügen aus.

Ausgangspunkt: Hochfügen (1474 m)
Höhenmeter, Zeit: 1050 Hm., 2:30 bis 3 Stunden
Lawinensituation: Relativ wenig gefährdet.
Österr. Karte: Blatt 119 Schwaz, 1:50.000

Kaum fallen die ersten Flocken oder spritzen die Schneekanonen, bevölkern die Tourengeher die Kunstschneepisten der verschiedenen Skigebiete. So auch in Hochfügen, wo schon ab Anfang Dezember reger Skibetrieb herrscht. Hier gibt es keine

Probleme mit den Tourengehern, vorausgesetzt, dass sie sich an die Spielregeln halten und schön am Rand der breiten Piste aufsteigen und die Skifahrer und Snowboarder nicht behindern.

Wenn sich auf den Bergen ordentliche Tourenverhältnisse eingestellt haben, macht man den Gilfert natürlich vom Weertal aus, doch das braucht man bei der mageren Schneelage zu Winterbeginn gar nicht zu probieren. Aber seine nach Hochfügen gewandten Südosthänge sind überraschend gut zu befahren, noch dazu weil man für die Hälfte des Anstiegs eine Kunstschneepiste benützen kann (Verhältnis Piste: Tour 46:54). Verlässt man bei der Lamarkalm die Skiautobahn, befindet man sich nach wenigen Schritten in den sonnigen Hängen des Vorgipfels und steigt auf dem langen Rücken, den der Gilfert nach Süden entsendet, bis zu seinem Hauptgipfel.

Ausgangspunkt: Parkplatz für Tourengeher nach dem Doppelschlepplift rechts (5 Euro Parkgebühr).

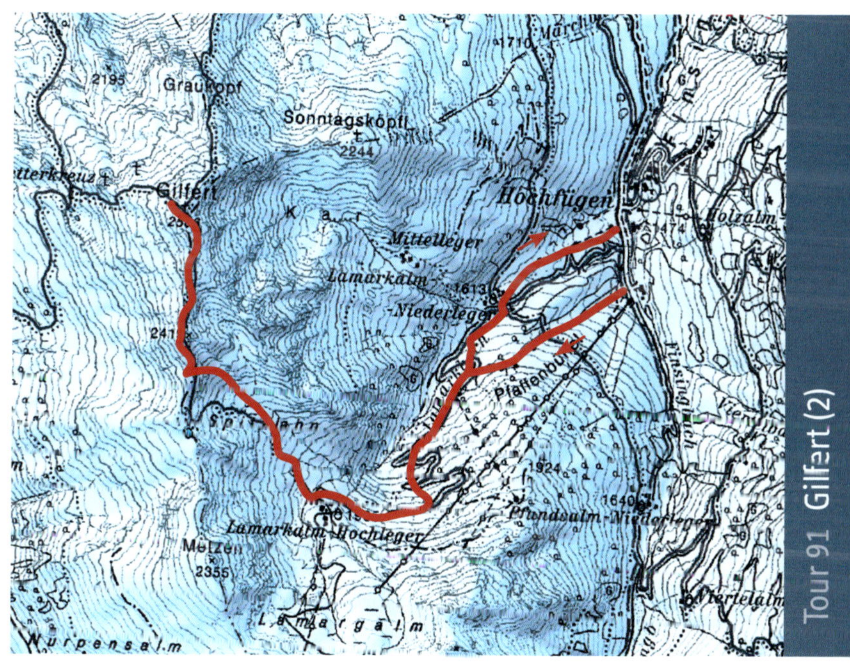

Aufstieg: Direkt vom Parkplatz weg verläuft eine perfekt ausgeschilderte Aufstiegsroute, die am Pfaffenbühel endet. Dem Weg folgt man bis kurz vor den Lamarkalm-Hochleger (ca. 1985 m). Knapp unterhalb der Liftstation verlässt man die schattige Skiautobahn nach rechts, überquert einen kleinen Bachlauf und steigt jetzt in den Sonnenhängen aufwärts. Schaut man hier aufmerksam in die Höhe, sieht man einen auffallenden Felsblock auf der Grathöhe thronen. Links davon etwas steiler oder gemütlicher rechts im weiten Karboden wird die Höhe des lang gestreckten Südgrates erreicht. Dann immer entlang des Rückens über den Vorgipfel (2419 m) bis zum mächtigen Gipfelkreuz (2506 m). Am teilweise aperen oder abgewehten Grat kann man entweder stapfen oder muss ein paar Mal die Ski ausziehen (30 Min.).

Abfahren kann man entlang der Aufstiegsspur, wo bereits alles weitum verspurt ist. Oft kann es schon an warmen Dezembertagen passieren, dass der Schnee eine firnähnliche Konsistenz erreicht, dann kann man etwa in der Mitte zwischen Vor- und Hauptgipfel vom Gratrücken direkt durch ein steiles Kar hinunterschwingen.

Auf der Weertalseite des Gilfert unterwegs zum Gipfel.

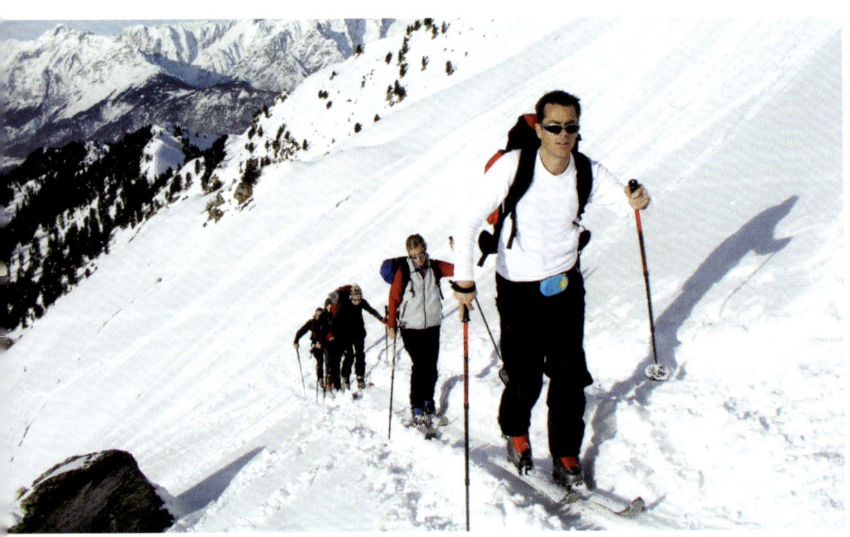

92 Kleiner Gilfert 2388 m

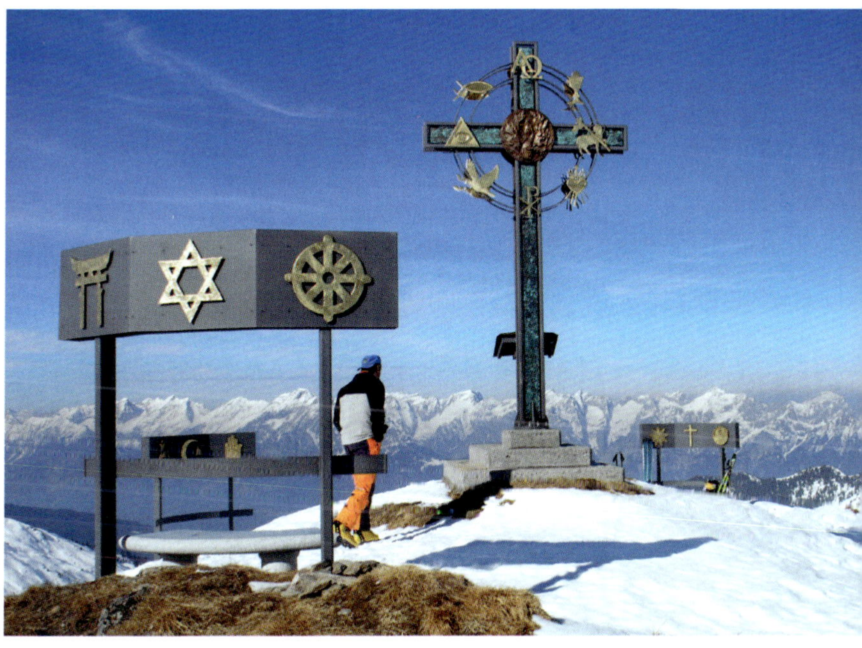

Die Insassen des Innsbrucker Ziegelstadls errichteten diese eindrucksvolle Gedenkstätte.

Tuxer Alpen

Als Friedenssymbol gedacht ist das kunstvolle Gipfelkreuz am Kleinen Gilfert mit den Zeichen der neun Weltreligionen. Er kann aber auch mit tollen Skihängen im Nurpenstal und den präparierten Pisten von Hochfügen aufwarten.

Ausgangspunkt: Hochfügen (1474 m) oder Innerst im Weertal (1283 m).

Höhenmeter, Zeit: Hochfügen – Lamarkalm – Bergstation Pfaffenbichl – Kleiner Gilfert (2388 m) 2:30 bis 3 Stunden, 1000 Hm. Innerst (1283 m) – Nurpensalm – Kleiner Gilfert (2388 m) 3 bis 3:30 Stunden, 1200 Hm.

Lawinensituation: Sichere Verhältnisse erforderlich.

Österr. Karte: Blatt 119 Schwaz, 1:50.000

Der weiter nordseitig gelegene kleine Bruder des als idealer Skitourenberg bekannten und beliebten Gilfert führte früher ein eher unbedeutendes Dasein. Vor ein paar Jahren wurde er aber durch ein sehenswertes Gipfelkreuz mit der Darstellung aller Weltreligionen aufgewertet. Als Zeichen der Toleranz und des gegenseitigen Respektes soll dieser kleine Berggipfel einen Ort der Begegnung bilden. Die geistige Einkehr wird noch durch die prächtige Rundumsicht über die majestätische Gebirgslandschaft der Tuxer und Zillertaler Alpen vertieft. Schöpfer dieses Friedenssymbols ist der Weerberger Justizwachebeamte Herbert Kirchmair, der als Leiter der Schlosserwerkstätte dieses Kunstwerk mit den Insassen des Innsbrucker Gefangenenhauses errichtete.

Auf zwei recht unterschiedlichen und ganz von den Verhältnissen abhängenden Anstiegen – von Hochfügen großteils

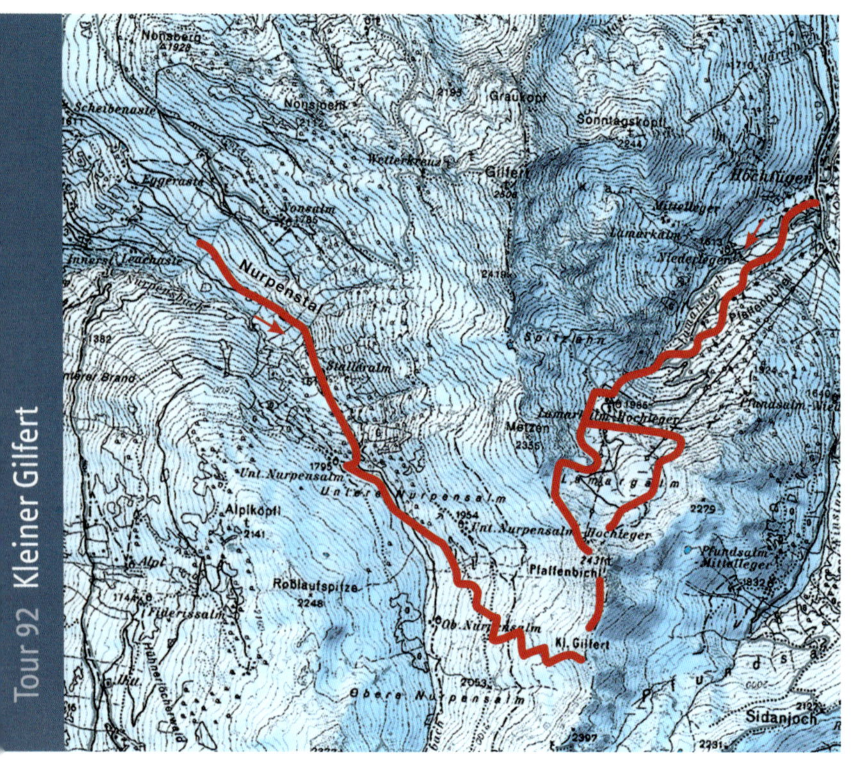

auf Pisten oder von Innerst durch das Nurpenstal – kommt man auf den Kleinen Gilfert. Am besten richtet man sich nach den gerade herrschenden Schneeverhältnissen. Wenn man auf der Nordseite, also im Nurpenstal, nicht mit schönem Pulver rechnen kann, ist der Anstieg von Hochfügen her die bessere Variante. Hier kann man auf einer gepflegten Autobahnpiste aufsteigen und dann von einem Schritt zum nächsten in eine unberührte, stille Berglandschaft hinüberqueren. Beim obersten Lift am Pfaffenbichl wechselt man hinter dem Grat auf die Weertalseite und kann nach kurzer, abfallender Querung dem schon gut erkennbaren Gipfel des Kleinen Gilfert zustreben. Besonders auf der Nurpenstalseite sind jedoch sichere Verhältnisse erforderlich, ebenso für die Querung am Pfaffenbichl.

Vom Lift am Pfaffenbichl ist es nur ein Katzensprung zum Kleinen Gilfert.

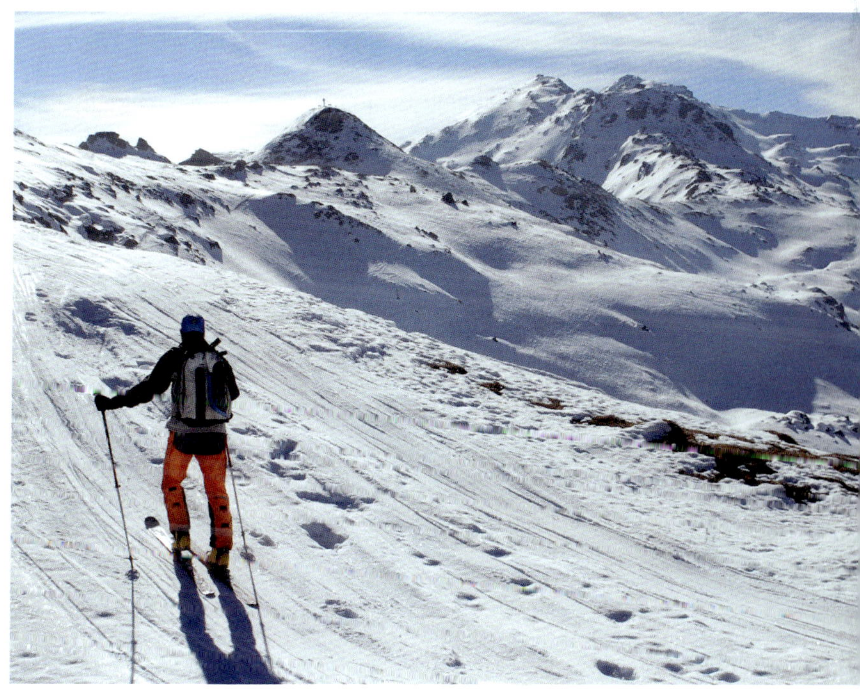

Ausgangspunkt Hochfügen: Parkplatz für Tourengeher nach dem Doppelschlepplift rechts (5 Euro Gebühr). Direkt vom Parkplatz weg verläuft eine perfekt ausgeschilderte Aufstiegsroute für Skitourengeher auf den Pfaffenbühel. Die Route endet bei der Bergstation des Sessellifts. Oberhalb der Station wechselt man auf die Westseite des Berges und hat nach wenigen Schritten den quirligen Pistenbetrieb verlassen. Vor sich sieht man bereits die Pyramide des Kleinen Gilfert, die mit dem weithin sichtbaren Gipfelkreuz gekrönt ist. Meist findet man eine ausgefahrene Skispur quer durch die steindurchsetzten Hänge des Pfaffenbichls, dann erreicht man den Fuß des Gipfelaufbaus und steigt mit einer Rechtsschleife hinauf zum höchsten Punkt.

Ausgangspunkt Innerst: Parken am Talschluss in Innerst (10 Euro Parkgebühr, davon 5 Euro Gastronomiegutschein). Ein Leitsystem zeigt die freien Kapazitäten in Innerst. Sind alle Plätze besetzt, parkt man am besten kostenlos beim Sportplatz in Weerberg. Von dort fährt stündlich ein Shuttlebus (7:30–11:30 und ab 13:30, 3 Euro für Hin- und Rückfahrt). Der für den beschaulichen Tourengeher wesentlich interessantere Anstieg führt vom Weertal her durch das Nurpenstal. In Kauf nehmen muss man den ca. 4,5 km. langen Anmarsch auf einem flachen, aber gut fahrbaren Forstweg bis zur Unteren Nurpensalm.
Hat man den inneren Talboden erreicht, erwarten einen aber traumhafte Skihänge, gut gestuft und ideal in der Neigung. Im Aufstieg kann man entweder dem gut sichtbaren und bis zum Nurpens-Oberleger führenden Almweg folgen oder in direkter Linie auf den Gipfel zustreben. Der Wegweiser „Friedenssymbol" gibt zwischendurch die Richtung vor.

93 Sonntagsköpfl 2244 m

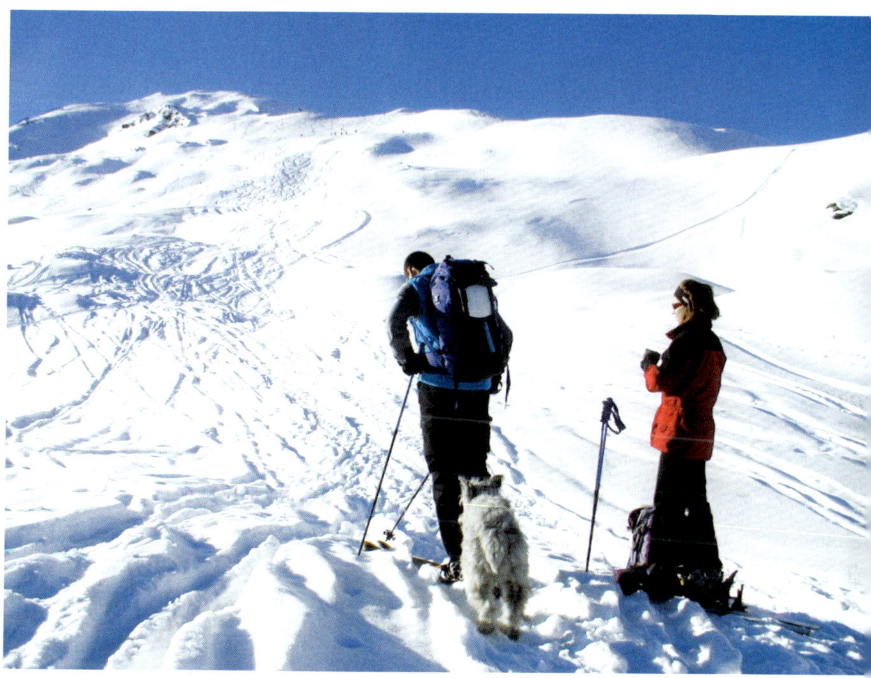

Immer angespurt sind die Hänge des Sonntagsköpfls in Hochfügen.

Tuxer Alpen
Gilfertkamm

Klein, aber oho, dieses Motto steht dem Sonntagsköpfl gut zu Gesicht. Es ist kein berühmter Gipfel, aber seine Skihänge sind allererste Klasse. Durchwegs mittelsteil, ohne eine einzige Flachstelle. Eine hervorragende Skitour ohne Fehl und Tadel.

Ausgangspunkt: Hochfügen (1474 m), von Fügen 12 km

Höhenmeter, Zeit: 770 Hm, 2 bis 2:30 Stunden

Lawinensituation: Wenig gefährdet; unmittelbar nach Neuschneefällen meiden.

Österr. Karte: Blatt 119 Schwaz, 1:50.000

Im Skigebiet von Hochfügen mit seinen 145 km Pisten ist für den Tourengeher nicht mehr allzu viel übrig geblieben an unpräparierter Natur. Aber da gibt es noch das unscheinbare Sonntagsköpfl mit seinen prächtigen und schön gestuften Pulverhängen. Alpinis- →

tisch gesehen ist es nur eine wenig hervortretende Gratschulter in der Ostflanke des Gilfert, doch längst gehört es zum Repertoire der viel begangenen Standardrouten, denn es verspricht mit seinen welligen, hindernislosen Skihängen immer ein nicht allzu langes, dafür erstklassiges Tourenerlebnis und meistens auch gute Schneeverhältnisse. Zu diesen Vorzügen kommen noch: die gute Zufahrt, ein Parkplatz unmittelbar an der Aufstiegsspur, einfache Orientierung, immer angespurt und nur bei ungünstigen Verhältnissen lawinengefährlich.

Ausgangspunkt: Ins Zillertal bis Fügen, auf der Bundesstraße bleiben und erst vom Ortsende her auf neuer Auffahrt – der grünen Beschilderung folgend – auf der stets gut geräumten Straße ins Skigebiet von Hochfügen (12 km von Fügen). Parken kann man gleich links, unmittelbar beim Willkommenstransparent. Genau auf der gegenüberliegenden Straßenseite beginnt der gewalzte Winterwanderweg mit Loipe zum Loassattel.

Aufstieg: Man folgt dem Winterwanderweg (parallel zur Straße

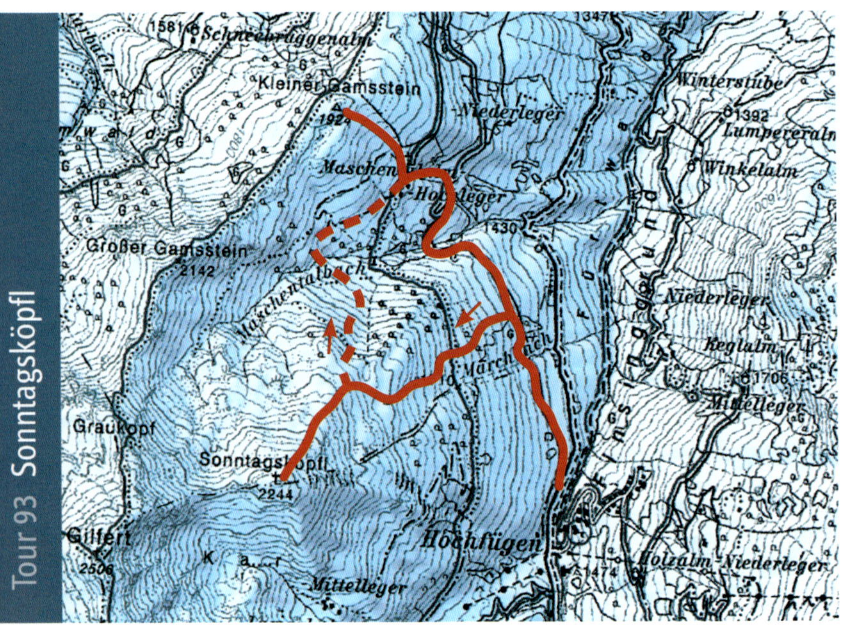

und zuerst ein paar Schritte Richtung talaus) gut 20 Minuten, bis links die Aufstiegsspur zum Sonntagsköpfl abzweigt (ein paar Schritte vor der kleinen Kuppe, hinter der sich der Weg zum Maschentalbach absenkt).

Anfangs recht steil im lockeren Wald aufwärts ins freie Gelände. Meist gibt es mehrere Spuren von unterschiedlicher Neigung bzw. Steilheit. Ober den letzten Bäumen nicht zu sehr links halten, nicht auf die Lawinenverbauungen zu, sondern eher rechts über schön gestufte Hänge auf eine Schulter im Ostrücken, hinter der man nach links in die Nordflanke des Berges einschwenken kann. Durch eine ausgeprägte Mulde zur runden Kuppe des Gipfels mit den weithin sichtbaren Messanlagen. Abfahrt entweder auf der Aufstiegsspur oder komplett waldfrei nordseitig hinunter bis zum Bach und auf dem Gegenhang in flacher Querung zur Maschentalalm und am Fahrweg zurück.

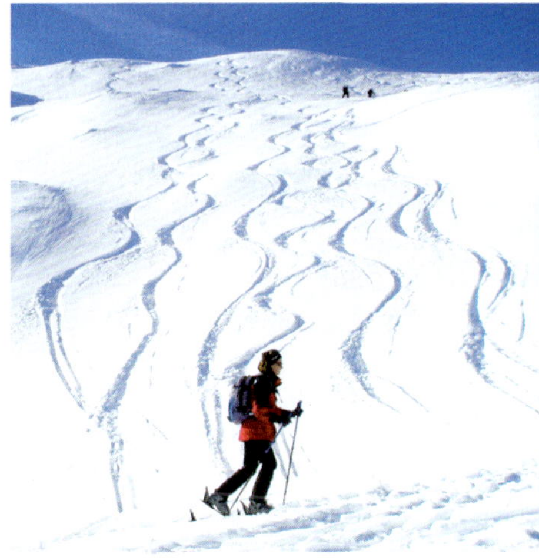

Steil, aber gut kupiert, ist das Skigelände am Sonntagsköpfl.

Zum Kleinen Gamsstein (1924 m): Als Einstiegstour für Neulinge oder wenn man Kindern das Tourengehen schmackhaft machen will, würde sich in unmittelbarer Nachbarschaft der Kleine Gamsstein mit seinen fein geneigten Sonnenhängen über der Maschentalalm anbieten (450 Hm., 1:30 Stunden).

94 Rosskopf 2576 m

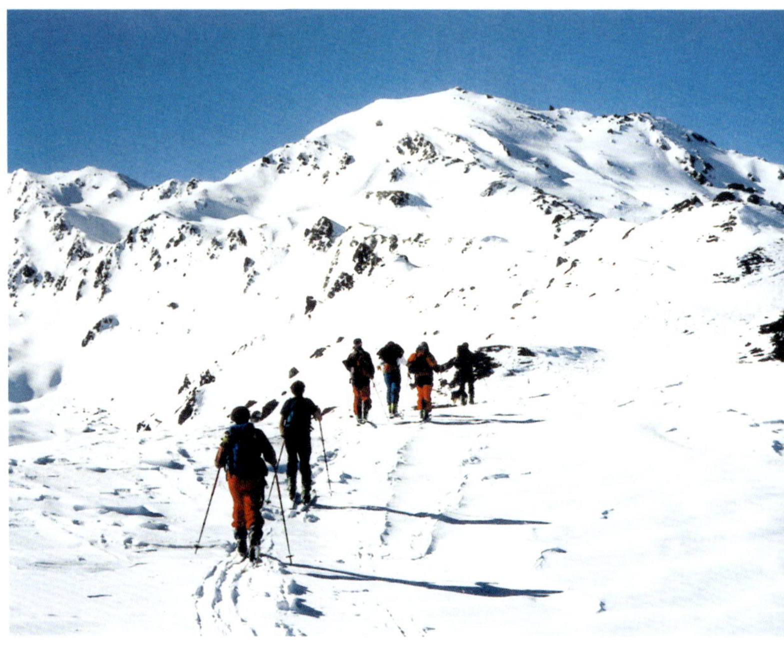

Noch dauert es eine geraume Weile, bis man am Rosskopf die Felle abziehen kann.

→ **Tuxer Alpen**
→ **Rastkogelkamm**

Von der Zillertaler Höhenstraße gibt es mehrere Ausgangspunkte – je nach Schneelage – für eine mittellange Skitour über einfach zu findende Südhänge auf diesen schönen Skigipfel. Eine empfehlenswerte Alternative zur längeren Tour auf den Rastkogel.

Ausgangspunkt: Hippach, Zillertaler Höhenstraße (ca. 1450 od. 1730 m)

Höhenmeter, Zeit: 1100 Hm., 3 Stunden od. 850 Hm., 2:30 Stunden

Lawinensituation: Durch Südlage kaum lawinengefährdet.

Österr. Karte: Blatt 149 Lanersbach, 1:50.000

Der 42 Gipfel umfassende Kellerjoch-Rastkogel-Kamm in den Tuxer Voralpen kulminiert im 2762 m hohen Rastkogel – der als Tour 102 von allen Seiten aus beschrieben wird und, wenn nicht Lifthilfe in Anspruch genommen wird, ziemlich lange

Anstiege aufweist. Kürzer, aber skifahrerisch nicht weniger lohnend ist der Rosskopf (drittletzte benannte Erhebung vor dem Rastkogel), dessen Nordanstieg von Hochfügen herauf auch den meisten Tourengehern bekannt sein dürfte. Die Skitour von der Zillertaler Höhenstraße über Rastkogelhütte und Sidanjoch stellt zwar die sicherste Variante dar, ist aber nur zu empfehlen, wenn man auf der Rastkogelhütte genächtigt hat. Als Tagestour lässt man die Hütte rechts oben liegen und hat damit den Vorteil, fast keine Flachstücke hatschen zu müssen.

Ausgangspunkt: Von Ramsau im Zillertal (noch vor Mayrhofen) über die Zillertalbahn nach Hippach und die „Zillertaler Höhenstraße" aufwärts und hinein ins Sidantal (evtl. Schneeketten erforderlich): Bei der Gasthäusergruppe Roswitha/Mösl/Bergkristall bei entsprechender Schneelage erste Ausgangsmöglichkeit (ca. 1450 m): Auf Weg Nr. 18 (WW Rastkogelhütte) talein und über einen freien Hang hinauf zum Verbindungsweg Sportalm–Schafleitenalm (s. Skizze) 45 Min. Mehraufwand.

Sonst fährt man auf der nun schmäler werdenden Höhen-

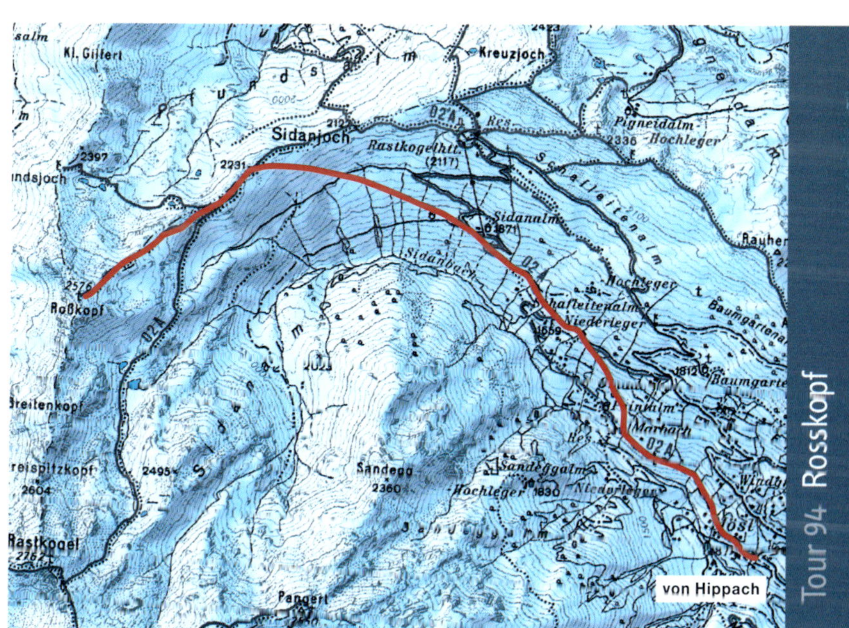

straße weiter bis zur Atlas-Sportalm (ca. 1730 m, Parkgebühr 3 Euro).

Aufstieg: Auf dem Almweg hinter dem Hotel leicht fallend zur Schafleitenalm – hier hat man den weiteren Anstieg gut vor Augen: Leicht ansteigend und die Kehre abkürzend hinauf zur Sidanalm und weiter auf den oberen Almweg, der von der Rastkogelhütte aus den ganzen riesigen Hang unterhalb des Sidanjochs talein quert. Diesen verfolgt man etwa die Hälfte westwärts und steigt über schön kupierte Südhänge hinauf zum breiten Nordostrücken westlich des Sidanjochs – wo man auf die Aufstiegsspur vom Finsinggrund herauf trifft. Abwechslungsreich durch Mulden, Tälchen auf den sich erst im letzten Teil aufsteilenden Gipfel zu. Vom Gipfelkreuz genießt man eine tolle Panoramasicht über halb Tirol.

Abfahrt wie Aufstieg.

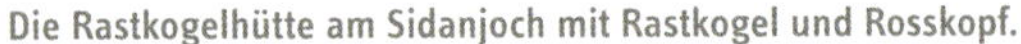

Die Rastkogelhütte am Sidanjoch mit Rastkogel und Rosskopf.

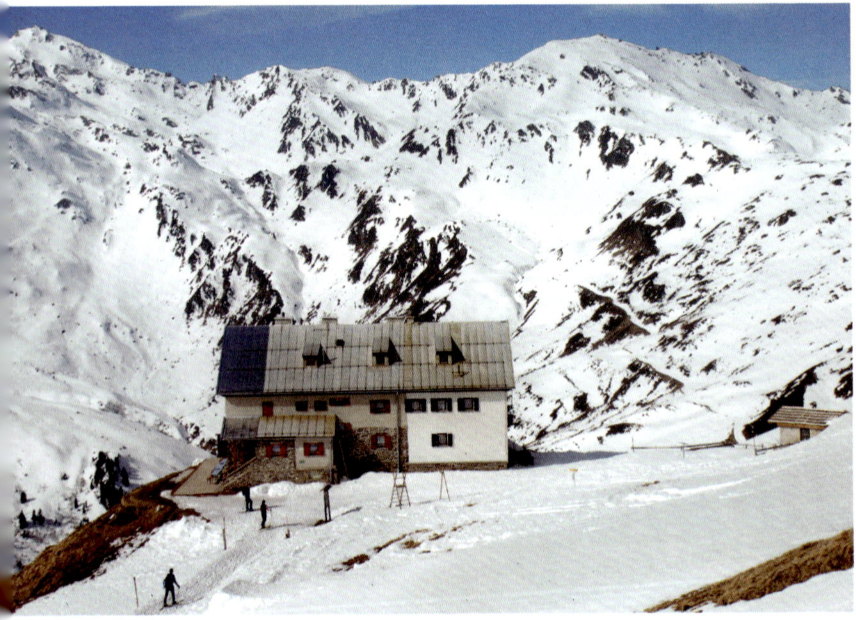

95 Rastkogel 2762 m

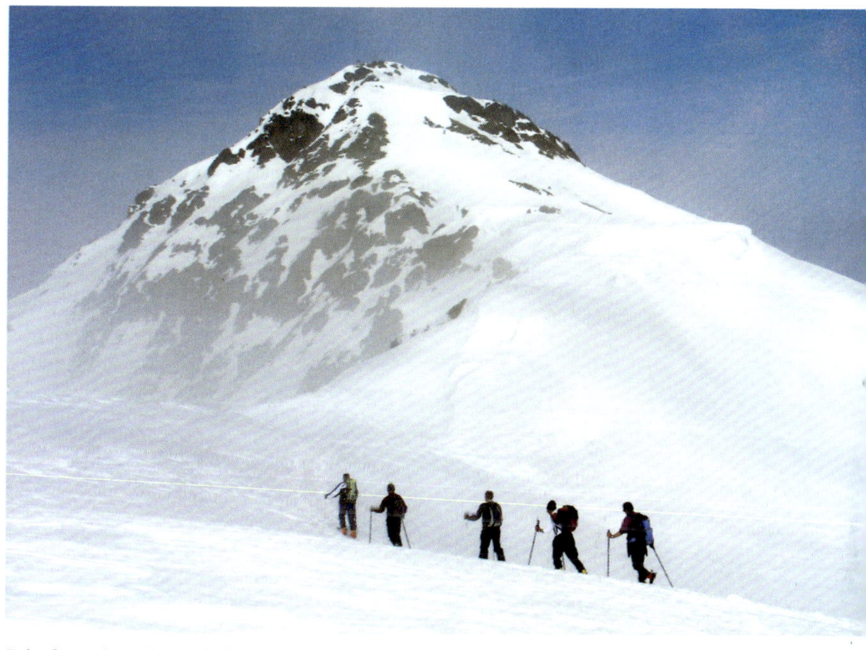

Zulauf aus vier Tälern erhält der Rastkogel, Kulminationspunkt der Tuxer Alpen.

Tuxer Alpen

Lang sind sie alle, die Anstiege auf den Rastkogel, besonders wenn man ihn von Nafing oder vom Nurpenstal angeht. Am leichtesten geht's vom Zillertal. Hier haben Sie die Wahl zwischen einer Ausdauertour oder einem Pistensprint auf den Paradeskiberg.

Ausgangspunkt: Hippach, Zillertaler Höhenstraße, Atlas-Sportalm (1730 m)

Höhenmeter, Zeit: 1030 Hm., 3 bis 3:30 Stunden

Lawinensituation: Wenig gefährdet.

Österr. Karte: Blatt 149 Lanersbach, 1:50.000

Der Rastkogel ist ein ganz besonderer Skiberg. Er steht so zentral als einer der Hauptgipfel mitten in den Tuxer Bergen zwischen dem Zillertal und dem Inntal und von allen Seiten, aber in sehr unterschiedlicher Länge, ist er mit Skiern ersteigbar. Vom Weertal →

kommend, von der Nafinghütte oder aus dem Nurpenstal, führen die längsten Anstiege durch seine Nordflanke. Vier bis fünf Stunden ist man hier unterwegs. Andererseits, wenn man alle Aufstiegshilfen der Lanersbacher Bergbahnen im Tuxer Tal ausnützt, verkümmert der Rastkogel zu einer Einstunden-Kurztour, man kommt allerdings in den Genuss einer riesigen Pistenabfahrt.

Auf der Zillertaler Seite, vom Schwendberg her, hat man dagegen den Vorteil, dass man dem Rastkogel wenigstens bis auf über 1700 m mit dem Auto zu Leibe rücken kann. Dann wären

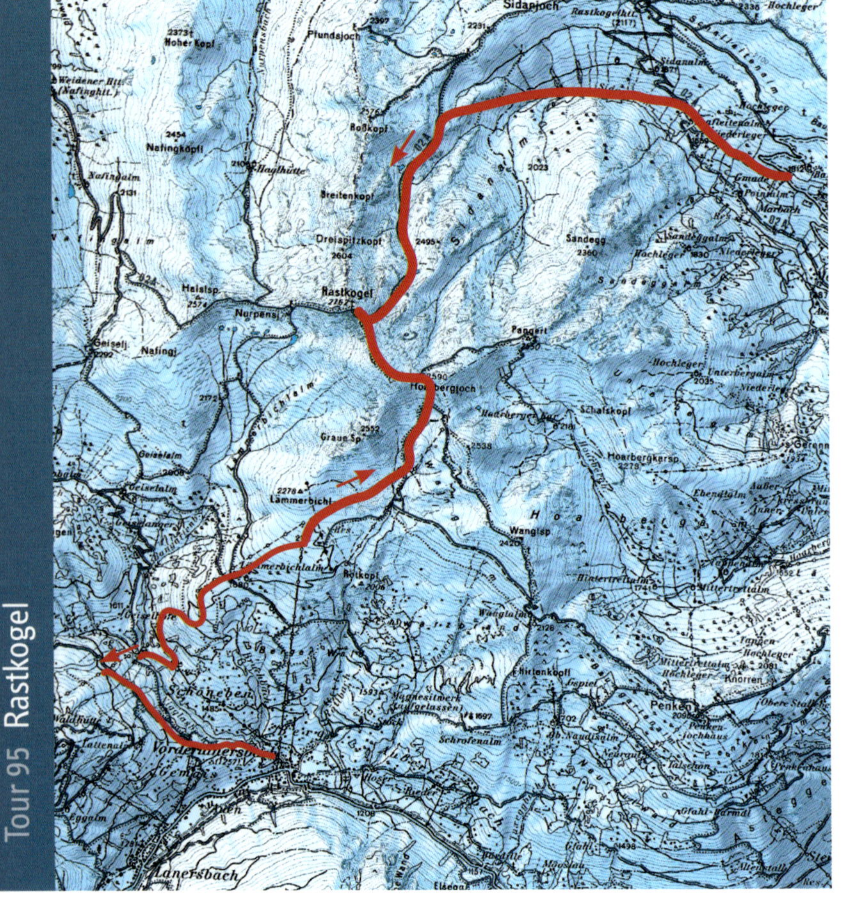

es „nur“ mehr gute 1000 Höhenmeter, doch man muss auch die beträchtliche Wegstrecke einrechnen. Am schönsten ab März, wenn sich allmählich Firnverhältnisse einstellen und die Straße bis zur Atlas-Sportalm aper ist. Noch lockerer ginge es, wenn man auf der Rastkogelhütte übernachtet, sie hat meist bis Ostern geöffnet.

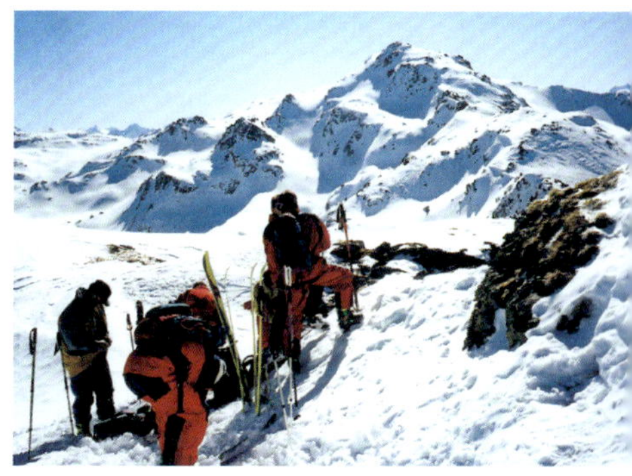

Der Rastkogel – vom Rosskopf aus gesehen.

Ausgangspunkt: Durchs Zillertal bis Zell a. Z. und im Ort danach – in Ramsau – bei der Ampel rechts hinüber nach Hippach. Auf der „Zillertaler Höhenstraße“ auf den Schwendberg. Nach 11 km ist die Atlas-Sportalm erreicht, gleich darüber der gesperrte Schranken beim geschlossenen Mauthäusl. Bis hierher ist die Straße immer geräumt. Hier parken oder kurz darunter (Parkgebühr 3 Euro).

Aufstieg: Nun zwei Möglichkeiten:

1.) Entweder auf der Straße zwei Kehren weiter und Abzweigung zur bewirtschafteten Rastkogelhütte (1–1:15 Stunden). Man hat einen Ratrac-Weg bis zur Hütte, muss aber von ihr wieder ein Stück abfahren und gut 100 Hm. herschenken.

2.) Sonst geht man beim Schranken sofort links auf dem zuerst leicht abwärts führenden Weg bis zur Schafleitenalm (1659 m), marschiert unter der Rastkogelhütte vorbei und strebt auf den mit seiner aperen Kante meist gut erkennbaren Weg unterhalb des Sidanjochs zu. Nach der Querung in der Flanke des Rosskopfs erreicht man eine Geländeschulter mit zwei Seen dahinter. Erst jetzt beginnt das ideale Skigelände. In breite Tälchen gebettete Mulden führen im weiten Bogen durch die Ostflanke des Gipfelaufbaus. Ist der Rücken erreicht, wo man ins Tuxer Tal hinunter sieht, hat man nur mehr den kurzen, aber steilen Gipfelhang zu überwinden. Eine Kehre noch mit den Skiern, dann zu Fuß über eine Stapfenstiege zum gleich hinter der Gratkante befindlichen Gipfelkreuz. Die Zillertaler Berge vom Olperer bis zum Venediger liegen lückenlos vor dem Betrachter.

Den Durst löscht man am schnellsten, wenn man sich bei der Abfahrt noch die 20 Minuten →

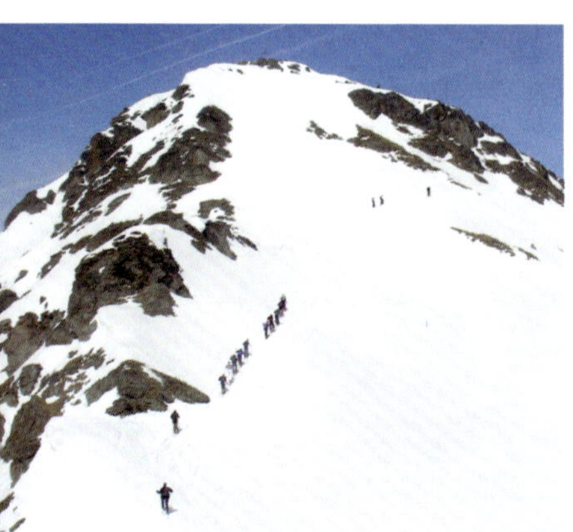

Ein kurzer Steilaufschwung vor dem Gipfel. Skidepot knapp unterhalb.

zur Rastkogelhütte hinaufplagt. Dann hat man eine gute Ratracpiste bis zum Schneeende.

Als Pistentour mit Seilbahnhilfe. Mit Seilbahnhilfe und somit auf dem kürzesten Weg erreicht man den Rastkogel von Vorderlanersbach im Tuxer Tal, wobei man nochmals die Wahl hat, bereits nach der ersten Sektion am Lämmerbichl auf 2100 m zu starten (2 Stunden), oder auch noch den Horberglift zu benützen, der den gehfaulen Tourengeher bis auf 2500 m bringt. Von dort ist es nur mehr eine schwache Stunde.

So kommt man hin: Durchs Zillertal nach Mayrhofen und im Tuxer Tal bis Vorderlanersbach (1257 m) und zur Rastkogelbahn. Mit der Vierergondel zur Bergstation am Lämmerbichl, kurze Abfahrt mit den Skiern nach rechts zum 8er-Sessellift aufs Horberger Joch (Tourenkarte 13 Euro, Liftbetrieb bis Mitte April). Oder bereits vom Lämmerbichl zu Fuß: Von der Bergstation auf der Piste gerade hinauf zur Station des von links her kommenden Sesselliftes. Dort beginnt ein gewalzter Skiweg, der erst lange flach nach rechts zur Piste des Horbergliftes führt. Auf dieser links der Lifttrasse zur Bergstation auf 2500 m. Hinter dem Lift nach links, ein kurzer Steilhang wird gequert zu einer ausgeprägten Mulde hin, die auf die Höhe des lang gestreckten Ostrückens bringt. Am flachen Rücken weiter nach links, auf den jetzt sichtbaren Gipfelaufbau des Rastkogels zu. Den Steilhang am Schluss umgeht man besser unterhalb der Felsen in einer Rechtsschleife.

Abfahrt auf Pisten: Sicher kein Problem hat man mit der Abfahrt auf den rasanten Skiautobahnen. Kurzer Gegenanstieg beim Wechsel der Talseite zur Piste von der Eggalm. Gegen Ende der Skisaison wird man vom Lämmerbichl ins Tal wahrscheinlich nochmals die Gondel brauchen.

96 Torhelm 2452 m Brandberger Seespitze 2367 m

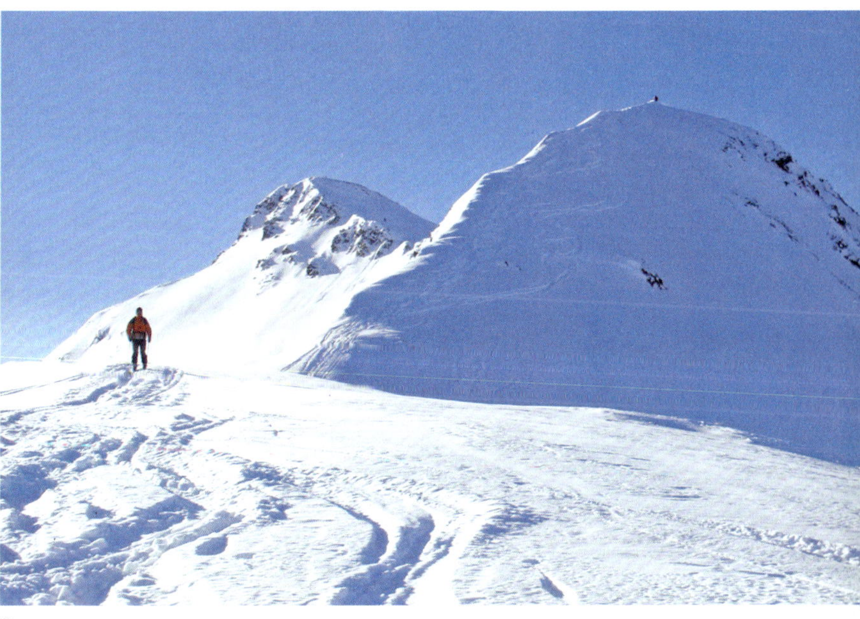

Über den Vorgipfel führt die Skispur zum Torhelm.

Zillertaler Alpen
Gerlostal

Erst nach zwei Dritteln des Anstiegs muss die Entscheidung zwischen den beiden idealen Skigipfeln im Gerlostal fallen: Sonne am Torhelm oder reiner Pulverschnee am Seespitzl im Schatten des Brandberger Kolms? Beide Optionen sind eine eigene Skitour wert.

Ausgangspunkt: Gerlos-Bundesstraße, GH Kühle Rast (1190 m)

Höhenmeter, Zeit: Torhelm 1250 Hm., 3 bis 3:30 Stunden; Seespitze 1160 Hm., 3 bis 3:15 Stunden

Lawinensituation: Beide Anstiege sind kaum lawinengefährdet.

Österr. Karte: Blatt 150 Mayrhofen, 1:50.000

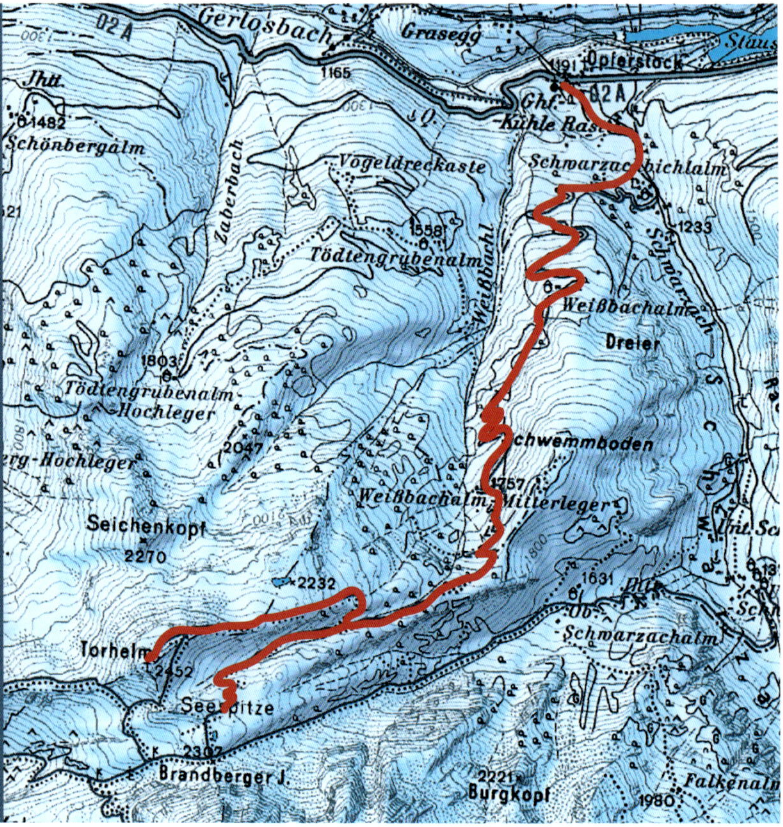

Schon der alte „Pause“ mit seinen „Hundert Schönsten …“ schwärmte über dieses „prächtige Gerloser Skiabenteuer“ in den höchsten Tönen, und auch heutige Tourengeher denken gewiss nicht anders, denn die Abfahrt über die riesigen Almflächen ist ein wahrer Skigenuss. Sogar wenn zu Winterbeginn die Schneedecke noch nicht so dick ist, kann man sich im unteren Teil der Tour gut mit dem breiten Almweg behelfen und kurvt auf ihm in einem lang gezogenen Riesenslalom zu Tal. Zudem darf man im Hochwinter meistens mit Pulverschnee rechnen, denn der Anstieg liegt rein nordseitig, und erstin der oberen Hälfte der Tour, wenn der zum Torhelm ziehende freie Rücken erreicht ist, kommt man in die

Sonne. Fast noch schöner wären die weiten Hänge der Seespitze, doch hier erhascht man keinen einzigen Sonnenstrahl, denn der überragende Brandberger Kolm wirft einen tiefen Schatten über seinen unscheinbaren Nachbarberg.

Ausgangspunkt: Durch das Zillertal bis Zell, dann Abfahrt rechts Richtung Gerlospass und auf der Gerlos-Bundesstraße nach Hainzenberg und weiter bis zum GH Kühle Rast, unmittelbar an der Straße (11 km von Zell). Beim GH sofort rechts einbiegen und ein kleines Stück weiter zu einem Mini-Parkplatz. Parken auch direkt beim GH möglich, wenn man beim Wirt fragt.

Zum Torhelm: Geradeaus führt ein Fahrweg ins Schwarzachtal. Man folgt ihm aber nur bis zu den ersten Asten, biegt dort scharf rechts ab und steigt auf dem breiten Almweg in lang gezogenen Windungen oder steileren Abkürzungen hinauf zur Weißachalm. (Üblicherweise führt aber bereits unmittelbar nach dem Parkplatz eine Spur rechts aufwärts und mündet weiter oben in den Fahrweg ein.)

Sind die Almhütten erreicht, bleibt man wiederum rechts und quert durch ein kurzes Waldstück fast eben in die nächste riesige Almschneise, vorbei am Mitterleger, und kommt jetzt endlich zu dem von zaghaften Sonnenstrahlen beschienenen Rücken, der nach Westen in einer Linie zum Torhelmgipfel zieht. Auf Höhe 1950 m bei roter Skimarkierung wird eine trogförmige Bachmulde nach rechts überquert, ein kurzer Steilhang bei einzeln stehenden Zirben überwunden, dann geht es über schön gestuftes, welliges Gelände aufwärts, bis endlich der Gipfelaufbau sichtbar wird. Ganz in Gratnähe über den Vorgipfel und durch eine letzte Mulde zum höchsten Punkt.

Zur Brandberger Seespitze: Zu diesem etwas niedrigeren Gipfel verlässt man den Anstieg vor der erwähnten Bachkehle nach links und zieht gerade, parallel zum Torhelmrücken, unter der Felsflanke des Kolm über prächtiges Skigelände – leider im tiefen Schatten – seine Spur durch den stäubenden Pulverschnee.

97 Kirchspitze 2312 m

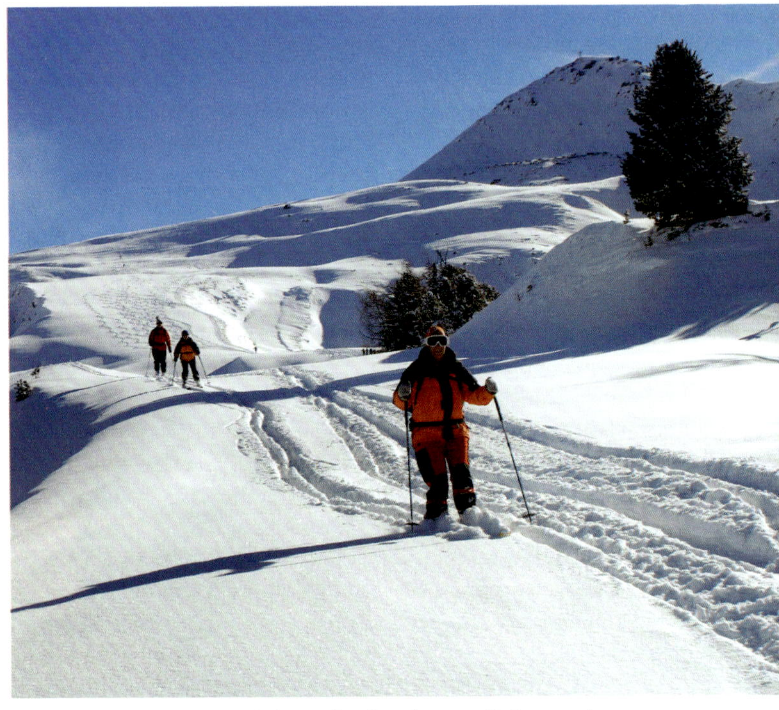

Endlich wieder einmal im Tiefschnee schwelgen konnten die Tourengeher.

→ **Zillertaler Alpen**
→ **Gerlostal**

Ein Berg, der nach Stilllegung aller Liftanlagen auf der Fürstalm wieder allein den Skitourengehern gehört. Lohnende Kurztour ist der Arbiskogel.

Ausgangspunkt: Gerlos, Fürstalmbahn/Talstation (1204 m).

Höhenmeter, Zeit: Fürstalm (1801 m, 1:15 bis 1:30 Stunden) – Kirchspitze (2312 m) insgesamt 2:30 bis 3 Stunden, 1100 Hm.; Fürstalm – Arbiskogel (2048 m) 45 Minuten, 250 Hm.

Lawinensituation: Kaum lawinengefährdet.

Österr. Karte: Blatt 150 Mayrhofen, 1:50.000.

Schon seit geraumer Zeit hat der Lift auf die Fürstalm seinen Betrieb zur Gänze eingestellt – hier im Gerlostal trat der seltene Fall ein, dass ein Skigebiet komplett stillgelegt wurde. Schuld ist nicht der gefürchtete Klimawandel, sondern dass sich dieses kleinräumige Gebiet als nicht mehr erweiterbar und nicht mehr wirtschaftlich erwies. Noch dazu, wo auf der gegenüberliegenden Talseite die „Zillertal-Arena“ mit einem 135 km langen Pistennetz aufwarten kann.

So gehört dieser Berg wieder allein den Tourengehern, die relativ rasch bemerkt haben, wie ideal sich diese einfache Skitour gestaltet. Allerdings: Der Aufstieg über die breite Pistenschneise ins Gelände der Fürstalm ist neuerdings wegen Aufforstung gesperrt. Man erreicht die aufgelassene Bergstation trotzdem problemlos über den Forstweg vom Wimmertal her über die Kothüttenalm. Danach in einer geraden Linie auf der ehemaligen – mustergültig abgebauten, aber gut erkenn- →

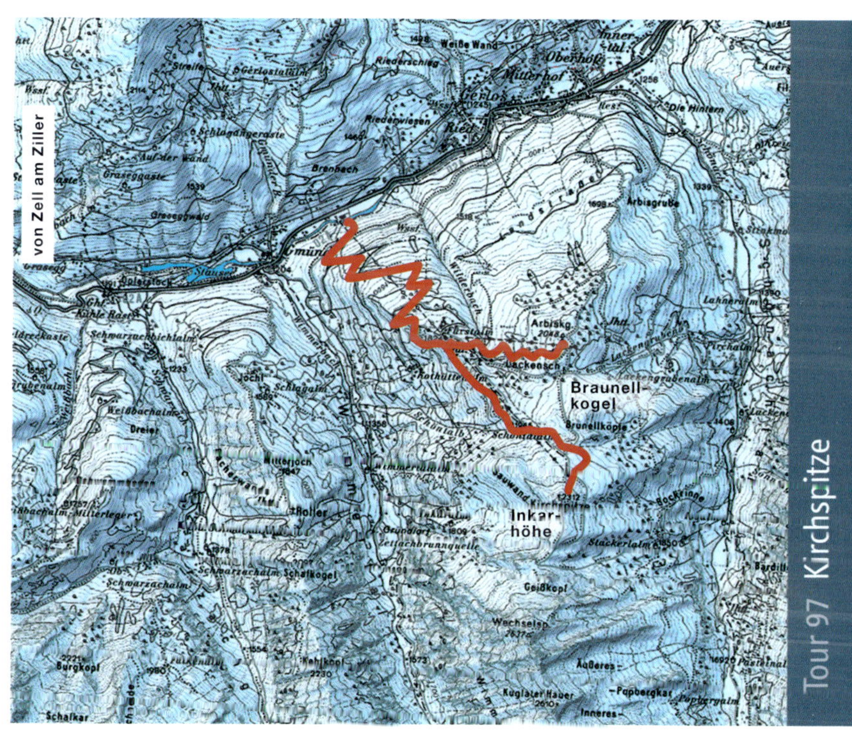

baren – Schleppliftrasse bis an den Fuß der kleinen Gipfelpyramide der Kirchspitze, die von der Wechselspitze mächtig überragt wird. Zum Schluss warten noch ein paar steile Spitzkehren auf dem Weg zum Gipfelkreuz.

Ausgangspunkt: Von Zell am Ziller auf der Gerlospassstraße hinauf nach Hainzenberg und ins Gerlostal bis Gerlos/Gmünd (ca. 15 km ab Zell). Parken am Taleingang des Wimmertales auf Höhe der Ferienranch Kröller.

Aufstieg: Nachdem die ehemalige und von den Tourengehern stark frequentierte Pistenschneise nun wegen Aufforstung gesperrt und abgezäunt ist, muss man für den Aufstieg zur Fürstalm den Forstweg ins Wimmertal nutzen. Bei der ersten Wegteilung geht es links aufwärts bis zur Kothüttenalm, wo das freie Gelände erreicht wird. Schöne Hänge führen zur still im Schnee schlummernden Fürstalm. Beeindruckend ist hier der Blick nach Westen über das Wimmertal zum Brandbergkolm und den in der Sonne glänzenden Skihängen des Torhelm. Gut

Bei der Fürstalm öffnet sich der Blick über das Wimmertal zum Brandbergkolm und Torhelm.

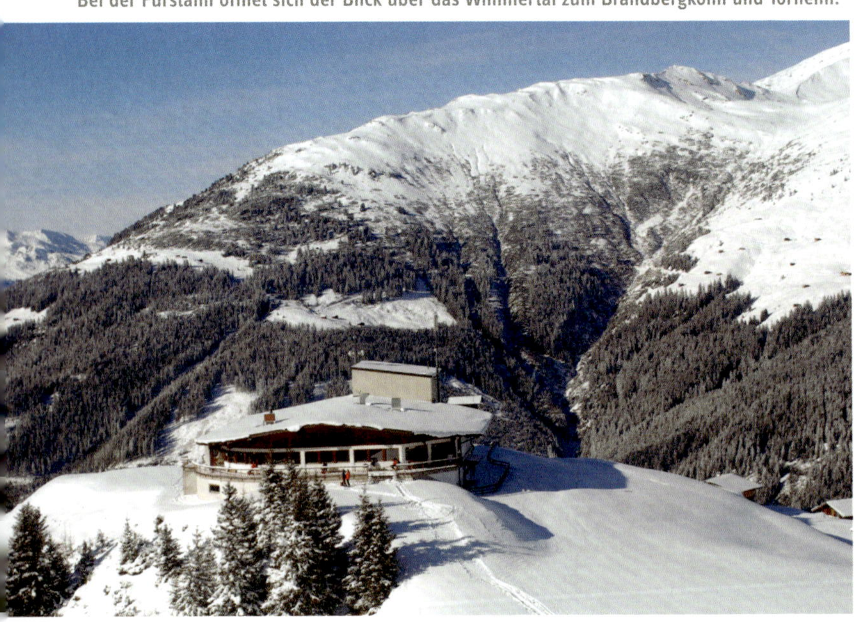

erkennbar ist die Schlepplifttrasse, die von der Bergstation in einer geraden Linie fast bis an den Fuß der kleinen Pyramide der Kirchspitze mit ihrem weithin sichtbaren Gipfelkreuz führt. Wo die Hänge breiter werden, peilt man die linke, östliche Seite des Gipfels an und erreicht eine flache Geländestufe, nach der unmittelbar der kurze, aber recht steile Gipfelhang ansetzt. Bis hierher ist die Skitour völlig lawinensicher, der Schlusshang, den man ziemlich direkt und mühsam ersteigt, erfordert jedoch sichere Verhältnisse. Leichter (aber nicht ausprobiert) soll die Umgehung der Gipfelpyramide auf der Ostseite in Richtung Inkarscharte sein, wo man den Gipfel von Süden her erreicht.

Zum Arbiskogel: Noch gemütlicher und kürzer geht es von der Fürstalm nach links auf das von ein paar zerzausten Zirben gekrönte Köpfl des Arbiskogels, ebenfalls über ehemalige Pistenhänge. Von der Fürstalm nach links durch die breite Bachsenke und in einer geraden Linie über den prächtigen Westhang zu seinem höchsten Punkt.

Die Kirchspitze ist nach der Schließung des Liftgebietes wieder ein reiner Tourenberg geworden.

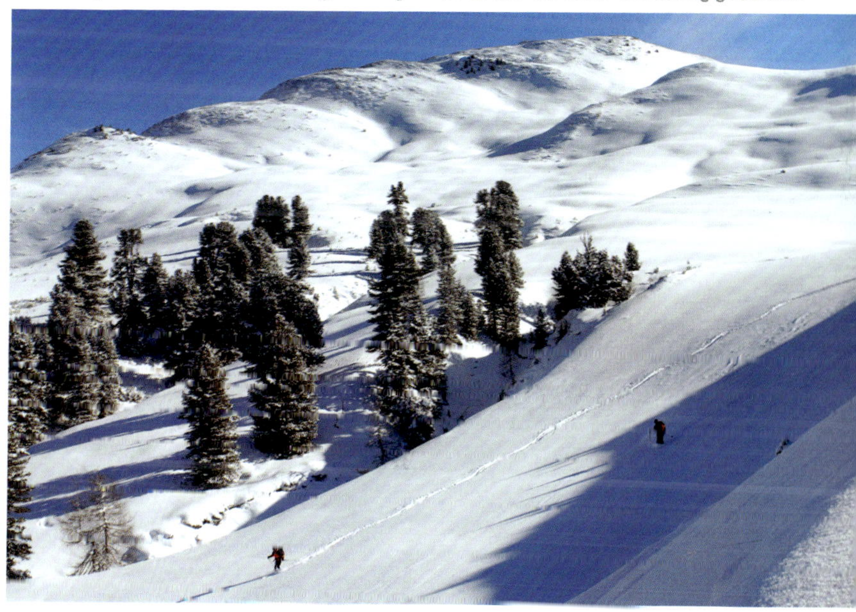

98 Hoher Riffler 3228 m

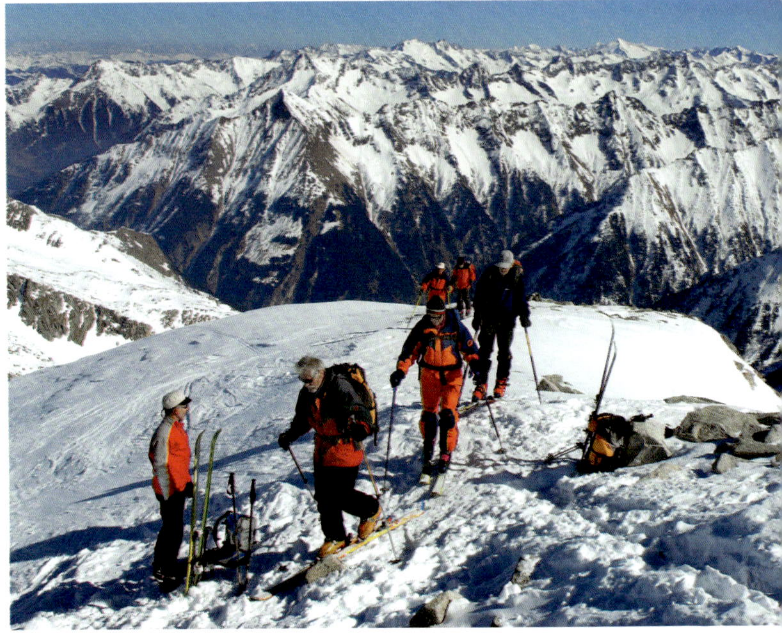

Nur Berge, soweit das Auge reicht. Phantastische Gipfelschau am Hohen Riffler.

→ **Zillertaler Alpen**
→ **Tuxer Hauptkamm**

Schon die Standardabfahrt übers Schwarzbrunnerkees ist ein Erlebnis, noch toller aber sind die Abfahrten durchs Grierer- oder Höllensteinkar – dafür ist aber alpine Erfahrung nötig. Unser Fazit: Drei Superabfahrten, eine aufregender als die andere.

Ausgangspunkt: Hintertux, Zillertaler Gletscherbahn, Auffahrt zum Tuxer-Ferner-Haus (2660 m)

Höhenmeter, Zeit: 630 Hm. Aufstieg, 2 Stunden, 1700 Hm. Abfahrt

Lawinensituation: Reine Frühjahrstour, nur bei Firnverhältnissen.

Österr. Karte: Blatt 149 Lanersbach, 1:50.000

Der Hohe Riffler, im Tuxer Kamm der Zillertaler Alpen gelegen, ist mit Seilbahnhilfe eine ganz problemlose Skitour mit einer tollen und rasanten Abfahrt. Die Schneeverhältnisse müssen aber passen, denn schließlich sollten die lange Anfahrt und die Seilbahnkosten nicht umsonst sein, und es wäre schade, nur im Bruchharsch herumzustochern. Reicht die Schneedecke noch bis ins Tal, kommt man mit geringen Aufstiegsmühen auf dreimal so viel Höhenmeter Abfahrt, wenn man übers Schwarzbrunnerkees durch die Kleegrube zur Sommerbergalm abfährt. Die Orientierung ist einfach, denn den ganzen Anstieg kann man schon von der Seilbahngondel aus zur Gänze überschauen. Und sollte der Schnee einmal nicht so werden, wie man ihn sich wünscht – kein Firn, kein Pulver, kann man immer noch auf der Aufstiegsspur zurück zur Seilbahn fahren und auf den präparierten Pisten ins Tal carven.

Noch toller ist aber für gute Skialpinisten die Abfahrt übers Federbettkees mit Gegenaufstieg zur Napfspitze mit Steilabfahrt durchs Griererkar. Dritte Möglichkeit und gleichsam das Nonplusultra ist der Aufstieg durch das von den Einheimischen so genannte „Kaminl" und die Abfahrt durchs Rötschneid- oder Höllensteinkar.

Ausgangspunkt: Ins Zillertal, durch Mayrhofen und ins Tuxer Tal bis zur Gletscherbahn in Hintertux. Man verlangt eine Tourenkarte zum Tuxer-Ferner Haus (24 Euro).

Aufstieg: Oben angelangt nach links zur Talstation der zur Gefrorenen Wand weiterführenden Gondelbahn, links am Hang ansteigen bis zur oberen schwarzen Platte, bis man mit einer sanften Abfahrt in das große Becken unterhalb der Felsflanke der Gefrorenen Wand gelangt. Gemächlich ansteigend über flache Terrassen im weiten Bogen unterhalb der Friesenbergscharte auf den Riffler zu, dessen Gipfelaufbau zur Gänze gequert wird. Nach der Querung des Schwarzbrunnerkeeses ist eine kurze Steilstufe zu überwinden (bei Harsch etwas mühsam), danach erreicht man einen felsdurchsetzten Rücken, der zum oberen Rand des Federbettkeeses führt. Nach rechts in wenigen Minuten hinauf zum Gipfelkreuz. Prächtig ist die Sicht in die tief eingeschnittenen Gründe des Zillertals, und man kann viel Zeit damit verbringen, alle berühmten Berggipfel zwischen Olperer und Großglockner zu bestimmen.

Abfahrt: Auf der Aufstiegsspur zurück bis zur Querung und – wenn Schneequalität und Lawinenwarnstufe passen – geradewegs hinunter über die immer steiler werdenden Hänge des Schwarzbrunnerkeeses in die Kleegrube. Im flachen Boden trifft man mit den Spuren der tiefschneefahrenden Tageskartenbesitzer zusammen und mündet bald danach in eine breit ausgewalzte Piste ein und folgt dieser bis zur Mittelstation bei der Sommerbergalm (vorher kurzer Gegenanstieg oder mit Lifthilfe). Ob es sich lohnt, von hier ins Tal abzufahren, fragt man am besten die Seilbahner.

Über die Napfspitze (2876 m) ins Griererkar: Vom Riffler-Gipfel Richtung Nordost über das wunderbar geneigte und spaltenlose Federbettkees bis an seinen Auslauf (ca. 2750 m) und geradeaus auf den Gegenhang zu und mit ca. 200 Hm. Gegenanstieg leicht rechts haltend zur Napfspitze (2925 m). Vom Napf Abfahrt in

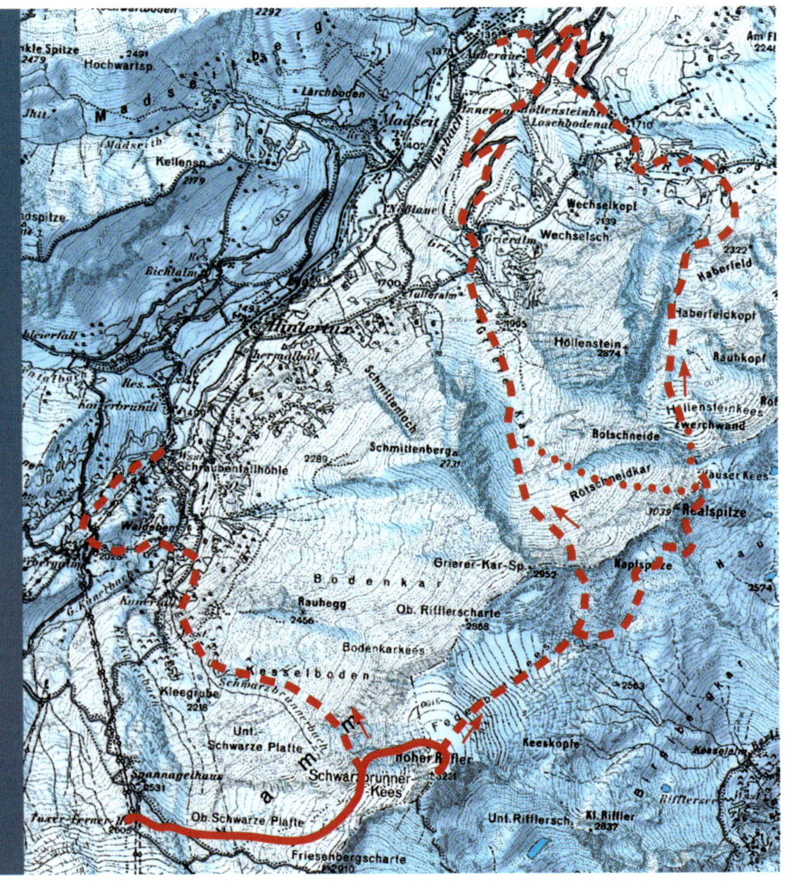

das Rötschneidkar, das nach dem ersten Karboden in das Griererkar übergeht. Von der Grieralm auf dem Fahrweg nach Juns.

Vom Kaminl ins Höllensteinkar: Mit Sicherheit die alpinste Variante ist die Abfahrt durch das Höllensteinkar. Vorher kommt aber der Aufstieg durch das steile und enge Kaminl. Aber der Reihe nach: Abfahrt übers Federbettkees und unten angelangt am Hangfuß der Grierer- und Napfspitze waagrecht nach rechts, bis man in ein unter der Realspitze gelegenes Kar einfahren kann. Auffellen und aufsteigen in seinen obersten rechten Winkel, wo man schon die schmale Scharte des Kaminls (ca. 2900 m) erblickt. Steil (evtl. stapfen) hinauf in die Einkerbung und dahinter flach im Bogen um die Realspitze herum zu einem kleinen Sattel, der die direkte und problemlose Einfahrt in das Rötschneidkar ermöglicht.

Der Abstieg in das rechts daneben und etwas tiefer liegende Höllensteinkar ist aber nicht so einfach und sollte nur von alpin versierten Tourengehern versucht werden. Man schaut erst einmal hinter die Gratscharte (zwischen Zwerchwand und Rosskopf) und sieht auf der Nordseite ein breites, in die Felsen eingebettetes Schneeband, das sich links abwärts zieht. Am besten zu Fuß

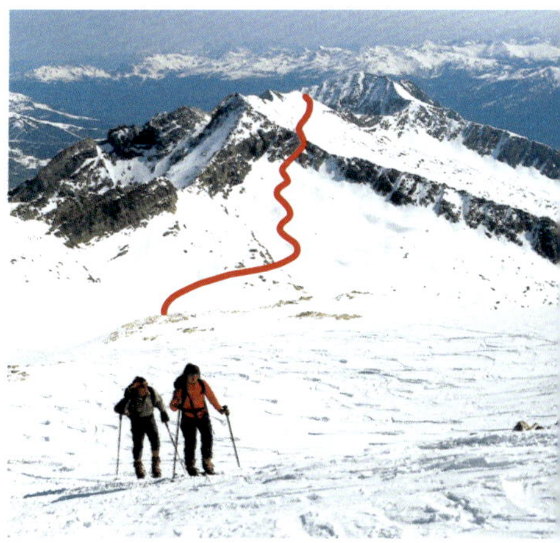

Vom Riffler gut einsehbar: der zweite Teil des Aufstiegs mit dem Kaminl.

bis zu seinem Ende und dann über Felsstufen ca. 30 m in leichter Kletterei hinunter auf den Schneehang. Aber Vorsicht: Wie mir Tourengeher berichten, ist dieser Schneehang in den letzten Jahren so stark abgeschmolzen, dass die letzten Meter im Fels kaum mehr frei zu klettern sind und man zum Abseilen gezwungen ist. Ein Seil sollte man auf alle Fälle dabei haben. Steht man wieder am Ski, geht es in einer Linie über einen Steilhang in den nächsten. Man landet im weiten Rötboden und fährt nach links zur Loschbodenalm und zur Höllensteinhütte. Bei Juns mündet man auf der Tuxer Straße und muss nur noch schauen, wie man die fünf Kilometer zum Seilbahnparkplatz zurückkommt.

99 Gabler 3263 m Wildkarspitze 3073 m

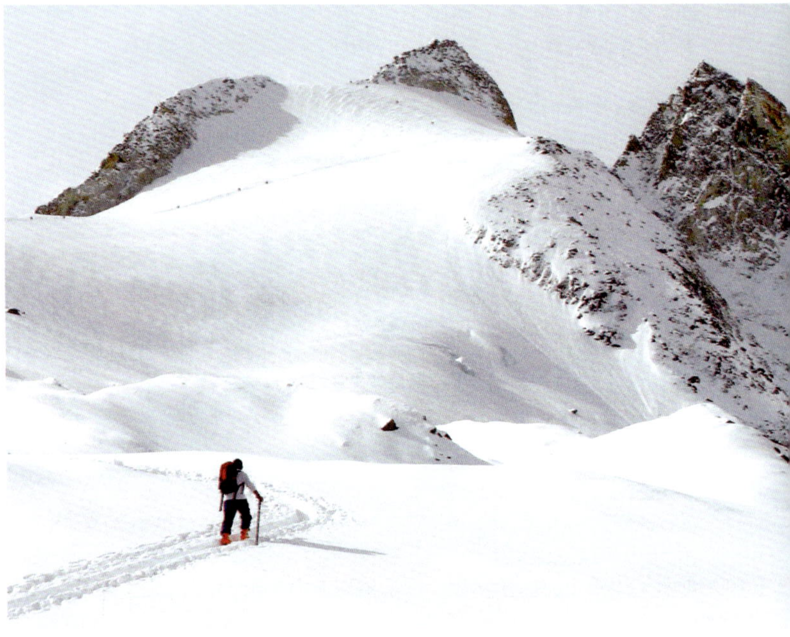

Letzter Kraftakt am langen Anstieg zum Gabler: Zum Schluss wartet noch die „Glatzen".

→ **Zillertaler Alpen**
→ **Hauptkamm Ost**

Nach der Bewährungsprobe des anstrengenden Anstiegs heißt es Carven ohne Ende auf den gewaltigen Abfahrten dieser traumhaft schönen Gletscherberge im östlichen Zillertaler Hauptkamm, die fast schon ein Westalpengefühl aufkommen lassen.

Ausgangspunkt: GH Finkau (1420 m) im Wildgerlostal

Höhenmeter, Zeit: Gabler 1840 Hm., 5 bis 5:30 Stunden; Wildkarspitze 1650 Hm., 4 bis 4:30 Stunden

Lawinensituation: Reine Frühjahrstour.

Österr. Karte: Blatt 151 Krimml, 1:50.000

Wie einst von Compton gemalt stehen sie im Morgenlicht über dem Gerlospass – die Wildkarspitze und dahinter der Gabler und die Reichenspitze. Über diesen Teil des Zillertaler Hauptkammes verläuft zwar die Tiroler

Landesgrenze, die Anstiege bewegen sich aber zur Gänze auf der Salzburger Seite. Doch es ist eine wahre Monstertour, denn die 1840 Höhenmeter von der Finkau zum Gabler sind kein Honiglecken und brauchen keinen Vergleich mit den langen Westalpentouren zu scheuen, zumindest wären sie ein gutes Training dafür. Auch muss man im späten Frühjahr die Skier bereits ein Stück schultern, aber sicher nicht länger als bis zur Trisslalm und somit eine gute halbe Stunde. Früher Aufbruch ist natürlich wichtig, spätestens gegen 7 Uhr sollte man in der Finkau losstarten, noch früher wäre kein Fehler. Wem es auf eine Stunde ankommt, der könnte die 200 m niedrigere Wildkarspitze anpeilen. Bei der Trisslalm trennen sich die beiden Wege.

Ausgangspunkt: Von Zell im Zillertal auf der Gerlosstraße bis über die Staumauer des Speichers Durlassboden (bei Kiosk wunderschöner Blick über den Stausee in das Wildgerlostal). Kurz vor der ehemaligen Mautstelle Ausfahrt links (alte Passstraße nach Krimml), danach sofort rechts zur Unterführung (Wegweiser Wildgerlostal) und auf dem schmalen Sträßchen an der Ostseite des Stausees bis zum GH Finkau (im April geschlossen, geöffnet ab Anfang Mai) gebührenpflichtiger Parkplatz. 30 km von Zell.

Aufstieg: Am besten man packt die Skier auf den Rucksack und marschiert auf dem breiten Fahrweg zur Trisslalm (1588 m), die auf der ersten Talstufe liegt (30 Min.). Dahinter liegt meistens noch eine dicke Schneedecke, die wohl bis weit in den Mai reichen dürfte. Noch eine Fahrwegkehre, dann im flachen Talboden einwärts, bis man links einen scharfen Moränenkamm und den Materialaufzug zur Zittauer Hütte sieht und bis zu seiner ersten Stütze. Nun aber im weiten Rechtsbogen (!) in den innersten Talschluss und durch eine schmale, steile Einbuchtung mit ein paar kurzen Kickkehren auf eine flache Geländestufe. Hier wieder scharf nach links, einen steilen Hang querend und aufsteigend, bis die Zittauer Hütte (2328 m) ins Blickfeld rückt. Nicht zur Hütte hin (so man nicht die Absicht hat, den Winterraum zu benützen), sondern im mittelsteil gestuften Gelände aufwärts, jetzt direkt auf das Wildgerloskees zu, das wie ein weißer Mantel die beiden Gipfel umfließt. Der lange, glatte Gletscherhang ist mindestens doppelt so lang wie es den An-

Tour 99 Gabler/Wildkarspitze

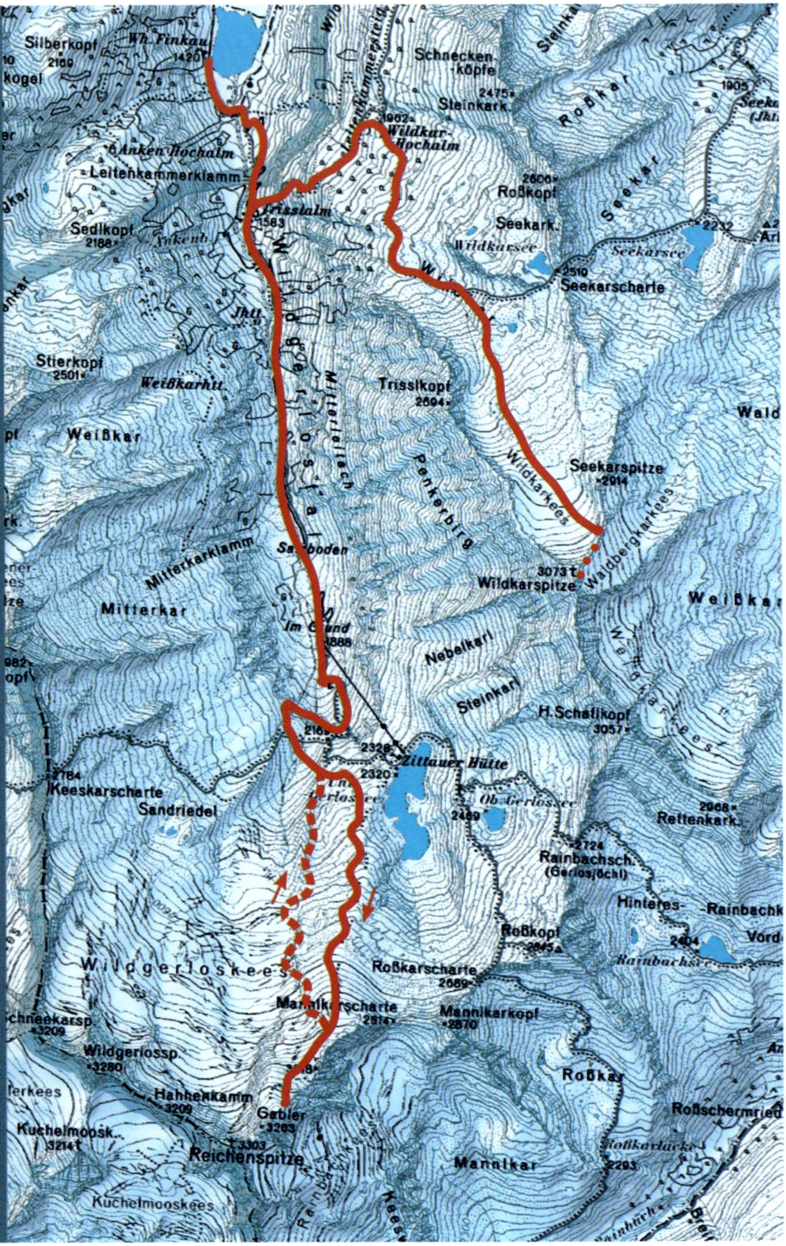

schein hat. Man steuert zuerst das Ende des waagrechten Felsgrates an und zieht die Spur durch den letzten gewölbten Aufschwung nach rechts aufwärts. Diese so genannte Glatze kann sich im späteren Frühjahr als blanker Eisbuckel präsentieren (Steigeisen!), hat sie noch eine dicke Schneeauflage, bereitet sie keine Schwierigkeiten. Nur der kurze Blockgrat zum Schluss (Schwierigkeitsgrat II) kann bei frisch verschneiten Verhältnissen tückisch sein, und die meisten Besteiger feiern bereits beim Skidepot ihren Gipfelsieg.

Abfahrt: Unter der Glatze nicht auf der Aufstiegsspur, sondern direkt über das Wildgerloskees in einer geraden Linie hinunter, bis man etwa auf Höhe der Zittauer Hütte in die Aufstiegsspur mündet.

Zur Wildkarspitze: Mit 1650 Hm. ebenfalls anspruchsvolle Skitour, im Vergleich mit dem Gabler um eine Stunde kürzer. Gleicher Ausgangspunkt, gleicher Beginn. Bei der Trisslalm links aufwärts zum Waldrand und auf dem bez. Sommersteig über die bewaldete Steilstufe zur Wildkar Hochalm. Es ist günstig, wenn der Weg bereits aper ist, die Tragestrecke verlängert sich jedoch dementsprechend. Bereits kurz vor der Alm Richtung Osten mittelsteil

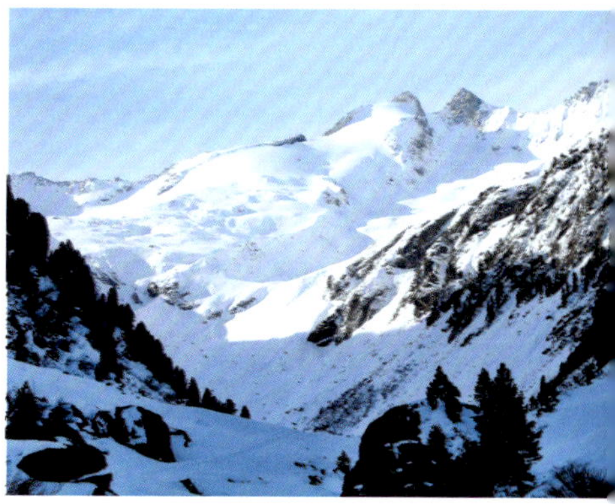

Der endlos scheinende Skihang des Gablers am Ende des Wildgerlostales.

im Wildkar aufwärts, allmählich nach Südosten schwenkend zum winzigen Wildkarsee (2619 m). Rechts haltend über einen Rücken zum Wildkarkees und nach links an den von der Seekarspitze anschließenden NO-Grat. Skidepot. In leichter Blockkletterei zum Gipfel.

100 Loderstein 1830 m Wiedersberger Horn 2127 m

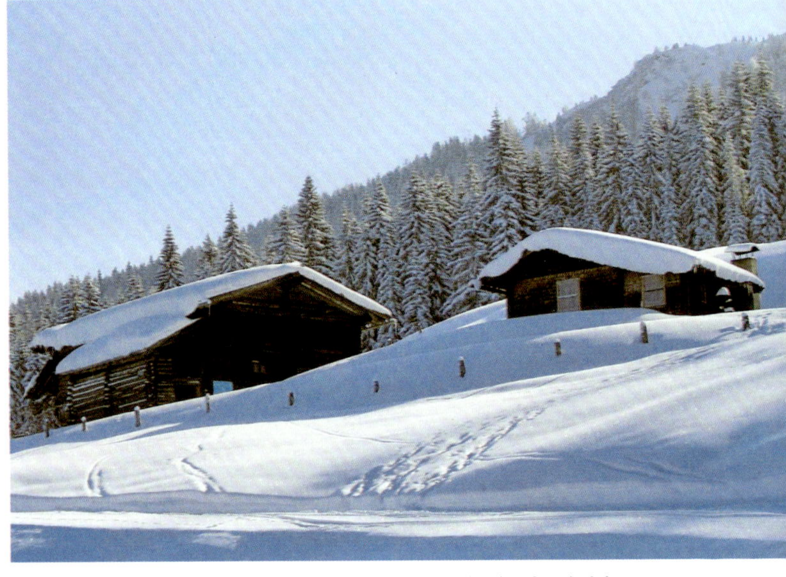

Nach den Almwiesen der Hechenblaikenalm folgt die Schneise der Lindalm.

→ Kitzbüheler Alpen West

Als unscheinbarer Skiberg zwischen Inn und Ziller am Eingang des Alpbachtals führt der Loderstein mit seinem hindernislosen Almgelände unserer Meinung nach zu Unrecht ein stiefmütterliches Dasein im Kranz der berühmten Alpbacher Tourenberge. Die Verlängerung zum Wiedersberger Horn macht diese Skitour noch spannender.

Ausgangspunkt: Hygna (798 m), Weiler der Gemeinde Reith i. A.

Höhenmeter, Zeit: 1000 Hm., 2:30 bis 3 Stunden; weiter zum Wiedersberger Horn plus 300 Hm., 1 Stunde

Lawinensituation: Kaum lawinengefährdet, Vorsicht nur im obersten Bereich.

Österr. Karte: Blatt 120 Wörgl, 1:50.000

Der Loderstein, oder „Luaderstoan“, wie ihn die Einheimischen nennen, ist nur ein unbedeutender Waldkopf, der sich kaum abhebt in dem langen Rücken, der vom Wiedersberger Horn gegen das Inntal streicht. Als schönste Skitour des ganzen Alpbachtales angepriesen hat sie mir einmal ein Kenner des Gebietes, aber das ist eben Ansichtssache. Wenn jedoch im Hochwinter die Schneelage bis ins Inntal reicht, ist das wirklich eine super Skitour, denn sie führt vom ersten Schritt an über freies Wiesengelände und wellige Almflächen, die nur durch kurze Waldschneisen voneinander getrennt sind. Doch auch diese engen Passagen sind bestens zu fahren, weil sich dort rasch eine schmale Naturpiste bildet. Lawinen braucht man nicht zu fürchten, wenn man zum steilen Gipfelhang einen Respektabstand hält und ihn mit einer

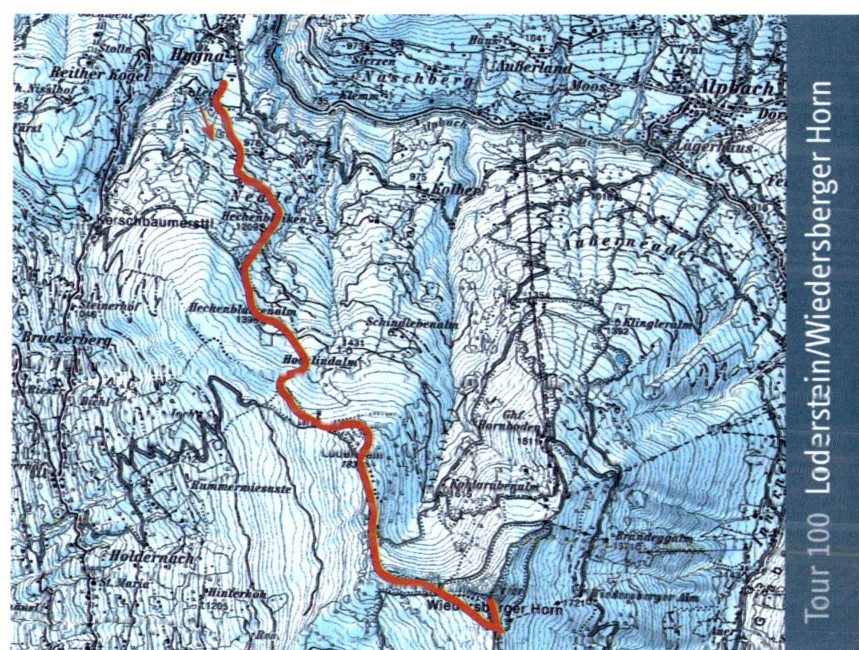

Linksschleife umgeht, wobei man die einzige Spitzkehre des ganzen Anstiegs einlegen muss. Wem die tausend Höhenmeter zu wenig waren, der geht noch eine Stunde weiter auf das Wiedersberger Horn.

Ausgangspunkt: Von Brixlegg Auffahrt ins Alpbachtal. Auf der Umfahrungsstraße durch den Tunnel bis zum Ortsende von Reith und hier rechts hinauf nach Hygna (1,5 km), einem weitläufigen Weiler der Gemeinde Reith. Bei der Kapelle links bleiben bis zu den obersten Gehöften. Parken auf Höhe des Bergchalets Rauchenhof oder einen Querweg weiter oberhalb bei den „Hygna Chalets“ am Beginn der Aufstiegsspur.

Aufstieg: Schräg links aufwärts zur ersten Geländekante, dann rechts haltend über schöne Wiesen, bis man gut nach links queren kann. Der Hang über dem Zulehenhof wird nach links gequert, wo man in die Kehre der Zufahrtsstraße zum Hechenblaikenhof einmündet. Nur kurz auf der Straße zum höchstgelegenen Gehöft von Reith, danach im welligen Almgelände aufwärts bis zu den Hütten der Hechenblaikenalm (1393 m) am oberen Rand der riesigen Almwiese. Im oberen Eck auf dem Fahrweg (meist als Skiweg angefahren) nach links bis zum Sommerwegweiser und sofort gerade empor durch eine schmale Schneise in die folgende Almlichtung der Lindalm. Über die „Jägerwiese“ hinauf zum Waldrand und wiederum durch eine von weißen Baumsäulen gebildete schmale Gasse bis unter den dräuenden Gipfelhang. Hier schlägt man einen Haken nach links und steigt nahe am Waldrand hinauf zu den obersten Lärchen, bis die flachen Hänge östlich des Lodersteins erreicht sind.

Weiterweg zum Horn: Zum Wiedersberger Horn sind es von hier noch genau 300 Höhenmeter. Die Spur führt immer am ausgeprägten Rücken entlang nach Süden. Wo der Grat einen deutlichen Knick nach Osten macht und sich aufzusteilen beginnt, quert man nach rechts in die gegen das Zillertal abfallende Westflanke. Schon von weitem sieht man das Umlenkrad des obersten Skiliftes. Von dort führt eine ausgetretene Stapfspur hinauf zum Gipfelkreuz.

101 Hochstand 2058 m
Sagtaler Spitze 2246 m

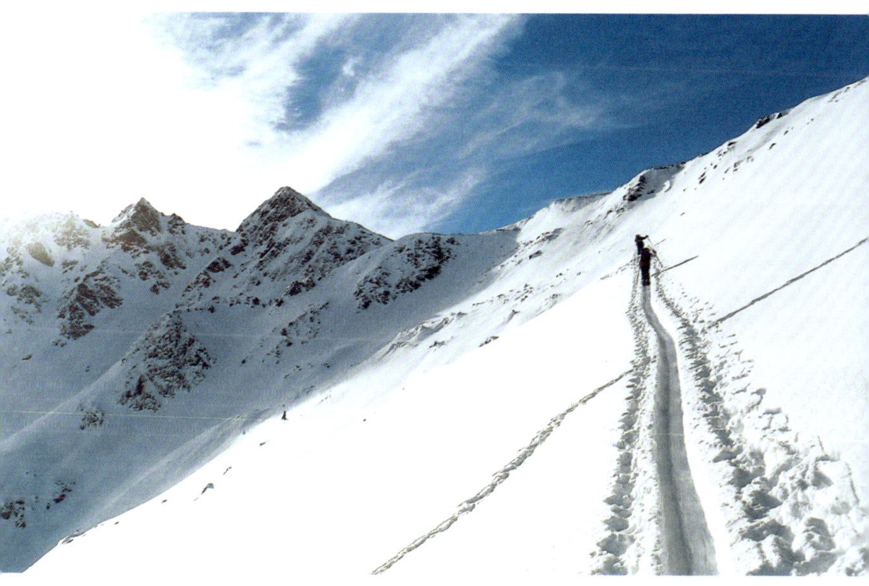

In einer Linie geht es hinauf zum Grat zwischen Hochstand und Sagtaler.

Kitzbüheler Alpen
Alpbachtal

Wie so oft können wir Ihnen auch hier nicht abnehmen, unter den beiden (wie wir finden gleich schönen) Tourenvarianten Ihren Favoriten auszuwählen. Einer der Höhepunkte: Ein gut 800 Hm. langer Osthang bietet – bei Pulver und Firn gleichermaßen – Skivergnügen pur.

Ausgangspunkt: Inneralpbach, Parkplatz Greiter Graben (ca. 1100 m)

Höhenmeter, Zeit: Hochstand 950 Hm., 2:30 Stunden; Sagtaler 1150 Hm., 3 bis 3:30 Stunden.

Lawinensituation: Geringe Lawinengefahr.

Österr. Karte: Blatt 120 Wörgl, 1:50.000

Im Hochwinter bei wenig Schnee ist man mit einer Tour in den Kitzbühlern meist gut dran. Speziell auch im Alpbachtal versprechen die fast bis zur 2000-Meter-Grenze hinaufreichenden Almwiesen puren Skigenuss – noch dazu durch die Idealneigung von 25 bis →

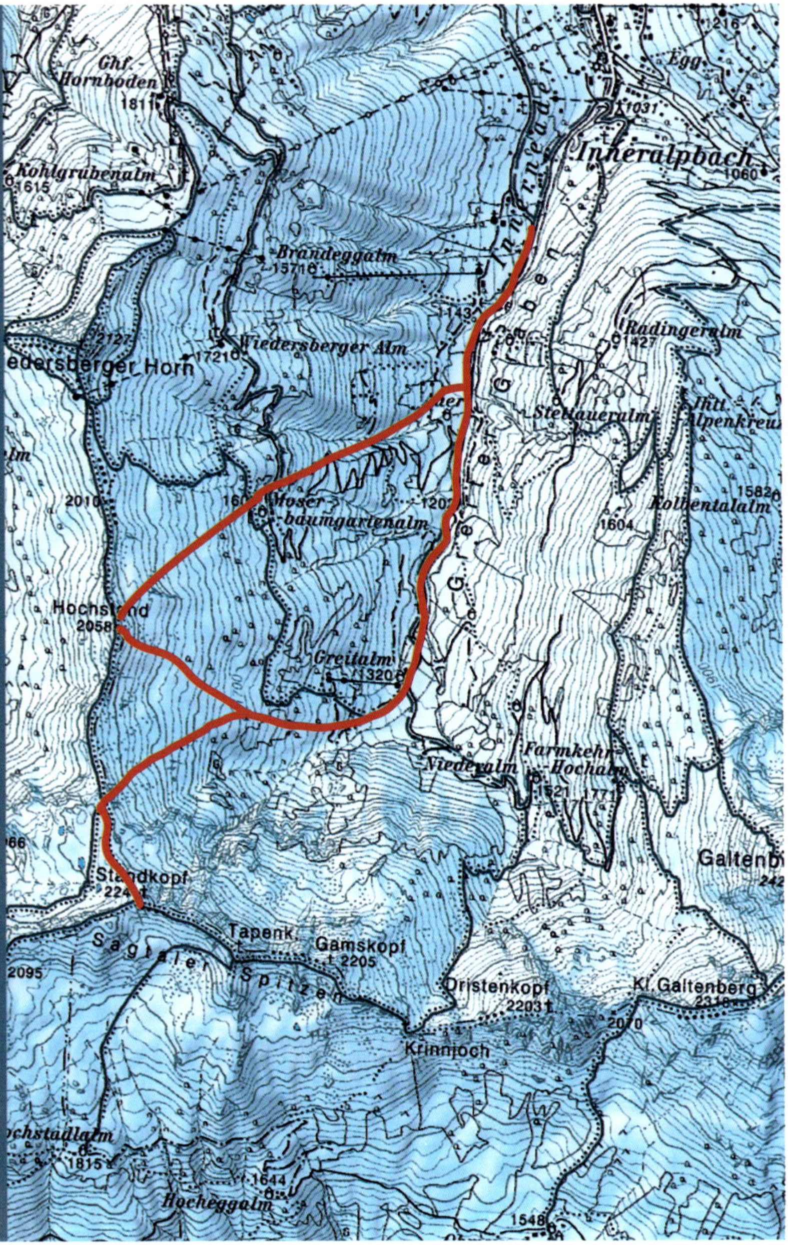
Ghf. Hornboden
1811
Kohlgrubenalm
1615
Brandeggalm
1571
Egg
1031
Inneralpbach
1060
Radingeralm
1427
Wiedersberger Alm
1721
2127
Wiedersberger Horn
Stellaueralm
Jhtt. Alpenkreuz
1582
Kolbentalalm
1604
2010
Moserbaumgartenalm
Hochstand
2058
Greitalm
1320
Farmkehr-Hochalm
Niederalm
1521
1771
Galtenberg
Standkopf
Tapenk.
Gamskopf
2205
Sagtaler Spitzen
2095
Dristenkopf
2203
Kl. Galtenberg
2318
2070
Krinnjoch
Hochstadlalm
1815
1644
Hocheggalm
1548

35 Grad und die baldige Setzung der Schneedecke (Osthänge) sind sie bei entsprechender Spurwahl – in Aufstieg und Abfahrt – relativ sicher.

Ausgangspunkt: Von Brixlegg ins Alpbachtal bis Inneralpbach (11 km); dort rechts in den Greiter Graben, am ehemaligen GH Leitner vorbei zum Tourenparkplatz vor der Loipe (ca. 1100 m).

Aufstieg: Auf dem Fahrweg/der Ratracpiste dem Bach entlang bis in den Talschluss zur Greiter Alm, 1320 m. Nun im 90-Grad-Winkel über mittelsteile Hänge – noch vor dem Graben direkt vor den Nordabstürzen des Sagtalers in ein kurzes Waldstück, das ist die sichere Variante. Darüber, mittels großer Bögen das Gelände ausnützend, direkt zum Verbindungsgrat Wiedersberger Horn–Sagthaler hinauf, den man ziemlich genau in der Mitte beim wenig ausgeprägten Hochstand erreichen sollte.

Einfachere Variante (600 Hm. Piste): Vom Parkplatz nur ca. 1 km talein und auf der mit Nr. 5 markierten Abfahrtsroute – mehrmals den Fahrweg zur Mooserbaumgartenalm querend – zur nicht bewirtschafteten Bilderbuchalm. Von dort immer links haltend die superschönen Skihänge hinauf zum Verbindungsgrat und über diesen zum Hochstand.

Nur 45 Minuten weiter erreicht man einen „echten" Gipfel. Skifahrerisch bringt der Weiterweg zur schön gelegenen und ziemlich attraktiv aussehenden Sagtaler-Spitze (in unserem Skikartenausschnitt als Standkopf bezeichnet) nicht mehr viel – aber der Mehraufwand für diese Tour ist minimal und wird von einer Rast auf einem richtigen Gipfel mit prächtiger Aussicht mehr als aufgewogen.

Wie bei der Tour zum Hochstand in den Talschluss zur Greiter Alm und auf den Hochstand – oder noch weiter südlich auf den Grat. Nun flach auf dem Sommerweg – meist auf der Zillertaler Seite – in ein Sattele. Von ihm – meist mit Skiern – über den steilen Gipfelhang auf der Südseite zum schon vom Tal aus sichtbaren Gipfelkreuz.

Abfahrt: Bei entsprechender Schneelage kann vom gesamten Grat bis hinüber zum Hochstand beliebig in den Greiter Graben hinuntergewedelt werden, sonst bei der Aufstiegsspur. Sichere Skifahrer können auch etwas östlich vom Standkopf über eine ca. 45 Grad steile Rinne in den Greiter Graben einfahren.

102 Großer Galtenberg
2424 m

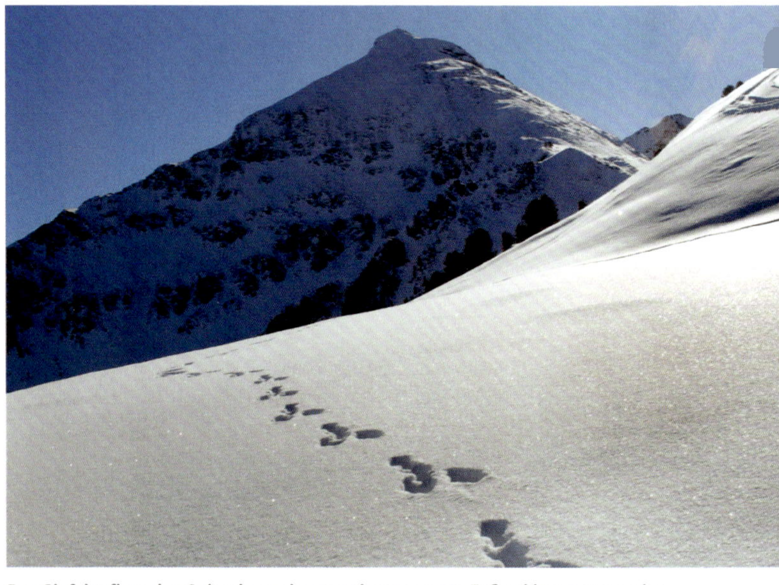

Der Gipfelaufbau des Galtenbergs kann meistens nur zu Fuß erklommen werden.

→ **Kitzbüheler Alpen**
→ **Alpbachtal**

Auch wenn die Eskimos rund 20 verschiedene Bezeichnungen für jede kleinste Nuance der Schneearten haben, uns genügt eigentlich der ganz gewöhnliche Pulverschnee. Den findet man oft den ganzen Winter hindurch in den schattigen Hängen des Galtenbergs – er ist der Paradeskiberg des Alpbachtals.

Ausgangspunkt: Inneralpbach (1060 m)
Höhenmeter, Zeit: 1000 Hm., 2:30 bis 3 Stunden zum Skidepot; 300 Hm., 45 Min. zum Gipfel
Lawinensituation: Nur bei ungünstigsten Verhältnissen gefährdet.
Österr. Karte: Blatt 120 Wörgl, 1:50.000

Der Galtenberg ist auch so eine Skitour, wo einem die Entscheidung nicht leicht gemacht wird, von welcher Seite man diesem prächtigen Berg zu Leibe rücken soll. Er ist die dominierende Berggestalt über dem inneren

Alpbachtal und wird üblicherweise über die Nordseite bestiegen. Von der Bubenkapelle über einen gewundenen Forstweg, wo man erst ganz oben mit der Abfahrtsroute zusammentrifft. Seit es aber den weiter innen im Luegergraben liegenden Parkplatz beim Hochberg gibt, hat es sich eingebürgert, dass die Tourengeher gleich von hier zur Kolbentalalm aufsteigen. Mindestens genauso schön und unkompliziert ist aber auch die Westflanke des Galtenbergs über die Farmkehralm im Greitergraben. Beim großen Stein treffen beide Routen zusammen, und hier ist auch das Ende des Skigeländes mit großteils Almwiesen als Untergrund. Denn der freistehende Gipfelaufbau ist meistens von Stürmen so kahl gefegt, dass man höchst selten vom Gipfel abfahren kann. →

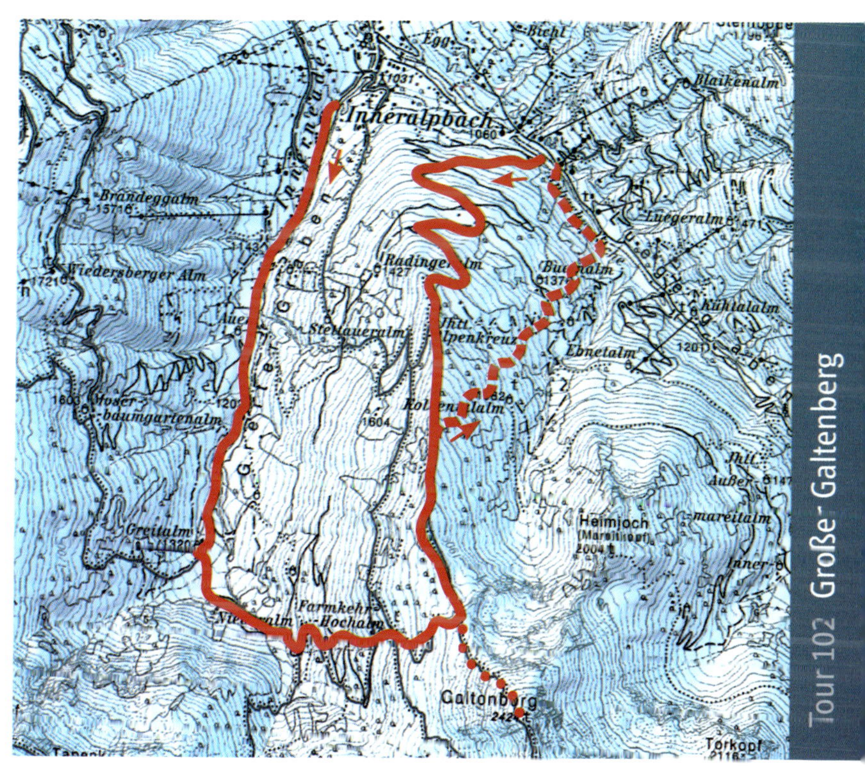

Ausgangspunkt: Inneralpbach, 12 km von Brixlegg, großer Parkplatz vor dem Gasthaus Connys (1060 m). Hier verzweigt sich das Tal in den Luegergraben links und Greitergraben rechts.

Nordanstieg: Der Nordanstieg erfolgt aus dem Luegergraben. 10 Minuten neben der Loipe talein bis zur Bubenkapelle vor der Brücke. Auf dem Forstweg rechts in mäßiger Steigung aufwärts, später findet man meist eine Spur, die auf dem alten Weg mit besserem Höhengewinn die langen Kehren abkürzt. Nachdem die Jagdhütte Alplkreuz passiert ist, hat man bald den lang gestreckten Rücken erreicht, der sich mit mehreren Aufschwüngen bis zum Gipfelaufbau hinzieht. Beim „Stoan", einem auffallenden Felsblock, ist zumindest die Skitour zu Ende. Zum Gipfel, dessen Hänge oft so abgeweht sind, dass der Sommersteig freiliegt, stapft man unschwierig zu Fuß. Aber Geduld, es sind immerhin noch 300 Höhenmeter.

Über die Kolbentalalm: Natürlich kann man auch über die schönen Almhänge der Kolbentalalm aufsteigen und lernt dabei gleich das Abfahrtsgelände kennen. Man fährt im Luegergraben noch 2 km weiter bis zum kostenpflichtigen Parkplatz Hochberg, überquert den Bach auf dem Steg und steigt auf dem Sommerweg zuerst ein kurzes Stück steil durch den Wald zu den Almwiesen des Kolbental-Niederlegers. Die Hänge werden allmählich steiler, ab dem Hochleger geht es durch lichten Wald zum Nordrücken, wo man mit der üblichen Spur zusammentrifft. Weiter bis zum „Stoan" und siehe oben.

Aus dem Greitergraben: In Inneralpbach am GH Connys rechts vorbei bis zur Brücke, wiederum rechts und noch ca. 1 km in den Greitergraben. Parken auf Höhe des ehemaligen GH Leitner, 20 m nach der Fahrverbotstafel ist nochmals ein ausgeschobener Parkstreifen. Nun talein auf dem Fahrweg zur Greitalm (Wegweiser Greitalm/Farmkehralm). Unterhalb der Greitalm im Talboden einwärts, bis man am linken Hang die Hütten der Farmkehralm (Niederleger) erblickt. Man muss nicht direkt zur Alm hin, sondern kann noch weiter talein und dann nach links über die freien Hänge aufsteigen, auf eine breite Schneise des lockeren Waldgürtels zu, oberhalb der man die Farmkehr-Hochalm erreicht. Nun gerade über eine Reihe von ideal geneigten Hängen auf den Nordrücken bis zum markanten Felsblock (Skidepot). Ab hier zu Fuß zum Gipfel. Gleich weit wie von Norden.

103 Schatzberg 1898 m Joel 1964 m Saupanzen 1957 m

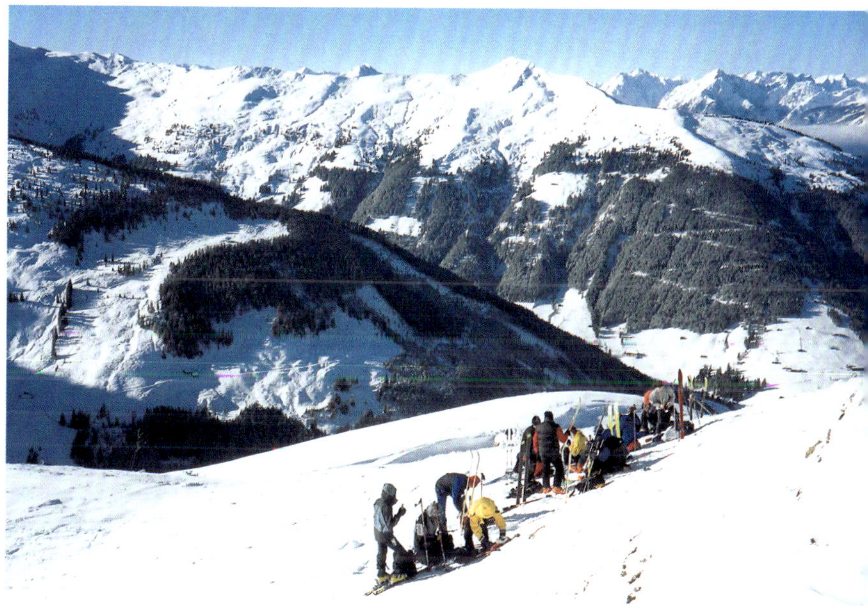

Am Hahnenkampl. Abfahren oder weitergehen zum Joel ist die Frage.

westliche Kitzbüheler Alpen

Die beliebten Grasberge zwischen dem Alpbachtal und der Wildschönau versprechen praktisch immer ein optimales Skivergnügen und erlauben sogar eine Doppelabfahrt. Ideal sind diese Touren jedoch im Frühwinter.

Ausgangspunkt: Inneralpbach (1031 m) oder Auffach (869 m)

Höhenmeter, Zeit: Anstiege zwischen 800 und 900 Hm., 2 bis 2:30 Stunden; Schatzberghaus–Joel 1:30 Stunden, Abfahrt Inneralpbach, Aufstieg Schatzberg 2:30 Stunden

Lawinensituation: Kaum gefährdet.

Österr. Karte: Blatt 120 Wörgl, 1:50.000

Vom Schatzberg über Gern und Joel bis zum Saupanzen hin spinnt sich von den ersten Wintertagen an ein weites Netz von Aufstiegsspuren. Die Abfahrtsgirlanden winden sich über jeden freien Hang ins Tal hinunter. Eine interessante Variante, wie man auf einer Tour mit nur einem Anstieg gleich zwei Fliegen, sprich Abfahrten, erhaschen kann, bietet sich, wenn man nicht wie üblich in Alpbach, sondern in der Wildschönau startet und die Seilbahn-

Tour 103 Schatzberg/Joel/Saupanzen

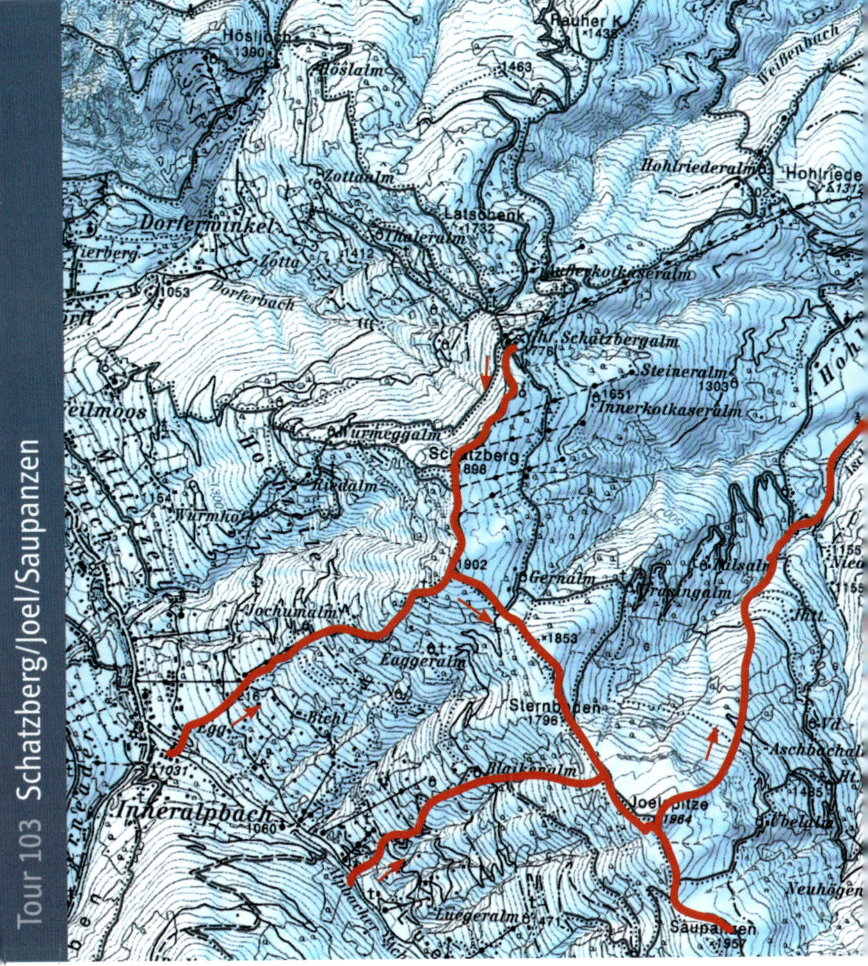

hilfe in Anspruch nimmt. Von der Bergstation am Schatzberg ist es ein unbeschwerter Gang in der tief stehenden Dezembersonne über die Hügelkette bis zum Joel (den man bis zum anschließenden Saupanzen fortsetzen könnte), dann

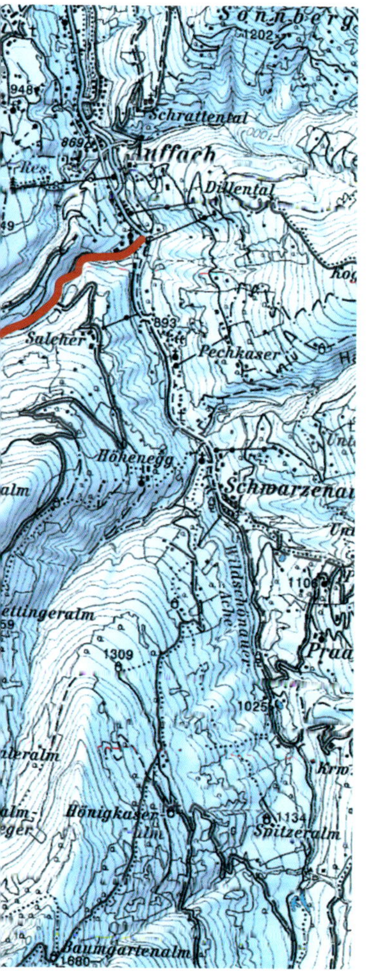

hat man eine rasanten Abfahrt vom Joel nach Süden hinunter in den Luegergraben nach Inneralpbach und danach erst den Aufstieg auf den Schatzberg mit einer langen Talabfahrt auf der Piste nach Auffach vor sich. Wem das zu stressig ist, der begnügt sich mit dem normalen Aufstieg von Inneralpbach aus, auf Schatzberg oder Joel, wobei dieser fast die noch schöneren Skihänge aufweist.

Und dass den Alpbachern mit dem „Skijuwel" nun „endlich" die Liftverbindung mit der Wildschönau gelungen ist und jetzt eine Gondelbahn von Inneralpbach auf den Schatzberg schwebt, braucht den Skitourengeher eigentlich nicht zu berühren, außer dass ihm schon in den Vormittagsstunden die tiefschneesuchenden Pistenfahrer entgegen kommen. Oder er nützt sie selber für die lockere Überschreitung zum Joel und Saupanzen.

Auf den Schatzberg: Von Brixlegg ins Alpbachtal bis Inneralpbach, dort großer Parkplatz vor dem Gasthaus Connys. Ein paar Schritte Richtung Luegergraben, aber gleich nach links über den Steg und auf der Straße eine Kurve hinauf zur Volksschule. Hier kann man schon die Skier anlegen und einfach der in den Wiesenhängen zum Waldrand ziehenden Spur folgen. Eine Kette von wunder-

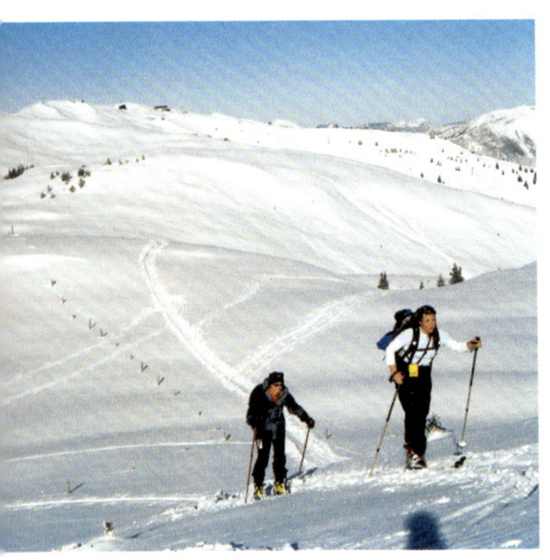

Weit zurückgelassen haben die Tourengeher den Schatzberg, gleich sind sie am Joel.

schönen Waldlichtungen mit kurzen Übergängen zur nächsten führt in einer Linie auf den Hahnkopf, eine kleine Kuppe, die dem Schatzberg vorgelagert ist.

Zum Joel: Von Inneralpbach links auf der Straße in den Luegergraben noch 1,5 km bis zum gebührenpflichtigen Parkplatz Hochberg. Erst ein paar Minuten weiter talein, bis ein Bachgraben überschritten ist, danach links aufwärts und auf breiten Almwegen erst zur Blaiken- und dann links haltend zur Luegeralm (meist sind mehrere Varianten angespurt). Von dort wiederum nach rechts auf die Kammhöhe zwischen Hahnkopf und Gern und weiter nach rechts zum mit einem steinernen Denkmal geschmückten Gipfel. Als Drittes könnte man noch ganz leicht den etwas markanteren benachbarten Saupanzen (1957 m, 30 Min.) dranhängen. Für die Abfahrt aber wieder zurück zum Joel.

Von Auffach: Mit der Schatzbergbahn (14.80 Euro) zur Bergstation (1776 m). Auffellen und über den ersten steilen Buckel der Skipiste zum Schatzberggipfel und Hahnkopf. Kurze Abfahrt in den Gernsattel (die Felle kann man oben lassen) und über den sanften Mugel des Gern auf den Joel zu, der mit seinem Denkmal am Gipfel von weitem erkennbar ist.

Abfahrt vom Joel: Den Gipfelhang auf der Aufstiegsspur zurück zu den Zaunpfosten am Sattel und jetzt schräg links, wo sich – alpbachseitig – ein wunderschöner Hang in Idealneigung auftut, den man abfährt, bis man einen Fahrweg erreicht. Nach rechts zur Blaikenalm und über Wiesen ins Tal. Im Luegergraben der Loipe nach bis zur Brücke bei der Bubenkapelle. Am Fahrweg rechts aufsteigen, wird man bald in die Schatzbergspur einmünden.

104 Sonnenjoch 2292 m

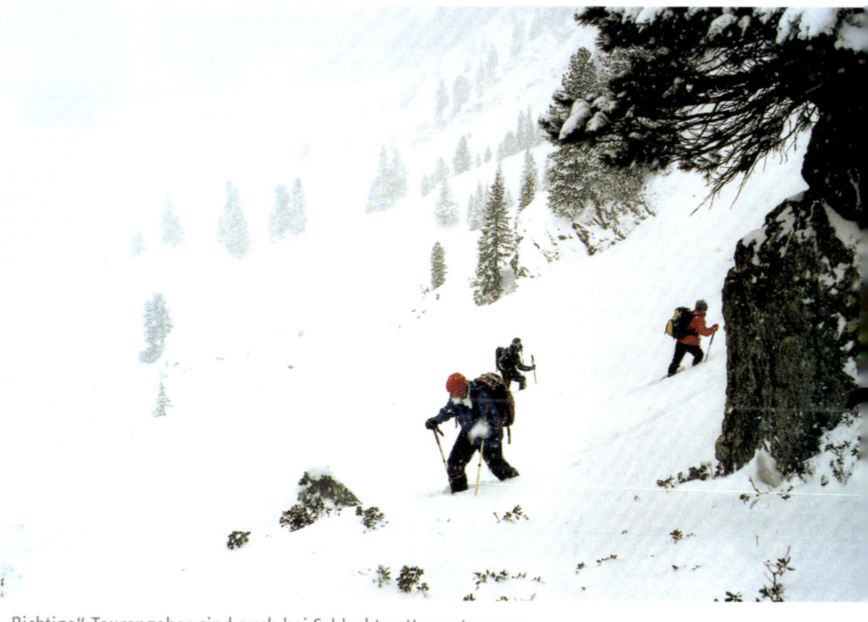

„Richtige" Tourengeher sind auch bei Schlechtwetter unterwegs.

Kitzbüheler Alpen
Alpbachtal

Das Verhältnis von Skiweg zu freiem Skigelände beträgt auf dieser mittellangen Tour 50:50. Als besonderen Vorzug darf diese Skiwanderung durch den Luegergraben verbuchen, dass sie auch bei trister Schneelage machbar ist.

Ausgangspunkt: Inneralpbach, Parkplatz Luegergraben (ca. 1050 m)

Höhenmeter, Zeit: 1170 Hm , 3:30 bis 4 Stunden

Lawinensituation: Vorsicht erfordern ein paar heikle Meter oberhalb der Steinbergalm.

Österr. Karte: Blatt 120 Wörgl, 1:50.000

Unser Gipfel ist ja aus vier Tälern erreichbar: am bekanntesten der Anstieg aus der Kelchsau über die Erlahütte (siehe Tour vorher), am längsten der vom Zillertal durch den Märzengrund sowie von der Wildschönau her und eher dem Charakter einer Skiwanderung entsprechend der mit Ausgangspunkt Inneralpbach. Dieser hat

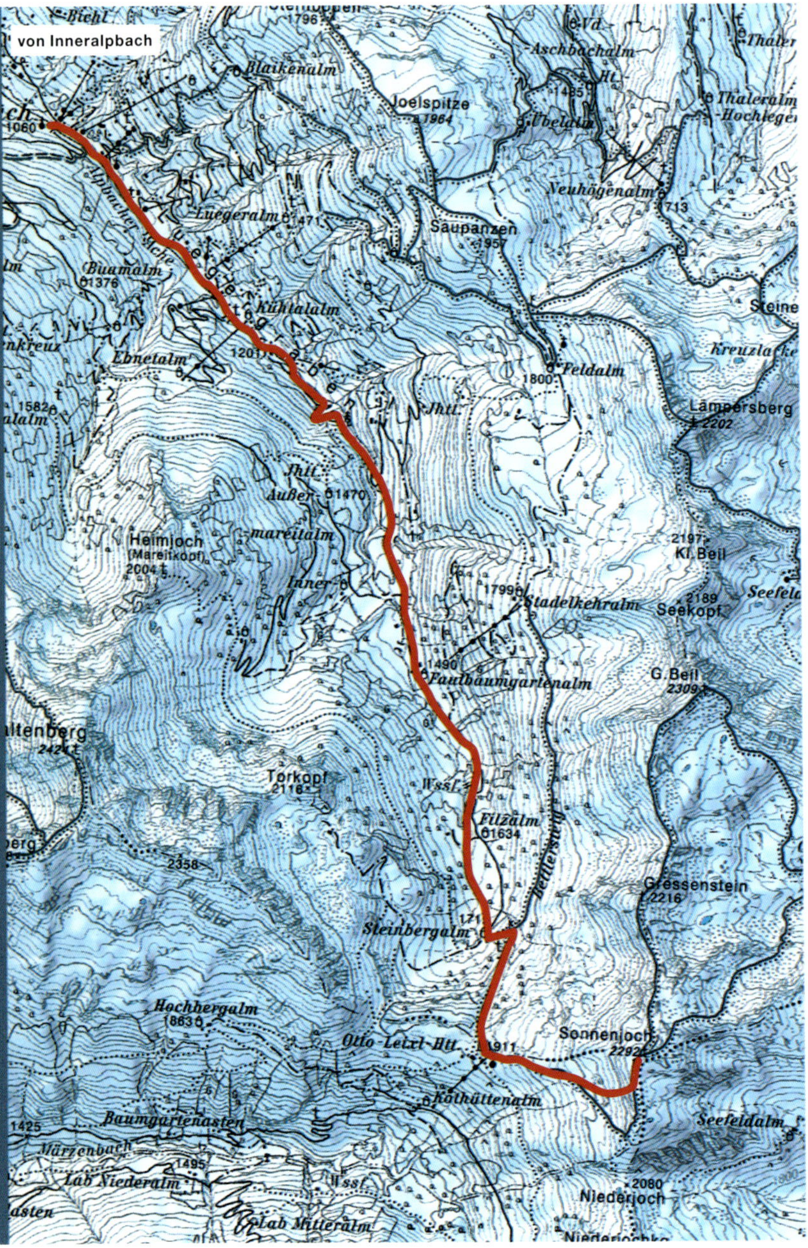

von Inneralpbach

aber den Vorteil eines gespurten Almweges bis zur Faulbaumgartenalm (1490 m), der bei der Abfahrt kaum einen „Schupfer" erfordert.

Ausgangspunkt: Von Brixlegg ins Alpbachtal bis Inneralpbach und vor dem Gasthaus Connys nach links in den Luegergraben. Nach einem guten Kilometer gebührenpflichtiger Parkplatz eines Bauern.

Aufstieg: Rechts Sommerwegweiser „Kolbentalalm" (Skitour zum Galtenberg). Flach geradeaus auf dem geräumten Almweg entlang der Alpbacher Ache zur ersten Steilstufe, diese in mehreren Kehren aufwärts (danach rechts Abzweigung zum Mareitkopf). Sanft ansteigend zur stattlichen Faulbaumgartenalm. Nun meist ungeräumt zur Filzalm und links den Hang hinauf zur weithin sichtbaren Steinbergalm (1712 m), darüber das Steinberger Joch. Bei den Almhütten macht man eine 180-Grad-Schleife steil nach links aufwärts und überwindet die „Schlüsselstelle". Zwischen zwei Baumgruppen auf Felsen durch (Vorsicht!) gelangt man zu WW Tafeln. Dahinter verbirgt sich ein Tälchen, das man aber nicht zum weiteren Aufstieg benützt, sondern den sanften Skirücken rechts davon, der uns unschwierig direkt aufs Steinberger Joch bringt. Beim Wegweiser – kurz vor der Otto-Leixl-Hütte – im rechten Winkel genau ostwärts zu einer kleinen Kapelle und über mittelsteiles Skigelände zu weiterem WW (Seefeldalm) und direkt auf das Gipfelkreuz zu.

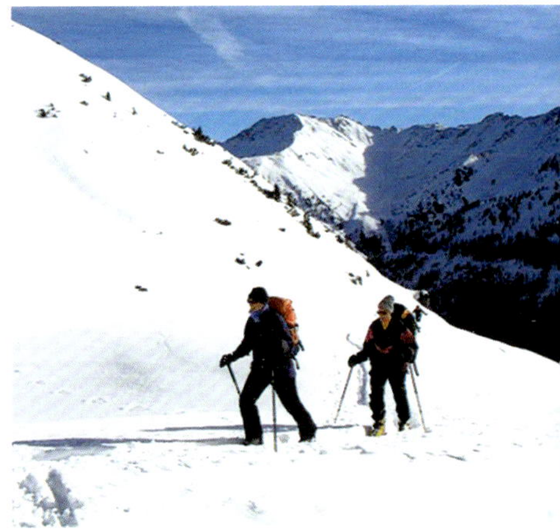

Blick aus der Gipfelregion über die Kelchsau zum Schafsiedel.

Abfahrt wie Aufstieg.

105 Breiteggspitze 1968 m Wildkarspitze 1961 m Breiteggern 1981 m

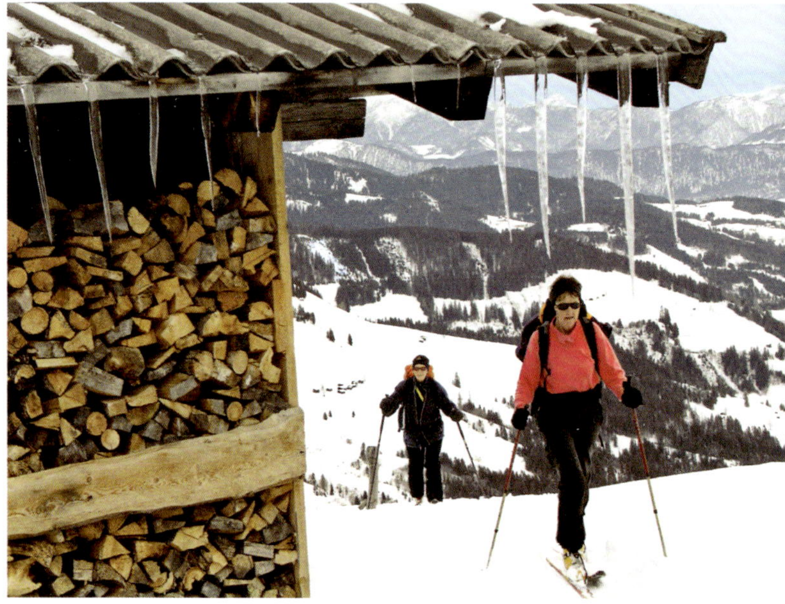

Ganz gleich, für welche Tour man sich entscheidet, zuerst kommt die Breiteggalm.

Westliche Kitzbüheler Alpen

Wo Tourengeher klein anfangen … Hier haben wir es mit zwei feinen Eingehtouren zu Saisonbeginn zu tun, wenn es bereits eine genügend dicke Schneedecke gibt. Außerordentlich schön ist die Überschreitung aller drei angeführten Gipfel.

Ausgangspunkt: Innere Wildschönau, Schönangeralm (1173 m)

Höhenmeter, Zeit: 800 Hm., 2 bis 2:30 Stunden; Breiteggern (Gern) über Koberalm 2:30 Stunden, Überschreitung 1 Stunde plus

Lawinensituation: Breitegg- und Wildkarspitze sind kaum, beim Breiteggern nur die obersten Gipfelhänge gefährdet.

Österr. Karte: Blatt 120 Wörgl, 1:50.000

Ein feines und meistens schneesicheres Tourengebiet sind die Berge der Wildschönau. Im weiten Rund zwischen Lämpersberg und Feldalpenhorn gibt es eine breite Palette von lohnenden Skizielen. Zum Beispiel gleich die anschließenden Nachbarn des Schwaigberghorns in dem zum Siedeljoch ziehenden Bergkamm. Breiteggern, Wildkarspitze und Breiteggspitze – drei knapp beieinander liegende Berge, die man entweder überschreiten kann oder von denen man sich wahlweise nur einen aussucht. Keine spektakulären Gipfel, aber mit 800 Höhenmetern gerade recht für den Beginn der Tourensaison. Nicht irritieren lassen darf man sich von der unterschiedlichen Schreibweise in den Landkarten und der bei den Einheimischen üblichen Benennung. Der Berg, der in den Karten Breiteggern heißt, wird hier einfach als Gern beschildert.

Ausgangspunkt: Von Wörgl in die Wildschönau bis Auffach (14 km) →

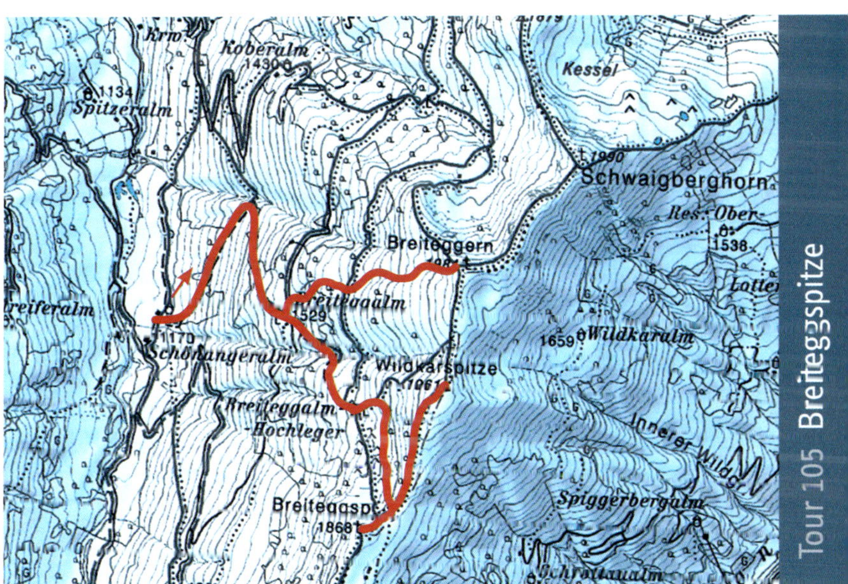

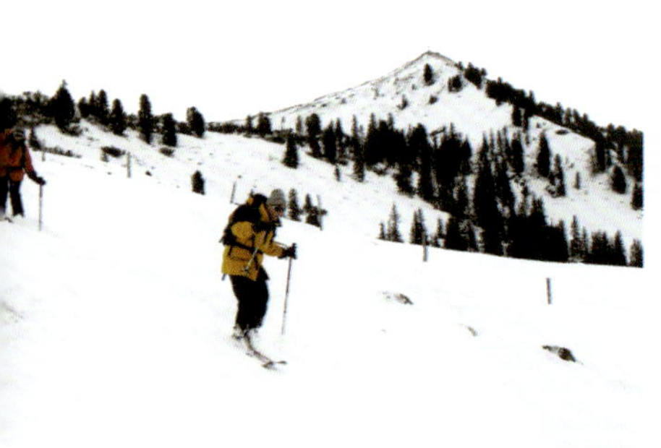

Die Breiteggspitze, von der aus sich noch leicht die Wildkarspitze mitnehmen lässt.

und weiter im Tal bis zur Schönangeralm (6 km ab Auffach). Großer Parkplatz unmittelbar vor der bewirtschafteten Alm. Die Straße ist immer gut geräumt, aber wegen der Pferdeschlitten nicht gestreut. Mitunter Schneeketten ratsam.

Aufstieg: Die Breiteggspitze erkennt man von hier als mit einzelnen Bäumen gespickte flache Pyramide mit Gipfelkreuz, unmittelbar über der Schönangeralm. Der übliche Anstieg zu ihr führt über die Breiteggalm. Man benützt im Aufstieg den alten Sommerweg. Von der Schönangeralm also links über den steilen Almhang aufwärts zum Waldrand, wo man auf den markierten Sommerweg trifft. In einer Linksschleife durch die kurze Waldzone zur Breiteggalm. Weiterhin rechts aufsteigend gelangt man zur Kleinneubergalm, bleibt am linken Rand der Karmulde, hart am Hang der Wildkarspitze, und zieht in die Einsattelung links der Breiteggspitze. Mit Ski bis zum Gipfel.

Abfahrt: Zurück bis zur Kleinneubergalm und scharf links kerzengerade durch eine tolle Waldschneise bis zum Forstweg. Links am Weg ins Tal oder rechts zur Breiteggalm. Macht man die Überschreitung über die Wildkarspitze zum Gern, kann man über die Gipfelflanke direkt zur Breiteggalm abfahren.

Koberalm und Gern: Eine eigenständige Variante ist der Anstieg über die Koberalm zum Gern (Breiteggern). Von der Talstraße gleich nach der Abzweigung zum Feldalpenhorn bei der Brücke mit Wegweiser Koberalm. Am Fahrweg zur Alm und durch eine weite Bergmulde westlich des Schwaiberghorns zum Gerngipfel. Abfahrt auf der Aufstiegsroute oder Überschreitung zur Wildkar- und Breiteggspitze.

106 Lämpersberg 2202 m

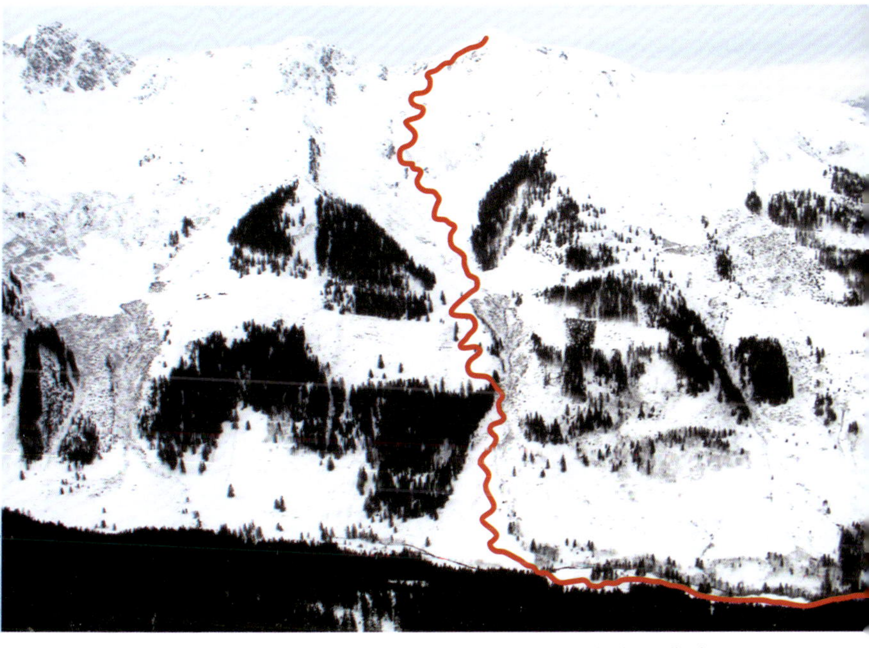

Der Lämpersberg, gesehen vom Breiteggern, mit seiner Steilabfahrt durch die Ostflanke.

Westliche Kitzbüheler Alpen

Eine der Supertouren in der Wildschönau ist die Überschreitung des Lämpersberges mit Aufstieg von Norden und Abfahrt durch die steile Ostflanke – ein wahrer Leckerbissen in den Kitzbüheler Alpen.

Ausgangspunkt: Wildschönau, Schönangeralm (1150 m), LL-Start

Höhenmeter, Zeit: 1050 Hm., 3 bis 3:30 Stunden

Lawinensituation: Nicht mehr als höchstens Stufe zwei sollte für diese Abfahrt riskiert werden.

Österr. Karte: Blatt 120 Wörgl, 1:50.000

Früher begann man die Tour zum Lämpersberg bereits ganz außen im Tal bei der Schwarzenau, in den letzten Jahren hat sich der Direktaufstieg vom Talboden kurz vor der Schönangeralm eingebürgert und ist bekannt bei den Einheimischen bis hinaus nach Bayern und auch immer angespurt. Zur Abfahrt eignet sich diese Route aber nicht sehr, drum nur empfehlenswert, wenn es die Lawinensituation erlaubt, dass man durch das steile Ostkar abfahren kann; dann ist sie aber super.

Zum Ausgangspunkt: Von Wörgl in die Wildschönau bis Auffach und weiter bis kurz vor die ganzjährig bewirtschaftete Schönangeralm (stets gut geräumte Straße, genügend Parkmöglichkeit, gebührenfrei, beim Langlaufstart unterhalb der Alm).

Aufstieg: Die Aufstiegsspur zieht sofort nach rechts aufwärts. Man hält sich am rechten Rand der Wiese, kommt auf einen Fahrweg,

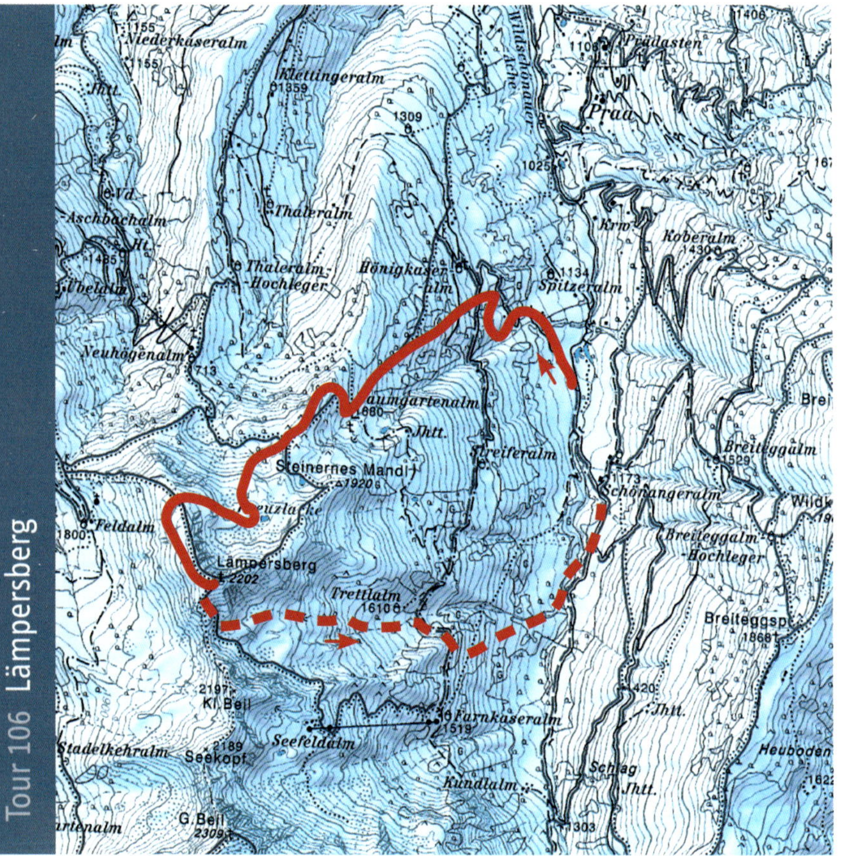

folgt diesem kurz und biegt links in eine weite Schneise. Von ihrem Ende auf dem dortigen Fahrweg wieder-um rechts und gleich darauf im Almwiesengelände links aufwärts. Ein drittes Mal wird ein Fahrweg erreicht, etwas nach rechts und wiederum links aufwärts in den Wald. Ein kurzes Stück folgt man dem Sommerweg, bis der Wald lichter wird und ziemlich gerade empor, bis man die versteckten Hütten der Baumgartenalm sieht. Nicht zu ihr hin, sondern rechts davon am Waldessaum aufwärts zum Beginn eines schmalen Rückens mit einer steilen Stufe, nach der man die flachen Karböden an der Nordseite des Lämpersbergs betritt. Bis in das oberste Kar unterhalb der Gipfel-steilflanke und jetzt scharf nach rechts über gut gestufte Terrassen auf den breiten Nordrücken, der vom Alpbachtal heraufzieht und über ihn zum Gipfel.

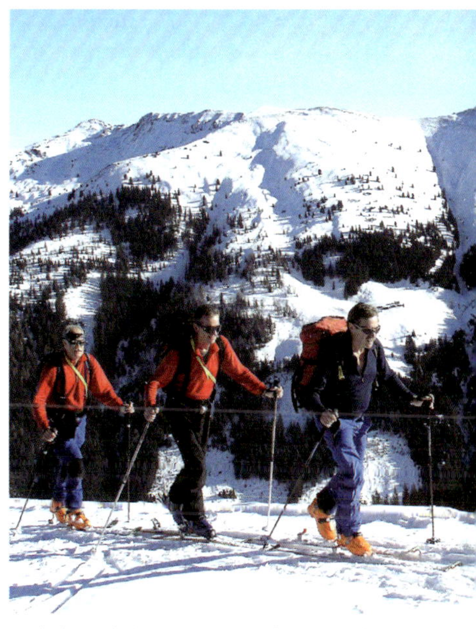

Auch der Aufstieg zum Lämpersberg erfordert einiges an Ausdauer.

Abfahrt durch das Ostkar: Zuerst nach Süden in Richtung Kleiner Beil bis auf Höhe der Gratscharte und jetzt kerzengerade hinunter über tolle Hänge ziemlich in der Karmitte oder rechts davon bis kurz vor die links sichtbare Trettlalm. Hier verengt sich das weite Kar zu einem tiefen Graben. Am deutlich sichtbaren Fahrweg quert man nach rechts hinaus auf ein Eck und fährt wieder gerade hinunter zum Waldrand, immer nahe am Rande des Grabens. Ein kurzer Waldspitz wird nach links gequert, dann geht es wiederum gerade in den Talboden, wo man auf der Loipe zur Schönangeralm hinausfährt.

107 Kastenwendenkopf 2329 m
Pallspitze 2389 m

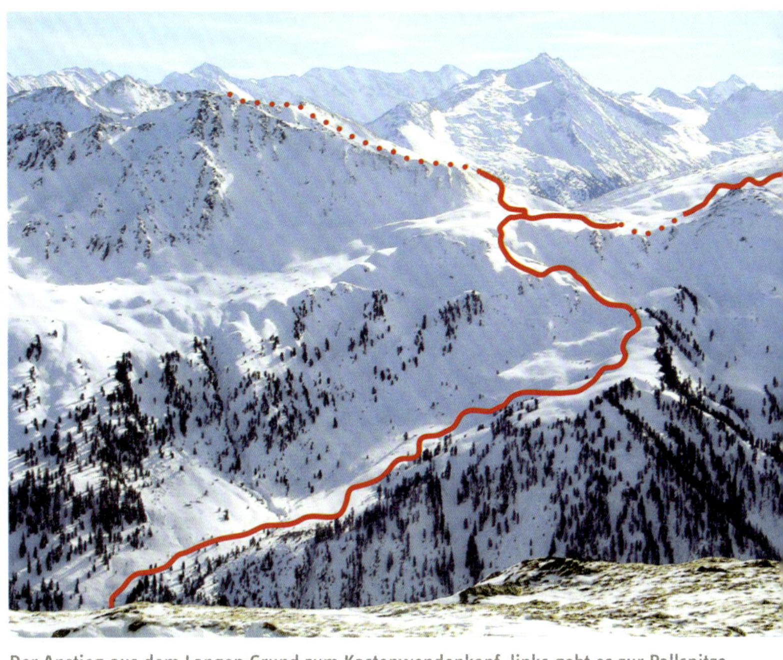

Der Anstieg aus dem Langen Grund zum Kastenwendenkopf, links geht es zur Pallspitze.

→ Westliche Kitzbüheler Alpen
→ Langer Grund

Im Herzen der Kitzbüheler Alpen – die Pulverhänge im Langen Grund der Kelchsau sind ein wahrer Genuss. Man kann mit dem Auto bis zur Erlahütte fahren und der lange Talmarsch ist Geschichte.

Ausgangspunkt: Kelchsau, Erlahütte (1213 m)

Höhenmeter, Zeit: 1100 Hm., 3 bis 3:30 Stunden

Lawinensituation: Wenig gefährdet.

Österr. Karte: Blätter 120 Wörgl und 121 Neukirchen, 1:50.000

Der Kastenwendenkopf oder, wie die Einheimischen sagen, der „Kastner", liegt weit hinten im Langen Grund, im Kamm, der vom Schafsiedel nach Süden streicht, und man schaut von seinem Gipfel genau auf den Gerlospass hinunter. Wenn die Verhältnisse passen und man mit Pulverschnee in den Schattenhängen rechnen kann, ist der Kastner eine super Skitour im Idealgelände und auch meistens gespurt. Wie oft in den Kitzbüheler Bergen muss man aber zu Beginn durch eine Waldstufe ins freie Gelände durchfinden. Man benützt einen Sommerweg, der in einer Linie durch den Wald aufwärts zieht. Danach steigt man in einer großen S-Schleife auf das Plateau, von dem aus man noch die Pallspitze (2389 m) mitnehmen könnte.

Ausgangspunkt: Kelchsau, 9 km von Hopfgarten. Durch den Ort, bis zur Brücke, wo sich das Tal in den Kurzen und Langen Grund →

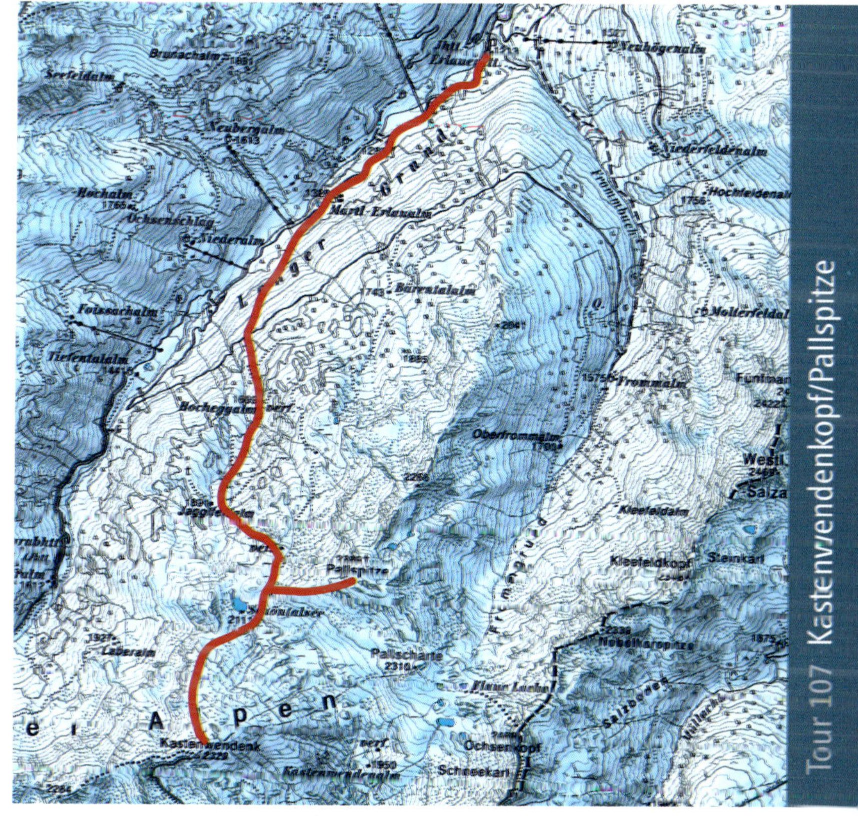

Tour 107 Kastenwendenkopf/Pallspitze

verzweigt. Rechts weiter, vorbei am E-Werk, in 7 km bis zur Erlahütte (1213 m), genügend Parkplätze. Der Lange Grund ist 2021 wegen Bauarbeiten meist gesperrt. Tagesaktuelle Infos auf kitzbueheler-alpen.com.

Zum Kastenwendenkopf: Von der Erlahütte noch kurz am Talweg weiter, bis sich der weite Almkessel öffnet, und zu den Hütten der Martl-Erlaualm. Gleich dahinter, bei einigen Wasserbecken, steigt man über die Wiese links hinauf zum Waldrand und folgt dem Sommerweg, der in einer Linie in gleich bleibender Richtung und Neigung den Waldgürtel nach rechts aufwärts durchquert und bei hoher Schneelage gerade noch erkennbar ist. Schwarzweiße Markierungen und ein Jägerstand sollten als Richtpunkte dienen. Nachdem ein Forstweg überschritten wird, in gleicher Richtung weiter bis ins freie Gelände. Leichter, aber zeitaufwändiger gelangt man hierher, indem man nach der Martl-Erlau-Alm noch bis zur Brücke unterhalb der Tiefentalalm im Talboden bleibt. Dort beginnt ein breiter Forstweg dem man bis zur Linkskehre folgt. Bald trifft man mit der Einmündung des Sommerwegs zusammen. Bei der verfallenen Hütte der Hochegglalm quert man flach nach rechts durch einen Bachgraben, erreicht die Jagglfeldalm und gewinnt wunderschöne Hänge und Mulden, die man von Stufe zu Stufe aufsteigt. Auf der Kammhöhe wendet man sich dann scharf nach links zum Ansatz der Pallspitze hin und fährt in die Mulde des Schöntalsees ab. Über die weitläufigen und jetzt flacheren Hänge auf den optisch höchsten Punkt des Kastenwendenkopfs zu, der kennzeichenlos nur von ein paar Felsblöcken besetzt ist.

Zur Pallspitze: Auf der Kammhöhe, kurz vor der Abfahrt zum Schöntalsee biegt man nach links und steigt über den Westrücken auf die Pallspitze.

Abfahrt: Vom See kurzer Gegenanstieg, wobei man besser auffellt, und Abfahrt bis zum Graben vor der Alm. Man bleibt auf dem jungwaldbestandenen Rücken und fährt geradeaus durch eine schmale Schneise in den Talboden ab. Der tollen Abfahrt folgt noch eine Schiebestrecke durch den flachen Talboden. Von der Erlahütte hinaus zum Moderstock läuft es mit gewachsten Skiern wieder tadellos.

108 Sonnenjoch 2292 m Niederjochkogel 2146 m

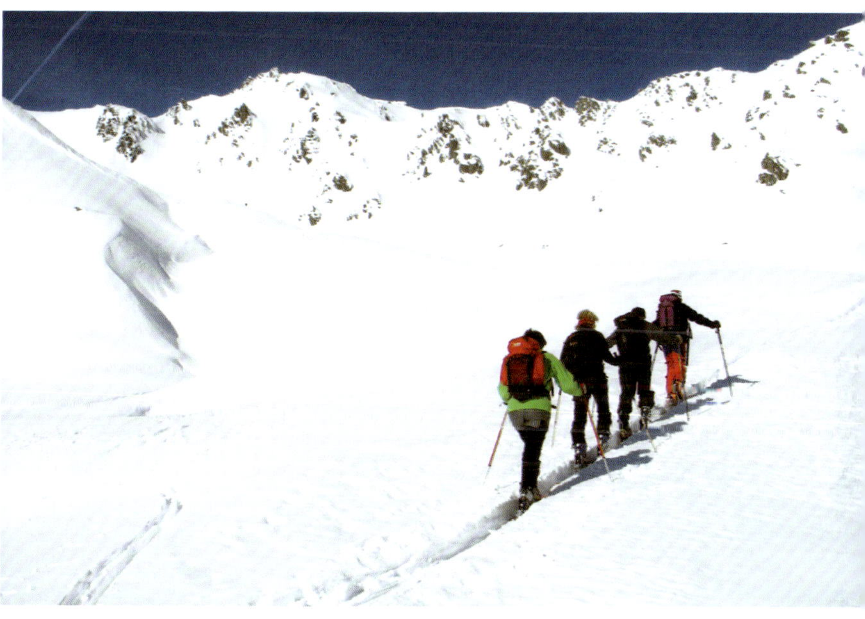

Das Sonnenjoch aus dem Langen Grund der Kelchsau.

Kitzbüheler Alpen
Kelchsau
Langer Grund

Das ist das Schöne bei den Skitouren im Langen Grund der Kelchsau, dass Sie sich die Hangseite ganz nach den momentanen Verhältnissen aussuchen können. Seit man mit dem Auto bis zur Erlahütte fahren kann, ist der flache Talmarsch bedeutend kürzer geworden und bald erwarten Sie schönste Almhänge und zum Schluss ein herausforderndes Kar.

Ausgangspunkt: Kelchsau, Erla-Brennhütte (1213 m)

Höhenmeter, Zeit: Erlahütte (1213 m) – Sonnenjoch (2292 m) 1100 Hm, 3 Stunden

Lawinensituation: Mäßig gefährdet.

Österr. Karte: Blätter 120 Wörgl und 121 Neukirchen, 1:50.000

Links am Bärentalkopf und am Kastenwendenkopf die reinsten Pulverflanken, auf der Talseite gegenüber – am Sonnenjoch und auch am benachbarten Niederjoch – Sonnenhänge von der Früh an. Ohne die geringste Waldzone, nur hindernislose Almschneisen und darüber mittelsteile Skihänge und zum Schluss ein herausforderndes Kar. Bedenken muss man, inwieweit die Sonneneinstrahlung die Schneequalität beeinflusst. Das Sonnenjoch ist ein ganz zentral gelegener Berg mitten in den Kitzbüheler Alpen, auf dessen Gipfel die Tourengeher vom Alpbachtal, von der Wildschönau und aus der Kelchsau zusammentreffen. Wobei die Südostseite aus dem Langen Grund vom Gelände her wohl am schönsten ist. Überlegen kann man sich dabei noch, ob man seine Spur nicht lieber zum Niederjochkogel (2146 m) zieht. Entscheiden kann man sich noch auf der Neubergalm, wo sich die Anstiege trennen. Von der Alpbacher Seite verläuft der Anstieg lange Zeit auf Almwegen und präparierter Rodelbahn, was wiederum bei magerer Schneelage günstig ist.

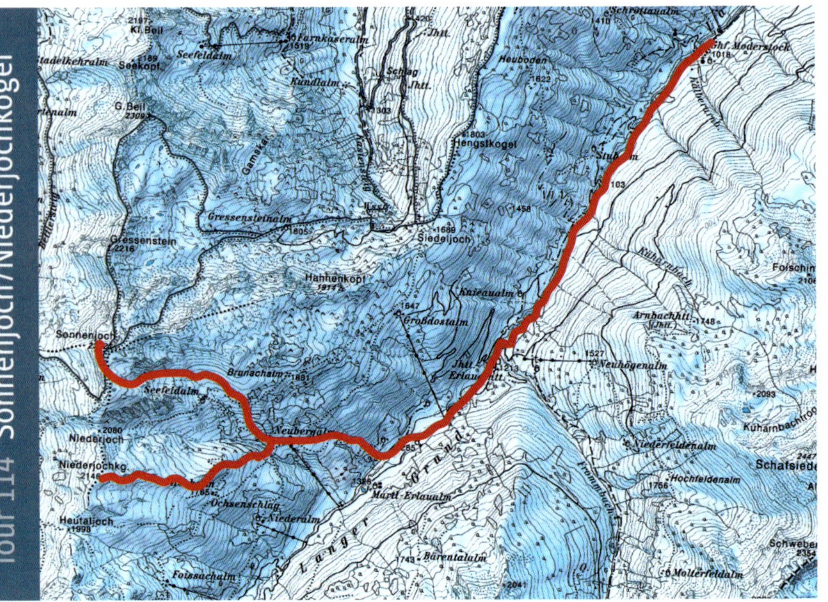

Ausgangspunkt: Erla-Brennhütte im Langen Grund. Zufahrt von Hopfgarten nach Kelchsau bis zur Erla-Brennhütte (7 km), genügend Parkmöglichkeit. Der Lange Grund ist 2021 wegen Bauarbeiten meist gesperrt. Tagesaktuelle Infos auf kitzbueheler-alpen.com.

Zum Sonnenjoch: Von der Erlahütte am Talweg, noch kurz durch den Wald. Sobald man die ersten Hütten der Martl-Erlaualm erblickt, rechts hinunter zur Brücke und zur bereits sichtbaren freien Schneise, die gerade hinaufzieht zur Neubergalm (1613 m). Ein großer Graben trennt den Niederjochkogel vom Sonnenjoch. Man bleibt in den rechtsseitigen schrägen Terrassen hält man sich gerade rechts aufwärts, auf dem sich nach oben hin verjüngenden Rücken. Dahinter liegt die winzige Almhütte der Seefeldalm. Jetzt erst öffnet sich ein wunderschönes Kar, unmittelbar unter den Flanken des Hahnenkopfs, an dessen Ende der Gipfel des Sonnenjochs liegt. Man steigt im Kar etwa zwei Drittel auf, verlässt es dann aber nach links in das flachere Gelände und erreicht im Rechtsbogen die Grathöhe und das Gipfelkreuz.

Zum Niederjochkogel: Der südliche Nachbarberg des Sonnenjochs ist um eine halbe Stunde kürzer, hat ebenfalls wunderschön kupiertes, vielleicht etwas flacheres Gelände. Abzweigung bei der Neubergalm. Man durchquert auf dem gut kenntlichen Fahrweg den großen Graben nach links und steigt auf der anderen Seite entlang des lang gezogenen Rückens ins Nieder joch und nach links zum Gipfel (950 Hm., 2:30 Stunden).

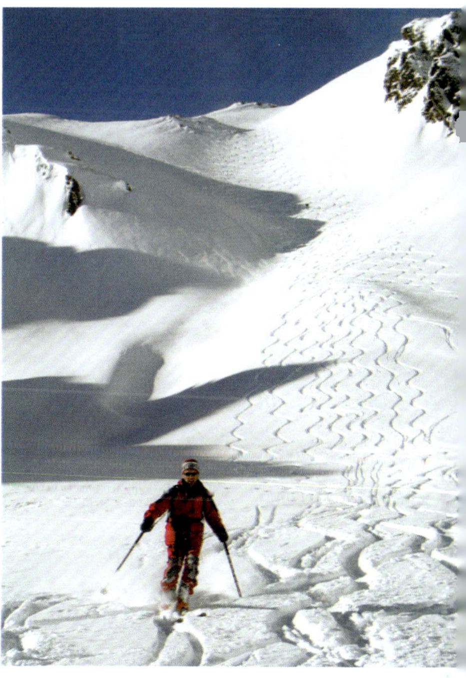

Immer schöner werden die Skihänge, Nonplusultra ist die Karmulde vor dem Gipfel.

109 Stanglhöhe 2276 m

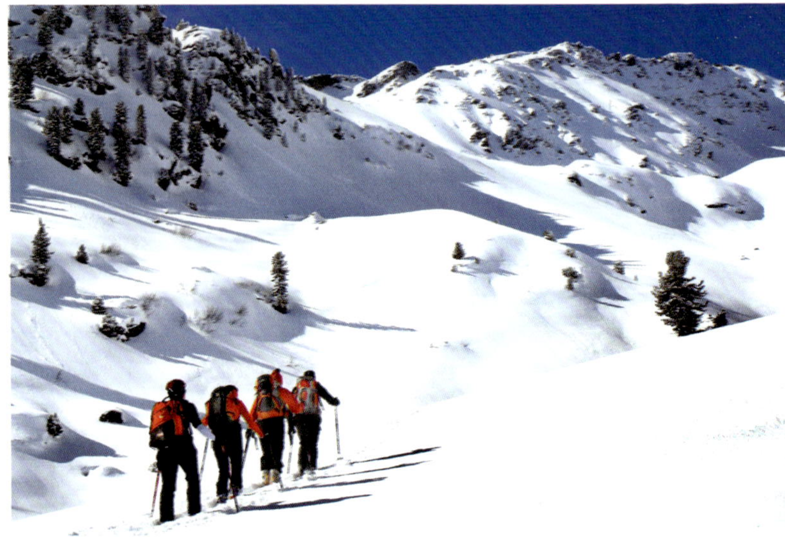

Die Tourengruppe marschiert durch das obere Manzenkar.
Nächster Richtpunkt ist die ganz rechts im Bild sichtbare, weiße Geländestufe.

→ **Kitzbüheler Alpen**

Dieser unscheinbare Gipfel gehört nicht zu den Paradebergen der Kitzbüheler Alpen, ist aber längst kein Geheimtipp mehr. Trotzdem bietet er eine wenig bekannte, aber äußerst lohnende Skitour im Kurzen Grund der Kelchsau.

Ausgangspunkt: Kelchsau, Kurzer Grund, Gasthaus Wegscheid (1148 m).

Höhenmeter, Zeit: Weg zur Bamberger Hütte (45 Min.) – Abzweigung ins Manzenkar (1725 m) – Stanglhöhe (2276 m) 2:30 bis 3 Stunden, 1130 Hm.

Lawinensituation: sichere Verhältnisse erforderlich.

Österr. Karte: Blatt 121 Neukirchen am Großvenediger, 1:50.000

Die Stanglhöhe ist kein berühmter Skigipfel. Kein Gipfelkreuz, nicht einmal ein ordentliches Steinmandl kennzeichnet den höchsten Punkt, der das Ziel dieser prächtigen Skitour darstellt. Und doch kann dieser biedere Berg im nördlichen Gratausläufer des Schafsiedel mit wunderschönen, aber nicht immer lawinensicheren Hängen in einem weitläufigen Almkar aufwarten. Der anfänglich ruppige Aufstieg auf dem Winterweg zur Bamberger Hütte wird bald verlassen, im riesigen Manzenkar ist Platz für jede Menge Skispuren und die Abfahrt vollzieht sich zum Schluss auf einem breiten Forstweg auf der orografisch linken Seite des engen Bachtales.

Ausgangspunkt: In Hopfgarten bei der Eisenbahnunterführung Abzweigung in die Kelchsau (7 km). Geradeaus durch das ganze Dorf bis zur Zwieselbrücke an der Verzweigung der beiden Täler und nach links in den Kurzen Grund (5 km) zum Gasthaus Wegscheid. Mehrere geräumte Parkplätze sind vorhanden. Der Kurze Grund ist 2021 wegen Bauarbeiten teilweise gesperrt. Tagesaktuelle Infos auf kitzbueheler-alpen.com.

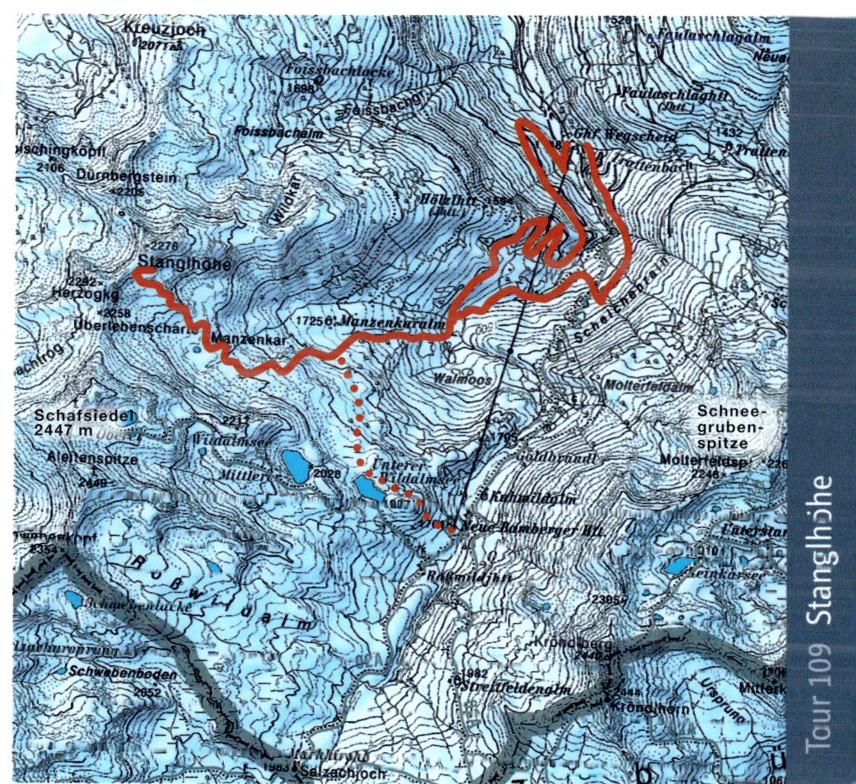

Anstieg: Vom Gasthaus Wegscheid in wenigen Minuten bis zur ersten Linkskehre und geradeaus auf dem alten Almsteig weiter – meist auf gut eingetretener Spur –, bis nach ca. 45 Minuten der zur Bamberger Hütte führende Forstweg erreicht wird. Wer aber zur Stanglhöhe will, geht genau dort wenige Schritte nach rechts über die Brücke, folgt dem nun ansteigenden Forstweg nur kurz und steigt durch lichten Wald links aufwärts zum Auslauf des Manzenkars. Nach einer Almlichtung mit Hütten wird nochmals ein lockerer Waldgürtel passiert, bis die freien Hänge des riesigen Karbeckens erreicht sind. Bei der Manzenkaralm hat man etwas mehr als die Hälfte des Anstiegs hinter sich. Man bleibt weiterhin ziemlich in der Mitte des Kars, erreicht durch eingelagerte Mulden mit einer steileren Passage eine Geländestufe am Horizont, hinter der ein Gratausläufer ansetzt, an dessen linker Seite man bis zum Hauptgrat ansteigt. Von der tiefsten Gratscharte zwischen Herzogkogel und Stanglhöhe wendet man sich nach rechts und erreicht mit zwei letzten Spitzkehren den höchsten Punkt.

Abfahrt am Forstweg: Abfahrt vom Gipfel durch das weite Kar rechts der Aufstiegsspur und über ideale Skihänge zurück zur Manzenkaralm. Unterhalb der Alm, am Ende des freien Geländes, hält man sich links und fährt in der kurzen Waldpassage entlang der Aufstiegsspur bis zur unteren Almlichtung, wo man auf den Fahrweg trifft. Eventuell noch ein paar Schritte bergwärts, dann in vielen Kehren hinunter ins Tal. Bereits auf Höhe der Parkplätze überquert man den Bach auf zwei Hängebrücken und kann schon zum Einkehrschwung im Gasthaus Wegscheid ansetzen.

Anstieg von der Bamberger Hütte: Die Stanglhöhe gehört auch zum Tourenprogramm der Bamberger Hütte und ist von diesem Stützpunkt ebenfalls leicht erreichbar. Man steigt zuerst in Richtung Schafsiedel ca. 150 Höhenmeter auf, verlässt dann die Spur nach rechts auf eine Schulter und gelangt zum Unteren Wildalmsee. Von dort fährt man immer links haltend ab in das Manzenkar, dessen Karboden man oberhalb der beiden Almhütten erreicht.

110 Tristkopf 2361 m
Schafsiedel 2447 m

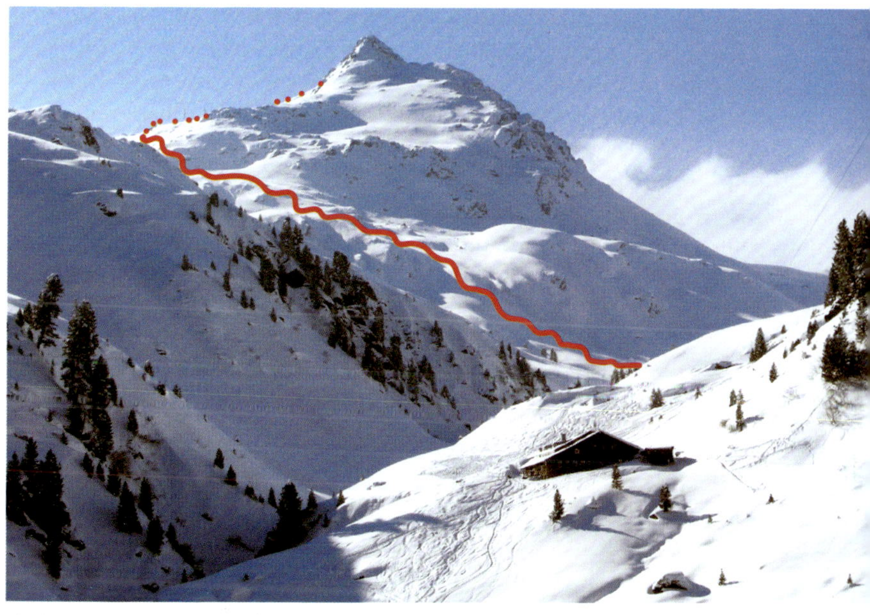

Tief im Schnee steckt die Neue Bamberger Hütte, darüber der Tristkopf.

Zentrale Kitzbüheler Alpen
Kelchsau

Ähnlich wie sein „langer Bruder“ wartet auch der Kurze Grund in der Kelchsau mit einigen gefälligen Touren, abwechslungsreichen Varianten und weiten Hängen in Idealneigung auf, die jedes Skifahrerherz höher schlagen lassen.

Ausgangspunkt: Kelchsau, Kurzer Grund, GH Wegscheid (1148 m)

Höhenmeter, Zeit: 1200 bzw. 1300 m; 4 Stunden; Anstieg Bamberger Hütte (1761 m) 1:30 bis 2 Stunden, Tristkopf/Schafsiedel jeweils 2 bis 2:30 Stunden

Lawinensituation: Großteils mittelsteiles Idealgelände, Vorsicht erfordern bei beiden Bergen die unmittelbaren Gipfelhänge.

Österr. Karte: Blatt 121 Neukirchen am Großvenediger, 1:50.000

Einen ganzen Kranz von schönen Skizielen findet man rund um die Neue Bamberger Hütte am Salzachjoch. Neben den beiden angeführten Touren warten hier noch der Salzachgeier, der Fünfmandling, der Schwebenkopf und auf der anderen Seite, links vom Tristkopf, das Kröndlhorn auf eine Besteigung, nicht zu vergessen die Stanglhöhe nördlich des Schafsiedels.

Entscheiden kann man es immer noch auf der oft bis zum Dachgiebel im Schnee steckenden Bamberger Hütte, je nachdem, wo der bessere Schnee zu erwarten ist. In den lichtdurchfluteten Osthängen des Schafsiedels oder am nicht so prall von der Sonne beschienenen Tristkopf.

Wichtig zu wissen ist, dass man nicht auf dem im Aufstieg benützten Winterweg abzufahren oder abzurutschen braucht und auch gar nicht sollte, sondern viel angenehmer durch das weite Manzenkar und im Anschluss auf

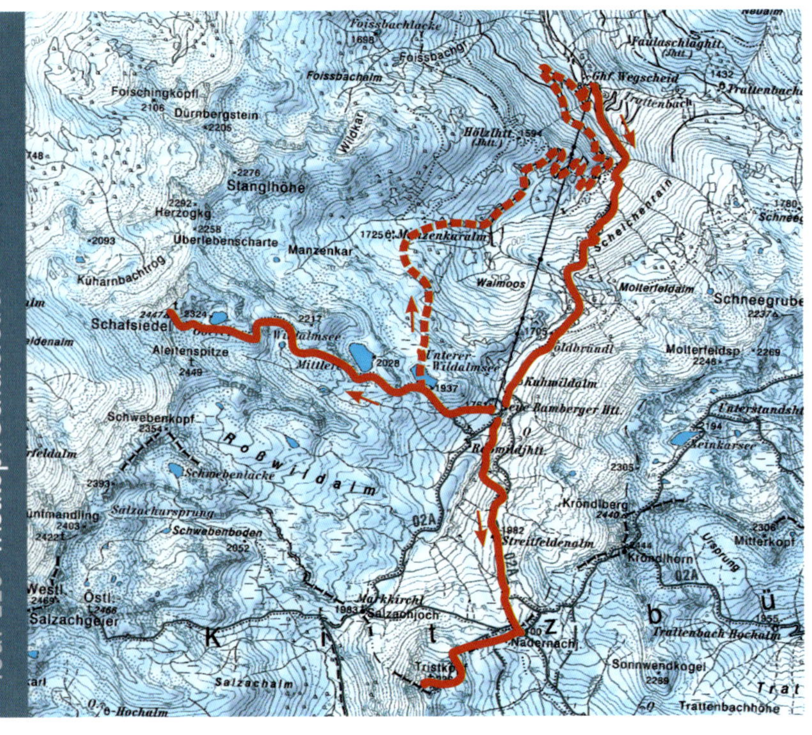

einem breiten Forstweg an der gegenüberliegenden, westlichen Talseite, der unmittelbar gegenüber des GH Wegscheid mündet, wo man nur über den Steg zu gehen braucht. Bei der Abfahrt vom Schafsiedel kommt man oberhalb der Hütte direkt zu dieser Abzweigung, beim Tristkopf oder anderen Touren erfordert dies aber einen nochmaligen Gegenanstieg von knapp 30 Minuten.

Ausgangspunkt: Von Hopfgarten in die Kelchsau (9 km). Durch den Ort bis zum E-Werk an der Zwieselbrücke, wo sich Kurzer und Langer Grund teilen. Links über die Brücke in den Kurzen Grund bis zum GH Wegscheid. Mehrere geräumte Abstellflächen. Der Kurze Grund ist 2021 wegen Bauarbeiten teilweise gesperrt. Tagesaktuelle Infos auf kitzbueheler-alpen.com.

Zur Neuen Bamberger Hütte: Vom Schranken am Fahrweg bis zur ersten Kehre und geradeaus weiter auf dem schmalen und manchmal auch recht steilen Sommerweg hoch über dem Bachgraben taleln. Schneestangen und Schilder in oranger Leuchtfarbe machen die Wegfindung einfach (2 Stunden, Harscheisen ratsam).

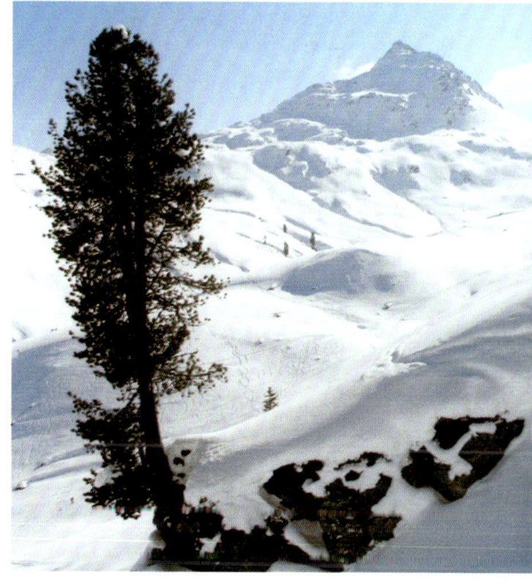

Vom Anstieg zum Schafsiedel blickt man zum Nadernachjoch und zum Tristkopf.

Zum Tristkopf: Die dominierende Berggestalt hinter der Bamberger Hütte mit ihren schönen Nordwesthängen sticht schon lange ins Auge. Von der Kuppe hinter der Hütte kurz abwärts zu einer Almhütte, ein kleines Stück dem Bachlauf folgend und links aufwärts auf den lang gestreckten Hügel, bis man ganz leicht nach links in den tiefen Bachgraben abfahren kann. Dann folgen wellige Idealhänge bis zum Nadernachjoch, wo man auf die Ostseite des Berges wechselt und über zwei kurze Steilstufen die Grathöhe knapp unter dem Gipfelkreuz erreicht. (Vom Joch könnte man auch noch das Kröndlhorn mitnehmen.)

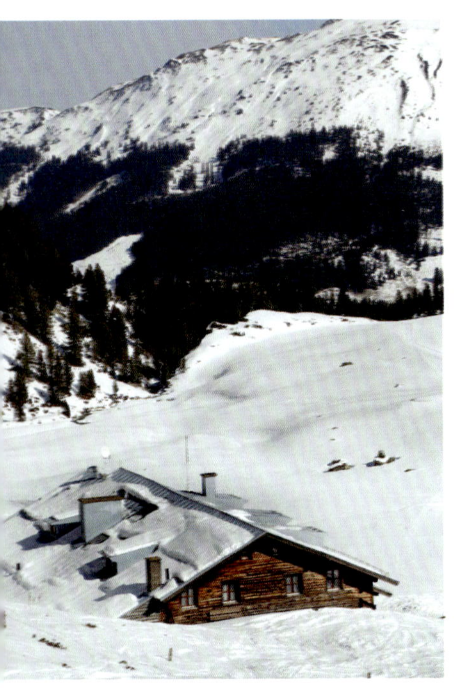

Die Neue Bamberger Hütte, Stützpunkt für Supertouren im Kurzen Grund der Kelchsau.

Zum Schafsiedel: Von der Hütte rechts aufwärts zu den obersten freistehenden Bäumen und durch eine Reihe von ausgeprägten Mulden, aber immer in den rechtsseitigen Hängen, bis unmittelbar in das oberste Kar unter der Gipfelflanke. Hier im scharfen Linksbogen zu dem erst jetzt sichtbaren Steilhang und auf die nach Osten vorgeschobene Gratschulter. Dahinter wieder im flacheren Gelände unterhalb des Gratrückens zum Gipfel.

Eigenständige Abfahrt: Auf keinen Fall sollte man auf dem schmalen Aufstiegsweg abfahren und den halbstündigen Anstieg bis zum Unteren Wildalmsee einplanen. Von der Hütte 180 Hm. Aufstieg auf der zum Schafsiedel führenden Spur, bis man flach nach rechts zum untersten der drei Wildalmseen (1937 m) hinausqueren kann (25–30 Min.). Den kleinen See überqueren und auch die ebene Fläche danach und erst jetzt und immer noch links haltend von Stufe zu Stufe abfahren in das weite Manzenkar (wobei man noch die Stanglhöhe mitnehmen könnte) und hinunter zur Manzenkaralm. Im weiten Almgelände abwärts, bis ein deutlicher Weg flach nach links zu einer benachbarten Lichtung mit einsamer Almhütte leitet. Nochmals nach links, dann ist der breite Forstweg erreicht. In angenehmer Neigung, gebremst von einem kurzen Gegenanstieg, zur Brücke unmittelbar vor dem GH Wegscheid.

111 Steinberg 1887 m

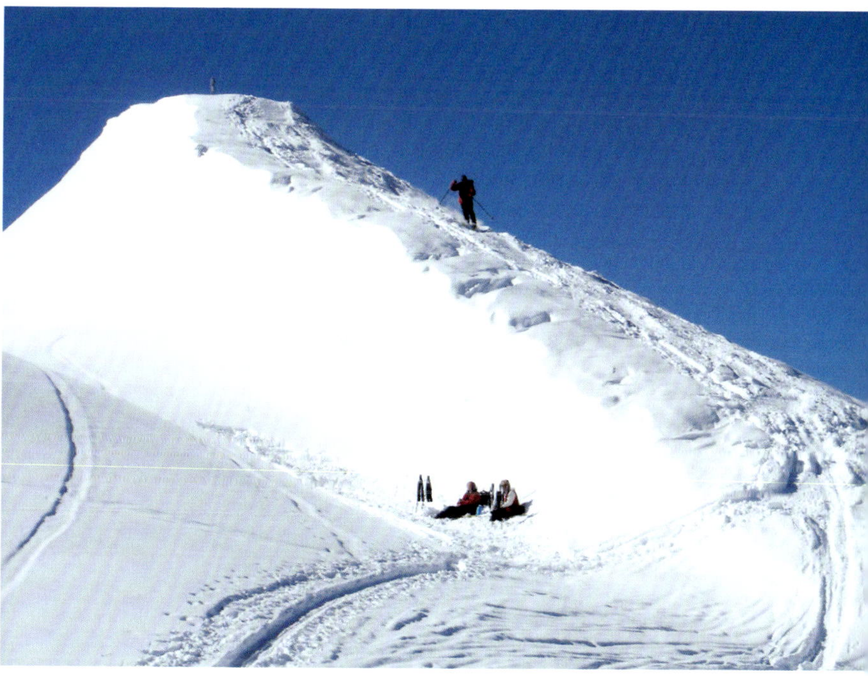

Ein unscheinbarer Gipfel, aber Hänge, die jedes Skifahrerherz höher schlagen lassen.

Westliche Kitzbüheler Alpen Windautal

Zwischen dem Lodron und dem höheren Steinbergstein, aber gegen Osten zum Windautal vorgeschoben, liegt der unscheinbare Steinberg. Sein größtes Plus – und das beste Argument für eine Skitour – sind die hindernislosen Almhänge, die so breit sind, dass wirklich jeder eine eigene Spur ziehen kann.

Ausgangspunkt: GH Steinberghaus (872 m) im Windautal/Westendorf

Höhenmeter, Zeit: 1000 Hm., 2:30 bis 3 Stunden

Lawinensituation: Kaum lawinengefährdet.

Österr. Karte: Blatt 121 Neukirchen am Großvenediger, 1:50.000

Ein winziger Gipfel, der sich kaum vom benachbarten Lodron absetzt. Begeisternd ist bei dieser Skitour das weitläufige Gelände im Bereich der Steinbergalmen, das sich dem Skifahrer hier bietet. Ideal im Hochwinter bei tiefen Temperaturen, wenn die niedrig stehende Sonne dem Pulverschnee in den lichtdurchfluteten Osthängen noch nichts anhaben kann. Dann ist die 1000-m-Abfahrt ein einziger Genuss.

Ausgangspunkt: Von der Brixentaler Bundesstraße Auffahrt nach Westendorf, dann den Wegweisern folgend zum GH Jagerhäusl beim Weiler Rettenbach, wo man in den Talgrund kommt. Über die Brücke und weiter talein, meist auf Schneefahrbahn, aber nicht steil, bis zum Gasthaus Steinberg (Zufahrt von Westendorf 16 km). Der Wirt schiebt extra für die Tourengeher einen großen Parkplatz aus.

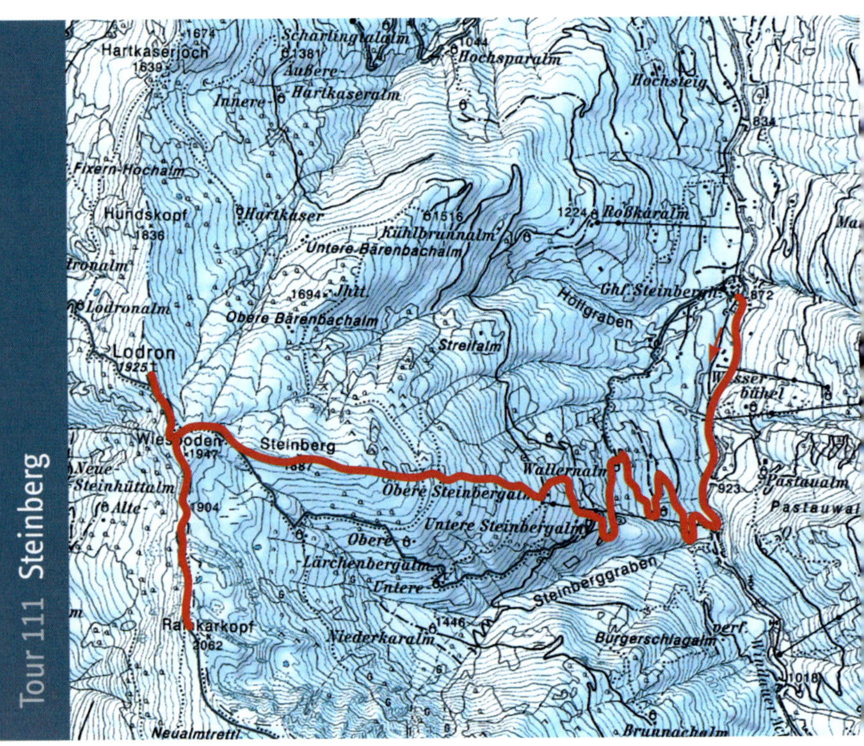

Aufstieg: Auf dem meist gewalzten Weg talein, ca. 1 km, vorbei an der Abzweigung links zum Gerstinger Joch, bis die Wegweiser rechts zeigen zur Steinbergalm. Auf dem Forstweg in ein paar Minuten durch den Wald, schon ist man auf der ersten freien Almlichtung. Beliebig am gewundenen Fahrweg oder steiler ansteigend und kürzer durchs Gelände in Richtung Wallernalm, die aber unberührt rechts drüben bleibt. Am oberen Waldrand kurz nach links und schon geht es in den nächsten freien Hängen weiter, zuerst zur Unteren, dann zur Oberen Steinbergalm. In der gleichen Richtung weiter, durch den letzten lockeren Waldsaum. Der Steinberg ist nur ein unscheinbares Spitzl mit einem welligen Rücken, der zum Wiesboden führt, eine flache Senke zwischen Lodron und Ramkarkopf. Nur interessant, wenn man zum Steinbergstein weiterziehen will, sonst hat man beim Rückweg lauter kurze Gegenanstiege, wo man nicht weiß, ob man nochmals die Felle aufziehen oder hinaufbretteln soll.

Ebenfalls eine schöne Tour führt auf das Gerstinger Joch an der gegenüberliegenden linken Talseite. Mehr Schattenhänge, eher Pulver, aber viel Querungen erwarten dort den Tourengeher.

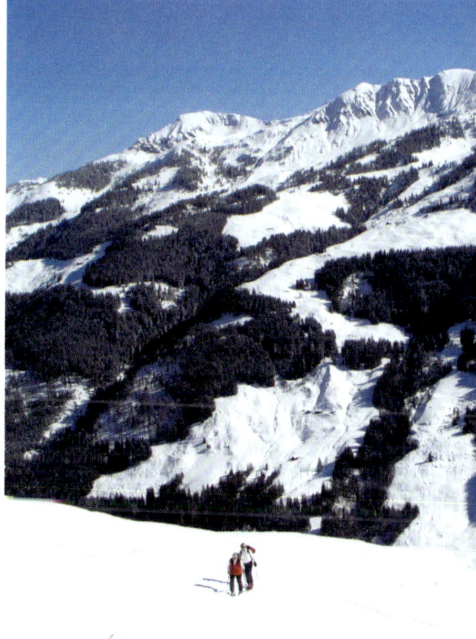

Auf der gegenüberliegenden Talseite lockt das Gerstinger Joch als nächstes Tourenziel.

112 Brechhorn 2031 m
Floch 2057 m

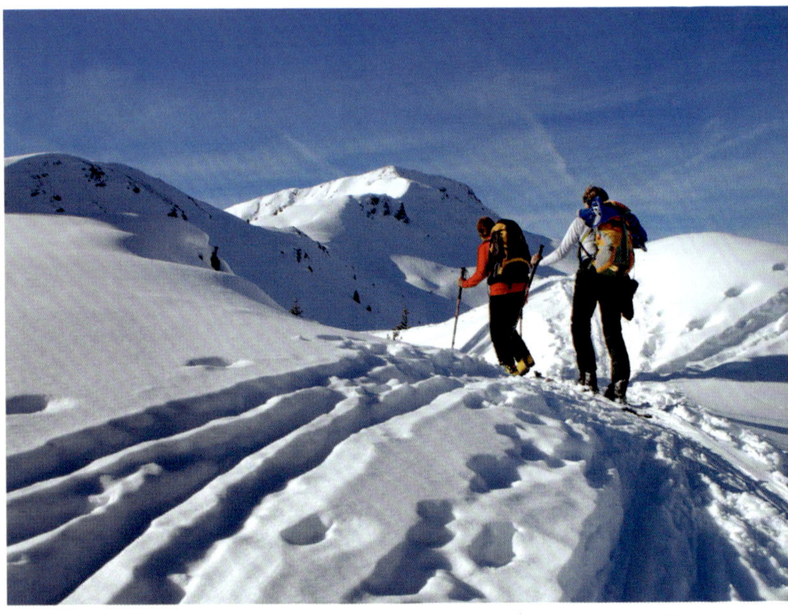

Erst wenn der vorgelagerte Duracher Kogel erreicht ist, rückt der Gipfel des Brechhorns ins Blickfeld.

→ Kitzbüheler Alpen

Zwei problemlose dreistündige Skitouren im Idealgelände der Kitzbüheler Alpen. Immer gut besucht ist das Brechhorn. Wer ohne Trubel unterwegs sein will, geht auf den weiter im Talinneren gelegenen Floch.

Ausgangspunkt: Aschau, Parkplatz Ebenaualm (1011 m).

Höhenmeter, Zeit: Duracher Kogel (1773 m) – Brechhorn (2032 m) 3 Stunden, 1020 Hm. Zum Floch: Talmarsch bis Hintenbachalm (45 Min.) – Forstweg zur Hintenkar-Niederalm (1556 m) – Floch (2057 m) 3 bis 3:30 Stunden, 1050 Hm.

Lawinensituation: Brechhorn wenig gefährdet, Floch erfordert jedoch sehr sichere Verhältnisse

Österr. Karte: Blatt 121 Neukirchen am Großvenediger, 1:50.000.

Die Skitouren im Spertental mit dem Ausgangspunkt Aschau haben alle recht ähnlich Vorzüge, ob man sich nun den Tanzkogel, das Gerstinger Joch oder die hier beschriebenen Anstiege zum Brechhorn oder zum Floch vornimmt. Überall hat man um die 1000 Höhenmeter zu bewältigen, überall führen die nach Osten gerichteten Anstiege durch freies Gelände über wellige, mittelsteile Almhänge mit Wiesenuntergrund und ohne enge Schneisen und Hindernisse. Am feinsten, deshalb natürlich auch am meisten begangen, ist das Brechhorn, wo man sich nach wenigen Schritten schon in den schönsten Almhängen befindet.

Bei den anderen Touren im inneren Spertental muss man

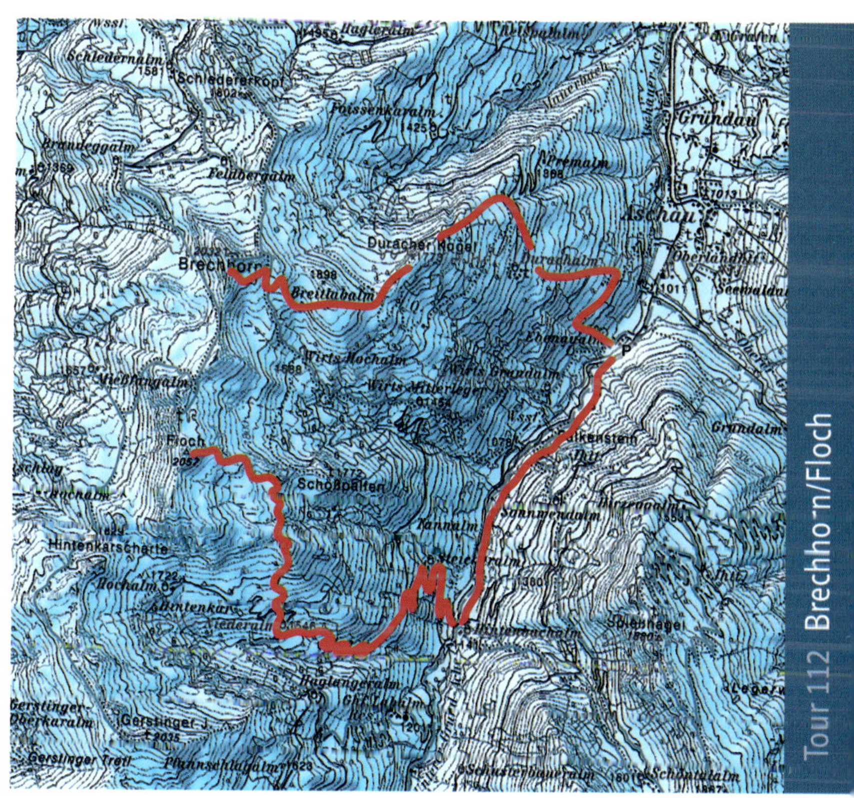

zuerst allerdings einen (nicht allzu langen Talmarsch) auf der Forststraße in Kauf nehmen, bis man das freie Gelände erreicht hat. Dafür ist der Floch eine sehr abwechslungsreiche und wesentlich ruhigere Skitour, Bergeseinsamkeit pur. Von den Anforderungen her ist der Anstieg auch nicht schwierig, erfordert aber doch etwas mehr Gespür fürs Gelände, speziell im oberen Bereich. Bei schlechter Sicht im Gipfelbereich ist sie schwierig zu finden.

Spuren im Pulverschnee bei der Abfahrt vom Brechhorn.

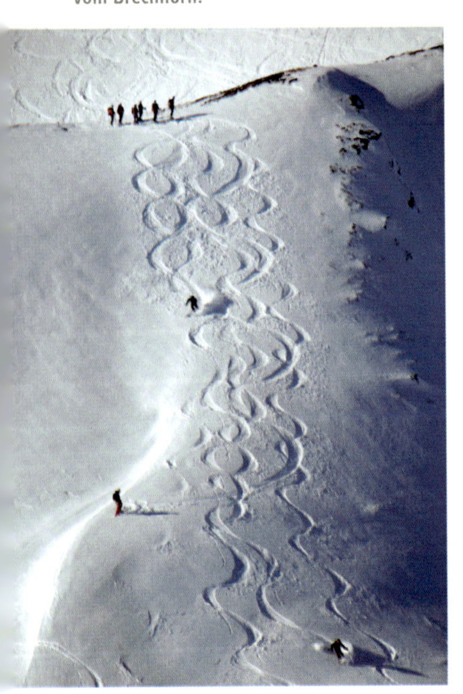

Ausgangspunkt: Im Brixental bis Kirchberg und noch 9 km nach Aschau im Spertental. Am Ortsbeginn beim Café Hochland geradeaus weiter, vorbei an der Oberlandhütte und noch 400 m weiter zum geräumigen Parkplatz vor der Mautstelle bei der Ebenaualm. Hier ist der Ausgangspunkt für alle Skitouren im Spertental. Als Stützpunkt bietet sich auch die Oberlandhütte des DAV direkt am Ausgangspunkt in Aschau an.

Zum Brechhorn: Sofort rechts über die Brücke zu den Hütten der Ebenaualm. Dahinter ansteigend und im weiten Rechtsbogen ins weitläufige Gelände der Durachalm. Die Almhütten bleiben links liegen und die Aufstiegsspur führt weiterhin rechts haltend dem Waldrand entgegen, unter dem man in einer riesigen S-Kurve allmählich nach links einschwenkt und durch jetzt steiler werdende Hänge zum Duracher Kogel aufsteigt. Ab hier hat man den Gipfel des Brechhorns im Blickfeld. Nicht erschrecken, er ist näher, als es anfangs ausschaut. Über den flachen Rücken in die Senke bei der Breitlabalm, dann im Linksbogen um einen vorgelagerten Latschenkopf, hinter dem man bereits den Gipfelhang betritt.

Abfahrt auf der Aufstiegsroute.

Zum Floch: Der fast noch schönere Anstieg zum Floch, dem südlichen Nachbargipfel des Brechhorns, führt über die Hintenkar-Niederalm und nicht wie in der AV-Karte eingezeichnet zum Schößpalfen. Dazu folgt man zuerst dem flachen Fahrweg bis zur Hintenbachalm (ca. 45 Min.). Sofort nach der Brücke scharf rechts beginnt der Forstweg, den man im Aufstieg immer folgt. Bei einer Wegteilung links bleiben (Schild Floch) bis ins freie Gelände der Niederalm. Bis zu den Almhütten, dann aber scharf rechts aufwärts, immer knapp neben den einzelnen Waldinseln in eine deutlich sichtbare Gratsenke des Seitenkammes. Hat man das kleine Joch erreicht, bleibt man jetzt genau am Rücken und steigt über drei gestufte Schultern dem wechtengesäumten Hauptgrat entgegen. Bei der Abfahrt lässt sich der Forstweg ein paar Mal abkürzen.

Beim Anstieg zum Brechhorn stechen die prächtigen Skihänge des Floch ins Auge.

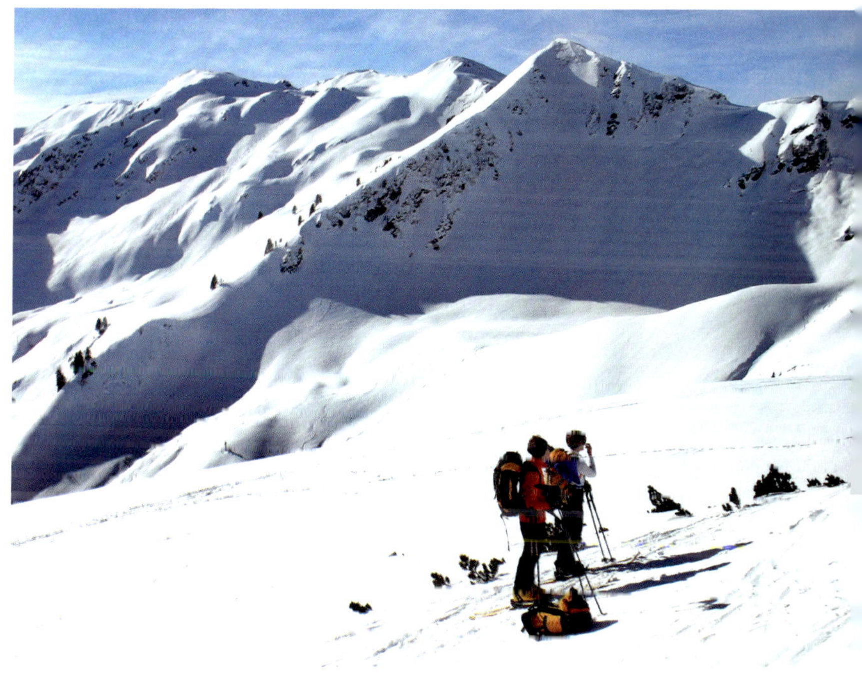

113 Kuhkaser 2054 m

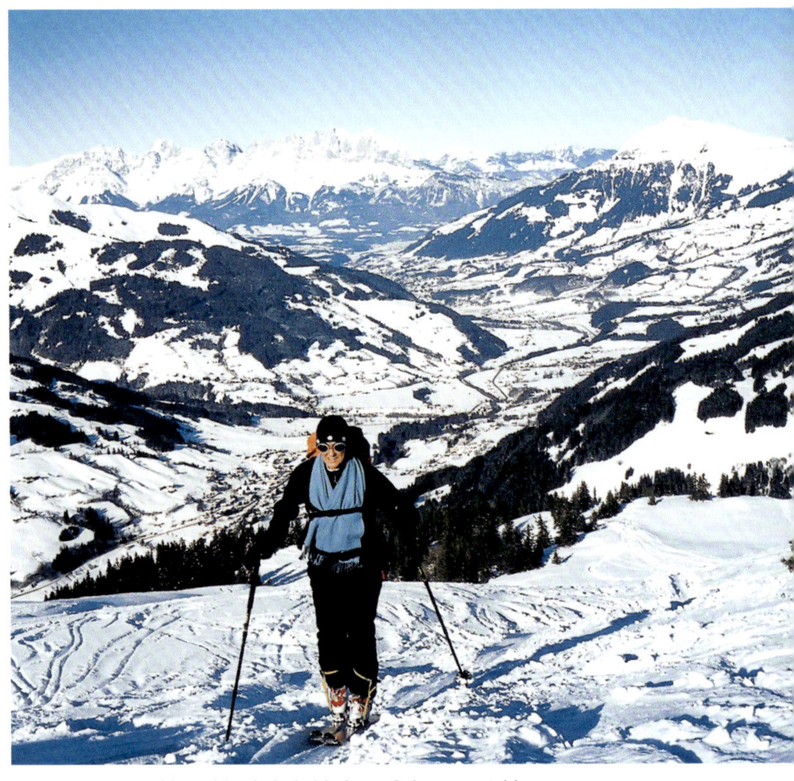

Freie Sicht von Jochberg bis Kitzbühel beim Aufstieg zum Kuhkaser.

→ Östliche Kitzbüheler Alpen

Im östlichsten Teil der Kitzbüheler Alpen, nahe am Pass Thurn, ganz hart an der Landesgrenze zu Salzburg gelegen, ist der Kuhkaser ein Kuhberg par excellence, und das ist als Kompliment gemeint. Kein auffälliger Gipfel, aber ausgestattet mit hervorragenden Skihängen.

Ausgangspunkt: Jochberg, Pass-Thurn-Straße, GH Alte Wacht (967 m)

Höhenmeter, Zeit: 1100 Hm., 3 bis 3:30 Stunden

Lawinensituation: Wenig gefährdet, aufpassen im letzten steilen Hang vor dem Gipfelplateau!

Österr. Karte: Blatt 122 Kitzbühel, 1:50.000

Lohnend wie alle Skitourenberge in den Kitzbüheler Alpen ist auch der Kuhkaser an der Ostseite der Pass-Thurn-Straße. Denn dieser unspektakuläre Gipfel bietet nach 1100 Höhenmeter Aufstieg ohne eine einzige Flachstelle eine rasante Abfahrt über eine fast durchgehend zusammenhängende Kette von weiten Almlichtungen. Den Anstieg bis zu seinem Vorgipfel kann man bereits von der Terrasse des GH Alte Wacht fast zur Gänze überblicken. Allein sein oder gar spuren müssen wird man auf dieser Skitour allerdings nur selten, auch wenn es noch so kalt ist. Eher muss man hoffen, dass die breiten Almhänge nicht schon total mit Skigirlanden überzogen sind, denn der Kuhkaser steht auf dem fixen Programm aller Tourengruppen. Die Lawinengefahr hält sich in Grenzen, jedoch der letzte Steilhang zur felsbesetzten Kuppe des Vor-

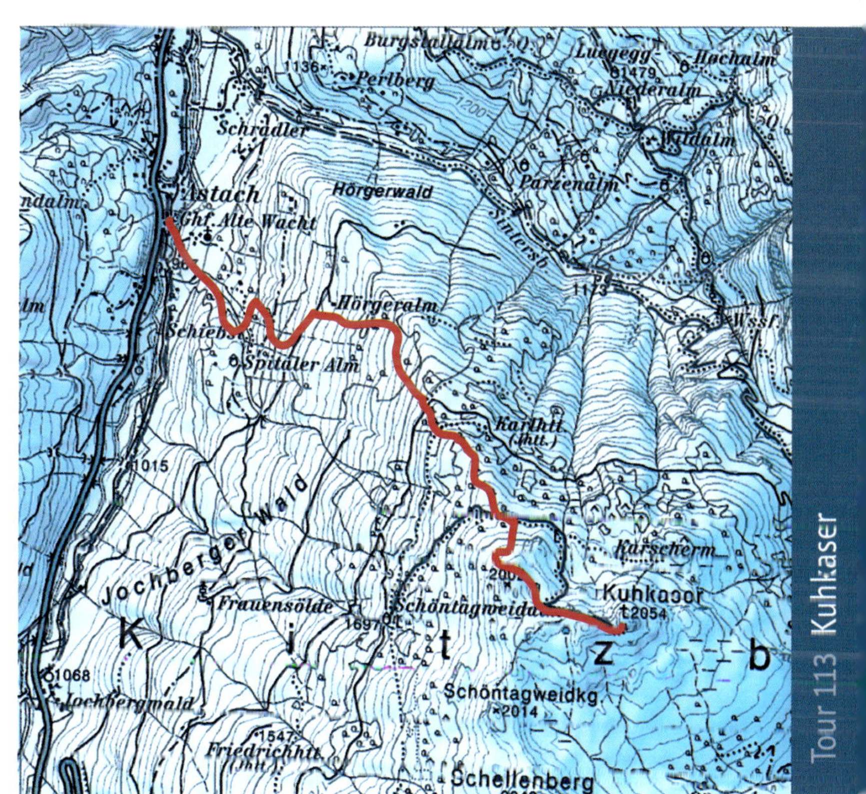

gipfels könnte bei ungünstigen Verhältnissen problematisch werden.

Ausgangspunkt: Von Kitzbühel kommend auf der Pass-Thurn-Straße (Felbertauernroute) nach Jochberg und noch ca. 2 km weiter bis zum GH Alte Wacht links an der Bundesstraße. Parkplatz für Tourengeher rechts der Straße, gegenüber dem Gasthaus. Direkt beim Gasthaus führt ein Fahrweg hinunter zum Bach (nur begrenzte Parkmöglichkeit bei der Brücke, besser man geht die paar Minuten zu Fuß), wo man sogleich die Ski anschnallen kann.

Aufstieg: Vom eisernen Gittermast im Links-rechts-Bogen in ein verstecktes Tälchen bis kurz vor die Spitaleralm. Dort trifft man auf einen meist geräumten Fahrweg, der zur Högenalm führt, den man weiter oben nochmals überschreitet. Im Prinzip bleibt man aber immer in Blickkontakt zur Alten Wacht und steigt ohne viel auszuscheren in den weiten Almhängen, unterbrochen von nur ganz kurzen Waldgürteln, kerzengerade empor zur Baumgrenze.

Von einer Lichtung im schütteren Wald ist dann der Vorgipfel gut zu erkennen. Sein runder Kopf ist in seinem rechten Teil mit einer auffallenden dunklen Felsbastion besetzt. Zuerst wird nach einer schrägen Hangquerung von links nach rechts eine Geländeschulter angepeilt, dann gerade zu den Felsen hin aufgestiegen und schließlich nach links und zum Schluss steil die Geländekante erreicht, hinter der ein flaches Plateau zum Kuhkaser hinzieht. Er ist der einzige mit einem Kreuz geschmückte Gipfel in der Runde, etwas links über der Kammhöhe. Man braucht noch 15 Minuten. Beeindruckende Aussicht auf die Hohen Tauern und zum Wilden Kaiser.

Abfahrt: auf der Aufstiegsroute. (Achtung Variante: Man kann, wahrscheinlich kürzer und unproblematischer, dem steilen und oft harschigen Schlusshang ein Schnippchen schlagen. Von der Geländeschulter unterhalb der Felsen geradeaus weiter, somit die Felsen rechts/westlich umgehend, erreicht man viel müheloser das Gipfelplateau.)

114 Weißkopfkogel 1970 m
Sonnspitze 2062 m

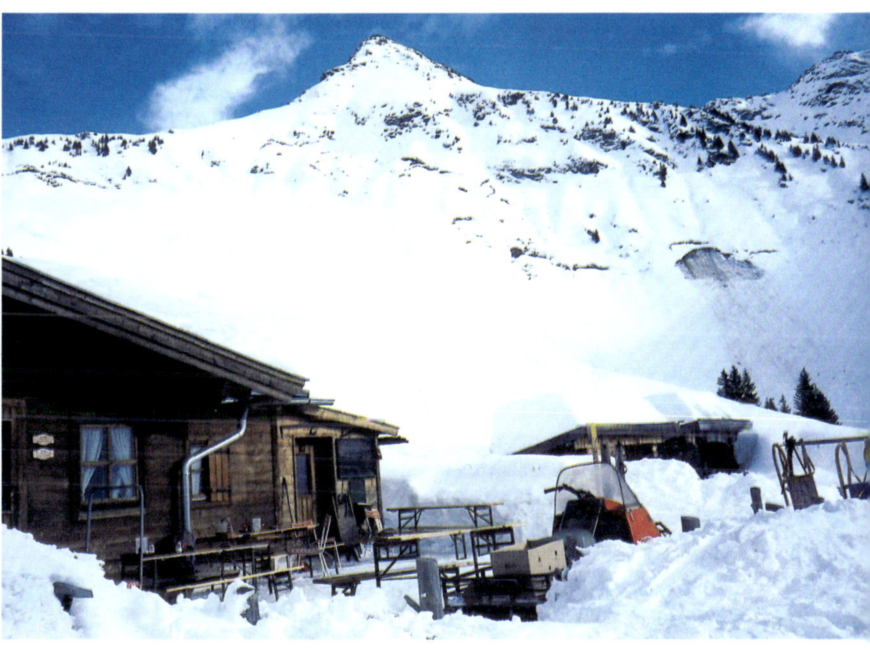

Die Hochwildalm der Naturfreunde, darüber der Bischof, rechts daneben der Weißkopfkogel.

Östliche Kitzbüheler Alpen

Nehmen Sie sich doch einmal dieser zwei „Stiefkinder" im Auracher Graben an! Hier finden Sie zwei kurze, einfache Hochwinter-Skitouren, die aber noch lange im Frühjahr möglich sind, mit typischen „Kitzbüheler" Skihängen.

Ausgangspunkt: Aurach b. Kitzbühel, Parkplatz unterhalb Wildpark (ca. 1045 m)

Höhenmeter, Zeit: Weißkopfkogel 920 Hm., 2:30 Stunden; Sonnspitze 1040 Hm., 3 Stunden

Lawinensituation: Wenig gefährdet.

Österr. Karte: Blatt 122 Kitzbühel, 1:50.000

Gebra, Bischof und Staffkogel, dorthin zieht's die meisten Tourengeher, wenn sie eine Skitour im Auracher Graben machen wollen. Das unscheinbare weiße Schneespitzl des Weißkopfkogels, genau in der Mitte zwischen

Gebra und Bischof gelegen, ist eines der Stiefkinder in diesem Gebiet. Dabei ist er kürzer, schöner und vielleicht sogar etwas sicherer, allerdings mit einem kleinen Schönheitsfehler behaftet: Er ist „nur“ 1970 m hoch, von den skifahrerisch ausnutzbaren Westhängen her aber sicher nicht benachteiligt. Jedenfalls ein guter Tipp des Hüttenwirts der Hochwildalm der Kitzbüheler Naturfreunde. Wenn man im schattigen Talgrund auf dem präparierten und zu einer Piste ausgefahrenen Hüttenweg in den Morgenstunden der gastlichen und die ganze Skitourensaison über geöffneten Hütte (Tel. 0664/ 3819179) zuwandert, kommt langsam ein Skitourenziel nach dem anderen ins Blickfeld, zuerst Sonnspitze und Staffkogel, bei Erreichen der Hütte dann die übrigen: Großer Gebra und Bischof oberhalb und auf der gegenüberliegenden Talseite der bekannte Hahnenkampl und der das Tal gegen das Salzburgische abschließende Saalkogel.

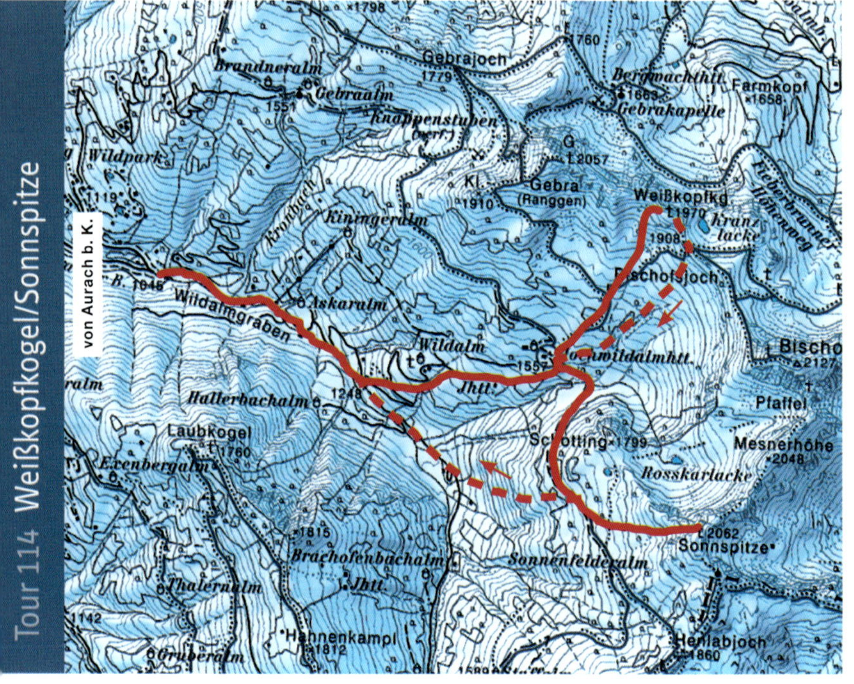

Ausgangspunkt: Von Kitzbühel auf der Pass-Thurn-Straße in Richtung Jochberg bis Aurach, hier links nach Oberaurach (WW Wildpark) und noch 3 km bis zum großen Parkplatz in der Kehre unterhalb des Wildparks (gebührenpflichtig, ein Teil wird bei einem Besuch vergütet). Trotz des geräumigen Parkplatzes kann es an Wochenenden eng werden, früher Aufbruch daher empfehlenswert.

Zum Weißkopfkogel: Vom Parkplatz auf dem breit ausgefahrenen Skiweg die Ache entlang talein. Am linksseitigen Hang geht man entweder gemütlich die Kehren aus oder benützt die mittelsteile Abkürzungsspur hinauf zur Hochwildalm (1557 m); 500 Hm., 1:15 Stunden. Nun die welligen, hindernislosen Hänge hinauf auf den nordwestseitigen Gratrücken ca. 100 m unterhalb des Gipfels und in der Flanke rechts davon steiler werdend mit ein paar Spitzkehren zum Gipfelkreuz.

Abfahrt: Nach Süden hinunter ins Bischofsjoch und beliebig auf die immer sichtbare Hochwildalm zu.

Zur Sonnspitze: Wer etwas über 1000 Hm. in seine unter Umständen lange Anfahrt investieren möchte, dem sei die um eine halbe Stunde längere, aber ebenso

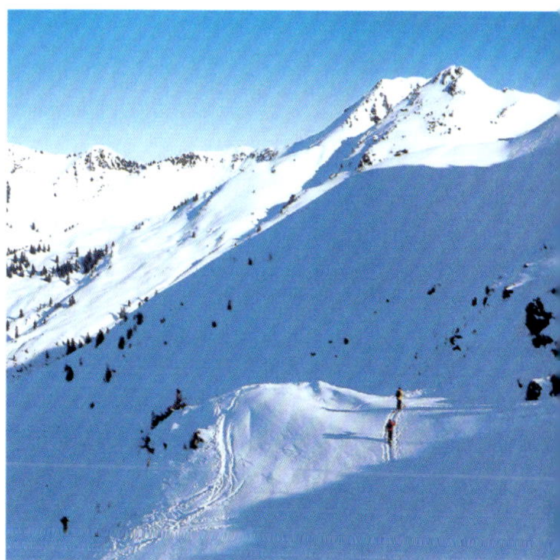

Ein Eldorado für den Tourengeher sind die Skiberge im Auracher Graben.

nicht überlaufene Sonnspitze empfohlen. Von der Hochwildalm quert man über West- und Nordhänge den kleinen Graben zwischen Bischof und Sonnspitze auf einem Almweg fast eben um den nordseitigen Ausläufer (Schotting, 1799 m) herum, bis man auf halbem Weg zur verfallenen Sonnfelderalm über wunderschöne Hänge zur Sonnspitze aufsteigen kann.

Abfahrt: Wenn man nicht mehr zur Naturfreundehütte zurück muss, kann man nach dem Almweg den einheimischen Spuren in den hinteren Graben hinunter folgen – meist noch tiefster Pulver – und gelangt in diesem hinaus auf den Aufstiegsweg.

115 Ellmauer Tor 1997 m

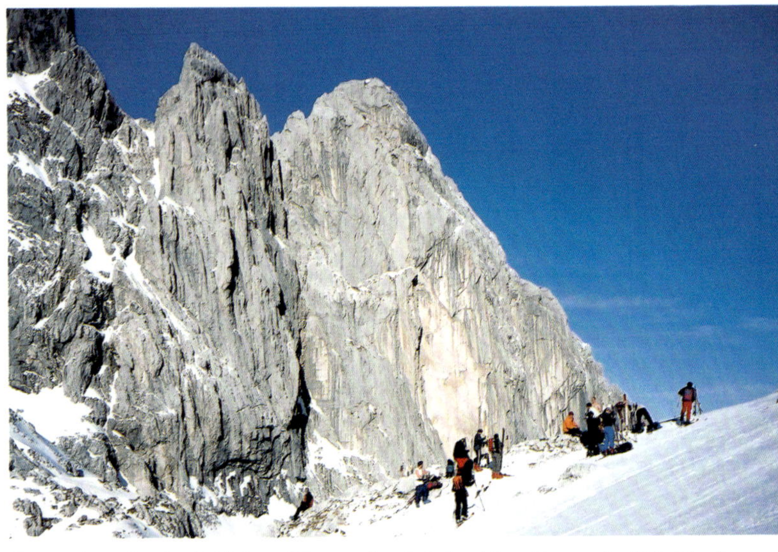

Ein atemberaubender Anblick am Ellmauer Tor sind die glatten Mauern der Fleischbank.

→ Südlicher Wilder Kaiser

Wenn keine größeren Neuschneefälle einen Strich durch Ihre Tourenplanung machen, finden Sie in dem von den Wänden des Wilden Kaisers eingerahmten Kübelkar ein optimales Skivergnügen, das Sie aber mit vielen anderen teilen müssen.

Ausgangspunkt: Ellmau, Wochenbrunner Alm (1085 m)

Höhenmeter, Zeit: 900 bzw. 1100 Hm.; 2:30 Stunden, plus 30 Min. zur Hinteren Goinger Halt

Lawinensituation: Nur bei absolut sicheren Verhältnissen.

Österr. Karte: Blatt 90 Kufstein, 1:50.000

Das Ellmauer Tor ist jene breite Bresche oberhalb von Ellmau, welche den gezackten Kamm des Wilden Kaisers exakt in zwei Teile spaltet. Flankiert von den berühmten Kletterwänden der Fleischbank und des Predigtstuhls ist es gleichsam das Herzstück dieses wilden Gebirgsstockes. Gegen Süden breitet sich ein weites Kar zwischen den Wänden von Karlspitze und

Bauernpredigtstuhl aus, wo sich bis ins späte Frühjahr die Skifahrer tummeln, bis sie allmählich von den Bergsteigern und Kletterern abgelöst werden. Normalerweise eine typische Frühjahrstour, gibt es jetzt immer früher im Jahr Verhältnisse, die oft schon im Februar diese Tour zulassen. Einsam fühlen wird sich hier an schönen Tagen niemand, denn das Ellmauer Tor ist ein beliebtes Ziel vor allem bei unseren bayrischen Nachbarn, die in langen Marschkolonnen zu Hunderten die Hänge bevölkern. Meist ist dann auch die Straße zur Wochenbrunnalm schon aper und die Parkplätze sind geräumt.

Ausgangspunkt: Talort ist Ellmau. Von Westen kommend von der Bundesstraße bei der zweiten Einfahrt rechts in den Ort und sogleich durch die Unterführung auf die nördliche Straßenseite. Von Osten kommend biegt man direkt ein. Rechts Auffahrt zur Wochenbrunner Alm, ca. 3 km. Kostenlose Parkplätze gibt es genügend. Die Alm ist im Winter geschlossen.

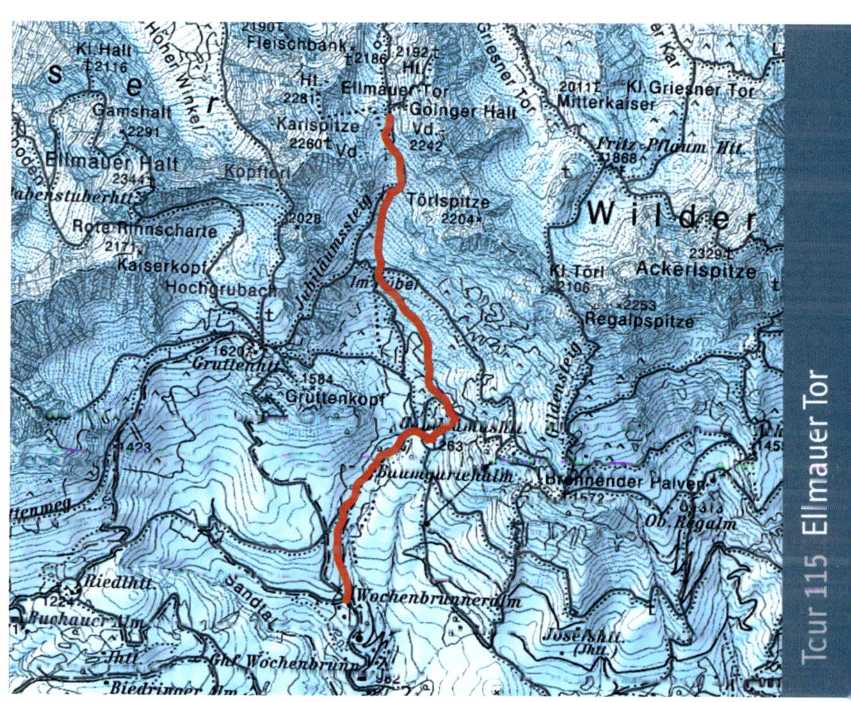

Aufstieg: Gleich am Parkplatz kann man in die Ski steigen und folgt dem Sommerweg zur Gaudeamushütte (geschlossen), die in 30 Minuten erreicht wird. Solange die Latschen noch zugeschneit sind, kann man die Spur bereits von der Hütte in einer geraden Linie durch die unteren Hänge des Regalpkammes ziehen und erreicht mit nur einer einzigen Kehre die unterste Stufe des Kübelkars. Ziemlich in Karmitte in weit ausholenden Kehren über den riesigen Steilhang und schließlich wieder etwas flacher durch eine Mulde auf das Ellmauer Tor. Harscheisen und sicheres Beherrschen der Spitzkehren sind Voraussetzung. Wem bei dieser Tour ein Gipfelziel abgeht, der braucht auch nicht zu verzagen. Vom „Tor“ kann man oft einer breit ausgetretenen Spur folgend zur Hinteren Goinger Halt (2192 m, 200 Hm.) hinaufstapfen und sich dort in das Gipfelbuch eintragen. Aber Vorsicht, wenn der Firn noch hart ist, auch die Seilsicherungen stecken noch tief im Schnee.

Überarbeitete Neuausgabe der 2005 im Löwenzahn Verlag erschienenen Originalausgabe (ISBN 978-3-7066-2358-2)

E-Mail: mail@uvw.at, Homepage: www.michael-wagner-verlag.at

Bibliografische Information der Deutschen Nationalbibliothek
Die Deutsche Nationalbibliothek verzeichnet diese Publikation in der Deutschen Nationalbibliografie; detaillierte bibliografische Daten sind im Internet über <http://dnb.dnb.de> abrufbar.

ISBN 978-3-7107-6766-1

Text und Inhalt „Basisablaufschema im Lawinennotfall“:
Harald Riedl, Berg- und Skiführer; Mag. Walter Würtl, Berg- und Skiführer

Fotos: Kurt Pokos und Franz Hüttl, außer: Paul Mair, Berg- und Skiführer: S. 13–19;
Mag. Walter Würtl: S. 23; Almenrausch.at, Ernst Aigner: S. 215; Moritz Oberrauch: S. 78, 283.

Kartenunterlagen: © BEV – 2013, Vervielfältigt mit Genehmigung des BEV – Bundesamtes für Eich- und Vermessungswesen in Wien, EB2013/103400.

Grafische Ausstattung, Satz, digitale Aufbereitung der Karten und Coverentwurf:
himmel. Studio für Design und Kommunikation, Innsbruck/Scheffau

Gedruckt auf umweltfreundlichem, chlor- und säurefrei gebleichtem Papier.

Hinweis: Die einzelnen Angaben wurden von den Autoren sorgfältig nach bestem Wissen und Gewissen zusammengestellt. Für die Richtigkeit der Angaben kann keinerlei Haftung übernommen werden. Skitourengehen im alpinen Gelände erfolgt stets auf eigene Gefahr. Eine Haftung der Autoren oder des Verlages für selbst erlittene oder anderen zugefügte Schäden ist ausgeschlossen.